Unternehmensüberwachung durch den Aufsichtsrat

CONTROLLING UND MANAGEMENT

Herausgegeben von
Prof. Dr. Thomas Reichmann
und Prof. Dr. Martin K. Welge

Band 33

PETER LANG

Frankfurt am Main · Berlin · Bern · Bruxelles · New York · Oxford · Wien

PHILIP GROTHE

UNTERNEHMENSÜBERWACHUNG DURCH DEN AUFSICHTSRAT

EIN BEITRAG ZUR
CORPORATE GOVERNANCE-DISKUSSION
IN DEUTSCHLAND

PETER LANG
Europäischer Verlag der Wissenschaften

Bibliografische Information Der Deutschen Bibliothek
Die Deutsche Bibliothek verzeichnet diese Publikation in der
Deutschen Nationalbibliografie; detaillierte bibliografische
Daten sind im Internet über <http://dnb.ddb.de> abrufbar.

Zugl.: Dortmund, Univ., Diss., 2005

Gedruckt auf alterungsbeständigem,
säurefreiem Papier.

D 290
ISSN 1610-160X
ISBN 3-631-54569-X

© Peter Lang GmbH
Europäischer Verlag der Wissenschaften
Frankfurt am Main 2006
Alle Rechte vorbehalten.

Printed in Germany 1 2   4 5 6 7
www.peterlang.de

Geleitwort

Corporate Governance ist Gegenstand einer in Deutschland sehr intensiv geführten Diskussion um geeignete Führungs- und Überwachungsmechanismen großer Aktiengesellschaften. Dabei steht insbesondere der Aufsichtsrat im Zentrum der Kritik. Angesichts zahlreicher Unternehmensschieflagen werden die Ursachen für Verfehlungen nicht nur bei der Unternehmensführung gesucht, sondern auch Defizite in der Überwachungstätigkeit des Aufsichtsrats konstatiert. Die vorliegende Arbeit setzt an dieser "Überwachungslücke" an und formuliert als Globalziel, weiterführende Erkenntnisse über die Aufsichtsratsarbeit in Deutschland zu generieren. Insofern wird die Forderung aufgegriffen, dass sich Aufsichtsräte zu Gremien entwickeln müssen, die in der Lage sind, Unternehmen in ihrer ganzen Komplexität konstruktiv zu begleiten.

Auf der Basis der Principal-Agent-Theorie wird ein Bezugsrahmen entwickelt, der mit dem Aufsichtsrat und der Interaktionsbeziehung zwischen Aufsichtsrat und Vorstand zwei Analyseebenen unterscheidet. Die erste Analyseebene wird repräsentiert durch die Beschreibungsdimensionen "Überwachungsverständnis" und "Organisationsstruktur", die zweite durch die Dimensionen "Informationsaustausch" und "gegenseitige Macht und Einflussnahme". Die empirische Grundlage der Arbeit bilden persönliche Interviews mit 46 Aufsichtsratsmitgliedern. Davon waren elf Gesprächspartner Aufsichtsratsvorsitzende der großen Dax30-Aktiengesellschaften. Zudem gehörten etwa 30% dem Kreis der Arbeitnehmervertreter an. Die sorgfältige Auswahl der Befragten erlaubte neben Auswertungen "über alle Befragten" eine Analyse des spezifischen Antwortverhaltens einzelner Gruppen.

Die Ergebnisse der empirischen Analysen deuten auf ein erhebliches Verbesserungspotenzial in der Überwachungspraxis hin, wobei sich die zentralen Schwachstellen der Aufsichtsratsarbeit folgendermaßen zusammenfassen lassen: Der Aufsichtsrat arbeitet mehrheitlich (1) zu vergangenheitsorientiert, (2) zu passiv und (3) zu sehr nach innen gerichtet.

Die Arbeit stellt einen wesentlichen, betriebswirtschaftlichen Beitrag zur Corporate Governance-Forschung dar und wird auch für die Praxis wesentliche Impulse liefern. Es gelingt ein hochinteressanter Brückenschlag zwischen der theoretischen und der praktischen Überwachungsperspektive. Aus diesen Gründen wünsche ich der Arbeit eine rasche und weite Verbreitung.

Univ.-Prof. Dr. Martin K. Welge

Vorwort

Das eigentümliche an einem Vorwort ist, dass man es erst nach der Fertigstellung einer Arbeit schreibt. Insofern gibt es mir die gute Gelegenheit, den Entstehungsprozess der Dissertation noch einmal reflektierend zu betrachten und jenen Personen zu danken, die mich maßgeblich unterstützt haben.

In erster Linie danke ich meinem Doktorvater, Herrn Prof. Dr. Martin K. Welge, der mir die Gelegenheit gab, an seinem Lehrstuhl zu promovieren. Ohne seine jederzeitige Gesprächsbereitschaft und vorbehaltlose Unterstützung wäre die Arbeit in der vorliegenden Form sicherlich nicht zustande gekommen. Herrn Prof. Dr. Thomas Reichmann danke ich für die unkomplizierte Übernahme des Zweitgutachtens. Großen Dank schulde ich zudem Herrn Dr. Thomas Borghoff, der mir in vielen Diskussionsrunden als konstruktiver Gesprächspartner zur Verfügung stand. Auch danke ich Herrn Dipl.-Oec. Jochen Seidel für die sorgfältige Durchsicht der Dissertation und seine wertvollen Kommentare. Herrn Dr. Dag Russi gebührt Dank für seine Empfehlungen zur Gestaltung des Fragebogens.

Entscheidend für die Qualität und den Erfolg einer empirischen Arbeit ist die Kooperationsbereitschaft der Praxis. Erfreulicherweise ist es gelungen, eine Vielzahl namhafter Persönlichkeiten der deutschen Wirtschaft, darunter z.B. elf Aufsichtsratsvorsitzende der Dax30-Unternehmen, in die Untersuchung einzubeziehen. Allen Aufsichtsratsmitgliedern, die sich zu einem persönlichen Gespräch mit mir bereit erklärten, sei herzlich für die Unterstützung gedankt. Zudem danke ich all jenen, die mir im Rahmen der Kontaktanbahnung hilfreich zur Seite standen. Insbesondere möchte ich an dieser Stelle Herrn Dr. Peter Chylla, Herrn Willi Bender, Herrn Dr. Roland Köstler sowie Herrn Siegfried Birth nennen.

Schließlich bin ich meinen Eltern zu großem Dank verpflichtet. Sie haben mich während meines Studiums und meiner Promotion stets aktiv unterstützt. Meinem Vater danke ich darüber hinaus für die zeitraubende orthographische Korrektur der Arbeit. Last but not least danke ich meiner Lebensgefährtin für die immense Geduld, die sie mir während der Erstellung der Arbeit entgegengebracht hat. Ohne Rücksicht auf eigene Interessen hat sie mein regelmäßiges „Ich kann jetzt nicht - ich muss schreiben!" mit erstaunlicher Gelassenheit toleriert und auf diese Weise entscheidend dazu beigetragen, dass die Arbeit in relativ kurzer Zeit abgeschlossen werden konnte. Daher widme ich diese Arbeit ihr und meinen Eltern.

Dr. Philip Grothe

Inhaltsverzeichnis

Abbildungsverzeichnis

A Einleitung

I Problemstellung und Zielsetzung der Arbeit

Corporate Governance stellt ein umfangreiches analytisches Konzept dar, das eine Vielzahl unterschiedlicher ökonomischer Phänomene vereint und weit über einen rein akademischen Charakter hinausgeht.[1] In den USA wird die Corporate Governance-Diskussion bereits seit längerem geführt.[2] Dort erreichte sie in den späten 80er Jahren im Rahmen der amerikanischen Wirtschaftskrise einen Höhepunkt, als die im internationalen Vergleich erheblichen Wettbewerbsschwächen US-amerikanischer Unternehmen[3] als Folgen einer unzureichenden Corporate Governance erachtet wurden.[4] In der jungen Vergangenheit wurde das Vertrauen in die amerikanische Corporate Governance durch die skandalösen Vorkommnisse bei Enron, WorldCom und einer Reihe weiterer Unternehmen erneut erschüttert, was unter anderem in der Verabschiedung des 2002 vom Präsidenten unterzeichneten „Sarbanes-Oxley Act" mündete.[5] Heute ist Corporate Governance auch in Deutschland eines der meist diskutierten Managementthemen,[6] wobei vor allem der *Aufsichtsrat* im „Kreuzfeuer der Kritik" steht.[7]

Der Kern der Debatte ist nicht neu.[8] Mit der Überwachung der Unternehmensführung durch den Aufsichtsrat, der sowohl eine *theoretische* Forderung als auch ein *reales* Phänomen verkörpert,[9] beschäftigen sich Fachleute (und Laien) national und international bereits seit 50 Jahren.[10] Der Aufsichtsrat hat den Vorstand zu

---

[1] In Deutschland beschäftigen sich zurzeit gleichermaßen Wissenschaftler, Kommissionen, Initiativkreise, Unternehmer, Rechtsanwälte und Politiker mit dem Thema; vgl. von Rosen 2001, S. 287.

[2] Vgl. Assmann 1995, S. 289.

[3] Im weiteren Verlauf der Arbeit werden die Bezeichnungen „Unternehmen" (bzw. „Unternehmung") und „Gesellschaft" synonym verwendet.

[4] Vgl. Blies 2000, S. 6; Salzberger 1999, S. 88; Rock 1995, S. 293 ff.

[5] Vgl. Schiessl 2002, S. 593. Ergänzt wird der Sarbanes-Oxley Act durch Regeln der Securities Exchange Commission (SEC) sowie der New York Stock Exchange. Die amerikanischen Vorschriften sind lediglich für deutsche Unternehmen, die an der New Yorker Börse gelistet sind, direkt anwendbar und finden im weiteren Verlauf der Arbeit keine Berücksichtigung.

[6] Vgl. von Werder 2003, S. 4.

[7] Vgl. Baetge/Schulze 1998, S. 937; Endres 1999, S. 453; Holzer/Makowski 1997, S. 688 f.

[8] Vgl. Lutter 2003, S. 738.

[9] Vgl. Theisen 1987, S. 196.

[10] Vgl. Lutter/Krieger 2002, S. 1.

überwachen, unternehmerische Fehlleistungen desselben zu verhindern und den bestmöglichen Einsatz des Kapitals und weiterer Ressourcen zu bewirken.[11] Insofern haben negative Unternehmensentwicklungen ihre Ursache nicht nur in Verfehlungen der *Unternehmensführung*, sondern auch in etwaigen Defiziten der Überwachungstätigkeit des *Aufsichtsrats*.[12]

In diesem Zusammenhang wird in Deutschland bereits seit Jahren eine praktische „Überwachungslücke" konstatiert.[13] Die Vielzahl der Unternehmenskrisen seit den 90er Jahren - als aktuelles Beispiel diene die Schieflage bei Europas größtem Waren- und Versandhandelskonzern Karstadt-Quelle AG - zeigt, welche Folgen eine unwirksame Überwachung der Unternehmensführung haben kann.[14] Die Bestrebungen zur Überwindung der defizitären Kontrollsituation begannen 1998 mit der Verabschiedung des Gesetzes zur Kontrolle und Transparenz im Unternehmensbereich („KonTraG"), das unter anderem häufigere Sitzungen des Aufsichtsrats, eine Begrenzung der Anzahl der Aufsichtsratsmandate und eine bessere Abstimmung zwischen Aufsichtsrat und Abschlussprüfer vorsieht.[15] Fortgesetzt wurden die Reformbemühungen durch die Gründung einer Vielzahl von Expertenkommissionen und Initiativkreisen, die „wie Pilze aus dem Boden" schossen.[16] Die von der Bundesregierung im Mai 2000 einberufene Regierungskommission Corporate Governance regte in ihrem Abschlussbericht unter anderem an, gemäß

---

[11] Vgl. Möllers 2003, S. 408; Malik 2002, S. 121.

[12] Vgl. etwa Reichert/Schlitt 1995, S. 241; Friedrich-Ebert-Stiftung 1997, S. 44 f. Allerdings ist bereits an dieser Stelle ebenso zu konstatieren, dass kein Aufsichtsrat gegen Betrug, Unterschlagung, Spekulation und Pflichtverletzung durch den Vorstand allumfassend gefeit ist; vgl. Lutter 1994, S. 176, der behauptet, dagegen sei „kein Kraut gewachsen"; vgl. auch Schröder/ Schrader 1998, S. 22.

[13] Vgl. Mattheus 1999, S. 692; Jaschke 1989, S. 1; Hoerdemann 1999, S. 1; Bernhardt 1997, S. 804; Coenenberg/Reinhart/Schmitz 1997, S. 989; Hofmann 1994, S. 267; Lingemann/Wasmann 1998, S. 856; vgl. auch Kübler 1999, S. 189, der das „faktische Erscheinungsbild" des Aufsichtsrats kritisiert.

[14] Vgl. hierzu ausführlich Brück/von Haacke/Losse 2004, S. 38 ff. Die in der Literatur in diesem Zusammenhang häufig zitierten Unternehmenskrisen und -schieflagen sind darüber hinaus vor allem Holzmann, Metallgesellschaft, Balsam, Bremer Vulkan Verbund, Südmilch, Coop etc. Vgl. hierzu ausführlich Schneider 2000, S. 5 ff.; Wardenbach 1996, S. 2 ff.

[15] Vgl. Witt 2000, S. 160; Ehrhardt/Nowak 2002, S. 340; Strenger 2003, S. 700 f.

[16] Vgl. Pellens 2001, S. 1. Zu nennen sind hier unter anderem die so genannte Grundsatzkommission Corporate Governance (auch als Frankfurter Kommission bezeichnet), der Berliner Initiativkreis German Code of Corporate Governance und die Regierungskommission Corporate Governance. Vgl. hierzu und im Folgenden auch Hommelhoff/Schwab 2003, S. 53 f.

den internationalen Gepflogenheiten einen Verhaltenskodex für Unternehmen zu erarbeiten.[17] Zu diesem Zweck setzte die Bundesministerin der Justiz eine weitere Kommission unter Vorsitz von Gerhard Cromme ein. Im Februar 2002 veröffentlichte die Kommission den so genannten Deutschen Corporate Governance Kodex, der über das Gesetz zur weiteren Reform des Aktien- und Bilanzrechts, zu Transparenz und Publizität („TransPuG") Einzug in das geltende Aktienrecht erlangte (vgl. zusammenfassend Abb. 1).[18]

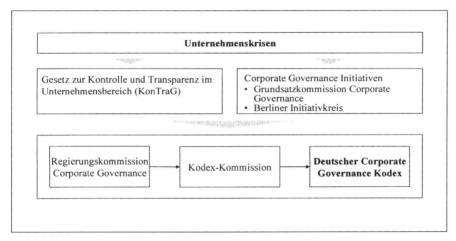

Abb. 1: Entwicklung des Corporate Governance Kodex (Quelle: In Anlehnung an Oechsler 2003, S. 307)

Der Kodex verfolgt zum einen das Ziel, das deutsche Corporate Governance-System zusammenfassend darzustellen und insbesondere für ausländische Anleger *verständlich* zu machen. Zum andern formuliert der Kodex gesetzesergänzende *Verhaltensempfehlungen* für die Führungsspitze börsennotierter Unternehmen („code of best practice"), wobei die Arbeit des Aufsichtsrats hier eindeutig im Mittelpunkt steht.[19] Nicht zuletzt soll durch die Steigerung der *Transparenz* der Unternehmensführung und -überwachung den deutschen Unternehmen der Zu-

---

[17] Vgl. hierzu Hopt 2002, S. 27 ff.; Reichert 2002, S. 166 f.

[18] Vgl. etwa Lutter 2003, S. 742 f.; Feddersen 2003, S. 443 ff.

[19] Vgl. Peltzer 2003, S. 224.

gang zu internationalen Kapitalmärkten erleichtert werden.[20] Allerdings weisen die im Kodex stehenden Regelungen - mit Ausnahme der im Rahmen des zwischenzeitlich verabschiedeten Gesetzes zur weiteren Reform des Aktien- und Bilanzrechts, zu Transparenz und Publizität (TransPuG) geregelten Information über die Beachtung der Empfehlungen - keinen *verbindlichen* Charakter auf.[21] Auch vor diesem Hintergrund sind die erarbeiteten Standards seit ihrer Publikation starker Kritik ausgesetzt und werden vielfach als ein die Aktionäre „verschaukelndes", reines „Alibi-Papier" oder „großer Bluff" bezeichnet.[22] Der Hauptgrund hierfür liegt darin, dass die Empfehlungen und Anregungen häufig sehr vage formuliert sind und mitunter lediglich den Gesetzestext wiederholen. So bleiben vor allem *materielle* Anforderungen an die Überwachung durch den Aufsichtsrat weitgehend unberücksichtigt.[23]

Trotz des realen Phänomens der Überwachung und der offensichtlich bestehenden praktischen Defizite ist der betriebswirtschaftliche Forschungsstand zur Überwachung der Unternehmensführung durch den Aufsichtsrat bislang noch als rudimentär einzustufen. Eine Theorie der Überwachung bzw. ein geschlossenes Konzept für die Überwachung durch den Aufsichtsrat ist nicht zu erkennen.[24] Vielmehr dominiert die Publikation partikularer Ansätze in Form einzelner, meist auf strukturellen Aspekten der Aufsichtsratsarbeit beruhender Verbesserungsvorschläge.[25] Obgleich theoretische Konzepte herangezogen werden können, die ei-

---

[20] Vgl. zu dieser doppelten Zielsetzung Seibt 2002, S. 250.

[21] Vgl. Ehrhardt/Nowak 2002, S. 336; Hommelhoff/Schwab 2003, S. 54 f.; Strieder 2004, S. 1325. Im Sinne einer Comply-or-Explain-Regel hat der Aufsichtsrat - soweit der Kodex nicht uneingeschränkt angewendet wird - eine so genannte Entsprechenserklärung abzugeben, aus der hervorgeht, aus welchen Gründen bestimmte Empfehlungen nicht befolgt wurden. Zwar ist die Begründung etwaiger Abweichungen nicht gesetzlich vorgeschrieben, jedoch würde die unbegründete Nichtanwendung der Empfehlungen die Kapitalaufnahmekosten erhöhen und das Image der Gesellschaft am Kapitalmarkt verschlechtern. Vgl. hierzu etwa Wolfram 2002, S. 51 und Theisen 2002, S. 61.

[22] Vgl. Wenger 2002, S. 70. Die FAZ titelte im Oktober 2002: „Der Aktionär ist der Dumme - Fachleute fordern Reform der deutschen Corporate Governance".

[23] Vgl. hierzu kritisch auch Rohr/von Wahl 2004, S. 548; vgl. zu aktuellen empirischen Befunden bezüglich der Akzeptanz des Kodex in der Unternehmenspraxis ausführlich von Werder/Talaulicar/Kolat 2004, S. 1377 ff.

[24] Vgl. Martens 2000, S. 2; Malik 2002, S. 65. Vgl. zu dieser Einschätzung auch bereits Theisen 1993, Sp. 4219; Jaschke 1989, S. 2; Theisen 1987, S. 190.

[25] Dazu gehören etwa die Begrenzung der Aufsichtsratsmandate, die Erhöhung der Sitzungsfrequenz, die Verkleinerung des Gremiums etc. Vgl. hierzu auch Kap. B.III.3.2.

nen Beitrag zur Erklärung der *Notwendigkeit* der Überwachung des Managements leisten, existieren nur wenige theoretisch fundierte Aussagen in Bezug auf konkrete Gestaltungsempfehlungen für die Arbeit des Aufsichtsrats. Folgende Einschätzung vermag den diesbezüglichen Entwicklungsstand der Überwachungsarbeit zutreffend und zusammenfassend zu beschreiben: „Der steigenden Komplexität und Dynamik der Unternehmung in ihrer Umwelt haben sich die Vorstände als Träger der Geschäftsführung deutscher Aktiengesellschaften zweifellos gestellt. Ihre steigende Professionalisierung hat in den meisten Fällen mit den wachsenden Anforderungen Schritt gehalten. Dieser Entwicklung steht jedoch keine vergleichbare Qualifizierung unserer Aufsichtsratsarbeit gegenüber. .... Weder ist die Aufsichtsratsarbeit intensiviert, noch sind neue Überwachungsinstrumente oder -systeme entwickelt worden, die geeignet wären, einen *Gleichschritt zwischen den wachsenden Anforderungen an die Aufsichtsratsarbeit und ihrer Bewältigung* zu gewährleisten."[26]

Darüber hinaus ist zu konstatieren, dass die Corporate Governance-Diskussion in Deutschland bislang aus der Perspektive zweier Lager geführt wird.[27] Auf der einen Seite stehen die „Praktiker" wie z.B. Aufsichtsräte, die sich um die Entwicklung optimaler Corporate Governance-Grundsätze bzw. Verfahrensrichtlinien für eine optimale Unternehmenskontrolle bemühen. Auf der anderen Seite versuchen „Wissenschaftler" durch empirische Analysen oder theoriebasierter Deduktion, einzelne Aspekte der Corporate Governance zu untersuchen und Gestaltungsempfehlungen zu formulieren. Infolgedessen scheinen sich Aufsichtsräte nur wenig für wissenschaftliche Erkenntnisse zu interessieren; umgekehrt nehmen einige Hypothesen und theoretische Interpretationsmuster die reale Unternehmenspraxis nicht zur Kenntnis. Dieser Tatbestand repräsentiert ein „deutliches Maß an wechselseitigem Desinteresse und Unkenntnis."[28]

Die vorstehenden Ausführungen weisen in einem ersten Zwischenfazit auf eine *mangelnde Beherrschung der Unternehmensüberwachung durch den Aufsichtsrat* hin, wobei diese Einschätzung gleichermaßen sowohl für die Theorie als auch für die Praxis gilt. Zu Recht muss Corporate Governance in diesem Punkt als ein „theoretisches Notstandsgebiet" bezeichnet werden.[29] Folglich besteht das *Globalziel* der Arbeit nunmehr darin, weiterführende Erkenntnisse über die Aufsichts-

---

[26] Bleicher/Paul 1986, S. 284 (kursiv im Original); vgl. auch Bleicher 1995, Sp. 1965.
[27] Vgl. Nippa 2002, S. 3 f.
[28] Nippa 2002, S. 3.
[29] Vgl. Malik 2002, S. 65.

6

ratsarbeit in Deutschland zu gewinnen. Gleichsam soll die Forderung aufgegriffen werden, Aufsichtsräte müssten „sich zu Gremien entwickeln, die in der Lage sind, Unternehmen in ihrer ganzen Komplexität konstruktiv zu begleiten."[30] Das Globalziel wird in folgende *Teilziele* differenziert (vgl. Abb. 2):

1) *Theoretisches Ziel*: Zunächst soll ein konzeptioneller Bezugsrahmen zur Beschreibung der Überwachung durch den Aufsichtsrat entwickelt werden. Aus der Überwachungsperspektive heraus erfordert dies die Identifikation geeigneter Gestaltungsvariablen, die sich sowohl auf die Arbeit des *Aufsichtsrats* selbst als auch auf dessen *Interaktion* mit dem Vorstand beziehen. Auf Basis dieses Bezugsrahmens gilt es, die einzelnen Analyseschwerpunkte zu konzeptualisieren.

2) *Empirisches Ziel*: In einem zweiten Schritt sollen die theoretisch-konzeptionellen Überlegungen dem Erfahrungswissen der Praxis gegenübergestellt werden. In Bezug auf die oben vorgenommene Differenzierung soll somit ein *Brückenschlag* zwischen der theoretischen und praktischen Überwachungsperspektive geleistet werden.

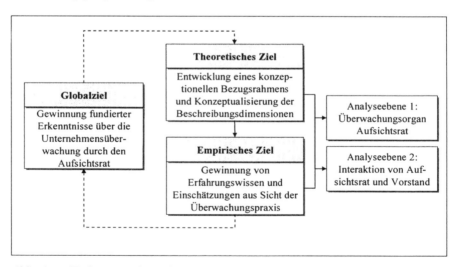

Abb. 2: Zielsetzung der Arbeit

---

[30] Kopper 1999, S. VII.

Die Fragestellungen, die im Zusammenhang mit der Corporate Governance-Thematik erörtert werden, tangieren großenteils sowohl den *wirtschafts*wissenschaftlichen als auch den *rechts*wissenschaftlichen Bereich.[31] Die eigene Untersuchung folgt der Grundannahme, dass der Aufsichtsrat innerhalb der geltenden gesetzlichen Rahmenbedingungen einen *Gestaltungsspielraum* bei der Durchführung der Überwachungsaufgabe besitzt. Obgleich die rechtlichen Regelungen diesen Spielraum einschränken,[32] stehen dem Aufsichtsrat für die Erfüllung seiner noch zu konkretisierenden Überwachungsaufgabe grundsätzlich alle erforderlichen Instrumente von Rechts wegen zur Verfügung.[33] So besitzt er eine „beachtliche Machtfülle", sich als eines der beiden Leitungsorgane in geeigneter Weise zu positionieren und das Interaktionsverhältnis zum Vorstand zu seinen Gunsten zu beeinflussen.[34] Dementsprechend wird unterstellt, dass die bestehenden rechtlichen Vorgaben die Gestaltung der Überwachungstätigkeit des Aufsichtsrats nicht *hinreichend* erschöpfend determinieren. Obgleich der eigene Untersuchungsgegenstand zwangsläufig juristische Fragestellungen tangiert, steht - unter Berücksichtigung der rechtlichen Ordnung - eine betriebswirtschaftliche Fundierung des Untersuchungsgegenstands im Vordergrund.[35]

II Aufbau der Arbeit

Abbildung 3 stellt den Gang der vorliegenden Untersuchung überblicksartig dar.

Im Anschluss an die im vorhergehenden Abschnitt erläuterten Ausführungen zur Problemstellung und Zielsetzung der Arbeit soll im folgenden Kapitel III zunächst die wissenschaftstheoretische Grundposition der Untersuchung offen gelegt werden. Daraufhin werden in Teil B die theoretischen Grundlagen der Corporate Governance dargestellt. Aufbauend auf einer Präzisierung des Corporate Governance-Begriffs, die insbesondere aufgrund der terminologischen Unklarheit im Schrifttum zu Beginn des eigenen Forschungsprozesses zwingend erforderlich ist,

---

[31] Vgl. Albach/Brockhoff 1997, S. VII; zu den Berührungspunkten zwischen Recht und Betriebswirtschaft vgl. hierzu auch Brockhoff 1997, S. 2.

[32] Vgl. Rühli 1993, Sp. 3031.

[33] Vgl. Lutter 1995, S. 295; Lutter 1995(a), S. 1133.

[34] Vgl. Reiß 1991, S. 45; Endres 1999, S. 443 f., der den Aufsichtsrat als ein an der *Unternehmensleitung* mitwirkendes Organ bezeichnet.

[35] Vgl. zu diesem Spannungsfeld von betriebswirtschaftlicher und rechtlicher Ausrichtung Schwark 2002, S. 76 f.

werden die konzeptionellen Rahmenbedingungen der Corporate Governance dargelegt. Es folgt eine systematische Aufbereitung der unterschiedlichen betriebswirtschaftlichen Forschungsansätze, auf Basis derer der eigene Untersuchungsgegenstand konzeptionell eingeordnet und im weiteren Verlauf der Untersuchung detailliert werden kann.

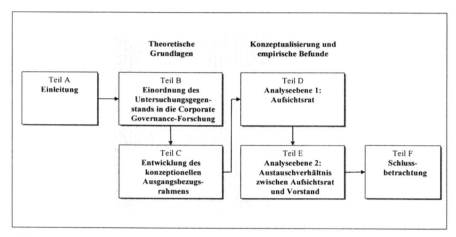

Abb. 3: Aufbau der Arbeit

Der dritte Teil (C) der Arbeit befasst sich mit der Entwicklung des konzeptionellen Ausgangsbezugsrahmens, wobei der Schwerpunkt in einer ausführlichen theoretischen Fundierung der Unternehmensüberwachung durch den Aufsichtsrat liegt. Dies umfasst neben der Darstellung betriebswirtschaftlicher Grundlagen der Überwachung eine (kritische) Auseinandersetzung mit dem diesbezüglichen agencytheoretischen Erklärungsbeitrag. Aufbauend auf den hier erzielten Ergebnissen erfährt der eigene Bezugsrahmen eine konzeptionelle Konkretisierung, indem die dieser Arbeit zugrunde liegenden Analyseschwerpunkte vorgestellt werden. Den Abschluss der Ausführungen bildet die Darlegung des empirischen Forschungsdesigns.

Teil D und E der Arbeit widmen sich der theoretischen und empirischen Durchdringung der identifizierten Analyseebenen und Beschreibungsdimensionen. Während sich Teil D mit dem Überwachungsträger Aufsichtsrat befasst, steht in Teil E das Austauschverhältnis zwischen Aufsichtsrat und Vorstand im Mittelpunkt der Ausführungen.

Nach einer einführenden theoretischen Konzeptualisierung der einzelnen Beschreibungsdimensionen werden diese jeweils direkt mit den entsprechenden Befunden der empirischen Erhebung konfrontiert.

Die Arbeit endet mit einer Rekapitulation der zentralen Forschungsergebnisse, auf deren Basis Hinweise auf Handlungsempfehlungen für die Überwachungspraxis und Implikationen für die zukünftige Forschung abgeleitet werden (Teil F).

III Wissenschaftstheoretische Grundposition der Untersuchung

Die Arbeit basiert auf dem Grundverständnis einer *anwendungsorientierten* Betriebswirtschaftslehre, deren Erkenntnisperspektive vor allem das praktische Handeln im Unternehmen darstellt. Der Kernbestandteil eines solchen Verständnisses liegt darin, verwertbares Wissen für praktisches Führungshandeln zu entwickeln, um so einen bestmöglichen Beitrag zur Lösung realer Probleme von Unternehmen leisten zu können.[36]

Grundsätzlich bestehen die Ziele wissenschaftlicher Forschungsbemühungen aus einer theoretischen (d.h. primär erklärenden) und einer pragmatischen (d.h. primär Gestaltungsempfehlungen ableitenden) Komponente.[37] Zur Erreichung dieser Wissenschaftsziele können sachlich-analytische, formal-analytische und empirische Forschungsstrategien angewendet werden,[38] wobei sich letztere wiederum in zwei Forschungsansätze unterteilen lassen:[39]

Das zentrale Anliegen der *Prüfstrategie empirischer Forschung* ist die Bestätigung theoretischer Aussagen in der Realität bzw. die Überprüfung konzeptionell erarbeiteter, vermuteter Wirkungszusammenhänge durch *Hypothesentests*. Diesem Verständnis folgend ist die empirische Forschung primär dem so genannten Begründungszusammenhang verpflichtet, der neben dem Entdeckungszusammenhang (konzeptionell-heuristische Überlegungen zum Untersuchungsgegenstand) und dem Verwertungszusammenhang (Verwendung der gewonnen Erkenntnisse)

[36] Vgl. Ulrich 1981, S. 3 ff.

[37] Beide Ziele können nicht getrennt voneinander betrachtet werden. So ist das pragmatische Wissenschaftsziel nur nach einer theoretischen Vorleistung erreichbar. Andersherum hat grundsätzlich jede theoretische Aussage Bedeutung für die Praxis und ist praxeologisch nutzbar.

[38] Vgl. Grochla 1978, S. 68.

[39] Vgl. hier um im Folgenden Kubicek 1977, S. 3 ff.

eine der drei Stufen des wissenschaftlichen Forschungsprozesses repräsentiert (vgl. Abb. 4).[40]

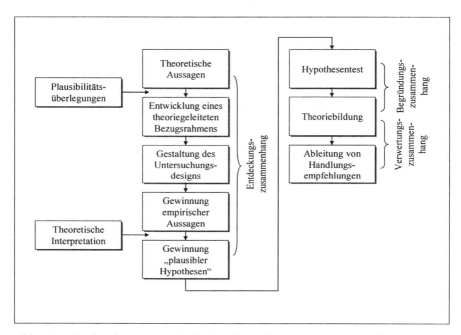

Abb. 4:   *Stufen des wissenschaftlichen Forschungsprozesses (Quelle: Berg 2003, S. 18, optisch leicht modifiziert)*

Dagegen konstituiert sich der Schwerpunkt der *Explorationsstrategie*, die in der Literatur auch als *Konstruktionsstrategie empirischer Forschung* oder als *aufgeklärter konstruktiver Empirismus* bezeichnet wird, in einer Betonung des Entdeckungszusammenhangs bzw. in der *Gewinnung zusätzlicher Erkenntnisse* über die zugrunde liegende Problemstellung. Empirische Forschung wird hier nicht zur Überprüfung von Theorien, sondern zu ihrer Konstruktion und Weiterentwicklung eingesetzt.

---

[40] Vgl. Ulrich/Hill 1979, S. 165 ff.; auch Friedrichs 1990, S. 50 ff.; Kromrey 1998, S. 76 ff.

Bezogen auf den eigenen Untersuchungsgegenstand muss der wissenschaftliche Fortschritt bei Anwendung der *Prüfstrategie empirischer Forschung* bezweifelt werden. Die Aufstellung sinnvoller und realistischer Hypothesen setzt zwingend voraus, dass der Forscher den zu behandelnden Objektbereich im Detail kennt. Andernfalls avanciert die Aufstellung von Hypothesen „nicht nur zum Glücksspiel, sondern auch zu einem Akt des Hochmutes."[41] Vor dem Hintergrund des eingangs erwähnten rudimentären Entwicklungsstands einer Theorie der Überwachung durch den Aufsichtsrat scheint diese Voraussetzung kaum erfüllbar. Darüber hinaus scheidet eine in den naturwissenschaftlichen Disziplinen praktizierbare *experimentelle Strategie der Erfahrensgewinnung*, bei der im Rahmen von Laboruntersuchungen Hypothesen aufgestellt, getestet, revidiert und wieder getestet werden (Fortschrittskonzeption), aufgrund der Komplexität des eigenen Untersuchungsgegenstands aus.

Vielmehr wird der Arbeit die *Konstruktionsstrategie empirischer Forschung* zugrunde gelegt und damit der Ansicht gefolgt, dass empirische Forschung in der Betriebswirtschaftslehre als geeignetes Instrument dazu dient, *Anregungen* für praktische Gestaltungsfragen zu geben sowie wissenschaftliche Probleme zu fundieren und Prognosen zu ermöglichen.[42] Zentraler methodischer Ansatzpunkt dieses Forschungsprogramms ist - solange eine Theorie nicht entwickelt werden konnte - zunächst das Vorverständnis des Forschers, d.h. die Entwicklung eines konzeptionellen, heuristischen Bezugsrahmens, dem in diesem Zusammenhang *forschungsleitende* Funktion zukommt.[43] Der Bezugsrahmen dient als Ordnungsschema für die Vorstellung über die Realität, auf dessen Basis festgelegt wird, welche Daten überhaupt empirisch ermittelt werden sollen und wie die Ergebnisse zu interpretieren sind.[44] Zur Reduktion der Strukturlosigkeit des Entdeckungszusammenhangs verdeutlicht der Bezugrahmen die als relevant erachteten theoretischen Kategorien und die Bedeutung der zugrunde gelegten Merkmale.[45] Utopische Annahmen und unverbindliche Möglichkeitsaussagen werden so zugunsten einer systematischen Erkenntnisgewinnung aus dem Forschungsprozess elimi-

---

[41] Kubicek 1977, S. 10.

[42] Vgl. Theisen 1987, S. 201 f.

[43] Die forschungsleitende Funktion des Bezugsrahmens spiegelt sich auch in der Erkenntnis wider, dass empirische Untersuchungen immer nur das zeigen, wie es ist, jedoch keinen Maßstab dafür geben, wie es sein sollte; vgl. Ebers 1981, S. 22.

[44] Theisen spricht vom Bezugsrahmen als eine „hinreichende Voraussetzung" für die explorative Forschung; vgl. Theisen 1987, S. 131.

[45] Vgl. auch Kubicek/Welter 1985, S. 27.

niert.[46] Die Ausführungen machen deutlich, dass die Qualität der empirischen Ergebnisse entscheidend von der Qualität des entwickelten Bezugsrahmens abhängt.[47] Der Forderung nach *Pluralismus* und *Eklektizismus* des Bezugsrahmens zur Erhöhung dessen heuristischen Potenzials wird durch die Integration verschiedener thematisch verwandter, nachbardisziplinärer Forschungsprogramme entsprochen.[48]

Zusammenfassend liegt der Arbeit ein *bezugsrahmengestützter empirischer Forschungsprozess* zugrunde, der sowohl zur Erreichung des theoretischen als auch des pragmatischen Wissenschaftsziels eingesetzt wird. Die Hauptaktivitäten einer so verstandenen Forschungsleistung sind a) die Entwicklung eines konzeptionellen Bezugsrahmens, der das Vorverständnis des Forschers expliziert, b) die empirische Absicherung bzw. die Gewinnung von Erfahrungswissen durch persönlichen Kontakt mit Personen, die in der Realität mit dem untersuchten Problem befasst sind und schließlich c) die instrumentelle Verarbeitung, d.h. die „informationale Ausschöpfung"[49] der erhobenen Daten, so dass die empirisch bestätigten Teile des Bezugsrahmens zur Unterstützung realer Problemlösungen herangezogen werden können.[50]

Mit diesen Ausführungen kann der einführende Teil der Arbeit als abgeschlossen bezeichnet werden. Im Mittelpunkt der folgenden Kapitel steht nunmehr die Einordnung des Untersuchungsgegenstands in die Corporate Governance-Forschung.

---

[46] Vgl. hier und im Folgenden Kubicek 1975, S. 32 ff.

[47] Vgl. Grochla 1978, S. 81.

[48] Vgl. Kubicek 1977, S. 20.

[49] Wollnik 1977, S. 45.

[50] Vgl. Kubicek 1977, S. 15 f.; Wollnik 1977, S. 44 ff.; Grochla 1978, S. 66.

B Einordnung des Untersuchungsgegenstands in die Corporate Governance-Forschung

I Einführung

Die Bemühungen des Schrifttums, „den schillernden Begriff der Corporate Governance mit Leben zu füllen", sind noch nicht abgeschlossen.[1] Eine kritische Reflexion der bestehenden Literaturbeiträge zum Thema Corporate Governance führt zu der ernüchternden Erkenntnis, dass vielfach auf eine *systematische* Auseinandersetzung mit dem theoretischen Hintergrund der Corporate Governance verzichtet wird. Den Extremfall bilden Publikationen, in denen der Begriff „Corporate Governance" verwendet wird, ohne ihn einleitend überhaupt zu definieren.[2] Auch scheint dessen terminologische Dehnbarkeit bisweilen einen derartigen Charme auszustrahlen, dass viele Autoren eigene Forschungsschwerpunkte schlichtweg mit Corporate Governance gleichsetzen, um sich auf diese Weise in die aktuelle Diskussion einzubringen. Allerdings „widerspricht" eine solche Vorgehensweise der Vielfalt und Komplexität der Thematik.[3]

Man kann sich insofern des Eindrucks nicht erwehren, dass die Corporate Governance-Diskussion aufgrund der häufig oberflächlichen Behandlung in der Literatur zum Teil Tendenzen einer „Modeerscheinung" aufweist, die der wissenschaftlichen Auseinandersetzung nicht zuträglich ist.[4] Vor dem Hintergrund des großenteils nur geringen Kenntnisstands in Bezug auf die theoretischen Grundlagen der Corporate Governance verwundert die eingangs konstatierte problematische Funktionsweise der Unternehmensüberwachung nicht.[5] Folgerichtig wird Corporate Governance bisweilen als eine „nebulöse Materie" bezeichnet.[6]

Im Folgenden soll zunächst der Versuch unternommen werden, den Begriff der Corporate Governance inhaltlich einzugrenzen. Auf Basis des der eigenen Arbeit zugrunde liegenden Begriffsverständnisses werden anschließend die theoretischen Grundlagen der Corporate Governance dargestellt und der eigene Untersuchungs-

---

[1] Vgl. Pellens 2001, S. 4.

[2] Vgl. etwa Hommelhoff/Mattheus 1998; Kirk/Siegel 1996; Kromschröder/Lück 1998; Möllers 1999.

[3] Vgl. hierzu Benston 1982, S. 6.

[4] Vgl. Nippa 2002, S. 4.

[5] Vgl. Malik 2002, S. 65.

[6] Vgl. Hakelmacher 1995, S. 147; vgl. für den angelsächsischen Sprachraum etwa Sheridan/Kendall 1992, S. 23; Kendall/Kendall 1998, S. 18.

gegenstand systematisch in die Corporate Governance-Forschung eingeordnet. Mit der gewählten Vorgehensweise soll ausdrücklich NIPPA gefolgt werden, der zu Recht fordert: „Für das Verständnis der unterschiedlichen Aussagen und Empfehlungen im Rahmen der Corporate Governance ist es ... unabdingbar, den jeweils betrachteten Realitätsausschnitt sowie die zugrunde gelegten Verhaltensannahmen ... ausreichend zu berücksichtigen."[7]

II Das theoretische Grundkonzept der Corporate Governance

1 Definitionslage und begriffliche Eingrenzung

Corporate Governance ist kein Rechtsbegriff, sondern ein international anzuwendender Terminus.[8] In der Literatur existiert bis heute keine *einheitliche* definitorische Abgrenzung. Da sich der Begriff nicht wörtlich übersetzen lässt,[9] sind seit dem Beginn der wissenschaftlichen Auseinandersetzung mit der Corporate Governance zahlreiche Definitionen vorgelegt worden.[10] Abbildung 5 gibt einen tabellarischen Überblick über ausgewählte Beiträge in alphabetischer Reihenfolge.

Autor/en	Corporate Governance-Definition bzw. -Begriffsverständnis
Assmann (1995, S. 289)	Sie *(die Corporate Governance-Diskussion, der Verf.)* beschäftigt sich im Kern mit den Zusammenhängen zwischen Unternehmensleitung, Leitungskontrolle und Unternehmenserfolg aus Sicht der Anteilseigner.
Audretsch/Weigand (2001, S. 94 f.)	In einer engen Definition bezeichnet Corporate Governance das formale System der Mechanismen, welche die Unternehmensleitung zwingen, den Anteilseignern gegenüber Rechenschaft über die Leistung des Unternehmens abzulegen und ihnen eine Prämie (Dividende) für ihren Kapitaleinsatz zu zahlen. ... In einer weiten Definition umfasst Corporate Governance ... das gesamte Geflecht von formellen und informellen Beziehungen zwischen Management, Eigentümern und Interessengruppen ..., in das eine Unternehmung eingebettet ist.
Bleicher (1995, Sp. 1960)	Spitzenverfassung der Unternehmung.
Blies (1999, S. 1969)	Geeignete Führungs- und Überwachungssysteme.

---

[7] Nippa 2002, S. 9.
[8] Vgl. Schneider/Strenger 2000, S. 106.
[9] Vgl. Ringleb/Kremer/Lutter/von Werder 2003, S. 11.
[10] Eine solche fehlende einheitliche Abgrenzung des Begriffs ist jedoch auch im angelsächsischen Raum existent; vgl. Keasey/Thompson/Wright 1997, S. 2.

Autor/en	Corporate Governance-Definition bzw. -Begriffsverständnis
Börsch-Supan/Köke (2000, S. 1)	Corporate Governance is the complex system of control mechanisms supposed to influence management behavior in order to guarantee a high value of the owners' equity in the firm.
Claussen/Bröcker (2000, S. 481)	Unter dieser Bezeichnung (*Corporate Governance, der Verf.*) wird in Industriestaaten - aber auch in Schwellenländern - die Umgestaltung der gesellschaftsrechtlichen Ordnungen mit dem Ziel gefordert, eine Leitungs- und Überwachungsstruktur zu schaffen, die effizient und verläßlich den Interessen der Anleger an Kapitalmärkten dient. Es geht um die Kompetenzverteilung in der Gesellschaft, um die Funktionsweisen der Organe, um Kontrollmechanismen und die Außenbeziehungen der Gesellschaft zu Anlegern und Gläubigern, zu der Umwelt, aber auch zu den Mitarbeitern, der Belegschaft.
Dimsdale/Prevezer 1994, S. V)	Corporate governance is concerned with the way in which corporations are governed and ... the relationship between the management of a company and its shareholders.
Frühauf (1998, S. 407)	Strukturierung der Unternehmensführung, Definition von Verantwortlichkeiten.
Hock (1999, S. 106)	Unternehmensverfassung und Kontroll- und Verantwortlichkeitsgefüge im Unternehmen.
Kleindieck (2003, S. 572)	Gute und verantwortungsvolle Unternehmensleitung und -überwachung.
Köstler/Kittner/ Zachert/Müller (2003, S. 62)	„Corporate Governance" meint in erster Linie die Herrschafts- und Verwaltungsstrukturen in Kapitalgesellschaften.
Langenbucher/Blaum (1994, S. 2197)	Corporate Governance umfaßt die Rechte, Aufgaben und Verantwortlichkeiten der gesellschaftsrechtlichen Organe ... , der Anteilseigner, der Mitarbeiter und darüber hinaus der übrigen Interessengruppen („stakeholders"), also derjenigen, die von der Leistung und vom Erfolg eines Unternehmens profitieren oder durch dessen Mißerfolg Verluste erleiden.
Lutter (2003, S. 738)	Corporate Governance diskutiert die Frage guter, sorgfältiger und getreuer Leitung und Überwachung von Unternehmen.
Monks/Minow (2001, S. 1)	It *(Corporate Governance, der Verf.)* is the relationship among various participants in determining the direction and performance of corporations. The primary participants are (1) the shareholders, (2) the management (led by the chief executive officer), and (3) the board of directors.
Neubürger (2003, S. 186)	Gute Corporate Governance meint ... Verhaltensregelungen für die Unternehmensorgane, durch deren Befolgung die Wertschaffung im Unternehmen optimiert werden kann (Shareholder Value-Ansatz).
Oechsler (2003, S. 306)	Unter dem Begriff Corporate Governance versteht man allgemein die Organisation der Leitung und Kontrolle eines Unternehmens.

Autor/en	Corporate Governance-Definition bzw. -Begriffsverständnis
OECD (1998, S. 13)	Corporate governance comprehends that structure of relationships and corresponding responsibilities among a core group consisting of shareholders, board members and managers designed to best foster the competitive performance required to achieve the corporation's primary objective.
Pistor (2003, S. 158)	Modell der Unternehmensführungskontrolle.
Potthoff (1995, S. 163)	Verfassung der AG.
Rechkemmer (2003, S. 3)	Inhaltlich geht es bei Corporate Governance um eine effiziente Leitung und Kontrolle vor allem börsennotierter Unternehmen durch deren Spitzenorganisation (z.B. Vorstand und Aufsichtsrat nach deutschem Recht) mit dem Ziel der langfristigen Wertsteigerung.
Scheffler (1995(a), S. 80)	Corporate Governance bezeichnet das System, mit dem Unternehmen geführt und überwacht werden.
Schmidt (1997, S. 2)	Corporate Governance is the totality of the institutional and organizational mechanisms, and the corresponding decision-making, intervention and control rights, which serve to resolve conflicts of interest between the various groups ... which, either in isolation or in their interaction, determine how important decisions are taken in a firm, and ultimately also determine which decisions are taken.
Schmidt/Weiß (2003, S. 110)	Corporate Governance ist die Gesamtheit der Sachverhalte, der institutionellen Gegebenheiten und der Mechanismen, die bestimmen, wie in Unternehmen wichtige Entscheidungen getroffen werden und wie Leitung und Kontrolle ausgeübt werden. Dazu gehört die rechtliche Regelung der Entscheidungsbefugnisse ebenso wie das marktmäßige Umfeld, das die Handlungs- und Einflussmöglichkeiten der verschiedenen Stakeholder prägt.
Schneider/Strenger (2000, S. 106 f.)	Im auch international akzeptierten Kern versteht man darunter (*Corporate Governance, der Verf.*) eine verantwortliche, auf langfristige Wertschöpfung ausgerichtete Unternehmensleitung und -kontrolle.
Shleifer/Vishny (1997, S. 737)	Corporate Governance deals with the ways in which suppliers of finance to corporations assure themselves of getting a return on their investment.
Von Werder (2003, S. 3)	CG (*Corporate Governance, der Verf.*) bezeichnet ... den rechtlichen und faktischen Ordnungsrahmen für die Leitung und Überwachung eines Unternehmens. Der Terminus lässt sich nicht ohne weiteres wörtlich übersetzen, weist aber weitgehende Überschneidungen mit dem deutschen Begriff der Unternehmensverfassung auf.
Witt (2003, S. 1)	Unter dem Begriff der „Corporate Governance" wird ... die Organisation der Leitung und Kontrolle eines Unternehmens mit dem Ziel des Interessensausgleichs zwischen den beteiligten Anspruchsgruppen verstanden.

Abb. 5:   *Überblick über ausgewählte Corporate Governance-Definitionen*

Eine tiefer gehende Untersuchung der Definitionslage führt zu der Erkenntnis, dass das wissenschaftliche Analysespektrum sinnvollerweise durch *drei Dimensionen* zu erfassen ist, welche ihrerseits wiederum jeweils unterschiedliche Ausprägungen ausweisen.

(1) Unternehmens- bzw. Rechtsform

Eine erste Dimension umschreibt die von den Autoren zugrunde gelegte unternehmerische „Zielgruppe" bzw. *Rechtsform*. Obgleich im Schrifttum regelmäßig von „Unternehmen"[11] gesprochen wird, bezieht sich Corporate Governance in einer ersten Eingrenzung primär auf *Kapitalgesellschaften*, da diese in hohem Maße durch die Trennung von Kapitaleigentum und Unternehmensführung gekennzeichnet sind[12] und dadurch eine wesentliche Grundlage der Corporate Governance verkörpern.[13] In einer zweiten Eingrenzung bleibt die Corporate Governance-Diskussion im Kern auf (börsennotierte) *Aktiengesellschaften* beschränkt, da hier Corporate Governance-Probleme besonders deutlich auftreten.[14] Andere Gesellschaftsformen werden kaum behandelt, erfahren jedoch eine zunehmende Bedeutung in der Corporate Governance-Literatur.[15]

(2) Anspruchsgruppen

Eine weitere Dimension umfasst den Grad bzw. Umfang des konzeptionellen Einbezugs der unterschiedlichen *Anspruchsgruppen* eines Unternehmens. Auch wenn einige Autoren gänzlich auf eine diesbezügliche definitorische Explikation verzichten, wird deutlich, dass sich Corporate Governance offensichtlich mit der „Disziplinierung des Managements zum Schutz einer oder mehrerer Interessengruppen des Unternehmens"[16] befasst. In einer engen Perspektive steht dabei die Betrachtung der Eigenkapitalgeber und deren Verhältnis zum Management im Mittelpunkt. Dieses Corporate Governance-Verständnis weist einen sehr engen Bezug zum Shareholder Value-Ansatz auf, der als Unternehmensziel die Erhö-

---

[11] Auf eine Differenzierung der Begriffe „Unternehmen" und „Unternehmung" sei hier nicht eingegangen.

[12] Vgl. Löffelholz 1967, S. 11.

[13] Vgl. hierzu später Kap. B.II.2.

[14] Vgl. Volk 2001, S. 412.

[15] Vgl. von Werder 2003, S. 5; Die Corporate Governance-Thematik lässt sich selbst auf nicht-privatwirtschaftliche bzw. Non-Profit-Organisationen übertragen; vgl. Wymeersch 2003, S. 88. Vgl. hierzu auch Ashburner 1997, S. 279 ff.

[16] Martens 2000, S. 1.

hung des Unternehmenswertes definiert.[17] Eine solche Orientierung an den Eigentümern wird auch als „originäre Corporate Governance" bezeichnet.[18] Geringfügig erweitert wird diese Perspektive durch die darüber hinausgehende Berücksichtigung aller Kapitalgeber - also auch der Fremdkapitalgeber - eines Unternehmens.

Eine *signifikant konzeptionelle* Ausweitung der Analysebreite erfolgt durch den Einbezug *sämtlicher* Interessengruppen eines Unternehmens.[19] Dieses mit dem Stakeholder-Modell[20] in Verbindung stehende Corporate Governance-Verständnis umfasst die explizite Berücksichtigung des gesamten Beziehungsgeflechtes zwischen Management, Eigentümern und den übrigen Anspruchsgruppen wie z.B. Arbeitnehmer, Kunden, Lieferanten, Konkurrenten, Staat, Öffentlichkeit usw.[21]

Prinzipiell erscheint eine solche Ausweitung der Analysebreite durchaus legitim. Jedoch führt ein derartiges Corporate Governance-Verständnis zu einer theoretisch wie praktisch kaum mehr beherrschbaren Problemkomplexität.[22] In den seltensten Fällen können die vielschichtigen Interessen, Bedürfnisse und Ziele aller Stakeholder analysiert und in spezielle Corporate Governance-Maßnahmen überführt werden.[23] Eine gleichzeitige, explizite Berücksichtigung sämtlicher Stakeholder ist letztlich immer mit dem Problem konfrontiert, dass durch die notwendi-

---

[17] Dieser Ansatz entspricht dem Corporate Governance-Verständnis in den USA; vgl. Clarke 1998, S. 60.

[18] Vgl. Nippa 2002, S. 10.

[19] Vgl. Schmidt 1997, S. 5 f.

[20] Als Stakeholder werden alle natürlichen Personen und Institutionen bezeichnet, die in einer wirtschaftlichen Austauschbeziehung mit dem Unternehmen stehen und deshalb ein ökonomisches Interesse am Unternehmensgeschehen haben. Vgl. von Werder 2003, S. 9.

[21] Vgl. hierzu ausführlich Welge/Al-Laham 2003, S. 166 ff. Für eine Übersicht über ausgewählte Stakeholdergruppen und deren Ziele vgl. Portisch 1997, S. 28 ff.

[22] Vgl. Nippa 2002, S. 8 f.; Witt 2001, S. 105; ausführlich auch Hachmeister 1995, S. 29 ff. Frese 1998, S. 518 f., spricht im Rahmen *mehrdimensionaler* Zielkonzepte (als Abwandlung von ursprünglich *interessenmonistisch* ausgerichteten Strukturen) von „schwer lösbaren Operationalisierungsproblemen"; vgl. kritisch zum Stakeholder-Konzept auch Roller 2000, S. 24 ff.

[23] Die zu berücksichtigenden Interessengruppen mit ihren individuellen Zielsetzungen und Verhaltensweisen hängen stark von zahlreichen Kontextfaktoren innerhalb und außerhalb des Unternehmens ab. Sie werden jedoch im Rahmen dieser interessenpluralistischen Perspektive in der Regel nicht näher spezifiziert. Vgl. Gottschlich 1996, S. 12; Raab 2001, S. 178 f.

ge Komplexitätsreduktion die Aussagekraft der für alle Stakeholder gleichermaßen zu geltenden Analyseergebnisse stark eingeschränkt ist.[24]

Ferner wird zum Teil kritisiert, dass die Eingrenzung des Corporate Governance-Thematik auf „das bilaterale Anteilseigner-Management-Verhältnis" die „Governanceprobleme im Zusammenhang mit den übrigen Bezugsgruppen des Unternehmens ausklammert".[25] Jedoch muss eine solche Kritik stark relativiert werden, da trotz der definitorischen Akzentuierung der Aktionärsinteressen nicht übersehen werden darf, dass die Zielsetzung der Aktionäre nicht zwangsläufig in einem diametralen Widerspruch zu den Zielen der anderen Anspruchsgruppen steht. Wie noch gezeigt wird, erfolgt langfristig durch die *explizite* Berücksichtigung der Aktionärsinteressen *implizit* großenteils auch die Berücksichtigung der Interessen anderer Stakeholder.[26]

Obwohl die Shareholder Value-Orientierung mittlerweile großen Anklang in deutschen Aktiengesellschaften gefunden hat,[27] dominiert in Deutschland in Bezug auf das Corporate Governance-Verständnis eher (noch) die Beachtung des Interessenausgleichs zwischen allen Stakeholdern.[28] Ungeachtet dessen folgt die eigene Arbeit dem internationalen, oben so bezeichneten originären, aktionärsorientierten Corporate Governance-Verständnis.

(3) Innen-/Außenperspektive

Schließlich kann im Rahmen einer dritten Dimension unterschieden werden, ob das vom jeweiligen Autor zugrunde gelegte Corporate Governance-Verständnis ausschließlich die *unternehmensinterne* Organisation der Unternehmensführung und -überwachung („Binnenordnung") oder *sämtliche* auf das Unternehmen ein-

---

[24] Vgl. hierzu Schmidt/Weiß 2003, S. 109.

[25] Vgl. von Werder 2003, S. 7.

[26] Vgl. hierzu Kap. C.II.3.1.1 dieser Arbeit. Vgl. hierzu ausführlich Lukarsch 1998, S. 79 ff.; Fleischer 2003, S. 137. Im übrigen sei konstatiert, dass auch der von der Bundesregierung gestützte Deutsche Corporate Governance Kodex explizit und namentlich die Rechte der *Aktionäre* in den Vordergrund stellt, indem er ihre Rechte verdeutlichen will und den Vorstand immerhin zur Steigerung des nachhaltigen Unternehmenswertes verpflichtet; vgl. Deutscher Corporate Governance Kodex in der Fassung vom 21.5.2003, Punkt 4.1.1.

[27] Vgl. Witt 2000, S. 160.

[28] Vgl. Schmidt/Weiß 2003, S. 108; Gottschlich 1996, S. 129. Vor allem aus der Sicht des Auslands wird kritisiert, dass sich das deutsche Corporate Governance-System in Bezug auf die Wahrung der Interessen der Eigenkapitalgeber „im relativ sanktionsfreien Raum" bewegt; vgl. Plaut 1995, S. 111.

wirkende Kontrollmechanismen („Einbindung des Unternehmens in sein Umfeld") einbezieht.[29] Anders als im angelsächsischen Kontext beschränkt sich der Corporate Governance-Begriff in Deutschland häufig historisch bedingt stark auf den rechtlichen Rahmen für das Zusammenwirken der Leitungs- und Überwachungsorgane im Unternehmen, was hier zu Lande die bisweilen enge Verknüpfung zwischen dem Begriff der Corporate Governance und dem der Unternehmens- bzw. Spitzenverfassung begründet.[30] In einem umfassenderen Ansatz wird von der unternehmensinternen Perspektive abstrahiert und Corporate Governance als ein komplexes System unternehmensinterner und -externer Überwachungsmechanismen, die auf das Management einwirken, begriffen.

Im Rahmen der eigenen Untersuchung wird letzterem Verständnis gefolgt.[31] Dabei soll keinesfalls negiert werden, dass das unternehmensinterne Zusammenspiel der Spitzenorgane eines Unternehmens einen bedeutenden Teil der Corporate Governance ausmacht. Jedoch scheint eine solche, a priori vorgenommene terminologische Eingrenzung der gesamten Corporate Governance-Thematik konzeptionell nicht gerechtfertigt.

Basierend auf den vorstehenden Ausführungen zur Definitionslage soll im weiteren Verlauf der Arbeit folgendes - auf die drei genannten Dimensionen referenzierendes - Begriffsverständnis zugrunde gelegt werden:[32] Corporate Governance beschreibt die Überwachung der Unternehmensführung von *Aktiengesellschaften* sowie die *Mechanismen*, die sicherstellen sollen, dass das Management[33] in Übereinstimmung mit den Interessen der *Aktionäre* handelt.[34]

---

[29] Vgl. von Werder 2003, S. 4.

[30] Vgl. von Werder/Minuth 2000, S. 1. Kübler schlägt schlicht vor, die Unternehmensverfassung unter dem Begriff der Corporate Governance zu diskutieren; vgl. Kübler 1994, S. 142. Im Fall einer solchen begrifflichen Abgrenzung bewegt sich Corporate Governance primär im *institutionellen* Teil der *Theorie der Unternehmensverfassung*; vgl. Gerum 1992, Sp. 2481; vgl. zum Begriff der Unternehmensverfassung auch Frese 1993, Sp. 1284 ff.

[31] Vgl. so auch Hopt 2003, S. 32.

[32] Vgl. in enger Anlehnung an Hess 1996, S. 10.

[33] Der Begriff „Management" soll hier die Träger echter Führungsentscheidungen umfassen und im Folgenden synonym mit den Begriffen „Top-Management", „oberstes Management", „Geschäftsführung" und „Vorstand" verwendet werden; vgl. hierzu auch Reuter 1993, Sp. 2664 f. sowie die Ausführungen in Kap. C.I.2.1 dieser Arbeit.

[34] Die vorliegende Arbeit soll sich damit ausdrücklich von den Beiträgen jener Autoren abgrenzen, die einzelne Teilbereiche des Corporate Governance-Konzepts (z.B. den eigenen Untersuchungsgegenstand „Aufsichtsrat") per definitionem mit Corporate Governance gleichsetzen.

Auf Basis dieser Definition seien im Folgenden das theoretische Grundkonzept sowie die Forschungsansätze der Corporate Governance erläutert.

2 Trennung von Eigentum und Verfügungsgewalt als Grundlage der Corporate Governance

Kapitalgesellschaften erweisen sich als eine nützliche Organisationsform, da sie es ermöglichen, den Faktor Management, der eine spezifische Form des Humankapitals repräsentiert, und den Faktor Eigenkapital ressourcenschonend zu kombinieren.[35] Dem gegenüber steht das Risiko der Aktionäre, dass das Management den ihm notwendigerweise übertragenen Entscheidungsspielraum zur Verfolgung eigener Ziele verwendet.[36] Das hier angesprochene Grundproblem besteht in der Trennung von Eigentum und Verfügungsgewalt[37] und stellt gleichsam den zentralen Anknüpfungspunkt in der wissenschaftlichen Auseinandersetzung mit der Corporate Governance dar.[38] „The separation of ownership and control has been blamed for spectacular business failures, the build-up of huge excess capacities, and unscrupulous managers expropriating shareholders."[39]

Bereits im Jahr 1932 erkannten BERLE/MEANS in ihrer bahnbrechenden Publikation „The Modern Corporation and Private Property" einen tief greifenden Strukturwandel in US-amerikanischen Aktiengesellschaften.[40] Sie wiesen empirisch nach, dass die Streuung des Aktienbesitzes seit dem Ende des 19. Jahrhunderts signifikant angestiegen war und zogen die Schlussfolgerung, dass den Aktionären als Eigentümern der Gesellschaften die Kontrolle mehr und mehr entglitten und den von ihnen angestellten Managern zugefallen sei. Während im klassischen Unternehmen das Halten von Eigentumsanteilen und die Ausübung der Verfügungsgewalt bzw. die Bestimmung der Unternehmenspolitik in einer Hand lagen, führte

---

[35] Vgl. hier und im Folgenden Ruffner 2000, S. 131; Winter 2003, S. 336.

[36] Vgl. Fama/Jensen 1983, S. 304; Gilson/Roe 1993, S. 876; OECD 1998, S. 22.

[37] Vgl. Pistor 2003, S. 161.

[38] Vgl. Keasey/Thompson/Wright 1997, S. 2; Fama/Jensen 1983, S. 301 ff.; Buckley 1997, S. 200; Gilson/Roe 1993, S. 874; Weston/Siu/Johnson 2001, S. 596; Rohr/von Wahl 2004, S. 546.

[39] Gugler 2001, S. V.

[40] Vgl. Berle/Means 1932.

die Entwicklung der modernen Kapitalgesellschaft zu einer Trennung dieser Funktionen.[41]

BERLE/MEANS argumentierten schon früh, man könne nicht davon ausgehen, dass die Interessen der Manager und die der Eigentümer identisch seien. „But have we any justification for assuming that those in control of a modern corporation will also choose to operate it in the interest of the owners? The answer to this question will depend on the degree to which the self-interest of those in control may run parallel to the interests of ownership and, insofar as they differ, on the checks on the use of power which may be established by economic, or social conditions."[42] Sie erkannten die negativen Folgen der Trennung von Eigentum und Verfügungsgewalt für die Eigentümer. Mit jeder Reduktion des Aktienanteils (ownership) der Manager sinke gleichzeitig deren Anteil sowohl am Gewinn als auch an den Kosten der Gesellschaft. Im Extremfall würden persönliche Gewinne bzw. Bereicherungen auf Kosten der Gesellschaft zu Reinerträgen für die Manager. Weiter argumentierten sie, der Verlust der faktischen Kontrollmöglichkeit würde durch das Fehlen eines Mehrheitsaktionärs begünstigt.[43]

In der Tat erfährt die Trennung von Eigentum und Verfügungsgewalt in Aktiengesellschaften mit einem weit gestreuten Aktienbesitz eine besondere Problematik.[44] In diesem Fall hat der einzelne Aktionär aufgrund seines Kosten/Nutzen-Kalküls nur einen geringen Anreiz, das Management zu überwachen,[45] da der *Aufwand* für die Informationsbeschaffung bzw. -verarbeitung, die Koordination mit anderen Anteilseignern sowie die Einleitung notwendiger Kontrollmaßnahmen prohibitiv hoch ist.[46] Gleichzeitig verteilt sich ein möglicher *Erfolg* seiner Überwachungsbemühungen auf *alle* Aktionäre, also auch auf jene, die sich passiv

---

[41] Vgl. Wosnitza 1991, S. 5 f. Weltweit gehört es zum Wesen der Aktiengesellschaften, dass die „zentrale Entscheidungsmacht" nicht mehr in den Händen der Eigentümer liegt. Vgl. Bayer 2002, S. 139. Gerum spricht hier von den „beiden klassischen Konstellationen der Eigentümerstruktur", den Eigentümer- und Managementunternehmen; vgl. Gerum 1995, S. 361.

[42] Berle/Means 1932, 113 f.; im Folgenden zusammenfassend auch Benston 1982, S. 6 .

[43] Vgl. Berle/Means 1932, S. 112 ff.

[44] Vgl. Hart 1995, S. 680 f.; Grossmann/Hart 1982, S. 107; Cubbin/Leech 1983, S. 353 ff.; Conte/Svejnar 1988, S. 140 f.

[45] Vgl. Bruce/Buck 1997, S. 82; Picot/Michaelis 1984, S. 258; Martens 1993, S. 547, der im Zusammenhang mit Publikumsgesellschaften und weit gestreutem Aktienbesitz von „Defizit der Machtkontrolle" und „relativ ungebundene Verwaltungsherrschaft" spricht. Vgl. auch Frühauf 1998, S. 411 f.

[46] Vgl. Baums 1994, S. 2; Hill/Snell 1988, S. 579.

verhalten und sich nicht an den Überwachungsbemühungen beteiligt haben.[47] Insofern nimmt die Überwachung der Unternehmensführung den Charakter eines „öffentlichen Gutes" an, von dem kein Aktionär ausgeschlossen werden kann.[48] In der Konsequenz stellt das so genannte „Free Rider-Verhalten" die ökonomisch rationale Lösung aller Aktionäre dar.[49] „Since the benefits of any collective action go to every individual in a group whether or not that individual has borne any of the costs of the collective action, it follows that ... the collective good will not be provided ...".[50] Die Manifestierung dieser aus der Trennung von Eigentum und Verfügungsgewalt resultierenden Überwachungsproblematik, dass die Eigentümer im Ergebnis ihre Kontrollfunktion materiell nicht wahrnehmen,[51] wird in der Literatur auch als „collective action"-Problem bezeichnet.[52]

In der Folgezeit wurden die von BERLE/MEANS vorgetragenen Ergebnisse in verschiedenen empirischen Untersuchungen sowohl für die USA als auch für Deutschland bestätigt bzw. zum Teil Tendenzen einer drastischen Verschiebung zur Management-Kontrolle in Aktiengesellschaften nachgewiesen.[53] In der Wirtschaftswissenschaft spielten diese Befunde allerdings lange keine Rolle. Erst in den 70er Jahren erfolgte eine bemerkenswerte Neuorientierung der Diskussion, als das Gedankengut der Neuen Institutionenökonomie - hier insbesondere der Agency-Theorie - auf die faktische Trennung von Eigentum und Verfügungsgewalt übertragen wurde.[54]

---

[47] Vgl. Hart 1995(a), S. 186.

[48] Vgl. Delingat 1996, S. 48; Dufey/Hommel/Riemer-Hommel 1998, S. 49.

[49] Vgl. Speckbacher 1998, S. 95 f.; Portisch 1997, S. 95. Das Verhalten ist deshalb „ökonomisch rational", da für jeden einzelnen Anteilseigner der Nettogrenzertrag der eigenen Überwachungsbemühung negativ ist. Vgl. zur Passivität der Aktionäre auch Salzberger 1999, S. 88.

[50] Vgl. Short/Keasey 1997, S. 32.

[51] Vgl. Chmielewicz 1989, Sp. 2133.

[52] Vgl. Baums 1994, S. 1 f.; Ruffner 2000, S. 174 ff. Frühauf spricht in diesem Zusammenhang von einer notwendigen Institutionalisierung der Eigentümerrechte der „machtlosen" Einzelnen; vgl. Frühauf 1998, S. 411.

[53] Vgl. Schreyögg 1984, S. 36 f. Vgl. für eine kompakte Übersicht Leipold 1981, S. 30 ff.; Picot/Michaelis 1984, S. 253 ff. Vgl. etwa für eine in den USA umfangreiche und viel beachtete Studie Larner 1966; Larner 1970. Vgl. für die Kontrollsituation in Deutschland ausführlich die Projektberichte von Steinmann/Schreyögg/Dütthorn 1983 bzw. Schreyögg/Steinmann 1981; Bayhurst/Fey/Schreyögg 1994.

[54] Vgl. Wosnitza 1991, S. 18; Mattessich 1985, S. 683.

3 Zur theoretischen Relevanz der Corporate Governance

Inhaltlich und methodisch ist Corporate Governance in die „Theorie der Unternehmung" einzubetten.[55] Unternehmen sind Institutionen, die über die Kombination verschiedener Ressourcen eine auf dem Markt verwertbare Leistung erstellen und diese zu einem bestimmten Preis verkaufen.[56] Die *Neoklassische Theorie der Unternehmung* unterstellt, dass die Wirtschaftssubjekte aktuelle und zukünftige Marktentwicklungen problemlos prognostizieren und vorausplanen können. Darüber hinaus wird angenommen, dass aufgrund der Vollkommenheit der Produkt- und Faktormärkte allen Wirtschaftssubjekten sämtliche entscheidungsrelevanten Informationen zu jeder Zeit und kostenlos zur Verfügung stehen.[57] Die Wirtschaftssubjekte können kostenlos vollkommene Verträge abschließen, die alle erdenklichen zukünftigen Situationen und Einflüsse auf den Vertragsgegenstand antizipieren. Unternehmen werden als „black box" behandelt,[58] deren interne Entscheidungsfindungsprozesse problemlos verlaufen. Aus neoklassischer Sicht ist es unerheblich, wer die *Eigentümer* eines Unternehmens sind und wer das Unternehmen *führt*. Alle Entscheidungen des Managements werden in Einklang mit den Aktionärsinteressen getroffen. Folglich spielt Corporate Governance unter neoklassischen Bedingungen keine Rolle.[59]

Im Gegensatz dazu befasst sich die *Neue Institutionenökonomik*, die unmittelbar aus der Kritik an der Neoklassischen Theorie hervorging,[60] mit einer Welt, in der das ökonomische Handeln zwischen den Wirtschaftssubjekten durch Unvollkommenheiten sowie begrenzte Rationalität und Moral geprägt ist.[61] Im Mittelpunkt steht die Analyse von Institutionen - wie z.B. Organisationen und Märkte - mit dem Ziel, (1) die Entwicklung und den Stand der institutionellen Gegebenheiten der Wirtschaft zu erklären sowie (2) zu untersuchen, wie das Entscheidungsverhalten von Wirtschaftssubjekten durch den Einsatz gesetzlicher oder vertraglicher

---

[55] Vgl. zu den einzelnen Entwicklungsstufen der Theorie der Unternehmung ausführlich Schauenberg 1993, Sp. 4170 ff.

[56] Vgl. Schmidt/Weiß 2003, S. 112.

[57] Vgl. Picot/Dietl/Franck 1997, S. 45; Audretsch/Weigand 2001, S. 87.

[58] Vgl. Ruffner 2000, S. 129.

[59] Vgl. Audretsch/Weigand 2001, S. 89; Hart 1995, S. 678. Die neoklassische Theorie ist auf die heutigen Großunternehmen nicht mehr übertragbar; vgl. Jaschke 1989, S. 40.

[60] Vgl. auch Mikus 1998, S. 451.

[61] Vgl. Picot/Dietl/Franck 1997, S. 53.

Regelungen koordiniert und effizient ausgestaltet werden kann.[62] Das Erkenntnisinteresse der ökonomischen Institutionenanalyse richtet sich auf die Beantwortung
der Fragestellungen, welche alternativen Institutionen bei welchen Arten von Ko-
ordinationsproblemen die relativ geringsten Kosten bzw. die größte Effizienz
aufweisen und wie sich die Koordinationsprobleme, die Kosten und die Effizienz
von Austauschbeziehungen auf die Gestaltung und den Wandel von Institutionen
auswirken.[63]

Das Forschungsprogramm der Neuen Institutionenökonomik vereint vielfältige
Untersuchungsschwerpunkte, die in die Property-Rights-Theorie, die Transak-
tionskostentheorie und die Agency-Theorie unterteilt werden können,[64] wobei
letzterer Zweig den *wichtigsten* Beitrag zur Problematik der Trennung von Eigentum und Verfügungsgewalt in Aktiengesellschaften leistet und damit in der (wissenschaftlichen) Corporate Governance-Diskussion eine zentrale Stellung einnimmt.[65] Die Agency-Theorie abstrahiert vom klassischen, gewinnmaximierenden
Allein-Eigentümer-Unternehmen und widmet sich den Organisationsproblemen in
einer komplexen Institution, in der viele unterschiedliche Entscheidungsträger
interagieren. Vor dem Hintergrund, dass Unternehmen nicht mehr als *geschlossenes System* mit *einheitlichen Zielen* betrachtet werden, sondern als Geflechte von
Verträgen („„nexus of contracts")[66] zwischen Gruppen mit unterschiedlichen Zielen,[67] beschreibt die Agency-Theorie im Kern die (problematische) *vertragliche
Beziehung* zwischen den Aktionären und dem Management in Situationen voneinander abweichender Interessen sowie Risiko- und Informationsverteilung. Insofern konstituieren sich die Bedingungen für die theoretische Relevanz der Corpo-

---

[62] Vgl. Mikus 1998, S. 451; Wenger 1993, Sp. 4495.

[63] Vgl. Ebers/Gotsch 1995, S. 185

[64] Vgl. Picot/Neuburger 1995, Sp. 15; Picot 1993, Sp. 4202. Dabei ist zu erwarten, dass die einzelnen Ansätze verschmolzen und zu einer umfassenden ökonomisch-institutionellen Theorie
führen werden. Vgl. Schanze 1993, Sp. 3771 f.

[65] Vgl. hierzu etwa Mayer 1996, S. 4, der hervorhebt: „Corporate Governance has been tradition-
ally associated with a principal-agent relationship problem." Vgl. auch Olsson 1999, S. 35, der
die Agency-Theorie als „core of the question of corporate governance" bezeichnet. Vgl. auch
Rechkemmer 2003, S. 3 f.; Winter 2003, S. 337; Semler 1995, S. 49.

[66] Vgl. Fama/Jensen 1983, S. 302; Williamson 1988, S. 569. Unternehmen sind demnach lediglich „legal fictions which serve as a nexus for a set of contracting relationships among indi-
viduals"; vgl. Jensen/Meckling 1976, S. 310; auch Fama 1980, S. 290.

[67] Vgl. Kester 1992, S. 25; vgl. hierzu auch Jones 1995, S. 409.

rate Governance in folgenden, an dieser Stelle nur überblicksartig dargestellten Agency-Konflikten zwischen den Aktionären und dem Management.[68]

Eine *erste zentrale Annahme* der Theorie besteht darin, dass beide Akteure *unterschiedliche Interessen* verfolgen und ihr Handeln am individuellen Nutzen orientieren.[69] Damit eng verbunden sind die *unterschiedlichen Risikoneigungen*.[70] In der Regel wird den Managern eine risikoaverse und den Aktionären eine risikofreudige Haltung attestiert. Weiterhin steht die *ungleiche Informationsverteilung* der Akteure im Mittelpunkt der Theorie.[71] Den Managern wird hinsichtlich der konkreten Handlungssituationen und der Bearbeitung der Aufgaben ein - im Vergleich zu den Aktionären - besserer Informationsstand unterstellt.[72] Dies ist als realistisch einzustufen, sind es doch gerade deren spezifische Fähigkeiten, die das Interesse an den Diensten der Manager begründen.[73]

Aus theoretischer Sicht gilt es darüber hinaus zu beachten, dass Agency-Probleme nur dann Corporate Governance-Strukturen erforderlich machen, falls der zwischen den Aktionären und den Managern geschlossene Vertrag *nicht* sämtliche Modalitäten der Auftragsbearbeitung abschließend festlegt (hinreichende Bedingung). So konstatiert HART: "Since optimal principal-agent contracts are comprehensive, it is hard to find a role for governance structure (or asset ownership). The reason is that governance structure matters when some actions have to be decided in the future that have not been specified in an initial contract: governance structure provides a way for deciding these actions. However, in a comprehensive contracting world, everything has been specified in advance, i.e. there are no 'residual' decisions."[74] Aufgrund der realistischerweise zu unterstellenden *Unvoll-*

---

[68] Vgl. hier und im Folgenden Ebers/Gotsch 1995, S. 196 ff. Eine vertiefende Darstellung folgt in Kap. C.II dieser Arbeit.

[69] Vgl. Dimsdale 1994, S. 17, der etwa zwischen einem rein finanziellen Interesse der Aktionäre sowie einem „broader range of factors, such as the size and growth of the company and other measures of professional prestige" auf Seiten der Manager unterscheidet.

[70] Vgl. etwa Jones 1995, S. 409.

[71] Vgl. Picot/Neuburger 1995, Sp. 15. Unter Informationen soll im Folgenden zweckorientiertes Wissen verstanden werden, das erst durch seine spezifische Verwendung (etwa im Rahmen der Aufgabenerfüllung) den Kenntnisstand eines Individuums verbessert; vgl. Berthel 1992, Sp. 872.

[72] Vgl. Bea 1993, Sp. 3701.

[73] Vgl. auch van Oijen 2000, S. 14.

[74] Hart 1995, S. 679. Auch Ezzamel/Watson 1997, S. 57, betonen die „economic importance" dieser Bedingungen für die Corporate Governance.

ständigkeit von Verträgen („incomplete contracting") ist es für die Aktionäre unabdingbar, die Manager mit erheblichen Entscheidungskompetenzen auszustatten. Die Funktion der Corporate Governance besteht nunmehr darin, das Delegationsrisiko der Aktionäre einzugrenzen[75] bzw. sicherzustellen, dass die Manager die ihnen zugewiesenen Kompetenzen innerhalb der lückenhaften Vertragsbeziehung nicht zur Durchsetzung der eigenen Interessen nutzen.[76] Abbildung 6 stellt das Grundkonzept der Corporate Governance noch einmal zusammenfassend dar.

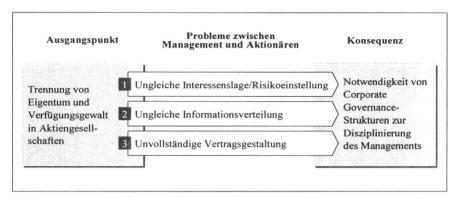

Abb. 6:   Theoretisches Grundkonzept der Corporate Governance

Auf Basis der hier skizzierten theoretischen Grundlagen können im Folgenden die im Mittelpunkt der Forschung stehenden Corporate Governance-Mechanismen untersucht werden.

III   Systematisierung der Corporate Governance-Forschung

1   Überblick

Die Corporate Governance-Forschung befasst sich mit der Beantwortung der Fragestellung, wie man die beschriebenen Probleme aus der Trennung von Eigentum

---

[75]   Vgl. Wunderer 1993, Sp. 1333.

[76]   Vgl. Neubürger 2003, S. 186; Witt 2001, S. 85; Kester 1992, S. 26. Schröder 1996, S. 151, hebt hier zu Recht hervor, dass Corporate Governance per sei keinen Wert darstelle, sondern immer die Wertschöpfung für den Anleger im Vordergrund stehen müsse.

und Verfügungsgewalt lösen bzw. eine konsequent an den Aktionärsinteressen ausgerichtete Unternehmensführung sicherstellen kann. An dieser Stelle sei nochmals auf die „collective-action"-Problematik hingewiesen. Da es aus ökonomischer Sicht nicht angebracht ist, von den *Kleinaktionären* einen aktiven Überwachungsbeitrag zu erwarten,[77] konzentriert sich die Corporate Governance-Forschung auf jene Mechanismen, die an die Stelle der Überwachungshandlungen dieses Aktionärskreises treten. Konkret werden dabei folgende Fragen behandelt:[78]

- "How do the suppliers of finance get managers to return some of the profits to them?
- How do they make sure that managers do not steal the capital they supply or invest it in bad projects?
- How do suppliers of finance control managers?"

Im Laufe der Zeit haben sich verschiedene anwendungsorientierte betriebswirtschaftliche Forschungsansätze herausgebildet, die sich sinnvollerweise wie folgt kategorisieren lassen (vgl. Abb. 7):[79] Die Gruppe der *externen* Corporate Governance-Mechanismen umfasst jene Mechanismen, die von außen auf das Unternehmen wirken („imposed from the firm from outside"[80]) und folglich auch als *Marktmechanismen* bezeichnet werden.[81] Die hierunter zu subsumierenden Forschungsansätze befassen sich mit dem Kapitalmarkt, dem Arbeitsmarkt für Manager sowie dem Produktmarkt. Zu der Gruppe der *internen* Corporate Governance-Mechanismen, die innerhalb des Unternehmens gesteuert werden („directly controlled from within the firm"[82]), gehört die anreizorientierte Entlohnung der Manager sowie das im Mittelpunkt der eigenen Untersuchung stehende Überwachungsorgan.

Im Folgenden wird ein Überblick über die Schwerpunkte innerhalb der einzelnen Forschungsansätze gegeben. Aufgrund der Komplexität der Thematik und der

---

[77] Vgl. auch Delingat 1996, S. 49.

[78] Vgl. Shleifer/Vishny 1997, S. 737.

[79] Vgl. im Folgenden in Anlehnung an Pfeil 1999, S. 32 ff.; Mann 2003, S. 78 f.; Hopt 2003, S. 31 f.; ähnlich auch Prowse 1994, S. 33 ff.; Rediker/Seth 1995, S. 86. Für eine alternative Kategorisierung vgl. Rechkemmer 2003, S. 4.

[80] Pfeil 1999, S. 34.

[81] Vgl. von Werder 2003, S. 12 f.

[82] Pfeil 1999, S. 33.

zum Teil enormen Vielzahl empirischer Studien kann es dabei nicht um eine vollständige Darstellung gehen. Vielmehr sollen jeweils theoretische Kernaussagen und ausgewählte empirische Ergebnisse vorgestellt werden.

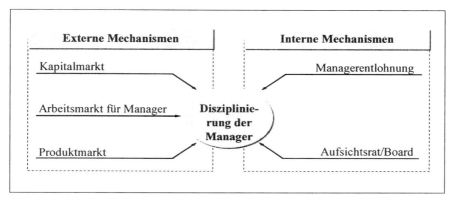

Abb. 7:   Kategorisierung der Corporate Governance-Mechanismen

2   Externe Corporate Governance-Mechanismen

2.1 Der Kapitalmarkt

Der Kapitalmarkt spielt sowohl theoretisch als auch praktisch eine wichtige Rolle in der Corporate Governance-Forschung. Im Rahmen der weiteren Ausführungen sollen unter dem Begriff des Kapitalmarktes mit der Struktur des Anteilsbesitzes, der Rolle von Banken bei der Unternehmensfinanzierung und -überwachung und der Funktionsfähigkeit des Marktes für Unternehmenskontrolle („corporate control") drei Überwachungsmechanismen subsumiert werden, mithilfe derer sich die Ausgestaltung des Kapitalmarktes eines Landes konzeptionell erfassen lässt.[83]

In der Literatur hat sich im Allgemeinen die Unterscheidung in *marktorientierte* und *beziehungs-* bzw. *bankorientierte* Kapitalmärkte durchgesetzt.[84] Das im angloamerikanischen Raum vorherrschende System gilt dieser Klassifizierung

[83] Vgl. in Anlehnung an Blies 2000, S. 51.

[84] Vgl. hier und im Folgenden Kaplan 1996, S. 301 f.; Otto 1997, S. 47; Salzberger 2000, S. 210 f.; Boehmer 2001, S. 96; Roe 1993, S. 1927 ff.; Gugler/Stomper/Zechner 2000, S. 24.

folgend als ein auf dem *Markt* beruhendes System: Das Eigentum an den Aktiengesellschaften ist relativ wenig konzentriert, der Einfluss der Banken eher gering
und der Markt für Unternehmensübernahmen vergleichsweise weit entwickelt.
Genau gegenteilig ausgeprägt sind diese Merkmale in Deutschland und Japan, wo
das Geflecht zwischenbetrieblicher Beziehungen sowie der Einfluss der Großaktionäre und Banken - verbunden mit einem kaum existenten Markt für Unternehmensübernahmen - dominiert (vgl. Abb. 8).

Relative Merkmalsausprägung System A	Überwachungsrelevante Merkmale des Kapitalmarktes	Relative Merkmalsausprägung System B
gering ◀	Konzentrationsgrad des Anteilsbesitzes	▶ hoch
gering ◀	Bedeutung von Banken	▶ hoch
hoch ◀	Bedeutung des Marktes für Unternehmenskontrolle	▶ gering
„Marktorientiertes System": USA/UK		„Beziehungsorientiertes System": Deutschland/Japan

Abb. 8:   Systemspezifische Merkmalsausprägungen des Kapitalmarktes

Im Folgenden seien die einzelnen Schwerpunktthemen der Forschung dargestellt.

2.1.1   Struktur des Anteilsbesitzes

Die Struktur des Anteilsbesitzes, dessen faktische Ausgestaltung von einem weitgehend *konzentrierten* bis hin zu einem *weit gestreuten* Eigentum liegen kann,
stellt ein wichtiges Element des Corporate Governance-Systems dar.[85] Vor dem
Hintergrund der Ausführungen zur collective-action-Problematik in großen Akti-

---

[85]   Vgl. OECD 1998, S. 36.

engesellschaften ist die These nahe liegend, die Corporate Governance eines Unternehmens verbessere sich durch die Existenz mindestens eines *großen* Aktionärs, der das Management überwacht.[86] Ein hinreichend großes Anteilspaket führt sowohl zu einem entsprechenden Anreiz als auch zur Verfügungsgewalt zur Überwachung und Disziplinierung des Managements.[87] Bei Aktionären mit einem großen Aktienanteil überkompensiert der Nutzen aus den Überwachungshandlungen den damit verbundenen Aufwand. „The larger ownership (and voting power) concentration, the higher the incentive and ability of shareholders to monitor management."[88] *Ein* Kernanliegen der Corporate Governance-Forschung ist nun die Auseinandersetzung mit der Fragestellung, inwieweit ein großer Anteilseigner tatsächlich einen disziplinierenden Effekt auf das Management hat.

Die Ergebnisse der bisherigen Forschungsleistungen sind nicht einheitlich. Obwohl von der Existenz eines Großaktionärs grundsätzlich ein positiver Effekt auf die Überwachung erwartet werden kann, sprechen auch einige Argumente gegen eine disziplinierende Wirkung zugunsten *aller* Aktionäre. So ist zunächst zu bedenken, dass selbst ein großer Aktionär weniger als 100% der Anteile an der Gesellschaft hält und ihm damit auch weniger als 100% des Nutzens seiner Überwachungshandlungen zustehen. Folglich ist auch sein Anreiz zur Überwachung des Managements theoretisch nicht maximal ausgeprägt.[89] Als weitere Nachteile, die mit der direkten Überwachung der Unternehmensführung durch Großaktionäre bzw. institutionelle Investoren verbunden sind, gelten folgende potenzielle Effizienzprobleme:[90]

- Häufig gehen die Einflussmöglichkeiten der institutionellen Investoren über die nominell gehaltenen Stimmrechte hinaus.[91]

- Aufgrund der regelmäßig geringen Hauptversammlungspräsenz ist es institutionellen Investoren relativ leicht möglich, eine Stimmrechtsmehrheit zu erzielen.

---

[86] Vgl. Prowse 1994, S. 33; Pound 1988, S. 242; Baysinger/Kosnik/Turk 1991, S. 206; Dufey/Hommel/Riemer-Hommel 1998, S. 49.

[87] Vgl. Mann 2003, S. 82; Dezelan 2001, S. 52.

[88] Gugler 2001(a), S. 12.

[89] Vgl. Hart 1995, S. 683.

[90] Vgl. Witt 2003, S. 34 f.

[91] Dies betrifft insbesondere Banken durch deren zusätzliche Nutzung des Depotstimmrechts.

– Investoren mit großen Anteilspaketen reduzieren die Liquidität des entsprechenden Wertpapiers.

– Im Fall von Pensions- oder Investmentfonds entsteht mit dem Verhältnis zwischen den Fondseigentümern und -managern ein neues Agency-Problem.

– Fonds dürfen keinen zu großen Einfluss auf die Unternehmensführung nehmen, da sie andernfalls unter die gesetzliche Insider-Bestimmung fallen und nicht mehr mit den Anteilen des entsprechenden Unternehmens handeln dürfen.

Daneben tritt ein erhebliches Konfliktpotenzial zwischen Großaktionären und den übrigen, kleinen Anteilseignern. Letztere sind im hohen Maße dem Risiko ausgesetzt, dass der Großaktionär die Manager ausschließlich zu seinen eigenen Gunsten bzw. zum Nachteil der Kleinaktionäre beeinflusst.[92] Beispielsweise könnte der Großaktionär das zu überwachende Management darauf drängen, Produkte seines eigenen Unternehmens zu überhöhten Preisen zu kaufen.[93] In der Literatur wird darüber hinaus bezweifelt, dass Großaktionäre (vor allem namentlich Einzelpersonen und Familien) automatisch zu einer verbesserten Kontrolle führen. Insbesondere in den Fällen, in denen die genannten Aktionärsgruppen das Unternehmen gegründet oder geerbt haben, wird eine wirksame Überwachung häufig durch „besserwisserische" Eingriffe in den Managementprozess, „persönliche Zwistigkeiten" im Unternehmen und ein stark ausgeprägtes „emotionales Interesse" der Eigentümer" behindert.[94]

Die bestehenden theoretischen Auseinandersetzungen werden von einer Vielzahl empirischer Corporate Governance-Studien begleitet. Obgleich die Mehrheit der Studien große Anteilseigner mit einem positiven Corporate Governance-Effekt belegen, lassen sich insgesamt keine einheitlichen Aussagen ableiten.[95] So weist GUGLER zunächst auf die Problematik hin, dass die meisten empirischen Studien die *Identität* eines Großaktionärs (z.B. der Staat, Pensionsfonds, Familien etc.) nicht berücksichtigen, obwohl hier ein Einfluss auf dessen Überwachungsverhal-

---

[92] Vgl. für eine diesbezügliche Auseinandersetzung ausführlich Röhricht 2003, S. 513 ff. Vgl. ähnlich auch Bork 2003, S. 776.

[93] Vgl. Hart 1995, S. 683.

[94] Vgl. Audretsch/Weigand 2001, S. 112 f.

[95] In der Regel legen die Studien die Struktur des Anteilsbesitzes als unabhängige Variable und eine Performance-Größe als abhängige Variable zugrunde. Vgl. für einen umfangreichen Überblick über bestehende empirische Studien zu diesem Thema Gugler 2001(a), S. 15 ff.

ten vermutet werden kann. [96] Darüber hinaus sei die *Kausalität* eines möglicherweise bestehenden positiven *Zusammenhangs* zwischen der Existenz von Großaktionären und den Unternehmensergebnissen nicht zweifelsfrei gegeben. Dieser könnte auch dadurch erklärt werden, dass überdurchschnittliche Unternehmensergebnisse große Investoren anziehen und nicht umgekehrt große Investoren gute Unternehmensergebnisse hervorbringen („Reverse Causality").[97]

Als Zwischenfazit kann festgehalten werden, dass die Struktur des Anteilsbesitzes zwar einen wichtigen Ansatzpunkt der Corporate Governance-Forschung darstellt, eindeutige Ergebnisse - insbesondere hinsichtlich des Zusammenhangs zwischen der Existenz von Großaktionären zur Disziplinierung des Managements und der Steigerung des Unternehmenswertes - jedoch noch nicht vorliegen.[98]

2.1.2 Rolle von Banken bei der Unternehmensfinanzierung und -überwachung

Während die Banken in den USA aufgrund rechtlicher Restriktionen eine eher untergeordnete Rolle in der Corporate Governance-Diskussion spielen,[99] besitzen sie in Deutschland ein nicht unbedeutendes Einflusspotenzial auf das Management.[100] Neben ihrer Funktion als Fremdkapitalgeber treten die Banken vor allem über die Vielzahl eigener Beteiligungen, ihre Aufsichtsratsmandate und das im Auftrag der Depotkunden auf Hauptversammlungen ausgeübte Stimmrecht in

---

[96] Vgl. hier und im Folgenden Gugler 2001(a), S. 22. Vgl zum hier adressierten Problem auch Prowse 1994, S. 33.

[97] Vgl. zu den Einflussfaktoren der Struktur des Anteilsbesitzes sowohl konzeptionell als auch empirisch Demsetz/Lehn 1985, S. 1155 ff.

[98] Vgl. auch Witt 2003, S. 35 und die dort zitierten empirischen Untersuchungen; kritisch zur Rolle institutioneller Investoren im Rahmen der Corporate Governance auch Dezelan 2001, S. 52 f.

[99] Vgl. Prowse 1990, S. 49; Roe 1993, S. 1948; Weston/Siu/Johnson 2001, S. 596.

[100] Vgl. Macey/Miller 1995, S. 87; Coffee 1991, S. 1302 ff.; im Folgenden auch Gerke/Mager 2003, S. 550 ff.

Erscheinung.[101] Diese unterschiedlichen Rollen sind nicht immer in Einklang miteinander zu bringen.[102]

Durch ihre häufig bestehende Doppelfunktion als Eigen- *und* Fremdkapitalgeber einer Aktiengesellschaft besteht für die Banken ein latenter Interessenkonflikt zwischen der Absicherung der eigenen Kredite und der Verfolgung der Anteilseignerinteressen.[103] Dabei ist die Höhe des Anteilsbesitzes im Verhältnis zum Anteil am Fremdkapital entscheidend: Je größer der Quotient aus der Höhe des vergebenen Fremd- und Eigenkapitals, desto eher werden Banken zu einer Maximierung des Fremdkapitalwerts bereit sein und die Maximierung des Eigenkapitalwerts entsprechend vernachlässigen.[104] Ferner wird kritisiert, dass die Erfahrungen mit der Stimmrechtsvollmacht der Banken eindeutig dahin geht, dass die Banken in den meisten Fällen ihren Einfluss auf den Hauptversammlungen nicht im Sinne der Kleinanleger nutzen bzw. die dort unterbreiteten Vorschläge der Unternehmensleitung kritiklos unterstützen.[105]

Die Corporate Governance-Forschung befasst sich zudem mit der disziplinierenden Wirkung der *Fremdfinanzierung*. Sowohl in Deutschland als auch in den USA weisen große Aktiengesellschaften einen relativ hohen Verschuldungsgrad auf.[106] Aus theoretischer Sicht besteht die Möglichkeit, durch einen zunehmenden Grad der Fremdfinanzierung die Überinvestitionsneigung der Manager zu reduzieren.[107] Eine höhere durchschnittliche Verschuldung hätte aufgrund der damit verbundenen, vertraglich abgesicherten Zins- und Tilgungszahlungen einen disziplinierenden Effekt auf die Manager.[108] Fraglich ist allerdings, ob ein hoher Einfluss der Banken die Manager dazu veranlasst, im Interesse der Anteilseigner zu handeln. Um den laufenden Zahlungsverpflichtungen an die Banken nachkommen zu kön-

---

[101] Vgl. Potthoff 1995, S. 163; Elston 1998, S. 136; Boehmer 2001, S. 107; Friedrich-Ebert-Stiftung 1997, S. 1; Schröder/Schrader 1998, S. 17 ff. Salzberger spricht hier von einem mehrfach gestuften Einflusspotenzial der Banken; vgl. Salzberger 2000, S. 211. Vgl. eindrucksvoll auch Knipp 1998, der das Machtpotenzial der Banken in Verbindung mit dem Untergang der Metallgesellschaft recherchiert hat.

[102] Vgl. Dohmen 1998, S. 16; Steinherr 1998, S. 187 f.; Jehle 1982, S. 1068.

[103] Vgl. Gerke/Mager 2003, S. 557.

[104] Vgl. Mann 2003, S. 86.

[105] Vgl. Hopt 1996, S 257.

[106] Vgl. auch Witt 2003, S. 66.

[107] Vgl. hier und im Folgenden Blies 2000, S. 71 f.

[108] Vgl. Jensen 1986, S. 324; Harris/Raviv 1991, S. 300.

nen, sinkt der Anreiz der Manager, sowohl risikobehaftete (aber aus Sicht der Aktionäre profitable) Investitionen als auch langfristige, mit hoher Unsicherheit verbundene Investitionen (z.b. in die Forschung & Entwicklung) zu tätigen.

Insgesamt betrachtet ist die Wirkung der Banken als wirksamer Corporate Governance-Mechanismus im aufgezeigten Sinne bisher nicht zweifelsfrei darzustellen: „The effects of close bank-firm relationships ... on firm profitability are ambiguous ...".[109]

2.1.3 Markt für Unternehmenskontrolle

Der Markt für Unternehmenskontrolle[110] kann sowohl durch permanente Übernahme*bedrohungen* eine wirkungsvolle Disziplinierungswirkung auf Manager entfalten als auch durch feindliche Übernahmen („hostile takeovers") und dem damit verbundenen Austausch des hinter den Erwartungen zurückbleibenden Managements eine an den Aktionärsinteressen ausgerichtete Unternehmensführung *faktisch* wieder herstellen.[111] In dieser Wirkungsweise spiegelt sich ein Markt *konkurrierender* Managementteams wider, von denen sich schließlich jene durchsetzen, die den höchsten Marktwert für ihre Unternehmen generieren.[112]

Der hier im Mittelpunkt stehende, idealtypische Gedankengang lautet wie folgt:[113] Ein Unternehmen wird von Managern geleitet, die konsequent eigennützig und gegen die Interessen der Aktionäre handeln. Der aktuelle Unternehmenswert betrage v, jener unter einer „guten" Führung $v + g$. Ein Käufer übernimmt sämt-

---

[109] Gugler 2001(a), S. 57. Vgl. kritisch zur Rolle der Banken als Corporate Governance-Mechanismus in Deutschland insgesamt auch Clarke/Bostock 1997, S. 237 ff.; Dufey/Hommel/Riemer-Hommel 1998, S. 54.

[110] Die folgenden Ausführungen beziehen sich in erster Linie auf *börsennotierte* Aktiengesellschaften.

[111] Vgl. Günther 1997, S. 34; Gilson/Roe 1993, S. 877; Grossmann/Hart 1982, S. 107; Shyy/Vijayraghavan 1998, S. 85; O'Sullivan 1997, S. 123. Eine fundamentale Prämisse dieser Argumentation besteht in einer positiven Korrelation zwischen den Fähigkeiten des Managements und dem Aktienkurs; vgl. Manne 1965, S. 112.

[112] Vgl. Mann 2003, S. 91.

[113] Vgl. Hart 1995, S. 684.

liche Aktien des Unternehmens zu einem Preis von *v*, wechselt das Management gegen ein besseres aus und realisiert später einen Gewinn in Höhe von *g*.[114]

Feindliche Übernahmen von (vermutlich) unterbewerteten oder zu stark diversifizierten Unternehmen finden in den USA seit Beginn des 20. Jahrhunderts statt. In den 80er Jahren erlebte der Markt für Unternehmensübernahmen dort seinen Höhepunkt und galt als *das* marktliche Korrektiv gegen eigennützig handelnde Manager.[115] In Deutschland kann eine *zunehmende* Disziplinierungswirkung des Marktes für Unternehmenskontrolle erwartet werden,[116] obwohl feindliche Übernahmen in Deutschland bisher nur sehr selten vorgekommen sind.[117]

Allerdings werden in der Corporate Governance-Literatur auch eine Reihe von Argumenten *gegen* die disziplinierende Wirkung dieses Kontrollmarktes vorgetragen, von denen eine Auswahl im Folgenden genannt sei.[118] Zum einen bestehen erhebliche Zweifel, ob ein Verfehlen der Marktwertmaximierung ohne weiteres für die Marktteilnehmer erkennbar ist, gleichsam ein effizienter Kapitalmarkt besteht.[119] GUGLER konstatiert in diesem Zusammenhang: "The takeover premium is about 30-40 per cent, thus only the most apparent abuses of managerial discretion seem to be rectified. It appears that existing mangers can squander one-third of the firm's value before the threat of displacement becomes truly serious."[120]

Weiterhin ist nicht sichergestellt, dass das übernehmende Unternehmen den erwarteten Gewinn in Höhe von *g* auch tatsächlich realisiert.[121] So könnten z.B. andere Unternehmen auf die Unterbewertung des Übernahmeobjektes aufmerksam werden und in den Bieterwettbewerb einsteigen. Auch könnten die Manager des unterbewerteten Unternehmens einen „bidding war" initiieren, indem sie einen oder mehrere weiße Ritter bevorzugt mit Informationen versorgen oder aus

---

[114] Vgl. zu dieser Argumentation auch Elkart/Schmusch 1999, S. 79, 82 f; Speckbacher 1998, S. 96; Prowse 1994, S. 46; Jehle 1982, S. 1072.

[115] Vgl. Witt 2003, S. 65; vgl. hierzu auch Jensen 1983, S. 832.

[116] Vgl. Bühner 1990, S. 7; hierzu auch Winter/Harbarth 2003, S. 476.

[117] Vgl. Witt 2003, S. 82; Franks/Mayer 1990, S. 197 i.V.m Fn. 2.

[118] Vgl. im Folgenden auch Schreyögg 1984, S. 43 ff.

[119] Vgl. Ballwieser/Schmidt 1981, S. 672 f.

[120] Gugler 2001, S. 39. Vgl. zur Höhe des Takeover-Premiums etwa Jensen/Ruback 1983; Caves 1989, S. 153. Vgl. zur Schwierigkeit der Bewertung der Managementfähigkeiten durch die Anteilseigner Bhide 1993, S. 43.

[121] Vgl. Hart 1995, S. 684 f.

eigener Kraft strategische Maßnahmen ergreifen (Verkauf von Unternehmensteilen, Schaffung kartellrechtlicher Probleme etc.), um so den Preis in die Nähe des Wertes $v + g$ zu treiben bzw. die Übernahme vollständig abzuwehren.[122]

Darüber hinaus sieht sich der Bieter möglicherweise einem Free-Rider-Problem ausgesetzt.[123] Kleine Aktionäre des Übernahmeobjektes, die glauben, ihre Entscheidung für oder gegen das Angebot beeinflusse die Wahrscheinlichkeit der Übernahme nicht, haben einen Anreiz, nicht auf das Übernahmeangebot einzugehen, da sie mit dem Halten ihrer Anteile im Fall einer erfolgreichen Übernahme ohnehin den höheren Unternehmenswert realisieren.[124] Insofern müsste der Bieter dieses Verhalten antizipieren und in sein Angebot einpreisen, was seinen Gewinn stark reduzieren würde.[125] Auch gelten feindliche Übernahmen in vielen Ländern als ein Politikum und werden häufig durch die managerialistische Lobby, Politiker oder die Öffentlichkeit opponiert.[126]

Die Corporate Governance-Diskussion wird begleitet von empirischen Studien, in denen die Wirkung feindlicher Übernahmen zu überprüfen versucht wird.[127] Die Ergebnisse verstärken die Zweifel an der disziplinierenden Wirkung des Marktes für Unternehmenskontrolle. So scheint die Wahrscheinlichkeit einer feindlichen Übernahme mit steigender Größe des zu übernehmenden Unternehmens zu sinken. Offensichtlich können sich größere Unternehmen gefahrenlos höhere Wertverluste leisten als kleinere Unternehmen, die schneller zu Übernahmekandidaten werden.[128] Ebenso kann nicht zweifelsfrei nachgewiesen werden, dass sich die Ertragslage übernommener Unternehmen verbessert hat bzw. mit Zusammenschlüssen marktwertsteigernder Effekte eingetreten sind.[129]

---

[122] Vgl. zur Abwehr feindlicher Übernahmen ausführlich Winter/Harbarth 2003, S. 485 ff.; auch Krause 2002, S. 133 ff.

[123] Vgl. Grossmann/Hart 1980, S. 42 f. O'Sullivan 1997, S. 124.

[124] Vgl. Gugler 2001(a), S. 33. Ein effizientes Management kann durchaus den Charakter eines öffentlichen Gutes haben: Ein einzelner Anteilseigner kann hoffen, dass andere Aktionäre ihre Anteile verkaufen, während er für sich den Vorteil aus dem besseren Management ziehen kann. Da sämtliche Anteilseigner derart denken, verkauft im Ergebnis keiner seine Anteile und die Übernahme erfolgt nicht. Vgl. hierzu Grossman/Hart 1980, S. 42 ff.

[125] Vgl. Shleifer/Vishny 1997, S. 756.

[126] Vgl. Shleifer/Vishny 1997, S. 757; Lukarsch 1998, S. 102.

[127] Vgl. für eine Übersicht auch Caves 1989, S. 151 ff.

[128] Vgl. Leipold 1981, S. 46.

[129] Vgl. Bühner 1990(a), S. 314.

Zusammenfassend bleibt festzuhalten, dass die Bedeutung des Marktes für Unternehmenskontrolle als Instrument zur Beeinflussung des Managerverhaltens stark relativiert werden muss.[130] Einige Autoren sprechen der Unternehmenskontrolle sogar jegliche Wirkung ab.[131] Obgleich zum Teil betont wird, der deutsche Kapitalmarkt und dessen rechtliche und sonstige Rahmenbedingungen hätten sich in den vergangenen Jahren enorm verbessert und damit Anschluss an die international führenden Kapitalmärkte der USA und Großbritannien gefunden,[132] scheint sich vor allem in Deutschland bis heute kein wirklicher „Unternehmenskontrollmarkt" entwickelt zu haben.[133] SALZBERGER geht sogar soweit, dass in Deutschland ein Markt für Unternehmenskontrolle grundsätzlich nicht existiere.[134]

2.2 Der Arbeitsmarkt für Manager

Auch der so genannte Arbeitsmarkt für Manager könnte potenziell einen disziplinierenden Effekt auf das Management haben, im Sinne der Aktionäre zu handeln.[135] Die Kernfrage innerhalb dieses Forschungsbereiches lautet: „To what extent can the signals provided by the managerial labor market ..., perhaps with other market-induced mechanisms, discipline managers?"[136]

Dabei werden organisationsexterne und -interne Disziplinierungseffekte des Arbeitsmarktes diskutiert.[137] Der *externe* Effekt beschreibt, dass Manager bei konsequenter Nichtberücksichtigung der Aktionärsinteressen Gefahr laufen, ihren Arbeitsplatz oder zumindest an Reputation zu verlieren. Im Fall einer Wiedereinstellung in einem anderen Unternehmen führt dies zu erheblichen Gehaltseinbußen bzw. zur Reduktion des „Marktwertes" der Manager.[138] Daneben besteht ein permanenter, *interner* Konkurrenzkampf der Manager eines Unternehmens unterein-

---

[130] Vgl. Ballwieser/Schmidt 1981, S. 172; Hopt 2003, S. 36; Jaschke 1989, S. 102.

[131] „The market for corporate control does not ... function as a disciplinary device for poorly performing companies."; vgl. Franks/Mayer 1996, S. 180.

[132] Vgl. Schiessl 2002, S. 593.

[133] Vgl. Meier-Scherling 1996, S. 122; Clarke/Bostock 1997, S. 239 f.; Schröder/Schrader 1998, S. 32.

[134] Vgl. Salzberger 2000, S. 211.

[135] Vgl. Rappaport 1999, S. 5.

[136] Fama 1980, S. 292.

[137] Vgl. Ebers/Gotsch 1995, S. 203.

[138] Vgl. Picot/Michaelis 1984, S. 260 f.

ander. Zum einen erfahren Manager niedrigerer Hierarchiestufen eine laufende Beobachtung durch höhergestellte Manager, deren Beobachtungsaktivitäten zum „natürlichen Aufgabenbereich" zählen.[139] Zum anderen tritt neben diese top-down- eine bottom-up-ausgerichtete Beobachtung, die in dem Interesse der Manager der niedrigeren Hierarchiestufen begründet liegt, hierarchisch höher gestellte, schlechte Manager abzulösen. Demzufolge obliegen auch die Top-Manager einer laufenden internen Beobachtung.[140]

Als Voraussetzungen für die Effizienz des Arbeitsmarktes nennt FAMA drei grundlegende Bedingungen:[141]

(1) Auf dem Arbeitsmarkt muss hinreichende Transparenz herrschen, um die Manager hinsichtlich ihrer Qualifikation, Leistungsfähigkeit und persönlichen Neigung am Arbeitsplatz einschätzen zu können.

(2) Auf dem Arbeitsmarkt müssen diese Informationen rational und effizient verarbeitet werden: Leistungen der Vergangenheit müssen mit der Höhe der zukünftigen Vergütung verknüpft werden, so dass der Preis entscheidend von Erfolg bzw. Misserfolg der Manager (in der Vergangenheit) abhängt.[142]

(3) Der Prozess der Gehaltsanpassung muss einen Anreiz darstellen, der zur Lösung der Problematik beiträgt.

Der disziplinierende Effekt des Corporate Governance-Mechanismus „Arbeitsmarkt für Manager" wird - in Analogie zur Diskussion um die Effizienz des Kapitalmarktes[143] - im Schrifttum erheblich bezweifelt. So erscheint es in der Praxis nahezu unmöglich, das Managerverhalten von außen zu beobachten, um äußere Einflüsse zu bereinigen und abschließend korrekt zu bewerten.[144] BALLWIESER/ SCHMIDT weisen in diesem Zusammenhang darauf hin, dass aufgrund der nur extrem schwer beobachtbaren Qualität der Manager ein *Marktversagen* sehr leicht möglich sei.[145] Die genannten Kritikpunkte korrespondieren mit den Ergebnissen

---

[139] Wosnitza 1991, S. 35.

[140] Von der Rolle des Aufsichtsrats bzw. Board of Directors sei an dieser Stelle abstrahiert.

[141] Fama 1980, S. 296.

[142] Vgl. Ebers/Gotsch 1995, S. 204.

[143] Fama verweist in diesem Zusammenhang auf Untersuchungen, die darauf hindeuten, dass der Kapitalmarkt in der Lage sei, unter unpräzisen und unsicheren Informationen rationale Unternehmensbewertungen durchzuführen; vgl. Fama 1980, S. 296 f.

[144] Vgl. Lukarsch 1998, S. 104.

[145] Vgl. Ballwieser/Schmidt 1981, S. 673.

einer durchgeführten Studie, die Transparenz des Arbeits- bzw. Managermarktes sei nicht ausreichend, um eine wirksame Kontrolle zu gewährleisten.[146] Aus diesen Gründen ist davon auszugehen, dass der Managermarkt keinen wirkungsvollen Corporate Governance-Mechanismus darstellt.[147]

2.3 Wettbewerb auf den Produktmärkten

Basierend auf der Neoklassischen Theorie der Unternehmung kann argumentiert werden, eine Abweichung der Unternehmenspolitik von dem Ziel der Gewinnbzw. Marktwertmaximierung führe zu einem Ausscheiden des Unternehmens aus dem Wettbewerb bzw. Markt.[148] FAMA attestiert dem Produktmarkt hier eine relativ große Bedeutung: „The firm is disciplined by competition from other firms, which forces the evolution of devices for efficiently monitoring the performance of the entire team and of its individual members."[149]

Um langfristig erfolgreich zu sein, müssen die im Wettbewerb befindlichen Unternehmen konsequent Innovationen hervorbringen, Effizienzpotenziale erschließen und ihre Vermögenswerte und Kapitalanlagen mit maximaler Produktivität einsetzen. Im Fall einer diesbezüglichen Vernachlässigung wird das Unternehmen seine Wettbewerbsfähigkeit verlieren und vom Markt gedrängt.[150] Daher kann der Produktmarkt als ein *potenzieller* Mechanismus angesehen werden, die Manager großer Aktiengesellschaften durch *wettbewerbliche* Kräfte von außen zu disziplinieren.[151]

SCHMIDT konstatiert in seinem Aufsatz „Managerial Incentives and Product Market Competiton",[152] dass *Wettbewerb* zweierlei Auswirkungen auf das manageriale Anreizsystem hat: Auf der einen Seite erhöhe ein steigender Wettbewerb die Wahrscheinlichkeit eines Konkurses, was unzweifelhaft einen positiven Effekt auf das Anstrengungs- und Leistungsniveau der Manager habe („threat-of-liquidation

---

[146] Vgl. Swoboda/Walland 1987, 225.

[147] Vgl. Jaschke 1989, S. 100.

[148] Vgl. Wosnitza 1991, S. 28.

[149] Fama 1980, S. 289; auch Dufey/Hommel/Riemer-Hommel 1998, S. 50.

[150] Vgl. Pfeil 1999, S. 36 f.; Blies 2000, S. 52.

[151] Vgl. Pfeil 1999, S. 37.

[152] Vgl. Schmidt 1997.

effect"[153]). Auf der anderen Seite führe steigender Wettbewerb jedoch auch zu geringeren Margen, was es für die Manager eher unattraktiv mache, ein hohes Anstrengungsniveau zu realisieren. Demzufolge sei die Wirkung des Produktmarktes auf den ersten Blick als eher zweifelhaft einzuschätzen.[154] Im Rahmen eines formalanalytischen Modells leitet SCHMIDT ein optimales manageriales Anreizsystem bei gegebener Wettbewerbsintensität ab. Im Anschluss analysiert er die Auswirkungen einer marginalen Erhöhung der Wettbewerbsintensität und leitet hinreichende Bedingungen ab, unter denen ein *steigender Wettbewerb* mit einem Anstieg des *managerialen Anstrengungsniveaus* verbunden ist.[155]

Insgesamt bestehen in der Corporate Governance-Literatur jedoch erhebliche Zweifel, ob der Produktmarkt einen wirkungsvollen Mechanismus zur Disziplinierung des Managements darstellt. So vertreten JENSEN/MECKLING die Auffassung, die Hypothese „that the existence of competition in product ... markets will constrain the behavior of managers to idealized value maximization..." sei keinesfalls tragbar.[156] Auch SMITH formuliert in diesem Zusammenhang: „It is generally conceded ..., that competition is not sufficiently effective to reduce the area of managerial discretion to a significant amount."[157] Darüber hinaus ist das Argument eines wirkungsvollen - d.h. die Manager disziplinierenden - Produktmarktes häufig auf die Annahme vollkommener, polypolistischer Märkte beschränkt, wobei die Realität in der Regel durch Marktformen der monopolistischen oder oligopolistischen Konkurrenz geprägt wird.[158]

Nachdem nunmehr die externen Corporate Governance-Mechanismen erläutert wurden, widmet sich das folgende Kapitel der internen Überwachungsperspektive.

---

[153] Schmidt 1997, S. 193.
[154] Vgl. Schmidt 1997, S. 193.
[155] Vgl. Schmidt 1997, S. 194 ff.
[156] Vgl. Jensen/Meckling 1976, S. 329.
[157] Smith 1974, S. 17.
[158] Vgl. Wosnitza 1991, S. 29.

3 Interne Corporate Governance-Mechanismen

3.1 Ergebnisorientierte Vergütung

Die im Rahmen dieses Forschungsansatzes zugrunde liegende Leitfrage lautet: „Do compensation contracts effectively align shareholder and manager interests in the presence of a separation of ownership and control?"[159] Die Vergütung von Führungskräften spielt insbesondere in den USA eine große Rolle.[160] Dort verdienen Top-Manager nachweislich mehr sowohl als ihre Kollegen in anderen Ländern als auch im Vergleich zu anderen Berufsgruppen in den USA. Während in der öffentlichen Wahrnehmung die *absolute Höhe* der Vergütung naturgemäß eine große Rolle spielt,[161] setzt die Corporate Governance-Forschung hier ihren Schwerpunkt auf die *Anreizverträglichkeit* der Vergütung.[162]

Es ist theoretisch unmittelbar einsichtig, dass den Managern im Fall eines erfolgsunabhängigen, konstanten Gehalts der ökonomische Anreiz fehlt, ihr Anstrengungsniveau im Sinne der Aktionäre zu optimieren.[163] Vor diesem Hintergrund scheint eine Beteiligung der Manager an den Unternehmensergebnissen ein wirksamer Corporate Governance-Mechanismus zur Reduktion von Zielkonflikten zu sein.[164] Je stärker die Entlohnung der Manager an die Realisierung der Aktionärsinteressen gekoppelt ist, desto eher werden die Manager einen Anreiz haben, von sich aus die Ziele der Aktionäre zu verfolgen.

Jedoch ist neben der Anreizfunktion einer Ergebnisbeteiligung auch das Risikoaufteilungsproblem zu berücksichtigen. Sobald das Ergebnis nicht nur von der Leistung der Manager, sondern auch von unkalkulierbaren Umweltfaktoren abhängt, wird die erwartete Vergütung für die Manager ungewiss bzw. risikoreicher. Im Ergebnis werden die (risikoaversen) Manager für die Übernahme des Risikos eine höhere Vergütung verlangen, was wiederum eine Verschlechterung der vertraglichen Konditionen für die Aktionäre bedeutet.[165]

---

[159] Gugler 2001(a), S. 44.
[160] Vgl. im Folgenden Witt 2003, S. 70 f.
[161] Vgl. etwa Main/Johnston 1993, S. 351.
[162] Vgl. Pavlik/Scott/Tiessen 1993, S. 131.
[163] Vgl. Wosnitza 1991, S. 24.
[164] Vgl. Picot/Michaelis 1984, S. 260.
[165] Vgl. Ebers/Gotsch 1995, S. 200.

Ein weiteres Problem besteht darin, dass die Manager ein andersartiges Portfoliorisiko tragen als die Aktionäre.[166] Diese haben die Möglichkeit, durch eine geeignete Auswahl einzelner Wertpapiere das wertpapierspezifische, unsystematische Risiko zu eliminieren. Dagegen weisen Manager, die an dem von ihnen geführten Unternehmen beteiligt sind, ein schlecht diversifiziertes Portfolio auf. Insofern ist zu befürchten, dass die Manager bei Investitionsentscheidungen das *Gesamt*risiko zugrunde legen und nicht das für die Aktionäre bedeutsame, für sie verbleibende *systematische* Risiko, und so Werte vernichten. Dieser Argumentation folgend würde lediglich eine *geringe* Beteiligung der Manager am Unternehmen eine an den Aktionären orientierte Unternehmensführung sicherstellen.

Die simultane Betrachtung der Anreizwirkung und Risikoaufteilung im Rahmen der Vergütung führt zu einem theoretischen Dilemma, da die aufgezeigte Konkurrenz der Teilziele bestenfalls durch einen Kompromiss in der Verteilung der Ergebnisse und des Risikos überwunden werden kann. Im Fall der hier zugrunde liegenden Problematik zwischen Aktionären und den von Ihnen angestellten Managern sind theoretische first-best-Lösungen insofern nicht zu realisieren.[167] Ferner impliziert eine mögliche Ausstattung der Manager mit Anteilen des Unternehmens einen Tradeoff. Auf der einen Seite steigt der Anreiz der Manager zur Steigerung des Marktwertes des Eigenkapitals, auf der anderen Seite erhalten sie aus dem Anteilsbesitz Verfügungsrechte, die sie wiederum zur Selbstkontrolle und Behinderung der Kontrolle durch andere einsetzen können.[168]

Auch die Vielzahl der empirischen Untersuchungen zur Manager-Entlohnung belassen Zweifel an der Wirksamkeit variabler Vergütungsvereinbarungen in der Realität.[169] So analysierten beispielsweise JENSEN/MURPHY den Grad der Veränderung der Vergütung amerikanischer Top-Manager im Verhältnis zur Veränderung des Unternehmenswertes und kamen zu dem überraschenden Ergebnis, dass die so genannten *Pay-Performance-Relation* lediglich 0,3 % beträgt.[170] Ferner besteht im Rahmen der Vergütungsvereinbarungen ein großer *Manipulations-*

---

[166] Vgl. im Folgenden Ballwieser/Schmidt 1981, S. 671; Lukarsch 1998, S. 107.

[167] Vgl. Wosnitza 1991, S. 44.

[168] Vgl. Mann 2003, S. 87; auch Weston/Siu/Johnson 2001, S. 602.

[169] Vgl. Wosnitza 1991, S. 44. Zu einer Übersicht über verschiedene empirische Studien vgl. Gugler 2001(a), S. 43 f.; Pavlik/Scott/Tiessen 1993, S. 142 ff. Vgl. kritisch hierzu auch Daily/Dalton 2000, S. 5.

[170] Vgl. Jensen/Murphy 1990, S. 225 ff. Mit jeder Erhöhung (Verringerung) des Unternehmenswertes um 1.000 US-Dollar steigt (sinkt) die Vergütung der Manager um ca. drei US-Dollar.

spielraum für die Manager, in Ermangelung motivierter Anteilseigner ihre Verträge mit sich selbst aushandeln.[171] Empirische Studien belegen, dass die Vergabe von Aktienoptionsprogrammen häufig unmittelbar vor (nach) der Verkündung guter (schlechter) Nachrichten bzw. positiver (negativer) Aktienbewegungen bewilligt werden.[172] Darüber hinaus weisen empirische Studien auf bestehende Unzulänglichkeiten in der Festlegung *objektiver* Leistungsmaßstäbe hin.[173] Dies führt auch dazu, dass sich Manager einen Großteil ihrer Zeit mit der Definition und Umsetzung der vergütungsrelevanten Fragestellungen beschäftigen, anstatt ihre Arbeitszeit zum Wohl des Unternehmens und seiner Aktionäre einzusetzen.[174]

Als Fazit kann konstatiert werden, dass es bislang noch keinen gesicherten Nachweis über einen signifikant positiven Zusammenhang zwischen dem Einsatz erfolgsorientierter Vergütungssysteme für Manager und dem Unternehmenserfolg gibt.[175]

3.2 Das Überwachungsorgan

Einen weiteren wichtigen Bestandteil der Corporate Governance stellt das *Überwachungsorgan* des Unternehmens dar,[176] das einen Kernbaustein innerhalb des Systems der Unternehmensüberwachung repräsentiert.[177] Ein gesellschaftsrechtliches Organ ist eine Organisationseinheit, der Aufgaben wie Führung, Überwachung und Interessenvertretung innerhalb eines gesetzlich-normativen Rahmens zugewiesen werden.[178] Damit scheint das Überwachungsorgan auf den ersten

---

[171] Vgl. Shleifer/Vishny 1997, S. 745.

[172] Vgl. Yermack 1997, S. 449 ff.

[173] Vgl. Baker/Jensen/Murphy 1988, S. 594. Vgl. auch Gugler 2001(a), S. 44: „It is quite puzzling that most studies … find that company size and changes in size are much more significant determinants of executive pay than measures of shareholders performance".

[174] Vgl. Baker/Jensen/Murphy 1988, S. 597.

[175] Vgl. Winter 2001, S. 535.

[176] Vgl. Schneider-Lenné 1995, S. 38; OECD 1998, S. 22. So wird das Überwachungsorgan als „primary control institution" unter allen Corporate Governance-Mechanismen bezeichnet; vgl. Wenger/Kaserer 1998, S. 42.

[177] Vgl. Hopt 2003, S. 34.

[178] Vgl. Bleicher/Leberl/Paul 1989, S. 44.

Blick ein wirkungsvoller Überwachungsmechanismus zu sein, gegen die Aktionä-re einsetzende Entwicklungen zu verhindern.[179]

Es gibt kein global einheitliches Corporate Governance-Modell.[180] Vielmehr ste-hen sich in Abhängigkeit von der organisatorischen Verankerung der Unterneh-mensführung und -überwachung mit dem angloamerikanischen Board-Modell und dem deutschen Aufsichtsrats-/Vorstandsmodell weltweit zwei strukturelle Alter-nativen gegenüber,[181] deren Vor- und Nachteile im Rahmen der Corporate Gover-nance-Diskussion zum Teil hoch kontrovers debattiert werden.[182] SPECKBACHER geht hier soweit, von einem „Wettstreit der Governance-Strukturen" zu spre-chen.[183]

(1) Board-Modell

Im weltweit stark verbreiteten one-tier-System ist die Unternehmensführung und -überwachung eines Unternehmens in einem Gremium, dem *Board of Directors*, zusammengefasst (vgl. Abb. 9).[184]

Dem Board werden umfassende Kompetenzen zugewiesen, die ihn zum zentralen Organ der Gesellschaft erheben.[185] Die Direktoren, die von den Aktionären ge-wählt werden, überwachen die mit der operativen Geschäftsführung betrauten Officers.[186] Letztere können selbst dem Board angehören und werden dann als geschäftsführende inside-directors (auch: executive directors) bezeichnet. Jene

---

[179] Vgl. Mann 2003, S. 80.

[180] Vgl. Schneider/Strenger 2000, S. 107; Buckley 1997, S. 200.

[181] Vgl. Blies 1999, S. 10; Shyy/Vijayraghavan 1998, S. 85. Vgl. auch Chmielewicz 1993, Sp. 4412, der von unterschiedlichen „Führungsmodellen" spricht. Vgl. im Folgenden sehr ausführ-lich Potthoff 1996, S. 253 ff.

[182] Vgl. Hopt 2001, S. 30 und Loges 1997, S. 437 f., jeweils mit den dort angegebenen Nachwei-sen. Vgl. auch Scheffler 1994, S. 793, der behauptet, das zweistufige Vorstands/Aufsichtsrats-modell „dürfte prinzipiell effizienter und effektiver sein als das einstufige System in dem Board-Modell angloamerikanischen Rechts ..."; ähnlich auch Bernhardt 1994, S. 1342 f. Vgl. zur These, beide Systeme seien etwa gleichwertig tendenziell Röller 1994, S. 334; Endres 1999, S. 453 ff.; Semler 1995, S. 40; Seibert 1999, S. 7; wohl auch Emmerich 1999, S. 1075 f.

[183] Vgl. Speckbacher 1998, S. 96 f.

[184] Vgl. Jaschke 1989, S. 24 f.; Vgl. Im Folgenden auch Langenbucher/Blaum 1994, S. 2198; Potthoff/Trescher 2001, S. 15 f.; Coenenberg/Reinhart/Schmitz 1997, S. 989; Loges 1997, S. 437 f.

[185] Vgl. Kindler 1997, S.14.

[186] Vgl. Girnghuber 1998, S. 23.

Board-Mitglieder, die nicht aktiv geschäftsführend tätig und vor allem wegen ihres Fach- und Führungswissens berufen werden,[187] bezeichnet man als outside-directors (auch: non-executive directors).[188] Geleitet wird das Unternehmen durch den Chief Executive Officer (CEO).

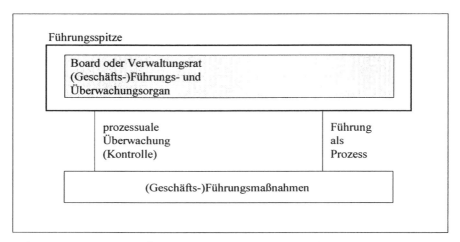

Abb. 9:   *Führung und Überwachung im Board-/Verwaltungsratsmodell*
             (Quelle: Bleicher/Leberl/Paul 1989, S. 46, optisch leicht modifiziert)

In der Corporate Governance-Literatur ist die Wirkungsweise des monistischen Board-Systems nicht unumstritten. Zum Teil wird hier „a host if evidence of the weakness of boards" konstatiert.[189] Als eine zentrale konzeptionelle Schwäche wird der Widerspruch gesehen, dass sich geschäftsführende Personen selbst überwachen müssen. Das Board ist zugleich in der Position „of managing the company" und „of seeing to it that the company is well managed".[190] Dieser Kritikpunkt verschärft sich durch die zumindest für die USA geltende häufige *Personalunion* des CEO und des Chairman of the Board, die diesen regelmäßig zu dem

---

[187] Vgl. Turner 1996, S. 1609.

[188] Vgl. Fey 1995, 1320; Hart 1995, S. 682.

[189] Vgl. Prowse 1994, S. 40.

[190] Vgl. Kadir 1991, S. 20; hierzu auch Bleicher/Paul 1986, S. 265.

das Board beherrschende Element erhebt.[191] Eine wirkungsvolle Überwachung des Managements wird durch diese Konzentration der Entscheidungsbefugnisse in einer Person faktisch außer Kraft setzt.[192]

Ferner wird bemängelt, dass durch das permanente Wechselspiel zwischen einer aktiven Gestaltung der strategischen Führung einerseits und der kritischen Überwachung der geschäftsführenden Maßnahmen andererseits in der Praxis insofern gruppendynamische Prozesse greifen, als dass wenige, in die Geschäftsführung einbezogene Direktoren die übrigen Board-Mitglieder „nach außen" drängen. So entstehen innerhalb des Board mit dem „inneren" und „äußeren" Kreis zwei Gruppierungen, wobei es letzterer im Zeitablauf immer schwerer fällt, die Überwachungsaufgabe angemessen auszuführen.[193]

Der hinter diesen Problemen stehende Kritikpunkt ist der einer häufig nur schwach ausgeprägten - aber ursprünglich zentralen - Überwachungsfunktion des Board.[194] „The board's primary role is to *monitor management* on behalf of the shareholders".[195] Im Rahmen des bereits seit Jahrzehnten diskutierten und bis heute andauernden „board's reformation process"[196] soll die Überwachungsfunktion des angloamerikanischen Board durch dessen mehrheitliche Besetzung mit unabhängigen outside-directors[197] sowie eine verstärkte Ausschussbildung eine größere Bedeutung erlangen.[198] Der mit der Umsetzung dieser Forderungen verbundene

---

[191] Vgl. von Hein 2002, S. 505 ff.; Zahra 1996, S. 1717; Daily/Dalton 1994, S. 1604.

[192] Vgl. Schneider-Lenné 1995, S. 43; Girnghuber 1998, S. 25. Auch in der angelsächsischen Literatur wird betont, dass „... as a general rule, corporate boards in the Unites States are captured by the management."; Shleifer/Vishny 1997, S. 751. Vgl. auch Potthoff 1996, S. 259, der von einer „Machtkonzentration des Chief Executive Officer" spricht.

[193] Vgl. Böckli 2003, S. 214; auch Baysinger/Hoskisson 1990, S. 78 f., die hier von einer mit Nachteilen behafteten Zweiteilung des Boards in einen „inside part" und einen „outside part" sprechen.

[194] Vgl. hierzu auch Grady 1999, S. 17 ff.; Heracleous 1999, S. 256.

[195] Monks/Minow 2001, S. 164 (kursiv nicht im Original); vgl. auch Rosenstein/Wyatt 1997, S. 229 f.

[196] Alkhafaji 1989, S. 64. Man spricht hier von der „Professionalisierung des Board-Systems"; vgl. Honold 1997, S. 686; ähnlich Kraakmann 1996, S. 129.

[197] Vgl. Whittington 1993, S. 313; Roe 1993, S. 1933; Hilb 2005 61 ff.; Baysinger/Kosnik/Turk 1991, S. 206; Zahra 1996, S. 1717; Zajac/Westphal 1996, S. 512.

[198] Vgl. Black/Coffee 1994, S. 2021 ff.; Kraakmann 1996, S. 129 ff. Beide Professionalisierungsstufen sind nicht unabhängig voneinander, da mit der Bildung von Ausschüssen regelmäßig auch die Forderung nach deren ausschließlicher Besetzung mit outside directors einhergeht; vgl. hierzu auch Forker 1992, S. 113; Weston/Siu/Johnson 2001, S. 601.

erkennbare Wandel des Boards hin zu einem (reinen) Überwachungsorgan führt faktisch zu einer Annäherung des einstufigen Board-Modells an das deutsche Aufsichtsrats-/Vorstands-Modell.[199] Insofern bezeichnen SHERIDAN/KENDALL diese Entwicklung als eine „adoption of the supervisory system, albeit within the unitary board structure".[200]

(2) Aufsichtsrats-/Vorstandsmodell

Das in Deutschland gesetzlich verankerte two-tier-System beinhaltet im Vergleich zum vorstehend skizzierten angelsächsischen Modell die Besonderheit, dass es für die Überwachung der Unternehmensführung mit dem Aufsichtsrat ein selbstständiges und vom Geschäftsführungsorgan unterscheidbares Organ bestimmt.[201] Diese Konstellation gehört zu den charakteristischen Strukturmerkmalen einer dualistisch konzipierten Spitzenverfassung.[202] Deren konstituierendes Element ist die auf dem so genannten „Trennungsprinzip" beruhende *personelle* und *sachliche* Trennung von Vorstand und Aufsichtsrat.[203] Abbildung 10 visualisiert das Konzept der Führung und Überwachung im deutschen Aufsichtsrats-/Vorstandsmodell, das zu folgenden organschaftlichen Zuständigkeiten führt:[204]

Der *Vorstand* ist mit der Führung der Geschäfte betraut und hat die Aktiengesellschaft in eigener Verantwortung zu leiten.[205] Er unterliegt grundsätzlich keinen Weisungen anderer Organe[206] und kann seine Entscheidungen nach freiem Ermessen treffen.[207] Dabei äußert sich seine Verantwortung insbesondere in folgenden Bereichen:[208]

---

[199] Vgl. Kraakmann 1996, S. 129; von Werder 2003, S. 20.

[200] Sheridan/Kendall 1992, S. 157.

[201] Vgl. etwa Witt 2000, S. 160.

[202] Vgl. Oetker 2003, S. 262.

[203] Vgl. Hoffmann-Becking 1999, S. 159 f.

[204] An dieser Stelle sei lediglich ein erster Orientierungsrahmen vorgestellt. Eine Konkretisierung der organschaftlichen Zuständigkeiten und Befugnisse erfolgt im Rahmen der Konzeptualisierung der einzelnen Beschreibungsdimensionen des dieser Arbeit zugrunde liegenden Bezugsrahmens. Vgl. hierzu auch Kap. C.I.

[205] Vgl. §§ 76 ff. AktG.

[206] Weitere Gesellschaftsorgane sind im Wesentlichen die Hauptversammlung, der Aufsichtsrat und der Abschlussprüfer; vgl. hierzu Hoffmann-Becking 1999, S. 159 ff.

[207] Vgl. Jäger 2004, S. 381.

[208] Vgl. Müller/Rödder 2004, S. 471 f.

– Unternehmerische Verantwortung (Bestimmung und Umsetzung der Geschäftspolitik bzw. der Unternehmensziele),

– Führungsverantwortung (Wahrnehmung der allgemeinen Führungsverantwortung im Gesamtunternehmen sowie der Fachverantwortung im zugewiesenen Geschäftsbereich einschließlich der Auswahl, Überwachung und Koordination der Mitarbeiter),

– Gesellschaftsrechtliche Verantwortung (Information und Einbindung der anderen Organe in wichtige Entscheidungsabläufe),

– Überwachungsverantwortung (hier vor allem Kontrolle der Mitarbeiter durch eindeutige Verantwortungszuweisungen sowie Etablierung eines unternehmensinternen Berichtssystems zur Kontrolle wichtiger Geschäftsvorfälle und -abläufe) und

– Verantwortlichkeit für die Erfüllung aller Rechtspflichten des Unternehmens (etwa steuerliche oder öffentlich-rechtliche Pflichten sowie Verhinderung ordnungswidrigen und strafrechtlich relevanten Verhaltens).

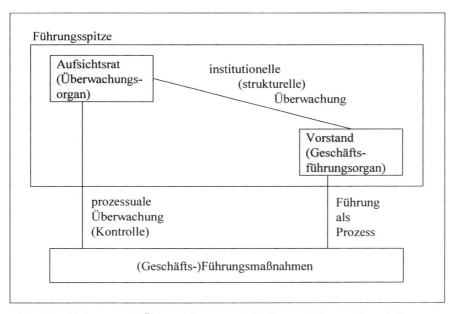

*Abb. 10: Führung und Überwachung im Aufsichtsrats-/Vorstandsmodell
(Quelle: Bleicher/Leberl/Paul 1989, S. 46, optisch leicht modifiziert)*

Dagegen hat der *Aufsichtsrat* die Führung der Geschäfte durch den Vorstand zu überwachen.[209] Ebenso wie der Vorstand unterliegt der Aufsichtsrat dabei keinen Weisungen anderer Organe. Dementsprechend wird auch ihm im Rahmen seiner durch Beschluss zu treffenden Entscheidungen[210] ein weiter Ermessensspielraum eingeräumt.[211] Zur Erfüllung seiner Überwachungsfunktion weist der Gesetzgeber dem Aufsichtsrat eine Vielzahl konkreter Aufgaben zu, deren zahlreiche Ausprägungen verstreut in einzelnen Teilen des Aktiengesetzes wiederzufinden sind.[212] Nach allgemeiner Auffassung hat der Aufsichtsrat die folgenden *zentralen* Aufgaben:[213]

(1)   Auswahl, Bestellung, Ernennung, Wiederwahl und Abberufung der Vorstandsmitglieder (inklusive der Aushandlung der Anstellungsverträge),

(2)   Formale und materielle Überwachung der Unternehmensführung (insbesondere der strategischen Maßnahmen des Vorstands) und

(3)   Prüfung und Feststellung des Jahresabschlusses einschließlich des Gewinnverwendungsvorschlags.

Obgleich dem Aufsichtsrat ausdrücklich keine Maßnahmen der Geschäftsführung übertragen werden können,[214] stehen ihm zur Erfüllung der vorstehend genannten Aufgaben in Bezug auf den unternehmerischen Führungsprozess des Vorstands eine Reihe unterschiedlicher Gestaltungs-, Informations- und Mitwirkungsbefugnisse zur Verfügung, die im weiteren Verlauf der Arbeit inhaltlich vertieft werden.[215]

Neben der Trennung von Geschäftsführungs- und Überwachungsorgan weist die deutsche Spitzenverfassung mit der institutionellen Verankerung der *Mitbestim-*

---

[209]   Vgl. § 111 Abs. 1 AktG.

[210]   Vgl. § 108 Abs. 1 AktG.

[211]   Vgl. Jäger 2004, S. 506.

[212]   Vgl. Hoffmann-Becking 1999, S. 316, der an gleicher Stelle anmerkt, dass sich die vielfältigen Aufgaben des Aufsichtsrats „nur schwer auf einen gemeinsamen Nenner bringen lassen".

[213]   Vgl. Theisen 2003, S. 286; auch Kübler 1999, S. 192 f.; Reiß 1991, S. 43 f.; Lutter 1995, S. 289; Henn 2002, S. 327. Daneben obliegen dem Aufsichtsrat weitere (sonstige) Aufgaben wie etwa die Einberufung der Hauptversammlung, die Entscheidung über die Ausübung von Beteiligungsrechten oder die Kreditgewährung an Vorstandsmitglieder.

[214]   Vgl. § 111 Abs. 4 Satz 1 AktG.

[215]   Vgl. Lukarsch 1998, S. 36 ff.; Kanavelis 1987, S. 114 ff. Eine ausführliche Analyse erfolgt jeweils in den Konzeptualisierungsabschnitten der Untersuchung.

mung eine zweite Besonderheit auf. Der Zweck der Mitbestimmung besteht in der Beeinflussung unternehmerischer Entscheidungen zugunsten der *Arbeitnehmer*,[216] denen durch Stimme und Sitz im Aufsichtsrat ein nicht zu unterschätzender Einfluss auf die Unternehmensüberwachung eingeräumt wird.[217] Dabei bestehen mit dem Montan-Mitbestimmungsgesetz 1951, dem Mitbestimmungsergänzungsgesetz, dem Betriebsverfassungsgesetz 1952 und dem Mitbestimmungsgesetz 1976 verschiedene Modelle der Mitbestimmung, die je nach Unternehmensgröße und -art eine unterschiedliche Beteiligungsintensität der Arbeitnehmer vorsehen.[218]

In Deutschland wird der Aufsichtsrat aus theoretischer Sicht als das „wichtigste Gegenstück der Unternehmensführung"[219] bezeichnet, dessen Effektivität die Überwachung der Unternehmensführung *insgesamt* entscheidend prägt.[220] Die hier zum Ausdruck kommende große Bedeutung des Aufsichtsrats kann weitgehend mit der hierzulande nur relativ schwachen Ausprägung der *externen* Überwachungsmechanismen erklärt werden,[221] die dazu geführt hat, dass die Corporate Governance deutscher Aktiengesellschaften in einem hohen Maß auf den *internen* Mechanismen beruht.[222] Gleichwohl deuten die Schwerpunkte der Corporate Governance-Diskussion auf zum Teil schwerwiegende Defizite des two-tier-Systems bzw. der Arbeit des Aufsichtsrats hin.[223]

Als ein wesentlicher konzeptioneller Schwachpunkt des deutschen Modells wird die *Mitbestimmung* gesehen. Die Beteiligung der Arbeitnehmer an der Überwachung des Vorstands wird im internationalen Vergleich als ein „Sonderweg" bezeichnet und vor allem im angloamerikanischen Raum sowohl von der Praxis als

---

[216] Vgl. Oechsler 1993, Sp. 2863.

[217] Vgl. Witt 2003, S. 86. Vgl. auch Kübler 1999, S. 190, der in diesem Zusammenhang von "zwei Arten von Aufsichtsratsmitgliedern" spricht.

[218] Vgl. hierzu ausführlich Köstler/Kittner/Zachert/Müller 2003, S. 23 ff.; Semler 1999, S. 4 f.; Giese 1995, S. 50 ff.; Kanavelis 1987, S. 21-39; Chmielewicz 1993, Sp. 4413 ff.; Balser/Bokelmann/Ott/Piorreck 2002, S. 126 ff., 188 ff.; Raiser 1993, Sp. 2877 ff. Eine detaillierte Darstellung der Modelle kann für die eigene Untersuchung als entbehrlich eingestuft werden.

[219] Vgl. Theisen 1999, S. 205.

[220] Pistor 2003, S. 159. Bisweilen wird das Kontrollorgan sogar als „im Zentrum jedes Corporate Governance Systems" stehend bezeichnet; vgl. Oechsler 2003, S. 308.

[221] Vgl. zustimmend Hopt 2003, S. 36.

[222] Vgl. Otto 1997, S. 47.

[223] Für eine Übersicht über die weiteren Diskussionsschwerpunkte in der Literatur vgl. auch Bernhardt 1995, S. 311 ff., der eine „Aufsichtsrats-Mängel-Liste" vorstellt; auch Lambsdorff 1996, S. 217 ff.; Bernhardt 1994, S. 1343 ff.; Lingemann/Wasmann 1998, S. 856 ff.

auch von der ökonomischen Theorie abgelehnt.[224] Demnach stünden die gesetzlichen Mitbestimmungsregeln in Deutschland in einem offensichtlichen Widerspruch zu den international bestehenden Grundsätzen einer guten Corporate Governance und der zunehmenden Globalisierung der deutschen Unternehmen.[225] Auch hierzulande steigt die Zahl der Kritiker, die vor dem Hintergrund des globalen Wettbewerbs in der deutschen Mitbestimmung einen großen Standortnachteil sehen.[226] So konstatiert ADAMS, die Mitbestimmung sei ein „Hindernis für Auslandsinvestitionen und damit auch Arbeitsplätze", auf das „getrost verzichtet" werden könne.[227] SEMLER meint, die Einführung der Mitbestimmung sei mit „entscheidender Effizienzminderung" des Aufsichtsrats „bezahlt worden".[228] GERUM/ STEINMANN/FEES weisen in einer breit angelegten empirischen Untersuchung nach, dass viele betroffene Unternehmen vor der Einführung der Mitbestimmung ihre Satzung geändert haben, um die Stellung des Aufsichtsrats (bzw. der Arbeitnehmervertreter) im Rahmen der Überwachung zu schwächen.[229]

Neben der Mitbestimmungsproblematik wird in der Literatur auch das massive *Informationsproblem* des Aufsichtsrats adressiert.[230] So wird der Gedanke der Trennung der Unternehmensführung von der Überwachung zunächst als nachvollziehbar und logisch erklärt. Gleichzeitig wird jedoch argumentiert, dass die strenge personelle und institutionelle Trennung zu einem Informationsproblem führe, das trotz aller Bemühungen, den Informationsfluss zwischen Aufsichtsrat und Vorstand zu verbessern, und trotz aller Forderungen zu einer intensiven Zusammenarbeit kaum gelöst werden könne. Die diesbezüglich Grundsatzkritik lässt

---

[224] Vgl. Endres 1999, S. 454 f. ; Hopt 2003, S. 34.

[225] Neubürger 2003, S. 178.

[226] Vgl. Hopt 2003, S. 35; Vgl. hierzu etwa die aktuelle öffentlich ausgetragene Debatte zwischen dem Bundesverband der Deutschen Industrie (BDI) und der SPD über eine Eindämmung der Mitbestimmung, die vom BDI als "Irrtum der Geschichte" bezeichnet wird, FAZ, 19.10.2004, Nr. 244, S. 11; auch FAZ, 22.10.2004, Nr. 247, S. 2; FAZ, 4.11.2004, Nr. 258, S. 18. Vgl. zur aktuellen Mitbestimmungsdiskussion im Rahmen der Gründung einer so genannten Europa AG sowie grenzüberschreitender Fusionen innerhalb der Europäischen Union etwa FAZ, 12.11.2004, Nr. 265, S. 13.

[227] Adams 1997, S 26.

[228] Vgl. Semler 1995, S. 37.

[229] Vgl. Gerum/Steinmann/Fees 1988.

[230] Vgl. Endres 1999, S. 455. Überraschenderweise wird häufig übersehen, dass diese Informationsproblematik auch auf das einstufige Board-Modell zutrifft; vgl. hierzu Conyon 1997, S. 108.

sich in der Einschätzung zusammenfassen: „Niemand kann andere überwachen, ohne selbst dabei zu sein."[231]

Darüber hinaus wird in der Literatur die konkrete *Arbeitsweise* des Aufsichtsrats kritisiert.[232] Vor allem wird die Größe des Aufsichtsrats in Frage gestellt. Hier überwiegt die Meinung, ein Gremium bestehend aus 20 Personen sei nicht arbeitsfähig[233] bzw. arbeite mit weniger als zwölf Mitgliedern nachweislich besser.[234] BÖCKLI erachtet in dem Punkt weltweit Einigkeit, dass die Effizienz eines körperschaftsrechtlichen Gremiums vom Erreichen einer zweistelligen Mitgliederzahl an exponentiell abnehme.[235] Des Weiteren werden vor allem die geringe *Zahl der Aufsichtsratssitzungen* und die nur rudimentär ausgeprägte *Ausschussbildung* kritisiert.[236]

In einer rekapitulierenden Betrachtung der vorgestellten Schwerpunkte *aller* (externen und internen) Corporate Governance-Mechanismen sei abschließend als *Zwischenfazit* festgehalten, dass im Rahmen der Corporate Governance-Forschung *insgesamt* großenteils *zumindest* theoretische Aussagen über eine wirksame Ausgestaltung der Überwachung einer Aktiengesellschaft vorliegen. Allerdings gilt diese Einschätzung in Bezug auf die Arbeit des *Aufsichtsrats* nur eingeschränkt. Folgerichtig kann konstatiert werden, dass dieser nicht nur im Vergleich zur *Unternehmensführung*,[237] sondern auch zu den übrigen *Corporate Governance-Mechanismen* einen rudimentären Forschungsstand aufweist, der sich zudem primär auf lediglich *strukturelle* Aspekte der Aufsichtsratsarbeit (wie z.B. dessen Größe, Anzahl der Sitzungen etc.) beschränkt.

Die eigene Arbeit greift dieses Defizit auf, indem sie sich sowohl theoretisch als auch empirisch einer Vertiefung der Überwachungsarbeit des Corporate Governance-Mechanismus „Aufsichtsrat" widmet. Dies kann deswegen als eine wissenschaftliche „Herausforderung" erachtet werden, da in der Literatur hervorgehoben wird, diesbezügliche Forschungsarbeiten seien massiv mit folgenden Problemen konfrontiert:

---

[231] Böckli 2003, S. 213.

[232] Vgl. zu den beiden folgenden Punkten auch Kübler 2002, S. 210 f.

[233] Vgl. Semler 1995, S. 37; Lutter 1995(a), S. 1134; vgl. hierzu kritisch Hommelhoff 1995, S. 6.

[234] Vgl. Neubürger 2003, S. 190.

[235] Vgl. Böckli 2003, S. 207.

[236] Vgl. hierzu Mann 2003, S. 173.

[237] Vgl. Kap. A.I.

– Ein umfassendes, theoretisch fundiertes Konzept der Unternehmensüberwachung durch den Aufsichtsrat ist (noch) nicht vorhanden.[238]

– Die Komplexität der Unternehmensführung und der mit ihr verbundenen Überwachung erschwert eine Bewertung der Leistung des Aufsichtsrats im Rahmen der Unternehmensüberwachung.[239]

– Eine ausführliche Erhebung und Analyse der Aktivitäten eines Aufsichtsrats ist aufgrund der *fehlenden Offenlegung* nicht ohne weiteres möglich.[240]

Vor diesem Hintergrund erfolgt im nächsten Kapitel die Entwicklung des konzeptionellen Ausgangsbezugsrahmens der Arbeit.

---

[238] Vgl. Theisen 1987, S. 170.

[239] Vgl. Mann 2003, S. 176.

[240] Vgl. Mann 2003, S. 173.

C Entwicklung des konzeptionellen Ausgangsbezugsrahmens

Zum Zweck der Entwicklung des konzeptionellen Bezugsrahmens werden zunächst die betriebswirtschaftlichen Grundlagen der Überwachung dargelegt und die Überwachungsarbeit des Aufsichtsrats aus agencytheoretischer Sicht durchleuchtet. Auf Basis der dort eruierten Erkenntnisse erfolgt eine Offenlegung der dieser Arbeit zugrunde liegenden Analyseebenen und forschungsmethodologischen Überlegungen.

I Betriebswirtschaftliche Grundlagen der Überwachung

1 Abgrenzung des Überwachungsbegriffs

In der betriebswirtschaftlichen Literatur wird der Begriff der Überwachung sowie dessen Abgrenzung zu den artverwandten Termini Kontrolle, Prüfung und Revision nicht einheitlich behandelt.[1] Beide Aspekte seien im Folgenden klarstellend erläutert.

In einer allgemeinen Definition beinhaltet die Überwachung einen „mehrstufigen Informations- und Entscheidungsprozeß, der alle Maßnahmen umfaßt, durch die festgestellt werden soll, ob Zustände oder Vorgänge einer Norm entsprechen bzw. normgerecht durchgeführt wurden".[2] Anders formuliert beschreibt Überwachung den komplexen Vergleich „tatsächlich eingetretener oder noch einzutretender Ereignisse mit gewünschten oder geplanten, normativen Soll-Zuständen".[3]

In seiner *engen* Auslegung wird der Überwachungsbegriff lediglich als Soll/Ist-Vergleich verstanden, wobei das Ist-Objekt das zu überwachende und das Soll-Objekt das zur Norm erhobene Objekt repräsentiert.[4] Allerdings vernachlässigt eine solche Definition die Analyse möglicher Abweichungen für den Fall einer Ungleichheit oben genannter Zustände, weshalb ein entsprechend weiter gefasster Begriff der Überwachung die Gegenüberstellung von Ist-Objekten mit entsprechenden Soll-Objekten *und* einer daraus abgeleiteten *Messung* und *Analyse* etwaiger Abweichungen beinhaltet.[5] Obwohl ein solches Begriffsverständnis bereits

---

[1] Vgl. Kanavelis 1987, S. 112 ff.

[2] Lück 1993, S. 1218; im Folgenden auch Lück 1996, S. 771 f.

[3] Stoermer 1996, S. 47.

[4] Vgl. Pfohl/Stölzle 1997, S. 3; Grünig 2002, S. 26; Lück 1993, S. 1218.

[5] Vgl. Bartram 1969, S. 93; Girnghuber 1998, S. 87.

weit über die engere terminologische Auslegung hinausgeht, bleibt - im Fall der
Existenz von Soll/Ist-Abweichungen - mit der Ab- bzw. Einleitung gegensteuernder Maßnahmen der letzte und mitunter entscheidende Schritt der Überwachung
unberücksichtigt.[6] In Anlehnung an WYSOCKI lassen sich daher unter dem Begriff
der Überwachung *im weiteren Sinne* folgende Aktivitäten subsumieren:[7]

–   Feststellung der Qualität oder der Quantität eines realisierten Zustands oder
    Vorganges (Erfassung des Ist-Objekts),

–   Feststellung eines (unter Umständen nur gedachten) Zustands oder Vorgangs,
    der als Maßstab dem Überwachungsobjekt gegenübergestellt werden kann
    (Ableitung des Soll-Objekts),

–   Vergleich des Ist-Objekts mit dem dazugehörenden Soll-Objekt und Feststel-
    lung bzw. Analyse etwaiger Abweichungen zwischen der Ausprägung des
    Soll- und Ist-Objekts und

–   Mitteilung des Beurteilungsergebnisses und Anstoß gegensteuernder Maß-
    nahmen zur Beseitigung der Soll/Ist-Abweichungen.

Eine solche begriffliche Auslegung gleicht dem Verständnis des Überwachungs-
begriffs, der der vorliegenden Arbeit zugrunde liegen soll. Abbildung 11 stellt den
so verstandenen Überwachungsprozess grafisch dar.

Eine weitere Unterscheidung bezieht sich auf die *zeitliche* Dimension der Überwachung. Kontrolle wird dabei als eine Überwachung *laufender* Betriebsprozes-
se,[8] Prüfung als eine auf *vergangene* Tatbestände gerichtete Überwachung verstanden.[9] Ferner lassen sich beide Begriffe hinsichtlich des Sanktionsinstrumenta-
riums des Überwachenden differenzieren. Der Begriff Kontrolle beinhaltet mit
dem oben bereits erwähnten „Anstoß gegensteuernder Maßnahmen zur Beseitigung der Soll/Ist-Abweichungen" den abschließenden Schritt des Überwachungsprozesses, während bei Prüfungshandlungen von der Einleitung gegensteuernder
Maßnahmen abgesehen wird.[10]

---

[6]   Vgl. hierzu Hahn 1993, Sp. 3188; analog Welge/Al-Laham 1992(a), Sp. 2360 f.
[7]   Vgl. in Anlehnung an von Wysocki 1988, S. 1 f.; vgl. auch Delfmann 1993, Sp. 3241 f.
[8]   Vgl. Siegwart 1993, Sp. 2256.
[9]   Vgl. Dreist 1980, S. 72.
[10] Vgl. Girnghuber 1998, S. 88.

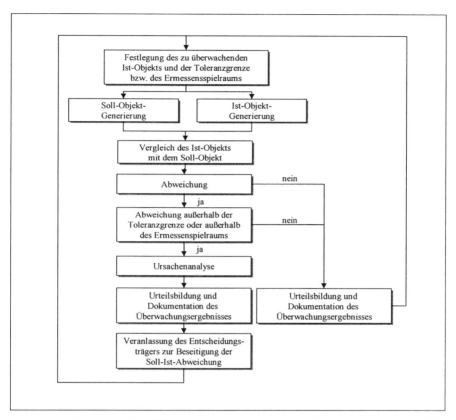

Abb. 11: Der Ablauf des Überwachungsprozesses (Quelle: Reinkensmeier 1992, S. 41)

Es wird deutlich, dass eine überschneidungsfreie Abgrenzung der Begriffe nur schwerlich vorgenommen werden kann. Zum Beispiel müsste der Aufsichtrat aufgrund seiner prinzipiellen Unabhängigkeit vom Vorstand als ein *Prüf*organ bezeichnet werden.[11] Diese Sprachregelung widerspricht jedoch sowohl weiten Tei-

---

[11] Reinkensmeier spricht in diesem Zusammenhang auch von einer „künstlichen Sprachregelung"; vgl. Reinkensmeier 1992, S. 44.

len der deutschsprachigen Literatur als auch der Rechtsprechung, die vom Begriff der Prüfung abstrahiert und den Begriff der Kontrolle dem der Überwachung gleichsetzt.[12] So sei auch im Rahmen dieser Arbeit verfahren.

2 Überwachungskomponenten

Die Überwachung charakterisiert mit dem Überwachungsgegenstand (-objekt), Überwachungsnorm (-regel), Überwachungsträger (-subjekt) und dem Überwachungsurteil vier Basiselemente.[13]

2.1 Überwachungsgegenstand

Der Aufsichtsrat hat per Gesetz die „Geschäftsführung" zu überwachen.[14] Im Folgenden wird der Begriff der Geschäftsführung kurz näher interpretiert, um im weiteren Verlauf ein entsprechend abgegrenztes bzw. handhabbares Begriffsverständnis zugrunde legen zu können.[15] Dabei werden die Begriffe *Geschäftsführung* und *Unternehmensführung* inhaltlich gleichgesetzt und synonym verwendet.[16]

Der Begriff der Unternehmensführung kann für eine nähere betriebswirtschaftliche Analyse zunächst anhand der folgenden vier Dimensionen beschrieben werden.[17] Im Rahmen des *individuellen* Ansatzes wird die Unternehmensführung *personell* definiert. Als Geschäftsführung können hier der bzw. die *Unternehmer* als der bzw. die zur autonomen Führung des Unternehmens legitimierten Personen bezeichnet werden. Die Geschäftsführung wird geprägt durch das Führungsver-

---

[12] Vgl. Girnghuber 1998, S. 88 f.

[13] Vgl. Lück 1993, S. 1219. Bezüglich weiterer Überwachungskriterien bzw. -kategorien sei auf die Ausführungen von Staudinger verwiesen; vgl. Staudinger 1986, S. 132 ff.

[14] Vgl. § 111 Abs. 1 AktG.

[15] Vgl. im Folgenden auch Kanavelis 1987, S. 118 ff.

[16] Die inhaltliche Gleichsetzung beider Begriffe ist mit der juristischen Terminologie vereinbar; vgl. dazu Theisen 1987, S. 47. Anders dagegen Schneider, der den Begriff der Unternehmensführung als über den der Geschäftsführung hinausgehend versteht; vgl. Schneider 2000, S. 25. Für eine Differenzierung zwischen den Begriffen Geschäftsführung und Leitung vgl. Henze 2000, S. 209 f.

[17] Vgl. hier und im Folgenden Theisen 1987, S. 41 ff.; Theisen 1993, Sp. 4221 f.

halten der einzelnen Unternehmensführer. Im Gegensatz dazu zeichnet sich die *institutionelle* Interpretation der Unternehmensführung durch die „Entindividualisierung" der Geschäftsführung aus: Die Unternehmensführung wird als Institution definiert, in der als oberste Entscheidungsinstanz des Unternehmens personen- und sachbezogene Führungsaufgaben wahrgenommen werden. An die Stelle der einzelnen Personen tritt eine Institution, etwa der vom Aufsichtsrat gewählte Vorstand einer Aktiengesellschaft. Unter Rückgriff auf den *funktionalen* Ansatz kann die Unternehmensführung anhand ihrer Funktionen, d.h. ihrer Führungsaufgaben definiert werden. Dabei umfasst diese Begriffsbestimmung die Funktionen der Initiative, Steuerung und Koordination. Der *prozessuale* Ansatz berücksichtigt die Unternehmensführung als Entscheidungsprozess, der wiederum in den einzelnen Phasen der Planung, Realisation und Kontrolle abläuft. Hier wird der dynamische Charakter der Unternehmensführung hervorgehoben. In einer *Synthese* der dargelegten Dimensionen umfasst das Überwachungsobjekt Unternehmensführung demnach „die Gesamtheit der Individuen, Institutionen und Funktionen, welche in einem sozialen, offenen Prozeß die zielentsprechende Gestaltung der wirtschaftlichen Veranstaltung Unternehmung verantwortlich initiieren, koordinieren und steuern."[18]

Dieser betriebswirtschaftlichen Sichtweise steht eine *juristisch orientierte*, begriffliche Eingrenzung personeller und sachlicher Art gegenüber.[19] Der gesetzliche Auftrag des Aufsichtsrats lautet, die Geschäftsführung zu überwachen.[20] Im Rahmen der *personellen* Eingrenzung ist zunächst bedeutsam, dass die Geschäftsführungsfunktion vom *Gesamtvorstand* ausgeübt wird. Folglich bezieht sich auch der Überwachungsauftrag des Aufsichtsrats auf den Gesamtvorstand. Darüber hinaus kann die Überwachungspflicht auch auf die Geschäftsführung der einzelnen *Vorstandsmitglieder*, die in ihrer Gesamtheit das Vorstandsorgan bilden, ausgedehnt werden.[21] Dies hat dann zu erfolgen, wenn der Vorstand seinen Pflichten nicht nachkommt und die Aufforderung des Aufsichtsrats zur Mangelbeseitigung

---

[18] Theisen 1993, Sp. 4222. Es wird deutlich, dass der Überwachungsgegenstand nicht lediglich *eine* der dargelegten Dimensionen aufweist. Vielmehr sind diese *interdependent*. So kann etwa eine Funktionskontrolle nicht ohne ihren Träger durchgeführt, der Vorstand als Organ nicht ohne seine Tätigkeiten überwacht werden. Vgl. Feddersen 2003, S. 455.

[19] Vgl. im Folgenden ausführlich von Schenck 1999, S. 186 ff.; Feddersen 2003, S. 451 ff.

[20] Vgl. § 111 Abs. 1. Laut Aktiengesetz ist die *Geschäftsführung* alleiniger Überwachungsgegenstand des Aufsichtsrats.

[21] Vgl. Schulze-Osterloh 1998, S. 2132.

zu keinem Ergebnis führt. In diesen Fällen ist das Vorstandsmitglied, in dessen Ressort es Unstimmigkeiten gibt, heranzuziehen.[22]

Die *sachliche* Eingrenzung des Überwachungsgegenstands knüpft an die gesetzlichen Aufgaben des Vorstands an. Dieser hat die Gesellschaft in eigener Verantwortung[23] und weisungsfrei zu leiten. Unter Geschäftsführung ist die dem Vorstand obliegende Leitungstätigkeit zu verstehen, bei der es sich um die stets vom Vorstand selbst zu treffenden originären Führungsentscheidungen handelt.[24] Daraus folgt, dass regelmäßig weder Ausführungsentscheidungen noch die Wahrnehmung des Tagesgeschäfts Gegenstand der Überwachung durch den Aufsichtsrat sind.

Da eine weitere begriffliche Differenzierung für die weitere Untersuchung entbehrlich ist, sei zur Explikation des eigenen Begriffsverständnisses abschließend darauf hingewiesen, dass es sich bei der Überwachung durch den Aufsichtsrat stets auch um eine *materielle* Kontrolle der Maßnahmen des Vorstands handelt. Dabei bezieht sich diese Kontrolle nicht nur auf die Durchführung der vom Vorstand getroffenen Entscheidungen, sondern auch auf die zugrunde liegenden Planungs- und Vorbereitungsmaßnahmen. Gleichsam konstituiert sich der Überwachungsgegenstand nicht primär im Organ Vorstand, sondern vielmehr in seinen Geschäftsführungsmaßnahmen bzw. den *strategischen Planungs- und Entscheidungsprozessen* zur Sicherung und Aufrechterhaltung der Lebens- und Entwicklungsfähigkeit des Unternehmens.[25]

2.2 Überwachungsträger

Aktiengesellschaften kennzeichnet ein vielschichtiges Überwachungssystem, das auf mehreren Ebenen stattfindet.[26] Somit sind grundsätzlich auch verschiedene

---

[22] Vgl. von Schenck 1999, S. 186.

[23] Vgl. § 76 Abs. 1 AktG.

[24] Vgl. Semler 1999, S. 17.

[25] Vgl. für diese Begriffsauffassung Gollnick 1997, S. 51; Schneider 2000, S. 24; Langner 1973, S. 17. Vgl. auch Giese 1995, S. 32, für den der Überwachungsgegenstand „nicht weniger, aber auch nicht mehr als die wichtigen Geschäftsführungsmaßnahmen des Vorstands" umfasst. Vgl. zur Prozessbezogenheit der strategischen Planung ausführlich Welge/Al-Laham 1993, S. 196 ff.

[26] Vgl. Dörner 2000, S. 101; Hunecke 1997, S. 410.

Überwachungsträger zu unterscheiden. Referenziert man zunächst auf die in den aktienrechtlichen Bestimmungen genannten Überwachungsträger, so kommen neben dem bereits ausführlich beschriebenen Überwachungsorgan Aufsichtsrat insbesondere das Prüfungsorgan (Abschlussprüfer), das Vertretungsorgan der Anteilseigner (Hauptversammlung) und der Vorstand selbst (Geschäftsführungsorgan) als Überwachungsträger in Betracht.[27]

In der Literatur wird insbesondere die Einordnung des *Vorstands* als *Überwachungsträger* zum Anlass genommen, „erinnernd" auf dessen Überwachungsaufgabe hinzuweisen.[28] Konkret schreibt das Aktiengesetz vor, der Vorstand „habe geeignete Maßnahmen zu treffen, insbesondere ein Überwachungssystem einzurichten, damit den Fortbestand der Gesellschaft gefährdende Entwicklungen früh erkannt werden".[29] SCHEFFLER behauptet, dass die Aufgabe des Vorstands als *Überwachungsträger* aufgrund des deutschen Trennungsmodells von Geschäftsführung und Überwachung „leicht übersehen" werde.[30] SCHARPF geht noch einen Schritt weiter, indem er konstatiert, die Überwachungsfunktion sei „eine herausragende Aufgabe der Geschäftsführung eines Unternehmens".[31]

Die Überwachungsfunktion des Vorstands ist als Bestandteil seiner Leitungsfunktion aufzufassen und resultiert aus der Arbeitsteilung und der Delegation von Verantwortung auf untere hierarchische Ebenen sowie aus der dem Vorstand auferlegten Sorgfaltspflicht der Geschäftsführung.[32] Die Notwendigkeit des internen Überwachungssystems ergibt sich vor allem aus der Verhinderung von Betrugs-, Unterschlagungsfällen und Versagen von Funktionsträgern im Management und

---

[27] Vgl. Blies 2000, S. 50. Vgl. ähnlich Holzer/Makowski 1997, S. 688; Hommelhoff/Mattheus 1998, S. 252; Pfohl/Stölzle 1997, S. 193 f. Für eine weitergehende Unterteilung vgl. ausführlich Theisen 1987, S. 54 ff.; Theisen 1993, Sp. 4222 f.

[28] Vgl. zur Kontrollaufgabe des Vorstands im Rahmen der Corporate Governance Boycott 1997, S. 214 ff.

[29] Vgl. § 91 Abs. 2 AktG; vgl. auch Meyding/Mörsdorf 1999, S. 8; Hunecke 1997, S. 410; Kromschröder/Lück 1998, S. 1573; Lück 1998, S. 182 ff. Die hier beschriebene Verpflichtung des Vorstands wird auch unter dem Begriff des Risikomanagement-Systems diskutiert; vgl. Ballwieser 2003, S. 429 ff.

[30] Vgl. Scheffler 1995(a), S. 80.

[31] Vgl. Scharpf 1999, S. 201. Lück/Makowski sehen in einer defizitären Überwachungsarbeit der Unternehmensführung gar vielfach die Ursache der Zusammenbrüche und Schieflagen deutscher und amerikanischer Unternehmen in den 90er Jahren; vgl. Lück/Makowski 1996, S. 157.

[32] Vgl. Ballwieser 2003, S. 430; Scheffler 1995(a), S. 80. Vgl. auch § 93 AktG.

der Ausführungsebene.[33] Die Funktionsfähigkeit dieses internen Kontrollsystems kann durch Überwachungshandlungen hierarchisch untergeordneter Einheiten sichergestellt bzw. unterstützt werden, die dann allerdings keine funktionale Distanz zur Geschäftsführung aufweisen, da sie unmittelbar in den Prozess der Geschäftsführung eingebunden sowie von dieser weisungsabhängig sind.[34]

Die hier beschriebene Form der Überwachung weist einen engen Bezug zur *Selbst*überwachung auf, bei der Überwachungsträger und -objekt personell identisch sind.[35] Diese Konstellation wird im Rahmen der eigenen Untersuchung ausgeschlossen. Wie schon im Rahmen der theoretischen Ausführungen zur Corporate Governance-Konzeption deutlich wurde, konzentriert sich die vorliegende Arbeit vielmehr auf die Überwachung *der* Geschäftsführung *durch* den zentralen aktienrechtlichen Überwachungsträger *Aufsichtsrat*.[36]

2.3 Überwachungsnorm

Normen dienen als Vergleichsmaßstab bzw. Soll-Objekt, das zur Wahrung seines „Verbindlichkeitscharakters" sowohl dem Überwachungsgegenstand (Vorstand) als auch dem Überwachungsträger (Aufsichtsrat) bekannt sein muss.[37] *Überwa-*

---

[33] Vgl. Hofmann 1998, S. 75.

[34] In Betracht kommen hier etwa die Abteilungen Controlling oder Interne Revision. Vgl. Rohr/von Wahl 2004, S. 547; Reinkensmeier 1992, S. 56 f.; Götz 1995, S. 338; Lück 1998(a), S. 1930; Potthoff/Trescher 20001, S. 212; auch Janke 1992, S. 144. Blies unterscheidet in diesem Zusammenhang je nach gesellschaftsrechtlicher Kompetenzstellung unternehmensführungsinterne von unternehmensführungsexternen Überwachungsträgern. Vgl. Blies 2000, S. 49 f.

[35] Von einer wechselseitigen bzw. horizontalen Überwachung, bei der sich die Vorstandsmitglieder untereinander kontrollieren, sei hier abstrahiert, da ansonsten jedes *einzelne* Vorstandsmitglied als Überwachungsobjekt in Betracht käme. Es handelt sich in diesem Fall aus Sicht der Gesamtorgans Vorstand um Selbstüberwachung; aus Sicht jedes einzelnen Vorstandsmitglieds um Fremdüberwachung durch die Vorstandskollegen. Vgl. hierzu ausführlich Reinkensmeier 1992, S. 58 f.; Theisen 1987, S. 54 ff.; Blies 2000, S. 50.

[36] Vgl. Theisen 1993, Sp. 4223. Explizit steht die spezielle Aufgabe des Aufsichtsrats zu prüfen, ob der Vorstand ein geeignetes Risikomanagement implementiert hat, nicht im Vordergrund der Untersuchung.

[37] Vgl. Reinkensmeier 1992, S. 40. Dabei ist eine Vielzahl von Maßstäben grundsätzlich denkbar: Kennzahlen und Kennzahlensysteme, Bilanzen und Gewinn- und Verlustrechnungen, Mehrjahresplanungen, Investitionsrechnungen, Absatz- und Umsatzentwicklungen; vgl. Reinkensmeier 1992, S. 60 ff.

chungsnormen sind deshalb bedeutsam, weil ohne sie ein Überwachungsurteil nicht abgegeben werden kann. Der Maßstabscharakter des Soll-Objektes verlangt dessen Isomorphie zum Ist-Objekt.[38] Abstrakt formuliert lassen sich im Rahmen der Soll-Objekt-Generierung entsprechend der zugrunde liegenden Regeln drei Kategorien unterscheiden:[39]

▸ *Soll-Objekte 1. Ordnung*: Der Soll-Objekt-Gewinnung liegen *eindeutige* Regeln (z.b. mathematische oder juristische Vorgaben) zugrunde.

▸ *Soll-Objekte 2. Ordnung*: Die Generierung des Soll-Objektes erfolgt *soweit wie möglich* unter Rückgriff auf allgemeingültige objektive Maßstäbe, wobei verbleibende Freiräume durch (intersubjektiv nachprüfbare) subjektive Maßstäbe des Soll-Objekt-Generators ausgefüllt werden.

▸ *Soll-Objekte 3. Ordnung*: Die Sollobjektermittlung erfolgt *ausschließlich* anhand (objektivierbarer) Kriterien des Überwachungssubjektes.

Während die Soll-Objekte 1. Ordnung exakt formuliert werden können, zeichnen sich die Soll-Objekte höherer Ordnung dadurch aus, dass sie sowohl qualitativen und quantitativen Bandbreiten unterliegen als auch aufgrund ihres subjektiven Charakters erhebliche Begründungsschwierigkeiten insbesondere im Rahmen des Überwachungsurteils hervorrufen.[40] In der Rechtsprechung und der betriebswirtschaftlichen Literatur hat der Aufsichtsrat nach herrschender Meinung folgende konkrete Beurteilungskriterien, die eine Überwachung nach freiem Ermessen verhindern und dem Aufsichtsrat über bestimmte Verhaltensregeln die Operationalisierung der Überwachungsaufgabe ermöglichen sollen, zugrunde zu legen.[41]

(1) Rechtmäßigkeit

Der Aufsichtsrat hat zu überwachen, ob der Vorstand *rechtmäßig* handelt. Dabei sind neben den Vorschriften des Aktiengesetzes und des HGB auch spezielle Normen des Kartell-, Wettbewerbs- und Steuerrecht zu beachten.[42] Ebenso hat der

---

[38] Vgl. Selchert 1972(a), S. 105.

[39] Vgl. Staudinger 1986, S. 137.

[40] Vgl. Staudinger 1986, S. 137.

[41] Vgl. im Folgenden Potthoff/Trescher 2001, S. 98 ff.; Lutter/Krieger 2002, S. 27 ff; Semler 1980, S. 68 ff.; von Schenck 1999, S. 204 ff.; Henze 2000, S. 214 f.; Henze 1998, S. 3310; Jäger 1996, S. 674 f.; Dreist 1980, S. 93 ff.; Jaschke 1989, S. 15 ff.; Kanavelis 1987, S. 191 ff.

[42] Die Aufzählung bezieht sich auf Normen des Wirtschaftsrechts. Ebenso sind strafrechtliche Belange und gegebenenfalls Vorschriften des öffentlichen Rechts zu beachten.

Aufsichtsrat das Vorstandshandeln auf dessen Legitimität bezüglich der bestehenden Satzung der Gesellschaft sowie der vom Aufsichtsorgan erlassenen Geschäftsordnung zu beurteilen.[43] Letztere sind sowohl der Geschäftsführung als auch dem Überwachungsträger bekannt und entsprechen einer objektiven Überwachungsnorm.[44] Bei international operierenden Unternehmen sind auch die Gesetze der einzelnen Staaten zu berücksichtigen. Da eine *vollständige* Überwachung praktisch kaum durchführbar ist, kann sich der Aufsichtrat im Rahmen seiner Rechtsmäßigkeitsüberwachung auf wichtige Bereiche konzentrieren.

Der Aufsichtsrat hat eine (Sonder-)Untersuchung einzuleiten, falls aus den Verstößen ein hohes Risiko für das Unternehmen droht, wobei hier quantitative (z.B. Umsatzeinbußen) genauso einzubeziehen sind wie qualitative Bedrohungen (z.B. Verschlechterung des Rufs). Obgleich Gesetzesverletzungen einer einzelfallbezogenen Beurteilung zu unterziehen sind, haben schwerwiegende Verstöße stets gesellschaftsinterne bzw. strafrechtliche Maßnahmen zur Konsequenz.[45] Allerdings sollte der Aufsichtsrat nicht als eine „Strafverfolgungsbehörde"[46] angesehen werden.

(2) Ordnungsmäßigkeit

Gegenstand dieses Maßstabs ist die Fragestellung, ob der Vorstand sorgfältig, ordentlich und gewissenhaft handelt. Dies ist grundsätzlich dann zu bejahen, wenn die Unternehmensführung unter Beachtung allgemein anerkannter betriebswirtschaftlicher Erkenntnisse erfolgt.[47] Dabei kann der Aufsichtsrat etwa folgende Kriterien zugrunde legen:[48]

– angemessene Organisation des Unternehmens bzw. zweckmäßige Abgrenzung der einzelnen Bereiche,

– richtige Besetzung des Vorstands,

---

[43] Vgl. Girnghuber 1998, S. 102f.

[44] Vgl. Reinkensmeier 1992, S. 186.

[45] Vgl. von Schenck 1999, S. 205 f.

[46] von Schenck 1999, S. 205.

[47] Vgl. Gollnick 1997, S. 96.

[48] Vgl. Lutter/Krieger 2002, S. 28 ff.; von Schenck 1999, S. 204 f.; Scheffler 1994, S. 794; Henze 2000, S. 214; Potthoff/Trescher 2001, S. 28 f.

- Existenz eines den Erfordernissen der Führung des jeweiligen Unternehmens entsprechenden Führungsinstrumentariums (Unternehmensplanung, Berichtswesen etc.),

- systematische, termingerechte und erschöpfende Berichterstattung an den Aufsichtsrat,

- sorgfältige Erarbeitung und Begründung anstehender Führungsentscheidungen und

- Vorbereitung wichtiger Entscheidungen unter Verwendung erforderlicher Unterlagen (Marktuntersuchungen, Investitionsrechnungen etc.).

Der Überwachungsmaßstab der Ordnungsmäßigkeit wird in Teilen der Literatur als überflüssig abgelehnt, da er ein stark formelles Kriterium sei und zudem einen sehr engen Bezug zur Rechtmäßigkeitskontrolle aufweise:[49] Während die Forderung, der Vorstand habe *ordnungsgemäß* zu handeln, in § 93 Abs. 1 AktG deutlich hervorgehoben sei, ergebe sich der entsprechende Einbezug in den Überwachungsbereich des Aufsichtsrats bereits aus § 116 AktG. Trotz dieses Arguments und der damit verbundenen (richtigen) Auffassung, der Aufsichtsrat habe den Vorstand primär *materiell* zu überwachen, wird im weiteren Verlauf der Arbeit an einigen Stellen auf die Ordnungsmäßigkeit des Vorstandshandelns Bezug genommen.

(3) Zweckmäßigkeit

Im Rahmen der Beurteilung der Zweckmäßigkeit erfolgt grundsätzlich die Untersuchung, ob die Entscheidungen des Vorstands zielgerichtet sind[50] und den größten Nutzen für das Unternehmen generiert haben. Die Zweckmäßigkeitsbeurteilung bezieht sich auf die materielle Beurteilung der Strategie des Unternehmens zum Erhalt und Ausbau der Wettbewerbsposition für die Zukunft.[51] Dabei hat der Aufsichtsrat zu beurteilen, ob - unter Berücksichtigung der betrieblichen Situation und des Risikos - aus den potenziellen Alternativen und Szenarien diejenige Möglichkeit realisiert wurde, die zum Zeitpunkt der Entscheidung langfristig den größten Erfolg versprochen hat.[52]

---

[49] Vgl. Gollnick 1997, S. 96 m.w.N.

[50] Vgl. Decker 1998, S. 710.

[51] Vgl. Scheffler 1994, S. 794.

[52] Insbesondere die Beurteilung der Zweckmäßigkeit bedarf einer weiteren Operationalisierung über die Definition des Unternehmensziels und der Interessen der einzelnen Stakeholder.

Es ist hier wichtig zu konstatieren, dass ein etwaiger Misserfolg einer Strategie nicht zwangsläufig mit einer Sorgfaltspflichtverletzung des Vorstands gleichzusetzen ist. Auch Entscheidungen, die ursprünglich auf einer fundierten betriebswirtschaftlichen Grundlage getroffen wurden, sind Risiken ausgesetzt, die sich dem Einflussbereich des Vorstands entziehen.[53] Jedoch können Veränderungen der Unternehmensumwelt oder der eigenen Ressourcen und Fähigkeiten eine bereits eingeleitete Maßnahme unzweckmäßig werden lassen, so dass möglichst zu einem frühen Zeitpunkt gegensteuernde Maßnahmen einzuleiten sind.[54]

Zusammenfassend hat der Aufsichtsrat im Rahmen der Zweckmäßigkeitskontrolle das geschäftliche Ergebnis, die Verhältnismäßigkeit des Einsatzes der nötigen Mittel, die Wahrscheinlichkeit der Zielerreichung und das Ausmaß möglicher Risiken zu beachten.[55] Dabei respektiert er den unternehmerischen Ermessensspielraum des Vorstands, solange sich die Geschäftsführung im Rahmen des üblichen kaufmännischen Risikos bewegt.[56]

(4) Wirtschaftlichkeit

Eng mit dem vorstehenden Überwachungsmaßstab verbunden ist die Frage nach der Wirtschaftlichkeit des Vorstandshandelns. Dabei spielen Kosten/Nutzen-Abwägungen eine entscheidende Rolle: Ist bei gegebenen Mitteln der maximale Output erzielt (Maximumprinzip) bzw. ist ein gegebenes Ziel mit dem geringstmöglichen Ressourceneinsatz realisiert worden (Minimumprinzip)?[57] Der Vorstand hat bei allen Entscheidungen zu überprüfen, ob die gewählte Alternative das für das Unternehmen günstigste Kosten/Nutzen-Verhältnis aufweist. Allerdings bereitet hier die Quantifizierung des erwarteten Nutzens einer Entscheidung oftmals Schwierigkeiten.[58]

Die Überprüfung der Wirtschaftlichkeit hat auch die konkrete *Umsetzung* einer Entscheidung zum Gegenstand.[59] Im Zuge des Wirtschaftlichkeitsgedankens muss

---

[53] Vgl. Gollnick 1997, S. 97.

[54] Vgl. Scheffler 1994, S. 794.

[55] Vgl. von Schenck 1999, S. 206.

[56] Vgl. Kanavelis 1987, S. 194 f.

[57] Vgl. etwa Gollnick 1997, S. 99; Girnghuber 1998, S. 103; Kanavelis 1987, S. 193.

[58] Ein Beispiel ist die Ermittlung des erwarteten Ertrags einer Werbemaßnahme, deren Kosten in der Regel relativ leicht zu berechnen sind. Vgl. Potthoff/Trescher 2001, S. 99

[59] Vgl. Henze 2000, S. 215.

zudem differenziert werden zwischen Maßnahmen, die einen Einzelvorgang betreffen und Maßnahmen, die sich auf das Gesamtunternehmen beziehen. So können Einzelmaßnahmen für sich genommen sinnvoll erscheinen, aber aus der Perspektive des Gesamtunternehmens nicht gerechtfertigt sein.[60]

2.4 Überwachungsurteil

Das *Überwachungsurteil* beinhaltet schließlich den Grad der Normentsprechung des Ist-Objekts. Voraussetzungen für ein fundiertes Überwachungsurteil ist die Tatsache, dass das konstruierte Soll-Merkmal seinerseits in jeder Beziehung der gesetzten Norm gerecht wird.[61] Es lassen sich grundsätzlich folgende drei Urteilskategorien unterscheiden:[62]

1. *Alternativurteile*, die eine Zuordnung in sich ausschließende Kriterien konstituiert (z.B. gut/schlecht),

2. *Gradurteile*, die sich aus einer Rangfolge der Erkenntnisse ergeben (z.B. Zensuren),

3. *Quantitätsurteile*, die das Ergebnis des Erkenntnisgewinnungsprozesses mit einer Wertigkeit belegen (z.B. der Wechsel der Bewertungsmethoden hat zu einer Reduktion des Jahresüberschusses von einer Millionen Euro geführt).

Der Rückgriff auf einer der vorstehend genannten Urteilskategorien ist nicht beliebig wählbar, sondern vielmehr abhängig vom Überwachungsgegenstand und des Soll-Objekts. Ferner ist zu fordern, dass der Urteilende den Erkenntnisgewinnungsprozess solange fortführt, bis er von der Evidenz und Belastbarkeit seines Urteils hinreichend überzeugt ist. Gleichsam muss das Urteil als vertrauenswürdig gelten.[63]

Nach dem oben dargelegten Verständnis der Überwachung im weiteren Sinne schließt das Überwachungsurteil die Ableitung gegensteuernder Maßnahmen durch den Überwachungsträger mit ein. Das Urteil kann dabei sowohl eine Neu-

---

[60] Vgl. von Schenck 1999, S. 206.
[61] Vgl. Wysocki 1988, S. 123.
[62] Vgl. Loitlsberger 1966, S. 82.
[63] Vgl. Staudinger 1986, S. 143.

formulierung des Soll-Zustands als auch eine „Redefinition" der gewählten Maßnahmen beinhalten.[64]

3 Überwachungsfunktionen

Nachdem in den vorangegangenen Abschnitten der Überwachungs*begriff* und die
Überwachungs*komponenten* dargestellt wurden, sollen im Folgenden die einzelnen Aufgaben der Überwachung anhand einer *Funktionsanalyse* näher beschrieben werden. Im Schrifttum wird ein breites Spektrum möglicher Funktionen der
Überwachung genannt, die jedoch zum Großteil unscharf bzw. nicht überschneidungsfrei abgegrenzt sind:[65] Information, Steuerung, Prävention, Prophylaxe,
Verhütung, Sicherung, Fehlerbeseitigung, Korrektur, Ertrag-/Vermögenssiche-
rung, Entlastung, Warnung, Unterstützung, Beobachtung, Bestätigung und Beurteilung. Für den eigenen Untersuchungsgegenstand sollen mit der Korrektur-, der
Präventiv- und der Entlastungsfunktion drei grundlegende Aufgaben der Überwachung unterschieden werden.[66]

(1) Korrekturfunktion

Die *Korrekturfunktion* beschreibt die Einleitung gegensteuernder Maßnahmen im
Zuge von Abweichungsanalysen.[67] Der Effizienzgrad dieser Funktion wird ganz
entscheidend bestimmt durch die dem Aufsichtsrat vorliegenden Informationen,
da diese die Basis der Abweichungs- und Ursachenanalysen bilden.[68] Insbesondere im Rahmen der oben skizzierten Überwachung der Zweckmäßigkeit des Vorstandshandelns kommt der Korrekturfunktion eine hohe Bedeutung zu. Man unterscheidet korrigierende Modifikationen innerhalb des *laufenden* Prozesses
(Rückkopplungsfunktion) und Eingriffe, die die *Zukunft* betreffen (Vorkopplungs-
oder Steuerungsfunktion). In beiden Fällen sollen unzulässige Entwicklungen
vermieden werden.[69]

---

[64] Vgl. Munari/Naumann 1999, S. 855.
[65] Vgl. Theisen 1987, S. 30 f. m.w.N.
[66] Vgl. ähnlich Gollnick 1997, S. 82 ff.
[67] Vgl. hierzu auch Wood/Wallace/Zeffane 1998, S. 381.
[68] Vgl. Gollnick 1997, S. 85.
[69] Vgl. Staudinger 1986, S. 129.

Wichtig ist hier, dass der Aufsichtsrat lediglich auf notwendige Korrekturhandlungen *hinweisen*, diese jedoch nicht selbst *durchführen* darf. Dies ändert aber nichts an der grundsätzlichen Korrekturfunktion der Überwachung.[70] Mit der korrektiven Wirkung der Unternehmensüberwachung durch den Aufsichtsrat ist die Lernwirkung verbunden, die basierend auf Erkenntnissen der Abweichungsanalysen indirekt positive wie negative Schlüsse für zukünftiges Handeln erlaubt.[71]

(2) Präventivfunktion

Die *Präventivfunktion* beinhaltet die psychologische Anreizwirkung der Überwachung des Vorstands durch den Aufsichtsrat.[72] Aufgrund der Tatsache, dass der Vorstand von der Überwachung seiner Arbeit weiß, entwickelt dieser ein Bewusstsein, gezielt Fehler zu vermeiden. Der hier angesprochene prophylaktische Aspekt kommt jedoch nur dann zur Geltung, wenn sich der Vorstand einer vollinhaltlichen Überwachung durch den Aufsichtsrat bewusst ist und dieser von seinem Recht, gegensteuernd einzuwirken, auch konsequent Gebrauch macht. Die Präventivfunktion ist offensichtlich stark mit der Korrekturfunktion verbunden.[73] Jedoch begleitet den präventiven Charakter der Unternehmensüberwachung ab einer bestimmten Überwachungsintensität durchaus auch ein dysfunktionaler Aspekt. Die Überwachung bewirkt dann nicht mehr eine größere Sorgfalt des Vorstands, sondern sie wird im Gegenteil als „Mißtrauensbeweis, permanente Bedrohung oder Belästigung" wahrgenommen.[74]

(3) Entlastungsfunktion

Die *Entlastungsfunktion* trägt der Tatsache Rechnung, dass der Vorstand Entscheidungen auf Basis einer Vielzahl risikobehafteter Handlungsalternativen trifft.[75] Durch die Überwachungshandlungen wird dem Vorstand signalisiert, dass der Überwachungsträger mit der Wahl bzw. Qualität der gezeigten Leistung des Vorstands zufrieden ist, was dessen Unsicherheit bzw. Wahldilemma reduziert. „Die ursprünglich auf der Grundlage unvollkommener und unsicherer Informatio-

---

[70] Vgl. Gollnick 1997, S. 84.
[71] Vgl. Staudinger 1986, S. 130.
[72] Vgl. Dreist 1980, S. 79.
[73] Vgl. Gollnick 1997, S. 85.
[74] Vgl. Staudinger 1986, S. 129.
[75] Vgl. hier und im Folgenden Gollnick 1997, S. 86 f.

nen getroffene Entscheidung der Handelnden wird nachträglich, im Verlauf bzw. bereits vor der Realisierung bestätigt."[76]

II Agencytheoretische Analyse der Unternehmensüberwachung durch den Aufsichtsrat

In den folgenden Abschnitten soll die Überwachungsarbeit des Aufsichtsrats im Kontext des *Grundmodells* der Agency-Theorie, das auf JENSEN/MECKLING[77] zurückgeht, interpretiert werden. Dieses charakterisiert eine *einstufige* Beziehung zwischen zwei Akteuren oder Gruppen, hier zwischen den Anteilseignern und Managern,[78] indem es auf sehr anschauliche Weise die Existenz von Interessenkonflikten und Informationsasymmetrien erklärt.[79] Das Grundmodell kann erweitert werden, indem *zusätzliche* Principal-Agent-Beziehungen in die Untersuchung einbezogen werden.[80] Im Folgenden soll von einer solchen *vernetzten* Gesamt-Agency-Struktur und den damit verbundenen (Wechsel-)Wirkungen weiterer Principals und Agents abstrahiert werden. Vielmehr ist es das Ziel, die Rahmenbedingungen der Arbeit eines Überwachungsorgans aus theoretischer Sicht zu erläutern.

Zu diesem Zweck werden zunächst einführend die unterschiedlichen Forschungsrichtungen innerhalb des Theoriegebäudes dargestellt und die wesentlichen Merkmale einer Principal-Agent-Beziehung erläutert. Darauf aufbauend werden die im Kap. B.II.3 dieser Arbeit bereits kurz angesprochenen Agency-Konflikte zwischen den Aktionären und dem Vorstand vertiefend analysiert. Es folgt die Darstellung der agencytheroetisch vorgeschlagenen Ansätze zu Lösung der Konflikte. Das Kapitel schließt mit einer kritischen Auseinandersetzung mit dem Erklärungsbeitrag und Erkenntnisfortschritt der Agency-Theorie für die eigene Problemstellung. Die Ergebnisse dieser abschließenden Reflexion stellen gleichsam

---

[76] Theisen 1987, S. 33.

[77] Vgl. Jensen/Meckling 1976.

[78] Vgl. für eine diesbezüglich leicht abweichende Begriffsauffassung Semler 1995, S. 49 f.

[79] Vgl. hier auch Portisch 1997, S. 73; Bäurle 1996, S. 7 f.

[80] So z.B. das Verhältnis zwischen den Anteilseignern und dem Abschlussprüfer, zwischen den Fremdkapitalgebern und dem Vorstand oder auch zwischen dem Aufsichtsrat und den Aktionären. Vgl. zum Aufsichtsrat innerhalb einer vernetzten, mehrstufigen Agency-Struktur Jaschke 1989, S. 48 ff., 256 ff.; Becker 1993, S. 104 ff.; zu letzterer Konstellation etwa Roller 2000, S. 30 ff.

den Übergang zur Konkretisierung des eigenen Bezugsrahmens dar, die im Anschluss daran vorgenommen wird.

1 Klassifikationsmöglichkeiten der Agency-Theorie

Seit den ursprünglichen Veröffentlichungen zur Agency-Theorie in den 70er Jahren des vergangenen Jahrhunderts[81] hat sich eine kaum überschaubare Fülle an Publikationen herausgebildet. Im Rahmen eines Klassifikationsversuches der Forschungsbeiträge werden in der Literatur verschiedene Typologien diskutiert.

Am häufigsten genannt werden die Unterscheidungen zwischen der *positiven bzw. positivistischen* und *normativen* sowie der *ökonomischen* und *finanziellen* Agency-Theorie.[82] Die Abgrenzungen sind jedoch weder überschneidungsfrei noch umfassend, da sich die unterschiedlichen Beiträge innerhalb des Theoriegebäudes nicht eindeutig bestimmten Forschungszweigen zuordnen lassen.[83] Vor dem Hintergrund, dass eine *ausführliche Diskussion* über die Einordnungsversuche der agencytheoretischen Arbeiten in die eine oder andere Gruppe als wenig zielführend erscheint, wird im Folgenden auf die von JENSEN[84] entwickelte - im Schrifttum weithin akzeptierte - Unterscheidung zwischen einem normativen und einem positiven Theoriezweig referenziert.[85]

Das hauptsächliche Unterscheidungskriterium zwischen positiven und normativen Arbeiten ist, dass letztere stark mathematisch und wenig empirisch geprägt sind, während es sich bei der positiven Agency-Theorie genau umgekehrt verhält.[86] Ziel der *normativen Agency-Theorie* ist die Herleitung eines optimalen Vertrages zwischen Principal und Agent, wobei es sich regelmäßig um die mathematische

---

[81] Vgl. vor allem Jensen/Meckling 1976.

[82] Vgl. hierzu stellvertretend Neus 1989(a), S. 10 ff. und die dort angegebene Literatur.

[83] So erachtet beispielsweise Neus die finanzielle Agency-Theorie als Teilgebiet der ökonomischen Agency-Theorie und ordnet letztere wiederum der normativen Richtung zu; vgl. Neus 1989(a), S. 16.

[84] Vgl. Jensen 1983, S. 334 ff., der allerdings - etwas missverständlich - die Bezeichnungen „positive theory of agency" und „principal-agent-literature" verwendet.

[85] Vgl. Meinhövel 1999, S. 23 f. Mensch 1999, S. 687; Franke 1993, Sp. 38; Mikus 1998, S. 452; Wenger/Terberger 1988, S. 506 f.; Elschen 1991, S. 1006; Müller 1995, S. 61 f.; Jaschke 1989, S. 45; Ordelheide 1993, Sp. 1844.

[86] Vgl. Wenger/Terberger 1988, S. 506 f.; Trumpp 1995, S. 41; Neus 1989(a), S. 12.

Modellierung bestimmter Entlohnungsverträge bzw. „erfolgs- und/oder aktivitäts-abhängige Anreizsysteme"[87] handelt, die die Unsicherheiten sowie unterschiedlichen Risikoeinstellungen und Informationsniveaus der beiden Vertragsparteien berücksichtigt.[88] Als Effizienzkriterium wird die Pareto-Optimalität zugrunde gelegt.[89] Dabei wird unterstellt, dass mit Vertragsabschluss der gesamte Verlauf der Kooperation festgelegt ist und in den späteren Perioden nur noch vollzogen wird.[90] Vor dem Hintergrund, dass bei der Herleitung eines optimalen (Entlohnungs-)Vertrags neben der Unsicherheit zudem eine *unzureichende Überwachung* als gegeben hingenommen wird,[91] steht die Untersuchung von *Überwachungsmechanismen* nicht im Mittelpunkt des Interesses. Vielmehr wird implizit unterstellt, dass es nach Abschluss des Vertrags für beide Parteien keinen Regelungsbedarf mehr gibt, weil sämtliche getroffenen Absprachen sowohl vollständig als auch durchsetzbar sind.[92] Insofern liegt es den normativen Forschern auch fern, unter Rückgriff auf empirische Analysen spezifische Ausgestaltungsformen in der Realität beobachtbarer Agency-Beziehungen zu erklären.[93]

An dieser Stelle sei kritisch angemerkt, dass die Gewährung von Anreizen zwar die Interessen des Principal und des Agent angleicht, eine *vollständige* Beseitigung des diskretionären Spielraums des Agent so jedoch nicht erreicht wird.[94] Ferner ist die direkte Anwendung der Ergebnisse der mathematischen Entscheidungsmodelle nicht zuletzt wegen der stark komplexitätsreduzierenden Annahmen[95] in der Praxis nur in sehr begrenztem Maße möglich.[96] MÜLLER spricht hier von der regelmäßigen Verletzung der Nebenbedingung der „faktischen Wahrheit".[97]

---

[87] Müller 1995, S. 61.

[88] Vgl. Blies 2000, S. 58.

[89] Pareto-Optimalität liegt dann vor, wenn eine Veränderung der Vertragsbedingungen zugunsten der einen Partei nur unter Reduktion des Nutzens der anderen Partei möglich ist; vgl. Fischer 1995, S. 320.

[90] Vgl. Müller 1995, S. 65.

[91] Vgl. Jensen/Meckling 1976, S. 309 f.

[92] Vgl. Fischer/Hüser/Mühlenkamp/Schade/Schott 1993, S. 452.

[93] Vgl. Blies 2000, S. 58 f.

[94] Vgl. Shleifer/Vishny 1997, S. 745.

[95] Vgl. Rousek, 1995, S. 22.

[96] Vgl. Trumpp 1995, S. 42.

[97] Müller 1995, S. 65.

Im Gegensatz dazu ist es das Ziel der *positiven Agency-Theorie*, die institutionelle Gestaltung von Auftragsbeziehungen unter weitgehendem Verzicht auf mathematische Modelle zu beschreiben und zu erklären.[98] Diese Vorgehensweise erfolgt in enger Anlehnung an verhaltenswissenschaftliche Erkenntnisse.[99] Die positive Theorie versucht, Erklärungsansätze für die Existenz komplexer Organisationsformen in der Praxis zu formulieren und schließt somit an die Theorie der Unternehmung und die Organisationsforschung bzw. Organisationsanalyse an.[100] Dabei werden die Informations- und Verhaltensprobleme der in der Realität vorzufindenden Überwachungsbeziehungen systematisch erfasst.[101] Infolge der Tatsache, dass der positive Theoriezweig seine Wurzeln erklärtermaßen in der bereits zitierten Arbeit von BERLE/MEANS erachtet[102] und folgerichtig die Analyse der Trennung zwischen Eigentümern und Managern als ein *zentrales* Anliegen deklariert, stellt dieser einen unmittelbaren Anknüpfungspunkt zum vorliegenden Untersuchungsgegenstand dar.

Die Unterscheidung der beiden skizzierten Theoriezweige hat im Laufe der Zeit zu einer Rivalität der Forscher beider Richtungen geführt.[103] Während die Normativisten die mathematische Modellierung als den einzig erfolgversprechenden Weg erachten und gleichzeitig den tautologischen Charakter der positiven Theorie kritisieren,[104] argumentieren die Positivisten, mathematische Ökonomen verhielten sich wie Kinder, indem sie selbst die Ostereier versteckten und sich anschließend freuten, sie am gleichen Ort wieder zu finden.[105] Eine Beteiligung an diesem Disput scheint entbehrlich, zumal die vorliegende Arbeit keinen Fundamentalbeitrag zur Weiterentwicklung der Agency-Theorie leisten will. Jedoch sei konstatiert, dass die eine Richtung jeweils ohne Erkenntnisse der anderen unvollständig bleiben muss bzw. beide Zweige sich gemeinsam zu einer geschlossenen Theorie ergänzen.[106]

---

[98] Vgl. Wenger/Terberger, 1988, S. 507; Fischer 1995, S. 320.
[99] Vgl. Meinhövel 1999, S. 24.
[100] Vgl. Fischer 1995, S. 320; Elschen 1991, S. 1006.
[101] Vgl. Blies 2000, S. 60.
[102] Vgl. Trumpp 1995, S. 42.
[103] Vgl. Meinhövel 1999, S. 25.
[104] Vgl. hierzu etwa Neus 1989(a), S. 12; Blies 2000, S. 16; Meinhövel 1999, S. 24.
[105] Vgl. Helmstädter 1991, S. 18; auch Jensen 1983, S. 335.
[106] Vgl. Trumpp 1995, S. 42; Blies 2000, S. 60.

Obgleich Anreizmodelle - meist jedoch ohne praktisch verwertbare Resultate[107] - wohl häufiger zur Lösung der Agency-Probleme herangezogen werden,[108] erfolgt im Verlauf der Arbeit einer primäre Berücksichtigung der *positiven Theorie*. Auf Basis dieser Überlegungen soll sich nunmehr der vertraglichen Beziehung zwischen Principal und Agent gewidmet werden.

2 Definition und Charakteristika von Principal-Agent-Beziehungen

In der heutigen arbeitsteiligen Wirtschaftsordnung sind autarke Wirtschaftssubjekte, die ohne Kontakt zu anderen Subjekten überleben, nicht vorstellbar. Die wirtschaftliche Abhängigkeit der Subjekte untereinander lässt Auftragsbeziehungen entstehen, in denen Leistung und Gegenleistung ausgetauscht werden. Je einfacher der Leistungsaustausch gestaltet ist, desto weniger problembehaftet ist die Vereinbarung zu dessen Durchführung und Kontrolle.[109] Wendet man sich der Vereinbarung zwischen Principal und Agent zu, so stellt man zunächst fest, dass sich in der Agency-Theorie bislang keine allgemeingültige Definition einer *Principal-Agent-Beziehung* herausgebildet hat. Folglich lässt sich diese auf vielfältige Weise terminologisch abgrenzen.[110]

So definiert MENSCH die Beziehung zwischen Principal und Agent wie folgt: „Der Agent soll für den Principal bestimmte Aufgaben bestmöglich erfüllen, wofür ihm Mittel des Principal zur Verfügung gestellt werden."[111] SCHMIDT/THEILEN bezeichnen die Principal-Agent-Beziehungen als „Situationen, in denen ein Wirtschaftssubjekt (der Agent) beauftragt wird, im Interesse von einem oder einer Gruppe anderer Wirtschaftssubjekte (der Prinzipal) Entscheidungen zu treffen und Handlungen durchzuführen."[112] WAGENHOFER erweitert den oben zitierten Situationsbegriff derart, dass dem Prinzipal, „dem eine Technologie zur Erstellung von Produkten oder Dienstleistungen zur Verfügung steht, einen Agenten damit beauftragt, eine Aktion zu ergreifen bzw. eine Arbeitsleistung zu erbringen, die das Ergebnis des Leistungserstellungsprozesses beeinflußt, aber dem Agenten einen

---

[107] Vgl. Meinhövel 1999, S. 25.
[108] Vgl. Frese 1990, S. 28.
[109] Vgl. Meinhövel 1999, S. 1.
[110] Vgl. Neus 1989, S. 472.
[111] Mensch 1999, S. 686.
[112] Schmidt/Theilen 1995, S. 483.

Nutzenentgang verursacht".[113] Dagegen konstituiert sich die Beziehung zwischen Principal und Agent nach HESS lediglich in der „Übertragung von Entscheidungs- und Ausführungskompetenz" in Richtung des Agents.[114] Die hier zum Tragen kommende Delegation von *Entscheidungskompetenzen* ist auch ein wichtiger Bestandteil der Definition von JENSEN/MECKLING: "We define an agency relationship as a contract, under which one or more persons (the principal(s)) engage another person (the agent), to perform some service on their behalf which involves delegating some decision making authority to the agent".[115]

Die Aufzählung unterschiedlicher Definitionen von Auftragsbeziehungen ließe sich an dieser Stelle beliebig fortführen. Im Rahmen der vorliegenden Untersuchung erscheint es jedoch weitaus zielführender, die *grundlegenden Charakteristika* der Auftragsbeziehung darzulegen, um somit die Basis für die weiteren Ausführungen zu schaffen. Zentraler Anknüpfungspunkt ist zunächst der *vertragliche* Aspekt der Beziehung zwischen Principal und Agent. Damit sollen rein soziale Beziehungen wie familiäre Absprachen, Nachbarschaftshilfen oder religiösen Verpflichtungen aus dem Untersuchungsfeld herausgedrängt werden. Es wird also ein Mindestmaß an rechtlich bindendem Charakter vorausgesetzt, wobei den Beteiligten nicht alle rechtlichen Konsequenzen der Vertragsbeziehung völlig bekannt sein müssen.[116] Die vertragliche Beziehung zwischen Principal und Agent sei durch folgende Annahmen geprägt:

▶ Obgleich sich beide Vertragsparteien aus mehreren Individuen zusammensetzen, werden Probleme, die aus einer etwaigen Interessenheterogenität innerhalb *einer* Gruppe ergeben, in der Agency-Theorie weitestgehend vernachlässigt.[117] Wenn im Folgenden von Agent/Management und Principal/Aktionäre gesprochen wird, so wird darunter jeweils eine *Gruppe* von Individuen verstanden, die die *gleichen* Interessen verfolgen.

▶ Das Verhalten beider Parteien beruht auf gegebenen, stabilen, jedoch jeweils unterschiedlichen *Präferenzen*. Die Nutzenfunktion umfasst mit monetären (z.B. Dividenden) und nicht-monetären Elementen (z.B. Prestige) ein breites

[113] Wagenhofer 1996, S. 155.
[114] Vgl. Hess 1999, S. 1505.
[115] Jensen/Meckling 1976, S. 308.
[116] Vgl. Meinhövel 1999, S. 11.
[117] Vgl. Blies 2000, S. 56 i.V.m. der dort angegebenen Fußnote 7.

Spektrum an Zielen[118] und ist darüber hinaus geprägt durch unterschiedliche Risikoneigungen der Vertragspartner. In der Regel wird unterstellt, dass sich der Principal risikofreudiger verhält als der Agent.

▶ Zur Maximierung seines individuellen Nutzens schließt der Agent auch *opportunistische Praktiken* wie List und Täuschung mit in sein Verhaltensrepertoire ein. Dazu gehört zum Beispiel, falsche Informationen über seine Aufgabendurchführung weiterzugeben, die eigene Leistung trügerisch darzustellen oder gegen implizite Vertragsbestandteile zu verstoßen.[119]

▶ Der Agent hat bei der Ausführung der Aufgaben die Möglichkeit, unter *verschiedenen Handlungsalternativen* eine bestimmte auszuwählen.[120] Die Auswahl der Handlungsalternative beeinflusst das Ausmaß der Aufgabenerfüllung und damit den Nutzen bzw. die Wohlfahrt *beider* Vertragsparteien.[121] Deren unterschiedliche Nutzenfunktionen führen dazu, dass das für den Principal als Auftraggeber bestmögliche Ergebnis in der Regel nicht mit der gewählten Aktion des Agent erzielt wird.

▶ Der Principal kann die Handlungssituation, die Absichten und die Aktivitäten des Agent nicht exakt beobachten. Das hier beschriebene *Informationsdefizit* zuungunsten des Principal führt dazu, dass dieser nicht einzuschätzen vermag, inwiefern das hervorgebrachte Ergebnis der Leistung des Agent oder aber etwaigen Umwelteinflüssen zuzurechnen ist.[122] Je komplexer und unsicherer die Handlungssituation, desto schwerwiegender äußert sich diese Problematik. Folglich kann der Agent seinen Informationsvorsprung dazu nutzen, seine persönlichen Ziele auch zum Nachteil des Principal zu realisieren (diskretionärer Spielraum).[123]

Die aufgezeigten Merkmale berechtigen zu der Fragestellung, ob es den Vertragspartnern gelingt, einen *umfassenden* Vertrag abzuschließen, in welchem Art, Umfang und Zeitplan der Auftragserfüllung vollständig festgelegt werden können. Im Idealfall schließen die Aktionäre mit den Managern einen Vertrag ab, der zum Zeitpunkt des Vertragsabschlusses exakt spezifiziert, wie die Manager in sämtli-

---

[118] Vgl. Ebers/Gotsch 1995, S. 196 f.

[119] Vgl. Jost 2001, S. 16; Ebers/Gotsch 1995, S. 196; Mensch 1999, S. 686.

[120] Vgl. Mikus 1998, S. 452.

[121] Vgl. Neus 1989, S. 472; Wenger/Terberger 1988, S. 507.

[122] Vgl. Wagenhofer 1996, S. 157; Vgl. Pfaff/Zweifel 1998, S. 185.

[123] Vgl. Elschen 1991, S. 1005.

chen zukünftigen Situation zu handeln haben und wie die erzielten Gewinne auf-
geteilt werden. Realistischerweise muss jedoch insbesondere vor dem Hintergrund
der Komplexität der Unternehmensführung davon ausgegangen werden, dass die
Vorhersage der zukünftigen Bedingungen und Umweltzustände, unter denen Entscheidungen getroffen werden, nicht exakt möglich ist.[124] SCHMIDT/WEIß konstatieren: „In der Realität kann freilich niemand alle möglichen Entwicklungen der
Umwelt vorhersehen, und er ist erst recht nicht möglich, für alle möglichen Entwicklungen vertraglich und gerichtsfest zu vereinbaren, was geschehen soll."[125]
Ferner bleibt es den Aktionären aufgrund der Unsicherheit der wirtschaftlichen
Entwicklung verwehrt, eine erzielbare Rendite exakt zu quantifizieren, den Managern vorzugeben und in den Vertrag aufzunehmen.[126]

Um ihre Unsicherheit zu reduzieren, bliebe den Aktionären noch die Möglichkeit,
vertraglich zu fixieren, dass *sämtliche* Rechte und Entscheidungskompetenzen *zu
jeder Zeit* bei ihnen verbleiben. So könnten sie einzelfallbezogen, d.h. zum Zeitpunkt des Eintritts eines Ereignisses, die von ihnen präferierte Entscheidung treffen. Jedoch scheitert diese „Lösung" sowohl an den immensen bürokratischen
Kosten einer solchen Vorgehensweise[127] als auch an der fehlenden Qualifikation
und Information der Anteilseigner, die die Manager ja gerade aufgrund deren Fähigkeiten beauftragt haben.[128]

Die Ausführungen machen deutlich, dass die vertragliche Beziehung zwischen
den Akteuren aus Sicht der Aktionäre problembehaftet ist. Durch die anzuneh-
mende unvollständige Spezifikation der Auftragsbedingungen avanciert die *unterschiedliche Interessen- und Informationslage* zwischen Auftraggeber und -nehmer
zu *dem* zentralen Baustein der Agency-Theorie.[129] Da die Agency-Konflikte für
die Ausgestaltung der Überwachung - und damit für die eigenen, weiterführenden

---

[124] Vgl. auch Ebers/Gotsch 1995, S. 196; Shleifer/Vishny 1997, S. 741. Eine Ausnahme bilden
Beispiele aus dem Finanzwesen, wo im Bereich des Financial Engineering bestimmte Finanz-
kontrakte konstruiert werden, die unter Umständen sämtliche denkbaren Umweltzustände berücksichtigen; vgl. Spremann 1990, S. 573.

[125] Schmidt/Weiß 2003, S. 113.

[126] Vgl. von Werder 2003, S. 6.

[127] Vgl. Alchian/Demsetz 1972, S. 788.

[128] Vgl. Shleifer/Vishny 1997, S. 741.

[129] Vgl. Jost 2001, S. 21; Graßhoff/Schwalbach 1999, S. 437; Kleine 1995, S. 1; Gillenkirch 2000,
S. 347.

Ausführungen - von erheblicher Relevanz sind, seien ihr die beiden nächsten Abschnitte gewidmet.

3 Agency-Konflikte zwischen den Aktionären und dem Management

Die Agency-Konflikte zwischen den Aktionären und den von ihnen angestellten Managern umfassen sowohl unterschiedliche *Interessen* bzw. Zielvorstellungen beiden Akteure als auch deren ungleiche *Informationslage*. Zunächst soll der Interessenkonflikt dargelegt werden.

3.1 Der Interessenkonflikt

3.1.1 Interessen der Aktionäre

Die Interessen rational handelnder Investoren bestehen in der langfristigen Wertsteigerung ihrer Investition bzw. ihres finanziellen Engagements.[130] Der ökonomische Wert eines Bewertungsobjektes bemisst sich aus Sicht der Aktionäre nach der Fähigkeit jenes Objektes, zukünftig Zahlungsüberschüsse zu erwirtschaften. Dies impliziert, dass der Wert des Bewertungsobjektes *rein finanzieller* Natur ist bzw. das Nutzenkalkül der Aktionäre in der Regel an *rein monetären* Kriterien orientiert ist.[131]

Die Aktionäre bezwecken mit ihrem Investment also eine *materielle* Wohlstandsmehrung,[132] wenngleich verschiedentlich behauptet wird, die Aktionäre verfolgten mit der Beteiligung an einem Unternehmen auch andere - z.B. politische oder soziale - Ziele. Diese und weitere Differenzierungen *innerhalb* der Gruppe der Aktionäre spielen in der betriebswirtschaftlichen Literatur im Allge-

---

[130] Vgl. Michel 1996, S. 57.
[131] Vgl. Klien 1995, S. 21; Hachmeister 195, S. 11.
[132] Vgl. Gottschlich 1996, S. 25; Hill/Snell 1988, S. 577.

meinen jedoch eine *untergeordnete* Rolle und sind deshalb zu vernachlässigen.[133] Infolgedessen kann den Aktionären im weiteren Verlauf der Arbeit das oben formulierte rein *ökonomische Interesse* bei ihrer Anlage unterstellt werden.[134]

Die Kapitalanlage in einer Aktiengesellschaft ist für die Aktionäre risikobehaftet, da - anders als beispielsweise bei risikolosen Staatsanleihen - Unsicherheit hinsichtlich der *Höhe* und des *Zeitpunktes* der zufließenden Zahlungen besteht. Entsprechend stellen monetäre Zuflüsse, die den Aktionären unmittelbar zur Verfügung stehen, einen höheren Nutzen dar als solche, die weiter in der Zukunft erfolgen. Dies berücksichtigen die Aktionäre, indem sie zukünftige Zahlungen auf den heutigen Zeitpunkt abdiskontieren und so einen modifizierten Kapitalwert ihrer Investition erhalten, der im Allgemeinen als Eigentümerwert bzw. als *Shareholder Value* bezeichnet wird und bei einer Investition in ein Unternehmen dem Marktwert des Eigenkapitals entspricht.[135] Folglich entspricht der ökonomische Wert der Investition der Summe der Gegenwartswerte zukünftiger Auszahlungen an die Eigentümer (z.B. Dividenden oder Kurswertsteigerungen).[136]

---

[133] Vgl. Barthelmeß 1987, S. 16 f. Obgleich die Interessen der Anteilseigner durchaus unterschiedlich sein können, ist es für Forschungszwecke sinnvoll, die strukturellen Ähnlichkeiten der Interessen einzelner Anteilseigner herauszustellen; vgl. hierzu Jaschke 1989, S. 34. Anders etwa Portisch 1997, S. 34 ff.; Wellner 2001, S. 131; Koch 1983, S. 32 f. Portisch und Wellner unterscheiden die Interessen von Groß- und Kleinaktionären. Koch konstatiert lediglich, die Aktionäre seien keine homogene Gruppe und man könne demzufolge nicht von „dem Anteilseignerinteresse" sprechen. Er differenziert zwischen lang- und kurzfristig orientierten Anlegern. Während erstere eine angemessene Verzinsung verlangten, verfolgten letztere lediglich spekulative Ziele. Dabei missachtet er, dass selbstverständlich auch Spekulanten eine bestimmte Rendite aus ihrem Investment erwarten. Vgl. hierzu auch Lukarsch 1998, S. 69.

[134] Vgl. Wellner 2001, S. 113.

[135] Vgl. Welge/Al-Laham 2003, S. 135; Günther 1997, S. 3; Lukarsch 1998, S. 69.

[136] Vgl. Bühner 1994, S. 11. In den Jahren 1998 bis 2000, als sich die Anleger größtenteils auf schnell wachsende Technologieunternehmen konzentrierten, spielten Dividenden an den Aktienbörsen kaum eine Rolle. Dies hatte zur Folge, dass die Rendite der Anlage fast ausschließlich durch große Kurssprünge zustande kam. Indes hat die Dividende in den letzten Jahren eine „Renaissance" erfahren. Auch auf lange Sicht sind Dividendenzahlungen der Unternehmen wichtig für die Rendite: Seit 1988 entfielen immerhin 39% des Dax-Gewinns auf Dividendenzahlungen (der Rest entsprach dem auf Kursgewinne); vgl. hierzu ausführlich FAZ, 12.11.2004, Nr. 265, S. 21; zur „Renaissance der Dividende" vgl. auch FAZ, 7.12.2004, Nr. 286, S. C4. Häufig geht mit einer Erhöhung der Ausschüttung auch eine Steigerung des Kurses einher; vgl. Koch 1983, S. 192.

In der betriebswirtschaftlichen Theorie gilt dieses zukunftsorientierte, auf Entnahmeerwartungen basierende Nutzenkalkül als unbestritten.[137] Die Aktionäre interessiert, in welcher *Höhe* Finanzmittel aus ihrem Investment zu welchem *Zeitpunkt* zurückfließen und wie dieser Finanzmittelrückfluss im Vergleich zu *alternativen* Investments zu beurteilen ist.[138]

Vor diesem Hintergrund sind die obersten Führungskräfte eines Unternehmens normativ aufgefordert, im Rahmen der zu treffenden strategischen Entscheidungen die Position der Anteilseigner einzunehmen und so eine konsequente Verbindung zwischen den Entscheidungssituationen und dem Shareholder Value herzustellen.[139] Somit werden die monetären Eigentümerziele „zum zentralen Kriterium einer erfolgsorientierten Unternehmensführung" gemacht.[140] Die Anweisung an die Geschäftsführung lautet also, so zu handeln, dass das Vermögen der Gesellschafter maximiert wird.[141] Mit anderen Worten hat der Vorstand den Wert des Eigenkapitals (Zielinhalt) langfristig im Interesse der Aktionäre zu maximieren (Zielvorschrift), wobei dieses Ziel unbefristete Gültigkeit hat (Zieldauer).[142]

Das Management erhält somit eine an den Aktionärsinteressen orientierte Richtschnur für die unternehmerischen Entscheidungen.[143] In der praktischen Umsetzung stößt dies jedoch auf das Problem, dass im Fall einer breit gefächerten Anlegerschaft jeweils die individuellen Voraussetzungen der einzelnen Aktionäre (z.B. Steuersatz, Vermögenssituation, Präferenz Dividendenzahlung oder Kurswertsteigerung[144] etc.) berücksichtigt werden müssten.[145] Aufgrund dessen erfolgt die Ermittlung des Eigentümerwertes im Rahmen des Shareholder Value-Ansatzes

---

[137] Vgl. Klien 1995, S. 92; Sauter 1997, S. 46; Peschke 2000, S. 98.

[138] Vgl. Lukarsch 1998, S. 69.

[139] Vgl. Michel 1996, S. 60; Peschke 2000, S. 99; Hommelhoff 1997, S. 18. Das Ziel der Aktionäre stellt somit eine „Handlungsaufforderung" an das Management dar; vgl. zu diesem Zielbegriff Schmidt 1993, Sp. 4794.

[140] Vgl. Hardtmann 1996, S. 172; Speckbacher 1998, S. 95; vgl. kritisch dazu Martens 1993, S. 544.

[141] Vgl. Süchting 1991, S. 279.

[142] Vgl. Ruhwedel 2002, S. 86. Das Ziel der Marktwertmaximierung gilt nicht nur für börsennotierte Unternehmen, sondern ist auch nicht-börsennotierte Unternehmen sinnvoll; vgl. hierzu Hachmeister 1995, S. 19 f.

[143] Vgl. Klien 1995, S. 24.

[144] Vgl. hier für eine ausführlichere Diskussion Guatri 1994, S. 38 ff., der die Meinung der Wirtschaftswissenschaftler zu diesem Thema chronologisch aufbereitet.

[145] Allerdings wäre dies das theoretisch einzig richtige Verfahren. Vgl. Günther 1994, S. 14 ff.

nicht auf Basis der zwischen dem Unternehmen und den Anteilseignern fließenden Zahlungsströme. Vielmehr wird der betriebliche *Cash-flow*[146] als korrespondierende Größe herangezogen und mittels eines riskoangepassten *Kapitalkostensatzes* diskontiert.[147] Diese beiden Größen stellen die zentralen Komponenten des Shareholder Value-Ansatzes dar und begründen die Aufforderung an das Management, den Cash-flow zu maximieren bzw. die Kapitalkosten zu minimieren.[148]

Die hier beschriebene Zielfunktion scheint auf den ersten Blick *eindimensional* zu sein: „Der gesellschaftspolitische Vorwurf lautet, eine ausschließlich am Shareholder Value orientierte Unternehmenspolitik betone einseitig das Aktionärsinteresse zu Lasten insbesondere dessen der Arbeitnehmer und vernachlässige die soziale Verantwortung der Unternehmen."[149] Jedoch wird in Deutschland (leider) häufig übersehen, dass das hier beschriebene Interesse der Aktionäre langfristig betrachtet auch ein rationales Ziel der anderen Stakeholder des Unternehmens darstellt.[150] Insbesondere ist zu betonen, dass das Ziel der Wertsteigerung auch mit der Interessenlage der *Arbeitnehmer* übereinstimmt, die in Deutschland - wie bereits erwähnt[151] - einen institutionellen Einfluss auf die Überwachungsarbeit des Aufsichtsrats haben. Obgleich die Interessenlage der Arbeitnehmer vielfältige Facetten aufweist, besteht in der Literatur zunächst einmal Einigkeit darüber, dass sich der dominierende Wunsch der Arbeitnehmer in einem gesicherten Arbeitsplatz konstituiert.[152] Das Argument einer daraus resultierenden *Unvereinbarkeit*

---

[146] Grundsätzlich bezeichnet man mit dem Cash-flow die „Differenz der Ein- und Auszahlungen, die aus der betrieblichen Tätigkeit resultieren"; vgl. Bühner 1994, S. 14. Für eine tiefer gehende Darstellung der in der Literatur existierenden Definitionen vgl. insbesondere Raster 1995, S. 45 ff.

[147] Vgl. hierzu ausführlich Welge/Al-Laham 2003, S. 137 ff.; Lorson 1996, S. 2509.

[148] Vgl. Coenenberg/Salfeld 2003, S. 73. Aus noch aufzuzeigenden Gründen wird also mit der Betrachtung *zahlungswirksamer* Vorgänge von der aus dem Rechungswesen stammenden reinen Aufwand-/ Ertragsbetrachtung abstrahiert.

[149] Raab 2001, S. 181.

[150] Vgl. Fleischer 2003, S. 137, der an gleicher Stelle pointiert formuliert: „Was den Aktionären nutze, trage auch den Ansprüchen anderer gesellschaftlicher Gruppen Rechnung". Vgl. auch Bischoff 1994, S. 180 f. Vgl. kritisch zur Kompatibilität der Interessen der Anspruchsgruppen eines Unternehmens von Werder 2003, S. 10, der allerdings bestätigt, dass die diversen Bezugsgruppen eines Unternehmens im Grundsatz übereinstimmende Interessen haben.

[151] Vgl. die Ausführungen in Kap. B.III.3.2.

[152] Vgl. Kemper 1986, S. 52 ff.; Schlömer 1985, S. 37 f.; Hamel 1982, S. 69; Brinkmann-Herz 1972, S. 94 f.; Koch 1983, S. 35.

der Zielsetzung der Arbeitnehmer mit jener der Anteilseigner kann durch einige Gegenargumente außer Kraft gesetzt werden.[153]

Grundsätzlich lautet das Globalziel der Wertsteigerung, den langfristigen Fortbestand eines Unternehmens zu sichern und Wachstum zu fördern.[154] Nur Unternehmen, die profitabel am Markt agieren, erfüllen die Zielvorstellungen diverser Anspruchsgruppen bzw. ermöglichen eine nachhaltige Sicherung der Arbeitplätze.[155] Zudem ist Wertsteigerung nur *mit* und nicht *gegen* die Mitarbeiter realisierbar. Langfristiger Unternehmenserfolg stellt sich nur dann ein, wenn die Mitarbeiter loyal und motiviert sind, so dass es unabdingbar ist, die Interessen der Mitarbeiter zu berücksichtigen.[156] „Die Eigentümer ... können zwar die Unternehmenspolitik an ihren finanzwirtschaftlichen Zielen orientieren, haben aber dabei als Nebenbedingungen zu betrachten, daß den Interessen anderer Gruppen in hinreichendem Maße Rechnung getragen wird."[157]

Darüber hinaus ist zu berücksichtigen, dass die Rolle des Anteilseigners die eines *Residualeinkommensbeziehers* ist.[158] Das Aktionärseinkommen stellt insofern eine Residualgröße dar, als dass die Ansprüche der Anteilseigner erst dann befriedigt werden, *nachdem* alle Anspruchsgruppen einen materiellen Ausgleich für die erbrachten Leistungen erhalten haben (z.B. Gehälter). Zu einer Wertsteigerung kommt es erst dann, wenn über die Summe der von den Anspruchsgruppen geforderten Renditen hinaus zusätzlicher Wert geschaffen wird.[159] Auch die zunehmende *Globalisierung der Kapitalmärkte*[160] begründet einen Zusammenhang zwischen einer wertorientierten Unternehmensführung und der Arbeitplatzsicherung. Schafft ein Unternehmen nicht genug Wert, so kann es zum Übernahmeobjekt werden.[161] Oftmals endet eine Übernahme mit der Zerschlagung des aufgekauften Unternehmens. Zumindest aber werden stets Synergien versucht zu realisieren

---

[153] Vgl. hier ausführlich Lukarsch 1998, S. 79 ff. und Roller 2000, S. 24 ff.

[154] Vgl. Guatri 1994, S. 27.

[155] Vgl. Fleischer 2003, S. 137.

[156] Vgl. Bischoff 1994, S. 180.

[157] Franke/Hax 1990, S. 2.

[158] Vgl. Bühner 1994, S. 11.

[159] Vgl. Bühner 1993, S. 221.

[160] Vgl. Böcking/Nowak 1999, S. 281; Eggemann/Konradt 2000, S. 503; Hornung/Reichmann/ Diederichs 1999, S. 317; vgl. zum Wettbewerb auf den internationalen Kapitalmärkten auch Hommelhoff 1997, S. 19.

[161] Vgl. auch Kap. B.III.2.1.3.

und Restrukturierungsmaßnahmen eingeleitet. Beides bedeutet in der Regel den Verlust vieler Arbeitsplätze.[162]

Die Ausführungen verdeutlichen, dass die Forderung der Aktionäre nach der Mehrung des Shareholder Value ebenfalls den anderen Interessengruppen, insbesondere auch den Mitarbeitern, Vorteile bringt.[163] Von wertschaffenden Unternehmen profitieren nicht nur deren Eigentümer, sondern alle Anspruchsgruppen.[164] Umgekehrt befinden sich alle Anspruchsgruppen in Gefahr, wenn es dem Management nicht gelingt, langfristige Werte zu schaffen.[165] Ein Interessenwiderspruch besteht somit grundsätzlich nicht.[166]

Im Folgenden soll untersucht werden, ob es Anhaltspunkte dafür gibt, dass die Zielsetzung des Managements erheblich von den Interessen der Aktionäre divergiert. Ist dies nicht der Fall, so wäre eine notwendige Bedingung für die Existenz von Corporate Governance-Problemen nicht erfüllt.

3.1.2 Interessen des Managements

Unter dem Begriff der *managerialistischen Unternehmenstheorien* entstanden in den 60er Jahren des vergangenen Jahrhunderts eine Reihe theoretischer Ansätze, die das Verhalten bzw. die Zielfunktion des Managements zum Untersuchungsgegenstand erheben.[167] Den Ausgangspunkt managerialistischer Ansätze bilden die aus der Psychologie und Soziologie erarbeiteten Erkenntnisse über das individuelle menschliche Handeln. Ziel der Theorien ist die Erklärung des Verhaltens der

---

[162] Vgl. Lukarsch 1998, S. 84.

[163] Lewis 1995, S. 12.

[164] Vgl. Ruhwedel 2002, S. 90 m.w.N.; Witt 2000, S. 160.

[165] Vgl. Rappaport 1999, S. 8 f.; Elkart/Schmusch 1999, S. 79.

[166] Vgl. ausführlich Roller 2000, S. 27, 30; auch Günther/Niepel 2000, S. 226, die in der Steigerung des Unternehmenswertes die „letztendliche Zielsetzung des Unternehmens" sehen.

[167] Vgl. Picot/Michaelis 1984, S. 253; Gerum 1995(a), Sp. 1460 ff. Zwar stellten Berle/Means die These des Interessenkonflikts zwischen Eigentümern und Managern auf, schlugen jedoch kein überprüfbares Modell für das Entscheidungsverhalten der Manager vor. Die im Folgenden vorzustellenden theoretischen Ansätze über die Managerziele schlossen diese Lücke. Vgl. dazu ausführlich Schauenberg 1993, Sp. 4176 f.

Unternehmensleitung in Aktiengesellschaften und die (empirisch gestützte) Erfassung deren modifizierter, realitätsnaher Zielfunktion.[168]

Eine der zentralen Hypothesen formuliert BAUMOL, der behauptet, das Management verfolge hauptsächlich das Ziel der *Umsatzmaximierung*.[169] Dabei verweist er auf den Sachverhalt, dass die Steigerung des Umsatzes durchaus auch mit ökonomischen Vorteilen behaftet ist. So führe dies beispielsweise zu verbesserten Konditionen der Finanzierung über den Kapitalmarkt. Im Fall rückläufigen Umsatzes dagegen reagierten die Kapitalgeber zurückhaltender, Distributoren griffen verstärkt auf andere Zulieferer zurück und die Rekrutierung qualifizierten Personals gestalte sich schwieriger.

Die Tatsache, dass die Umsatzmaximierung den Charakter einer Nebenbedingung in der Zielfunktion des Managements verliert und zu dessen Hauptziel avanciert, sei unter anderem auf die Vergütung des Managements zurückzuführen, die regelmäßig auf die Unternehmensgröße und nicht auf den Profit ausgerichtet sei. Weiter wird argumentiert, dass große Unternehmen - eher als kleine - eine Befriedigung der Bedürfnisse nach Prestige, Macht, Status und Sicherheit erlauben.[170] Teilweise wird in diesem Zusammenhang auch vermutet, dass auch die Manager auf unteren Hierarchieebenen eine höhere Affinität zu Umsatzsteigerungen aufweisen, da sich auf diesem Weg die Möglichkeiten für den Aufstieg in höhere Positionen verbesserten.[171] Allerdings muss ebenso konstatiert werden, dass das Management durchaus an der Erzielung einer minimalen Rentabilität interessiert ist,[172] obwohl dies nicht das Hauptziel, sondern lediglich die Basis für die Ermöglichung des eigentlichen Ziels der Umsatzmaximierung darstelle.

Weiter kommt in vielen Ansätzen der Hypothese große Bedeutung zu, das Management verfolge statt des Ziels der Gewinn*maximierung* lediglich eines der Erzielung eines *angemessenen* bzw. *ausreichenden* Gewinns, um sich auf diesem Weg selbst einen Raum für persönliche Nutzenmaximierung zu schaffen. So formuliert etwa GORDON: „ ... One result, almost certainly, is that the maintenance of satisfactory profits is a more accurate statement of the profits objective than is com-

---

[168] Vgl. Gottschlich 1996, S. 28. Vgl. dazu kritisch Leipold 1981, S. 33 ff.

[169] Vgl. Baumol 1959, S. 46 f. Die Umsatzmaximierungshypothese wird auch gestützt von Galbraith 1967.

[170] Stewart/Glassmann 1988, S. 88; Marris 1963, S. 191.

[171] Vgl. Lukarsch 1998, S. 93.

[172] Vgl. Baumol 1959, S. 50.

plete profit maximization. Perhaps it is not inaccurate to say that profits are viewed as the basic constraint to which other goals can be followed."[173]

In eine ähnliche Richtung geht ist die Hypothese, das Management verfolge eine Politik der *Vermeidung* von *Gewinnschwankungen*. Ein im Zeitablauf geglätteter Gewinnausweis führe dazu, dass das Management in schlechten Zeiten nicht an erfolgreichen Perioden gemessen wird sowie umgekehrt in überdurchschnittlich guten Zeiten infolge hoher Erträge hohe Ausschüttungen vorzunehmen hat.[174] Darüber hinaus bestätigen eine Reihe empirischer Untersuchungen das Interesse des Managements, im Zeitablauf eine *Kontinuität der Dividenden* bzw. *Gewinnausschüttung* anzustreben. Begründet wird dies mit dem Streben der Manager nach Stabilität und Sicherheit sowie der bilanztechnischen Rücklagenpolitik großer Aktiengesellschaften.[175]

Es wurde bereits erwähnt, dass die Aktionäre relativ risikofreudig eingestellt sind, wohingegen sich die Risikoeinstellung des Managements anders darstellt.[176] Während die Aktionäre über ein voll diversifiziertes Aktienportfolio das unsystematische Risiko vollständig eliminieren können, hält der Vorstand dagegen ein undiversifiziertes „Arbeitgeber-Portfolio", so dass sein Schicksal sehr eng mit dem des Unternehmens zusammenhängt.[177] In der Zeit ihrer Unternehmenszugehörigkeit bauen die Manager firmenspezifisches Humankapital auf, dessen Höhe von den zukünftig erwarteten, diskontierten Einkommen aus dem Anstellungsverhältnis abhängt. Ferner besteht die Vergütung der Manager häufig aus nichttransferierbaren, an das Unternehmen gebundenen Bestandteile wie z.B. Aktienoptionen oder Pensionsansprüche.[178] Das Risiko unternehmenspolitischer Fehlschläge ist häufig mit der Entlassung des betreffenden Managers verbunden. Dies erklärt die eher risikoaverse Einstellung des Vorstands,[179] was dazu führt, dass er Entscheidungen präferiert, die das Risikoniveau des Unternehmens senken, auch wenn dies den Interessen der Aktionäre zuwiderläuft.

---

[173] Gordon 1961, S. 12.

[174] Vgl. Lukarsch 1998, S. 93; Wosnitza 1991, S. 14.

[175] Vgl. Beiträge von Baumol 1959; Gordon 1964; Halbinger 1980; Coenenberg/Schmidt/Werhand 1983; Lintner 1956; Fama/Babiak 1968.

[176] Vgl. Fama 1980, S. 291 f.; Delingat 1996, S. 27 ff.

[177] Vgl. Delingat 1996, S. 27, der formuliert: „Managers, however, do not have a portfolio of employers."

[178] Vgl. Gottschlich 1996, S. 36.

[179] Vgl. auch Meier-Scherling 1996, S. 67.

Dieser durch die unterschiedlichen Risikopräferenzen hervorgerufene Interessen-konflikt zwischen Management und Aktionären hat Konsequenzen, die vor allem die Investitionsprojekte und die Finanzierungsstruktur des Unternehmens betref-fen. Dazu zählen beispielsweise:[180]

- Nichtrealisierung riskanter Projekte, obwohl diese einen positiven Barwert haben,

- Überinvestitionen, d.h. Realisierung von sicheren Projekten, die einen negati-ven Barwert haben (z.b. Wertpapiere, liquide Mittel, nichtbetriebsnotwendi-ges Vermögen),

- Diversifikation zur Senkung des Gesamtrisikos des Unternehmens, d.h. Reali-sierung von Projekten, deren Einzahlungsüberschüsse nicht vollständig posi-tiv miteinander korrelieren,

- Wahl eines suboptimalen Kapitalstruktur zur Verringerung der Konkurswahr-scheinlichkeit und

- Favorisierung einer hohen Thesaurierungsquote und eines hohen Anteils an Innenfinanzierung, um damit der Kontrollfunktion des Kapitalmarktes zu ent-gehen.

Die vorstehenden Ausführungen deuten zusammenfassend betrachtet darauf hin, dass die Interessen der Anteilseigner und des Vorstands in wichtigen Bereichen signifikant voneinander *abweichen* können. Neben diese fundamentale Problema-tik tritt jene einer ungleichen *Informationsverteilung* zwischen beiden Akteuren, die im folgenden Abschnitt erläutert wird.

3.2 Informationsproblematik der Aktionäre

3.2.1 Typen asymmetrischer Informationsverteilung

Die Informationsproblematik der Aktionäre konstituiert sich grundsätzlich darin, dass die Informationen zwischen ihnen und dem Management asymmetrisch ver-teilt sind. Informationsasymmetrie liegt immer dann vor, wenn „es für eine Partei unmöglich ist, etwas zu beobachten, was für die andere beobachtbar ist"[181] bzw.

---

[180] Vgl. Delingat 1996, S. 29; Gottschlich 1996, S. 36.

[181] Neus 1989(a), S. 17.

„when the information available to the two participants is unequal."[182] Das wichtigste Vergleichs- bzw. Unterscheidungskriterium der unterschiedlichen Arten von Informationsasymmetrien ist das ihres *Entstehungszeitpunktes*. Der zeitliche Ablauf einer Principal-Agent-Beziehung stellt sich idealtypisch so dar, dass der Phase der Auswahl eines Vertragspartners (t_0) die des Vertragsabschlusses (t_1) folgt, an die sich wiederum die Entscheidungen bzw. Handlungen des Agent (t_2) anschließt, welche ein bestimmtes Ergebnis (t_3) hervorrufen.[183] Liegt der Entstehungszeitpunkt einer ungleichen Informationsverteilung *vor* dem Vertragsabschluss, so spricht man übergeordnet von einer *vorvertraglichen* Informationsasymmetrie. Andernfalls liegt eine *nachvertragliche* Informationsasymmetrie vor.

In der Literatur werden weiterhin mit *hidden characteristics, hidden information* und *hidden action* drei verschiedene Arten unterschiedlicher Informationsverteilung differenziert, die - je nach Definition - entweder der vorvertraglichen oder der nachvertraglichen Informationsasymmetrie zuzuordnen sind. Eine einheitliche begriffliche Abgrenzung hat jedoch noch nicht stattgefunden. Es ist erstaunlich, dass sich der definitorische Dissens in der Literatur häufig in gravierender Form äußert. So werden etwa *identische* Inhalte mit *unterschiedlichen* Termini[184] oder *unterschiedliche* Inhalte mit *identischen* Termini unterlegt.[185] Im Folgenden soll deutlich werden, welches Begriffsverständnis den eigenen Ausführungen zugrunde liegt.

Zu der Form der *vorvertraglichen Informationsasymmetrie* zählt der Fall der *hidden characteristics*. *Vor* Vertragsabschluss ist ausschließlich dem Agent bekannt, welche Fähigkeiten er besitzt und wie er diese zur Erreichung eines bestimmten Arbeitsergebnisses einsetzen kann. Dagegen verfügt der Principal lediglich über unvollständige Informationen bezüglich der Eigenschaften und Qualifikationen des Agent bzw. des Vertragsgegenstandes. So sind die Informationen des Principal „unvollkommen hinsichtlich der Begabung und Fähigkeit (Produktivität) sowie hinsichtlich des Zielsystems des Agent, insbesondere seines Nutzens aus ei-

---

[182] Arrow 1985, S. 37.

[183] Vgl. Mikus 1998, S. 453, die allerdings anstelle des Ergebnisses die Entlohnung des Agent setzt.

[184] So verwenden etwa Blies und Mikus zwei unterschiedliche Begriffe für den gleichen Inhalt (hidden information bzw. hidden characteristics); vgl. Blies 2000, S. 62 f.; Mikus 1998, S. 453 f.

[185] Vgl. hierzu etwa Bäurle 1996, S. 4, und Ebers/Gotsch, 1995, S. 198 f., die den Fall von hidden information jeweils unterschiedlich definieren.

ner bestimmten Entlohnung (Einstellung gegenüber Geld), seiner Risikoeinstellung und des Grades der Arbeitsaversion, d.h. des negativen Nutzens aufgrund seiner Anstrengung (Arbeitsleid)."[186] Es besteht hier die Gefahr, dass der Principal einen ungeeigneten Vertragspartner auswählt oder die mögliche vertragliche Beziehung ganz eingestellt wird.[187] Dieses Problem wird in der Agency-Theorie als *Adverse Selection* bezeichnet.[188]

Es ergibt sich noch ein weiterer Zusammenhang, der von der Argumentationslogik her auf den von AKERLOF beschriebenen Gebrauchtwagenmarkt zurückgeht.[189] Im Gegensatz zu der Unternehmensleitung sind die Kapitalgeber nicht ohne weiteres in der Lage, die Qualität eines Unternehmens bzw. potenziellen Investitionsobjektes richtig einzuschätzen.[190] Folglich unterstellen sie im Rahmen ihrer Investitionsentscheidung lediglich eine durchschnittliche Qualität des Objektes. Dies hätte zur Folge, dass überdurchschnittliche Unternehmen unterbewertet sind und - verglichen mit ihrer wahren Qualität - das Kapital zu relativ ungünstigen Bedingungen aufnehmen müssen. Es besteht die Gefahr eines Marktzusammenbruchs, da die qualitativ hochwertigen Unternehmen den Markt verlassen bzw. anderweitig Kapital aufnehmen. Letztlich verbleiben lediglich Unternehmen mit unterdurchschnittlicher Qualität. Auch hier spiegelt sich das Problem des informationsbedingten Marktversagens (Adverse Selection) wider.

Der Fall *nachvertraglicher Informationsasymmetrie* umfasst zwei eng miteinander verknüpfte Sachverhalte.[191] *Hidden information* beschreibt die Situation, dass dem Agent unmittelbar *vor* dessen (strategischer) Entscheidungen, verstanden als die Wahl einer Handlungsmöglichkeit aus zwei oder mehreren Alternativen,[192] bestimmte Informationen zur Verfügung stehen, die dem Principal als Auftraggeber nicht zugänglich sind. Dazu gehören unter anderem Informationen über die Entscheidungssituation selbst, die möglichen Handlungsalternativen und deren Konsequenzen, die Wahrscheinlichkeiten von Umweltzuständen, das Marktpotenzial

---

[186] Mensch 1999, S. 687.

[187] Vgl. Neus(a) 1989, S. 17.

[188] Vgl. Mikus 1998, S. 453.

[189] Vgl. Akerlof 1970, S. 488 ff.

[190] Vgl. hier und im Folgenden Blies 2000, S. 65.

[191] Vgl. im Folgenden auch Hess 1999, S. 1505; Wenger/Terberger 1988, S. 507.

[192] Vgl. Witte 1992, Sp. 552.

oder die Konkurrenzsituation.[193] Das Grundproblem für den Principal besteht nunmehr darin, dass er die getroffene Entscheidung des Agent nicht fundiert beurteilen kann. In Kenntnis dessen kann der Agent seinen Handlungsspielraum opportunistisch ausnutzen, indem er seinen Nutzen auf Kosten des Principal maximiert. Diese Gefahr wird in der Literatur als „Moral Hazard" bezeichnet.[194]

Ein zweiter Fall nachvertraglicher Informationsasymmetrie beschreibt die Unsicherheit des Principal bezüglich des Verhaltens des Agent *nach* der Entscheidung (*hidden action*).[195] Zwar ist der Principal regelmäßig in der Lage, die *Handlungsergebnisse* des Agent zu beobachten, jedoch nicht dessen *Leistungsverhalten*. Da der Principal nicht weiß, inwieweit zufällige Umweltzustände das Ergebnis beeinflusst haben, ist ein Rückschluss von den Ergebnissen auf die Qualität der Handlungen nicht möglich bzw. lediglich probabilistisch zulässig.[196] So können die Aktionäre - beispielsweise mittels des Geschäftsberichtes - die öffentlich zugänglichen Unternehmensergebnisse beobachten. Jedoch wissen sie nicht, inwiefern die positiven (negativen) Ergebnisse auf besonders gute (schlechte) zufällige Umstände in der Branche oder in der gesamtwirtschaftlichen Entwicklung zurückzuführen sind.[197] Die Beurteilung der Leistung des Managements ist somit nicht unmittelbar möglich: „Ein positives Ergebnis kann Glück des Agent sein; bei einem negativen Ergebnis kann der Agent die Schuld auf äußere Umstände schieben."[198] Noch pointierter formuliert SPREMANN: „Durch Glück bei Faulheit kann ... dieselbe Gegenleistung zustande kommen wie durch Pech und Fleiß."[199] Ebenso wie im Fall der „hidden information" besteht auch hier die Gefahr des „Moral Hazard".[200] Abbildung 12 stellt die zeitliche Struktur und die Arten unterschiedlicher Informationsverteilungen in Principal-Agent-Beziehungen zusammenfassend schematisch dar.

---

[193] Vgl. Müller 1995, S. 66; Mensch 1999, S. 687; Wagenhofer/Ewert 1993, S. 374; Mikus 1998, S. 454.

[194] Vgl. Mattessich 1985, S. 686.

[195] Vgl. auch Hartmann-Wendels 1989, S. 714.

[196] Vgl. Müller 1995, S. 62; Graßhoff/Schwalbach 1999, S. 437; Hartmann-Wendels 1992, Sp. 72.

[197] Vgl. Jaschke 1989, S. 43 f.

[198] Mensch 1999, S. 687.

[199] Spremann 1990, S. 571; vgl. hierzu auch Elschen 1991(a), S. 210.

[200] Vgl. Mikus 1998, S. 455.

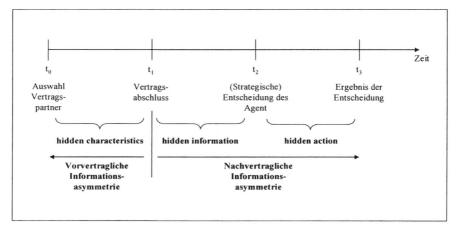

Abb. 12: Zeitliche Struktur und Informationsasymmetrien in Principal-Agent-Beziehungen

3.2.2 Lösungsansätze

Die vorstehend aufgezeigten Probleme entstehen aufgrund der unterschiedlich verteilten Informationen zwischen Principal und Agent. Sämtliche *Lösungsansätze* zur Verringerung der Informationsasymmetrie verursachen entweder beim Auftraggeber oder beim Auftragnehmer Kosten, die in der Agency-Literatur als Agency Costs bezeichnet werden.[201] Diese umfassen die Differenz zwischen der Leistungserstellung durch einen Agent im neoklassischen Idealzustand eines „vollkommenen Tausches" und der Leistungserstellung unter der Annahme ungleich verteilter Informationen beider Parteien.[202]

Mit anderen Worten können die Agency Costs als Nutzenentgang oder Wohlfahrtsverlust, der sich aus der realistischen Annahme nicht kostenloser Informationsbeschaffung ergibt, definiert werden.[203] Dieser Nutzengang spiegelt sich darin wider, dass unter diesen Umständen im Rahmen des Vertragsverhältnisses nicht

---

[201] Vgl. Ruhwedel 2002, S. 77.

[202] Vgl. Ebers/Gotsch 1995, S. 197 f.

[203] Vgl. Bäurle 1996, S. 4.

die pareto-optimale First-Best-Lösung, sondern lediglich eine Second-Best-Lösung erreicht wird, die der First-Best-Lösung am nächsten kommt.[204] Die Agency Costs, die ursprünglich auf JENSEN/ MECKLING zurückgehen, setzen sich kumulativ aus folgenden drei Kostenkomponenten zusammen:[205]

(1) Kosten des *Principal*, die aus Maßnahmen zur Verbesserung des Leistungsverhaltens des Agent entstehen. Dazu gehören z.b. die Kosten des Vertragsabschlusses, die Schaffung von Anreizen für den Agent, Risikoprämien, die Überwachung und Bewertung der Arbeit des Agent etc. (*Monitoring Expenditures* bzw. Steuerungs- und Kontrollkosten).

(2) Kosten des *Agent* für sein Garantieversprechen, diejenigen Aktionen auszuschließen, die für den Principal unvorteilhaft wären. Ferner vermag er durch Formen der Selbstkontrolle und durch freiwillige Rechenschaftsverpflichtungen die Überwachungsaktivitäten seitens des Principal zu reduzieren. Dem Agent kann hieran ein Interesse unterstellt werden, da er andernfalls das Ende der Agency-Beziehung befürchten müsste. (*Bonding Expenditures* bzw. Selbstbeschränkungskosten).

(3) Kosten, die als „dollar equivalent"[206] dem Wohlfahrtsverlust des Principal durch Verfehlung des First-Best-Zustandes entsprechen (*Residual Loss*).

Zwischen den drei Kostenkomponenten besteht eine Trade-Off-Beziehung. So lässt sich der *Residual Loss* zum Beispiel durch eine Erhöhung der *Monitoring Costs* einschränken, die wiederum durch entsprechend glaubhafte Garantieversprechen des Agent reduziert werden können.[207] Die maximale Effizienz der Vertragsgestaltung wird theoretisch dann erreicht, wenn die Agency Costs den Wert Null annehmen. Dieser fiktive Idealzustand ist jedoch nicht mehr als ein Maßstab, dessen Realisierung ausschließlich in einer Situation vollkommener Information

---

[204] Vgl. Picot/Dietl/Franck 1997, S. 83.

[205] Vgl. Jensen/Meckling 1976, S. 308; im Folgenden auch Ebers/Gotsch 1995, S. 198; Bäurle 1996, S. 4 f.; Trumpp 1995, S. 45.

[206] Jensen/Meckling 1976, S. 308.

[207] Vgl. Fischer 1995, S. 322; Bäurle 1996, S. 5.

möglich ist, also gerade dann, wenn sich Agency- bzw. Corporate Governance-Probleme überhaupt nicht stellen.[208]

Zur Verhinderung opportunistischen Verhaltens durch den Agent schlägt die Agency-Theorie nunmehr *zwei Lösungswege* vor:[209] Ein Ansatz besteht in der Ergreifung von Maßnahmen, die dem *Abbau der Informationsasymmetrien* dienen, um so die Eigenschaften, Handlungen und Motive des Agent besser beurteilen zu können. Ein anderer Ansatz liegt in der *Schaffung von Anreizen*, die eine Interessenkonvergenz zwischen Principal und Agent herbeiführen sollen. Beide Ansätze intendieren die Ausrichtung der Handlungen des Agents auf die Ziele des Principals.

Konkret wird zur Lösung der *vorvertraglichen* Informationsproblematik zum einen vorgeschlagen, der Principal könne sich im Vorfeld des Vertragsabschlusses Informationen über die Eignung des Agent beschaffen („Screening").[210] Dies ist für ihn allerdings mit Kosten verbunden, die dem Wert der zusätzlich gewonnenen Informationen gegenübergestellt werden müssen. Zum zweiten kann der Principal dem Agent verschiedene Vertragsvarianten vorlegen (z.B. mit unterschiedlich hohen Anteilen variabler Vergütung) und dann über die vom Agent getätigte Auswahl einer bestimmten Vertragsform Rückschlüsse auf dessen Eigenschaften ziehen („Self Selection"). Zum dritten könnte der Agent selbst aktiv werden und dem Principal seine positiven Eigenschaften und Fähigkeiten im Rahmen des so genannten „Signalling" übermitteln. In der Regel werden jedoch nur leistungsstarke Agents zu dieser kostenverursachenden Informationsübermittlung bereit sein.

Zur Lösung der Probleme, die aus der *nachvertraglichen* Informationsasymmetrie erwachsen, schlägt die Agency-Theorie vor, eigennütziges Verhalten des Agent durch die Einrichtung eines Kontrollsystems zu verhindern. Im Zentrum dieses

---

[208] Die Theorie nimmt an, dass sich jene Vertragskonstellationen in der Realität durchsetzen, die unter Konkurrenzbedingungen minimale Agency Costs aufweisen; vgl. Ebers/Gotsch 1995, S. 198. Bezogen auf das der vorliegenden Arbeit zugrunde liegende Problem zwischen den Aktionären und Managern von Aktiengesellschaften lassen sich die Agency Costs auch als Betrag interpretieren, um den der Marktwert einer börsennotierten Gesellschaft von dem Wert eines Eigentümer-geleiteten Unternehmens abweicht; vgl. Jensen/Meckling 1976, S. 312 f.; hierzu auch Delingat 1996, S. 33, der allerdings darauf hinweist, dass sich der Wert eines eigentümergeleiteten Unternehmens nicht ohne weiteres bestimmen lässt.

[209] Vgl. Ruhwedel 2002, S. 80; Elschen 1991(a), S. 210 f.

[210] Vgl. im Folgenden Mikus 1998, S. 453 f.

Lösungsansatzes steht die Arbeit eines *Überwachungsorgans* in der Führungsspitze eines Unternehmens[211] bzw. die Einrichtung eines Aufsichtsrats in Aktiengesellschaften deutschen Rechts.[212] Darüber hinaus ist es möglich, die Zielsetzung des Agent durch geeignete *Anreizsysteme* an die des Principal anzugleichen.[213] Abbildung 13 fasst noch einmal die wesentlichen Erkenntnisse der vorstehenden Ausführungen im Überblick zusammen.

Typ Vergleichskriterium	Vorvertragliche Informationsasymmetrie	Nachvertragliche Informationsasymmetrie	
	Hidden Characteristics	Hidden Information	Hidden Action
Entstehungszeitpunkt	vor Vertragsabschluss	nach Vertragsabschluss, vor Entscheidung	nach Vertragsabschluss, nach Entscheidung
Entstehungsursache	ex-ante verborgene Eigenschaften des Agent	nicht beobachtbarer Informationsstand des Agent	nicht beobachtbare Aktivitäten des Agent
Problem	Eingehen von Vertragsbeziehungen	Ergebnisbeurteilung	Verhaltens- bzw. Leistungsbeurteilung
Resultierende Gefahr	Adverse Selection	Moral Hazard	Moral Hazard
Lösungsansätze	Signalling, Screening, Self Selection	Kontrollsysteme, Anreizsysteme	Kontrollsysteme, Anreizsysteme

Abb. 13: Charakteristika asymmetrischer Informationsverteilung (Quelle: In Anlehnung an Mikus 1998, S. 454)

Vor dem Hintergrund, dass die *vorvertragliche Informationsasymmetrie* in der Literatur als ein eigenständiger - weil bereits in der „Vorkontaktphase" auftretender - Problemkomplex behandelt wird,[214] soll im weiteren Verlauf der Arbeit primär die *nachvertraglichen Informationsasymmetrie* zugrunde gelegt werden. Diese beschreibt das *klassische Problem* der Überwachung der Unternehmensführung

---

[211] Vgl. Jaschke 1989, S. 47; Main/Johnston 1993, S. 352; Fama/Jensen 1983, S. 311, 313 ff.

[212] Vgl. Ebers/Gotsch 1995, S. 202.

[213] Vgl. Mikus 1998, S. 454 f.; Elschen 1991(a), S. 210.

[214] Vgl. Günther 1997, S. 43, der sogar so weit geht, lediglich die Probleme in der *Nachkontraktphase* als *Principal-Agent-Probleme* zu deklarieren.

und weist somit einen unmittelbaren Bezug zum Corporate Governance-Konzept auf.[215]

3.2.3 Kritische Reflexion des agencytheoretischen Beitrags zum eigenen Untersuchungsgegenstand und Implikation für die weitere Untersuchung

An dieser Stelle erscheint es sinnvoll, die vorstehenden Ausführungen hinsichtlich ihres Beitrags zum eigenen Untersuchungsgegenstand bzw. zur Lösung der in Kapitel A.I formulierten Problemstellung kritisch zu betrachten. Zunächst ist *positiv* hervorzuheben, dass die forschungspragmatischen Vorzüge des (Grund-)Modells in dessen relativ präziser Theoriekonstruktion liegen, die die Formulierung der Koordinationsprobleme und die darauf bezogenen Steuerungsmechanismen in vertraglichen Beziehungen erleichtern. Daneben weist die Agency-Theorie vor allem im Vergleich zur Neoklassik einen größeren Realismus auf[216] und hilft, die in der Realität beobachtbaren Probleme besser zu verstehen.[217] Die Agency-Theorie begründet die Notwendigkeit der Unternehmensüberwachung, indem sie die Geschäftsführung und die Aktionäre hinsichtlich ihrer Interessen und Informationsstände charakterisiert und so wichtige Grundprobleme der vertraglichen Beziehung aufzeigt. Gleichsam beschreibt sie die Rahmenbedingungen, unter denen die Geschäftsführung überwacht wird, indem das zu erwartende Verhalten des Überwachungsobjektes (Opportunismus aufgrund der Informationsasymmetrie)[218] einbezogen wird.

Dadurch wird auch die grundlegende Zielsetzung der Überwachung deutlich. Strikt mikroökonomisch formuliert dient die Überwachungsarbeit des Aufsichtsrats der Reduktion der Agency Costs.[219] Abstrahiert man von dieser „Metapher", so hat der Aufsichtsrat die Aufgabe, die Informationsasymmetrie zwischen der Geschäftsführung und den Aktionären zu verringern bzw. eine an den Interessen der Anteilseigner ausgerichtete, wertorientierte Unternehmensführung sicherzustellen. Dieses Ziel umfasst sowohl die Aufdeckung und Beseitigung von Defizi-

---

[215] Vgl. Blies 2000, S. 62.

[216] Vgl. Picot/Neuburger 1995, Sp. 20; Ebers/Gotsch 1995, S. 205.

[217] Vgl. Bäurle 1996, S. 21.

[218] Vgl. ähnlich Becker 1993, S. 1.

[219] Vgl. Kester 1992, S. 26; Stehle 1993, Sp. 3725; Dufey/Hommel/Riemer-Hommel 1998, S. 50.

ten der Unternehmensführung als auch die Erteilung von Sanktionen.[220] Insofern soll der Aufsichtsrat zusammenfassend „das Vorstandshandeln auf seine Interessenkompatibilität beurteilen, permanent überwachen und gegebenenfalls korrigierend eingreifen".[221]

Dies alles zeigt, dass sich die Agency-Theorie besonders eignet, die Unternehmensüberwachung durch den Aufsichtsrat fundiert zu analysieren.[222] Jedoch muss ebenso konstatiert werden, dass die Aussagen der Agency-Theorie in gewissem Maße begrenzt sind, so dass sich ihr Erkenntnisfortschritt wieder etwas relativiert.[223] Zunächst sei die Frage aufgeworfen, warum aus agencytheoretischer Sicht große Aktiengesellschaften heute überhaupt dauerhaft Bestand haben. JENSEN/MECKLING folgend müssten Aktiengesellschaften aufgrund der ihnen beizumessenden Agency Costs auf lange Sicht vor allem den (neo-)klassischen Einzelunternehmen unterlegen sein.[224] Richtig ist jedoch, dass auch in der neoklassischen Theorie den Eigentümer nichts daran hindert, Konsum am Arbeitsplatz zu realisieren.[225] „It is clearly an error to suppose that a firm managed by its only owner comes closest to the profit-maximizing firm postulated in the model firm of economic theory. The owner-manager of such a firm may or may not be motivated only by the search for profit. He may habitually consume on the job."[226] Die Aussage von JENSEN/MECKLING, der Marktwert moderner Aktiengesellschaften sei *systematisch* und *in jedem Fall* geringer als der Unternehmenswert eines Einzelunternehmens, wird in dieser Form in der Literatur als nicht haltbar erachtet.[227]

---

[220] Vgl. Kanavelis 1987, S. 117.

[221] Steinmann/Klaus 1987, S. 31.

[222] Vgl. Jaschke 1989, S. 4.

[223] Vgl. zu den Problemen der Agency-Theorie auch Mattessich 1985, S. 684.

[224] Vgl. hierzu auch Kolbeck 1993, Sp. 3749.

[225] Vgl. Demsetz 1983, S. 379. Die Entlohnung des Eigentümerunternehmers umfasst zwei Komponenten: Die Annehmlichkeiten am Arbeitsplatz durch Konsum und die entnahmenfähigen Gewinne. In Abhängigkeit von den persönlichen Präferenzen des Eigentümers wählt dieser die optimale Form. Im Beispielfall reduziert er die entnahmefähigen Gewinne. Vgl. Delingat 1996, S. 36 f.

[226] Demsetz 1983, S. 382 f.

[227] Vgl. Delingat 1996, S. 37.

Ein äußerst schwerwiegender Kritikpunkt an der Agency-Theorie ist die mangelnde Operationalisierbarkeit der Agency Costs.[228] Die hier zu lösende Fragestellung lautet, wie die *Höhe* der Agency Costs *gemessen* werden kann, insbesondere vor dem Hintergrund, dass der von den Agency-Theoretikern gewählte Begriff der „Kosten" die Möglichkeit einer anwendungsorientierten Messbarkeit suggeriert.[229] Zur Quantifizierung der Agency Costs ist die exakte Bestimmung der First-Best-Lösung des Vertragsverhältnisses definitionsgemäß unabdingbar. Jedoch beschreibt das Optimum lediglich einen nur „fiktiv vorstellbaren Idealzustand",[230] womit sich das zentrale Effizienzkriterium der Theorie nicht quantifizieren lässt.

Die dargestellte Messproblematik hat zur Folge, dass die Theorie immer dann an ihre *Grenzen* stößt, wenn man bestimmte *Lösungsvorschläge* zu beurteilen oder gar konkrete Handlungsempfehlungen bezüglich der Ausgestaltung der (Anreiz- und) Überwachungsmechanismen abzuleiten versucht. Außer ein paar „vager Tendenzaussagen" stellt die Theorie diesbezüglich nichts bereit.[231] SCHNEIDER argumentiert, die Agency Costs böten keinerlei Erkenntnisgewinn für die praktisch zu lösenden Aufgaben: „Wie weit lohnen sich Ausgaben zur Überwachung und Rechenschaft von Beauftragten? Und inwieweit gibt es bessere Alternativen zur Lösung irgendeines Principal-Agent-Problems?"[232] Insofern führt der Versuch einer bewertenden Diskussion potenzieller Überwachungsmechanismen anhand des Instrumentariums der Agency Costs hier nicht weiter. In Gegenteil wird ein solches Vorgehen in der Literatur zu Recht als hoch spekulativ bezeichnet.[233]

Eine rekapitulierende Abwägung der vorstehend aufgezeigten Vorzüge und Problembereiche führt zu dem Ergebnis, dass die Agency-Theorie - trotz der kritischen Einwände - einen wesentlichen Erkenntnisfortschritt für die Lösung des dieser Arbeit zugrunde liegenden Problems darstellt. Obgleich die Theorie vor allem mit den fehlenden Aussagen zur konkreten Ausgestaltung der Kontrollme-

---

[228] Vgl. zur Kritik an den Agency-Costs Jaschke 1989, S. 65 ff.

[229] Vgl. Meinhövel 1998, S. 51 f., der in diesem Zusammenhang auch argumentiert, die Agency-Theoretiker hätten zur Vermeidung von Missverständnissen anstelle des Begriffes der Agency Costs, der eine gewissen Ausstrahlung auf den Bereich des Rechnungswesens besitzt, besser lediglich von „Wohlfahrtsverlust" oder „Optimumabweichung" gesprochen.

[230] Vgl. Fischer 1995, S. 321.

[231] Vgl. Bäurle 1996, S. 21.

[232] Schneider 1995, S. 279.

[233] Vgl. Bäurle 1996, S. 22.

chanismen eine gravierende Lücke hinterlässt, erhöht sie insgesamt das ökonomische Verständnis für die Existenz von Informationsasymmetrien und für die Auswirkungen opportunistischen Verhaltens.[234] Trotz des noch bestehenden Raums für konzeptionelle Erweiterungen bildet die Agency-Theorie einen bedeutenden Bezugsrahmen für die Koordination von Führungssystemen in Aktiengesellschaften.[235] Durch die theoretisch begründete Notwendigkeit der Einrichtung eines *Überwachungsorgans* und die Signalisierung des vom Vorstand zu erwartenden Verhaltens schafft die Theorie eine fundierte Basis für die im nächsten Abschnitt zu erfolgende Konkretisierung des eigenen Ausgangsbezugsrahmens.[236]

III Konkretisierung des eigenen Bezugsrahmens

Basierend auf dem bereits formulierten Globalziel der Arbeit, weiterführende, theoretisch fundierte Erkenntnisse über die Unternehmensüberwachung durch den Aufsichtsrat zu gewinnen, sei im Folgenden der konzeptionelle Bezugsrahmen der weiteren Ausführungen detailliert. Nach der Festlegung der grundsätzlichen Analyseebenen erfolgt in einer zweiten Konkretisierungsstufe die Erläuterung der den Analyseebenen zugrunde liegenden Beschreibungsdimensionen. Dabei soll an dieser Stelle lediglich ein kurzer Überblick über die Schwerpunkte erfolgen. Die einzelnen Analyseebenen und Beschreibungsdimensionen erfahren in den späteren Kapiteln der Arbeit eine konzeptuelle Vertiefung.

1 Festlegung der Analyseebenen

Im vorstehenden Kapitel wurde deutlich, dass die Agency-Theorie die Einrichtung eines Aufsichtsrats als Kontrollinstanz der Geschäftsführung vorschlägt, ohne jedoch weiterführende Aussagen zu dessen konkreter Ausgestaltung zu treffen. Die vertragliche Beziehung zwischen dem Überwachungs- und dem Geschäftsführungsorgan weist mit dem Überwachungsobjekt *Vorstand*, dem Überwa-

---

[234] Mikus 1998, S. 458.

[235] Vgl. Picot/Neuburger 1995, Sp. 21.

[236] Den kritischen Aussagen hinsichtlich der unmöglichen Quantifizierbarkeit der Agency Costs wird Rechnung getragen, indem im weiteren Verlauf der Arbeit von selbigen abstrahiert wird. Wie die weiteren Ausführungen deutlich machen werden, ist die Zugrundelegung der Agency Costs für die weitere Präzisierung des konzeptionellen Ausgangsbezugsrahmens als entbehrlich einzustufen.

chungsträger *Aufsichtsrat* und dem *Interaktions-* bzw. *Austauschverhältnis* zwischen beiden Organen drei potenzielle Analyseebenen auf.

Im eigenen Kontext der *Überwachungs*perspektive soll dabei ein ganz bestimmter *Teilbereich* der Corporate Governance im Vordergrund stehen, nämlich der *Aufsichtsrat* selbst und das *Zusammenwirken* zwischen ihm und dem Vorstand (Austauschverhältnis). Insofern wird das Geschäftsführungsorgan im weiteren Verlauf der Arbeit als eigenständige Analyseebene ausgeklammert, mit der Folge, dass etwa dessen konkrete Aufgaben, Organisation und Entscheidungs- bzw. Willensbildungsprozesse nicht in die Untersuchung einfließen.[237] Damit sind in einer *ersten, groben* Konkretisierungsstufe die beiden dieser Arbeit zugrunde liegenden Analyseebenen benannt (vgl. Abb. 14).

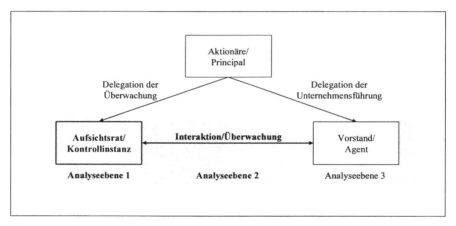

Abb. 14: Erste Konkretisierungsstufe des Bezugsrahmens

Sowohl die agencytheoretisch fehlenden Aussagen hinsichtlich der konkreten Ausgestaltung der Überwachung als auch die in der gewählten Forschungsmethodik begründete Forderung nach Pluralismus und Eklektizismus des Bezugsrahmens bedingen die Aufnahme möglichst vieler verschiedener theoretischer Ansätze und Interpretationsmuster. Vor diesem Hintergrund stellen sich die konzeptio-

---

[237] Vgl. für die „Zulässigkeit" einer solchen Vorgehensweise etwa Malik 2002, S. 14 f.; analog auch Witt 2003(a), S. 246 i.V.m. Fn. 5, der in seinem Beitrag mit der *Unternehmensführung* allerdings einen anderen „Teilbereich" der Corporate Governance behandelt.

nellen Analyseebenen in einer zweiten Konkretisierungsstufe überblicksartig wie folgt dar.

2 Festlegung der Beschreibungsdimensionen

2.1 Überwachungsträger Aufsichtsrat

Unter unmittelbarer Bezugnahme auf das im Rahmen der agencytheoretischen Ausführungen formulierte Ziel der Aufsichtsratsarbeit, die nachvertragliche, zugunsten des Vorstands bestehende Informationsasymmetrie zu reduzieren, hat der Aufsichtsrat in erster Linie ein *Überwachungsverständnis* zu entwickeln, das es ihm ermöglicht, die strategischen Entscheidungen des Vorstands im Sinne der Anteilseigner zu überwachen (*erste Beschreibungsdimension*).[238] Die *zweite Beschreibungsdimension* der Analyseebene „Aufsichtsrat" gründet sich auf dem literarischen Konsens, dass sich der Aufsichtsrat zur Bewältigung der Überwachungsaufgabe *organisatorisch* in geeigneter Weise aufzustellen hat. Im Schrifttum wird betont, dass der Aufsichtsrat zur näheren Regelung seiner Organisation nicht nur berechtigt, sondern sogar verpflichtet ist, soweit organisatorische Maßnahmen zur sachgerechten Erfüllung seiner Aufgaben erforderlich sind.[239]

(1) Überwachungsverständnis des Aufsichtsrats

Aufbauend auf einführenden Erläuterungen zu den Charakteristika strategischer Entscheidungsprozesse sollen die im Schrifttum gegenübergestellten *Kontrollkonzeptionen* aufgegriffen und auf den hier zugrunde liegenden Überwachungsträger Aufsichtsrat übertragen bzw. hinsichtlich ihrer theoretischen Eignung zur Gewährleistung einer wirksamen Unternehmensüberwachung kritisch untersucht werden. Dabei können mit der traditionellen *Ergebniskontrolle* und der im Schrifttum so bezeichneten *strategischen Überwachung* zwei unterschiedliche Kontrollauffassungen differenziert werden.[240]

Obgleich sich die betriebswirtschaftliche Literatur erst seit 20 Jahren mit der (strategischen) Überwachung beschäftigt, liegen bislang eine Reihe recht unterschiedlicher Konzeptionen vor.[241] Diese weisen jedoch keinen unmittelbaren Bezug zur

---

[238] Vgl. Bea/Scheurer 1994, S. 2145 f.; auch Becker 1993, S. 4 f.; 66 ff.

[239] Vgl. Lutter/Krieger 2002, S. 206; Theisen 2003, S. 290.

[240] Vgl. Nuber 1995, S. 48 ff.

[241] Vgl. Bea/Haas 2001, S. 219.

fremdüberwachenden Kontrollinstanz Aufsichtsrat auf, da sie sich originär mit den integralen Überwachungshandlungen auf Ebene der *Unternehmensführung* befassen. Vor diesem Hintergrund sind die den strategischen Kontrollkonzeptionen zugewiesenen Kontrollarten im Kontext des eigenen Untersuchungsgegenstands zu modifizieren. Als Referenzkonzept dient dabei der Ansatz von STEINMANN/SCHREYÖGG, der aufgrund seiner Geschlossenheit und Systematik als die am weitesten entwickelte Konzeption erachtet wird und folgerichtig in der deutschen Betriebswirtschaftslehre große Beachtung gefunden hat.[242]

(2) Organisationsstruktur des Aufsichtsrats

Unter Organisation soll ein „Instrument … zu einer möglichst guten Aufgabenerfüllung" verstanden werden.[243] Trotz der Erkenntnis, dass die Organisation des Aufsichtsrats bedeutsam für die Bewältigung der komplexen Überwachungsaufgabe ist, fehlt in der Literatur bislang eine entsprechende konzeptionelle Durchdringung in Bezug auf den Aufsichtsrat.

Die eigene Konzeptualisierung greift auf die *vergleichende Organisationsforschung* zurück, in deren Mittelpunkt die Diskussion unterschiedlicher Strukturdimensionen steht.[244] Theoretische Aussagen über die organisationsstrukturellen Regelungen innerhalb des Gremiums Aufsichtsrat haben zunächst an der Fragestellung anzusetzen, mittels *welcher Instrumentalvariablen* die Organisation des Aufsichtsrats beschrieben werden kann.[245] Organisationen sind komplexe Gebilde, die sich anhand unendlich vieler Eigenschaften beschreiben lassen. Durch die Auswahl bestimmter Dimensionen wird jener Realitätsausschnitt festgelegt, der in die anschließenden Analysen eingeht. Damit verbunden ist der Versuch, die Komplexität der betrachteten Phänomene zu reduzieren. Die Auswahl der Dimensionen ist folglich immer mit dem Risiko behaftet, wichtige Aspekte zu vernachlässigen.[246]

Vor dem Hintergrund, dass im Schrifttum unterschiedliche Instrumentalvariablen zur Beschreibung von Organisationen zugrunde gelegt werden, sollen im Rahmen der vorliegenden Arbeit die für die eigene Problemstellung relevanten Dimensio-

---

[242] Vgl. Nuber 1995, S. 105, 353.

[243] Vgl. Welge 1993, Sp. 3019.

[244] Vgl. im Folgenden ausführlich Welge 1987, S. 392 ff.

[245] Vgl. Hill/Fehlbaum/Ulrich 1994, S. 172.

[246] Vgl. zu diesem Konzeptualisierungsproblem Kieser/Kubicek 1983, S. 71 ff.

nen *Spezialisierung*, *Delegation* und *Koordination* herangezogen werden.[247] Während mit dem Grad der Spezialisierung grundsätzlich festgelegt wird, welche Teilaufgaben von welchen Personen wahrgenommen werden, ist im Rahmen der Delegation zu untersuchen, wie die Entscheidungsbefugnisse im Rahmen von Entscheidungen offiziell verteilt sind.[248] Koordination ist notwendig, um die einzelnen Teilaufgaben auf die übergeordnete Aufgabenerfüllung hin abzustimmen. Insofern ist Spezialisierung und Delegation nur dann wirksam, wenn die einzelnen Aufgabengebiete mittels geeigneter Instrumente koordiniert werden. Im Zuge dessen wird beispielsweise zu klären sein, ob die Einrichtung spezieller, dezentraler Einheiten für den Aufsichtsrat sinnvoll ist, mit welchen Kompetenzen die Einheiten auszustatten sind und wie deren Arbeit koordiniert werden sollte.

2.2 Austauschverhältnis zwischen Aufsichtsrat und Vorstand

Die zweite Analyseebene umfasst das *Austauschverhältnis* zwischen Aufsichtsrat und Vorstand. In Ermangelung eines expliziten überwachungstheoretischen Ansatzes in der Literatur soll im Folgenden zunächst auf die *Netzwerktheorie* zurückgegriffen werden, die die Beziehung zwischen zwei oder mehreren interagierenden Objekten zum Analysegegenstand erhebt. Analog der Netzwerk-Terminologie können Aufsichtsrat und Vorstand als *Network Units* und ihre Interaktionen als *Network Relations*, die einen institutionalisierten und kontinuierlichen Austausch beschreiben, bezeichnet werden.[249] In Anlehnung an TICHY/FOMBRUN lassen sich die Austauschbeziehungen zwischen dem Aufsichtsrat und Vorstand zu Forschungszwecken anhand der *Beschreibungsdimensionen* (transactional content) „Austausch von Informationen" (cognitive) und „Austausch von Macht und Einfluss" (prescriptive) charakterisieren.[250] Insofern bilden der *Informationsaustausch* und die *gegenseitige Macht und Einflussnahme* im weiteren

---

[247] Vgl. für einen Überblick über mögliche Instrumentalvariablen Grochla 1978, S. 30 ff.; Grochla 1982, S. 96 ff.; Kieser/Kubicek 1983, S. 79 ff.; Welge 1987, S. 392 ff.; davon leicht abweichend Kubicek/Welter 1985, S. 31 ff.; Hill/Fehlbaum/Ulrich 1994, S. 170 ff.

[248] Vgl. Kieser/Kubicek 1983, S. 196.

[249] Vgl. zu diesen Begriffen Böttcher 1996, S. 96 ff.

[250] Vgl. Tichy/Fombrun 1979, S. 927; auch Tichy/Tushman/Fombrun 1979, S. 509. Die darüber hinaus existierenden Beschreibungsdimensionen „Austausch von Gütern oder Dienstleistungen" (physical) und „Austausch von Zuneigung/Leidenschaft" (expressive) sind für den eigenen Untersuchungsgegenstand irrelevant.

Verlauf der Untersuchung den Analyseschwerpunkt des Interaktionsverhältnisses zwischen Aufsichtsrat und Vorstand.

(1) Informationsaustausch

Eine Untersuchung des *Informationsaustausches* (*erste Beschreibungsdimension*) hat die beiden Kommunikationsrichtungen *vom* Vorstand *zum* Aufsichtsrat und vice versa zu berücksichtigen. Die *Informationsbeschaffung* des Aufsichtsrats bezieht sich auf solche Informationen über relevante Sachverhalte des Unternehmens und dessen Umwelt, die als Überwachungsinformationen genutzt werden können.[251] Dabei stehen dem Aufsichtsrat zur Gewinnung von Informationen verschiedene Wege offen (vgl. Abb. 15).[252]

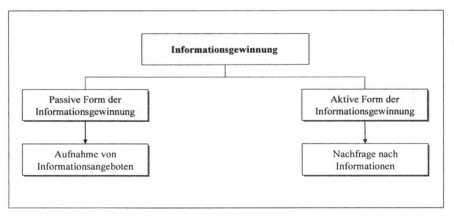

Abb. 15:   Arten der Informationsgewinnung (Quelle: In Anlehnung an Hettich 1981, S. 63)

Im Rahmen der hier so bezeichneten (passiven) *Aufnahme von Informationsangeboten* greift der Aufsichtsrat auf die gesetzlich normierte Berichterstattung des Vorstands zurück.[253] Da der Aufsichtsrat das Unternehmen nicht selbst leitet, er-

---

[251] Vgl. Nuber 1995, S. 179.

[252] Vgl. zu dieser Einteilung in eine aktive und passive Informationsbeschaffung auch Gemünden 1992, Sp. 1012.

[253] Vgl. im Folgenden ähnlich auch Feddersen 2003, S. 458 ff.

fährt er von wichtigen Vorhaben und Geschehnissen nicht durch eigene Tätigkeit, sondern er muss darüber informiert werden.[254] Insofern besteht hier eine explizite *Bringschuld* des Vorstands.[255] Die Konzeptualisierung der Informationsangebote hat sowohl an den *formalen Anforderungen* an die Vorstandsberichte als auch an deren *inhaltlichem Informationswert* für den Aufsichtsrat anzusetzen.

Ferner ist der Aufsichtsrat befugt, über diese unaufgeforderte Berichterstattung hinaus seinen Informationshaushalt jederzeit durch die *aktive Nachfrage* nach (weiteren) Informationen zu verbessern.[256] Während bei der oben skizzierten Aufnahme von Informationsangeboten durch den Aufsichtsrat sowohl der Informationsgeber (Vorstand) als auch die Zeitpunkte der Informationsübermittlung durch das Gesetz weitestgehend vorherbestimmt sind, gilt dieser Tatbestand für die *aktive Informationsnachfrage* des Aufsichtsrats nur bedingt. Folglich steht bei deren Konzeptualisierung neben den möglichen *Informationsquellen* des Überwachungsträgers auch der *zeitliche Aspekt* der Informationsbeschaffung im Mittelpunkt.

Die zweite Kommunikationsrichtung beschreibt die *Mitteilung* der im Rahmen der Überwachungshandlungen gewonnenen *Erkenntnisse* durch den Aufsichtsrat. Diese *Überwachungsberichterstattung* an den Vorstand ist aufgrund der Nichtidentität zwischen Überwachungsträger und -objekt zwingend erforderlich.[257] Die eigene Konzeptualisierung greift zwei Konstrukte auf:

▶ Zunächst sind die dem Aufsichtsrat zur Verfügung stehenden Instrumente zu untersuchen, die er zur *Durchsetzung seiner Überwachungsergebnisse* einsetzen kann. Dabei rückt die Fragestellung in den Vordergrund, wie der Aufsichtsrat im Fall *strategiegefährdender* Entwicklungen den Vorstand beeinflussen bzw. entsprechende Korrekturimpulse im Sinne der Anteilseigner auslösen kann.

▶ Einen zweiten Schwerpunkt bilden die Determinanten der *Qualität* der Überwachungsberichterstattung bzw. des Überwachungsurteils. Ein Überwachungsurteil ist nur dann als fundiert einzustufen, wenn der Überwachungsträger hin-

---

[254] Vgl. Lutter/Krieger 2002, S. 77.

[255] Vgl. Potthoff/Trescher 2001, S. 231.

[256] Vgl. § 90 Abs. 3 AktG.

[257] Vgl. von Wysocki 1988, S. 297.

reichend qualifiziert ist und keine Interesseninkompatibilität[258] vorliegt. Die eigene Konzeptualisierung greift diesen Sachverhalt auf, indem die erforderliche *Sachkunde* (Urteilsfähigkeit) und *Unabhängigkeit* (Urteilsfreiheit) der Aufsichtsratsmitglieder diskutiert wird.[259]

(2) Gegenseitige Macht und Einflussnahme

In einem weiteren Schritt gilt es, den *macht-psychologischen, affektiven Verhaltensaspekt* der Überwachung bzw. des Austauschverhältnisses zwischen Vorstand und Aufsichtsrat mit in die Überlegungen einzubeziehen (*zweite Beschreibungsdimension*).[260] Mit Macht kann allgemeinen die Möglichkeit von Personen oder Personengruppen verstanden werden, „auf das Handlungsfeld bzw. die Handlungsfelder anderer Personen oder Personengruppen einzuwirken".[261] Die Berücksichtigung des zwischenmenschlichen Bereiches ist von erheblicher Bedeutung für eine wirksame Überwachung, da diese als eine Führungsaufgabe einerseits zwar dazu bestimmt ist, menschliches Verhalten *zu beeinflussen*, andererseits aber auch entscheidend durch das menschliche Verhalten *beeinflusst wird*.[262]

Basierend auf der ökonomischen Problematik, dass der Vorstand als diejenige Instanz, die der Aufsichtsrat überwachen soll, gleichzeitig ein *Monopol* an überwachungsrelevanten Informationen besitzt,[263] wird im eigenen Kontext zunächst zu untersuchen sein, welches Kommunikationsverhalten vom Vorstand grundsätzlich zu erwarten ist und welche Auswirkungen dies auf die Austauschbeziehung beider Organe hat. Dabei hat der Aufsichtsrat das Informationsverhalten des Vorstands zu antizipieren und in sein Überwachungskalkül einzubeziehen. Der Schwerpunkt der Konzeptualisierung der gegenseitigen Macht und Einflussnahme liegt darin, die entsprechenden *Diskussionsschwerpunkte der Literatur* zu inte-

---

[258] Der Begriff der Inkompatibilität beschreibt im weiten Sinne eine Situation, die mit der Bekleidung eines Aufsichtsratsamtes unvereinbar ist; vgl. Wardenbach 1996, S. 26.

[259] Vgl. Staudinger 1986, S. 143, 260 ff.; Scheffler 1993, S. 65; zur Bedeutung der Unabhängigkeit auch Malik 2002, S. 199 f.

[260] Vgl. zur Forderung eines Einbezugs von Verhaltensprozessen, individuellen Bedürfnissen und bestehenden Machtverhältnissen in die Betriebswirtschaftslehre auch Kieser/Segler 1981, S. 30 f.

[261] Vgl. zu diesem Machtbegriff mittlerer Reichweite Krüger/Thost 1989, Sp. 993. Vgl. hierzu auch Welge 1987, S. 383.

[262] Vgl. Nuber 1995, S. 235; auch Pettigrew/McNulty 1995, S. 851, die das „relationale", zwischenmenschliche Element von Macht betonen.

[263] Vgl. Bea/Scheurer 1994, S. 2149; Becker 1993, S. 1; Endres 1999, S. 455.

grieren bzw. auf das Überwachungsverhältnis zwischen Aufsichtsrat und Vorstand zu *übertragen.* Im Zuge dessen werden auch *nachbardisziplinäre, verhaltenswissenschaftlich geprägte Überlegungen* in die eigenen Ausführungen einfließen.[264]

Zusammengefasst sei festgehalten, dass sich die erste Analyseebene in den beiden Beschreibungsdimensionen *Überwachungsverständnis* und *organisationsstrukturelle Regelungen* des Aufsichtsrats konstituiert. Dahingegen liegen der zweiten Analyseebene die Beschreibungsdimensionen *Informationsaustausch* zwischen Aufsichtsrat und Vorstand und *wechselseitige Macht und Einflussnahme* beider Organe zugrunde. Abbildung 16 stellt den entwickelten Ausgangsbezugsrahmen der Arbeit als Basis für die weiteren Ausführungen noch einmal grafisch dar.

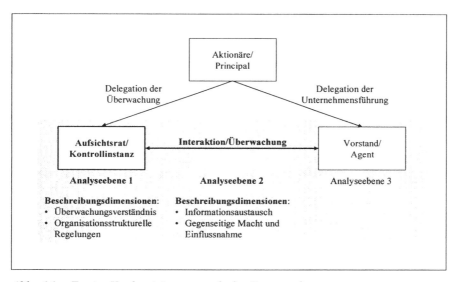

Abb. 16: Zweite Konkretisierungsstufe des Bezugsrahmens

Die Bezugnahme auf die vorstehend genannten Konzeptualisierungsschwerpunkte, die im weiteren Verlauf der Arbeit sowohl theoretisch als auch empirisch de-

---

[264] Vgl. zum Begriff und Inhalt der Verhaltenswissenschaften, insbesondere in Bezug auf die Betriebswirtschaftslehre, ausführlich Schanz 1993, Sp. 4521 ff.

tailliert werden, verfolgt das Ziel eines möglichst umfassenden und ganzheitlichen Ansatzes, der sich bewusst von der im Schrifttum gängigen Vorgehensweise einer partikularen Thematisierung *einzelner* Aspekte der Überwachungsarbeit abhebt. Im folgenden Abschnitt soll nunmehr das der Arbeit zugrunde liegende Forschungsdesign erläutert und begründet werden.

IV Gestaltung des empirischen Forschungsdesigns

Im Rahmen der Planung eines empirischen Forschungsprojektes ist festzulegen, welche Größen *wie, wo* und *in welchem Zeitraum* erfasst werden sollen.[265] Damit verbunden ist die Bestimmung des globalen und des spezifischen Forschungsdesigns.

1 Bestimmung des globalen Forschungsdesigns

Die Planung des globalen Forschungsdesigns erfordert Aussagen zur methodischen Vorgehensweise der Datenerhebung. Hier lassen sich grundsätzlich Experimente, Einzelfallstudien und Feldstudien unterscheiden.[266] Das *Experiment* bietet dem Forscher die Möglichkeit, unter kontrollierten Bedingungen aktiv und manipulierend in den zu untersuchenden Objektbereich einzugreifen.[267] Allerdings scheiden Experimente für die eigene Arbeit aus. So verlangen Laborexperimente die Simulation des entsprechenden Untersuchungsgegenstandes, was aufgrund der hohen Komplexität der Unternehmensüberwachung durch den Aufsichtsrat unmöglich ist. Feldexperimente sind deswegen nicht geeignet, da sich kein Unternehmen finden wird, welches bereit wäre, einzelne Merkmale der Unternehmensüberwachung einer solchen Erhebung zugänglich zu machen.

Bei einer *Einzelfallstudie* werden keine nach systematischen Kriterien gebildeten Stichproben betrachtet, sondern lediglich die Daten einer *einzigen* Untersuchungseinheit gesammelt und ausgewertet (n=1).[268] Insofern sind die gewonnenen

---

[265] Vgl. Kubicek 1975, S. 35.

[266] Vgl. zu den unterschiedlichen Forschungsformen auch ausführlich Roth 1993, S. 227 ff. Kubicek 1975, S. 57 ff.

[267] Vgl. Zimmermann 1972, S. 37.

[268] Vgl. Spöhring 1995, S. 35.

Ergebnisse einzelfallbezogen und erlauben keinen Vergleich zwischen *unter-schiedlichen* Unternehmen. Einzelfallstudien sollten deshalb als sinnvolle Ergän-zung breiter angelegter Erhebungen angesehen werden.[269]

Aufgrund der skizzierten Nachteile bietet es sich an, die Untersuchung in Form einer *Feldstudie* durchzuführen. Die Feldstudie erlaubt als einzige Methode die Analyse einer größeren Anzahl von Fällen bei forschungsökonomisch vertretba-rem zeitlichen und finanziellen Aufwand. Der eigenen Arbeit soll eine Quer-schnittsuntersuchung zugrunde liegen, bei der die Daten - im Gegensatz zur kom-parativ-statischen Analyse oder Längsschnittanalyse - einmalig erhoben und aus-gewertet werden.[270]

Die hier aufgezeigte Entscheidung zugunsten einer vergleichenden Feldstudie erfordert in einem nächsten Schritt Aussagen zur konkreten Datenerhebung, zur Erstellung des Erhebungsinstrumentariums und zur Auswahl der Untersuchungs-einheiten. Die hiermit angesprochene Bestimmung des *spezifischen Forschungs-designs* ist Gegenstand des folgenden Abschnitts.

2 Bestimmung des spezifischen Forschungsdesigns

2.1 Erhebungsmethodische Vorgehensweise

Im Rahmen der erhebungsmethodischen Vorgehensweise kann bei der konkreten Sammlung von Daten zwischen der Beobachtung, Dokumentenanalyse und Be-fragung unterschieden werden.[271] Die *Beobachtung,* unter der „das systematische Erfassen, Festhalten und Deuten sinnlich wahrnehmbaren Verhaltens zum Zeit-punkt des Geschehens"[272] verstanden wird, scheidet aufgrund forschungsökono-mischer Überlegungen aus.[273] Es ist zu erwarten, dass die Praxis dem Erfordernis längerfristiger, beobachtender Aufenthalte in den Unternehmen nicht nachkommt. Darüber hinaus erscheint die Erhebung der relevanten Beschreibungsdimensionen

---

[269] Vgl. Bronner/Appel/Wiemann 1999, S. 137.

[270] Vgl. für eine vergleichende Gegenüberstellung der Merkmale und Probleme von Quer- und Längsschnittanalysen Bronner/Appel/Wiemann 1999, S. 142 f.; Roth 1993, S. 309 ff.

[271] Vgl. etwa Remitschka 1992, Sp. 599; im Folgenden ausführlich Kromrey 1998, S. 297 ff.; Friedrichs 1990, S. 189 ff.

[272] Atteslander 1995, S. 87.

[273] Vgl. für eine tiefer gehende Differenzierung von Beobachtungsarten und -kategorien Roth 1993, S. 126 ff.; Atteslander 1995, S. 87 ff.; Flick 2000, S. 152 f.

des konzeptionellen Bezugsrahmens in Beobachtungssituationen äußerst schwierig.[274]

Die *Dokumentenanalyse*, die eine systematische Erhebung und Auswertung von Texten, Bildern und Filmen umfasst,[275] ist vor dem Hintergrund der eigenen Problemstellung grundsätzlich nicht geeignet, hinreichend fundierte Informationen über die zugrunde gelegten Beschreibungsdimensionen zu erfassen. Zwar kann die Methode der Dokumentenanalyse ergänzend angewandt werden,[276] jedoch dient eine ausschließliche Datenerhebung über Pressemitteilungen, Geschäftsberichte etc. nicht der wissenschaftstheoretischen Grundposition der Arbeit.

Insofern bietet es sich an, sich für die Datenerhebungsmethode der *Befragung* zu entscheiden, die wiederum postalisch, persönlich oder telefonisch durchgeführt werden kann.[277] Aufgrund der Komplexität der Untersuchung scheidet eine *telefonische Befragung*, die vor allem in der kommerziellen Meinungsforschung einen immer größeren Stellenwert erlangt,[278] von vornherein aus.

Die Möglichkeit einer *schriftlichen Befragung* zum Themenkomplex der Überwachungsarbeit eines Aufsichtsrats ist mit erheblichen Nachteilen verbunden.[279] So weisen schriftliche Befragungen in der Regel eine sehr geringe Rücklaufquote auf.[280] Da der eigene Ausgangsbezugsrahmen eine Vielzahl theoretischer Konstrukte umfasst, würde die Länge des Fragebogens „abschrecken" und das genannte Rücklaufproblem noch verstärken. Ferner ist darauf hinzuweisen, dass auf die Möglichkeit verzichtet werden müsste, unerwartete Antworten aufzugreifen,

---

[274] Vgl. zu weiteren Problemen der Beobachtung Flick 2000, S. 157.

[275] Vgl. Diekmann 1998, S. 481. Gelegentlich wird hier auch alternativ von Inhalts-, Text- oder Bedeutungsanalyse gesprochen; vgl. auch Spöhring 1995, S. 189.

[276] So etwa die Durchsicht von Geschäftsberichten zwecks einer vorbereitenden Informationsgewinnung über Aufsichtsratsmitglieder, Aufsichtsratsgrößen, Anzahl der Ausschüsse etc.

[277] Die Befragung ist die am häufigsten zum Einsatz kommende Methode empirischer Sozialforschung und wird daher oftmals synonym verwendet mit der empirischen Forschungsmethodik schlechthin; vgl. Bronner/Appel/Wiemann 1999, S. 143. Teilweise wird die Befragung auch als „Königsweg" der empirischen Sozialforschung bezeichnet. Vgl. Diekmann 1998, S. 371; Wienold 2000, S. 104.

[278] Vgl. Roth 1993, S. 172. Vgl. zum Telefoninterview auch Busse 2003, S. 28 ff.

[279] Vgl. zu Nachteilen schriftlicher Befragungen Schnell/Hill/Esser 1999, S. 336 f. Auf der anderen Seite weisen schriftliche Befragungen technische und wirtschaftliche Vorteile auf; vgl. hierzu etwa Wieken 1974, S. 146 f.

[280] Vgl. Laatz 1993, S. 109, der dies als den zentralen Nachteil der schriftlichen Befragung erachtet und darauf verweist, dass Rücklaufquoten von kleiner als 10% keine Seltenheit darstellen.

auf interessante Aspekte vertiefend einzugehen sowie widersprüchliche Aussagen aufzudecken und zu diskutieren. Insbesondere vor dem Hintergrund des eingangs konstatierten rudimentären Forschungsstands im Bereich der Unternehmensüberwachung durch den Aufsichtsrat erscheint das hier angesprochene Problem als sehr gravierend. Als weiterer Mangel ist die Tatsache zu benennen, dass schriftliche Befragungen kaum Möglichkeiten bieten, erläuternd auf die Fragestellungen einzugehen.

Vor diesem Hintergrund ist es nahe liegend, die Befragung in Form *persönlicher Interviews* durchzuführen. Dafür sprechen - in Kenntnis der oben genannten Nachteile der alternativen Methoden - folgende Vorteile:[281]

– Für gewöhnlich gelingt es mit einem persönlichen Gespräch besser, die Zielgruppe zu einer Teilnahme zu motivieren.[282]

– *Sämtliche* theoretische Kategorien des Bezugsrahmens können in einem ausführlichen Gespräch in die Erhebung einfließen. Das Problem des abschreckenden Effektes eines zu umfangreichen Fragebogens ist bei persönlichen Gesprächen weitaus geringer zu gewichten.

– Einzelne Fragen können vertiefend erläutert werden, so dass auftretende Missverständnisse leichter erkannt und ausgeräumt werden können. Dieser Aspekt ist insbesondere vor dem Hintergrund der „sensiblen" Thematik von großer Bedeutung.

– Theoretisch gestützte Forderungen können auf etwaige Umsetzungsprobleme in der Praxis untersucht werden; praktische Gestaltungsfragen können ebenso wie unerwartete Antworten eingehend vertieft werden.

– Zur Wahrung des heuristischen Potenzials können ausgewählte Probleme (offen) diskutiert werden.

– Erkenntnisse aus bereits durchgeführten Interviews können in spätere Befragungen einbezogen werden, so dass eine kontinuierliche Verbesserung der Gesprächsverläufe vermutet werden kann.[283]

Dem in der Literatur vorgetragenen Nachteil, persönliche Gespräche schränkten den geografisch zugänglichen Raum a priori ein,[284] sei mit dem Argument begeg-

---

[281] Vgl. im Folgenden auch Berg 2003, S. 117 f.

[282] Vgl. Laatz 1993, S. 108.

[283] Vgl. zur Rolle und Funktion des Interviewers und dessen Verhalten ausführlich Erbslöh/Wiendieck 1974, S. 83 ff.

net, dass die eigene Problemstellung bzw. die rechtlichen Rahmenbedingungen des Untersuchungsgegenstands per se eine Eingrenzung der Untersuchung auf Deutschland bedingen. Trotzdem ist der im Vergleich zur postalischen Befragung bestehende Nachteil eines erheblich höheren Kosten-, Reise- und Zeitaufwands nicht zu negieren.[285] Auf das (potenzielle) Problem der mitunter schwierigen Kontaktaufnahme mit den Gesprächspartnern und der damit verbundenen Überwindung der vorgeschalteten „Gatekeeper" wird an anderer Stelle dieser Arbeit eingegangen.

Die im Vorfeld jeder empirischen Untersuchung zu treffenden erhebungsmethodischen Entscheidungen schließen zudem Überlegungen hinsichtlich des *quantitativen* oder *qualitativen* Erhebungscharakters ein.[286] Quantitative Erhebungen intendieren primär die Aufdeckung von Regelmäßigkeiten in einer repräsentativen Auswahl an Untersuchungseinheiten zur Aufstellung allgemeingültiger Gesetze. Durchschnittswerte und generelle Zusammenhänge können auf Basis der erhobenen „hard facts" analysiert und interpretiert werden. Dagegen verfolgt die qualitative Vorgehensweise das Ziel, durch eine exemplarische Auswahl zu untersuchender Fälle innere Zusammenhänge zu verstehen und Problemzusammenhänge offen zu diskutieren. Gleichsam erlangt die Kommunikation des Forschers mit den Beteiligten einen ungleich höheren Stellenwert als im Rahmen quantitativer Forschungsbemühungen.

Der eigenen Arbeit liegt eine explorative, hypothesengenerierende Vorgehensweise zugrunde. Im Mittelpunkt steht die Aufnahme des Erfahrungswissens der Gesprächspartner, die gebeten werden, zu den einzelnen theoretischen Konstrukten ihren praktischen Kenntnisstand - auch mit Beispielen unterlegt - mitzuteilen. Allerdings soll auf die Vorzüge quantitativer Elemente nicht verzichtet werden. Der entwickelte halbstandardisierte Fragbogen erlaubt vergleichende Analysen

---

[284] Vgl. sinngemäß Friedrichs 1990, S. 236 f., der im Fall „geografisch verstreuter" Personen die schriftliche Befragung oft als einzige Lösung erachtet.

[285] So belaufen sich die reinen Erhebungskosten einer schriftlichen Befragung auf etwa ein Fünftel bis ein Zehntel der Kosten einer mündlichen Befragung; vgl. zu dieser Einschätzung Laatz 1993, S. 108.

[286] Vgl. im Folgenden ausführlich Flick 2000, S. 9 ff.

bzw. die explorative Aufdeckung typischer Gestaltungsmuster und Differenzen überwachungsrelevanter Merkmale in den untersuchten Fällen.[287]

Diese Vorgehensweise stellt hohe Anforderungen an den Forscher,[288] die sich allerdings durch die berufliche Erfahrung mit zeitlich limitierten Interviews zu komplexen Sachverhalten sowie die bereits angesprochenen Lerneffekte aus der relativ großen Zahl der durchgeführten Gespräche relativieren lassen.

2.2 Erstellung des Erhebungsinstruments

Die Erstellung des Erhebungsinstruments bedarf einer sorgfältigen Planung. Zunächst ist auf eine „korrekte Übersetzung" des - für die Qualität des Fragebogens wichtigen - theoretischen Hintergrunds zu achten, da die Fragen auf den eigenen Bezugsrahmen bezogen sein sollten.[289] Der eigene Fragebogen weist folglich jene vier thematisch zusammenhängenden und weitgehend abgeschlossenen Kategorien auf, die bei der Konkretisierung des konzeptionellen Ausgangsbezugsrahmens bereits aufgezeigt wurden (vgl. Abb. 17).

Teil 1: Überwachungsverständnis des Aufsichtsrats
Teil 2: Organisationsstruktur des Aufsichtsrats
Teil 3: Informationsaustausch zwischen Aufsichtsrat und Vorstand
Teil 4: Einflussnahme des Aufsichtsrats auf das Informationsverhalten des Vorstands
Teil 5: Ergänzung[290]

Abb. 17: Aufbau des Fragebogens

---

[287] Vgl. zur Unterscheidung zwischen einer voll-standardisierten, teil-standardisierten und nicht-standardisierten Befragungen Spöhring 1995, S. 148; Kromrey 1998, S. 364 ff.; von Koolwijk 1974, S. 17 f. Vor allem erlauben es teil-standardisierte Fragebögen, bestimmte Themen gezielt zu vertiefen bzw. genauer nachzufragen.

[288] Vgl. Atteslander 1995, S. 198, für den die wissenschaftliche Qualität einer Befragung entscheidend von der Qualität des Befragers abhängt.

[289] Vgl. Bronner/Appel/Wiemann 1999, S. 148; Stier 1999, S. 181.

[290] Die hier gewählte Bezeichnung „Ergänzung" darf nicht zu der irrtümlichen Annahme führen, die in diesem Teil aufgeführten Fragen wiesen etwa eine geringere inhaltliche Qualität auf oder seien weniger bedeutsam. Zum ergänzenden Teil vgl. auch die Ausführungen weiter unten.

112

Damit entspricht das Erhebungsinstrument der in der Literatur formulierten Forderung, Fragen, die sich auf den gleichen Themenbereich beziehen, zusammenzufassen und nicht über den ganzen Fragebogen zu streuen.[291] Der Fragebogen endet mit einem ergänzenden Teil, in dem die Interviewpartner gebeten wurden, Fragen bzw. Sachverhalte per Ankreuzen aus ihrer Sicht zu bewerten.[292]

Ferner sollte der Interviewleitfaden so gestaltet sein, dass er für die Befragten motivierend wirkt und ihre Kooperationsbereitschaft erhöht.[293] In diesem Zusammenhang lassen sich offene und geschlossene Fragen unterscheiden. Im Gegensatz zu *offenen Fragen*, bei denen die Befragten gebeten werden, die Antworten selbst zu formulieren, werden bei *geschlossenen Fragestellungen* eine Reihe von Antwortmöglichkeiten vorgegeben, aus denen der Befragte die aus seiner Sicht zutreffende Alternative auswählen muss.[294]

Dem eigenen Erhebungsinstrument liegen primär geschlossene Fragen zugrunde, deren Vorteil neben der Vergleichbarkeit der Antworten über alle Befragten hinweg[295] vor allem in der präzisen Explikation des Vorverständnisses des Befragers liegt. Auf diesem Wege wird (auch) ein angemessener zeitlichen Rahmen der Gespräche sicherstellt.[296] Daneben wurde so das Risiko minimiert, dass etwaige Antwortunterschiede zwischen den Befragten nicht auf unterschiedlichen Einstellungen und Meinungen, sondern auf eine unterschiedlich ausgeprägte Artikulationsfähigkeit beruhen. Insofern wurde hier der Empfehlung gefolgt, die Verwendung gut konzeptualisierter, theoretisch begründeter und durch einen Pretest geprüfter geschlossener Fragen grundsätzlich gegenüber offenen Fragen vorzuziehen.[297]

---

[291] Vgl. Laatz 1993, S. 151; Stier 1999, S. 182. Eine Ausnahme bilden Kontrollfragen, die später in ähnlicher Weise nochmals gestellt werden, ohne dass der Befragte ihre Funktion erkennt. Vgl. zur Kontrollfrage auch Kreutz/Titscher 1974, S. 63 f.

[292] Vgl. dazu den im Anhang befindlichen Originalfragebogen.

[293] Vgl. Stier 1999, S. 181.

[294] Vgl. Roth 1993, S. 154.

[295] Vgl. auch Esser 1974, S. 121.

[296] Die Befragten äußerten sich im Anschluss der Interviews sehr positiv sowohl zum Aufbau bzw. Inhalt des Fragebogens als auch zu der häufigen Verwendung geschlossener Fragen, die eine hochgradig strukturierte Diskussion der relativ komplexen theoretischen Sachverhalte ermöglichte.

[297] Vgl. derart explizit Schnell/Hill/Esser, 1999, S. 310.

Großenteils handelt es sich bei den geschlossenen Fragen um Selektions- (Mehrfachauswahl) oder Ermessensfragen, die eine persönliche Gewichtung oder auch die Erstellung von Rangfolgen bestimmter Sachverhalte beinhalten. Am Ende der Fragestellung wurde jeweils explizit hervorgehoben, dass es sich bei den vorgegebenen Antworten lediglich um eine nicht erschöpfende Auswahl handele, die durch die Wahl der Kategorie „Sonstiges" bei Bedarf gerne ergänzt werden dürfe. Diese Variante einer *Kombination* geschlossener und offener Fragen, wird in der Literatur auch als „Hybridfrage" bezeichnet.[298]

In den Fällen, in denen die Interviewpartner gebeten wurden, einen Sachverhalt aus ihrer Sicht einzuschätzen bzw. zu beurteilen, lag eine Intervallskala (fünfstufige Likertskala[299]) zugrunde. Jeder Antwortmöglichkeit wurde eine ganze, rationale Zahl zugeordnet, was eine intensitätsmäßige Abstufung der Ausprägungen erlaubte.[300] Einmal wurde auch um die Angabe einer Rangordnung der Merkmale gebeten.

Die Antworten wurden sodann handschriftlich protokolliert und unmittelbar im Nachgang des Gespräches edv-technisch erfasst.[301] Von der Nutzung von Tonbändern oder ähnlichen Geräten wurde aufgrund der zu erwartenden negativen psychologischen Auswirkungen auf die Gesprächspartner Abstand genommen. Darüber hinaus konnte vermutet werden, dass eine solche Vorgehensweise die Bereitschaft der Befragten zur Teilnahme an der Untersuchung massiv beeinträchtigt hätte.[302] Im Rahmen der dadurch notwendig gewordenen schnellen Protokollierung erwiesen sich wiederholt die berufsbedingten Erfahrungen des Forschers als äußerst hilfreich.

Abschließend sei noch auf die *Anforderungen* der Reliabilität, Objektivität und Validität eingegangen, denen ein Fragebogen in möglichst hohem Grad gerecht werden sollte.[303] Die *Reliabilität* beschreibt den Grad der Zuverlässigkeit bzw. Genauigkeit, mit dem die Erhebung das Untersuchungsmerkmal misst. Zur Erfül-

---

[298] Vgl. Schnell/Hill/Esser 1999, S. 310 f.; Laatz 1993, S. 120 f.

[299] Diese Skalierung wurde in den 30er Jahren des vergangenen Jahrhunderts von Likert entwickelt und gehört bis heute zu den am meisten verbreiteten Skalierungsformen überhaupt; vgl. Bronner/Appel/Wiemann 1999, S. 84.

[300] Vgl. etwa Atteslander 1995, S. 273.

[301] Die Protokollierung erfolgte zunächst über MS Word.

[302] Vgl. Kromrey 1998, S. 344.

[303] Vgl. Diekmann 1998, S. 216 ff., 374.

114

lung dieses ersten Kriteriums wurden zwei *Pretests* mit Aufsichtsratsmitgliedern durchgeführt.[304] Auf diese Weise konnte überprüft werden, ob die Fragen leicht verständlich bzw. eindeutig formuliert waren, und ob angemessene, überschneidungsfreie Antwortalternativen zugrunde gelegt wurden.[305] Die Ergebnisse des Pretests flossen unmittelbar in die (Um-)Gestaltung des Fragebogens ein, indem an einigen Stellen die *Reihenfolge* der Fragen geändert und eine Vielzahl der Fragen *präziser formuliert* wurde.[306] Auch der - nicht zu unterschätzende - optische Eindruck des Fragebogens wurde stark verbessert.[307] Die Pretests machten darüber hinaus deutlich, dass sieben der (geschlossenen) Fragen entweder aufgrund a) ihres eher rekapitulierenden Charakters oder b) ihres relativ großen Umfangs sinnvollerweise als *ein* Fragenkomplex gebündelt am Ende des Gespräches vorgetragen werden sollten.[308] Unter Rücksichtnahme auf das knapp bemessene Zeitbudget wurde den Gesprächspartnern hier freigestellt, die Antworten anstelle einer sofortigen Bearbeitung im Anschluss an das Gespräch postalisch zuzusenden.

Der Grad der *Objektivität* bemisst sich darin, inwiefern die Ergebnisse der Befragung unabhängig vom jeweiligen Interviewer sind. Für den Fall, dass verschiedene Forscher bei wiederholter Anwendung des Fragebogens unter denselben Gegebenheiten zu gleichen Ergebnissen gelangen, ist von einer hohen Objektivität auszugehen. Diese wird am ehesten dann erreicht, wenn die Vorgehensweise genau festgelegt, das Instrument weitgehend standardisiert, der Anwender im Rahmen von Interviews geschult und das Verfahren explizit niedergeschrieben ist.[309] Obgleich die genannten Voraussetzungen im Rahmen der eigenen Untersuchung zu einem Großteil erfüllt werden,[310] ist das Kriterium der Objektivität hier - anders als bei schriftlichen Befragungen - naturgemäß relativ gering ausgeprägt.

---

[304] Vgl. zu den methodischen Punkten eines Forschungsplans, auf die sich ein Pretest richtet, ausführlich Friedrichs 1990, S. 153 f. vgl. auch Schnell/Hill/Esser 1999, S. 324 ff.

[305] Vgl. zu den verschiedenen Verfahren der Überprüfung der Reliabilität Laatz 1993, S. 69 ff.

[306] Grundlegende Überlegungen zur Vermeidung von Problemen der Frageformulierung finden sich bei. Kreutz/Titscher 1974, S. 53 ff.

[307] Vgl. Schnell/Hill/Esser 1999, S. 323 f.

[308] Vgl. die oben so bezeichnete „Ergänzung" des Fragebogens. Vgl. hierzu auch Kreutz/Titscher 1974, S. 44 f., die bestätigen, dass umfangreiche geschlossene Fragen, unmittelbar nacheinander gestellt, ermüdend und dadurch mindernd auf die Antwortbereitschaft wirken.

[309] Vgl. Laatz 1993, S. 59 f. Die Studie wird dadurch replizierbar.

[310] Vor allem aufgrund der Auswertung der Ergebnisse nach vorgegebenen Regeln und der nahezu ausschließlichen Verwendung geschlossener Fragen wurde versucht, einen hohen Objektivitätsgrad zu erreichen.

Die *Validität* eines Messinstrumentes beschreibt schließlich den Grad an Genauigkeit, mit dem tatsächlich *das* erhoben wird, *was* festgestellt werden soll.[311] Dabei werden im Allgemeinen mit der Inhalts-, Kriteriums- und Konstruktvalidität drei Formen der Validität unterschieden.[312] Eine Einschätzung in Bezug auf den Validitätsgrad von Fragebögen kann nur sehr schwer vorgenommen werden.[313] Allerdings ist die Validität von Daten immer dann vergleichsweise hoch, wenn es sich im Rahmen der Gesprächssituation um die Mitteilung subjektiver Sichtweisen, tiefer liegender Einstellungsmuster und eigener Lebenserfahrung handelt.[314] Zur weitgehenden Ausschöpfung des Validitätspotenzials eines Interviews bedarf es neben der Fähigkeiten des Interviewers, den Gesprächsverlauf positiv zu beeinflussen, vor allem folgender günstiger Bedingungen, die im Rahmen der eigenen Untersuchung als *gegeben* erachtet werden können:[315]

–   In der Gesprächssituation muss Ungestörtheit und Aufgeschlossenheit herrschen, so dass der Interviewer dem Befragten aufmerksam zuhören und dessen Antworten protokollieren kann.

–   Der Gesprächspartner muss Erfahrungen hinsichtlich des Gesprächsthemas vorweisen, die er aufgrund seiner hinreichenden intellektuellen und sprachlichen Kompetenz sowie seiner Konzentrationsfähigkeit verständlich mitteilen kann.

–   Schließlich muss der Gesprächspartner zu authentischen Äußerungen gewillt sein, d.h. er muss motiviert sein, sich ernsthaft auf das Gespräch einzulassen und sich mit den vom Interviewer vorgetragenen Fragestellungen auseinanderzusetzen.

Diese Punkte ergänzend sei abschließend auch auf die theoretische Fundierung der dem Bezugsrahmen zugrunde liegenden Analyseebenen und Beschreibungsdimensionen verwiesen, die eine positive Beurteilung der Validität als zulässig erscheinen lässt.

---

[311] Vgl. Atteslander 1995, S. 263.

[312] Vgl. Schnell/Hill/Esser 1999, S. 149 ff.

[313] Vgl. zu konkreten Methoden der Validitätsmessung Mayntz/Holm/Hübner 1978, S. 66; Laatz 1993, S. 75 ff.; Atteslander 1995, S. 263 f.

[314] Vgl. Spöhring 1995, S. 161.

[315] Vgl. Spöhring 1995, S. 162. Zu den Anforderungen an den Interviewer vgl. Spöhring 1995, S. 156 f.

Die endgültige Version des Fragebogens, die Anfang März 2004 vorlag, umfasst zusätzlich zum Deckblatt acht Seiten mit insgesamt 33 Fragen.

2.3 Die Auswahl der Untersuchungseinheiten

Wie eingangs der Arbeit ausführlich dargelegt wurde, besteht *eine* wesentliche Zielsetzung der Arbeit in der Bereicherung der theoretischen Erkenntnisse um den Praxisbezug. Vor diesem Hintergrund lag der Auswahl der Gesprächspartner folgender chronologischer Gedankengang zugrunde:

1. Der bereits konstatierte rudimentäre Forschungsstand führte zu einer explorativen Forschungsstrategie, die sich im Kern dem Entdeckungszusammenhang verpflichtet fühlt. Folglich steht weniger im Vordergrund, die *Ausgestaltung* der Überwachungsarbeit eines Aufsichtsrats eines *bestimmten Unternehmens* in der Praxis zu eruieren. Vielmehr sollen die Gesprächspartner ihre *persönliche Meinung* zu ausgewählten Schwerpunkten der Konzeptualisierung mitteilen, die unter Umständen auf mehrjährigen Erfahrungen in einer *Vielzahl* von Unternehmen basiert. Dementsprechend bietet es sich unmittelbar an, *Aufsichtsratsexperten* mit einem reichhaltigen Erfahrungswissen und nicht etwa *Unternehmen* als Untersuchungseinheiten zu wählen.[316]

2. Nachdem Klarheit darüber bestand, dass die *Gesprächspartner* selbst die Analyseeinheit darstellen, musste in einem nächsten Schritt überlegt werden, welche Personen grundsätzlich für ein Interview in Frage kommen.[317] Dabei weisen mehrere Personengruppen potenziell Erfahrungswissen im Bereich der Überwachung auf.[318] Um auf einen größtmöglichen praktischen Erfahrungshorizont zurückgreifen zu können, bestand relativ schnell Einigkeit darüber, die Gruppe der *Aufsichtsratsmitglieder* als die hier relevante Untersuchungseinheit zu deklarieren. Nur Aufsichtsratsmitglieder sind in der Lage, umfassend Auskunft über die *praktische Relevanz* der theoretischen Konstrukte zu geben

---

[316] Vgl. zum Begriff der Untersuchungseinheit Friedrichs 1990, S. 126.

[317] Vgl. im Folgenden auch Flick 2000, S. 78, der von verschiedenen Auswahlentscheidungen im Forschungsprozess spricht, unter anderem von der Auswahl der Personen (Fallauswahl) und Auswahl der Gruppen, denen die Personen entstammen sollen (Fallgruppenauswahl).

[318] Zu nennen sind hier beispielsweise Aufsichtsratsmitglieder, Führungskräfte bzw. Vorstände, Geschäftsführer bzw. Mitarbeiter von Organisationen wie der Deutschen Schutzvereinigung der Kapitalanleger oder der Deutschen Schutzvereinigung für Wertpapierbesitz, Gewerkschaften, Abschlussprüfer etc.

und dabei ausschließlich aus der *Überwachungsperspektive* des Aufsichtsrats heraus Stellung zu nehmen.[319]

3. Die im Rahmen dieser Arbeit vorgenommene definitorische Eingrenzung der Corporate Governance verlangte eine Fokussierung auf Aufsichtsratsmitglieder von *Aktiengesellschaften.* Obgleich ebenso deutlich wurde, dass sich die Corporate Governance-Diskussion mittlerweile auch auf weitere Rechtsformen und Unternehmen bezieht,[320] bleibt sie im Kern auf große börsennotierte (und nicht börsennotierte) Aktiengesellschaften beschränkt.[321] In den Fällen, in denen der Gesprächspartner Aufsichtsratsmandate sowohl in Aktiengesellschaften als auch in Unternehmen anderer Rechtsformen innehatte, wurde ausschließlich sein Erfahrungswissen aus Mandaten in Aktiengesellschaften thematisiert.

Als ein erstes Zwischenfazit bleibt festzuhalten, dass solche Gesprächspartner als Untersuchungseinheiten in Betracht kamen, deren Erfahrungswissen auf der Ausübung von *Aufsichtsratsmandaten* in *Aktiengesellschaften* basiert. Dabei waren Mandatsträger großer Publikumsaktiengesellschaften bevorzugt in die Untersuchung einzubeziehen, da diese den engsten Bezug zur Corporate Governance-Thematik aufweisen. Insofern standen die Aufsichtsratsmitglieder (unter ihnen vor allem die Aufsichtsratsvorsitzenden in ihrer Funktion als Repräsentanten des Aufsichtsrats) der im Aktienindex Dax befindlichen 29 größten deutschen börsennotierten Aktiengesellschaften im Mittelpunkt des Interesses.[322] Sofern möglich sollten darüber hinaus noch weitere Gespräche mit erfahrenen Aufsichtsratsmitgliedern außerhalb der Dax-Umgebung geführt werden.

---

[319] Da sich die genannten Gruppen nicht gegenseitig ausschließen, ist auch der Einbezug beispielsweise eines Vorstands- oder Gewerkschaftsmitglieds in die Untersuchung legitim, sofern dieses Erfahrungen aus Aufsichtsratsmandaten aufweist und somit die zugrunde liegende Anforderung erfüllt.

[320] So haben etwa neben Aktiengesellschaften auch Kommanditgesellschaften auf Aktien (KGaA), Gesellschaften mit beschränkter Haftung (GmbH), Genossenschaften und Versicherungsvereine auf Gegenseitigkeit (VVaG) einen Aufsichtsrat; vgl. ausführlich Potthoff/Trescher 2001, S. 7 ff.

[321] Vgl. Volk 2001, S. 412.

[322] Die Henkel KGaA schied kraft ihrer Rechtsform wie oben begründet aus. Wenn im Folgenden von Dax-Unternehmen gesprochen wird, so bezieht sich diese Begrifflichkeit stets auf die 29 Aktiengesellschaften im Dax.

2.4 Durchführung der Erhebung

Nachdem die Anforderungen an die potenziellen Gesprächspartner definiert wurden, galt es in einem zweiten Schritt, Aufsichtratsmitglieder der Dax-Unternehmen zu kontaktieren und ihre Bereitschaft zur Unterstützung des Forschungsprojektes zu erkunden.

Auf Basis des Internetauftritts der „Gruppe Deutsche Börse"[323] wurde zunächst eine Datei erstellt, die sämtliche für die Untersuchung relevanten Stammdaten der 29 Unternehmen enthielt (Adresse, Telefonnummer, Aufsichtsratsmitglieder etc.). Es stellte sich unter anderem heraus, dass die 29 Aufsichtsräte aufgrund vereinzelnd bestehender Doppelmandate von 25 Aufsichtsratsvorsitzenden geführt werden.[324] Deren Sekretariate wurden im Abschluss telefonisch kontaktiert. Nach einer kurzen Erläuterung des Hintergrunds des Anrufs wurde die Frage gestellt, in welcher Form das eigene Anliegen an den Aufsichtsratsvorsitzenden herangetragen werden dürfe.[325]

In sechs Fällen (24,0%) wurde bereits zu diesem Zeitpunkt signalisiert, dass eine Unterstützung des Forschungsprojekts grundsätzlich oder aus akuten zeitlichen Problemen nicht in Frage komme. In den übrigen 19 Fällen (76,0%) wurde um eine offizielle, schriftliche Anfrage gebeten, die unmittelbar im Anschluss an die Telefonate in Form eines vorbereiteten Anschreibens nebst einer beigefügten Anlage[326] zugesandt wurde. Sieben Aufsichtratsvorsitzende, die eine schriftliche Anfrage erhielten, erteilten darauf hin eine Absage (36,8%). Ein Aufsichtratsvorsitzender benannte ein zur Verfügung stehendes Aufsichtsratsmitglied seines Gremiums (5,3%). Elf Aufsichtratsvorsitzende antworteten (57,9%), dass sie gerne zu einem persönlichen Gespräch bereit stünden.

Im Nachgang der oben beschriebenen Kontaktaufnahme mit den Aufsichtratsvorsitzenden wurde auf verschiedenen Wegen um weitere Gesprächsmöglichkeiten ersucht. So wurden unter anderem Vorstands- bzw. Geschäftsführungsmitglieder großer anlegerschützender Organisationen, Gewerkschaftsmitglieder, von Auf-

---

[323] Die URL lautet: http://www.deutsche-boerse.com.

[324] Vier Aufsichtsratsvorsitzende haben den Vorsitz in jeweils zwei Dax-Unternehmen inne.

[325] Vgl. zu den Erfolgsfaktoren der Kontaktanbahnung ausführlich Laatz 1993, S. 112 f., der diese allerdings auf Telefoninterviews bezieht.

[326] Die Anlage umfasste Angaben zur eigenen Person sowie einen Überblick über die Inhalte und die Zielsetzung des Forschungsprojektes. Sowohl das Anschreiben als auch das beigefügte Dokument befinden sich in der Anlage dieser Arbeit.

sichtsratsmitgliedern weiterempfohlene Personen angesprochen sowie persönliche Kontakte aktiviert. Erfreulicherweise konnten im Ergebnis weitere 32 Gesprächspartner gewonnen werden, so dass insgesamt *46 Aufsichtsratsmitglieder* von Aktiengesellschaften für ein persönliches Gespräch zur Verfügung standen.[327] Ungeachtet der Tatsache, dass die Gesprächsteilnehmer ihr Wissen aus den unterschiedlichsten Aufsichtsratsmandaten einbrachten, lässt sich die Verteilung der Stichprobe hinsichtlich wichtiger Merkmale wie folgt darstellen:[328]

▸ Mit 23,9% ist nahezu jeder vierte Gesprächspartner der wichtigen Gruppe der *Aufsichtsratsvorsitzenden von Dax-Unternehmen* zuzuordnen. Aufgrund bestehender doppelter Vorsitzmandate konnten damit immerhin 44,0% *aller* Aufsichtsratsvorsitzenden dieses Börsensegments in die eigene Untersuchung einbezogen werden.

▸ Daneben gehören 45,7% der Befragten zu der Gruppe der *Aufsichtsratsmitglieder von Dax-Unternehmen*. Gleichermaßen deckt das Wissen dieser Gesprächspartner Erfahrungswerte aus 86,2% aller Dax-Unternehmen ab.

▸ Darüber hinaus basiert das Wissen von 67,4% der Gesprächspartner auf Aufsichtsratsmandaten *börsennotierter Unternehmen*, hier vor allem der Segmente Dax, MDax und TecDax. Eine gleichzeitige Berücksichtigung börsennotierter *und* nicht-börsennotierter Aktiengesellschaften war deshalb notwendig und sinnvoll, da die Corporate Governance-Thematik beide genannten Formen umfasst[329] und sich zudem unterschiedliche Meinungen zu dem einen oder anderen Sachverhalt erwarten lassen.

▸ Im Rahmen der letzten Gruppierung können Vertreter der *Anteilseigner*, die 69,6% der Gesprächspartner ausmachen, von denen der *Arbeitnehmer* unterschieden werden (30,4%). Erfreulicherweise konnte hier das eigene Anliegen

---

[327] Die Zahl der insgesamt durchgeführten Interviews beträgt 50. In sechs Fällen stellte sich jedoch während des Gesprächs heraus, dass sich das Erfahrungswissen des Gesprächpartners größtenteils auf Unternehmen anderer Rechtsformen beschränkte oder das entsprechende Unternehmen stark kommunalen Einflüssen ausgesetzt ist, was letztlich zu Verzerrungen in der Vergleichbarkeit der Antworten und damit in der Auswertung geführt hätte. Die 46 Gesprächspartner umfassende Stichprobe ist zwar statistisch nicht repräsentativ für das Meinungsbild *sämtlicher* Aufsichtsratsmitglieder in Deutschland, jedoch ist die Beteiligung für die eigenen explorativen Zwecke mehr als zufriedenstellend.

[328] Stand: Februar 2004.

[329] Vgl. Hilb 2005, S. 12; Wymeersch 2003, S. 88. Vgl. auch die Präambel des Deutschen Corporate Governance Kodex in der Fassung vom 21.5.2003, in der auch nicht-börsennotierten Unternehmen die Beachtung der Kodex-Regelungen explizit empfohlen wird.

umgesetzt werden, auch das Meinungsbild von Arbeitnehmervertretern mit in die Untersuchung einzubeziehen, um so (interessante) Abweichungen sowie (eventuell überraschende) Gemeinsamkeiten zwischen beiden Gruppen ermitteln zu können.[330]

Abbildung 18 verdeutlicht zusammenfassend die Verteilung der Stichprobe.

n = 46	Gruppierung		Gruppierung		Gruppierung[331]		Gruppierung	
	Dax-Aufsichtsratsvorsitzende	Sonstige	Dax-Aufsichtsratsmitglieder	Sonstige	Börsenotierte Unternehmen	Nicht-börsennotierte Unternehmen	Anteilseigner-vertreter	Arbeitnehmer-vertreter
Stichprobenverteilung	23,9%	76,1%	45,7%	54,3%	67,4%	32,6%	69,6%	30,4%
	100%		100%		100%		100%	

Abb. 18: Stichprobenverteilung

Ein beträchtlicher Teil der dieses Forschungsprojekt unterstützenden Aufsichtsratsmitglieder zählt zum Kreis *namhafter Persönlichkeiten* der deutschen Wirtschaft, die einen extrem hohen Erfahrungshorizont aufweisen. Die positive Resonanz aus der Praxis ist umso erfreulicher, als dass die Zielgruppe „Aufsichtsratsmitglieder" im Allgemeinen als nur sehr schwer zugänglich gilt. Die dieser Untersuchung zugrunde liegende hohe Kooperationsbereitschaft war von großer Bedeutung für die wissenschaftliche Qualität der Arbeit und zeigt darüber hinaus das große Interesse, das dem eigenen Thema entgegen gebracht wird.[332]

---

[330] Die Gegenüberstellung des „gruppenspezifischen Antwortverhaltens" ergänzt die Darstellung der Ergebnisse „über alle Befragte" und wird immer dann eingebracht, wenn sich diesbezüglich nennenswerte Befunde herausstellten. Vgl. hierzu auch stets die umfangreiche Befunddokumentation im Anhang.

[331] An dieser Stelle ist es wichtig nochmals darauf hinzuweisen, dass sich die Untersuchungseinheit in den *Aufsichtsratsmitgliedern* selbst und nicht etwa in den *Unternehmen* konstituiert. Wenn hier und im Folgenden also von Aufsichtsratsmitgliedern börsennotierter bzw. nichtbörsennotierter Unternehmen die Rede ist, so ist damit gemeint, dass diese Gesprächspartner ihr *Erfahrungswissen* der Einteilung entsprechend aus börsennotierten oder nicht-börsennotierten Unternehmen mitteilen.

[332] Vgl. zu den Faktoren, die einen wesentlichen Einfluss auf die „Rücklaufquote" haben Laatz 1993, S. 109 f.

Die Interviews wurden in der Zeit von März bis Juli 2004 in ganz Deutschland durchgeführt und dauerten - unter Rücksichtnahme auf das in der Regel knapp bemessene zeitliche Budget der Gesprächspartner - zwischen 60 und 120 Minuten.[333]

3 Datenauswertung und -interpretation

Das durch die Interviews erhobene Datenmaterial ist durch den Einsatz geeigneter statistischer Methoden zu verdichten und übersichtlich darzustellen.[334] Durch die Ordnung und Zusammenfassung der „Rohdaten" werden die für die eigene Problemstellung erforderlichen Informationen gewonnen.[335] Zu diesem Zweck wurde - neben der bereits erwähnten vollständigen elektronischen Protokollierung der Aussagen der Gesprächspartner - eine MS-Excel-Maske erstellt, deren Zeilen dem Layout des Fragebogens entsprachen und deren Spalten zur Erfassung der Antworten der Interviewten dienten.

Vor dem Hintergrund des explorativen Forschungsziels, bei dem nicht das Testen von Hypothesen, sondern das Entdecken von Zusammenhängen und Strukturmustern im Vordergrund stand, kamen vorwiegend deskriptiv-orientierte statistische Methoden zur Anwendung (hier im Wesentlichen Häufigkeits- und Mittelwertberechnungen).[336] Bei metrisch skalierten Daten wurden grundsätzlich das arithmetische Mittel und die Standardabweichung berechnet.[337] Aufgrund fehlender Anwendungsvoraussetzungen wurde auf komplexere statistische Verfahren verzichtet. Im Rahmen der Darstellung wurde auf Balken- und Kuchendiagramme sowie Tabellen zurückgegriffen.[338]

---

[333] Damit konnte im Durchschnitt der in der Literatur empfohlene Zeitraum eingehalten werden; vgl. Friedrichs 1990, S. 214; Schnell/Hill/Esser 1999, S. 323 f. Um die *potenziellen* Gesprächsteilnehmer zu einer Unterstützung zu motivieren, wurden die Interviews zunächst als einstündige Gespräche angekündigt.

[334] Vgl. Kromrey 1998, S. 389 ff.

[335] Vgl. Laatz 1993, S. 333.

[336] Die deskriptive Statistik behandelt vor allem methodische Probleme wie beispielsweise die Darstellung von Daten in Tabellen und Schaubildern, die Berechnung von Mittelwerten und Streuungsmaßen, die Indexberechnung und die Konzentrationsmessung; vgl. Bleymüller 2000, S. 1.

[337] Vgl. hierzu Bronner/Appel/Wiemann 1999, S. 212 ff.

[338] Vgl. Atteslander 1995, S. 300 ff.

Die Befunde werden jeweils unmittelbar im Anschluss an die Konzeptualisierung der einzelnen Konstrukte der vier Beschreibungsdimensionen dargestellt und interpretiert. Dabei können zwei Auswertungsschritte unterschieden werden. In einem ersten Schritt erfolgt die Deskription der Ergebnisse über *alle Befragten* und *Variablen*. Im Anschluss werden analog zur Stichprobenverteilung *gruppenspezifische Besonderheiten* im Antwortverhalten analysiert, sofern diese bestehen. Auf diese Wiese können denkbare Unterschiede beispielsweise zwischen dem Meinungsbild eines Dax-Aufsichtsratsvorsitzenden und der übrigen Gesprächspartner oder der Anteilseigner- und Arbeitnehmervertreter untersucht werden. Allerdings beschränkt sich dieser Teil - anders als der erste Auswertungsschritt - auf die Darstellung *ausgewählter* Befunde.

Sämtliche Befunde sind im Anhang dieser Arbeit in Form einer *vollständigen Befunddokumentation* belegt und somit intersubjektiv nachvollziehbar.

D   Erste Analyseebene des Bezugsrahmens: Der Aufsichtsrat

Die Analyseebene „Aufsichtsrat" umfasst sowohl das *Überwachungsverständnis* des Aufsichtsrats als auch dessen *organisationsstrukturelle Regelungen.* Beide Dimensionen sollen im Folgenden ausführlich untersucht werden, wobei im Vorfeld der Offenlegung der jeweils erhobenen empirischen Befunde die entsprechende Konzeptualisierung der Dimensionen im Mittelpunkt steht.

I   Das Überwachungsverständnis des Aufsichtsrats

1   Konzeptualisierung

1.1   Vorüberlegungen zu den Problemen strategischer Planungs- und Entscheidungsprozesse

Im Rahmen der Ausführungen zur Konkretisierung des Überwachungsgegenstands wurde deutlich, dass sich dieser in den *strategischen Planungs- und Entscheidungsprozessen* konstituiert,[1] denen im Rahmen der Sicherung und Aufrechterhaltung der Lebens- bzw. Entwicklungsfähigkeit und des langfristigen Erfolgs des Unternehmens eine große Bedeutung zukommt.[2] Die Planung, in deren Mittelpunkt sowohl die Formulierung von Strategien als auch die Vorbereitung strategischer Entscheidungen steht,[3] ist ein auf die Beherrschung der Zukunft gerichteter Vorgang,[4] durch den vermieden werden soll, dass das Unternehmen auf Umweltveränderungen nur reagiert statt zu agieren.[5] Von zentraler Bedeutung ist die Vorhersage zukünftiger Umweltzustände bzw. deren Auswirkungen auf das eigene Unternehmen[6] und die Beurteilung der prognostizierten Wirkungen auf die

---

[1]   Vgl. Kap. C.I.2.1.

[2]   Vgl. Welge/Al-Laham 1997, S. 790.

[3]   Vgl. Welge/Al-Laham 1992, S. 5. Vgl. für eine Vertiefung der hier verwendeten Begrifflichkeiten des „Strategischen" und der „Entscheidung" auch Kirsch 1993, Sp. 4096 ff.; Witte 1993, Sp. 910; Dinkelbach 1993, Sp. 929 f.

[4]   Mit dem Merkmal der Zukunftsbezogenheit erfolgt eine inhaltliche Abgrenzung gegenüber der „gegenwartsbezogenen Disposition"; vgl. Grünig 2002, S. 23; auch Lyons 1983, S. 4; Naylor 1983, S. 1.

[5]   Vgl. Theisen 1999, S. 218; Bronner 1989, Sp. 591. Vgl. zum Begriff und zu den Funktionen der Planung Wild 1982, S. 12 ff.; Hahn 1993, Sp. 3185 ff.

[6]   Gleichsam wird deutlich, dass die Qualität der Planung entscheidend von der ihr zur Verfügung stehenden Informationen beeinflusst wird; vgl. Küpper 1985, S. 405; Stöppler 1985, S. 541 f.

Erreichung der Unternehmensziele.[7] Das Hauptproblem strategischer Planungs-
und Entscheidungsprozesse konstituiert sich in den extremen Ansprüchen, die an
die Planungsfunktion gestellt werden. Grundvoraussetzung für eine gelungene
Antizipation zukünftiger Umweltzustände bzw. für fundierte Planungsaktivitäten
sind richtige, präzise und zuverlässige Prognosen.[8] Deren einhundertprozentige
Zuverlässigkeit ist jedoch nur unter den folgenden drei Bedingungen gegeben:[9]

(1) *„No Change"-Fall*: Die Umwelt ist als absolut statisch zu betrachten. Es treten
    keine Veränderungen auf, so dass die einmalige Kenntnis über den Umweltzu-
    stand ausreicht, diesen zu jedem beliebigen Zeitpunkt als bekannt zu erachten.
    Die Prognose ist zuverlässig, macht jedoch eine Planung überflüssig.

(2) *„Mechanical Universe"-Fall*: Diesen Fall kennzeichnet eine Umweltentwick-
    lung, die sich ausschließlich auf Basis deterministischer Kausalgesetze voll-
    zieht. Die Prognose ist dann zuverlässig, wenn sowohl der Umweltzustand als
    auch die zugrunde liegende kausale Gesetzmäßigmäßigkeit zu einem beliebi-
    gen Zeitpunkt bekannt wären. Auch hier sind kreative Planungsaktivitäten
    überflüssig.

(3) *„Omnipotence"-Fall*: Hier zeichnet sich die Umwelt zwar durch sich ändernde
    Rahmenbedingungen aus, jedoch sieht sich das omnipotente Unternehmen stets
    in der Lage, für jeden erdenklichen Umweltzustand wirksame Planungen zu
    entwickeln. Prognosen verlieren ihre Bedeutung, da jeder Plan auch realisiert
    werden kann.

Die drei skizzierten Fälle sind nicht realistisch.[10] Weder existieren omnipotente
Unternehmen, noch stabile Umweltbedingungen oder kausale Gesetzmäßigkeiten.
So ist es „aufgrund der hohen Komplexität und Dynamik des turbulenten sozio-
ökonomischen Umfeldes nicht möglich, alle zukünftigen Entwicklungen und Zustände der Umwelt zu erkennen und aller Wirkungen der Umweltbedingungen auf
die Unternehmensaktivitäten zu prognostizieren".[11] Vor dem Hintergrund, dass
eine vollständige Erfassung und korrekte Prognosen in dynamischen Umwelten

---

[7] Vgl. Hahn 1993, Sp. 3187; Macharzina 1989, Sp. 1714.

[8] Vgl. Jahns 1999, S. 23.; Hasselberg 1989, S. 17. Vgl. zum Prognosebegriff ausführlich
     Klein/Scholl 2004, S. 263 ff.; Hansmann 1993, Sp. 3546.

[9] Vgl. Ackoff 1983, S. 60 f.; auch Hasselberg 1989, S. 18.

[10] Vgl. Pfohl/Stölzle 1997, S. 17 f.

[11] Vgl. Stoermer 1996, S. 126 f. Folglich ist eine diesbezügliche Voraussicht relevanter Zusam-
     menhänge und Daten nur begrenzt möglich; vgl. Fulda/Härter/Lenk 1989, Sp. 1637; auch Wel-
     ge 1975, S. 4.

nicht möglich ist,[12] sieht sich das Unternehmen mit einer „Prognoseungewissheit" konfrontiert,[13] welche auch als „Predict-and-Prepare"-Paradigma (predicting the future and preparing for it) bezeichnet wird.[14]

Die hohe Unsicherheit[15] bewirkt eine so genannte Ambiguität strategischer Handlungssituationen.[16] Das strukturelle Problem der Prognoseerstellung begründet sich in der notwendigerweise vorzunehmenden künstlichen Reduktion der Umweltkomplexität.[17] Einzelne Elemente der Umwelt werden miteinander verknüpft, so dass grundsätzlich die Gefahr besteht, bewusst oder unbewusst irrelevante bzw. falsche Teilaspekte zum Gegenstand der Planung zu machen und strategisch bedeutsame Zusammenhänge auszuklammern.[18] Ein solches Vorgehen führt faktisch nicht zu einer Komplexitäts*reduktion*, sondern eher zu einer *-erhöhung*.[19]

Ein weiterer Unsicherheitsfaktor besteht in der Handlung einzelner Marktteilnehmer. Die Zukunft des eigenen Unternehmens hängt entscheidend von den Aktivitäten und Planungen der aktuellen und potenziellen Wettbewerber, Lieferanten, Konsumenten etc. ab. Das Handeln der genannten Akteure wird wiederum determiniert durch deren Wünsche und Absichten. Es bestehen *Interdependenzen* zwischen den strategischen Entscheidungen, die sich durch eine Kette vermuteter Reaktionen und Gegenreaktionen auszeichnen.[20] Bereits getroffene Aussagen verlieren aufgrund der gegenseitigen Einflussnahme neuer Beziehungen und Ereignisse in der Regel ihre Bedeutung und müssen neu durchdacht werden.[21] ACKOFF fasst das dargestellte Unsicherheitsproblem wie folgt zusammen: „The range of possible futures is too large for us to be able to identify each one. Unlikely critical events are certain to occur precisely, because choice is involved. Choice is crea-

---

[12] Vgl. Welge 1981, S. 202.

[13] Vgl. Köhler 1976, S. 309; auch Armstrong 1983, S. 9.

[14] Vgl. Ackoff 1979, S. 100.

[15] Mit Unsicherheit wird im Allgemeinen die unvollkommene Informationslage eines Entscheiders bezeichnet; vgl. Müller 1993, Sp. 3814.

[16] Vgl. Hasselberg 1989, S. 20 f.

[17] Vgl. Welge 1985, S. 40 f. Trotz Unsicherheiten und Komplexität braucht die Planung letztendlich „Eindeutigkeit", um Handlungen vorbereiten und empfehlen zu können; vgl. Steinmann/Schreyögg 1997, S. 234. Vgl. zum Begriff der Komplexitätsreduktion Ballwieser 1993, Sp. 50.

[18] Vgl. Hasselberg 1989, S. 24.

[19] Vgl. Stoermer 1996, S. 126.

[20] Vgl. Morgenstern 1935, S. 344; Welge 1985, S. 43.

[21] Vgl. Stoermer 1996, S. 128.

tive and thus inherently unpredictable. To the extent that we call choice is predictable, it is no choice."[22]

Eng mit der Umweltambiguität verbunden ist das so genannte „Selektionsrisiko der Planung". Dieses gründet auf der Erkenntnis, dass im Rahmen des klassischen Managementprozesses von einer prinzipiell „richtigen" - den anderen Managementfunktionen valide Zielorientierungen und Strukturvorgaben bereitstellende - Unternehmensplanung nicht ausgegangen werden kann.[23] Vielmehr ist die Planung als ein hoch selektiver Prozess aufzufassen, der sich durch eine extreme Risikobehaftung auszeichnet. Der oben erläuterte Konstruktionsvorgang bei der Prognoseerstellung impliziert die Zugrundelegung unternehmensentwicklungsrelevanter Annahmen über Wirkungszusammenhänge in der Zukunft.[24] Das Management stellt künstlich Eindeutigkeiten her, setzt auf bestimmte Interpretationsmuster und stützt sich in seinem Entscheidungsfindungsprozess auf Prioritäten.[25] Bei der so vorgenommenen Elimination und Aggregation bestimmter Variablen darf die Angemessenheit der Auswahlkriterien im Einzelfall bezweifelt werden,[26] mit der Folge, dass die Richtigkeit der Planung *immer* in Frage zu stellen ist.[27]

Das Management trifft Entscheidungen, die eine vorgenommene Festlegung des zukünftigen Verhaltens aller Beteiligten dokumentieren. Gleichzeitig werden die als weniger geeignet erachteten Handlungsalternativen ausgeschlossen.[28] Diese Selektion führt grundsätzlich zu einer Unterdrückung jener Handlungsalternativen, die *unter Umständen* zu einem höheren Zielerreichungsgrad geführt hätten. Der gesamte „Reduktionsprozess ist gekennzeichnet durch Ausblenden und Wegfiltern, er ist ... nicht voll beherrschbar und somit selektiv".[29] Dabei bezieht sich dieses Selektionsrisiko sowohl auf das Aufspüren potenzieller Gefahren als auch

---

[22] Ackoff 1981, S. 61.

[23] Im klassischen Verständnis wird die Unternehmensführung als eine Abfolge von Managementfunktionen erachtet, wobei der Planung das Primat zusteht: Sie ist prinzipiell in der Lage, eine vorordnende Steuerungsleistung für alle weiteren Funktionen zu erbringen. Man spricht hier deshalb auch vom Modell der „plandeterminierten Unternehmensführung". Vgl. Schreyögg 1994, S. 345 f.; Steinmann/Walter 1990, S. 340.

[24] Vgl. Hasselberg 1989, S. 40 f.

[25] Vgl. Steinmann/Schreyögg 1997, S. 234.

[26] Vgl. Stoermer 1996, S. 126.

[27] Vgl. Schreyögg/Steinmann 1985, S. 396.

[28] Vgl. Stoermer 1996, S. 45 f.

[29] Vgl. Steinmann/Schreyögg 1997, S. 234.

auf die möglicherweise unzutreffende Beurteilung zukünftiger Chancen des Unternehmens.[30] Die potenzielle Fehlselektion begründet das Erfordernis einer *jederzeit* möglichen Revision strategischer Pläne.[31]

Insgesamt sei konstatiert, dass der Aufsichtsrat dem Vorstand einen *weitreichenden Gestaltungsspielraum* eröffnet, falls er die strategischen Pläne bzw. Entscheidungen nur unzureichend überwacht.[32] Neben die vorstehend ausführlich beschriebene Tatsache, dass die bewusste Vereinfachung der Umwelt im Vorfeld strategischer Entscheidungen unmittelbar eine Kontrollnotwendigkeit hervorruft, tritt erschwerend die im Rahmen der agencytheoretischen Ausführungen deutlich gewordenen *Interessendivergenz* zwischen dem Management und den Anteilseignern.[33] Eine faktische Selbstüberwachung durch den Vorstand ist schon aufgrund der dadurch resultierenden Gefahr einer sich gegen die Interessen der Aktionäre richtenden strategischen Stoßrichtung des Unternehmens abzulehnen. Vielmehr hat der Aufsichtsrat ein an den Aktionärsinteressen orientiertes Überwachungskonzept zu verwirklichen, das die aufgezeigten Charakteristika der strategischen Planungs- und Entscheidungsprozesse berücksichtigt. Im Folgenden wird zunächst geprüft, ob sich zu diesem Zweck eine traditionelle Ergebniskontrolle für den Aufsichtsrat eignet.

1.2 Die klassische Ergebniskontrolle

1.2.1 Aufgabe und Rolle der Ergebniskontrolle

Es wurde herausgearbeitet, dass die Unternehmensführung im „Prozess-Ansatz" als systematische Abfolge von Führungsaufgaben und -handlungen begriffen wird. In der *traditionellen Managementlehre* stellt die Planung - am Anfang der Funktionsabfolge stehend - die zentrale Voraussetzung für alle weiteren Managementfunktionen dar.[34] Ihr kommt die Aufgabe zu, basierend auf Prognosen Entscheidungen über zukünftiges Handeln zu treffen und so dem Unternehmen die strategische Richtung und Struktur vorzugeben. Durch diesen beeinflussenden

---

[30] Vgl. Stoermer 1996, S. 127.

[31] Vgl. Lukarsch 1998, S. 28.

[32] Vgl. im Folgenden Lukarsch 1998, S. 28 f.

[33] Vgl. Kap. C.II.3.1.

[34] Vgl. Pfohl/Stölzle 1997, S. 16.

und steuernden Charakter der Planung haben die anderen Managementfunktionen - so auch die Kontrolle - kein eigenständiges bzw. über die Planung hinausgehendes (Um-)Steuerungspotenzial. Vielmehr beschränken sie sich auf die Erfüllung der im Rahmen der Planung vorgegebenen Ziele und weisen dadurch einen reinen Instrumental- und Ausführungscharakter auf.[35]

Die Aufgabe der *traditionellen Kontrolle* besteht nunmehr darin, den Realisierungsgrad der Unternehmenspläne anhand der Ergebnisse bereits realisierter Maßnahmen festzustellen und Abweichungen zu analysieren.[36] Im Ergebnis liefern die Analysen die Informationen für eventuell notwendig gewordene Anpassungsmaßnahmen, die an die Planung und Planungsrealisation rückgekoppelt werden. Die Überwachungshandlungen sind dementsprechend ex-post-orientiert und setzen erst *nach* der Umsetzung der strategischen Pläne ein (vgl. Abb. 19). Dabei sind sowohl die Kontrollstandards und Kontrollobjekte als auch die Kontrollzeitpunkte dieser auch so bezeichneten *Feedback-Kontrolle* von der Planung vorherbestimmt.

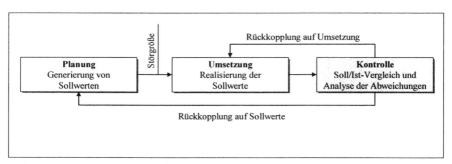

Abb. 19: *Das traditionelle Überwachungsverständnis (Quelle: In Anlehnung an Steinmann/Schreyögg 1997, S. 359)*

Es wird deutlich, dass die Kontrolle im Rahmen dieses traditionellen Verständnisses in einem Abhängigkeitsverhältnis zur Planung steht: Die Rolle der Kontrolle ist die eines Erfüllungsgehilfen der Planung, der dafür zu sorgen hat, dass die Ak-

---

[35] Vgl. Steinmann/Walter 1990, S. 340.

[36] Vgl. Nuber 1995, S. 50. Zum Teil wird die Überwachung noch nicht einmal als eine eigenständige Funktion im Managementprozess, sondern lediglich als *ein* Bestandteil der Strategieimplementierung gesehen; vgl. Staehle 1999, S. 605 f.

tivitäten im Unternehmen plankonform vollzogen werden. Da die Kontrolle lediglich danach schaut, ob das vollzogene Ergebnis mit dem ursprünglich Geplanten übereinstimmt oder ob es aufgrund von Störungen zu einer Soll/Ist-Abweichung gekommen ist, trägt allein die Planung die „geistige Last der Unternehmensführung".[37]

Im folgenden Kapitel soll sich kritisch mit der Fragestellung auseinander gesetzt werden, ob die klassische Kontrolle ein für den Aufsichtsrat geeignetes Instrument zur Überwachung der Unternehmensführung darstellt.

1.2.2 Defizite der Ergebniskontrolle für den Aufsichtsrat

Aufbauend auf den vorstehenden Ausführungen kann festgestellt werden, dass die traditionelle Feedback-Kontrolle sowohl ein *zeitliches* als auch ein *sachliches* Defizit kennzeichnet.

(1) Zeitliches Defizit

Die Überwachungshandlungen erfolgen erst *nach* der Umsetzung der geplanten Maßnahmen. Da die Entscheidungssituation selbst *nicht* Gegenstand der Ergebniskontrolle ist, kommen die Resultate der Abweichungsanalyse und die möglicherweise erforderliche Einleitung gegensteuernder Maßnahmen im strategischen Kontext zu spät.[38] Die *frühzeitige* Durchführung etwaiger Planrevisionen wird demzufolge systematisch verhindert.

Dieses Defizit ist insofern schwerwiegend, als die Planung langfristig ausgelegt ist.[39] Weit in die Zukunft reichende Handlungsorientierungen - verbunden mit umfassenden Ressourcenbindungen - erfordern möglichst frühzeitige Informationen über Fehlentwicklung und daraus abzuleitende Gegensteuerungsmaßnahmen.[40] Nicht selten handelt es sich bei strategischen Investitionen um einen Planungshorizont bzw. eine Nutzungsdauer von weit mehr als zehn Jahren. Informa-

---

[37] Vgl. Schreyögg 1994, S. 345.
[38] Vgl. Lukarsch 1998, S. 31.
[39] Vgl. Gälweiler 1981, S. 383.
[40] Vgl. Hasselberg 1989, S. 43.

tionen über bestimmte Fehlentwicklungen oder Gefährdungen, die erst nach dieser Zeit übermittelt werden, haben nur noch einen sehr eingeschränkten Nutzen.[41]

(2) Sachliches Defizit

Der zweite grundlegende Nachteil einer derart ausgerichteten Feedback-Überwachung ist die Tatsache, dass die Planstandards und -ziele als gegeben erachtet werden und im Rahmen der Überwachungshandlungen als nicht mehr hinterfragbar gelten.[42] Dies mündet in folgende sachliche *Falschaussagen* bei der Abweichungsanalyse:[43]

▶ Wird im Rahmen einer Abweichungsanalyse *kein Handlungsbedarf* identifiziert, so deutet dies zunächst auf ein zufrieden stellendes (Zwischen-)Ergebnis der Strategieumsetzung hin. Tatsächlich kann die Strategie bereits zu diesem Zeitpunkt massiv bedroht sein, da beispielsweise die der Planung zugrunde liegenden Prämissen eine gravierende Änderung erfahren haben bzw. nicht berücksichtigte Aspekte der Unternehmensumwelt in der Zwischenzeit eine hohe Bedeutung für die Erreichung der strategischen Unternehmensziele erlangt haben.

▶ Auch der Fall einer *Identifikation etwaiger Soll/Ist-Abweichungen* unterliegt dem Konstruktionsfehler der traditionellen Ergebniskontrolle, da die Abweichungen lediglich auf die Wahl falscher Mittel zur Strategieumsetzung hinweisen, ohne jedoch die strategischen Ziele selbst zu überprüfen. Konsequenterweise werden vorliegende Soll/Ist-Abweichungen *stets* als negativ beurteilt. Eine positive Signalwirkung im Sinne einer einzuleitenden Revision der Planprämissen und Strategieinhalten bleibt aus. In diesem Zusammenhang sei nochmals auf das oben diskutierte hohe Selektionsrisiko der Strategieplanung verwiesen: Die in der Planungsphase gesetzten Standards selbst sind so nicht Gegenstand der Überwachung.

Die Ausführungen verdeutlichen die zu formulierende theoretische Forderung, dass der Aufsichtsrat von dem klassischen Kontrollverständnis zu abstrahieren

---

[41] Vgl. Lukarsch 1998, S. 31.
[42] Vgl. Nuber 1995, S. 49.
[43] Vgl. im Folgenden ausführlich Hasselberg 1989, S. 43 ff.

hat.[44] Vielmehr muss er seine Überwachungshandlungen derart konzipieren, dass er möglichst frühzeitig in die Planungs- und Entscheidungsprozesse des Vorstands eingebunden ist und letzteren nicht zeitlich hinterher läuft. Nur so kann er auf strategische Bedrohungen aufmerksam machen, Handlungsbedarfe anzeigen und im Ergebnis eine an den Aktionärsinteressen orientierte Unternehmensführung sicherstellen.

Basierend auf den agencytheoretischen Ausführungen zum Interessenkonflikt und zur Informationsasymmetrie zwischen Anteilseignern und Managern konnte die Überwachungsproblematik im Zuge strategischer Entscheidungssituationen vertieft werden. Als ein wichtiges *Zwischenfazit* bleibt festzuhalten, dass der Aufsichtsrat im Fall einer Realisierung des traditionellen Kontrollverständnisses aufgrund der unmöglichen Einflussnahme in den „planerischen, prädezisionalen"[45] Bereich der Unternehmensführung seiner Überwachungsaufgabe nicht gerecht wird. Vor diesem Hintergrund befassen sich die folgenden Abschnitte mit einer konzeptionellen Neuausrichtung der Überwachungshandlungen.

1.3 Die strategische Überwachung

1.3.1 Merkmale der strategischen Überwachung

Im Gegensatz zur traditionellen Ergebniskontrolle soll die strategische Überwachung durch den Aufsichtsrat im Folgenden als ein „permanenter, parallel und Strategieformulierung und -implementation laufender Informations- und Entscheidungsprozess verstanden werden, der die strategischen Pläne fortlaufend auf ihre weitere Tragfähigkeit (Validität) hin überprüft, um Bedrohungen und dadurch notwendig werdende Veränderung des strategischen Kurses rechtzeitig zu signalisieren".[46] Die in dieser Definition zum Ausdruck kommenden Merkmale der strategischen Überwachung stellen sich im Einzelnen wie folgt dar:[47]

---

[44] Der Aufsichtsrat würde sich nur noch mit der Zielerreichung befassen können („doing the things right"), anstatt auf die Zielvalidierung zu fokussieren („doing the right things"); vgl. Steinmann/Schreyögg 1997, S. 358.

[45] Becker 1993, S. 177.

[46] Hasselberg 1989, S. 55; so auch Brune 1995, S. 29 f.; vgl. dazu auch kritisch Möllers 1995, S. 1727.

[47] Vgl. im Folgenden ausführlich Nuber 1995, S. 59 ff.; auch Hahn 1999, S. 894.

▶ **Simultaner Ablauf von Planung und Kontrolle**

Die Überwachung erfolgt im *zeitlichen Gleichlauf* mit der Planung und Realisation und setzt somit *nicht* erst *nach* der Umsetzung der strategischen Entscheidungen durch den Vorstand ein (vgl. Abb. 20).[48] Dieser Anspruch ist deshalb bedeutsam, da der Aufsichtsrat in der Lage sein muss festzustellen, ob negative Abweichungen auf eine defizitäre Unternehmensführung zurückzuführen sind oder aber aus externen Faktoren resultieren, die auch eine wirkungsvolle Unternehmensführung nicht hätte antizipieren bzw. verhindern können.[49]

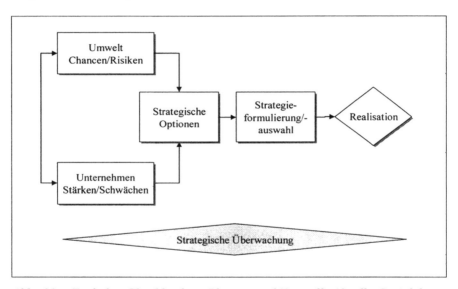

Abb. 20: Zeitlicher Gleichlauf von Planung und Kontrolle (Quelle: In Anlehnung an Nuber 1995, S. 63.)

Die Überwachungsaktivitäten beginnen, sobald im Rahmen der Planung die Annahmen gesetzt bzw. die ersten Selektionsschritte für die Strategieformulierung vollzogen sind und enden erst nach der Strategieimplementierung. Damit wird der

---

[48] Vgl. Steinmann/Schreyögg 1985, S. 661; Bea/Haas 2001, S. 233.

[49] Vgl. Lutter/Krieger 2002, S. 84; Vgl. auch die Ausführungen zur nachvertraglichen Informationsasymmetrie im Rahmen der Darstellung der Agency-Theorie in Kap. C.II.3.2.1.

Einzug aktueller Informationen sichergestellt und eine *rechtzeitige* Signalisierung eventueller Veränderungsnotwendigkeiten ermöglicht.[50]

▶ Dominanz einer Feedforward-Kontrollausrichtung

Strategische Fehlleistungen sind aufgrund ihres langfristigen Charakters in der Regel nicht kurzfristig zu korrigieren.[51] Dieser Tatsache trägt die strategische Überwachung Rechnung, indem sie feedforward-orientiert bzw. vorkoppelnd erfolgt und Strategiebedrohungen bereits im Vorfeld der Umsetzung definierter Maßnahmen in das Kalkül des Überwachungsträgers eingehen.[52] Die Komplexität wirtschaftlicher Zusammenhänge in global operierenden Konzernen erfordert die Abkehr der Überwachung von betrieblichen Einzelheiten[53] bzw. die Konzentration auf übergeordnete Daten der *Chancen* und *Risiken* der Unternehmensfortführung. Dies ist nur dann sichergestellt, wenn sich der Aufsichtsrat von vergangenen Zusammenhängen abwendet und sich verstärkt der Beurteilung zukünftiger Entwicklungen des Unternehmens widmet.[54] Daraus resultiert wiederum ein Zeitgewinn, der es der Geschäftsführung erlaubt, gegensteuernde Maßnahmen zeitgerecht anzustoßen und bestehende Handlungsspielräume effizient zu nutzen.[55] Ferner ermöglicht die Feedforward-Orientierung einen ständigen Einbezug der Inputfaktoren der strategischen Planung, so dass relevante Informationen über die Sinnhaltigkeit der verfolgten Strategie im Zeitablauf vorliegen.[56]

▶ Abkopplung der Überwachung von der Planung

Im Rahmen der strategischen Überwachung beschränkt sich der Überwachungsträger nicht ausschließlich auf die im Rahmen der strategischen Planung vorgegebenen Kontrollstandards, sondern sucht eigenständig nach neuen, kontrollrelevanten Informationen, die die Strategie in Frage stellen.[57] So lassen sich auch kritische Entwicklungen identifizieren, die *nicht* explizit im Rahmen der Prämissen-

---

[50] Vgl. Nuber 1995, S. 62 f.

[51] Vgl. Gälweiler 1981, S. 383.

[52] Vgl. Bea/Scheurer 1994, S. 2146; auch Glöckler 1995, S. 46.

[53] Vgl. Mattheus 1999, S. 692.

[54] Vgl. Scheffler 2000, S. 435.

[55] Vgl. Winterhalter 1981, S. 8; Hasselberg 1989, S. 63.

[56] Vgl. Nuber 1995, S. 64 ff.

[57] Vgl. Pfohl/Stölzle 1997, S. 19.

bildung zugrunde gelegt wurden.[58] Die Überwachung erfasst den gesamten Horizont strategiegefährdender Entwicklungen quasi wie ein strategisches Alarmsystem und entwickelt so eine eigene Problemlösungskapazität.[59] Mit einer solchen Ausrichtung avanciert die Überwachung zu einer eigenständigen Führungsfunktion, deren Informationsgrundlage nicht ausschließlich dadurch bestimmt wird, „was der Vorstand freundlicherweise zur Kontrolle bringt."[60]

▶ **Auslösung strategischer Entscheidungsprozesse**

Die Überwachungshandlungen des Aufsichtsrats müssen auf das *Entscheidungs-verhalten* des Vorstands einwirken.[61] Damit geht die strategische Überwachung über eine reine Abweichungsanalyse hinaus, liefert Impulse für neue Entscheidungsprozesse und wird gleichsam zu einem wichtigen Informationslieferanten für strategische Neuplanungen.[62] Die hierzu notwendigerweise nutzbringende Verwendung der Informationen versetzt den Aufsichtsrat in eine überwachungstechnische Bringschuld.[63]

▶ **Zielorientierte Verhaltensbeeinflussung**

Neben den als sachlogisch einzustufenden Merkmalen an die strategische Unternehmensüberwachung existiert mit der zielorientierten *Beeinflussung* des Verhaltens der Geschäftsführung auch eine verhaltensorientierte Aufgabe.[64] Hier kommt der enge Bezug zur Präventivfunktion des Aufsichtsrats zum Ausdruck. Durch die frühzeitige Kenntnisnahme fundamentaler Kontrollinformationen setzt ein Lernprozess ein, der das zukünftige Verhalten optimiert.[65] Insbesondere sollten Abweichungen im Rahmen der strategischen Überwachung nicht per se als negativ ausgelegt werden, sondern vielmehr als *Chance* aufgegriffen werden, bestehende Planungen und Strategieumsetzungsprozesse zu optimieren.[66]

---

[58] Vgl. Nuber 1995, S. 65 f.
[59] Vgl. Schreyögg 1994, S. 350.
[60] Bea/Scheurer 1994, S. 2152.
[61] Vgl. Becker 1993, S. 176.
[62] Vgl. Treuz, 1974, S. 48.
[63] Vgl. Hasselberg 1989, S. 92.
[64] Vgl. Ohland 1988, S. 186 ff.; auch Brink 1992, Sp. 1144.
[65] Vgl. hierzu auch Hahn 1993, Sp. 3188.
[66] Vgl. Nuber 1995, S. 67 ff.

1.3.2 Grundmodell eines strategischen Überwachungskonzepts für den Aufsichtsrat

Die Reduktion des planungsimmanenten Risikos und des umfassenden Gestaltungsspielraums des Vorstands begründet die Notwendigkeit einer parallel zum Planungsprozess verlaufenden strategischen Überwachung. Deren damit verbundene Aufgaben implizieren den Rückgriff auf mehrere, an die unterschiedlichen Phasen der strategischen Planung anknüpfende Kontrollarten.[67] In Anlehnung an das Konzept von STEINMANN/ SCHREYÖGG bedarf es hier mit der Kontrolle der Strategieformulierung, der strategischen Prämissenkontrolle, der strategischen Durchführungskontrolle und der strategischen Überwachung vier Kontrollarten unterschiedlicher inhaltlicher Orientierung (vgl. Abb. 21).[68]

Bevor die einzelnen Kontrollarten sukzessive vorgestellt werden, sei darauf hingewiesen, dass es im Rahmen der konzeptionellen Überlegungen zum (strategischen) Überwachungsverständnis eines Aufsichtsrats die in der deutschen Spitzenverfassung vorgesehene gesetzliche Trennung zwischen dem Geschäftsführungs- und dem Überwachungsorgan zu beachten gilt.[69] Obgleich eine *strikte* Trennung zwischen „Entscheidungsmanagement" und „Entscheidungskontrolle" nur im Fall *reiner Ergebniskontrollen* vollständig gegeben ist,[70] besteht sowohl in der betriebswirtschaftlichen Literatur als auch in der Rechtsprechung Einverneh-

---

[67] Vgl. etwa Steinmann/Schreyögg 1985; Baum/Coenenberg/Günther 1999, S. 303 ff.; Ohland 1988; Zettelmeyer 1984.

[68] Vgl. Steinmann/Schreyögg 1985. Die erstgenannte Kontrollart ist nicht Bestandteil der *ursprünglichen* Überwachungskonzeption, da sich diese - wie bereits aufgezeigt - auf die Überwachungshandlungen des Vorstands und nicht auf die eines fremdüberwachenden Aufsichtsrats bezieht.

[69] Vgl. auch Reinkensmeier 1992, S. 264.

[70] Vgl. Becker 1993, S. 178.

men darüber, dass der Gesetzgeber ausdrücklich eine echte unternehmerische, strategische Kontrolle durch den Aufsichtsrat vorsieht.[71]

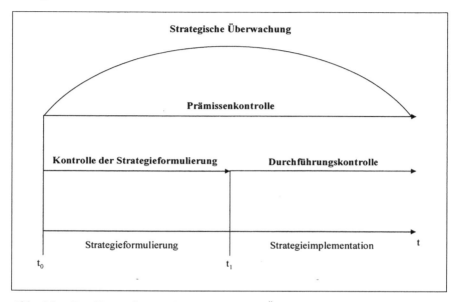

Abb. 21: Die Kontrollarten des strategischen Überwachungskonzepts (Quelle: In Anlehnung an Steinmann/Schreyögg 1997, S. 236)

[71] Vgl. beispielsweise Lukarsch 1998, S. 51; Becker 1993, S. 178 ff.; Bea/Scheurer 1994, S. 2150 ff. Hofmann bezeichnet den Aufsichtsrat sogar - etwas missverständlich - als „sekundäres Leitungsorgan"; vgl. Hofmann 1990, S. 2333. Auch das häufig zitierte BGH-Urteil vom 25.3.1991 (BGHZ 114, 129) betont, dass der Aufsichtsrat die Überwachung nicht nur retrospektiv auf abgeschlossene Sachverhalte, sondern vielmehr auf grundsätzliche Fragen der Geschäftspolitik hinsichtlich ihrer Zweckmäßigkeit und Wirtschaftlichkeit beziehen darf. In diesem Zusammenhang stellt der BGH zudem fest, dass der Aufsichtsrat eine derart verstandene Kontrolle nur durch eine ständige Diskussion mit dem Vorstand und durch dessen laufende Beratung ausüben kann. Vgl. Frerk 1995, S. 212.

1.3.2.1 Kontrolle der Strategieformulierung

Im Rahmen der Unternehmensüberwachung durch den Aufsichtsrat ist der Überwachungsträger nicht mit dem Überwachungsobjekt identisch.[72] Insbesondere vor dem Hintergrund der agencytheoretisch anzunehmenden Interessendivergenz zwischen den Aktionären und dem Management ist daher vom Aufsichtsrat zu fordern, sich unmittelbar nach der Vorlage der ausgearbeiteten Strategien durch den Vorstand mit deren *Plausibilität* auseinander zu setzen.[73] Dabei umfassen die Kontrollhandlungen sowohl eine *formale* bzw. *methodische* als auch einem *materielle* bzw. *inhaltliche* Aufgabe.[74]

(1) Methodische Plausibilitätskontrolle

Die methodische Plausibilitäts- bzw. Konsistenzkontrolle versetzt den Aufsichtsrat zunächst in die Lage, die Ordnungsmäßigkeit der Planung zu beurteilen. Dabei hat er zu überprüfen, inwieweit die vorgelegte Strategieformulierung in einer nachvollziehbaren Weise dokumentiert ist.[75] In diesem Zusammenhang ist darauf zu achten, dass die Strategie nicht einem „nebulösen" Konzept gleichkommt, sondern auf vollständigen und zuverlässigen Informationen beruht.[76] Im Zuge dessen hat der Aufsichtsrat auch zu hinterfragen, inwiefern der Vorstand wissenschaftlich fundierte, moderne Planungstechniken anwendet. Insgesamt sollte die methodische Plausibilitätskontrolle im Wesentlichen zur Beantwortung folgender Fragen führen:[77]

– Ist die gesamte Dokumentation logisch bzw. nachvollziehbar aufgebaut und widerspruchsfrei?

---

[72] Die Kontrolle der Strategieformulierung bzw. -entwicklung wird in der Literatur und den dort diskutierten strategischen Überwachungskonzepten häufig vernachlässigt, da sich diese im Prinzip auf die Überwachungshandlungen des Vorstands - als gleichzeitig Verantwortlicher der Strategieformulierung - selbst beziehen. Vgl. für eine umfassende und vergleichende Darstellung ausgewählter strategischer Überwachungskonzepte ausführlich Nuber 1995, S. 78 ff.

[73] Während Becker in diesem Zusammenhang von einer *Strategiediskussion* zwischen Aufsichtsrat und Vorstand spricht, verlangt Chini hier sogar eine *Genehmigung* der ausgearbeiteten Strategien durch den Aufsichtsrat; vgl. Becker, 1993, S. 216; Chini 1988, S. 139.

[74] Vgl. Gälweiler 1981, S. 386.

[75] Vgl. Stoermer 1996, S. 117, der von einer „Strategiedokumentation" spricht, die der „Erleichterung einer strategischen Kontrolle" dient.

[76] Vgl. Hahn 1999, S. 899.

[77] Vgl. zusammengestellt aus Baum/Coenenberg/Günther 1999, S. 309; Gälweiler 1981, S. 388; Lukarsch 1998, S. 214; Chini 1988, S. 182.

– Basiert die vorgelegte Planung auf modernen Planungstechniken, die z.B. das Risiko von Investitionen berücksichtigen?

– Sind die verwendeten Methoden für die Strategiebewertung geeignet?

– Sind die der Planung zugrunde liegenden Annahmen deutlich herausgestellt?

– Wurden Sollwerte für eine spätere Meilensteinkontrolle der späteren Strategieumsetzung festgelegt? Verfügt die Strategie über einen abgestimmten Zeitplan?

– Sind hinreichend tragfähige Alternativkonzepte erstellt worden, die im Fall unvorhersehbarer Änderungen in der unternehmerischen Umwelt zum Tragen kommen?

– Hat der Vorstand alle strategierelevanten Problemfelder erfasst?

– Ist die Informationsgrundlage als zuverlässig und für die Entscheidungssituation als relevant einzustufen?

Die formale Kontrolle der Strategieformulierung ist insofern bedeutsam, als eine wirkungsvolle Überwachung durch den Aufsichtsrat zumindest eine nachvollziehbare und plausible Dokumentation durch den Vorstand verlangt, die wiederum eine zwingende Voraussetzung für die im Folgenden erläuterten *inhaltlichen* Kontrollhandlungen repräsentiert.

(2) Materielle Plausibilitätskontrolle

In der Phase der Strategieformulierung werden Strategien entworfen, die der Vorstand für geeignet hält, die gesetzten *strategischen Ziele* zu erreichen.[78] Dabei stellen die Zielvariablen, die als Entscheidungsparameter *zunächst* unter der Kontrolle des Vorstands stehen,[79] eine *wesentliche* Größe der Unternehmensführung und der Planung dar.[80] WELGE/AL-LAHAM formulieren in diesem Zusammenhang: „Jede Strategieplanung benötigt Ziele, an denen sie sich ausrichten und orientieren kann. ... Strategische Ziele können jedoch nicht als gegeben vorausgesetzt werden, sondern müssen geplant (formuliert), zueinander in Beziehung gesetzt und schließlich konkretisiert und im Zuge des Strategieprozesses umgesetzt wer-

---

[78] Vgl. Stoermer 1996, S. 115; Armstrong 1983, S. 9.

[79] Vgl. Mag 1993, Sp. 3204.

[80] Vgl. Hachmeister 1995, S. 7; auch Welge/Al-Laham 1997, S. 791. Die Zielbildung/-analyse steht am Anfang des sequenziell angeordneten Phasenschemas der Planung; vgl. Mag 1993, Sp. 3203; Schreyögg 1984, S. 88; Popp 1993, Sp. 3219; Delfmann 1993, Sp. 3237 ff.

den."[81] Ziele bestimmen die Maßstäbe zur Bewertung der strategischen Stoßrichtung sowohl auf Ebene des Gesamtunternehmens als auch auf Ebene der Teileinheiten bzw. strategischen Geschäftsfelder.[82] Entscheidungen des Vorstands können nur dann im Einklang mit den Aktionärsinteressen stehen, wenn sie sich an dem Ziel der Wertsteigerung orientieren und die durch sie ausgelösten Handlungen dieser Zielerreichung dienen.[83]

Die materielle Plausibilitätskontrolle ist äußerst bedeutsam für den (fremdüberwachenden) Aufsichtsrat, da sie letztlich eindeutig die Frage beantworten muss, ob die konkret ausgearbeiteten Strategien und die ihnen vorgelagerten Unternehmensziele mit den Interessen der Eigentümer übereinstimmen sowie ausreichend fundiert und realistisch sind.[84] Vom Aufsichtsrat ist daher zu fordern, bei der Festlegung der Unternehmensziele - hier vor allem des Ziel*inhalts* als das zentrale Element[85] - mitzuwirken[86] und dabei „die Zielsetzungen der Eigentümer in Entscheidungsprozesse des Managements zu integrieren".[87] Da anhaltende *Differenzen* zwischen Vorstand und Aufsichtsrat über die langfristigen Unternehmensziele und -strategien eine wirkungsvolle Überwachung verhindern, muss hier eine Übereinstimmung beider Organe vorliegen.[88]

Neben dieser Gesamtstruktur der strategischen Planung und der gegenseitigen Abhängigkeit zwischen der Gesamtplanung und der Planung in den einzelnen Geschäftsfeldern hat der Aufsichtsrat auch das Ziel*ausmaß* eines kritischen Reviews zu unterziehen.[89] So hat er zu berücksichtigen, ob die definierten Unternehmensziele zu ambitiös oder im umgekehrten Fall zu niedrig angesetzt sind. Zur Überprüfung der inhaltlichen Plausibilität der Ziele bietet es sich an, im Rahmen eines strategischen Benchmarking die realisierten oder geplanten Ziele der Kon-

---

[81] Welge/Al-Laham 2003, S. 111.

[82] Vgl. Lukarsch 1998, S. 215.

[83] Vgl. hierzu auch Welge 1988, S. 20.

[84] Vgl. Chini 1988, S. 141 i.V.m. S. 129; Jaschke 1989, S. 153; Gälweiler 1981, S. 386. Die Prüfung, ob die strategische Planung mit den generellen Unternehmenszielen übereinstimmt, wird auch als „vertikale Konsistenzkontrolle" bezeichnet; vgl. Hahn 1999, S. 899.

[85] Vgl. Hamel 1989, Sp. 2304 f.

[86] Vgl. Malik 2002, S. 121.

[87] Günther 1997, S. 49; vgl. hierzu auch Lukarsch 1998, S. 46 ff; Goette 2003, S. 758.

[88] Vgl. Jaschke 1989, S. 153.

[89] Vgl. zum Zielausmaß im Rahmen der Operationalisierung von Zielen auch Welge/Al-Laham 2003, S. 117.

kurrenzunternehmen heranzuziehen und mit den eigenen zu vergleichen.[90] Auf diese Weise kann sich der Aufsichtsrat ein Bild davon machen, ob die vom Vorstand formulierte Strategie grundsätzlich realisierbar erscheint, eine Verbesserung des Unternehmensergebnisses erwarten lassen und geeignet sind, die Existenz des Unternehmens langfristig zu sichern.[91]

Dabei ist aus theoretischer Sicht zu fordern, dass sich der Aufsichtsrat im Rahmen der materiellen Konsistenzkontrolle vor allem auf die für die Eigentümer relevanten, wertorientierten Kennzahlen[92] und nicht auf die jahresabschlussorientierten Beurteilungsgrößen konzentriert.[93] Die zu fordernde Abkehr von einer traditionellen Erfolgsmessung liegt in deren fundamentalen Mängeln begründet, die wie folgt lauten:[94]

– alternative Bewertungsverfahren des Rechnungswesens,

– Ausschluss von Risiko,[95]

– keine Berücksichtigung des Zeitwerts des Geldes,

– fehlende Berücksichtigung von Investitionen und

– Vernachlässigung der Dividendenpolitik.

Die hier aufgezeigten Defizite gelten ebenso für die *relativen*, jahresabschlussorientierten Gewinnkonzepte. In erster Linie sind hier die häufig verwendeten Maßstäbe Gesamtkapitalrentabilität bzw. Return-on-Investment (ROI) und Eigenkapi-

---

[90] Vgl. Baum/Coenenberg/Günther 1999, S. 308; Stoermer 1996, S. 114.

[91] Vgl. Chini 1988, S. 141.

[92] Im Rahmen der Frage des Wertbeitrags einer Strategie orientieren sich die Interessen der Aktionäre ausschließlich am ökonomischen Gewinn, dargestellt in Form abgezinster Cash-flows zukünftiger Periode. Vgl. Elkart/Schmusch 1999, S. 79 f.; vgl. auch die Ausführungen in Kap. C.II.3.1.1.

[93] So hebt z.B. Gomez kritisch hervor: "Die gesamte Geschäftswelt, und mit ihr die Wirtschaftspresse, denkt in Gewinnen und Rentabilitäten"; vgl. Gomez 1993, S. 88.

[94] Vgl. Günther 1997, S. 50 ff.; Rappaport 1999, S. 15 ff.

[95] Dieser Nachteil wiegt umso schwerer, als die Übernahme von Risiken ein konstituierendes Merkmal unternehmerischer Tätigkeit ist. Vgl. Baetge/Jerschensky 1999, S. 171; Brebeck/Herrmann 1997, S. 381 f.; Götz 1997, S. 3276; Hornung/Reichmann/Baumöl 1997, S. 39; Kless 1998, S. 93; Karten 1993, Sp. 3826; Lück 1999(a), S. 143. Vgl. auch die Vorüberlegungen zu den Problemen strategischer Planungs- und Entscheidungsprozesse in Kap. D.I.1.1.

talrentabilität bzw. Return-on-Equity (ROE) zu nennen,[96] die zusätzlich zu den oben genannten Problemen folgende Mängel aufweisen:[97]

- Beeinflussbarkeit durch Finanzierungsentscheidungen (Kapitalstruktur),
- inhärenter Unterinvestitionsanreiz,
- fallweise Abweichung von der internen, wirtschaftlichen Verzinsung und
- massive Beeinflussbarkeit durch finanzpolitische Maßnahmen bzw. den Financial-Leverage-Effekt (gilt nur für den ROE).

Eine auf buchhalterischen Größen basierende materielle Plausibilitätskontrolle repräsentiert folglich *keine* Überwachungshandlung im Sinne der Aktionäre. Im Gegenteil besteht die große Gefahr wertvernichtender strategischer Entscheidungen. So führt etwa die Verfolgung des strategischen Unternehmensziels „Maximierung des ROI" im Rahmen der Kapitalallokation grundsätzlich zu einer vorrangigen Berücksichtigung jener Geschäftsbereiche, die eine niedrige Kapitalintensität und Wertschöpfungstiefe aufweisen. Gleichzeitig würde eine vermögensintensive, vertikale Integrationsstrategie zugunsten von Fremdbezug und geringer Fertigungstiefe zurückgedrängt sowie auf langfristige, strategisch relevante Investitionen gänzlich verzichtet werden.[98]

---

[96] Der ROI stellt beispielsweise die Spitzenkennzahl im Du Pont-Kennzahlensystem dar, während dem ROE die gleiche Funktion im ZVEI-Kennzahlensystem zukommt. Vgl. ausführlich Küting/Weber 2000, S. 31 ff.; Reichmann 1993, Sp. 2163 ff.; Kern 1989, Sp. 813 ff.; für eine Übersicht über jahresabschlussorientierte Erfolgsmaßstäbe und -kennzahlen auch Welge/Al-Laham 2003, S. 131.

[97] Vgl. Rappaport 1999, S. 24 ff.; Bühner 1990, S. 26 ff.

[98] Vgl. Bischoff 1994, S. 36.

1.3.2.2 Strategische Prämissenkontrolle

Inhaltlich eng verbunden mit der vorstehend dargestellten Kontrollart ist die strategische Prämissenkontrolle.[99] Die strategische Planung ist ein antizipativer Prozess, bei dem Entscheidungen auf Basis modellartiger Vorstellungen über Entwicklungen des Unternehmens und seiner Umwelt getroffen werden. Die dabei von den Entscheidungsträgern verwendeten Annahmen über zukünftige Ereignisse und Handlungsfolgen lassen sich als *Strategieprämissen* interpretieren, wenn von ihrem erwarteten Eintreffen die unternehmenszielerreichende Implementierung der Strategie abhängt bzw. wenn deren Nichteintreten eine grundlegende Änderung der strategischen Pläne erfordert.[100] Die Prämissenkontrolle begleitet den Planungsprozess fortlaufend vom Beginn der Strategieformulierung bis zum Abschluss der Strategieimplementierung, um durch eine möglichst frühzeitige Entdeckung strategiebedrohlicher Prämissenabweichungen einen entsprechend großen Handlungsspielraum für eine Anpassung oder gar Revision der Strategie zu schaffen.[101]

Ausgangspunkt der Prämissenkontrolle durch den Aufsichtsrat ist der Strategievorschlag des Vorstands, der die der Strategie zugrunde liegenden Annahmen über die Entwicklung der internen und externen Unternehmensumwelt zum Gegenstand erhebt.[102] Durch das Setzen einer Vielzahl expliziter und impliziter Annahmen über zukünftige Umweltkonstellationen und Unternehmensentwicklungen reduziert der Vorstand das Entscheidungsfeld auf ein für die strategische Planung „handhabbares Format".[103] Die in diesem Zusammenhang erfolgende Ausblen-

---

[99] Die hier vorgenommene konzeptionelle Unterscheidung der beiden Kontrollarten liegt vor allem darin begründet, dass die Konsistenzkontrolle einen im Vergleich zur Prämissenkontrolle eher statischen Charakter aufweist, da sie sich primär auf den Zeitpunkt der Strategieformulierung in t_0 bezieht. Zwar knüpft auch die Prämissenkontrolle an die formulierte Planung an, jedoch wird der Großteil ihrer Kontrollhandlungen in der Zeit *nach* der strategischen Entscheidung durchgeführt. So wird die Prämissenkontrolle - wie noch gezeigt wird - kontinuierlich bis zum Abschluss des Strategieimplementierungsprozesses durchgeführt. Vgl. für eine solche konzeptionelle Trennung zwischen der Prämissenkontrolle und der Kontrolle der Strategieformulierung etwa Stoermer 1996 und Lukarsch 1998, der letztere als Organisations- und Konsistenzkontrolle bezeichnet.

[100] Vgl. Stoermer 1996, S. 131 f.; Gälweiler 1981, S. 393.

[101] Vgl. Bea/Scheurer 1994, S. 2150; Nuber 1995, S. 120.

[102] Vgl. Lukarsch 1998, S. 179.

[103] Vgl. Schreyögg/Steinmann 1985, S. 401.

dung weiterer potenzieller Zustände begründet den hohen Grad der Kontrollbe-
dürftigkeit der strategischen Prämissen durch den Aufsichtsrat.[104]

In einem ersten Schritt hat der Vorstand seine Annahmen über zukünftige Bedingungen und Entwicklungen bezüglich der globalen Unternehmensumwelt und der
internen Situation des Unternehmens in Form eines Prämissenkatalogs umfang-
reich zu dokumentierten.[105] Für den Aufsichtsrat ergibt sich an dieser Stelle das
Erfordernis zu beurteilen, „ob dieser Katalog von strategischen Bedingungsgrundlagen die momentane und zukünftige strategische Situation adäquat beschreibt
oder ob neue, für die Strategie bedeutsame und in der strategischen Analyse bisher ausgeblendete Prämissen relevant werden."[106] Da es aus wirtschaftlichen
Gründen nicht sinnvoll erscheint, *sämtliche* Prämissen mit der gleichen Kontroll-
intensität zu überwachen, empfiehlt es sich für den Aufsichtsrat, die dokumentierten Annahmen zu priorisieren und so die eigenen Überwachungshandlungen auf
die kritischen Prämissen zu beschränken.[107] Dabei sind etwa jene Prämissen als
kritisch einzustufen, die[108]

– bedeutsam für den wertmäßigen Erfolg der Strategie sind,

– eine große Abweichungswahrscheinlichkeit aufweisen,

– im Fall eines identifizierten Handlungsbedarfs eine schnelle Reaktion erfordern,

– erhebliche Instabilitäten im Zeitablauf aufweisen oder

– dem unternehmerischen Einflussfeld weitgehend entzogen sind.

Auf Basis dieser Informationen hat der Aufsichtsrat fortlaufend zu kontrollieren,
ob 1) sich einzelne Prämissen nachträglich als wesentlich bedeutsamer herausstel-
len als ursprünglich angenommen, und ob 2) sich die als kritisch eingestuften
Prämissen im Zeitablauf in einer strategiebedrohlichen Art und Weise verändern.
Dabei ist sowohl die zukünftige Abweichung der überwachten Größe von ihrem
erwarteten Wert als auch die Auswirkung dieser Veränderung auf bestimmte Soll-

---

[104] Vgl. Nuber 1995, S. 120.

[105] Vgl. Gälweiler 1981, S. 393.

[106] Hasselberg 1989, S. 137.

[107] Vgl. Stoermer 1996, S. 133. Schreyögg/Steimann sprechen hier von dem Erfordernis, die Prämissen in eine „Dringlichkeitsordnung" zu bringen; vgl. Schreyögg/Steimann, 1985, S. 401.

[108] Vgl. zusammengestellt aus Lukarsch 1998, S. 189; Nuber 1995, S. 123; Schreyögg/Steinmann
1985, S. 401; Winterhalter 1981, S. 258 f.

Größen bzw. Unternehmensziele von zentraler Bedeutung.[109] Im Rahmen der hier angesprochenen Quantifizierung steht keineswegs die Anwendung komplexer mathematischer Modelle oder einhundertprozentig exakter Plandaten im Vordergrund. Jedoch sollte sich der Aufsichtsrat *systematisch* mit jenen Faktoren auseinander setzen, die den Unternehmenswert bzw. die erfolgreiche Umsetzung einer Strategie entscheidend beeinflussen. Dazu gehört es, den Vorstand - bei aller Unsicherheit strategischer Prognosedaten - darauf zu drängen, eine wertorientierte Abschätzung der Ergebniswirkung strategiebedrohlicher Änderungen in der internen und externen Unternehmensumwelt vorzulegen.[110]

1.3.2.3 Strategische Durchführungskontrolle

Eine wesentliche Phase des strategischen Planungsprozesses besteht in der effizienten *Strategieumsetzung*, ohne die sämtliche Planungsaktivitäten „bloße intellektuelle Spielerei" blieben.[111] Die strategische Durchführungskontrolle, die auch als Planfortschrittskontrolle bezeichnet wird,[112] hat die Aufgabe, die Realisierung der strategischen Pläne bzw. deren Umsetzung in konkretes, strategiegeleitetes Handeln[113] schrittweise zu kontrollieren.[114] Sie beginnt mit der Strategieumsetzungsphase und vergleicht die (Zwischen-)Ergebnisse ausgewählter Handlungen und Maßnahmen mit vorab definierten strategischen Zwischenzielen, die auch als Meilensteine bezeichnet werden.[115]

Die Bedeutung der Durchführungskontrolle begründet sich in der Tatsache, dass der Erfolg einer Strategie unter anderem davon abhängt, ob die Strategieimplementierung in zeitlicher und sachlicher Hinsicht mit der strategischen Planung übereinstimmt.[116] Dabei können die möglicherweise identifizierten Abweichungen zwischen Ist- und Soll-Werten entweder *direkt* eine Anpassungsentscheidung

---

[109] Vgl. Stoermer 1996. S. 150 f.

[110] Vgl. Lukarsch 1998, S. 191.

[111] Vgl. Welge/Hüttemann/Al-Laham 1996, S. 80.

[112] Vgl. Bea/Haas 2001, S. 221; Hahn 1999, S. 900; Mikus 1999, S. 105 f.

[113] Vgl. hierzu Welge/Al-Laham 1995, S. 61.

[114] Vgl. für eine umfassende theoretische und empirische Auseinandersetzung mit der Umsetzung von Strategien ausführlich Al-Laham 2000.

[115] Vgl. Hahn 1999, S. 900 f.; Bea/Haas 2001, S. 221.

[116] Vgl. Stoermer 1996, S. 165.

hervorrufen oder aber als *Grundlage* für die Prognose des endgültigen Ergebnisses nach der Implementierungsphase dienen.[117]

Die hier aufgezeigte Vorgehensweise rückt die Durchführungskontrolle tendenziell in Richtung der klassischen - weiter oben beschriebenen - Ergebniskontrolle.[118] Obgleich eine gewisse Ähnlichkeit zwischen beiden Kontrollarten nicht negiert werden kann, besteht doch ein entscheidender Unterschied bezüglich des *Verwendungszwecks* der gewonnenen (Feedback-)Informationen: Während bei der traditionellen Ergebniskontrolle lediglich Anpassungsnotwendigkeiten *innerhalb* der gegebenen Strategie signalisiert werden, wird im Rahmen der strategischen Durchführungskontrolle permanent die gesamte Strategie selbst in Frage gestellt.[119] Gleichsam wird eruiert, ob die strategische Stoßrichtung in der bestehenden Form weiter bestehen kann oder ob Umsteuerungsmaßnahmen notwendig geworden sind. Je früher diesbezügliche Hinweise erbracht werden, desto größer ist der Spielraum für eventuelle Umsteuerungen.[120]

Allerdings darf nicht der Eindruck entstehen, *jede* identifizierte Abweichung führe *automatisch* zu einer Revision oder Anpassung der Strategie.[121] Erst die Bereitstellung fundierter Abweichungsanalysen ermöglicht dem Aufsichtsrat hinreichend präzise Aussagen über die Hintergründe der Über- oder Unterschreitung strategischer Meilensteine. Die Ergebnisse der Abweichungsanalysen bzw. der Durchführungskontrolle dürfen demzufolge nicht *unbesehen* als Input für weitreichende strategische Anpassungsmaßnahmen genutzt werden, sondern bedürfen selbst einer sorgfältigen Überprüfung. Auch besteht beispielsweise das Risiko, dass Abweichungen fehlerhaft erfasst oder hinsichtlich einer Gefährdung des Gesamtziels als relevant einzustufende Abweichungen nicht aufgenommen wurden.[122]

Einen besonders wichtigen Beitrag bei der Ausgestaltung der strategischen Durchführungskontrolle bildet ein *strategisches Berichtswesen*.[123] Dem Aufsichtsrat sind hier die als strategierelevant erachteten Informationen bereitzustellen, damit

---

[117] Vgl. Ohland 1988, S. 259.
[118] Vgl. im Folgenden Schreyögg/Steinmann 1985, S. 403 und Hasselberg 1989, S. 163 f.
[119] Vgl. Hasselberg 1989, S. 58.
[120] Vgl. Hahn 1999, S. 903.
[121] Vgl. Nuber 1995, S. 137.
[122] Vgl. Ohland 1988, S. 262 f.
[123] Vgl. Schreyögg/Steinmann 1985, S. 402.

er die Wirkung der bereits ergriffenen strategischen Maßnahmen bzw. den Fortschritt der Strategieimplementierung anhand messbarer Vorgabewerte und *Meilensteine* überwachen kann. Für das „laufende Geschäft" lassen sich dabei folgende beiden Arten von Meilensteinen unterscheiden:[124]

▸ Strategische Meilensteine *erster Art* beschreiben monetäre Zielkriterien, die jeweils für die nächste Periode abgeleitet werden. Hierzu zählen vor allem die aus dem Rechnungswesen stammenden Größen wie Gewinnziele, Umsatzziele, Kosten- oder Rentabilitäts- und Budgetvorgaben.

▸ Dagegen handelt es sich bei den Meilensteinen *zweiter Art* um strategische Erfolgsfaktoren, die in der Regel als eher qualitativ zu bezeichnen sind und - je nach konkreter Strategie - beispielsweise die Qualität der eigenen Vertriebsstruktur, Marktleistung, Produktionsverfahren oder die Reputation des Unternehmens umfassen.[125]

Auch wenn die Operationalisierung qualitativer Meilensteine relativ schwierig erscheint, ist im Rahmen der strategischen Durchführungskontrolle eine Kombination der aufgeführten Meilenstein-Arten zu empfehlen, da ein ausschließlicher Rückgriff auf quantitative Vorgaben für die Überwachung der Umsetzung einer Strategie durch den Aufsichtsrat alleine nicht ausreicht.[126]

In Bezug auf den *zeitlichen* Aspekt der Durchführungskontrolle fordert der Deutsche Corporate Governance Kodex wenig konkret lediglich eine „in regelmäßigen Abständen" zu erfolgende Erörterung des Stands der Strategieumsetzung.[127] In der Literatur wird einerseits dafür plädiert, die strategischen Pläne in *jährliche* Meilensteine zu zerlegen, die dann periodisch, d.h. einmal im Jahr, einer kritischen Diskussion und Kontrolle unterzogen werden.[128] Andererseits wird vorgetragen, dass - bei aller Langfristigkeit der strategischen Planung und Umsetzung - ursprünglich eingeschlagene strategische Richtungen aufgrund unvorhersehbarer

---

[124] Hasselberg 1989, S. 170 ff., der zusätzlich noch Meilensteine *dritter Art* beschreibt. Diese geben Aufschluss über den Planfortschritt im Rahmen der Durchführung *strategischer Spezialprojekte*. Dazu gehören etwa Personalentwicklungsprogramme oder Reorganisationsprojekte.

[125] Vgl. Hasselberg 1989, S. 178 f.; vgl. für eine vertiefende Darstellung der Erfolgsfaktorenforschung ausführlich Fischer 2000, S. 72 ff.; Welge/Al-Laham 2003, S. 148 ff.

[126] Vgl. Hasselberg 1989, S. 178.

[127] Vgl. Deutscher Corporate Governance Kodex in der Fassung vom 21.5.2003, Punkt 3.2.

[128] Vgl. Baum/Coenenberg/Günther 1999, S. 311.

Ereignisse relativ schnell revisionsbedürftig werden können.[129] Der aus der rein periodisch ausgestalteten Überwachung eventuell resultierende Verzögerungseffekt kann bereits strategiebedrohliche Auswirkungen haben. Ferner bestehe durch die Abhaltung zeitlich stets gleichmäßig verteilter Strategiekontrollsitzungen die Gefahr, dass die Überwachung zu einer „mechanistischen und bürokratischen Routineprozedur degeneriert".[130]

1.3.2.4 Strategische Überwachung

Die bisher dargestellten Kontrollarten richten sich auf die Plausibilität der strategischen Planung des Vorstands, auf die der Strategie zugrunde liegenden (kritischen) Annahmen und auf wichtige Meilensteine im Rahmen der Strategieimplementierung. Sie sind - genauso wie die strategische Planung selbst - selektiv, da sie sich auf die genannten, ex-ante ausgewählten Beobachtungsfelder beziehen.[131] Folglich sind sie alleine nicht ausreichend, das Selektionsrisiko der strategischen Planung zu kompensieren. Daher empfiehlt es sich, die „gerichteten" Kontrollarten durch „ungerichtete" Überwachungshandlungen zu ergänzen.[132] Auf diesem Weg finden solche strategiebedrohliche Veränderungen in der internen und externen Umwelt Eingang in die Überwachungshandlungen, die vom Vorstand bewusst oder unbewusst vernachlässigt wurden.[133] Diese in der Literatur als „strategische Überwachung" bezeichnete Kontrollart fungiert als ein „strategisches Radar", das die Umwelt möglichst flächendeckend auf bisher vernachlässigte Bereiche überwacht und strategiegefährdende Informationen einholt.[134] Zur Verdeutlichung sei hier als Beispiel die Planung des Verkaufprogramms eines Verlages herangezogen:[135] Für den Fall, dass sich der Verlag im Rahmen der gerichteten Kontrollarten zu stark auf den eigentlichen Plangegenstand „Buch" konzentriert, läuft er Gefahr, etwaige strategiebedrohliche Entwicklungen wie etwa aufkommende Konkurrenzprodukte der computergestützten Wissensvermittlung (CD-ROM, Internet) zu spät zu erkennen.

---

[129] Vgl. zu dieser Argumentation Hasselberg 1989, S. 180 f.
[130] Hasselberg 1989, S. 181.
[131] Vgl. Lukarsch 1998, S. 175 f.
[132] Vgl. Steinmann/Schreyögg 1985, S. 666; Mikus 1999, S. 107.
[133] Vgl. Schreyögg/Steinmann 1985, S. 403.
[134] Vgl. Hasselberg 1989, S. 97.
[135] Vgl. im Folgenden Bea/Haas 2001, S. 222.

Obgleich SCHREYÖGG/STEINMANN konstatieren, die strategische Überwachung müsse „ihrem Wesen nach notwendig ungerichtet"[136] sein, ist eine *vollständig ungerichtete* Überwachung ohne jeden Bezugspunkt nicht möglich.[137] Um dennoch relevante Überwachungsinformationen zu erhalten, wird die aktuell verabschiedete Unternehmensstrategie zum einzigen Bezugspunkt der (ungerichteten) Überwachung erhoben. Nur unter Bezugnahme auf die in der Strategie definierten sachlichen und zeitlichen Ziele lassen sich Umweltänderungen oder krisenhafte Erscheinungen als Strategiebedrohungen interpretieren.[138]

Die Kontrollart der strategischen Überwachung erfüllt eine zweifach kompensierende Funktion.[139] Zum einen kompensiert sie die Selektivität der gerichteten Kontrollarten, da stets kritische Ereignisse eintreten können, die im Rahmen der Planung vernachlässigt bzw. vergessen wurden oder die noch keinen Niederschlag in der Ergebniswirkung der Teilschritte zur Strategieimplementierung gefunden haben. Zum anderen begrenzt sie das planungsinhärente Risiko von Ausblendungen und Fehleinschätzungen der (notwendigerweise) selektiven strategischen Planung.

Im Schrifttum wird nunmehr der Frage nachgegangen, ob der Aufsichtsrat solche ungerichteten Umweltbeobachtungsaktivitäten leisten kann. Der Realisierung der strategischen Überwachung sind Grenzen gesetzt. So darf der Aufsichtsrat keine Planungsabteilung ersetzen und alle Bereiche der Umwelt proaktiv überwachen.[140] Grundsätzlich sind seine Überwachungshandlungen *primär* auf die vom Vorstand vorgelegten strategischen Überlegungen und Handlungsfelder beschränkt. Dazu kommt das Problem, dass die strategische Überwachung aufgrund ihrer Eigenschaft als *ungerichtete* Kontrollart prinzipiell kaum steuerbar ist und den Überwachungshandlungen des Aufsichtsrats somit auch keine konkrete Kontrollvorgaben zugrunde zu legen sind.[141]

Ungeachtet dessen sollte der Aufsichtsrat zur vollständigen Ausschöpfung seines Überwachungspotenzials die Erfahrungen und Wahrnehmungsqualitäten aller

---

[136] Schreyögg/Steinmann 1985, S. 406.

[137] Vgl. Lütke Schwienhorst 1989, S. 95.

[138] Vgl. Hasselberg 1989, S. 99.

[139] Vgl. zur doppelten Kompensationsfunktion der strategischen Überwachung Hasselberg 1989, S. 97 ff.; Pfohl/Stölzle 1997, S. 19 f.

[140] Vgl. zu dieser Diskussion Lukarsch 1998, S. 212 f.

[141] Vgl. Lukarsch 1998, S. 213.

Aufsichtsratsmitglieder einfließen lassen und auf dieses Weise zur ungerichteten Überwachung der Umwelt beitragen können.[142] Das Konglomerat aus Personen unterschiedlichster Berufsgruppen und Tätigkeitsbereiche führt letztlich zu einem regelrechten strategischen Überwachungsnetz.[143] Aus theoretischer Sicht scheint der Aufsichtsrat deshalb geradezu prädestiniert, eine solche Überwachungsfunktion auszufüllen und statt einer „unkritisch akzeptierenden" eine aktive, kritisch hinterfragende Überwachungshaltung durchzusetzen.[144]

1.4 Fazit

Aufbauend auf den agencytheoretischen Überlegungen zum Interaktionsverhältnis zwischen den Anteilseignern und dem Management erfolgte im Rahmen der vorstehenden Ausführungen eine *konzeptionelle Konkretisierung* des vom Aufsichtsrat zu fordernden Überwachungsverständnisses. Wie gezeigt wurde, erfordert die Überwachung der strategischen Planung bzw. Entscheidungen des Vorstands eine Abkehr von der *traditionellen Ergebniskontrolle*, die im strategischen Kontext sowohl ein zeitliches als auch sachliches Defizit kennzeichnet. Will der Aufsichtsrat seine Überwachungshandlungen an den Aktionärsinteressen orientieren und die an anderer Stelle aufgezeigte Informationsasymmetrie minimieren, so hat er notwendigerweise ein *strategisches Überwachungskonzept* umzusetzen, das sich systematisch von der traditionellen Kontrolle unterscheidet. Abbildung 22 veranschaulicht noch einmal die wesentlichen Unterschiede zwischen beiden Kontrollformen.

Abschließend sei darauf hingewiesen, dass in der Literatur kein Konsens bezüglich einer Priorisierung der Bedeutung der einzelnen Kontrollarten besteht. STEINMANN/SCHREYÖGG, auf die das ursprüngliche strategische Kontrollkonzept zurückgeht, messen der ungerichteten *strategischen Überwachung* grundsätzlich die höchste Bedeutung aller Überwachungshandlungen bei.[145]

---

[142] Vgl. Schreyögg/Steinmann 1985, S. 406.

[143] Vgl. Bea/Scheurer 1994, S. 2152.

[144] Vgl. Ohland, 1988, S. 51; Nuber 1995, S. 61.

[145] So bezeichnen die genannten Autoren die Kontrollart „strategische Überwachung" als „globale Kernfunktion" sowie die Prämissen- und Durchführungskontrolle lediglich als „Unterarten"; vgl. Steinmann/Schreyögg 1986, S. 749 f.

Vergleichsmerkmale	Traditionelle Kontrolle (primär Regelungsvorgang)	Strategische Kontrolle (primär Steuerungsvorgang)
Kontrollzweck	– Überprüfung der Zielerreichung, (Effizienz) – Kontrolle komplementär zur Planung	– Überprüfung der Validität der Strategie (Effektivität) – Kompensation der Selektivität der strategischen Planung
Kontrollinhalte	– Reiner Soll/Ist-Vergleich im Sinne einer Endergebniskontrolle mit einer zusätzlichen Analyse der Abweichungsursachen – Planungs- und Kontrollobjekte müssen übereinstimmen – Kontrollfeld beschränkt sich auf das von der Planung vorgegebene Feld	– Vor der Endergebniskontrolle sind die Kontrolle der Strategieformulierung, der Prämissen, des Planfortschritts und die strategische Überwachung bedeutsam – Planungs- und Kontrollobjekte können auseinander fallen – Kontrollfeld weiter gefasst als das von der Planung vorgegeben Feld
Kontrollrichtung	– primär Prinzip der Regelung – feedback-orientiert – gerichtet	– primär Prinzip der Steuerung – feedforward-orientiert – gerichtet und ungerichtet
Zeitbezug	– periodisch, eher kurzfristig – nach Abschluss der Realisationsprozesses einsetzende Kontrolle	– kontinuierlich, eher langfristig – parallel zur strategischen Planung verlaufender Prozess
Kontrollgrößen	– lediglich quantitativ	– quantitativ und qualitativ
Kontrollausrichtung	– rein unternehmensintern	– unternehmensintern und -extern

Abb. 22: Systematische Unterschiede zwischen traditioneller und strategischer Kontrolle (Quelle: In Anlehnung an Nuber 1995, S. 7; Bea/Scheurer 1994, S. 2146)

Dagegen konstatiert NUBER, die relative Bedeutung der genannten Kontrollarten für die Identifikation strategierelevanter Bedrohungen hänge jeweils von der Kontextsituation des Unternehmens ab.[146] So ließe sich tendenziell festhalten, dass die gerichteten Kontrollarten eher bei einer relativ stabilen Umweltsituation im Vordergrund stehen, während die ungerichteten Überwachungshandlungen mit einer

---

[146] Vgl. Nuber 1995, S. 148.

immer dynamischer, komplexerer und unsicherer werdenden Umwelt an Bedeutung gewinnen.[147]

Auch JAHNS weist explizit auf die Umwelt der Unternehmen hin.[148] So gelte insbesondere für turbulente Branchen, dass die im Rahmen der *Strategieformulierung* festgelegten strategischen Annahmen und Prognosen schnell wieder überholt
seien. Folglich kann vermutet werden, dass er zumindest in diesen Fällen die
Prämissenkontrolle als die wichtigste Kontrollart erachtet. Dagegen sieht beispielsweise HAHN den Kern der strategischen Kontrolle in der *Überwachung der
Strategieimplementierung*,[149] während GÄLWEILER konstatiert, die Kontrolle der
strategischen Pläne hinsichtlich ihrer *formellen und inhaltlichen Konsistenz* nehme „offensichtlich vom Inhalt und Umfang her eine Schlüsselstellung ein."[150]

Ausgehend von den konzeptionellen Vorüberlegungen sollen im Folgenden die
empirischen Befunde zum Überwachungsverständnis des Aufsichtsrats dargestellt
werden.

2 Empirische Befunde zum Überwachungsverständnis des Aufsichtsrats

2.1 Befunde zum generellen Überwachungsverständnis

Ausgehend von der theoretisch fundierten Konzeptualisierung des zu fordernden
Überwachungsverständnisses eines Aufsichtsrats stand zunächst einmal die Frage
im Mittelpunkt, welches Überwachungsverständnis *in der Praxis* insgesamt dominiert bzw. welche Bedeutung die in die Untersuchung einbezogenen Aufsichtsratsmitglieder den einzelnen strategischen Kontrollarten - insbesondere im Vergleich zu der traditionellen Ergebniskontrolle - im Rahmen praktischer Überwachungshandlungen beimessen. Vor diesem Hintergrund wurden die Befragten
gebeten, die vier Kontrollarten der strategischen Überwachung nebst der Ergebniskontrolle ihrer Bedeutung in der Überwachungspraxis nach in eine Rangfolge
zu bringen.[151] Abbildung 23 illustriert das Ergebnis.

---

[147] Vgl. auch Kötzle 1993, S. 226 f.

[148] Vgl. Jahns 1999, S. 23.

[149] Vgl. Hahn 1999, S. 900.

[150] Vgl. Gälweiler 1981, S. 386.

[151] Vgl. Anlage II: Frage 8 in Teil 1 des Fragebogens; Rangfolge 1-5 (1=an erster Stelle).

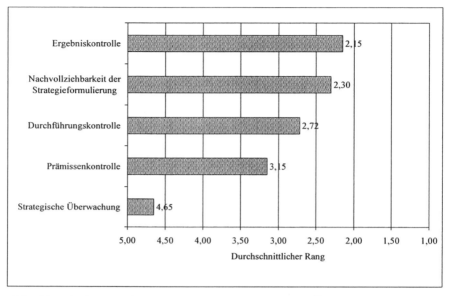

Abb. 23: *Bedeutung der einzelnen Kontrollarten in der Überwachungspraxis (über alle Befragten)*

Wie die Abbildung verdeutlicht, erachteten die befragten Aufsichtsratsmitglieder die Strategieergebniskontrolle als die für die Überwachungspraxis bedeutsamste Kontrollart (durchschnittlicher Rang von 2,15). Mit der Kontrolle der Strategieformulierung (2,30), der Durchführungs- und Prämissenkontrolle (2,72 bzw. 3,15) sowie schließlich der strategischen Überwachung (4,65) folgen die vier Kontrollarten des aufgezeigten *strategischen* Überwachungskonzepts auf den Rängen zwei bis fünf.

Es kann folglich hervorhoben werden, dass die Ergebniskontrolle in ihrer Bedeutungseinschätzung insgesamt *vor sämtlichen* strategischen Kontrollarten rangiert. Fasst man die von den einzelnen Aufsichtsratsmitgliedern vorgetragenen Argumente zusammen, so kristallisieren sich folgende beiden Erklärungsansätze für diesen Befund heraus:

▸ Ein Teil der Befragten war sich der inhaltlichen Bedeutung der strategischen Kontrollarten durchaus bewusst, äußerte jedoch *pragmatische Gründe* für die Dominanz der Ergebniskontrollen in der Überwachungspraxis. So scheitere eine planbegleitende Überwachung des Vorstands in erster Linie an der mangelnden zeitlichen Verfügbarkeit der Aufsichtsratsmitglieder, wodurch die ex-post orientierte Ergebniskontrolle quasi „automatisch" an Bedeutung gewinne. Aufgrund dieser zeitlichen Limitation - so der Tenor - könne ein Aufsichtsrat in der Praxis nur retrospektiv arbeiten und erst dann aktiv werden, wenn die definierten Ziele nicht erreicht worden sind. Weiterhin komme erschwerend hinzu, dass in Aufsichtsratssitzungen kaum konstruktiv diskutiert werde, so dass sich dadurch viele Aufsichtsratsmitglieder zwangsläufig lediglich auf das Ergebnis einer Strategie konzentrierten, also auf „das, was schließlich unten herauskomme".

▸ Dem Grunde nach geradezu bedenklich stimmt die Einschätzung eines weiteren Teils der Gesprächspartner, eine über die Ergebniskontrolle hinausgehende Überwachung durch den Aufsichtsrat sei *grundsätzlich abzulehnen.* Hier wurde explizit der Standpunkt vertreten, die Durchführung strategischen Kontrollarten sei - im Gegensatz zur Überwachung der Strategieergebnisse - für den Aufsichtsrat eine nur „nebensächliche" Aufgabe. Repräsentativ für dieses Meinungsbild urteilte ein Gesprächspartner: „Wenn der Vorstand die strategische Planung und Umsetzung nicht selbst könnte, dann bräuchten wird ihn nicht!".

Dieser aus theoretischer Sicht ernüchternde Befund weist darauf hin, dass das *Überwachungsverständnis* des Aufsichtsrats mit zwei konzeptionellen Defiziten behaftet ist.[152] Zum einen scheinen die Überwachungshandlungen *zu spät* einzusetzen, so dass von einer theoretisch zu fordernden planbegleitenden Kontrolle des Vorstands nicht ohne weiteres gesprochen werden kann. Zum zweiten kann vermutet werden, dass sich der Aufsichtsrat mit dem Problem *sachlich falscher Schlussfolgerungen* im Rahmen seiner Abweichungsanalysen konfrontiert sieht, da er die Planstandards und -ziele als gegeben erachtet und im Rahmen seiner Überwachungshandlungen nicht mehr hinterfragt. Schließt man die zweitplatzierte Kontrollart „Nachvollziehbarkeit der Strategieentwicklung" mit in die Betrachtung ein, so deuten die Befunde ferner darauf hin, dass der Aufsichtsrat seinen Überwachungsfokus auf die beiden Zeitpunkte t_0 (Beginn der Strategieentwicklung) und t_n (Ergebnisse der implementierten Strategie) richtet, dazwischen jedoch kaum einen überwachungsrelevanten Handlungsbedarf sieht. Ein solches Überwa-

---

[152] Vgl. Kap. D.I.1.2.2.

chungsverständnis dient sicherlich nicht dazu, den Vorstand im Sinne der Anteilseigner zu überwachen.

Im Folgenden soll aufgezeigt werden, ob das Antwortverhalten je nach Funktion der Gesprächspartner differiert und wie etwaige Unterschiede möglicherweise zu interpretieren sind. Abbildung 24 verdeutlicht, dass die Gewichtung der einzelnen Kontrollarten je nach Gruppe zum Teil sehr stark voneinander abweicht (vgl. Abb. 24).

	1		2		3		4	
	Dax-Aufsichts-ratsvorsitzende	Sonstige	Dax-Aufsichts-ratsmitglieder	Sonstige	Börsennotierte Unternehmen	Nicht-börsennotierte Unternehmen	Anteilseigner-vertreter	Arbeitnehmer-vertreter
Kontrolle Strategieformulierung	2,91	2,11	2,33	2,28	2,35	2,20	2,59	1,64
Prämissenkontrolle	3,55	3,03	3,62	2,76	3,45	2,53	2,88	3,79
Durchführungskontrolle	2,45	2,80	2,86	2,60	2,68	2,80	2,69	2,79
Strategische Überwachung	4,82	4,60	4,71	4,60	4,81	4,33	4,63	4,71
Ergebniskontrolle	1,27	2,43	1,57	2,64	1,81	2,87	2,03	2,43

Abb. 24: Bedeutung der einzelnen Kontrollarten in der Überwachungspraxis (gruppenspezifisches Antwortverhalten)

Zunächst fällt auf, dass die Gruppe der *Dax-Aufsichtsratsmitglieder* die Ergebniskontrolle mit Abstand als die wichtigste Kontrollart einstuften (Bedeutungseinschätzung 1,57), während die in diesem Fall „sonstigen" Befragten die Ergebniskontrolle lediglich als die drittbedeutsamste Kontrollart (2,64) erachteten. Der Befund lässt sich mit dem starken Performance-Druck der großen Dax-Unternehmen am Kapitalmarkt begründen (aber nicht rechtfertigen), der dazu führt, dass auch bei den Aufsichtsräten primär die *Ergebnisse* der strategischen Ausrichtung in den Vordergrund der Überwachungshandlungen rücken. Diese Vermutung wird gestützt durch den korrespondierenden Befund, dass auch die Überwachungshandlungen in *börsennotierten Unternehmen* weitaus stärker auf die Unternehmensergebnisse gerichtet sind als in *nicht-börsennotierten Unternehmen*, bei denen die Ergebniskontrolle mit einem Wert von nur 2,87 sogar auf den vorletzten Rang verwiesen wurde.

Relativ stark ausgeprägt ist die Ergebnisorientierung insbesondere bei den *Dax-Aufsichtsratsvorsitzenden*, die der Ergebniskontrolle mit einem durchschnittlichen Rang von 1,27 die mit Abstand höchste Bedeutung beimaßen. Gleichsam ist hervorzuheben, dass kein anderer Personenkreis diese Kontrollart mit einer solch hohen Bedeutungseinschätzung belegte. Auch ist zu betonen, dass der „Abstand" zwischen dem durchschnittlichen Rang der *erstplatzierten* Ergebniskontrolle und der *zweitplatzierten Kontrollart* ist in keiner anderen Gruppe derart groß ist.

Zudem verwiesen die Dax-Aufsichtsratsvorsitzenden die Kontrolle der Strategieformulierung (2,91) und die Prämissenkontrolle (3,55), die beide bereits mit Beginn der strategischen Planung einsetzen, noch hinter die Durchführungskontrolle (2,45) auf die Ränge drei und vier, was derart in keiner anderen Gruppe zu beobachten ist. Dagegen verliehen die hier „sonstigen" Befragten der Kontrolle der Strategieformulierung die höchste Priorität (2,11).

Eine mögliche Erklärung für diesen Befund ist die in den großen Dax-Unternehmen gängige Praxis, dass die Vorstandsvorsitzenden nach ihrem Ausscheiden unmittelbar den Posten des Aufsichtsratsvorsitzenden des gleichen Unternehmens übernehmen.[153] Die Nachvollziehbarkeit der Strategieformulierung scheint für diese Gruppe deswegen eine relativ geringe Bedeutung zu haben, da sie im Vorfeld, d.h. während ihrer Zeit als Vorstandsvorsitzender, maßgeblich an der Strategie mitgearbeitet haben. Die Langfristigkeit strategischer Planungshandlungen führt folglich dazu, dass die Dax-Aufsichtsratsvorsitzenden entsprechend mehr Gewicht auf die Ergebnisse der Strategie legen. Dazu passt, dass die Überwachung der *Strategieumsetzung* bereits an zweiter Stelle genannt wurde.

Weiterhin könnte der Befund damit erklärt werden, dass die Dax-Aufsichtsratsvorsitzenden sehr eng mit dem Vorstand „zusammenarbeiten". In den Gesprächen wurde bestätigt, dass die Dax-Aufsichtsratsvorsitzenden insofern eine exponierte Stellung einnehmen, als sie kontinuierlich die strategische Ausrichtung des Unternehmens mit dem Vorstand besprechen und so diesbezüglich einen relativ hohen Informationsstand aufweisen. Diese informelle bzw. außerhalb der Aufsichtsratssitzungen stattfindende Kommunikation könnte dazu geführt haben, dass die Aufsichtsratsvorsitzenden die Nachvollziehbarkeit der Strategieformulierung in formaler und materieller Sicht für die „offizielle" Überwachungs-

---

[153] Vgl. dazu auch Kap. E.I.2.1.2.1. Alleine in der eigenen Stichprobe waren 72,2% der Aufsichtsratsvorsitzenden ehemalige Vorstandsvorsitzende bzw. Vorstandsmitglieder des gleichen Unternehmens.

praxis als relativ unbedeutsam erachten und vielmehr die Ergebnisse und Umsetzung der Strategie in den Mittelpunkt stellen.

Interessante Aspekte ergeben sich schließlich in Rahmen einer Gegenüberstellung der Antworten der *Anteilseigner-* und der *Arbeitnehmervertreter*. Hier fällt zunächst auf, dass die Arbeitnehmervertreter der Nachvollziehbarkeit der Strategieformulierung die mit Abstand größte Bedeutung aller Kontrollarten bescheinigten (1,64), während die Anteilseignervertreter die Ergebniskontrolle an erster Stelle nannten (2,03). Begründet werden könnte dies mit der vergleichsweise größeren „Distanz" der Arbeitnehmervertreter zum Vorstand, die letztlich zu deren verstärktem Interesse an der *Plausibilität* der formulierten Strategie führt. Auch besteht - wie die theoretischen Vorüberlegungen verdeutlichten - im Rahmen dieser Kontrollart die Möglichkeit, die strategischen Unternehmensziele mit dem Vorstand abzustimmen. Hier versuchen die Arbeitnehmervertreter aussagegemäß die Möglichkeit zu nutzen, sich vehement für den Erhalt der Arbeitsplätze einzusetzen und gegebenenfalls korrigierend in die strategische Ausrichtung einzugreifen.

Dagegen schätzten die Anteilseignervertreter - wie gesehen insbesondere vertreten durch die Dax-Aufsichtsratsvorsitzenden - eine „offizielle" Konsistenzkontrolle der Strategie offensichtlich als weniger bedeutend ein. Womöglich spiegelt sich in diesem Befund auch die Tatsache wider, dass die Seite der Anteilseigner größtenteils mit Personen besetzt ist, die neben einer Reihe weiterer Aufsichtsratsmandate auch noch einen Vorstands- bzw. Geschäftsführungsposten in einem anderen Unternehmen innehaben. Das daraus resultierende Zeitproblem vermag einen Erklärungsansatz für deren primäre Berücksichtigung der Strategie*ergebnisse* zu liefern. Des Weiteren könnte man interpretieren, dass der genannte Personenkreis ein vergleichsweise hohes Vertrauen in die Fähigkeiten des zu überwachenden Vorstands hat und diesen - wissend um die „Probleme" eines sich zu sehr einmischenden Aufsichtsrats im „eigenen" Unternehmen - stärker in Bezug auf die Ergebnisse in Verantwortung nimmt, als mit ihm von Beginn an die gesamte Strategie zu besprechen.

Ein weiterer interessanter Aspekt ergibt sich durch die Erkenntnis, dass die Vertreter der Arbeitnehmer die *strategische Prämissenkontrolle* mit einem durchschnittlichen Rang von lediglich 3,79 belegten. Dies ist - abgesehen von der *durchgehend* schlechten Platzierung der strategischen Überwachung - der schlechteste Wert, der einer einzelnen Kontrollart über alle Gruppierungen vergeben wurde. Eine mögliche Erklärung für diesen Befund könnte die Tatsache sein, dass die Arbeitnehmervertreter (und hier insbesondere die Betriebsangehörigen) eher einen unternehmens*internen* Blick haben, somit strategiebedrohliche Veränderungen außerhalb des Unternehmens weniger stark wahrnehmen und im Ergebnis in diesem Punkt einen relativ geringen Beitrag für das gesamte Gremium leisten. Dieser Aspekt wird im weiteren Verlauf der Untersuchung noch aufgegriffen.

Da die vorstehenden Ausführungen sich primär auf die *relative* Gewichtung der einzelnen Kontrollarten beschränken, dürfen die Befunde nicht derart (miss-)interpretiert werden, strategischen Überwachungshandlungen würde *überhaupt keine* Bedeutung beigemessen. Insofern wendet sich das nächste Kapitel dem Erfahrungswissen der befragten Aufsichtsratsmitglieder in Bezug auf die konzeptionellen Schwerpunkte der einzelnen strategischen Kontrollarten zu.

2.2 Befunde zu den einzelnen Kontrollarten

2.2.1 Kontrolle der Strategieformulierung

Die theoretischen Vorüberlegungen zur Kontrolle der Strategieformulierung machten deutlich, dass die Kontrollhandlungen sowohl eine *formale* als auch eine *inhaltliche* Dimension beinhalten. Im Zuge dessen wurde hervorgehoben, dass dem Aufsichtsrat hier die wichtige Aufgabe zukommt, sicherzustellen, dass die der Strategieentwicklung zugrunde liegenden, übergeordneten Unternehmensziele im Einklang mit den Interessen der Aktionäre stehen. Vor diesem Hintergrund stehen die Befunde zu folgenden Merkmalen der (Konsistenz-)Kontrolle der Strategieformulierung im Mittelpunkt dieses Kapitels:

▸ Bedeutung formaler und inhaltlicher Kriterien in der Überwachungspraxis,

▸ Einfluss des Aufsichtsrats auf die Formulierung der Unternehmensziele und

▸ verwendete Kennzahlen zur Beurteilung der Plausibilität einer Strategie.

(1) Bedeutung formaler und inhaltlicher Kriterien

Ein erstes Anliegen war es zu erfahren, welche der beiden Kriterien ein Aufsichtsrat im Rahmen der Beurteilung der Nachvollziehbarkeit der Strategieentwicklung bzw. -formulierung in erster Linie heranzieht.[154] Abbildung 25 visualisiert das Ergebnis der Erhebung.

Mit 67,4% gab die Mehrheit der Befragten an, im Rahmen der Plausibilitätskontrolle der Strategieformulierung in der Praxis *überwiegend inhaltliche Kriterien*

---

[154] Vgl. Anhang II: Frage 2 aus Teil 1 des Fragebogens.

zugrunde zu legen. Dagegen äußerten 32,6% der Befragten, sich hier eher auf *formale Kriterien* zu konzentrieren.

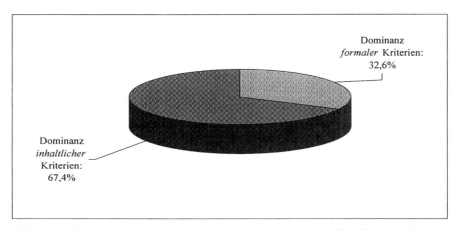

Dominanz
formaler Kriterien:
32,6%

Dominanz
inhaltlicher
Kriterien:
67,4%

Abb. 25: Kriterien im Rahmen der Beurteilung der Nachvollziehbarkeit der Strategieformulierung

Ein Großteil jener Befragten, die für *stärker inhaltliche Kriterien* votierten, gaben an, dass sich dieser materielle Fokus erst innerhalb der vergangenen zehn Jahre im Zuge der Corporate Governance-Diskussion deutlich verstärkt habe und der Aufsichtsrat im Rahmen seiner Überwachungshandlungen zunehmend von rein formalen Kriterien abstrahiere. Im Zuge dieser Entwicklung verlange der Aufsichtsrat häufig ein systematisches Benchmarking mit den größten Wettbewerbern bzw. Marktführern, um so die Plausibilität der durch den Vorstand formulierten Strategie inhaltlich besser beurteilen zu können.[155] Weiterhin werde im Rahmen der Konsistenzkontrolle vermehrt hinterfragt, inwiefern prognostizierte und geplante Zahlen mit entsprechenden Beschaffungs- oder Marketingstrategien des Unternehmens unterlegt seien. Häufig mangele es hier an plausiblen, ineinander übergreifenden Strategien. Einige Befragte vertraten sogar die Extremposition, der Aufsichtsrat lege im Rahmen der Plausibilitätskontrolle *niemals* formale Kriterien

---

[155] Dies ist als besonders positiv hervorzuheben und entspricht explizit einer im Rahmen der theoretischen Vorüberlegungen dargestellten Empfehlung aus der Literatur. Vgl. nochmals Kap. D.I.1.3.2.1.

zugrunde. So sei etwa die vom Vorstand eingesetzte Planungstechnik „völlig uninteressant".

Im Gegensatz dazu vertraten die Befragten, die in der Überwachungspraxis eher eine Dominanz *formaler Kriterien* erkennen, die Meinung, der Aufsichtsrat könne sich im Grunde nur darauf beschränken zu überwachen, welches Planungssystem der Vorstand eingerichtet hat, ob dieses modernsten Ansprüchen genügt, ob es ordnungsgemäß umgesetzt wird und ob es logisch und schlüssig aufgebaut sei. Eine nach stärker inhaltlichen Maßstäben erfolgende Kontrolle der Strategieformulierung betrachtete dieser Teil der Gesprächspartner bereits *vom Grundsatz her* als kaum realisierbar. Zunächst wurde argumentiert, dass „immer noch der *Vorstand"* für die „gesamte Geschäftspolitik verantwortlich" sei und dies „in Deutschland nicht vergessen werden sollte". Hier wird die Befürchtung deutlich, der Aufsichtsrat werde im Zuge der Corporate Governance-Diskussion zu stark in die Pflicht genommen, so dass die Trennlinie zwischen Unternehmensführung und Überwachung zunehmend verwässere.[156] Ferner wurde verschiedentlich geäußert, der Vorstand könne dem Aufsichtsrat durch eine geschickte Präsentation und vernünftig klingende Begründungen grundsätzlich „jede Strategie verkaufen", da die Strategieentwicklung sowieso „reines Glaskugellesen" sei.

Betrachtet man abschließend die Befunde in Bezug auf das *gruppenspezifische Antwortverhalten*, so fällt auf, dass mit 72,7% ein vergleichsweise hoher Anteil der *Dax-Aufsichtsratsvorsitzenden* für die faktische Dominanz inhaltlicher Kriterien in der Überwachungspraxis votierte. Die zu dieser Gruppe gehörenden Gesprächspartner gaben ausdrücklich an, die Planung des Vorstands stets kritisch zu überprüfen. So dürfe diese aus ihrer Sicht weder zu ambitiös noch zu leicht erreichbar sein. Treffe eines der aufgeführten Merkmale zu, so werde der Vorstand umgehend aufgefordert, die Planung an den entsprechenden Stellen *inhaltlich* zu modifizieren. Dieses Ergebnis korrespondiert mit der bereits aufgezeigten Nähe der Dax-Aufsichtsratsvorsitzenden zum Vorstand eines Unternehmens. Allerdings wurde in den Gesprächen ebenso deutlich, dass durch eine solch enge Abstimmung zwischen dem Vorstand und dem Aufsichtsratsvorsitzenden die Diskussionskultur in den Aufsichtsratssitzungen leide. Aufgrund der Filterfunktion, die der Aufsichtsratsvorsitzende im ständigen Dialog mit dem Vorstand einnehme, würden die übrigen Aufsichtsratsmitglieder nur noch wenige kritische Anmerkungen zu den ins Plenum eingebrachten Vorlagen machen.

---

[156] Vgl. ähnlich argumentierend Hoffmann-Becking 1998, S. 497.

(2) Einfluss des Aufsichtsrats auf die Formulierung der Unternehmensziele

Im Rahmen der konzeptionellen Ausführungen wurde die Verantwortung des Aufsichtsrats hervorgehoben, bei der Festlegung der Unternehmensziele aktiv mitzuwirken und dabei die Zielsetzungen der Eigentümer in die strategische Planung zu integrieren. Vor diesem Hintergrund wurden die Gesprächspartner gefragt, wie die Definition der strategischen Unternehmensziele in der Überwachungspraxis abläuft.[157] Abbildung 26 legt die Ergebnisse dar.

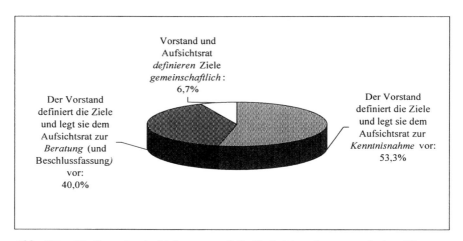

Abb. 26: Einfluss des Aufsichtsrats auf die Definition der strategischen Unternehmensziele

Mit 53,3% gab über die Hälfte der Befragten an, der Vorstand definiere die Ziele und lege sie dem Aufsichtsrat anschließend zur Kenntnisnahme vor. Die Gesprächspartner betonten, dass hier eindeutig der Vorstand der Bringschuld unterliege, die Unternehmensziele hinsichtlich des geplanten Zielinhalts und -ausmaßes aus seiner Sicht zu definieren. Der Aufsichtsrat nehme diese Vorlage im Anschluss „zustimmend" zur Kenntnis, so dass er keine Änderungen mehr bewirken könne. Ingesamt begründeten die Gesprächspartner diese Vorgehensweise damit, dass das deutsche zweistufige Modell der Spitzenverfassung und die damit einhergehende organschaftliche Trennung zwischen Geschäftsführung und Überwa-

---

[157] Vgl. Anhang II: Frage 3 aus Teil 1 des Fragebogens.

chung eine *gemeinschaftliche* Zieldefinition ihrer Meinung nach unmöglich mache bzw. verbiete. Allerdings wiesen die Befragten auch hier darauf hin, dass der Aufsichtsratsvorsitzende - häufig gemeinsam mit dem stellvertretenden Aufsichtsratsvorsitzenden - im Rahmen kontinuierlicher Abstimmungsprozesse mit dem Vorstand eine Sonderrolle einnehme, die nicht mit dem Einflusspotenzial des gesamten Plenums vergleichbar sei.

Jene 40,0% der Gesprächspartner, deren Erfahrungswert sich auf die Vorgehensweise gründet, dass der Vorstand die Ziele zunächst definiert und sie dem Aufsichtsrat danach zur Beratung bzw. Beschlussfassung vorlegt, hoben in diesem Zusammenhang hervor, dass der Aufsichtsrat im Zuge der Zielberatung und -diskussion in Ausnahmefällen noch einen (kleinen) Einfluss auf die Festlegung der Unternehmensziele geltend machen kann. Da jedoch der Vorstand hier stets den *aktiveren* Part übernehme, beschränke sich die Einwirkung des Aufsichtsrats in der Regel lediglich auf Nuancen der Zielplanung. Weiterhin wurde betont, eine *stärkere Involvierung* des Aufsichtsrats auf die Zieldiskussion und -abstimmung mit dem Vorstand könne durch die Übertragung dieser Aufgabe auf einen *Ausschuss* erfolgen. Dies hätte auch den Vorteil, dass sich der Aufsichtsrat von der angesprochenen rein informellen Absprache eines *einzigen* Mitglieds (Aufsichtsratsvorsitzender) lösen und vielmehr die Expertise mehrerer Aufsichtsratsmitglieder einbringen könne.

Insgesamt betrachtet stellen die vorliegenden Ergebnisse aus theoretischer Sicht einen eher *ernüchternden* Befund dar. Während im Rahmen der Konzeptualisierung auf die Bedeutung einer *aktiven Mitwirkung* des Aufsichtsrats an der Festelegung der Unternehmensziele hingewiesen wurde, scheint eine solche Vorgehensweise in der Überwachungspraxis sehr unüblich zu sein. Lediglich 6,7% der Gesprächspartner äußerten, der Vorstand und der Aufsichtsrat legten die Ziele in der Praxis von Beginn an *gemeinschaftlich* fest.

Im Rahmen einer Gegenüberstellung des *gruppenspezifischen Antwortverhaltens* sei erwähnt, dass die Personenkreise der *Dax-Aufsichtsratsvorsitzenden* und der *Anteilseignervertreter* den Aufsichtsrat hier in einer aktiveren Rolle sehen als die jeweils „sonstigen" Gesprächspartner. So gaben 63,6% der Aufsichtsratsvorsitzenden (vs. 41,2% der „Sonstigen") und 51,6% der Anteilseignervertreter (vs. 35,7% der Arbeitnehmervertreter) an, die strategischen Ziele zumindest mit dem Vorstand zu beraten oder diese sogar gemeinsam mit dem Vorstand von Beginn an zu definieren. Dieser Befund bestätigt wiederholt die vergleichsweise enge Bindung dieser beiden Gruppierungen zum Vorstand.

(3) Kennzahlen zur Beurteilung der Plausibilität einer Strategie

Vor dem Hintergrund, dass der Aufsichtsrat im Rahmen der Konsistenzkontrolle der formulierten Strategie darauf zu achten hat, dass die Strategie und die ihr zugrunde gelegten, übergeordneten Unternehmensziele mit den Interessen der Aktionäre übereinstimmt, wurden die Befragten gebeten, jene wichtigen Kennzahlen zu nennen, anhand derer sie eine Strategie materiell beurteilen (vgl. Abb. 27).[158]

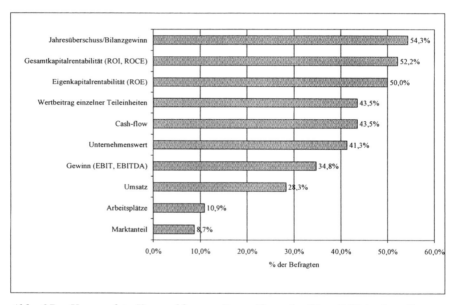

Abb. 27:   *Verwendete Kennzahlen zur Beurteilung der Plausibilität einer Strategie (über alle Befragten)*

Wie die Abbildung zeigt, dominieren bei der Beurteilung des Erfolgs einer Strategie durchweg *jahresabschlussorientierte* Kennzahlen. So gaben 54,3% der Befragten an, der Jahresüberschuss bzw. Bilanzgewinn sei eine entscheidende Zielgröße. Es folgen die Gesamtkapitalrentabilität (52,2%) und die Eigenkapitalrentabilität (50,0%). Mit einigem Abstand dahinter rangieren die Kennzahlen Wertbei-

---

[158] Vgl. Anhang II: Frage 1 in Teil 1 des Fragebogens; Mehrfachnennungen möglich.

trag einzelner Sparten und der Cash-flow (jeweils 43,5%) sowie der Unternehmenswert (41,3%). Weiter abgeschlagen nannten die Befragten die „klassischen" Kennzahlen Gewinn (34,8%) und Umsatz (28,3%), weitere 10,9% der Befragten schließlich die Standort- bzw. Beschäftigungssicherung, 8,7% den Marktanteil als hier relevante Größe.

In der Interpretation der Befunde fällt auf, dass die Orientierung der Aufsichtsräte an den traditionellen Kennzahlen des Rechnungswesens den theoretischen Erkenntnissen in eklatanter Weise widerspricht. Wie im Rahmen der Konzeptualisierung gezeigt wurde, sind sowohl der Jahresüberschuss als auch die beiden genannten Rentabilitätsgrößen nicht geeignet, eine Strategie im Interesse der Anteilseigner zu beurteilen. Der vorliegende Befund ist insofern überraschend, als sich die Shareholder Value-Orientierung mittlerweile bekanntlich auch in Deutschland durchgesetzt hat.[159] Offensichtlich hat sich der Aufsichtsrat einer diesbezüglichen Entwicklung bisher weitestgehend verschlossen. Leider berücksichtigt er die wertorientierten Kennzahlen bislang nicht in einer für die Aktionäre angemessenen Weise.

Dieses (negative) Pauschalurteil erfährt jedoch eine gewisse Relativierung, wenn man in einem zweiten Schritt das *Antwortverhalten* der *einzelnen Gruppierungen* miteinander vergleicht. Obgleich die jahresabschlussorientierten Kennzahlen über alle Personenkreise hinweg relativ hohe Werte erlangen, unterscheiden sich die spezifischen Angaben der Befragten zum Teil erheblich voneinander (vgl. Abb. 28).

Untersucht man zunächst das Antwortverhalten der *Dax-Aufsichtsratsvorsitzenden*, so wird unmittelbar deutlich, dass diese dem Wertbeitrag einzelner Teileinheiten sowie dem Unternehmenswert insgesamt mit 72,7% bzw. 63,6% die größte Bedeutung im Rahmen der Beurteilung einer Strategie beimaßen. Referenziert man nochmals auf die kontinuierlichen informellen Kontakte zwischen dem Vorstand und dem Aufsichtsratsvorsitzenden bzw. auf dessen vergleichsweise hohes Einwirkungspotenzial, so ist dieser Befund aus theoretischer Sicht als erfreulich einzustufen. Dennoch irritieren auch hier die relativ hohen Werte, die die Dax-Aufsichtsratsvorsitzenden den jahresabschlussorientierten Größen zuwiesen.

---

[159] Vgl. Witt 2000, S. 160.

	1		2		3	
	Dax-Aufsichts-ratsvorsitzende	Sonstige	Börsennotierte Unternehmen	Nicht-börsennotierte Unternehmen	Anteilseigner-vertreter	Arbeitnehmer-vertreter
Jahresüberschuss/Bilanzgewinn	45,5%	57,1%	48,4%	66,7%	50,0%	64,3%
Gesamtkapitalrentabilität (ROI/ROCE)	45,5%	54,3%	54,8%	46,7%	53,1%	50,0%
Eigenkapitalrentabilität/ROE	54,5%	48,6%	48,4%	53,3%	56,3%	35,7%
Cash-flow	54,5%	40,0%	51,6%	26,7%	46,9%	35,7%
Wertbeitrag einzelner Teileinheiten	72,7%	34,3%	51,6%	26,7%	56,3%	14,3%
Unternehmenswert	63,6%	34,3%	45,2%	33,3%	46,9%	28,6%
Arbeitsplätze	0,0%	14,3%	12,9%	6,7%	0,0%	35,7%

Abb. 28: Verwendete Kennzahlen zur Beurteilung der Plausibilität einer Strate-gie (gruppenspezifisches Antwortverhalten)

Betrachtet man das Antwortverhalten der Aufsichtsratsmitglieder in *nicht-börsennotierten Unternehmen*, so wird deutlich, dass diese den typischen Share-holder Value-orientierten Größen (abgesehen von den Arbeitnehmervertretern) nur eine geringe Bedeutung bescheinigten und im Rahmen der Beurteilung einer Strategie aussagegemäß vielmehr auf den Jahresüberschuss achten, der von keiner anderen Befragtengruppe mit einem solch hohen Wert belegt wurde (66,7%). Dies deutet darauf hin, dass in nicht-börsennotierten Unternehmen eine *wertorientierte* Unternehmensführung und -überwachung vergleichsweise gering ausgeprägt ist.

Ein interessanter Befund verbirgt sich schließlich in der Gegenüberstellung der Antworten der *Anteilseigner-* und *Arbeitnehmervertreter*. So maßen die Vertreter der Arbeitnehmer - anders als die Anteilseignervertreter - dem Unternehmenswert bzw. den Wertbeiträgen einzelner Sparten in der Praxis nur eine relativ geringe Bedeutung bei. Dagegen gaben 35,7% der Arbeitnehmervertreter - aber keiner der Anteilseignervertreter - an, die Anzahl gesicherter Arbeitsplätze und Standorte sei eine dominierende Kennziffer bei der Beurteilung der Unternehmensstrategie. Pikanterweise wurde in diesem Zusammenhang auch hervorgehoben, dass die Sicherung der Arbeitsplätze ein notwendiges Instrument sei, den gewerkschaftli-chen Einfluss, dessen Stärke bekanntlich von der Mitarbeiterzahl des Unterneh-mens abhängt, aufrecht zu erhalten. Im Gegensatz dazu erachtete der Großteil der Anteilseignervertreter in den Gesprächen die Arbeitsplatz*verlagerung* als ein pro-bates Mittel zur langfristigen Sicherung des Unternehmens. Hier spiegelt sich insgesamt ein grundsätzlicher und problematischer Widerspruch zwischen dem Meinungsbild der Arbeitnehmer und dem der Anteilseigner wider.

2.2.2 Strategische Prämissenkontrolle

Im Rahmen der Konzeptualisierung der Prämissenkontrolle wurde die zu fordernde *aktive Rolle* des Aufsichtsrats hervorgehoben, auf Basis des Strategievorschlags des Vorstands zu beurteilen, ob die strategischen Bedingungsgrundlagen bzw. Annahmen die momentane und zukünftige strategische Situation adäquat beschreiben oder ob weitere strategisch bedeutsame Prämissen relevant sind. Vor diesem Hintergrund wurden folgende beiden Merkmale der Prämissenkontrolle empirisch erhoben:

▶ Rolle des Aufsichtsrats im Rahmen der Festlegung kritischer Prämissen und

▶ Kenntnis des Aufsichtsrats über die Auswirkung von Prämissenänderungen im Zeitablauf.

(1) Rolle des Aufsichtsrats im Rahmen der Festlegung kritischer Prämissen

Zur Erhebung der Rolle des Aufsichtsrats im Rahmen der Definition der kritischen Prämissen wurden die Gesprächspartner gebeten anzugeben, ob der Aufsichtsrat hier in der Praxis einen eher aktiven oder eher passiven Beitrag leistet.[160] Abbildung 29 visualisiert das Ergebnis.

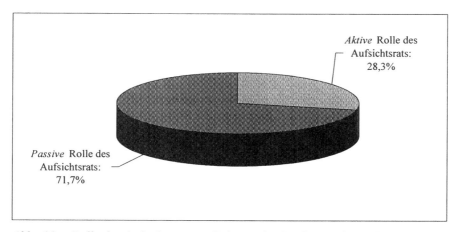

Abb. 29: *Rolle des Aufsichtsrats im Rahmen der Festlegung kritischer Prämissen*

---

[160] Vgl. Anhang II: Frage 4 aus Teil 1 des Fragebogens.

Die Grafik macht deutlich, dass der Aufsichtsrat 71,7% der Befragten zufolge keine aktive Rolle im Rahmen der Festlegung oder Änderung des Katalogs kritischer Prämissen übernimmt. Lediglich 28,3% der Befragten gaben an, hier Einfluss auf den Vorstand nehmen zu können. Dieses relativ ernüchternde Bild deutet darauf hin, dass der Aufsichtsrat in der Praxis sein volles Überwachungspotenzial nicht ausschöpft. In dem Moment, in dem der Aufsichtsrat den durch den Vorstand festgelegten Katalog strategischer Annahmen über die aktuelle und zukünftige Situation des Unternehmens und dessen Umwelt *nicht* kritisch hinterfragt und gegebenenfalls Änderungen anregt und durchsetzt, vermag er seine Überwachungshandlungen auch nicht im Interesse der Aktionäre durchzuführen. Insofern scheint die aus theoretischer Sicht zu fordernde proaktive, kontinuierliche Kontrolle des strategischen Prämissenkatalogs in der Praxis nur einen sehr rudimentären Stellenwert zu haben.

Vor diesem Hintergrund entsteht hier der Eindruck, dass sich der Aufsichtsrat der großen Bedeutung strategischer Prämissen für die Unternehmensüberwachung insgesamt nicht bewusst ist. Vielmehr dominiert die Einstellung der befragten Aufsichtsratsmitglieder, alleine der Vorstand sei verantwortlich für die Definition der strategischen Prämissen. So sei es in der Praxis „nicht vorgesehen", dass der Aufsichtsrat diesbezüglich eine eigenständige Einschätzung abgebe.

Eine Gegenüberstellung des *gruppenspezifischen Antwortverhaltens* führte zu keinen nennenswerten Erkenntnisgewinnen. Vielmehr spiegelt sich der vorstehend dargelegte ernüchternde Befund im Antwortverhalten *aller* Gruppierungen wider. So machen aussagegemäß selbst die *Dax-Aufsichtsratsvorsitzenden* an dieser Stelle *nicht* von ihrem bestehenden Einflusspotenzial auf den Vorstand Gebrauch (nur 27,3% bescheinigten dem Aufsichtsrat eine aktive Rolle). Hervorzuheben ist darüber hinaus lediglich, dass die Gruppe der *Arbeitnehmervertreter* hier dem Aufsichtsrat das vergleichsweise höchste Maß an „Passivität" attestierte (78,6%).

(2) Kenntnis des Aufsichtsrats über die Auswirkung von Prämissenänderungen im Zeitablauf

Ein zweiter Schwerpunkt der Konzeptualisierung lag in der Kontrolle der Prämissen im Zeitablauf. Es wurde hervorgehoben, dass der Aufsichtsrat fortlaufend zu überwachen hat, ob sich die als kritisch eingestuften Prämissen im Zeitablauf in einer strategiebedrohlichen Weise mit Auswirkung auf einen vorher definierten Soll-Wert verändern. Dementsprechend wurden die Gesprächspartner gefragt, ob

Ihnen als Aufsichtsrat bekannt sei, welche quantitativen Auswirkungen die Änderung einer kritischen Prämisse im *Zeitablauf* habe (vgl. Abb. 30).[161]

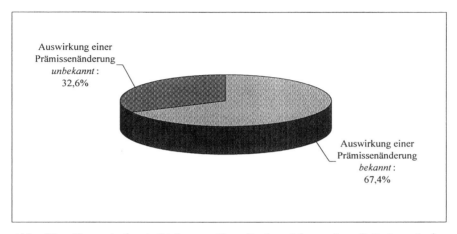

Abb. 30: *Kenntnis des Aufsichtsrats über die Auswirkung einer Prämissenänderung im Zeitablauf*

Während oben noch bemängelt wurde, dass die Aufsichtsratsmitglieder dem Katalog kritischer Prämissen (zum Zeitpunkt dessen Erstellung) kaum proaktive Beachtung schenken, äußert sich in der hier diskutierten Fragestellung ein durchaus positiver Befund. Mehr als zwei Drittel der Befragten (67,4%) bejahte die Frage, ob sie über die (quantifizierte) Auswirkung einer Prämissenänderung im Zeitablauf informiert seien. Während der Aufsichtsrat dem Vorstand offenkundig (und unerfreulicherweise) viel Freiraum bei der *Festlegung* der kritischen strategischen Annahmen überlässt, scheinen ihm Informationen über falsch eingeschätzte bzw. unerwartet eingetretene *Entwicklungen* ungleich wichtiger zu sein.

So betonten die Gesprächspartner, dass der Aufsichtsrat eine solche Quantifizierung (bei aller Schwierigkeit) *ausdrücklich* vom Vorstand verlange. Ein Gesprächspartner illustrierte dies an einem Praxisbeispiel, das die Änderung der kritischen Prämisse „Wettbewerberverhalten im Zeitablauf" beinhaltete: Im Rahmen einer drohenden Übernahme durch einen Wettbewerber versuchte ein Unterneh-

---

[161] Vgl. Anhang II: Frage 5 aus Teil 1 des Fragebogens.

men, die eigene Marktposition durch die Vergabe hoher Preisnachlässe an die Kunden kurzfristig zu verbessern. Damit verband es die Hoffnung, der feindlichen Übernahme durch den Konkurrenten aufgrund kartellrechtlicher Restriktionen zu entgehen. Im Zuge dessen verlangte der Aufsichtsrat eines nichtbeteiligten, jedoch mit beiden Akteuren im Wettbewerb befindlichen Unternehmens umgehend vom eigenen Vorstand, dieser solle die Konsequenzen der vergebenen Discounts auf die eigene Umsatzentwicklung exakt berechnen bzw. das Gefährdungspotenzial des Nichterreichens der eigenen strategischen Ziele umgehend eruieren und dem Gesamtaufsichtsrat darlegen.

Gegen eine solche Vorgehensweise wandten jene 32,6% der Gesprächspartner, die angaben, quantifizierte Daten über die Auswirkung etwaiger strategiebedrohlicher Änderungen in der Unternehmensumwelt seien einem Aufsichtsrat in der Praxis regelmäßig nicht bekannt, zum einen ein, dass eine Quantifizierung im diesem hochgradig strategischen Bereich schlichtweg nicht möglich sei. Folglich verbessere sich der Informationshaushalt eines Aufsichtsrats auch auf Basis „scheingenauer" Berechnungen nicht. Zum anderen wurde betont, dass ein Aufsichtsrat zur materiellen Beurteilung der Änderung strategischer Annahmen äußerst fundierte Kenntnisse benötige, die er in der Praxis regelmäßig nicht aufweise.

Eine Untersuchung des *gruppenspezifischen Antwortverhaltens* resultierte in keinen weiterführenden Erkenntnissen.

2.2.3 Strategische Durchführungskontrolle

Die inhaltliche Ausgestaltung der strategischen Durchführungskontrolle hängt sehr stark von dem einzelnen Unternehmen und der dort verfolgten strategischen Stoßrichtung ab. Insofern beschränkten sich die Ausführungen der Konzeptualisierung dieser Kontrollart notwendigerweise auf eher formale Aspekte der Kontrollhandlungen. Da die theoretischen Vorüberlegungen den wichtigen Beitrag eines *strategischen Berichtswesens* für die Durchführungskontrolle hervorhoben, wurden die Gesprächspartner einleitend gefragt, ob die Durchführungskontrolle in der Praxis über ein institutionalisiertes Berichtswesen erfolgt.[162] Wie zu vermuten war, antworteten *alle Befragten*, dass ein solches Berichtswesen die Grundlage der strategischen Durchführungskontrolle sei. Damit konnte das in der Literatur

---

[162] Vgl. Anhang II: Frage 6 in Teil 1 des Fragebogens.

verbreitete Meinungsbild, ein Berichtswesen sei dazu geeignet, die Wirkungen der bereits ergriffenen Maßnahmen zur Strategieumsetzung zu überwachen und für strategische Steuerungszwecke nutzbar zu machen, bestätigt werden.[163]

Nachdem die Ausführungen in Bezug auf die materielle Plausibilitätskontrolle von Strategien bereits deutlich machten, welche *Kennzahlen* der Aufsichtsrat als strategierelevant einschätzt, standen im Folgenden analog zu den theoretischen Vorüberlegungen die Fragestellungen im Mittelpunkt,

▶ welche *Arten von Meilensteinen* (qualitative vs. quantitative Meilensteine) der strategischen Durchführungskontrolle zugrunde liegen und

▶ in welchen *zeitlichen Intervallen* die Ausprägung der Meilensteine bzw. etwaige Abweichungen zwischen Ist- und Soll-Werten im strategischen Kontext analysiert werden.

(1) Zugrunde liegende Arten von Meilensteinen

Die Befragten wurden gebeten anzugeben, welche Arten von Meilensteinen als Vorgabewerte für die „Messung" des Fortschritts der Strategieumsetzung fungieren.[164] Die Antworten sind in Abbildung 31 dargestellt.

Wie die Abbildung illustriert, gab mit 67,4% der Großteil der Befragten an, die der strategischen Durchführungskontrolle zugrunde liegenden Meilensteine seien in der Überwachungspraxis rein *quantitativer* Natur. Während darüber hinaus 4,3% der Gesprächspartner äußerten, hier ausschließlich *qualitative* Vorgabewerte einzubeziehen, votierten 19,6% für eine gleichzeitige Berücksichtigung sowohl *quantitativer* als auch *qualitativer* Meilensteine. 8,7% der befragten Aufsichtsratsmitglieder antworteten, ihrer Erfahrung nach lägen den Überwachungshandlungen des Aufsichtsrats *überhaupt keine Meilensteine* zugrunde.

---

[163] Vgl. Nuber 1995, S. 136.

[164] Vgl. Anhang II: Frage 6 in Teil 1 des Fragebogens.

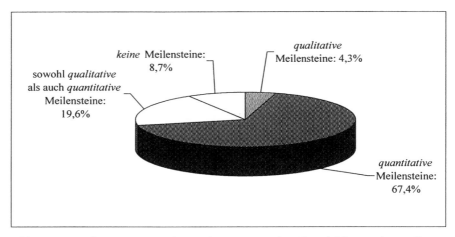

Abb. 31: Meilensteine im Rahmen der strategischen Durchführungskontrolle (über alle Befragten)

Der Befund widerspricht weitestgehend den theoretischen Einschätzungen bezüglich der Vorteilhaftigkeit der gleichzeitigen Berücksichtigung quantitativer und qualitativer Meilensteine. Obgleich in der Literatur auf die Schwierigkeit einer Operationalisierung qualitativer Meilensteine hingewiesen wird, muss ein *alleiniger* Rückgriff auf quantitative Daten für die Überwachung der Umsetzung einer Strategie durch den Aufsichtsrat abgelehnt werden. In den Gesprächen wurde ferner deutlich, dass die faktische Dominanz der harten, operationalisierbaren Faktoren dadurch noch problematischer wird, dass angabegemäß in der Regel eher jahresabschlussorientierte, operative Größen wie Erträge und Aufwendungen, Betriebergebnisse, Umsatzzahlen, Deckungsbeiträge und (kurzfristige) Budgets im Mittelpunkt der Berichte stehen. Diese Einschätzung bestätigten überraschenderweise auch jene Gesprächspartner, die an anderer Stelle angaben, der strategischen Konsistenzkontrolle stets wertorientierte Kennzahlen zugrunde zu legen.

Einige Gesprächspartner rechtfertigten den Nicht-Einbezug qualitativer Meilensteine (wie z.B. der Qualität der Vertriebsstruktur oder der Kundenzufriedenheit) unverständlicherweise mit ihrer Erfahrung, dass sich eine Veränderung solcher Faktoren nicht sofort, sondern regelmäßig erst nach einigen Jahren auswirke. Folglich fielen qualitative Meilensteine aus dem Fokus des Aufsichtsrats. Diese Aussage deutet auf eine lediglich *kurzfristige* Ausrichtung der Unternehmensüberwachung durch den Aufsichtsrat hin.

Jene Gesprächspartner, die in der Überwachungspraxis aussagegemäß überhaupt keinen Wert auf die Vorlage strategischer Meilensteine legen, begründeten ihre passive Haltung damit, dass „solange die Berichte des Vorstands insgesamt einigermaßen plausibel klingen, auch keine Meilensteine aktiv beobachtet werden müssen."

Widmet man sich in einem zweiten Schritt dem *gruppenspezifischen Antwortverhalten*, so ergeben sich interessante Befunde (vgl. Abb. 32).

	1		2		3		4	
	Dax-Aufsichts-ratsvorsitzende	Sonstige	Dax-Aufsichts-ratsmitglieder	Sonstige	Börsennotierte Unternehmen	Nicht-börsennotierte Unternehmen	Anteilseigner-vertreter	Arbeitnehmer-vertreter
quantitative Meilensteine	90,9%	60,0%	76,2%	60,0%	71,0%	60,0%	71,9%	57,1%
qualitative Meilensteine	0,0%	5,7%	0,0%	8,0%	3,2%	6,7%	3,1%	7,1%
sowohl qualitative als auch quantitative Meilensteine	9,1%	22,9%	9,5%	28,0%	12,9%	33,3%	25,0%	7,1%
keine Meilensteine	0,0%	11,4%	14,3%	4,0%	12,9%	0,0%	0,0%	28,6%

Abb. 32: Meilensteine im Rahmen der strategischen Durchführungskontrolle (gruppenspezifisches Antwortverhalten)

Es fällt auf, dass die Bedeutung qualitativer Meilensteine sowohl *außerhalb* der großen Dax-Unternehmen (im Vergleich zu den Dax-Unternehmen) als auch bei *nicht-börsennotierten* Unternehmen (im Vergleich zu börsennotierten Unternehmen) als vergleichsweise hoch eingeschätzt wurde. Immerhin 40,0% der Aufsichtsratsmitglieder aus *nicht-börsennotierten Unternehmen* und 36,0% der Aufsichtsratsmitglieder außerhalb der Dax30-Umgebung gaben insgesamt an, qualitative Meilensteine mit in die Abweichungsanalysen einzubeziehen. Offensichtlich ist die ausschließliche Beachtung harter Faktoren in börsennotierten Unternehmen weitaus stärker ausgeprägt. Vermutlich tragen die Publizitätsverpflichtungen und das auf „hard facts" beruhende Interesse der Öffentlichkeit und institutionellen Investoren zu dieser „quantitativen Orientierung" der Aufsichtsratsarbeit bei. Diese Einschätzung wird gestützt durch den bemerkenswerten (und zugleich ernüchternden) Befund, dass der Anteil der *Dax-Aufsichtsratsvorsitzenden*, die im Rahmen der Durchführungskontrolle ausschließlich quantitative Meilensteine zugrunde legen, mit 90,9% überdurchschnittlich hoch ist.

Weiterhin sei hier hervorgehoben, dass immerhin für 28,6% der Arbeitnehmervertreter Meilensteine - gleich welcher Art - für die Durchführungskontrolle bedeutungslos seien.[165] Dieser Befund deutet darauf hin, dass sich die Arbeitnehmervertreter entweder nur unzureichend mit den Berichten des Vorstands auseinander setzen oder der Durchführungskontrolle insgesamt keine große Bedeutung beimessen. Letztere Vermutung kann allerdings den Ergebnissen aus Kap. D.I.2.1 zufolge nur eingeschränkt bestätigt werden.

(2) Zeitlicher Bezug der Meilensteine

Im Rahmen der Konzeptualisierung der strategischen Durchführungskontrolle wurde deutlich, dass die *optimalen zeitlichen Intervalle* einer kritischen Auseinandersetzung mit der Ausprägung strategischer Meilensteine im Zuge der Strategieumsetzung nicht abschließend geklärt sind. Wie gezeigt spricht auch der Deutsche Corporate Governance Kodex hier lediglich davon, der Aufsichtsrat möge die Strategieumsetzung in „regelmäßigen Abständen" erörtern. Vor diesem Hintergrund wurden die Gesprächspartner gefragt, in welchen Abständen ein Aufsichtsrat ihrer Erfahrung nach über die Meilensteine informiert wird (vgl. Abb. 33).[166]

Während mit 41,3% der Großteil der Befragten angab, auf jeder Sitzung (d.h. ungefähr quartalsweise) werde ein Abgleich der strategischen Meilensteine mit den realisierten Zwischenergebnissen der verabschiedeten Strategie vorgenommen, stützte sich die diesbezügliche Erfahrung weiterer 26,1% der Gesprächspartner auf einen jährlichen Berichterstattungsturnus. Knapp 11% antworteten, ein Aufsichtsrat mache sich im Durchschnitt alle zwei Jahre einen Eindruck von den strategischen Soll/Ist-Zahlen. Der Rest verteilt sich auf monatliche (6,5%), zweimonatliche (4,3%) und halbjährliche (2,2%) Intervalle. Schließlich kommunizierten 8,7% der Befragten, entweder niemals oder nur in den absolut seltensten Fällen den Umsetzungsstand einer Strategie zu erfahren.

---

[165] Hinweis: Hinter den entsprechenden Prozentwerten der Dax-Aufsichtsratsmitglieder (14,3%) und der börsennotierten Unternehmen (12,9%) verbergen sich ausschließlich Antworten von Arbeitnehmervertretern. Keiner der befragten Anteilseignervertreter negierte die praktische Bedeutung von Meilensteinen.

[166] Vgl. Anhang II: Frage 6 in Teil 1 des Fragebogens.

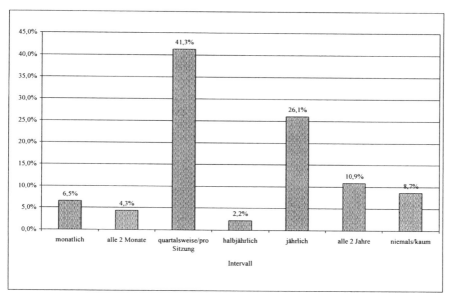

Abb. 33: Berichterstattungsintervalle strategischer Meilensteine

In einer Interpretation der Befunde fällt zunächst auf, dass sich in der Praxis noch kein Standard im Sinne einer „best practice" durchgesetzt zu haben scheint, da sich die zeitlichen Intervalle offensichtlich von Unternehmen zu Unternehmen stark unterscheiden. Ferner kann hervorgehoben werden, dass die im Rahmen der Konzeptualisierung vorgetragene Gefahr mechanistisch verlaufender Strategiekontrollsitzungen, bei denen quasi routinemäßig strategierelevante Sachverhalte neben anderen Tagesordnungspunkten in *jeder* Sitzung gestreift werden, zumindest für über 40% der Befragten durchaus praktische Relevanz besitzt. Obgleich keine allgemeingültigen Aussagen in Bezug auf das theoretisch „richtige" zeitliche Intervall vorliegen, scheint jedoch jede Berichterstattung, die häufiger als quartalsweise erfolgt, dem Langfristcharakter einer Strategie nicht gerecht zu werden. Hier muss vor allem jenen Aufsichtsratsmitgliedern deutlich widersprochen werden, die etwa Monatsberichte als „genau die Grundlage" erachten, die man „zur Überwachung der strategischen Entwicklung im Zeitablauf" benötige. Insofern ist hier der Ansicht derer zu folgen, die explizierten, man könne „nicht in jeder Sitzung, und schon gar nicht monatlich, eine Strategie diskutieren".

Obgleich von einigen Befragten betont wurde, ihrer Meinung nach sei selbst ein jährlicher Review für eine Analyse des Umsetzungsstands einer Strategie zu kurzfristig, erscheint in Abwägung der vorgetragenen Argumente ein jährliches Intervall als sinnvoll und praktikabel. Hier kann die Anregung einiger Dax-Aufsichtsratsvorsitzender aufgegriffen werden, das gesamte Aufsichtsratsplenum könne sinnvollerweise einmal jährlich einen kritischen Strategie-Review durchführen, während sich der Aufsichtsratsvorsitzende oder eine kleinere Gruppe von Aufsichtsratsmitgliedern auch unterjährig mit dem Stand der Strategieumsetzung bzw. den strategischen Meilensteinen tiefer gehend befasst. Auf diese Weise würde man dem Langfristcharakter einer Strategie gerecht werden, ohne auf die Möglichkeit einer schnellen Reaktion aufgrund unvorhersehbarer Ereignisse verzichten zu müssen.

Die Gegenüberstellung des *gruppenspezifischen Antwortverhaltens* ergab an dieser Stelle keine weiterführenden Erkenntnisgewinne.

2.2.4 Strategische Überwachung

Im Rahmen der theoretischen Vorüberlegungen wurde deutlich, dass die Literatur der Kontrollart der strategischen Überwachung eine große Bedeutung zuschreibt, da sie im Sinne der ihr zuzuschreibenden doppelten Kompensationsfunktion ungerichtet und möglichst flächendeckend bisher vernachlässigte Bereiche überwacht und Informationen über strategiegefährdende Entwicklungen bzw. Ereignisse einholt. Im Zuge dessen wird diskutiert, ob der Aufsichtsrat eine solche Kontrolle realisieren kann. Insofern stand die Frage im Mittelpunkt der eigenen Erhebung, ob die Aufsichtsratsmitglieder den Aufsichtsrat als eine geeignete Instanz erachten, eine solche Aufgabe in der Praxis zu übernehmen (vgl. Abb. 34).[167]

Während 60,9% der Befragten der Meinung waren, der Aufsichtsrat sei durchaus eine geeignete Instanz zur Realisierung der ungerichteten Überwachung, vertraten 39,1% die gegenteilige Auffassung. Die Befürworter betrachteten die ungerichtete Überwachung der Unternehmensumwelt sogar als „vornehmlichste Pflicht des Aufsichtsrats" bzw. als die „Hauptaufgabe" eines „gut geführten Aufsichtsrats", von dem solche „Kontrollhandlungen unbedingt verlangt werden müssen". Ähnlich wie bei der inhaltlichen Konsistenzkontrolle verwiesen die Befragten auch hier auf die Entwicklung in den vergangenen Jahren. Früher sei eine solche Kon-

---

[167] Vgl. Anhang II: Frage 7 in Teil 1 des Fragebogens.

trollart undenkbar gewesen. Heute werde sie im Zuge der Corporate Governance-Diskussion gefordert.

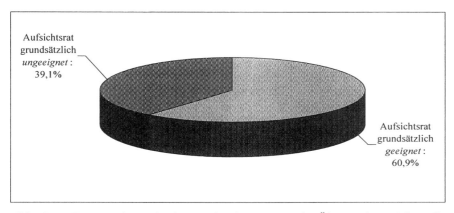

Abb. 34: *Eignung des Aufsichtsrats für die strategische Überwachung (über alle Befragten)*

Als kritischen Erfolgsfaktor für die Realisierung dieser Kontrollart nannte der Großteil die immense Bedeutung der spezifischen Kenntnisse - etwa über Nachbarbranchen - und Fähigkeiten der einzelnen Aufsichtsratsmitglieder. In diesem Zusammenhang wurde moniert, dass die gegenwärtige Aufsichtsratsbesetzung in Deutschland die strategische Überwachung behindere.[168] Insbesondere weise der Arbeitnehmerflügel regelmäßig nur geringe und lediglich auf das *Unternehmen* bezogene Kenntnisse auf. Diese Einschätzung wurde erstaunlicherweise auch von Gesprächspartnern der Arbeitnehmerseite getragen, was das schlechte Abschneiden dieser Kontrollart im Rahmen des generellen Überwachungsverständnisses des Aufsichtsrats in der Praxis erklärt.

Wendet man sich nunmehr den Antworten jener 39,1% der Gesprächspartner zu, die den Aufsichtsrat grundsätzlich *nicht* mit der ungerichteten Überwachungsaufgabe in Verbindung sahen, so lassen sich die Argumentationsstränge wie folgt zusammenfassen:

---

[168] Dies ist sicherlich auch der wichtigste Grund für die schlechte Platzierung der strategischen Überwachung im Vergleich mit den anderen Kontrollarten.

▶ Das *erste Argument* der Befragten bezog sich auf das *Wesen der strategischen Unternehmensführung* und die damit verbundene Konsequenz für die Überwachungshandlungen. Strategische Unternehmensführung sei ein hochgradig prognostischer Prozess, den man niemals in der theoretisch geforderten Art umfassend überwachen könne. Dementsprechend nutze es auch nichts, Randbereiche der Unternehmensumwelt ungerichtet zu beobachten. Erschwerend komme hinzu, dass es im strategischen Bereich - anders als etwa in den Naturwissenschaften - keine Gesetzmäßigkeiten gebe und Ursache-Wirkungszusammenhänge nicht eindeutig operationalisierbar bzw. messbar seien.

▶ Das *zweite vorgetragene Argument* adressierte die *gesetzliche Rollenverteilung* zwischen Vorstand und Aufsichtsrat. Die Berücksichtigung bisher vernachlässigter strategiebedrohlicher Entwicklungen sei ausdrücklich die Aufgabe des Vorstands und nicht des Aufsichtsrats: „Das muss der Vorstand machen!", so die Aussage eines Aufsichtsratsmitglieds, das ergänzend hinzufügte, diese Kontrollart sei ein reiner „Nebeneffekt" für die Aufsichtsratsarbeit. Obwohl insgesamt betont wurde, jedes Aufsichtsratsmitglied bringe seine eigenen Erfahrungen mit in die Überwachungspraxis ein, seien jedoch aussagegemäß nur jene Unternehmen gut geführt, „in denen der Vorstand alles vorgibt und der Aufsichtsrat lediglich die vom Vorstand vorgetragenen Vorschläge und Lösungen beurteilen muss". In diesem Zusammenhang wiesen die befragten Aufsichtsratsmitglieder auf eine (vermeintliche) Schwäche der deutschen zweistufigen Spitzenverfassung hin. Anders als im angloamerikanischen Board-System müsse der Aufsichtsrat hierzulande davon ausgehen, dass der Vorstand bereits alle relevanten strategischen Prämissen behandelt hat und in Zukunft behandeln wird. Aufgrund der durch das Trennungsmodell begründeten *Distanz* eines Aufsichtsratsmitglieds zur Geschäftsführung könne der Aufsichtsrat hier zwangsläufig nicht aktiv werden. Auch mache es die im Aktiengesetz kodifizierte Verschwiegenheitspflicht den Aufsichtsratsmitgliedern unmöglich, bestimmte sensible Informationen aus der Unternehmensumwelt (etwa in Bezug auf andere Unternehmen oder Branchen) in die Diskussion zu bringen.

▶ Ein *drittes Argument* richtete sich schließlich auf eine *grundsätzliche Nichtbefähigung* deutscher Aufsichtsratsmitglieder, branchenspezifische Strategiebedrohungen zu erkennen und in die Diskussion zu bringen. So verwiesen die Gesprächspartner auf die für Deutschland geltende schlechte Besetzung der Aufsichtsräte, die einen diesbezüglichen konstruktiven Input im Sinne eines ungerichteten Aufspürens potenziellen Risiken (und Chancen) verhindere.

Eine Interpretation dieser Befunde führt zunächst einmal zu dem Ergebnis, dass die erste Begründung aus theoretischer Sicht nicht haltbar ist.

So machten die konzeptionellen Vorüberlegungen deutlich, dass die *Komplexität* der strategischen Unternehmensführung und die damit verbundene Schwierigkeit sicherer Prognosen gerade die *Notwendigkeit* ungerichteter Überwachungshandlungen begründen und diese nicht, wie in den Interviews vorgebracht, hinfällig machen. Auch der Hinweis auf die gesetzlichen Rahmenbedingungen stellt keine tragfähige Begründung dar. So wird in der Literatur hervorgehoben, dass der Gesetzgeber trotz der aktienrechtlich gebotenen Trennung zwischen einem geschäftsführenden und einem überwachenden Organ keinesfalls strategische Überwachungshandlungen im aufgezeigten Sinne verbietet.[169] Im Gegenteil führt eine tiefer gehende, betriebswirtschaftliche Interpretation der gesetzlichen Rahmenbedingungen zu der Erkenntnis, dass die Durchführung der hier zugrunde liegenden Kontrollart durchaus der Intention des Gesetzgebers entspricht. Auch unterliegen die Aufsichtsratsmitglieder per Gesetz einer Verschwiegenheitspflicht,[170] jedoch bildet die Summe der einem Aufsichtsratsmitglied zur Verfügung stehenden Informationen die Grundlage für seine Entscheidung. So gesehen geht die Überwachungswirkung zwangsläufig weit über *ein* Unternehmen hinaus. Alleine der Hinweis auf die defizitäre Besetzung deutscher Aufsichtsräte vermag zu überzeugen. Hier gibt es sicherlich den größten Handlungsbedarf, da in der Tat unterqualifizierte Aufsichtsratsmitglieder keinen Beitrag zur strategischen Überwachung leisten können.

Stellt man in einem zweiten Analyseschritt das *gruppenspezifische Antwortverhalten* der Gesprächspartner gegenüber, so zeigen sich bemerkenswerte Unterschiede (vgl. Abb. 35).

	1		2		3	
	Dax-Aufsichtsratsvorsitzende	Sonstige	Börsenotierte Unternehmen	Nicht-börsennotierte Unternehmen	Anteilseignervertreter	Arbeitnehmervertreter
Aufsichtsrat grundsätzlich geeignet	81,8%	54,3%	67,7%	46,7%	75,0%	28,6%
Aufsichtsrat grundsätzlich ungeeignet	18,2%	45,7%	32,3%	53,3%	25,0%	71,4%

Abb. 35: Eignung des Aufsichtsrats für die strategische Überwachung (gruppenspezifisches Antwortverhalten)

---

[169] Vgl. im Folgenden ausführlich Bea/Scheurer 1994, S. 2151 ff.

[170] Vgl. § 116 i.V.m. § 93 AktG.

Hier ist zunächst einmal hervorzuheben, dass vor allem die Dax-Aufsichtsratsvorsitzenden (mit einem gruppenspezifischen Spitzenwert von 81,8%) der Meinung
waren, der Aufsichtsrat sei für eine ungerichtete strategische Überwachung geeignet. Gleichwohl monierte dieser Personenkreis am heftigsten die diesbezüglich
fehlenden Eignungsvoraussetzungen weiter Teile des Aufsichtsrats, hier insbesondere der Arbeitnehmervertreter. In Kenntnis der großen Bedeutung der strategischen Überwachung bedauerte ein Dax-Aufsichtsratsvorsitzender in diesem
Zusammenhang, dass er keinen größeren Einfluss auf die Besetzung des Aufsichtsrats habe.

Vergleich man das Antwortverhalten jener Aufsichtsratsmitglieder, deren Erfahrungswissen sich auf die Überwachungspraxis in *börsennotierten* bzw. *nicht-
börsennotierten* Unternehmen bezieht, so stellt man fest, dass sich *innerhalb* der
letztgenannten Gruppe offensichtlich keine eindeutige Meinung herausgebildet
hat (46,7% vs. 53,3%). Diese „zögerliche" Haltung in Bezug auf die Überwachung der unternehmerischen Umwelt stützt den im Rahmen der Prämissenüberwachung festgestellten Befund, dass fast jedes zweite Aufsichtsratsmitglied nicht-
börsennotierter Unternehmen angab, im Zeitablauf *nicht* von einer Änderung bedeutender Prämissen, die sich ja zu einem nicht unerheblichen Teil auf Änderungen in der Unternehmensumwelt beziehen, Kenntnis zu nehmen. Hier scheint eine
unternehmens*interne* Überwachungsperspektive zu dominieren. So könnte man
auch hier wieder interpretieren, dass die Corporate Governance-Debatte und die
damit einhergehende zentrale Forderung nach wirkungsvolleren Überwachungshandlungen durch die Aufsichtsräte bisher primär auf börsennotierte Unternehmen
abzielt und in diesem Punkt mutmaßlich noch keine große Ausstrahlungswirkung
auf nicht-börsennotierte Unternehmen entfaltet hat.

Der größte Unterschied im gruppenspezifischen Antwortverhalten wird durch die
Gegenüberstellung der Meinung der *Anteilseigner-* und der *Arbeitnehmervertreter*
deutlich. So vertraten drei Viertel der Anteilseignervertreter die Meinung, der
Aufsichtsrat sei für die ungerichtete Überwachung der Unternehmensumwelt geeignet, während diese Haltung von lediglich 28,6% der Arbeitnehmervertreter
eingenommen wurde. Dieser Befund lässt darauf schließen, dass auch die Arbeitnehmervertreter ein (stark nach innen gerichtetes) Kontrollkonzept vertreten, das
sich im Wesentlichen auf die Überwachung der Unternehmensinterna bezieht und
nur unzureichend die Unternehmensumwelt mit einbezieht. Gestützt wird diese
Vermutung durch den bereits erhobenen Befund, dass knapp 80% der Arbeitnehmervertreter der Meinung waren, der Aufsichtsrat leiste keinen aktiven Beitrag im

Rahmen der Festlegung und Diskussion der kritischen Prämissen einer Strategie.[171]

Darüber hinaus könnte die - in diesem Bereich selbst von einigen Arbeitnehmervertretern selbstkritisch festgestellte - mangelnde Befähigung der Arbeitnehmervertreter als Erklärung für das Antwortverhalten herangezogen werden.

3 Zusammenfassende Reflexion der Befunde zum Überwachungsverständnis des Aufsichtsrats

In einer Zusammenfassung der explorierten Befunde zum *generellen Überwachungsverständnis* des Aufsichtsrats gelangt man in erster Linie zu der Erkenntnis, dass das Erfahrungswissen und Meinungsbild der befragten Aufsichtsratsmitglieder in Bezug auf die Überwachungspraxis zum Teil erheblich vom theoretischen, planbegleitenden Idealmodell abweicht. So lassen die Ergebnisse den Schluss zu, dass die praktische Arbeit der Aufsichtsräte zwei fundamentale Defizite aufweist. Aufgrund der erhobenen Dominanz ergebnisorientierter Überwachungshandlungen erfolgt der Großteil der Überwachung zu spät, so dass eine frühzeitige Revision strategischer Entscheidungen in der Praxis kaum möglich ist. Damit verbunden ist das Problem, dass der Aufsichtsrat im Rahmen der Interpretation etwaiger Soll/Ist-Abweichungen zu sachlich falschen Schlussfolgerungen gelangt, da er die der Strategie zugrunde liegenden „Inputfaktoren" als gegeben erachtet und nicht hinreichend kritisch hinterfragt. Dieser aus theoretischer Sicht äußerst unbefriedigende Befund trifft verstärkt auf die Aufsichtsratsmitglieder und Aufsichtsratsvorsitzenden der großen Dax-Unternehmen zu, die ihre Überwachungshandlungen irrtümlicherweise - vermutlich aufgrund des großen Performance-Drucks der Unternehmen - primär auf die Strategie*ergebnisse* konzentrieren.

Hinsichtlich der Rangfolge der einzelnen Kontrollarten des strategischen Überwachungskonzepts fällt ferner auf, dass die Überwachungshandlungen der Aufsichtsräte *stark nach innen gerichtet* zu sein scheinen. So wurden die Prämissenkontrolle und die strategische Überwachung insgesamt mit den niedrigsten Bedeutungseinschätzungen belegt. Insofern kann davon gesprochen werden, dass die Aufsichtsräte (strategiebedrohlichen) Entwicklungen in der Unternehmens*umwelt* eine nur untergeordnete Rolle beimessen, was den theoretischen Erkenntnissen ganz

---

[171] Vgl. oben Kap. D.I.2.2.2.

wesentlich widerspricht. Insbesondere vor dem Hintergrund der unerwartet schlechten Platzierung der „ungerichteten" Kontrollhandlungen ist der Schluss zulässig, dass der Aufsichtsrat sein Überwachungspotenzial in der Praxis nicht vollständig ausschöpft und in weiten Teilen eine unkritisch akzeptierende Instanz repräsentiert.

Widmet man sich in einem zweiten Schritt den Befunden zu den *einzelnen Kontrollarten*, so lassen sich zudem folgende *Kernaussagen* ableiten:

▶ Die Überwachungshandlungen des Aufsichtsrats im Rahmen der *Nachvollziehbarkeit der Strategieformulierung* lassen auf eklatante Abweichungen zwischen den theoretischen Erkenntnissen und der Vorgehensweise in der Praxis schließen. Während die faktische Dominanz inhaltlicher Kriterien gegenüber rein formalen Aspekten bei der Beurteilung der Plausibilität der formulierten Strategie noch ein (allerdings mit Einschränkungen zu versehendes) zufrieden stellendes Ergebnis darstellt, muss jedoch ernüchternd festgestellt werden, dass die Aktivitäten der Aufsichtsräte in Bezug auf die *strategischen Unternehmensziele* den theoretischen Ansprüchen nicht genügen. Weder konnte eine *aktive Mitwirkung* des Überwachungsorgans an der Festlegung der Unternehmensziele nachgewiesen werden, noch orientiert es sich im Rahmen der materiellen Beurteilung einer Strategie an den theoretisch relevanten *Kennzahlen*. Letzterer Befund kann jedoch dahingehend relativiert werden, dass zumindest die Aufsichtsratsvorsitzenden (der Dax-Unternehmen) als primäre Bezugspersonen des Vorstands von einer Anlehnung an das konservative, klassisch-betriebswirtschaftliche Zielsystem weitestgehend absehen und sich offensichtlich eher den wertorientierten Größen der Unternehmensführung zuwenden.

▶ Die Ergebnisse bezüglich der *strategischen Prämissenkontrolle* sind zweigeteilt. Auf der einen Seite lassen die explorierten Befunde vermuten, dass die Aufsichtsräte die Bedeutung der einer strategischen Entscheidung zugrunde liegenden Annahmen nicht hinreichend zu würdigen wissen, die Festlegung der kritischen Prämissen mehrheitlich dem Vorstand überlassen und nur in den seltensten Fällen proaktiv auf eine Modifikation des Prämissenkatalogs hinwirken. Auf der anderen Seite erfreut aus theoretischer Sicht, dass über zwei Drittel der Befragten vortrugen, sich mit den Auswirkungen einer Prämissenänderung im Zeitablauf auseinanderzusetzen.

▶ In Bezug auf die *strategische Durchführungskontrolle* konnte zum einen exploriert werden, dass die Aufsichtsräte mehrheitlich ausschließlich *quantitative Meilensteine* zur Messung des Fortschritts der Strategieumsetzung zugrunde legen.

Eine solche *einseitige* Orientierung ist aus theoretischer Sicht auch in Kenntnis der Tatsache, dass der Einbezug qualitativer Kriterien Operationalisierungsschwierigkeiten birgt, nicht zu rechtfertigen. Ferner weisen die erhobenen Befunde darauf hin, dass sich im Hinblick auf den *zeitlichen Aspekt* der Durchführungskontrolle (Berichterstattungsintervalle) noch keine „best practice" durchgesetzt hat. Allerdings machen die Ergebnisse deutlich, dass sich die Erfahrungswerte der Mehrheit der Befragten auf einen *mehrfach im Jahr* stattfindenden Abgleich der strategischen Meilensteine mit den realisierten Zwischenergebnissen gründen. Aufgrund des Langfristcharakters einer Strategie scheint hier ein *jährlicher* Rhythmus sinnvoller.

▶ Die Diskussion der grundsätzlichen Eignung des Aufsichtsrats für die ungerichtete, strategische Überwachung mündete in einem deutlichen Dissens unter den Befragten. Auf der einen Seite argumentierten die Befürworter im Sinne der theoretischen Erkenntnisse, ungerichtete Kontrollhandlungen zählten vom Grundsatz her zu den wichtigsten Aufgaben eines Aufsichtsrats überhaupt. Auf der anderen Seite sahen immerhin knapp 40% der in die Untersuchung einbezogenen Aufsichtsratemitglieder den Aufsichtsrat *nicht* mit dieser Kontrollart in Verbindung. Die hier vorgetragenen Argumente bezogen sich allerdings *irrtümlicherweise* auf a) das Wesen der strategischen Unternehmensführung bzw. die damit verbundene faktisch unmögliche Realisierbarkeit der strategischen Überwachung sowie b) die gesetzliche Rollenverteilung, die diese Aufgabe eindeutig dem Vorstand zuschreibe, und entbehren insofern weitestgehend jeder Grundlage. Indes wiesen die Gesprächspartner einhellig auf das in diesem Punkt fehlende Know-how deutscher Aufsichtsräte - hier insbesondere auf Seiten der Arbeitnehmervertreter - hin, das zu einem großen Teil die geringe, relative Bedeutungseinschätzung dieser Kontrollart im Rahmen der Exploration des übergeordneten Überwachungsverständnisses erklärt.

Mit diesen Ausführungen können die Untersuchungen auf Ebene der ersten Beschreibungsdimension abgeschlossen werden. Zur möglichst umfassenden Analyse des Überwachungsträgers Aufsichtsrat soll sich nunmehr dessen zweiter Beschreibungsdimension zugewandt werden. Insofern rücken nach dem *Überwachungsverständnis* in den folgenden Abschnitten die *organisationsstrukturellen Regelungen* des Aufsichtsrats in den Vordergrund der Betrachtung.

II Die Organisationsstruktur des Aufsichtsrats

Wie im Rahmen der Konkretisierung des konzeptionellen Bezugsrahmens dargelegt, erscheint es zur Analyse der Organisationsstruktur des Aufsichtsrats sinnvoll, im Folgenden die Variablen Spezialisierung, Delegation und Koordination zugrunde zu legen.

1 Spezialisierung

1.1 Konzeptualisierung

1.1.1 Terminologische Grundlagen

Unter Spezialisierung, die das Ausgangsproblem jeder organisatorischen Strukturierung darstellt[172] versteht man „die Zerlegung von größeren Aufgabenkomplexen in Teilaufgaben und die Übertragung dieser Teilaufgaben oder Kombinationen von Teilaufgaben auf bestimmte strukturelle Teileinheiten".[173]

Der Organisationslehre folgend ist die Gesamtheit der Aufgaben in einem ersten Schritt nach bestimmten sachlichen und formalen Klassifikationskriterien in ihre elementaren Teilaufgaben zu zergliedern (Aufgabenanalyse). Der zweite Schritt umfasst darauf aufbauend die Zusammenfassung der gewonnenen Elementarteile zu Teilaufgabengesamtheiten und deren Verteilung auf organisatorische Einheiten (Aufgabensynthese).[174] Dabei werden die kleinsten organisatorischen Einheiten als *Stellen*, die aus mehreren zusammengefassten Stellen bestehenden, nächsthöheren Einheiten - je nach Größe - als *Abteilungen*, *Hauptabteilungen* oder *Bereiche* bezeichnet.[175]

Die hier dargestellte begriffliche Abgrenzung von Spezialisierung ist vor dem Hintergrund des eigenen Untersuchungsgegenstands leicht zu modifizieren. Der Aufsichtsrat ist ein Kollegialorgan und als solches frei von Hierarchien und Unterstellungsverhältnissen. Insofern steht im Rahmen der Analyse der Spezialisierung der Aufsichtsratsarbeit zwangsläufig nicht ein „pyramidenförmiger, hierarchischer Aufbau des Stellengefüges"[176] im Vordergrund. Vielmehr ist zu fragen, mittels welcher arbeitsteiligen Aufgabenerfüllung die im Vergleich zu ganzen

---

[172] Vgl. Nuber 1995, S. 198.

[173] Grochla 1978, S. 33. Aufgaben bilden den Ausgangspunkt der organisatorischen Gestaltung; vgl. Rühli 1993, Sp. 3032.

[174] Vgl. zum so genannten Analyse-Synthese-Konzept Kosiol 1976, S. 76 ff. Vgl. hierzu auch ausführlich Berg 1981, S. 36 ff.

[175] Vgl. Welge 1987, S. 401.

[176] Welge 1987, S. 401.

Unternehmen relativ kleine und überschaubare, aus maximal 21 Mitgliedern[177] bestehende „Organisationseinheit" *Aufsichtsrat* eine an den Aktionärsinteressen orientierte Überwachung realisieren kann.

Üblicherweise wird die Übertragung bestimmter Aufgaben auf spezialisierte Einheiten mit Bezug auf den Aufsichtsrat in der Literatur unter dem Stichwort der „Ausschussbildung" diskutiert, wobei zur Charakterisierung von Ausschüssen mit deren

- Zusammensetzung aus zwei oder mehreren Personen
- fehlender interner formal-hierarchischer Strukturierung,
- bestimmter oder gelegentlich auftretender Aufgabenerfüllung und
- diskontinuierlichen oder zeitlich befristeten Tätigkeit

verschiedene Merkmale zugrunde gelegt werden.[178] Aufsichtsratsausschüsse haben in der Praxis vor allem in größeren Unternehmen eine Bedeutung.[179] Nachfolgend werden zunächst die Vor- und Nachteile aufgezeigt, die im Schrifttum mit der Bildung von Ausschüssen allgemein in Verbindung gebracht werden, bevor eine Vertiefung der konkreten Ausgestaltungsmöglichkeiten der Ausschussarbeit zur Realisierung einer wertorientierten Überwachung erfolgt.

1.1.2 Vor- und Nachteile spezialisierter Aufsichtsratsausschüsse

Das Amt des Aufsichtsratsmitglieds hat den Charakter einer nebenberuflichen Tätigkeit.[180] Die steigenden Anforderungen an die Überwachungshandlungen des Aufsichtsrats haben den Gesetzgeber dazu veranlasst, Anregungen zur vermehrten Bildung von Aufsichtsratsausschüssen zu geben.[181] Auch der Corporate Gover-

---

[177] Der Gesetzgeber hat bestimmte Obergrenzen für die Größe des Aufsichtsrats festgeschrieben. Diese hängen von der jeweils maßgebenden gesetzlichen Rahmenbedingung der Unternehmen ab. So spielt z.B. eine Rolle, ob das entsprechende Unternehmen mitbestimmungsfrei ist oder der Mitbestimmung bzw. dem Betriebsverfassungsgesetz unterliegt. Vgl. hierzu ausführlich Oetker 2003, S. 266 ff.

[178] Vgl. Mag 1992, Sp. 252; Ruhwedel 2002, S. 133 f.

[179] Vgl. Rellermeyer 1986, S. 1; Hommelhoff 1995, S. 4.

[180] Vgl. Potthoff/Trescher 2001, S. 149; Theisen 2003, S. 291.

[181] Vgl. Potthoff/Trescher 2001, S. 194, die etwa auf die durch das KonTraG neu gefassten § 170 Abs. 3 AktG hinweisen.

nance Kodex empfiehlt die Bildung von Ausschüssen: „Der Aufsichtsrat soll abhängig von den spezifischen Gegebenheiten des Unternehmens und der Anzahl seiner Mitglieder fachlich qualifizierte Ausschüsse bilden. Diese dienen der Steigerung der Effizienz der Aufsichtsratsarbeit und der Behandlung komplexer Sachverhalte."[182] In der Literatur wird zudem hervorgehoben, dass die Bildung von Ausschüssen Ausdruck der Verpflichtung des Aufsichtsrats zu einer sachgerechten Organisation seiner Tätigkeit ist, was ihn geradezu dazu *zwinge*, Ausschüsse einzurichten.[183] RELLERMEYER betont in diesem Zusammenhang: „Von der Möglichkeit zur Ausschussbildung kann und muß der Aufsichtsrat nach pflichtgemäßen Ermessen Gebrauch machen."[184]

Die in der Literatur diskutierten *Vorteile* lassen sich in drei Gruppen untergliedern. Zum einen wird argumentiert, die Ausschussbildung führe zu einer effektiveren Arbeitsweise des *Gesamtaufsichtsrats*. Die im Vergleich zum gesamten Plenum geringere numerische Größe der Ausschüsse ermögliche neben einer zeitlich flexibleren Arbeit vor allem intensivere Sachdiskussionen zwischen den Ausschussmitgliedern, was einen positiven Effekt auf die Problemlösungswahrscheinlichkeit habe.[185] Zudem könne durch eine gezielte Besetzung der Ausschüsse spezifisches Fachwissen einzelner Aufsichtsratsmitglieder gebündelt und so im Interesse des Aufsichtsrats besser genutzt werden.[186] Ein zweiter Vorteil der Ausschussbildung liegt in deren Wirkung auf die *einzelnen Aufsichtsratsmitglieder* selbst. So führt die Arbeit in kleineren Gruppen zu einer verbesserten Ausschöpfung des individuellen Leistungspotenzials sowie einer Erhöhung des Verantwortungsbewusstseins. Es werden Tätigkeitsanreize geschaffen, die positiv auf die Motivation der in den Ausschüssen tätigen Aufsichtsratsmitglieder wirken.[187] Ein dritter Vorteil begründet sich in der *Verbesserung des Verhältnisses zwischen Aufsichtsrat und Vorstand*. Hier gilt der bereits genannte Vorteil einer intensiveren, sachgerechten Auseinandersetzung zwischen den Ausschussmitgliedern gleichermaßen für die Diskussion zwischen den Ausschussmitgliedern und dem Vorstand. Ferner können Ausschüsse besser als das gesamte Plenum Vertraulichkeit

[182] Vgl. Deutscher Corporate Governance Kodex in der Fassung vom 21.5.2003, Punkt 5.3.1.
[183] Vgl. Lutter/Krieger 2002, S. 243; auch Lutter 1995 (a), S. 1134.
[184] Rellermeyer 1986, S. 14.
[185] Vgl. Dreist 1980, S. 231.
[186] Vgl. Deckert 1996, S. 987.
[187] Vgl. Mag 1992, Sp. 253 f.

gewährleisten, was sich positiv auf das Vertrauensverhältnis zwischen Vorstand und Aufsichtsrat auswirkt.[188]

Allerdings werden in der Literatur auch einige *Nachteile*, die mit der Einrichtung von Ausschüssen verbunden sind, adressiert. So wird vor allem hervorgehoben, dass aufgrund der Existenz eines *Informationsgefälles* zwischen den Ausschüssen und dem Plenum das Gefühl der Gesamtverantwortung des Aufsichtsrats leiden und damit dessen Funktionsfähigkeit insgesamt eingeschränkt werden könnte.[189] Eng damit verbunden ist die Gefahr von *Kompetenzkonflikten* zwischen dem Plenum und den Ausschüssen, die sich vor allem durch deren gezielte Abschottung ergeben können. Als einen weiteren Nachteil wird die Möglichkeit erachtet, durch den weitgehenden Ausschluss von Arbeitnehmervertretern einen „Zwei-Klassen-Aufsichtsrat"[190] entstehen zu lassen, der die Arbeitnehmer aus wichtigen Diskussionen in den Ausschüssen heraushält. Umgekehrt könnte aus Sicht der Anteilseigner argumentiert werden, die Besetzung wichtiger Ausschüsse auch mit Arbeitnehmervertretern stärke deren Stellung im Vergleich zur Ausgangssituation ohne jede Ausschüsse. Auf den Aspekt der Ausschussbesetzung wird an anderer Stelle dieser Arbeit noch vertiefend eingegangen.[191]

Insgesamt besteht in der Literatur jedoch Einigkeit darüber, dass die Bildung von Ausschüssen die Überwachung durch den Aufsichtsrat verbessert und gleichsam die Vorteile die aufgeführten Nachteile, denen durch geeignete Maßnahmen begegnet werden kann,[192] überkompensieren.[193] In den folgenden Abschnitten sollen die konkreten *Gestaltungsparameter* des Aufsichtsrats im Rahmen der Ausschussbildung untersucht werden.

---

[188] Vgl. Deckert 1996, S. 987; Potthoff/Trescher 2001, S. 194.

[189] Vgl. Potthoff/Trescher 2001, S. 194.

[190] Deckert 1996, S. 987.

[191] Vgl. Kap. D.II.1.1.3.2.

[192] Vgl. Potthoff/Trescher 2001, S. 194.

[193] Vgl. Deckert 1996, S. 987, die konstatiert: „Anerkannt ist, dass sich die Effizienz der Überwachungstätigkeit durch Ausschüsse erhöht." Schulze-Osterloh meint, die Bildung von Ausschüssen sei „im Interesse der Effektivität der Aufsichtsratsarbeit dringend zu empfehlen"; vgl. Schulze-Osterloh 1998, S. 2135.

1.1.3 Einrichtung eines Strategieausschusses als Gestaltungsoption

1.1.3.1 Aufgaben

Der Aufsichtsrat ist per Gesetz[194] dazu befugt, Ausschüsse einzurichten und die *Aufgaben* eines Ausschusses *autonom* zu beschließen.[195] Auch wenn die Ausschusspraxis in den einzelnen Aufsichtsräten sehr unterschiedlich ausgeprägt ist, so erscheint eine Einteilung von Ausschüssen nach deren *Überwachungsgegenstand* zweckmäßig.[196] Als Anknüpfungspunkt der Bildung und Benennung von Ausschüssen dient zunächst das gesamte Aufgabenspektrum des Aufsichtsrats. Wie in Kap. B.III.3.2 bereits dargelegt hat dieser mit (1) der Auswahl, Bestellung, Ernennung, Wiederwahl und Abberufung der Vorstandsmitglieder (inklusive der Aushandlung der Anstellungsverträge), (2) der formalen und materielle Überwachung der Unternehmensführung (insbesondere der strategischen Maßnahmen des Vorstands) und (3) der Prüfung und Feststellung des Jahresabschlusses einschließlich des Gewinnverwendungsvorschlags drei *zentrale* Aufgaben.

In Anlehnung an diese Aufgaben haben sich sowohl in der Literatur als auch in der Praxis verschiedene Bezeichnungen für die (gängigen) Aufsichtsratsausschüsse durchgesetzt. An erster Stelle ist hier der so genannte *Prüfungsausschuss* (Audit Committee) zu nennen, der sich schwerpunktmäßig mit der Prüfung des Jahresabschlusses einschließlich der damit verbundenen Tätigkeiten wie etwa der Bestellung des Abschlussprüfers, die Festlegung der Prüfungsschwerpunkte und des Prüfungshonorars befasst.[197] Daneben gibt es *Aufsichtsratspräsidien*[198] und *Personalausschüsse* für Vorstandsangelegenheiten, wobei hier ein Tätigkeitsschwerpunkt in der Auswahl und Vergütung der Vorstandsmitglieder liegt, sowie Ausschüsse für bestimmte Sachgebiete wie namentlich für unternehmerische Grundsatzfragen (Strategie), Finanzen und Investitionen, Beteiligungen, Kredite oder Forschung & Entwicklung.[199]

---

[194] Vgl. § 107 Abs. 3 AktG.

[195] Vgl. Siebel 1999(b), S. 291.

[196] Vgl. Potthoff/Trescher 2001, S. 195.

[197] Vgl. zum Audit Committee ausführlich Langenblucher/Blaum 1994; Girnghuber 1998; Pfohl/Stölzle 1997, S. 195; Lück 1990; Lück 1999.

[198] Vgl. hierzu ausführlich Krieger 1985, S. 338 ff.

[199] Vgl. ausführlich Siebel 1999(b), S. 330 ff.; Potthoff/Trescher 2001, S. 196; auch Jäger 2004, S. 555; Hoffmann-Becking 1999, S. 376 f.; Köstler/Kittner/Zachert/Müller 2003, S. 171.

Im Schrifttum wird (zu Recht) hervorgehoben, dass *insbesondere* die Einrichtung eines *Strategie*ausschusses, der sich ausdrücklich einer an den Aktionärsinteressen orientierten Überwachung der *strategischen Planungs- und Entscheidungsprozesse* des Vorstands annimmt, aus Sicht der Anteilseigner als sinnvoll und notwendig erscheint.[200] So expliziert etwa JÄGER, ein Strategieausschuss leiste einen Beitrag, „die Effizienz der Aufsichtsratsarbeit zu steigern und komplexe Sachverhalte zu behandeln".[201] Auch für MALIK gehört ein Strategieausschuss zu jenen Gremien, die im Rahmen der Ausschussbildung des Aufsichtsrats „in erster Linie" in Frage kommen bzw. priorisiert werden sollten.[202] Zudem wird im Deutschen Corporate Governance Kodex die Bildung eines Strategieausschusses aufgegriffen, indem angeregt wird, die Behandlung bzw. Überwachung der *Strategie* des Unternehmens einem *Ausschuss* zu übertragen.[203]

In Bezug auf die möglichen *Aufgabeninhalte* eines solchen Ausschusses plädiert beispielsweise LUKARSCH dafür, dieser solle das „Zusammenspiel von strategischer Planung, Planungsumsetzung und resultierender Wertsteigerung" überwachen.[204] Nach DECKERT hat sich ein Strategieausschuss mit den „Einzelheiten der Plankontrolle und strategischen Überwachung" zu befassen. Somit begleitet er „den gesamten Planungs- und Entscheidungsprozeß der Geschäftsführung; er übt eine Qualitäts- und Plausibilitätskontrolle aus und führt mit dem Vorstand eine Strategie- und Risikodiskussion, die sowohl die Risiken von Einzelentscheidungen als auch das Gesamtunternehmensrisiko erfasst."[205]

Obgleich die vorstehenden Ausführungen die große Bedeutung eines Strategieausschusses (auch für die eigene Untersuchung) indizieren, verdeutlichen sie gleichermaßen, dass weiterführende Aussagen über dessen *konkrete* Aufgabeninhalte weitgehend fehlen. Vor diesem Hintergrund sollen diese im weiteren Verlauf der Arbeit dahingehend einer Vertiefung zugänglich gemacht werden, dass im Rahmen der Diskussion möglicher Aufgabeninhalte auf das bereits ausführlich dargestellte (und zu fordernde) Überwachungskonzept eines Aufsichtsrats rekurriert wird. Im Kern ist hier die Frage zu beantworten, welche der aufgeführten Kon-

---

[200] An dieser Stelle sei nochmals auf Kap. C.I.2.1 sowie die agencytheoretischen Ausführungen zur Informationsasymmetrie in Kap. C.II.3.2 verwiesen.

[201] Vgl. Jäger 2004, S. 555.

[202] Vgl. Malik 2002, S. 196.

[203] Vgl. Deutscher Corporate Governance Kodex in der Fassung vom 21.5.2003, Punkt 5.3.3.

[204] Vgl. Lukarsch 1998, S. 228.

[205] Deckert 1996, S. 988.

trollarten einem Strategieausschuss übertragen werden sollten, um eine an den Aktionärsinteressen orientierte Aufsichtsratsarbeit sicherzustellen. In dem umfassendsten Fall - gegen den zumindest aus rein theoretischer Sicht unmittelbar nichts spricht - könnten dem Strategieausschuss *sämtliche* der diskutierten Kontrollarten übertragen werden, was letztlich (neben der Ergebniskontrolle) zu folgendem Aufgabenspektrum führen würde:[206]

– Kontrolle der Strategieformulierung,

– Kontrolle der strategischen Prämissen,

– Kontrolle der Strategieimplementierung und

– strategische, ungerichtete Überwachung.

Die im Zusammenhang mit der Einrichtung eines Strategieausschusses auftretenden Fragestellungen sind durch ein Fehlen sowohl theoretisch fundierter als auch empirischer Erkenntnisse gekennzeichnet. Diesem Umstand trägt die eigene Untersuchung Rechnung, indem exploriert wird, welche der genannten Kontrollarten einem Strategieausschuss aus Sicht der Überwachungspraxis übertragen werden können bzw. welche Probleme möglicherweise mit der Einrichtung eines Strategieausschusses verbunden sind. Bevor die diesbezüglichen Ergebnisse dargestellt werden, sei mit der *Besetzung* eines Strategieausschusses der zweite Gestaltungsparameter der Ausschussbildung aufgegriffen.

1.1.3.2 Besetzung

Auch die Besetzung der Ausschüsse fällt unter die Autonomie des Aufsichtsrats.[207] Unter dem Begriff der „Besetzung" wird im Folgenden die Entscheidung über die *personelle Zusammensetzung* eines Ausschusses und über dessen *Größe*, d.h. die Anzahl der Ausschussmitglieder, verstanden.[208]

Zunächst einmal ist festzuhalten, dass nur Mitglied eines Ausschusses sein kann, wer auch Aufsichtsratsmitglied ist.[209] Bei der Auswahl der Ausschussmitglieder

---

[206] Vgl. Kap. D.I.1.

[207] Vgl. Siebel 1999(b), S. 291.

[208] Vgl. analog Köstler/Kittner/Zachert/Müller 2003, S. 174.

[209] Vgl. § 107 Abs. 3 AktG. Der Gesetzgeber formuliert, dass der Aufsichtsrat „aus seiner Mitte" Ausschüsse bilden kann.

gilt zuvorderst das *Eignungsprinzip*.[210] Folglich hat die diesbezügliche personelle Entscheidung, die „auf dem sachbezogenen Ermessen eines ordentlichen und gewissenhaften Überwachers beruhen" muss, sicherzustellen, dass jene Aufsichtsratsmitglieder in den Ausschuss berufen werden, die die entsprechenden Aufgaben des Ausschusses *bestmöglich* erfüllen können.[211]

Insgesamt erfährt die hier angesprochene *fachliche* Komponente der Auswahlentscheidung in der Literatur jedoch eine relativ geringe Bedeutung. Vielmehr wird im Rahmen der Diskussion um die richtige Besetzung eines Ausschusses nahezu ausnahmslos auf die Mitbestimmung bzw. der daraus resultierenden Probleme referenziert und die Zugehörigkeit eines Aufsichtsrats- bzw. Ausschussmitglieds zur Anteilseigner- oder Arbeitnehmerseite zum Mittelpunkt erhoben.[212] Diese in der Literatur gängige Vorgehensweise sowie die Tatsache, dass die für den eigenen Untersuchungsgegenstand im Zentrum stehende Besetzung eines *Strategie*ausschusses aufgrund dessen bedeutsamer Aufgabeninhalte in besonderer Weise mit der Mitbestimmung konfrontiert ist, lässt eine tiefer gehende Darstellung des Zusammenhangs zwischen der Mitbestimmung und der Ausschussbesetzung als notwendig erscheinen.

Bereits seit 1922, dem Jahr der erstmaligen Aufnahme von Arbeitnehmervertretern in den Aufsichtsrat,[213] besteht ein Streit, ob den Arbeitnehmervertretern des Aufsichtsrats eine grundsätzliche Beteiligung an den Ausschüssen zusteht.[214] Ins-

---

[210] Vgl. Lutter/Krieger 2002, S. 248.

[211] Vgl. Potthoff/Trescher 2001, S. 198. Eine Besonderheit stellt der „ständige Ausschuss" bzw. „Vermittlungsausschuss" in Aktiengesellschaften dar, die dem Mitbestimmungsgesetz unterliegen. Dieser Ausschuss muss unmittelbar nach der Wahl des Aufsichtsratsvorsitzenden und seines Stellvertreters gebildet werden und hat die Aufgabe, dem Plenum einen Vorschlag für die Berufung oder Abberufung eines Vorstandsmitglieds zu unterbreiten, sofern die nötige Zweidrittelmehrheit im ersten Wahlgang nicht erreicht wurde. Der Aufsichtsratsvorsitzende ist hier ein *zwingendes Ausschussmitglied*. Vgl. Siebel 1999(b), S. 335.

[212] Vgl. etwa Siebel 1999(b), S. 303; Rittner 1980, S. 2493 ff. Säcker weist darauf hin, dass diese Diskussion so alt ist wie die Beteiligung von Arbeitnehmervertretern im Aufsichtsrat seit 1922; vgl. Säcker 1979, S. 13. Vgl. auch Semler 1999(b), S. 250, der zunächst für eine *sachgerechte* Besetzung der Ausschüsse plädiert, dann aber in Bezug auf die Arbeitnehmervertreter betont: „Ein einzelnes Mitglied, das nach Kenntnissen und Fähigkeiten eigentlich nicht in den Ausschuß gehört, kann notfalls verkraftet werden." Hier spiegelt sich der unmittelbare Zusammenhang zwischen der Diskussion der (fachlichen) Besetzung einzelner Ausschüsse und der Mitbestimmung wider. Vgl. hierzu auch Schulze-Osterloh 1998, S. 2135.

[213] Vgl. hierzu auch Dreist 1980, S. 35 ff.

[214] Köstler/Kittner/Zachert/Müller 2003, S. 175.

besondere war es nach dem Erlass des Mitbestimmungsgesetzes von 1976 lange umstritten, ob Ausschüsse ohne Arbeitnehmervertreter gebildet werden dürfen oder ob die Besetzung der Ausschüsse die gesetzlich zwingende Beteiligung der Arbeitnehmer am Aufsichtsrat widerspiegeln müsse. Die Antwort auf diese Fragestellung kann in keiner „absoluten" Form gegeben werden.[215]

Nach herrschender Meinung und unter Berücksichtigung der Argumentationen des Bundesgerichtshofs ist zunächst festzuhalten, dass die Regelungen über die Zusammensetzung des gesamten Aufsichtsrats weder mittel- noch unmittelbar auf die Besetzung der Ausschüsse anzuwenden sind.[216] Der Aufsichtsrat behält hier nach wie vor die Autonomie in Bezug auf die Besetzung seiner Ausschüsse und hat das Recht, einen Ausschuss ausschließlich mit Anteilseignervertretern zu besetzen.[217] Allerdings steht der diesbezüglichen Gestaltungsfreiheit des Aufsichtsrats ein Diskriminierungsverbot gegenüber. Obgleich in der Praxis Ausschüsse durchaus ausschließlich mit Anteilseignern besetzt werden, darf der Aufsichtsrat seine Gestaltungsfreiheit nicht dazu nutzen, das gesetzlich geltende Mitbestimmungsrecht faktisch zu unterlaufen und die Ausschussteilnahme eines Aufsichtsratsmitglieds lediglich von dessen Zugehörigkeit zu einer der beiden Gruppen abhängig zu machen.[218] Mit anderen Worten darf ein Ausschluss eines Arbeitnehmervertreters von der Teilnahme an einem Ausschuss nur dann erfolgen, wenn im *Einzelfall* ein *sachlicher Grund* besteht.[219]

Der Hintergrund dieser Diskussion stellt sich - insbesondere in Bezug auf die Bildung eines Strategieausschusses - wie folgt dar: Über die bereits im Rahmen der Entwicklung des konzeptionellen Bezugsrahmens aufgezeigten Probleme der Mitbestimmung hinaus wird vielfach befürchtet, dass die Arbeitnehmer- bzw. Gewerkschaftsvertreter sensible Unternehmensinformationen missbräuchlich verwenden, was gerade eine tiefer gehende Diskussion strategischer Sachverhalte unmöglich macht.[220] Darüber hinaus wird kritisiert, dass der Aufsichtsrat durch die gesetzlich geregelte Vertretung der Arbeitnehmer- und Gewerkschaftsvertreter zu groß wird, um fundierte Entscheidungsprozesse durchzuführen und an Über-

---

[215] Vgl. Lutter/Krieger 2002, S. 248.

[216] Vgl. hierzu auch Rellermeyer 1986, S. 186.

[217] Vgl. Siebel 1999(b), S. 304.

[218] Vgl. Potthoff/Trescher 2001, S. 199.

[219] Vgl. Lutter/Krieger 2002, S. 248 f.

[220] Vgl. Pistor 2003, S. 159.

wachungseffektivität zu gewinnen.[221] Die Interessenlage der Arbeitnehmervertreter im Aufsichtsrat ist vielfach vorrangig auf den Erhalt inländischer Arbeitsplätze beschränkt. Während für die Aktionäre der gesamte Unternehmenserfolg ausschlaggebend ist, kann befürchtet werden, dass bei den Arbeitnehmervertretern die Auswirkungen strategischer Entscheidungen auf deutsche Betriebe und Arbeitsplätze die wichtigste Rolle spielen.[222]

Auch die fehlende Internationalität der Arbeitnehmervertreter ist Gegenstand der Auseinandersetzungen. Am Beispiel der Siemens AG zeigt beispielsweise NEUBÜRGER auf, dass die Globalisierung der Wirtschaft zu einer stärkeren Besetzung der Seite der Anteilseignervertreter mit ausländischen Aufsichtsratsmitgliedern geführt hat, während die Arbeitnehmerbank im Aufsichtsrat seit 1978, dem Jahr des ersten mitbestimmten Aufsichtsrats der Siemens AG, nach wie vor nicht international besetzt wird.[223] Die Diskussion abschließend soll nicht unerwähnt bleiben, dass in der Literatur hervorgehoben wird, das Modell der Mitbestimmung funktioniere dann, wenn es dem *Aufsichtsratsvorsitzenden* bzw. dem *Ausschussvorsitzenden* gelingt, in den Sitzungen ein positives (Vertrauens-)Klima zu schaffen. Dies würde die hier aufgeführten Probleme relativieren und die zum Teil harten Auseinandersetzungen zwischen den Anteilseigner- und Arbeitnehmervertretern überflüssig machen.[224]

Zusammengefasst kann festgehalten werden, dass die Besetzung eines Strategieausschusses mit Arbeitnehmervertretern aus Sicht der Anteilseigner durchaus *problembehaftet* erscheint, weil der Aufsichtsrat insgesamt weniger darauf drängen kann, den Unternehmenswert im Sinne der Aktionäre zu steigern.[225] Teilweise wird im Schrifttum sogar davon ausgegangen, „daß der Aufsichtsrat als Folge des *Mitbestimmungsgesetzes* in zunehmendem Maße als Garant der Aktionärsinteressen ausfällt."[226] Daher ist einer *paritätische* Besetzung eines Strategieausschusses aus Gründen der Gewährleistung einer aktionärsorientierten Überwachung wohl abzulehnen, zumal empirische Untersuchungen in der Tat darauf hinweisen, dass paritätisch mitbestimmte Unternehmen aus Sicht der Eigentümer schlechtere Er-

---

[221] Vgl. Pistor 2003, S. 159 f.

[222] Vgl. Sünner 2000, S. 497.

[223] Vgl. Neubürger 2003, S. 182.

[224] Vgl. Siebel 1999(b), S. 303.

[225] Vgl. Witt 2000, S. 161.

[226] Vgl. Jehle 1982, S. 1079 (kursiv im Original).

gebnisse aufweisen als in niedrigerem Umfang mitbestimmte Unternehmen.[227] Jedoch erscheint es durchaus ratsam, den Strategieausschuss zumindest mit *einem* Arbeitnehmervertreter zu besetzen, will man sich des Vorwurfs einer missbräuchlichen Diskriminierung nicht ausgesetzt sehen und wichtige Elemente der Unternehmenspolitik nicht an den Arbeitnehmervertretern vorbei (mit-)gestalten.[228] Auch bringt ein Arbeitnehmervertreter den Vorteil wichtiger Kenntnisse unternehmensinterner Vorgänge und Abläufe ein, was für die Überwachung insgesamt und insbesondere für die Arbeit eines Strategieausschusses positiv zu bewerten ist.[229]

Während die Ausschussbesetzung in der Literatur offensichtlich als ein „sensibler Bereich" angesehen wird, der einer „behutsamen Behandlung" bedarf,[230] ist die Diskussion um die erforderliche *Anzahl der Ausschussmitglieder* weitaus weniger spektakulär. Basierend auf der Erkenntnis, dass das Gesetz die zahlenmäßige Zusammensetzung eines Ausschusses nicht regelt, hat der Aufsichtsrat normalerweise lediglich bestimmte Normen für die *Mindestzahl* von Mitgliedern zu beachten. Zwar können Ausschüsse grundsätzlich aus lediglich zwei Aufsichtsratsmitgliedern bestehen, jedoch ist für solche Ausschüsse, denen das Plenum eine Entscheidungsbefugnis einräumt, eine Mindestgröße von drei Mitgliedern zwingend erforderlich.[231] Hier wird argumentiert, die Mindestzahl von drei Ausschussmitgliedern solle reine Zufallsentscheidungen verhindern und vielmehr eine sachdienliche, kollegiale Meinungsbildung sicherstellen.[232] Insofern sollten - dem Schrifttum folgend - einem Aufsichtsratsausschuss regelmäßig drei bis fünf, maximal sechs Mitglieder angehören.[233]

---

[227] Vgl. Witt 2000, S. 161. Demnach weisen weniger mitbestimmte Unternehmen (Drittelparität) im Vergleich zu paritätisch mitbestimmten Unternehmen höhere Unternehmenswerte bzw. niedrigere Kapitalkosten auf.

[228] Vgl. auch Semler 1999(b), S. 250.

[229] Vgl. Götz 1995, S. 347.

[230] Vgl. Potthoff/Trescher 2001, S. 199.

[231] Vgl. § 108 Abs. 2 Satz 3 AktG; Rellermeyer 1986, S. 97. Zur Delegation von Entscheidungsbefugnissen an Ausschüsse vgl. Kap. D.II.2 dieser Arbeit.

[232] Vgl. Köstler/Kittner/Zachert/Müller 2003, S. 174 f., die an gleicher Stelle auf ein Urteil des Bundesgerichtshofes verweisen. Dieser befand, bei einem mindestens dreiköpfigen Ausschuss bestehe die allgemein hinreichende Aussicht, dass möglichst alle maßgebenden sachlichen Aspekte der Entscheidungsfindung zur Sprache kommen und so Einseitigkeiten vermieden würden.

[233] Vgl. Langenbucher/Blaum 1994, S. 2202; Möllers 1995, S. 1731.

Vor dem Hintergrund der vorstehenden Ausführungen war es ein wichtiges Ziel der empirischen Untersuchung zu explorieren, welches Erfahrungswissen und Meinungsbild die befragten Aufsichtsratsmitglieder bezüglich der *personellen* und *numerischen* Besetzung eines Strategieausschusses aufweisen.

1.2 Empirische Befunde zur Spezialisierung

1.2.1 Befunde zu den Vor- und Nachteilen

Rekurriert man auf die theoretischen Ausführungen zur *Vorteilhaftigkeit* der Bildung von Ausschüssen, so gelten diese deshalb als „ein wichtiges Instrument der Überwachung"[234], weil sie die Leistungsfähigkeit und Stellung des Aufsichtsrats als Gesamtorgan sowie der einzelnen Aufsichtsratsmitglieder stärkt.[235] Auf Ebene der Effektuierung der Arbeit des *Gesamtaufsichtsrats* wurden im Einzelnen die Vorteile „flexiblere Arbeit", „kontroversere bzw. intensivere Diskussionen", „Steigerung der Problemlösungswahrscheinlichkeit" und „Bündelung von Spezialwissen" aufgezeigt. Zudem wurde deutlich, dass die Ausschussbildung durch die Erhöhung des Verantwortungsbewusstseins, die Steigerung der Leistungsfähigkeit sowie die Schaffung von Tätigkeitsanreizen (aktivere Aufsichtsratsmitglieder) eine positive Wirkung auf die *einzelnen Aufsichtsratsmitglieder* erzielt. Daneben tritt der Effekt eines verbesserten *Verhältnisses zum Vorstand*. Ferner wurde im konzeptionellen Teil deutlich, dass auch einige *Nachteile* bestehen, die sich vor allem in einem möglichen Informationsgefälle und Kompetenzkonflikt zwischen den Ausschüssen und dem Plenum sowie in Fragen der gezielten Besetzung der Ausschüsse zum Nachteil der Anteilseigner- bzw. Arbeitnehmervertreter konstituieren.

Vor diesem Hintergrund stand es im Mittelpunkt zu hinterfragen, wie die in die Untersuchung einbezogenen Aufsichtsratsmitglieder die diskutierten Vor- und Nachteile aus Sicht der Praxis bewerten.[236] Abbildung 36 stellt das Ergebnis dar.

Die Befunde bezüglich der *Vorteile* repräsentieren eine bemerkenswert „homogene" Einschätzung seitens der Aufsichtsratsmitglieder. Nach deren Beurteilung

---

[234] Vgl. Potthoff/Trescher 2001, S. 194.

[235] Vgl. Dreist 1980, S. 231.

[236] Vgl. Anhang II: Frage 1 im ergänzenden Teil des Fragebogens; Bedeutung 1-5 (5=äußerst bedeutsam, wobei Beurteilung der Nachteile als Negativwerte dargestellt, d.h. hier: -5=äußerst bedeutsam).

stehen exakt jene Vorteile im Vordergrund, die im Rahmen der Konzeptualisierung zu der Gruppe der Effektuierung der Arbeitsweise des *Gesamtaufsichtsrats* zusammengefasst wurden (Bedeutungseinschätzung 3,32 bis 4,29). An erster Stelle steht hier der Vorteil intensiverer Diskussionen, was auf eine relativ gering ausgeprägte Diskussionskultur in den Aufsichtsratssitzungen hindeutet. Die Vorteile, die sich auf die Leistung und Motivation eines *einzelnen Aufsichtsratsmitglieds* selbst beziehen, wurden von den Gesprächspartnern dagegen lediglich mit einer mittleren Bedeutungseinschätzung belegt (Werte zwischen 2,80 und 3,07). Überraschend ist der Befund, dass die Ausschussbildung offensichtlich nur einen relativ geringen Beitrag zur Verbesserung des *Verhältnisses zum Vorstand* leistet (2,68). Insofern scheint die Bildung von Ausschüssen primär aus *organinterner* Sicht heraus zu erfolgen, wobei hier inhaltliche Argumente in Bezug auf eine verbesserte *Aufgabenerfüllung* aus Sicht der Überwachungspraxis im Vordergrund stehen.

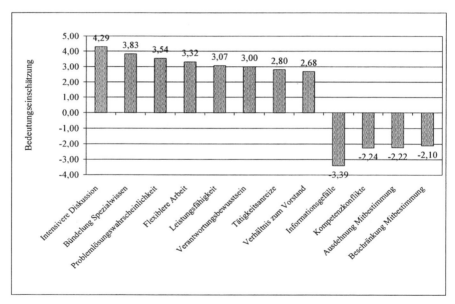

Abb. 36: Vor- und Nachteile der Bildung von Aufsichtsratsausschüssen (über alle Befragten)

Widmet man sich in einem zweiten Schritt der Beurteilung der *Nachteile* der Ausschussbildung, so wird deutlich, dass hier insgesamt die Gefahr möglicher Informations- und Kompetenzkonflikte zwischen den eingerichteten *Ausschüssen* und dem *Plenum* die höchste praktische Relevanz aufweisen. Dabei stellt die Schaffung eines Informationsgefälles zuungunsten des Gesamtaufsichtsrats für die Überwachungspraxis offensichtlich das mit Abstand größte Problem dar (Bedeutungseinschätzung 3,39). Folglich ist zur Vermeidung von Konfliktsituationen eine kontinuierliche Berichterstattung der Ausschüsse an das Plenum sicherzustellen. Als überraschend ist allerdings der eigene Befund einzustufen, dass die Frage einer gezielten Ausdehnung bzw. Beschränkung der Mitbestimmung durch die entsprechende Besetzung der Ausschüsse offenkundig nur eine relativ *geringe praktische Relevanz* aufweist. Damit *unterscheidet* sich die Einschätzung der Überwachungspraxis erheblich von der des Schrifttums, das - wie gezeigt - der Mitbestimmungsproblematik im Rahmen der Ausschussbildung eine primäre Rolle beimisst.

Betrachtet man abschließend das *gruppenspezifische Antwortverhalten*, so lassen sich keine Befunde eruieren, die etwa auf *deutlich* unterschiedliche Bedeutungseinschätzungen hinweisen (vgl. Abb. 37).

	1		2	
	Dax-Auf-sichts-ratsvor-sitzende	Sonstige	Anteils-eigner-vertreter	Arbeit-nehmer-vertreter
Vorteil:				
Intensivere Diskussion als im Gesamtaufsichtsrat	4,88	4,15	4,57	3,69
Nachteile:				
Ausdehnung der Mitbestimmung (bei entsprechender Besetzung der Ausschüsse)	-2,25	-2,21	-2,50	-1,62
Beschränkung der Mitbestimmung (bei entsprechender Besetzung der Ausschüsse)	-1,75	-2,18	-1,71	-2,92

Abb. 37: Vor- und Nachteile der Bildung von Aufsichtsratsausschüssen (gruppenspezifisches Antwortverhaltens)

Allerdings lässt eine nähere Betrachtung des genannten Vorteils einer „intensiveren Diskussion" erkennen, dass dieser von den Anteilseignervertretern als weitaus wichtiger eingeschätzt wurde als von den Vertretern der Arbeitnehmer (4,57 vs. 3,69).

Dieser Befund deutet darauf hin, dass die Anteilseigner die Größe des Aufsichtsrats als nachteilig für die Diskussionskultur im Plenum erachten. Vor allem die
befragten Aufsichtsratsvorsitzenden der Dax-Unternehmen, deren Aufsichtsgre-
mien in der Regel 20 Mitglieder umfassen, wissen die Vorteilhaftigkeit kleinerer
Organisationseinheiten bezüglich eines verbesserten Meinungsaustausches offensichtlich überdurchschnittlich zu schätzen (4,88).

Wenngleich sich die Bedeutungseinschätzung der Mitbestimmungsproblematik
seitens der Anteilseigner- und Arbeitnehmervertreter erwartungsgemäß in der
dargestellten „Tendenz" offenbart, deuten die insgesamt niedrigen Werte auf den
überraschenden Befund hin, dass selbst die Arbeitnehmervertreter der Mitbestimmung in Verbindung mit der Ausschussbildung eine eher untergeordnete Rolle beimessen. Dieses Ergebnis stützt die oben formulierte, auf das Antwortverhalten *aller* Gesprächspartner bezogene Vermutung einer diesbezüglich ungleichen
Einschätzung in Theorie und Praxis.

1.2.2 Befunde zur Einrichtung eines Strategieausschusses

Ausgehend von den konzeptionellen Ausführungen wurden im Rahmen der empirischen Untersuchung folgende Merkmale exploriert:

▸ Mögliche Aufgaben eines Strategieausschusses und

▸ Besetzung eines Strategieausschusses.

(1) Mögliche Aufgaben eines Strategieausschusses

Im Rahmen der konzeptionellen Vorüberlegungen wurde deutlich, dass die Einrichtung eines Strategieausschusses sowohl in der Praxis als auch im Schrifttum
im Vergleich zu anderen Ausschüssen ein relativ *neuartiges* Konstrukt darstellt
und theoretisch fundierte sowie empirische Ergebnisse hierzu kaum vorliegen.
Diese Erkenntnis wird von dem eigenen Befund gestützt, dass lediglich 21,7% der
Befragten bislang in der Praxis mit einem Strategieausschuss in Berührung gekommen sind.[237] Im Gruppenvergleich wiesen die *Dax-Aufsichtsratsvorsitzenden*
hier den größten Erfahrungshorizont auf. Unter ihnen war mit 45,5% nahezu jeder
Zweite bereits in einem Aufsichtsrat *mit* Strategieausschuss vertreten.

---

[237] Vgl. Anhang II: Frage 1 in Teil 2 des Fragebogens.

Vor diesem Hintergrund setzte die eigene Untersuchung an der Exploration an, welche Aufgaben einem Strategieausschuss aus Sicht der Praxis übertragen werden könnten.[238] Dabei wurde auf die im Vorfeld bereits ausführlich diskutierten Kontrollarten Nachvollziehbarkeit der Strategieentwicklung, strategische Prämissenkontrolle, strategische Durchführungskontrolle, ungerichtete Überwachung und schließlich Ergebniskontrolle referenziert. Abbildung 38 legt das diesbezügliche Ergebnis der Befragung dar.

Die Abbildung verdeutlicht den positiven Befund, dass insgesamt 52,2% der Befragten befürworteten, einen Strategieausschuss mit *sämtlichen* der genannten Aufgaben zu betrauen. Weitere 17,4% votierten für die Übertragung *ausgewählter* Aufgaben. Dagegen standen 30,4% der befragten Aufsichtsratsmitglieder einem Strategieausschuss skeptisch gegenüber. Sie würden ihm folglich keine Überwachungsaufgaben übertragen bzw. von der Einrichtung eines Strategieausschusses gänzlich absehen.

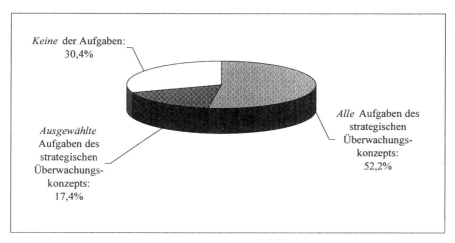

Abb. 38: Potenzielle Aufgaben eines Strategieausschusses

Die in der Mehrheit befindlichen *Befürworter* eines Strategieausschusses argumentierten, ihrer Ansicht nach trage dieser *erheblich* zu einer Verbesserung der Überwachungsleistung des Aufsichtsrats bei. Sie stützten ihre Meinung auf die

---

[238] Vgl. Anhang II: Frage 2 in Teil 2 des Fragebogens.

Erkenntnis, der *Gesamtaufsichtsrat* sei in der Regel eine reine „Abnickerveranstaltung in strategischen Sachfragen", was die *Übertragung* der mit der Strategie verbundenen Überwachungsaufgaben *auf einen Ausschuss* nahezu unumgänglich mache. Ferner fügten sie an, das Plenum sei für tiefer gehende Strategiediskussionen schlicht zu groß, wobei hier erschwerend hinzu komme, dass die Tagesordnungspunkte der Aufsichtsratssitzungen regelmäßig im Vorfeld fixiert seien und kaum inhaltliche Debatten zu wichtigen strategierelevanten Fragestellungen zuließen. Insofern sei der Strategieausschuss für die Sicherstellung einer an den Aktionärsinteressen orientierten Überwachung wichtig, um die entscheidenden strategierelevanten Fragestellungen konstruktiv diskutieren zu können.

Allerdings mahnten die Befürworter eines Strategieausschusses explizit an, ein *Informationsgefälle* zwischen dem Ausschuss und dem Plenum zu vermeiden und die übrigen Aufsichtsratsmitglieder stetig über die Arbeit des Ausschusses zu informieren. Insbesondere vor dem Hintergrund der großen Bedeutung der strategischen Ausrichtung des Unternehmens sei andernfalls eine vertrauensvolle Zusammenarbeit untereinander nicht möglich. Diese Einschätzung korrespondiert mit dem oben dargestellten Befund, dass die Gefahr eines Informationsgefälles aus Sicht der Gesprächspartner den größten Nachteil der Ausschussbildung darstelle.

Für den Fall, dass ein Aufsichtsrat bereits über eine Vielzahl unterschiedlicher Ausschüsse verfüge, sei es nach Auskunft der Befragten durchaus überlegenswert, die strategischen Überwachungsaufgaben auf einen bereits *existierenden Ausschuss* zu übertragen. Auf diese Weise wirke man einer „Atomisierung des Aufsichtsrats" entgegen und reduziere gleichzeitig die Gefahr etwaiger „inhaltlicher Überlappungen", die etwa in parallel eingerichteten Strategie-, Finanz- und Investitionsausschüssen oder Präsidien bestehen könnten.

Eine gewisse „Zwischenpositionierung" nahmen jene 17,4% der Befragten ein, die die Einrichtung eines Strategieausschusses zwar grundsätzlich befürworteten, jedoch für eine Übertragung lediglich *ausgewählter* Aufgaben plädierten. Im Einzelnen wurde innerhalb dieses Personenkreises die Überwachung

- der Zwischenziele im Rahmen der Strategieumsetzung von 62,5%,
- der Nachvollziehbarkeit der Strategieentwicklung sowie der Gültigkeit der Strategiesprämissen im Zeitablauf von jeweils 50,0%,
- der Ergebnisse der Strategieumsetzung von 25,0% und
- der bewusst ausgeblendeten Strategieprämissen von 12,5%

der Gesprächspartner genannt.

Dieses Ergebnis deutet zunächst einmal darauf hin, dass die Kontrolle der *bewusst ausgeklammerten Strategieprämissen* offensichtlich im Zuständigkeitsbereich des gesamten Plenums verbleiben sollte. In Kenntnis des bereits erhobenen Befundes aus Kap. D.I.2.1 sei jedoch relativierend hinzugefügt, dass die ungerichtete Kontrollart in der Perzeption aller Befragten nur eine *rudimentäre* Rolle für die Überwachungspraxis spielt, so dass folgerichtig auch eine Übertragung dieser Kontrollart auf einen Ausschuss erwartungsgemäß als unbedeutend erachtet wurde. Interessanterweise plädierten drei Viertel dieser Befragtengruppe dafür, die Überwachung der *Strategieergebnisse* im Aufgabenbereich des Plenums zu belassen. Als Grund wurden primär haftungsbedingte Überlegungen sowie die Einschätzung, andernfalls seien die Nicht-Ausschussmitglieder zu stark „entmündigt", genannt. Aussagegemäß scheint diese Befürchtung jedoch nicht in gleichem Maße für eine Übertragung der Überwachungstätigkeit im Rahmen der Strategieentwicklung, Strategieprämissen und Strategieumsetzung zu gelten.

Jene 30,4% der befragten Aufsichtsratsmitglieder, die sich *gegen* die Etablierung eines Strategieausschusses aussprachen, trugen insgesamt folgende fünf inhaltlich voneinander unterscheidbare Argumente vor:

(1) Zum einen sei die Strategie des Unternehmen grundsätzlich zu wichtig, um deren Überwachung vollständig oder auch in Teilen in einen Ausschuss zu verlagern. Folglich müsse die Strategie stets im Zuständigkeitsbereich des gesamten Plenums liegen.

(2) Zum zweiten wurde argumentiert, die Einrichtung eines Strategieausschusses verwässere die im Aktienrecht organschaftlich vorgesehene Trennlinie zwischen Unternehmensführung und Überwachung und komme im Ergebnis einem „Systemwechsel" zum einstufigen Board-System gleich.

(3) Zudem sei eine Strategie nicht kontinuierlich zu überwachen, sondern werde einmalig „aufgesetzt" und bedürfe von diesem Zeitpunkt an nur noch geringer Beachtung. Insofern sei die Einrichtung eines Strategieausschusses materiell überflüssig.

(4) Ferner gaben die Befragten an, dass die bestehenden Ausschussstrukturen in deutschen Aktiengesellschaften bereits genug Probleme in Bezug auf einen ausreichenden bzw. unzureichenden Informationsfluss zwischen den Aus-

schüssen und dem Plenum hervorriefen.[239] Die Einrichtung eines Strategieausschusses würde diese Problematik weiter verschärfen.

(5) Schließlich wurde zu bedenken gegeben, dass die Mitbestimmung in Deutschland dazu führe, Strategieausschüsse notwendigerweise auch mit Arbeitnehmervertretern zu besetzen, wodurch die Vertraulichkeit der Informationen
stark gefährdet und eine wirkungsvolle Ausschussarbeit im Ergebnis nicht
mehr möglich sei. Infolgedessen werde häufig auf die Institutionalisierung eines Strategieausschusses verzichtet, und eine informelle Abstimmung zwischen dem Vorstandsvorsitzenden, dem Aufsichtsratsvorsitzenden und ausgewählten Aufsichtsratsmitgliedern praktiziert, bei der „mit einem Glas Wein"
und „ohne Sitzungsprotokoll" alles Wichtige besprochen werden kann.

Interpretiert man die hier vorgetragenen Argumente *gegen* die Einrichtung eines
Strategieausschusses, so gelangt man schnell zu dem Ergebnis, dass diese aus
theoretischer Sicht nur wenig überzeugen können und sich durch eine Reihe von
Gegenargumenten entkräften lassen.

▶ So impliziert das erste Argument, die Verlagerung strategischer Überwachungsaufgaben in einen Ausschuss führe per se zu einer *Verschlechterung* der
Überwachungsleistung. Dies widerspricht entschieden sowohl dem theoretischen Erkenntnisstand als auch dem Großteil der Meinung der Überwachungspraxis. Vielmehr intendiert die Einrichtung eines Strategieausschusses ausdrücklich die Verbesserung der Überwachung und nimmt gleichzeitig die große Bedeutung der strategischen Überwachungsaufgaben des Aufsichtsrats, die
ja den Grund für die Etablierung des Ausschusses darstellt, explizit zur Kenntnis. Darüber hinaus sei in diesem Zusammenhang betont, dass die Zuständigkeit und Verantwortung des Plenums - wie in Kap. D.II.2 noch zu diskutieren
sein wird - durch eine entsprechend austarierte Delegation lediglich ausgewählter Kompetenzen an den Ausschuss gewahrt bleiben kann.

▶ Dem zweiten Argument sei begegnet, dass - wie gezeigt - selbst der Corporate
Governance Kodex, der sich gemäß seiner Präambel explizit auf das *zweistufige Modell* der Spitzenverfassung stützt, die Einrichtung eines Strategieausschusses anregt. Folglich sollte statt einer monierten „Verwässerung" der organschaftlichen Trennlinie besser von einer anerkannten Effektuierung der

---

[239] Vgl. hierzu nochmals die Ausführungen zu den Nachteilen der Ausschussbildung in Kap.
D.II.1.2.1.

Überwachungsarbeit unter ausdrücklicher Wahrung des deutschen Trennungsmodells gesprochen werden.

▶ Das dritte Argument ist aus betriebswirtschaftlicher Sicht schlicht unhaltbar und deutet auf ein entschieden falsches Rollen- und Strategieverständnis einiger Aufsichtsratsmitglieder hin. Wie die Ausführungen bezüglich des zu fordernden Überwachungskonzepts eines Aufsichtsrats verdeutlichten, besteht die Überwachung einer Strategie gerade *nicht* in einer lediglich in t_0 erbrachten Zustimmung, sondern vielmehr in darüber hinausgehenden, sich im Zeitablauf abspielenden Kontrollhandlungen, die aufgrund systematischer, planungsimmanenter Rahmenbedingungen zwingend notwendig sind.

▶ In Bezug auf das vierte Argument einer zunehmenden Atomisierung des Aufsichtsrats mit einem damit verbundenen problematischen Informationsgefälle zwischen Aufsichtsrat und Ausschüssen sei konstatiert, dass dies kein *inhaltliches* Argument gegen die Einrichtung eines Strategieausschusses darstellt. Vielmehr wird hier (zu Recht) auf die Gefahr einer schwerwiegenden Informationsasymmetrie innerhalb des Aufsichtsrats hingewiesen. Dieser Problematik kann jedoch durch eine regelmäßige Berichterstattung der Ausschüsse an das Plenum begegnet werden. In diesem Zusammenhang sei darauf hingewiesen, dass der Großteil jener Aufsichtsratsmitglieder, die bereits praktische Erfahrungen mit einem eingerichteten Strategieausschuss gesammelt haben, dies als ein zu lösendes Problem erachtet.

▶ Von allen Argumenten gegen einen Strategieausschuss erscheint lediglich das letztgenannte dem Grunde nach plausibel. Offenbar bestehen in der Praxis massive Vorbehalte gegen die Besetzung eines derart wichtigen Ausschusses mit Arbeitnehmervertretern. Diese Erkenntnis basiert ausschließlich auf rein *praktischen* Erfahrungen der Befragten und kann aus *theoretischer* Sicht weder bekräftigt noch negiert werden. Allerdings muss einschränkend erwähnt werden, dass die diesbezüglichen (schlechten) Erfahrungen einzelner Gesprächspartner nicht die Meinung aller Anteilseignervertreter widerspiegelt. Insofern scheint die Gefahr eines nicht vertrauensvollen Umgangs mit sensiblen Informationen seitens der Arbeitnehmer eher ein einzelfallbezogenes - dann jedoch schwerwiegendes - Problem darzustellen, das die Bildung eines Strategieausschusses in einigen Aufsichtsräten unter Umständen unmöglich macht.

Im Zusammenhang mit der Mitbestimmung kann abschließend *vermutet* werden, dass diese im Rahmen der Bildung eines *Strategie*ausschusses einen höheren Stellenwert erlangt als dies die Befunde zu den Nachteilen der Ausschussbildung im Allgemeinen erwarten ließen.

Dieser Vermutung wird im Rahmen der Untersuchung der personellen Besetzung eines Strategieausschusses im nächsten Kapitel nachgegangen.

Eine Analyse des *gruppenspezifischen Antwortverhaltens* vermochte hier keine weiterführenden Erkenntnisse zu generieren.

(2) Besetzung eines Strategieausschusses

Im Rahmen der Konzeptualisierung wurde deutlich, dass unter der Besetzung eines Ausschusses sowohl die Entscheidung über dessen *personelle Zusammensetzung* als auch über dessen *Größe*, d.h. die Anzahl der Ausschussmitglieder, verstanden wird. Im Folgenden sollen die Ergebnisse der diesbezüglichen Exploration dargestellt werden. Zunächst einmal wurden die Gesprächspartner gefragt, mit wie vielen Mitgliedern sie einen Strategieausschuss sinnvollerweise besetzen würden (vgl. Abb. 39).[240]

Die Abbildung legt dar, dass mit 53,3% über die Hälfte der befragten Aufsichtsratsmitglieder angaben, ein Strategieausschuss setze sich idealerweise aus vier Personen zusammen. Während 17,8% der Gesprächspartner für eine dreiköpfige Besetzung votierten, sprachen sich 13,3% für fünf, 11,1% für sechs und schließlich 4,4% für acht Ausschussmitglieder aus. Im Durchschnitt bestätigen diese Ergebnisse die im Schrifttum vertretene Auffassung, ein Ausschuss solle regelmäßig aus drei bis fünf Mitgliedern bestehen (insgesamt 84,4%). Insofern kann hier von einer Übereinstimmung zwischen Theorie und Praxis ausgegangen werden. Eine Gegenüberstellung des *gruppenspezifischen Antwortverhaltens* war im Rahmen dieser Fragestellung belanglos.

---

[240] Vgl. Anhang II: Frage 3 in Teil 2 des Fragebogens.

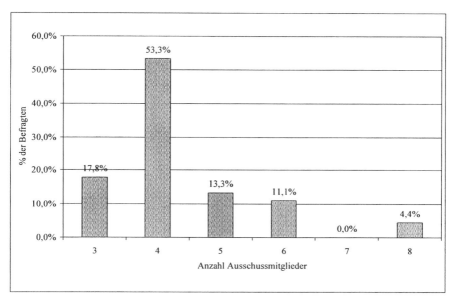

Abb. 39: *Sinnvolle Größe eines Strategieausschusses (Mitgliederzahl)*

In einem zweiten Schritt galt es hinsichtlich der *personellen Zusammensetzung* zu hinterfragen, *mit welchen Aufsichtsratsmitgliedern* ein Strategieausschuss sinnvollerweise zu besetzen wäre.[241] Abbildung 40 stellt die diesbezüglichen Ergebnisse dar.

Wie die Abbildung verdeutlicht, gab die große Mehrheit der Befragten (77,3%) an, der *Aufsichtsratsvorsitzende* solle unbedingt auch Mitglied des Strategieausschusses sein. Während 34,1% der Gesprächspartner der Meinung waren, dem Ausschuss habe sinnvollerweise *ein* Arbeitnehmervertreter anzugehören, forderten 25,0% eine darüber hinausgehende *paritätische* Besetzung im Sinne einer jeweils hälftigen Berücksichtigung der Anteilseigner- und Arbeitnehmervertreter. Dagegen sprachen sich immerhin 27,3% *gegen jegliche Beteiligung* eines Arbeitnehmervertreters aus. Zudem äußerten 15,9%, die *fachliche Kompetenz* eines Aufsichtsratsmitglieds sei bei der Besetzung des Strategieausschusses mitentscheidend.

---

[241] Vgl. Anhang II: Frage 4 in Teil 2 des Fragebogens; Mehrfachnennungen möglich.

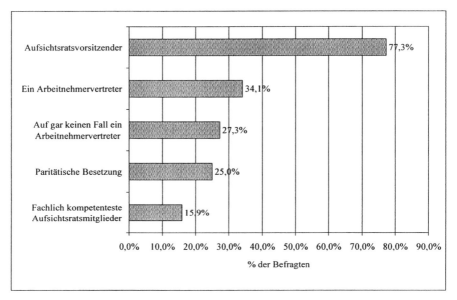

Abb. 40: Sinnvolle personelle Besetzung/Mitglieder eines Strategieausschusses

Bei einer Interpretation der Befunde fällt in erster Linie auf, dass in der Überwachungspraxis Einigkeit darüber zu bestehen scheint, der Aufsichtsratsvorsitzende solle in jedem Fall auch Mitglied des Strategieausschusses sein. Die Befragten gaben an, aufgrund der Wichtigkeit der Themen, die in einem Strategieausschuss behandelt würden, sei der Aufsichtsratsvorsitzende als Repräsentant des Aufsichtsrats quasi ein „geborenes Mitglied" dieses Ausschusses. Diese Einschätzung teilten alle Befragtengruppen, wenngleich erwartungsgemäß die *Dax-Aufsichtsratsvorsitzenden* hier mit 90,9% den Spitzenwert einnahmen.

In zweiter Instanz ist negativ hervorzuheben, dass die befragten Aufsichtsratsmitglieder die *theoretische Forderung* einer auf *fachlichen* Gesichtspunkten basierenden Besetzung des Strategieausschusses offensichtlich *nicht teilen*. Dieser Befund stützt die im Rahmen der Konzeptualisierung vorgetragene, eigens identifizierte Auffälligkeit in der Literatur, wonach im Rahmen der Besetzung von Ausschüssen der Kompetenzaspekt gegenüber der Mitbestimmungsthematik nachrangig behandelt wird.

Teile der Befragten rechtfertigten diese Grundhaltung mit der Erkenntnis, die Besetzung von Ausschüssen sei häufig ein „hochgradiges Politikum", so dass die fachliche Eignung der Kandidaten zwangsläufig als sekundär eingestuft und vielmehr auf die Zugehörigkeit der Aufsichtsratsmitglieder zur Anteilseigner- bzw. Arbeitnehmervertretung geachtet würde.

Eine nähere Untersuchung der Befunde hinsichtlich der mitbestimmungsrelevanten Fragestellung, inwieweit ein Strategieausschuss, auf den die „Besetzungsspikanterie" aufgrund seiner Aufgabeninhalte in besonderem Maße zutrifft, mit Anteilseigner- bzw. Arbeitnehmervertretern besetzt werden sollte, hat sinnvollerweise an einer Gegenüberstellung des erhobenen *spezifischen* Meinungsbildes der beiden genannten Personenkreise anzusetzen. Während in Abbildung 40 bereits gezeigt wurde, dass *insgesamt* 34,1% der Gesprächspartner die im Rahmen der Konzeptualisierung formulierte Empfehlung, den Strategieausschuss mit *einem* Arbeitnehmervertreter zu besetzen, stützen, offenbart das *gruppenspezifische* Antwortverhalten erwartungsgemäß ein differenziertes Meinungsbild (vgl. Abb. 41).

	Anteilseigner- vertreter	Arbeitnehmer- vertreter
Paritätische Besetzung	6,5%	69,2%
Ein Arbeitnehmervertreter	38,7%	23,1%
Überhaupt *keine Beteiligung* der Arbeitnehmervertreter	38,7%	0,0%
Mitbestimmungsthema unerheblich für die Besetzung	16,1%	7,7%

Abb. 41: Mitbestimmungsrelevante Kriterien bei der Besetzung eines Strategieausschusses (gruppenspezifisches Antwortverhalten)

Wie zu vermuten war forderte mit 69,2% die große Mehrheit der Arbeitnehmer-, jedoch nur eine Minderheit der Anteilseignervertreter (6,5%), die *paritätische Besetzung* eines Strategieausschusses. Als Hauptargument trugen die Befragten vor, die im Strategieausschuss zu behandelnden Themen seien derart wichtig, dass eine grundsätzliche Nichtberücksichtigung der Arbeitnehmervertreter in keiner Weise zu akzeptieren wäre. Auch betonten die Gesprächspartner, dass einem Ausschluss der Arbeitnehmervertreter auch der sachliche Grund entgegenstehe, dass die unternehmensinternen Kenntnisse der Arbeitnehmervertreter für die Diskussion strategischer Sachverhalte von großer Bedeutung seien und demzufolge aktiv genutzt werden müssten.

In diesem Zusammenhang wiesen mehrere Befragte darauf hin, dass im Gegensatz dazu die Anwesenheit betriebsfremder Banker zu keinen nennenswerten Erkenntnisgewinnen beitrage. Die Berücksichtigung lediglich *eines* Arbeitnehmers sei insofern abzulehnen, als diesem ausschussintern der nötige Rückhalt im Sinne einer „argumentativen Absicherung" gegenüber den Anteilseignern fehle.

Einen interessanten Befund stellt das Ergebnis dar, dass 38,7% der befragten Anteilseignervertreter *gegen* eine wie auch immer ausgestaltete Beteiligung der Arbeitnehmervertreter am Strategieausschuss votierten. Für eine solche Vorgehensweise stimmte erwartungsgemäß *niemand* der Arbeitnehmervertreter. Die Anteilseigner argumentierten zum einen, man könne mit den Arbeitnehmervertretern „grundsätzlich keine Strategie besprechen", da sie hier „fachlich völlig überfordert" seien bzw. nur unzureichendes Know-how aufwiesen.[242] In diesem Zusammenhang seien die Arbeitnehmervertreter auch stets einseitig auf das *inländische* Geschäft fokussiert, obwohl der globale Wettbewerb dazu geführt hat, dass häufig nur noch ein Bruchteil des Umsatzes in Deutschland erzielt werde bzw. weniger als die Hälfte der Mitarbeiter in Deutschland beschäftigt seien.[243]

Darüber hinaus wurde den Arbeitnehmervertretern massives „Kastendenken" unterstellt, das oftmals ursächlich für die mangelnde Durchschlagskraft notwendig gewordener Restrukturierungsprogramme sei. Durch die Beteiligung der Arbeitnehmer an wichtigen strategischen Entscheidungen seien die Anteilseigner faktisch „entmachtet". Als letztes Argument wurde auch hier der Vertraulichkeitsaspekt angeführt. Die Anteilseignervertreter monierten, sensible strategische Informationen - beispielsweise im Zuge von Werksschließungen - würden häufig direkt nach den Aufsichtsratssitzungen sowohl unternehmensintern an die Belegschaft als auch -extern an die Gewerkschaftszentralen vermittelt. Dadurch sei bereits auf Plenumsebene eine vertrauensvolle Zusammenarbeit stark gefährdet, was sich im Rahmen der Etablierung eines Strategieausschusses nicht minder schwerwiegend fortsetzen würde. Infolgedessen äußerten einige Gesprächspartner überspitzt, die Beteiligung der Arbeitnehmer am Strategieausschuss sei dessen „Killer" und im Ergebnis Ausdruck der „schizophrenen" Mitbestimmung in Deutschland, die man letztlich durch die Bildung und entsprechende Besetzung von Ausschüssen zu umgehen versuchen müsse.

---

[242] Ein Dax-Aufsichtsratsvorsitzender stellte die These auf, dass maximal 20% der Arbeitnehmervertreter, die er in seiner Karriere kennen gelernt habe, überhaupt zur Aufsichtsratsarbeit befähigt seien.

[243] Vgl. hierzu auch Jahn 2004, S. 9.

Trotz dieser harschen Kritik aus weiten Teilen der Anteilseignerschaft billigten immerhin 38,7% dieser Gruppe den Arbeitnehmern zumindest *einen* Sitz im Strategieausschuss zu. Ein Teil der Befragten attestierte den Arbeitnehmervertretern in einigen Punkten „exzellentes Know-how", das sich vor allem auf die Kenntnis wichtiger Unternehmensinterna gründe und für die strategischen Überwachungshandlungen eines Strategieausschusses durchaus von Vorteil sei. Ein weiterer Teil der Befragten stellte nicht die *Eignung* der Arbeitnehmer, sondern vielmehr *politische Gründe* in den Vordergrund. So sei es pragmatisch, einen Arbeitnehmervertreter in den Strategieausschuss mit einzubeziehen, wolle man sich des Vorwurfs einer missbräuchlichen Diskriminierung der Arbeitnehmer nicht ausgesetzt sehen bzw. die Unternehmensstrategie nicht an den Arbeitnehmern vorbei gestalten und damit (auch) juristische Auseinandersetzung mit den Arbeitnehmervertretern vermeiden. Diese Argumentation stützt exakt die im Rahmen der Konzeptualisierung vorgetragenen Überlegungen.

Auch wenn zusammenfassend betrachtet die Präferenzen der Anteilseigner- und der Arbeitnehmervertreter bezüglich der Besetzung eines Strategieausschusses zum Teil erhebliche Differenzen aufweisen, so kann zumindest konstatiert werden, dass insgesamt 61,3% der Anteilseigner nichts gegen eine *grundsätzliche* Beteiligung der Arbeitnehmer am Strategieausschuss einzuwenden haben.[244] Da sich die Forderung der restlichen 38,7% der Gesprächspartner, überhaupt keinen Arbeitnehmervertreter als Strategieausschuss-Mitglied zu akzeptieren, in der Praxis kaum durchsetzen lässt, besteht der diesbezügliche Verhandlungsspielraum in der Fragestellung, eine *paritätische* Besetzung des Strategieausschusses oder die Berücksichtigung lediglich *eines* Arbeitnehmervertreters durchzusetzen. An dieser Stelle kann dafür plädiert werden, *diese* Entscheidung den einzelnen Aufsichtsräten selbst zu überlassen, um so die Besetzung auch von den unternehmensspezifischen Rahmenbedingungen der Aufsichtsratsarbeit abhängig machen zu können.

---

[244] Dieser Anteil (61,3%) repräsentiert jene Befragten, die a) entweder für eine *paritätische* Besetzung oder für genau *einen* Arbeitnehmervertreter oder b) die für die Berücksichtigung der fachlichen Kompetenz oder den Aufsichtsratsvorsitzenden als Strategieausschussmitglied votierten.

2 Entscheidungsdelegation

2.1 Konzeptualisierung

2.1.1 Terminlogische Grundlagen

Der Begriff der Delegation beschreibt die „vertikale Abtretung von Kompetenzen an nachgeordnete Stellen und erfasst damit die vertikale Autonomie, d.h. den Ermessens- und Entfaltungsraum untergeordneter Stellen".[245] Dabei ist der Delegationsbegriff von dem oben bereits diskutierten Begriff der „Spezialisierung" insofern klar abzugrenzen, als sich die Spezialisierung auf die *horizontale* Verteilung von Aufgaben auf nebengelagerte Einheiten (hier: Ausschüsse) bezieht (vgl. Abb. 42).

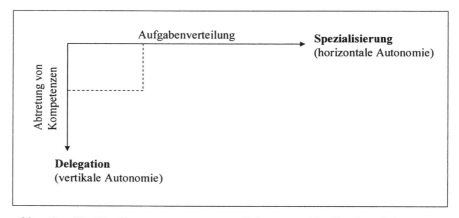

Abb. 42: Die Handlungsautonomie eines Subsystems (Quelle: In Anlehnung an Hill/Fehlbaum/Ulrich 1994, S. 225)

Wie die Abbildung verdeutlicht, stellen die Verteilung von Aufgaben auf (dann) spezialisierte Einheiten und die Ausstattung dieser Einheiten mit bestimmten Kompetenzen zwei verschiedene Dimensionen dar. Sie sind demnach als zwei *unterschiedliche* Stufen im organisatorischen Entscheidungsprozess zu erachten. Gleichwohl in der Praxis beide Dimensionen häufig gleichgerichtet ausgeprägt

---

[245] Hill/Fehlbaum/Ulrich 1994, S. 224.

sind und ein hoher Spezialisierungsgrad regelmäßig mit einem hohen Delegationsgrad einhergeht, besteht zwischen ihnen keine kausale Abhängigkeit.[246]

In Bezug auf den vorliegenden Untersuchungsgegenstand ist der aus der klassischen Organisationslehre stammende Delegationsbegriff leicht zu modifizieren. Da der Aufsichtsrat grundsätzlich ein Kollegialorgan darstellt und demzufolge vertikale (Weisungs-)Beziehungen im Sinne über- und untergeordneter Einheiten nicht zugelassen sind, beschreibt die Delegation hier, welche Kompetenzen einem Ausschuss im Hinblick auf Kontrollentscheidungen zuerkannt werden.[247] Mit anderen Worten bedeutet ein hohes Maß an Delegation, dass den Aufsichtsratsausschüssen die Möglichkeit eingeräumt wird, selbständig - jedoch innerhalb der ihnen jeweils zugewiesenen Aufgabe - bestimmte Entscheidungen *anstelle* des Plenums zu treffen, das den Ausschüssen gleichsam eine *Beschlusszuständigkeit* überträgt.[248]

Basierend auf diesem Begriffsverständnis soll im Folgenden zunächst untersucht werden, welche Vor- und Nachteile mit einer weitreichenden Kompetenzausstattung von Ausschüssen grundsätzlich verbunden werden.

2.1.2 Vor- und Nachteile der Delegation

Vor dem Hintergrund, dass die „Aufsichtsratsliteratur" zu den Vor- und Nachteilen der Entscheidungsdelegation nur äußerst rudimentär ausgeprägt ist, hat eine diesbezügliche Diskussion zunächst unter primärem Rückgriff auf die Organisationsliteratur zu erfolgen. Die daraus gewonnenen Erkenntnisse werden sodann auf den Aufsichtsrat übertragen. Im Folgenden soll eine Differenzierung möglicher *Vorteile* der Delegation in drei Gruppen vorgenommen werden:[249]

▸ Zum einen führt eine weitreichende Kompetenzausstattung der Ausschüsse zu einer Entlastung des Plenums. Dieser unter dem *Kapazitätsaspekt* zu subsumierende Vorteil ist eng verbunden mit den Vorteilen der Aufgabenspezialisierung. Je mehr Kontrollentscheidungen von den in den Ausschüssen arbeitenden Spezialisten getroffen werden, desto weniger intensiv muss sich das ge-

---

[246] Vgl. Hill/Fehlbaum/Ulrich 1994, S. 225.
[247] Vgl. auch Lukarsch 1998, S. 231.
[248] Vgl. analog Schreyögg/Braun 1981, S. 77 f.; Frese 1989, Sp. 915.
[249] Vgl. im Folgenden Hill/Fehlbaum/Ulrich 1994, S. 229 ff.

samte Aufsichtsratsplenum mit den in der Regel relativ komplexen Sachverhalten befassen.[250] In diesem Zusammenhang spielt auch das Argument eine Rolle, dass Entscheidungen häufig einem großen Eilbedürfnis unterliegen und die in der Regel zeitlich stark limitierten Aufsichtsratsmitglieder auf diese Weise von allzu häufigen Zusammenkünften verschont bleiben.[251]

▸ Daneben kann der Aspekt einer verbesserten *Entscheidungsqualität* angeführt werden. Da in den Ausschüssen - im Vergleich zum gesamten Plenum mit einer Vielzahl an Aufsichtsratsmitgliedern - intensiver und kompetenter über die zu entscheidenden Sachverhalte diskutiert wird, kann die dort getroffene Entscheidung als fundierter eingeschätzt werden. In diesem Zusammenhang konstatiert RELLERMEYER: „Eine zu intensive Vorbereitung durch den Ausschuß ist undenkbar; denkbar ist lediglich eine zu oberflächliche Behandlung durch das Plenum und all seine Mitglieder."[252]

▸ Ein letzter Vorteil wird in dem so genannten *personenbezogenen Aspekt* der Delegation gesehen. Durch die Schaffung eines höheren Entfaltungsraums für die persönliche Entwicklung der Aufsichtsratsmitglieder steigen deren Leistungsbereitschaft und die Identifikation mit den Arbeitsergebnissen, was wiederum mit der Förderung von Selbstvertrauen, Arbeitsbefriedigung und Motivation auf individueller Ebene einhergeht.[253]

Den skizzierten Vorteilen stehen jedoch auch einige - großenteils spiegelbildlich zu betrachtende - *Nachteile* der Delegation gegenüber. Zum einen ist wiederum das *höhere Konfliktpotenzial* innerhalb des Aufsichtsrats zu nennen, das von einem *erhöhten Koordinationsbedarf* der Ausschussarbeit begleitet wird. Auch besteht die Gefahr möglicher *Kompetenzüberschreitungen* seitens der Ausschüsse, die umso mehr wiegt, je bedeutsamer die Entscheidungen für den Aufsichtsrat und das Unternehmen einzuschätzen sind. Obgleich sich die Bedeutung der genannten Nachteile durch bestimmte Maßnahmen relativieren lassen[254] und der Aufsichtsrat

---

[250] Vgl. zu diesem Grundgedanken der *Entlastung* des Plenums auch Steinle 1992, Sp. 500.

[251] Eine nicht zu vernachlässigende Nebenbedingung dieses Vorteils ist das Vertrauen, das das Plenum den entsprechenden Ausschussmitgliedern im Rahmen wichtiger Entscheidungen entgegenbringt.

[252] Rellermeyer 1986, S. 55.

[253] Vgl. Kieser/Krüger/Röber 1981, S. 117; Kieser 1981, S. 203.

[254] Zu denken ist hier in erster Linie wiederum an die zeitnahe Information des Plenums über die Arbeit und mögliche Entscheidungen in den Ausschüssen.

trotz jeglicher Kompetenzübertragung stets der „Herr des Verfahrens" bleibt,[255] ist letztendlich festzuhalten, dass mit einem steigenden Delegationsgrad der Ausschüsse die Bedeutung des *Aufsichtsratsplenums* als Ganzes generell *abnimmt*, da die eigentliche Überwachungsarbeit inklusive der Kontrollentscheidungen im zunehmenden Maße von den spezialisierten Einheiten durchgeführt wird.

Aufbauend auf der Gegenüberstellung der wichtigsten Vor- und Nacheile der Entscheidungsdelegation soll im nächsten Kapitel untersucht werden, welche *konkreten Ausgestaltungsvarianten* dem Aufsichtsrat in Bezug auf die Übertragung von Entscheidungskompetenzen im Rahmen der Bildung seiner Ausschüsse zur Verfügung stehen.

2.1.3 Differenzierung von Ausschussarten nach deren Kompetenzgrad

In der Literatur hat sich - dem Kriterium des *Delegationsgrades* bzw. der Verteilung der *Entscheidungsbefugnis* zwischen dem Gesamtaufsichtsrat und einem Ausschuss zufolge - eine idealtypische Unterscheidung zwischen „vorbereitenden" und „beschließenden" Ausschüssen durchgesetzt.[256] Beide Ausschussarten seien im Folgenden charakterisiert und auf ihre (theoretische) Eignung als Strategieausschuss überprüft.

(1) Vorbereitende Ausschüsse

Der Gesetzgeber sieht in der Vorbereitung von Verhandlungen oder Beschlüssen explizit eine typische Aufgabe eines Ausschusses.[257] Das Kerncharakteristikum dieser „vorbereitenden Ausschüsse" ist deren fehlende Beschlusszuständigkeit.[258] Ihr Zweck besteht vielmehr darin, für den Aufsichtsrat fundierte Verhandlungs- und Beschluss*vorlagen* zu erarbeiten, über die der Aufsichtsrat dann in eigener Verantwortung befindet.[259]

Obwohl der Gesetzgeber im Rahmen der Übertragung vorbereitender Aktivitäten an Ausschüsse keine Schranken vorsieht, wird in der Literatur auf eine besondere

---

[255] Vgl. Lutter/Krieger 2002, S. 246.
[256] Vgl. Rellermeyer 1986, S. 9; Scheffler 1988, S. 61.
[257] Vgl. § 107 Abs. 3 Satz 1 AktG.
[258] Vgl. Siebel 1999(b), S. 297.
[259] Vgl. Potthoff/Trescher 2001, S. 196.

Problematik hingewiesen:[260] Schließt nämlich die vorbereitende Tätigkeit eines Ausschusses die selbständige Beschaffung, Bewertung und Aussonderung überwachungsrelevanter Informationen ein, so wird die Entscheidungsbefugnis des Plenums indirekt reduziert. Zwar erfolgt daraus - wie teilweise angenommen wird - nicht die Konsequenz, ein vorbereitender Ausschuss dürfe lediglich Informationen sammeln, jedoch ist ein hinreichender Informationsfluss zwischen dem Ausschuss und dem Plenum zur Wahrung einer eigenverantwortlichen Meinungsbildung und Entscheidung durch den Gesamt-aufsichtsrat unabdingbar.[261]

(2) Beschließende Ausschüsse

Im Rahmen seiner Selbstorganisation ist der Gesamtaufsichtsrat befugt, Aufgaben zur endgültigen *Erledigung* bzw. *Entscheidung* an einen Ausschuss zu *delegieren*. Dieser entscheidet somit selbständig anstelle des Plenums, das insofern keine Beschlusskompetenz mehr aufweist. Im Wesentlichen ist hier die eigenständige Erteilung bzw. Versagung der Zustimmung eines Geschäftes anstelle des Plenums umschrieben.[262] Es gilt zu beachten, dass der Aufsichtsrat *jederzeit* die Kompetenzen eines Ausschusses wieder an sich ziehen kann.[263]

Allerdings hat die Kompetenzübertragung an einen Ausschuss ihre gesetzlichen Grenzen. So sieht der Gesetzgeber unter anderem für folgende Entscheidungen ein ausdrückliches Delegationsverbot vor:[264]

- Wahl und Abberufung des Aufsichtsratsvorsitzenden und seines Stellvertreters,
- Einberufung einer Hauptversammlung, wenn das Wohl der Gesellschaft es erfordert,
- Bestimmung des Inhalts des Katalogs zustimmungspflichtiger Geschäfte,
- Prüfung von Jahresabschluss, Lagebericht und Vorschlag für die Verwendung des Bilanzgewinns, Beschlussfassung über den Aufsichtsratsbericht und dessen Weiterleitung an den Vorstand,

---

[260] Vgl. Lutter/Krieger 2002, S. 245.
[261] Vgl. Rellermeyer 1986, S. 48 f., 54 f.
[262] Vgl. Potthoff/Trescher 2001, S. 197.
[263] Vgl. Möllers 1995, S. 1731.
[264] Vgl. § 107 Abs. 3 Satz 2.

– Bestellung und Abberufung des Vorstandsvorsitzenden und einzelner Vorstandsmitglieder und

– Erlass einer Geschäftsordnung für den Vorstand.

Dagegen gibt es kein *allgemeines* Delegationsverbot etwa für „alle wichtigen Entscheidungen", die beispielsweise auch im Rahmen der Überwachung der strategischen Planung und Umsetzung anfallen.[265]

2.1.4 Überlegungen zur Kompetenzausstattung eines Strategieausschusses

Die bereits an anderer Stelle konstatierte theoretische und empirische Forschungslücke in Bezug auf die Einrichtung von *Strategieausschüssen* verbietet die Formulierung zwingender Forderungen in Bezug auf deren Arbeitsweise und notwendigen Kompetenzgrad. Dennoch erscheint es an dieser Stelle legitim, im Vorfeld der empirischen Befunde einige Vermutungen hinsichtlich einer adäquaten Kompetenzausstattung von Strategieausschüssen anzustellen.

Überträgt man nun die vorgestellte Differenzierung der beiden Ausschussarten auf einen *Strategieausschuss*, so kann dessen Institutionalisierung als *vorbereitender Ausschuss* als eine sinnvolle Variante erachtet werden.[266] In diesem Fall übernimmt der Strategieausschuss eine Filterfunktion im Rahmen der Vorbereitung wichtiger Beschlüsse für das Plenum, indem er mögliche Entscheidungsalternativen intensiv mit dem Vorstand abstimmt. Durch eine regelmäßige Berichterstattung des Ausschusses in den Aufsichtsratssitzungen ist die Information der übrigen Aufsichtsratsmitglieder über wichtige strategie- bzw. wertorientierte Vorkommnisse sichergestellt. Die letztendliche Entscheidung über die Konsequenz der Überwachungsergebnisse des Ausschusses verbliebe so beim Gesamtaufsichtsrat.

Gegen die Variante, den Strategieausschuss als *beschließenden Ausschuss* zu installieren, spricht zunächst ein pragmatischer Grund. Der Strategieausschuss repräsentiert bislang ein relativ neuartiges Konstrukt.[267] Würde man die empfohlene

---

[265] Vgl. Rellermeyer 1986, S. 23 ff.; Lutter/Krieger 2002, S. 245.

[266] Vgl. so auch Lukarsch 1998, S. 231 ff.

[267] An dieser Stelle sei noch einmal darauf hingewiesen, dass bislang lediglich 21,7% der befragten Aufsichtsratsmitglieder jemals in der Praxis mit einem solchen Ausschuss in Berührung gekommen sind.

Etablierung eines Strategieausschusses sofort mit der Forderung nach einer endgültigen Entscheidungskompetenz anstelle des Gesamtaufsichtsrats verbinden, so wäre dieser Ansatz wahrscheinlich mit einer eher abschreckenden Wirkung verbunden. Ferner darf hier nicht vergessen werden, dass die Überwachung der strategischen Planung und Umsetzung eines der wichtigsten Aufgaben des Aufsichtsrats überhaupt darstellt, so dass die Kombination aus (1) Verlagerung der wertorientierten Überwachung in einen Ausschuss *und* (2) Übertragung von Entscheidungskompetenzen in Bezug auf strategische Sachverhalte anstelle des Plenums die Zuständigkeit des Gesamtaufsichtsrats bzw. seiner Mitglieder stark aushöhlen würde.[268] Schon jetzt wird in Teilen der Literatur moniert, die Einrichtung einer Vielzahl von Ausschüssen führe zu einem „Zuständigkeits-Wirrwarr", wobei die „Einrichtung beschlußfassender Ausschüsse eine Rangordnung unter den Aufsichtsratsmitgliedern sowie unterschiedliche Kenntnisstände über das Geschehen im Unternehmen" hervorrufen würde.[269] Auch erscheint die Delegation der Entscheidungskompetenz an den Strategieausschuss deshalb als nicht unbedingt notwendig, weil sich der Großteil der (strategischen) Überwachung gerade *nicht* in förmlichen Entscheidungen vollzieht, sondern vielmehr in der kritischen Beurteilung der Vorstandsberichte und der Beratung des Vorstands bei wichtigen Entscheidungen.[270]

Vor dem Hintergrund dieser Diskussion war es ein bedeutsames Teilziel der empirischen Erhebung zu explorieren, mit welchem Kompetenzgrad die befragten Aufsichtsratsmitglieder einen Strategieausschuss ausstatten würden bzw. welche Gründe für oder gegen die beiden Varianten aus Sicht der Praxis sprechen.

2.2 Empirischer Befund zur Delegation

2.2.1 Befunde zu den allgemeinen Vor- und Nachteilen der Delegation

Ausgehend von der theoriegestützten Konzeptualisierung wurden die Gesprächspartner zunächst gebeten zu beurteilen, welche Vor- und Nachteile ihrer Erfah-

---

[268] Vgl. ähnlich Potthoff/Trescher 2001, S. 197, die für bedeutungsvolle Entscheidungen ausdrücklich ein Delegationsverbot fordern.

[269] Vgl. Sünner 2000, S. 496.

[270] Vgl. Rellermeyer 1986, S. 10.

rung nach damit verbunden sind, Ausschüsse mit weitreichenden Kompetenzen auszustatten.[271] Abbildung 43 veranschaulicht das Ergebnis.

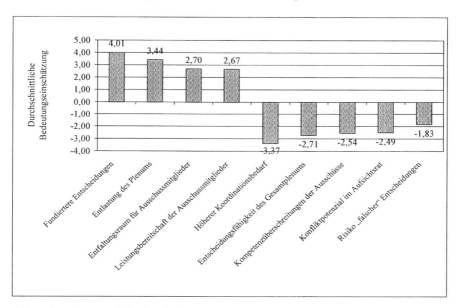

Abb. 43: Vor- und Nachteile der Delegation

Die befragten Aufsichtsratsmitglieder wiesen dem *Vorteil* fundierterer Entscheidungen durch Spezialisten mit einer Bedeutungseinschätzung von 4,01 den Spitzenplatz zu. Es folgt das Kriterium der spürbaren Entlastung des Gesamtplenums, das durchschnittlich mit einer Wichtigkeit von 3,44 beurteilt wurde. Als weitere Vorteile wurden ein höherer Entfaltungsraum für die Ausschussmitglieder (2,70) und die Stärkung derer Leistungsbereitschaft bzw. Motivation (2,67) genannt. Wendet man sich in einem zweiten Schritt den möglichen *Nachteilen* der Delegation zu, so wurde vor allem der höhere Koordinationsbedarf der Ausschussarbeit mit einer relativ hohen Bedeutungseinschätzung belegt (3,37). Es folgt eine Grup-

---

[271] Vgl. Anhang II: Frage 4 im ergänzenden Teil des Fragebogens; Bedeutung 1-5 (5=äußerst bedeutsam, wobei Beurteilung der Nachteile als Negativwerte dargestellt, d.h. hier: -5=äußerst bedeutsam).

pe wertmäßig vergleichbar beurteilter Nachteile. Eine geringere Entscheidungsfähigkeit des Gesamtplenums, mögliche Kompetenzüberschreitungen auf Ebene der Ausschüsse und ein höheres Konfliktpotenzial innerhalb des Aufsichtsrats haben aufgrund ihrer Bedeutungseinschätzung - zwischen 2,71 und 2,49 - mutmaßlich nur eine untergeordnete Rolle in der Praxis. Als noch unbedeutender erscheint das Risiko falscher Entscheidungen (1,83).

In unmittelbarer Bezugnahme auf die theoretischen Vorüberlegungen weist dieser Befund darauf hin, dass die Gesprächspartner eine weitreichende Kompetenzausstattung von Ausschüssen insgesamt mit den Vorteilen der Entscheidungsqualität und des Kapazitätsaspekts der Überwachungsarbeit in Verbindung bringen, wohingegen die *personenbezogenen, individuellen* Kriterien (Leistungsbereitschaft, Motivation und Entfaltung) in der Überwachungspraxis weniger bedeutend zu sein scheinen. In diesem Zusammenhang wiesen einige Befragte interessanterweise darauf hin, dass durch einen steigenden Kompetenz- und damit auch *Verantwortungsgrad* von Ausschüssen bzw. Ausschussmitgliedern (leider) auch die Gewinnung qualifizierter Aufsichtsratsmitglieder schwieriger werde. So wurde berichtet, dass für bestimmte Ausschüsse sehr gut geeignete Aufsichtsratsmitglieder aufgrund der großen Verantwortung in den Ausschüssen und der damit verbundenen zeitlichen Beanspruchung immer häufiger von einem Aufsichtsratsmandat absehen.[272]

Bezieht man die von den Befragten bewerteten *Nachteile* mit ein, so wird deutlich, dass diesen in der Überwachungspraxis *tendenziell* eine *geringere Bedeutung* (Maximalwert 3,37) beigemessen wird. Insbesondere vor dem Hintergrund, dass die Befragten mit einer *verbesserten Entscheidungsqualität* ein wesentliches Vorteilhaftigkeitskriterium als das Wichtigste einstuften, kann der Befund insgesamt als Votum *für* die Delegation von Kompetenzen an Ausschüsse interpretiert werden. Damit scheint das im Schrifttum adressierte Risiko, dass die „nachteiligen Wirkungen" der Delegation deren Vorteilhaftigkeit „überwuchern",[273] im Rahmen der Aufsichtsratsarbeit beherrschbar zu sein.

Die Untersuchung des *gruppenspezifischen Antwortverhaltens* resultierte in keinen weiterführenden Befunden. Während die durch Delegation erwachsende hö-

---

[272] Die Beispiele bezogen sich primär auf den Prüfungsausschuss, der durch die stetig komplexer werdenden Anforderungen in Bezug auf die internationale Rechnungslegung (auch: Sarbanes-Oxley Act) hochqualifizierte Aufsichtsratsmitglieder erfordert.

[273] Vgl. Steinle 1992, Sp. 511.

here Koordinationsbedarf im weiteren Verlauf dieser Arbeit aufgegriffen wird, soll im Folgenden zunächst aufgezeigt werden, mit welchem Kompetenzgrad die befragten Aufsichtsratsmitglieder einen *Strategieausschuss* ausstatten würden.

2.2.2 Befunde zum Kompetenzgrad eines Strategieausschusses

Im Rahmen der Konzeptualisierung wurde deutlich, dass sich der Delegations- bzw. Kompetenzgrad eines Ausschusses im Kern danach bemisst, ob diesem vom Gesamtaufsichtsrat „lediglich" die Zuständigkeit für die Erarbeitung fundierter Verhandlungs- und Beschlussvorschläge (vorbereitender Ausschuss) oder darüber hinaus die Entscheidungskompetenz zur endgültigen Erledigung von Aufgaben - bis zur Erteilung bzw. Versagung der Zustimmung eines Geschäftes anstelle des Plenums - (beschließender Ausschuss) übertragen wurde. Vor diesem Hintergrund wurde den Gesprächspartnern die Frage gestellt, mit welchem Kompetenzgrad ein Strategieausschuss in der Praxis sinnvollerweise ausgestattet werden sollte.[274] Abbildung 44 stellt das Ergebnis dar.

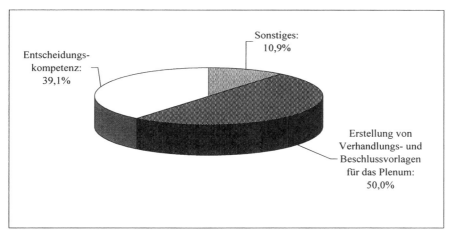

Abb. 44: Kompetenzgrad eines Strategieausschusses (vorbereitend vs. beschließend)

---

[274] Vgl. Anhang II: Frage 5 in Teil 2 des Fragebogens.

Die Darstellung deutet auf eine gewisse *Uneinigkeit* der Aufsichtsratsmitglieder hin. Während die Hälfte der Befragten mitteilten, ein Strategieausschuss solle maximal Verhandlungs- und Beschlussvorlagen für das Plenum erarbeiten, auf deren Basis es dann gemeinschaftlich Entscheidungen trifft, waren 39,1% der Ansicht, der Ausschuss sei sinnvollerweise auch mit weitergehenden Entscheidungskompetenzen auszustatten. Die verbleibenden 10,9% aller Gesprächspartner vertraten die Meinung, ein Strategieausschuss solle überhaupt nicht mit den aufgeführten Kompetenzen ausgestattet, sondern lediglich mit der Durchführung allgemeiner Überwachungsarbeiten (wie z.B. der Durchführung von Abweichungsanalysen) betraut werden, für die es keinerlei nennenswerter Kompetenzen bedürfe.

Widmet man sich nunmehr den vorgetragenen Argumenten, so werden folgende Befunde offensichtlich. Zunächst verwiesen jene 10,9% der Gesprächspartner, die den Strategieausschuss noch nicht einmal mit der Erarbeitung von Verhandlungs- bzw. Beschlussvorlagen für das Plenum betrauen würden, auf ihr Erfahrungswissen, dass der Aufsichtsrat nahezu ausnahmslos den Empfehlungen eines Ausschusses folge bzw. der Ausschussvorlage ohne jegliche kritische Reflexion zustimme. Auf diese Weise degeneriere das Plenum zu einem reinen „Abnickergremium". Insbesondere im Rahmen strategisch relevanter Fragen sei eine solche Vorgehensweise grundsätzlich abzulehnen. Vielmehr müsse der gesamte Aufsichtsrat durch den bewussten Verbleib wichtiger Kompetenzen beim Plenum in die Pflicht genommen werden.

Dahingegen befanden die übrigen 89,1% der Befragten, dass die eigenständige Ausarbeitung von Entscheidungs- und Beschlussvorlagen für das Plenum eine *originäre* Aufgabe eines jeden Ausschusses sei, ohne die dessen Etablierung grundsätzlich in Frage gestellt werden müsse. In diesem Zusammenhang ergibt sich allerdings ein interessanter Befund über die unterschiedlichen Einschätzungen in Bezug auf die Sinnhaftigkeit einer Übertragung *darüber hinausgehender* (Entscheidungs-)Kompetenzen an einen Strategieausschuss. So lassen sich die Argumente jener Gesprächspartner, die dem Strategieausschuss *keine* Entscheidungskompetenz, sondern „lediglich" die Kompetenz zur Erstellung von Entscheidungs*vorlagen* für das Plenum übertragen würden, in folgende drei Gruppen unterteilen:

▶ Zum einen wurde geäußert, strategisch relevante Sachverhalte seien zu wichtig, als dass sie einem Ausschuss zur endgültigen Erledigung übertragen werden sollten. Eine solche Vorgehensweise käme einer „Aushöhlung der Gesamtverantwortung" und „Entmündigung" des Plenums gleich.

▶ Zum anderen wurde interessanterweise - ähnlich der Argumentation der „10,9%-Gruppe" - vorgetragen, die Übertragung von Entscheidungskompetenzen sei überhaupt nicht notwendig, weil die Abgabe von Empfehlungen als Beschlussgrundlage für das Plenum ohnehin ausreiche, eine vom Ausschuss „gewünschte" Entscheidung herbeizuführen. Da insofern lediglich ein Konsens innerhalb des Strategieausschusses herrschen müsse, könne man hier von einer *faktischen Entscheidungskompetenz* sprechen, ohne dass der Ausschuss den formalen Charakter eines Vorbereitungsausschusses verliere.

▶ Schließlich wurde argumentiert, die Übertragung von Entscheidungskompetenzen auf einen Ausschuss sei aus *juristischen Gründen* grundsätzlich nicht möglich und stelle von daher keine reale Gestaltungsoption für den Aufsichtsrat dar. Jedoch entbehrt diese Argumentation jeder Grundlage[275] und deutet seitens eines Teils der Befragten auf nicht unerhebliche Lücken in Bezug auf die rechtlichen Rahmenbedingungen der Aufsichtsratsarbeit hin.[276]

Dagegen wandten jene 39,1% der Gesprächspartner, die *für die Ausstattung des Strategieausschusses mit Entscheidungskompetenzen* votierten, ein, dass diese Vorgehensweise ihrer Erfahrung nach praktikabel sei. Insbesondere wurde hervorgehoben, dass der Aufsichtsrat häufig *schnelle* Entscheidungen für oder gegen ein bestimmtes Geschäft des Vorstands - vor allem im Rahmen von Übernahmen bzw. Beteiligungskäufen - treffen müsse. Vor diesem Hintergrund sei es in der Regel äußerst schwierig, sämtliche Aufsichtsratsmitglieder zur kurzfristigen Teilnahme an der Beschlussfassung aufzufordern. Die Delegation der Entscheidungskompetenz an einen Ausschuss würde die Aufsichtsratsarbeit insofern spürbar entlasten, als dieser allein aufgrund seiner geringeren numerischen Größe ein ungleich höheres Maß an Flexibilität aufweise.

Zugleich betonten die Befragten den *kritischen Erfolgsfaktor* der Delegation, wonach die Ausschüsse dem Plenum im Nachgang wichtiger Entscheidungen - etwa im Rahmen der nächsten Aufsichtsratssitzung - über die Entscheidungsgrundlagen und -ergebnisse Bericht erstatten. Auch müsse es einzelnen Aufsichtsratsmitgliedern erlaubt sein, das Informationsgefälle zwischen dem Plenum und den Ausschussmitgliedern durch gezieltes Nachfragen zu reduzieren. Leider sei es in der Praxis allerdings nicht ungewöhnlich, dass bestimmte Nachfragen mit der Begründung zurückgewiesen werden, für die Entscheidung sei alleine der Ausschuss

---

[275] Vgl. nochmals etwa Potthoff/Trescher 2001, S. 197 i.V.m. § 107 Abs. 3 Satz 2 AktG.

[276] Vgl. zur erforderlichen (auch juristischen) Qualifikation der Aufsichtsratsmitglieder auch Kap. E.I.2.1.2.1 dieser Arbeit.

zuständig gewesen. Eine solche Vorgehensweise sei nicht akzeptabel. Zur Vermeidung der damit einhergehenden zu starken Aushöhlung der Verantwortlichkeit des Plenums, die insbesondere im Rahmen der Einrichtung eines Strategieausschusses durchaus eine latente Gefahr darstelle, schlugen 33,3% der zur vorstehend zitierten Gruppe gehörenden Gesprächspartner folgende beiden *alternativen Gestaltungsvarianten* vor:

(1) Die Entscheidungskompetenz des Strategieausschusses - vor allem zur Versagung bzw. Erteilung zustimmungspflichtiger Geschäfte - wird durch die Bildung monetärer Grenzwerte eingeschränkt. So ließe sich in der Geschäftsordnung festlegen, dass Geschäfte bis zu einem bestimmten (Millionen-)Betrag durch den Strategieausschuss genehmigt werden dürfen, wertmäßig darüber liegende Geschäfte jedoch zwingend die Genehmigung des Gesamtaufsichtsrats erfordern.

(2) Der Gesamtaufsichtsrat überträgt dem Strategieausschuss die Entscheidungskompetenzen qua spezieller Delegation im Einzelfall. Dahinter verbirgt sich die Vorgehensweise, dass das Plenum über die Durchführung eines bestimmten Geschäftes *vom Grundsatz her* befindet und dem Strategieausschuss die Verantwortlichkeit für die darauf folgenden „Verhandlungen" mit dem Vorstand bis zur endgültigen Entscheidung überträgt. So sei es beispielsweise im Vorfeld einer Akquisition praktikabel, dass der Gesamtaufsichtsrat diese unter Beachtung einer bestimmten preislichen Bandbreite genehmigt und der Strategieausschuss anschließend den Verhandlungsprozess bis hin zur abschließenden Einigung über den konkreten Kaufpreis begleitend überwacht.

In einer abschließenden Einschätzung der vorstehenden Befunde könnte die im Konzeptualisierungsteil vorgeschlagene Einrichtung eines lediglich *vorbereitenden Strategieausschusses* in Kenntnis der Erfahrungswerte aus der Überwachungspraxis durchaus zugunsten eines *beschließenden Strategieausschusses* revidiert werden. Dessen Entscheidungskompetenz sollte *dann* allerdings entweder monetären Wertgrenzen unterliegen (Option 1) und/oder auf einer einzelfallbezogenen speziellen Ermächtigung basieren (Option 2).[277] Allerdings ist im Zusammenhang mit dem *gruppenspezifischen Antwortverhalten* ebenso zur Kenntnis zu nehmen, dass der Wunsch, den Strategieausschuss grundsätzlich mit Entscheidungskompetenzen auszustatten, innerhalb der Personenkreise der *Dax-Aufsichts-*

---

[277] Kieser weist darauf hin, dass es sich im Rahmen der Delegation nicht um eine „Entweder-Oder-Frage" handelt, sondern um die Festlegung eins bestimmten „Delegationsgrades"; vgl. Kieser 1981, S. 203.

ratsvorsitzenden (63,6% vs. 31,4% der „Sonstigen"), der *Dax-Aufsichtsratsmitglieder* (61,9% vs. 20,0% der „Sonstigen") und der Aufsichtsratsmitglieder *börsennotierter Unternehmen* (54,8% vs. 6,7% der Aufsichtsratsmitglieder nichtbörsennotierter Unternehmen) vergleichsweise stark ausgeprägt ist.

Dagegen scheint die Einrichtung eines Strategieausschusses, der lediglich mit *allgemeinen Überwachungsaufgaben* betraut wird und kaum nennenswerte Kompetenzen aufweist, vor allem aufgrund dessen fehlender „Entlastungswirkung" den befragten Aufsichtsratsmitgliedern zufolge weniger ratsam zu sein.

3   Koordination

3.1   Konzeptualisierung

3.1.1   Terminologische Grundlagen

Im Mittelpunkt der vorstehenden Ausführungen zur organisatorischen Gestaltung der Aufsichtsratsarbeit stand die Übertragung bestimmter Aufgaben auf spezialisierte Aufsichtsratsausschüsse und deren Ausstattung mit Kompetenzen. Ausgehend vom gesamten Aufgabenspektrum des Aufsichtsrats wurde dabei in erster Linie die Bildung eines Strategieausschusses diskutiert, der die strategischen Maßnahmen des Vorstands in Anlehnung an die Interessen der Aktionäre überwacht.

Mit der arbeitsteiligen Erfüllung der Überwachungsaufgabe entstehen Koordinationsprobleme.[278] Die Spezialisierung ist nur dann ein wirksames organisatorisches Instrument, wenn es dem Aufsichtsrat gelingt, die spezialisierten Ausschüsse durch geeignete Instrumente zu *koordinieren*. Mit Koordination werden organisatorische Regeln bezeichnet, die die arbeitsteilige Aufgabenerfüllung hinsichtlich der Ziele des Gesamtsystems ausrichten und miteinander abstimmen.[279] So gilt es, auftretende Probleme wie z.B. ein Informationsgefälle zwischen Ausschuss- und den übrigen Aufsichtsratsmitgliedern bzw. eine Abschottung der Ausschüsse vom Plenum zu verhindern. Darüber hinaus bestehen zwischen den Ausschüssen ar-

---

[278] Vgl. Kieser/Segler 1981(a), S. 174; auch Welge 1975, S. 36.
[279] Vgl. Grochla 1978, S. 36; Frese 1981, S. 52; Frese 1989, Sp. 913.

beitsbezogene, inhaltliche Abhängigkeiten (Interdependenzen), die es zu berücksichtigen gilt.[280]

Grundsätzlich können zur Lösung des Koordinationsproblems *mehrere* Mechanismen herangezogen werden. In der Literatur haben sich zahlreiche Systematisie-
rungsansätze für die unterschiedlichen Koordinationsinstrumente herausgebildet.[281] Im weiteren Verlauf der Arbeit erfolgt ein Rückgriff auf den weit verbreiteten Ansatz von WELGE, der strukturelle, technokratische und personenorientierte
Koordinationsinstrumente unterscheidet.[282]

▶ Unter dem Begriff der *strukturellen* Koordinationsinstrumente wird die in der
  Aufbaustruktur vorgesehenen Regelungen zur Abstimmung und Koordination
  der Arbeit verstanden. Darunter lassen sich spezielle Koordinationsorgane/
  -stellen, Linking-Pins und die Matrix-Organisation subsumieren.[283]

▶ Die *technokratischen* Koordinationsinstrumente umfassen die unpersönlichen,
  verselbständigten Mechanismen. Dazu zählen insbesondere die so genannte
  Programmierung sowie die Formalisierung.

▶ Mit der Gruppe der *personenorientieren* Instrumente sind jene Mechanismen
  angesprochen, bei denen die Koordination entweder durch eine zentrale (wie
  etwa Dienstvorschriften oder Einzelweisungen) oder durch eine dezentrale
  Kompetenzverteilung (wie etwa Selbstabstimmung der betroffenen Organisationsmitglieder) erfolgt.[284]

---

[280] Vgl. hierzu Welge 1987, S. 411.

[281] Für einen Überblick über die in der Literatur diskutierten Koordinationsmechanismen vgl.
Welge 1987, S. 413.

[282] Vgl. Welge 1987, S. 414.

[283] Vgl. hierzu Welge 1987, S. 432 ff.

[284] Die Instrumente der personenbezogenen Koordination hängen offensichtlich eng mit der bereits ausführlich dargelegten Entscheidungsdelegation zusammen. Allerdings gibt es einen entscheidenden Unterschied: Während es im Rahmen der personenbezogenen Koordinationsinstrumente in erster Linie um den *Ort* der Festlegung bestimmter Aktivitäten und Ressourcen
für einzelne Entscheidungsträger geht (geschieht dies zentral, so entsteht zwischen dem Koor-
dinator und den Koordinierten ein hierarchisches Über- bzw. Unterordnungsverhältnis; bei der
dezentralen Kompetenzverteilung stimmen sich die einzelnen Aktionsträger selbst untereinander ab), behandelt die Delegation die grundsätzliche Abtretung von Entscheidungskompetenz
an die spezialisierten Einheiten. Vgl. ausführlich Welge 1987, S. 415 ff.; Kieser/Kubicek 1983,
S. 156 ff.

Ebenso wie im Rahmen der bisherigen Ausführungen sind auch im Zuge einer Untersuchung der Koordinationsmechanismen leichte Modifikationen der organistationstheoretischen Aussagen im Hinblick auf den eigenen Untersuchungsgegenstand notwendig. Dies betrifft sowohl die *Fokussierung* auf einige ausgewählte, auf das Organ Aufsichtsrat übertragbare Koordinationsmedien als auch deren *inhaltliche Anpassung* auf die Aufsichtsratsarbeit.

Abbildung 45 stellt die Koordinationsinstrumente nochmals überblicksartig dar und wobei die für die eigene Untersuchung als relevant erachteten Mechanismen optisch hervorgehoben sind.

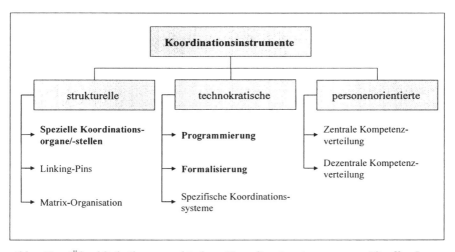

Abb. 45: Überblick über verschiedene Koordinationsinstrumente (Quelle: In Anlehnung an Welge 1987, S. 414)

3.1.2 Die Rolle des Aufsichtsratsvorsitzenden als spezielle Koordinationsstelle

Die Aufgabe eines speziellen Koordinations*organs*, im vorliegenden Fall einer Koordinations*stelle*, besteht in der permanenten Koordination der Überwachungsarbeit.[285] Zu diesem Zweck wird die Koordinationsstelle mit entsprechenden Koordinationsbefugnissen ausgestattet, die sie von den übrigen Organisationsmitgliedern unterscheidet. Übertragen auf den eigenen Untersuchungsgegenstand ist an dieser Stelle die Tätigkeit eines *Aufsichtsratsvorsitzenden* zu untersuchen, der innerhalb des Aufsichtsrats mit der „nicht zu gering zu schätzenden Koordinationsaufgabe"[286] betraut und diesbezüglich auch mit bestimmten Rechten und Pflichten ausgestattet ist.[287]

Obwohl der Aufsichtsratsvorsitzende den übrigen Aufsichtsratsmitgliedern nicht übergeordnet ist und gegenüber diesen auch keine Disziplinarbefugnisse aufweist,[288] wird ihm in der Literatur unter allen Akteuren eine „herausragende Stellung" beigemessen, die ihn von den übrigen Aufsichtsratsmitgliedern hervorhebt.[289] Diese besondere Rolle begründet sich in den Aufgaben, die ihm der Gesetzgeber zuweist: Neben der Repräsentation des Aufsichtsrats gegenüber dem Vorstand bzw. der Hauptversammlung und der Vertretung der Gesellschaft bei Abgabe bestimmter Handelsregistererklärungen betreffen seine *wesentlichen* Aufgaben die *Koordination* und *Leitung* des *Aufsichtsratsverfahrens*.[290]

Unterzieht man die Koordinationsaufgabe des Aufsichtsratsvorsitzenden, im Rahmen der eigenen Untersuchung vor allem verstanden als zeitliche und funktionelle Koordination der spezialisierten Ausschüsse,[291] einer tiefer gehenden Betrachtung, so stellt man fest, dass hier vor allem die *Einberufung, Vorbereitung und Leitung der Aufsichtsratssitzungen* zu nennen ist. Im Zusammenhang mit der Koordination der *Ausschuss*arbeit ist es bedeutsam, dass der Aufsichtsratsvorsitzende über die Festlegung der Tagesordnungspunkte der Aufsichtsratssitzungen einen großen Einfluss auf die Berichterstattungsinhalte und -zyklen der einzelnen Ausschüsse hat.[292] Während der Gesetzgeber hier lediglich eine „regelmäßige"

---

[285] Vgl. analog Welge 1987, S. 434 f.

[286] Servatius 1995, S. 225.

[287] Vgl. Semler 1999(b), S. 248 f.; vgl. zur großen Bedeutung des Aufsichtsratsvorsitzenden, „für die richtige und wirksame Arbeitsweise eines Aufsichtsorgans zu sorgen", Malik 2002, S. 228 ff.

[288] Vgl. Köstler/Kittner/Zachert/Müller 2003, S. 164.

[289] Vgl. Potthoff/Trescher 2001, S. 184; Semler 1977, S. 525; Dreist 1980, S. 61.

[290] Vgl. Lutter/Krieger 2002, S. 214; vgl. hierzu auch den Deutschen Corporate Governance Kodex in der Fassung vom 21.5.2003, Punkt 5.2, Abs. 1.

[291] Vgl. Potthoff/Trescher 2001, S. 186.

[292] Vgl. auch Siebel 1999(a), S. 125.

Berichterstattung vorsieht,[293] hat der Aufsichtsratsvorsitzende an dieser Stelle sowohl das Informationsbedürfnis und die Mitwirkungszuständigkeiten des gesamten Plenums als auch etwaige Wünsche einzelner Aufsichtsratsmitglieder zu berücksichtigen.[294] Dies führt dazu, dass die Ausschüsse in bestimmten zeitlichen Abständen oder je nach inhaltlichem Sachstand und dem damit verbundenen Berichtserstattungserfordernis systematisch auf den Aufsichtsratssitzungen ihre (Zwischen-)Ergebnisse und insbesondere die gefassten Beschlüsse vortragen.[295]

Zudem hat der Aufsichtsratsvorsitzende im Rahmen der *kritischen Durchsicht der vorgesehenen Sitzungsunterlagen* zu überprüfen, ob der Informationsbedarf des Plenums gedeckt ist oder ob zusätzliche Informationen notwendig erscheinen.[296] Ebenso ist hervorzuheben, dass die *Leitung der Sitzungen* das ganze Koordinationsgeschick des Aufsichtsratsvorsitzenden erfordert. Insbesondere hat er darauf zu achten, dass die Entscheidungen zeit- und sachgerecht erfolgen sowie wichtige Argumente ausgetauscht, Redebeiträge hervorgelockt und einzelne Diskussionspunkte gezielt vertieft werden.[297] Auch übt der Aufsichtsratsvorsitzende durch seine rekapitulierenden Worte zum Stand der Auseinandersetzung bzw. zum Ergebnis der Beratung Einfluss auf die Beschlussfassung des Aufsichtsrats aus.

Über die unmittelbar mit den *Aufsichtsratssitzungen* zusammenhängende Koordinationsaufgabe hinaus ist der Aufsichtsratsvorsitzende in einem relativ hohen Maße an der *Mitarbeit* in den einzelnen *Ausschüssen* beteiligt.[298] Zum einen ist es gängige Praxis, dass der Aufsichtsratsvorsitzende zugleich auch Mitglied bzw. Vorsitzender der eingerichteten Ausschüsse ist. Zudem ist er in seiner Funktion befugt, an sämtlichen Ausschusssitzungen *teilzunehmen*, um sich auf diesem Weg ein Bild von der jeweiligen ausschussspezifischen Sachlage zu verschaffen. Als denkbares Koordinationsinstrument spielt ferner eine Rolle, dass sich der Auf-

---

[293] Vgl. § 107 Abs. 3 Satz 3 AktG.

[294] Vgl. Semler 1999(b), S. 250.

[295] Vgl. Siebel 1999(a), S. 136.

[296] Vgl. hier und im Folgenden ausführlich Semler 1999(b), S. 250 f.

[297] Vgl. Siebel 1999(a), S. 134 f.

[298] Vgl. Potthoff/Trescher 2001, S. 186. Eine Besonderheit stellt der „ständige Ausschuss" bzw. „Vermittlungsausschuss" in Aktiengesellschaften dar, die dem Mitbestimmungsgesetz unterliegen. Dieser Ausschuss muss unmittelbar nach der Wahl des Aufsichtsratsvorsitzenden und seines Stellvertreters gebildet werden und hat die Aufgabe, dem Plenum einen Vorschlag für die Berufung oder Abberufung eines Vorstandsmitglieds zu unterbreiten, sofern die nötige Zweidrittelmehrheit im ersten Wahlgang nicht erreicht wurde. Der Aufsichtsratsvorsitzende ist hier ein *zwingendes Ausschussmitglied*. Vgl. Siebel 1999(b), S. 335.

sichtsratsvorsitzende durch die *kritische Durchsicht der Ausschussprotokolle* über die Arbeit in den Ausschüssen informieren kann, was den übrigen Aufsichtsratsmitgliedern unter bestimmten Umständen versagt ist.[299]

Abschließend seien die *Besprechungen* zwischen dem Aufsichtsratsvorsitzenden und den Anteilseignervertretern genannt, zu denen der Aufsichtsratsvorsitzende (in mitbestimmten Unternehmen) regelmäßig *vor* den Aufsichtsratssitzungen einladen sollte.[300] Diese Zusammenkünfte weisen jedoch keinen formalen Charakter auf. So können etwa bindende Beschlüsse in den Vorbesprechungen nicht gefasst werden. Auch darf die *faktische* Bindung der informellen Vorabstimmungen nicht dazu führen, dass neue Aspekte, die sich in der anschließenden Plenardiskussion ergeben, grundsätzlich nicht mehr das Abstimmungsverhalten der Aufsichtsratsmitglieder beeinflussen.[301] Ziel der Besprechungen, die auch die Arbeitnehmervertreter abhalten und deshalb als „Bänkegespräche" bezeichnet werden,[302] ist die Vertiefung einzelner Fragestellungen, die Zuweisung von Diskussionsbeiträgen und die Vereinbarung des jeweiligen Abstimmungsverhaltens in der regulären Aufsichtsratssitzung.[303]

Die Einordnung dieser Vorbesprechung als ein wichtiges *Koordinationsinstrument* des Aufsichtsratsvorsitzenden erscheint vor allem dadurch gerechtfertigt, dass im Rahmen dieser reinen Anteilseigner-Meetings wichtige strategische Sachverhalte aus den einzelnen relevanten Ausschüssen ungefiltert sowie im Zusammenhang durchleuchtet werden können, was der Koordination der Aufsichtsrats- bzw. Ausschussarbeit im Allgemeinen dient.[304] So werden die Vorbesprechungen in der Literatur als „eine gute Gelegenheit" betrachtet, „aus der Arbeit der Ausschüsse zu informieren."[305] Dieses Koordinationsinstrument des Aufsichtsratsvorsitzenden erscheint deshalb so wichtig, da im Beisein der Arbeitnehmervertreter

---

[299] Vgl. ausführlich Rellermeyer 1986, S. 223 ff.; Lutter/Krieger 2002, S. 257 m.w.N.; Köstler/Kittner/Zachert/Müller 2003, S. 204 f.

[300] Vgl. hierzu auch den Deutschen Corporate Governance Kodex in der Fassung vom 21.5.2003, Punkt 3.6.

[301] Vgl. Lutter/Krieger 2002, S. 223.

[302] Vgl. dazu bereits Säcker 1979, S. 29 f.

[303] Vgl. Semler 1999(b), S. 250 f.

[304] Vorstellbar ist hier etwa die übergreifende Diskussion von Fragen des Strategieausschusses, des Beteiligungsausschusses, des Personalausschusses und/oder des Bilanzausschusses (vor allem für die Vertiefung bilanzieller Auswirkungen bestimmter strategischer Entscheidungen).

[305] Köstler/Kittner/Zachert/Müller 2003, S. 184.

die Diskussion wichtiger Entscheidungen wie beispielsweise die anstehende Vertragsverlängerung eines Vorstandsmitglieds oder bestimmte Vertragsmodalitäten
nicht kritisch genug erfolgen kann.[306]

Zusammenfassend betrachtet hat der Aufsichtsratsvorsitzende - vor allem im Vergleich zu den übrigen Aufsichtsratsmitgliedern - vielfältige Möglichkeiten zur
Koordination der Ausschussarbeit. Im Rahmen der *empirischen* Untersuchung
stand die Frage im Mittelpunkt, welche *aus Sicht der Praxis* die wichtigsten Koordinationsinstrumente eines Aufsichtsratsvorsitzenden sind. Vor der Darstellung
der diesbezüglichen Erhebungsbefunde sei jedoch noch auf die technokratischen
Koordinationsmechanismen der *Programmierung* und *Formalisierung* eingegangen.

3.1.3 Programmierung

Der Koordinationsmechanismus der Programmierung umfasst die Festlegung *spezifischer Verfahrensweisen* für die Erfüllung von Aufgaben.[307] Um den Handlungsspielraum im Rahmen der Aufgabenerfüllung einzuschränken, wird den Aktionsträgern, im eigenen Kontext den Ausschüssen bzw. deren Mitgliedern, vorgegeben, mit welchen Handlungen sie auf das Eintreten bestimmter Ereignisse
reagieren sollen. Dabei bezieht sich die Programmierung sowohl auf den *Aufgabenerfüllungsprozess* selbst als auch auf die *Kommunikation* zwischen den an der
Aufgabenerfüllung beteiligten Aktionsträgern.[308] Abbildung 46 stellt die Schwerpunkte dar, die im Rahmen der Programmierung im Einzelnen festgelegt werden
können.

Auf Basis antizipativer Überlegungen in Bezug auf mögliche Problemlösungswe-
ge werden durch Programmierung Aktivitätenfolgen fixiert, die im Wiederho-
lungsfall mehr oder weniger gleichartig ablaufen.[309] Durch diese Standardisierung
der Aufgabenerfüllung soll das Risiko von Fehlentscheidungen und -handlungen

---

[306] Vgl. Semler 1999(b), S. 251. Die Kritik an einem Vorstandsmitglied würde aufgrund der häufig
unterstellten mangelnden Vertraulichkeit der Arbeitnehmervertreter nach Bekanntwerden dessen Durchschlagskraft im Unternehmen massiv negativ beeinträchtigen.

[307] Vgl. Kubicek/Welter 1985, S. 562; Pfohl/Stölzle 1997, S. 215 f.; auch Kieser 1993, Sp. 2990;
Wood/Wallace/Zeffane 1998, S. 384.

[308] Vgl. Grochla 1982, S. 174.

[309] Vgl. Hill/Fehlbaum/Ulrich 1994, S. 266.

reduziert werden.[310] Die Routinisierung von Verhaltensweisen führt zu einer Vereinheitlichung der Bewertungs- und Beurteilungsprozesse und daraus resultierend auch zu einer Absicherung der Entscheidungsdelegation an die Akteure.

Programmierung des **Aufgabenerfüllungs-prozesses**	Programmierung der **Kommunikation**
– Wann (unter welchen Bedingungen) soll gehandelt werden (Zeitregeln, zeitliche Vorgaben)? – Welche Handlungen sollen in einer bestimmten Situation ausgeführt werden (Handlungswahlregeln, bedingte Vorgabe von Arbeitsleistungen)? – Wie sollen bestimmte Tätigkeiten ausgeführt werden (Methodenregeln, arbeitsmethodische Vorgaben)? – Welche Ergebnisse soll ein Arbeitsprozess bringen (Ergebnisregeln, Zielvorgaben)? – Welche Aktionsträger sollen im Arbeitsprozess jeweils zusammenarbeiten (Kooperationsregeln)?	– Bei welchen Sachverhalten soll eine Kommunikation aufgenommen werden (Regelung der Kommunikationsauslösung)? – Wer soll mit wem in Verbindung treten (Regelung der Kommunikationspartner)? – Wann und wie lange soll eine Verbindung aufgenommen bzw. aufrechterhalten werden (Regelung der Kommunikationszeitpunkte bzw. -dauer)? – Welche Sachverhalte soll die Kommunikation umfassen (Regelung des Kommunikationsinhaltes)? – Welche Mittel sollen dabei benutzt werden (Regelung der Kommunikationsmittel)?

Abb. 46: Schwerpunkte der Programmierung (Quelle: Inhaltlich übernommen aus Grochla 1982, S. 174 f.)

In der Literatur wird der Vorteilhaftigkeit bzw. Eignung der Programmierung - freilich ohne Bezugnahme auf den Aufsichtsrat - in erster Linie von den *Bedingungen*, die eine Anwendung der Programmierung sinnvoll machen, abhängig gemacht. Demnach scheint dieser Koordinationsmechanismus insbesondere dann vorteilhaft, wenn

(1) ein Klassifikationsschema existiert, das die auftretenden Probleme hinreichend gut definiert, und

(2) Lösungsverfahren bereit stehen, die zur systematischen Problembewältigung herangezogen werden können.[311]

Vor diesem Hintergrund erweist sich die Programmierung sowohl bei einer hohen *Gleichartigkeit* als auch bei einer hohen *Wiederholungshäufigkeit* von Problemen

---

[310] Vgl. Welge 1987, S. 426.

[311] Vgl. hier und im Folgenden Welge 1987, S. 427; Kieser/Kubicek 1983, S. 121 f.

als besonders geeignet. Daran anknüpfend stellt sich nunmehr die Frage, ob der Mechanismus der Programmierung auf die Überwachungsarbeit eines Aufsichtsrats übertragen werden bzw. eine Koordination der Ausschussarbeit durch die Vorgabe bestimmter Regeln erfolgen kann. Zum Beispiel wäre es denkbar, dem Strategieausschuss konkrete Grundsätze im Rahmen der Billigung eines zustimmungspflichtigen Geschäftes durch den Vorstand vorzuschreiben.[312] Ferner könnte man einem Ausschuss verordnen, bei der Analyse der vom Vorstand vorgelegten Soll/Ist-Abweichungen bestimmte Toleranzgrenzen zu beachten und bei Überschreitung eines bestimmten Limits auszulösende Handlungsschritte oder Kommunikationserfordernisse des Ausschusses in Richtung des Aufsichtsratsvorsitzenden, des Gesamtaufsichtsrats oder eines anderen Ausschusses vorschreiben.[313]

Es scheint sinnvoll, sich der Beantwortung der Frage durch den Rückgriff auf die in der Literatur zu findenden, allgemeinen Argumentationsansätze zu nähern. Zunächst besteht Einigkeit darin, dass Programmierung vor allem bei einer völlig statischen Umwelt einen wirksamen Koordinationsmechanismus darstellt.[314] Die komplexe Überwachungsarbeit des Aufsichtsrats sieht sich jedoch häufig mit neuen Problemstellungen und sich ändernden Umwelteinflüssen konfrontiert, was auch wechselnde Koordinationsanforderungen zur Folge hat. Daraus lässt sich die Erkenntnis ableiten, dass sich programmierte Lösungen für auftretende Überwachungsaufgaben nicht festlegen lassen und die Programmierung als Koordinationsinstrument für den Aufsichtsrat nicht geeignet ist.[315]

Auf der anderen Seite kann argumentiert werden, dass sich Kontrollprozesse *dann* für eine Standardisierung eignen, wenn sie eine relativ hohe „Programm-Varietät" aufweisen.[316] So wäre es möglich, die Überwachungshandlungen der Ausschüsse nicht als eine starre Routineprogrammierung auszugestalten und damit vollständig und detailliert festzulegen, sondern den Akteuren durchaus einen verbleibenden Ermessensspielraum zu gewähren.[317] Allerdings beziehen sich die im Schrifttum

---

[312] Vgl. Potthoff/Trescher 2001, S. 206.

[313] Vgl. hierzu auch Sabel 1993, Sp. 4089; Rosenberg 1993, Sp. 3433.

[314] Vgl. Kieser/Kubicek 1983, S. 123.

[315] So Nuber 1995, S. 208.

[316] Vgl. hierzu Hill/Fehlbaum/Ulrich 1994, S. 282. Dabei verbinden die Autoren mit dem Begriff der Programm-Varietät den Grad der Verzweigtheit bzw. Konditionalisierung eines Programms.

[317] Vgl. Hill/Fehlbaum/Ulrich 1994, S. 276. Vgl. zum unterschiedlichen Detaillierungsgrad von Programmen Kubicek/Welter 1985, S. 563.

vorgetragenen Überlegungen in diesem Fall eher auf operative Kontrollprozesse als auf strategische Überwachungshandlungen eines Aufsichtsrats.

Als Ergebnis soll hier zunächst festgehalten werden, dass der Forschungsstand in Bezug auf die Programmierung von Überwachungshandlungen noch als rudimentär zu bezeichnen ist und somit keine hinreichend fundierten Aussagen zulässt. Jedoch bekräftigen die vorstehenden Ausführungen die Annahme, dass der Koordinationsmechanismus der Programmierung zwar für *operative* Kontrollprozesse anwendbar sein kann, jedoch *nicht* für die Überwachung der Unternehmensführung durch den Aufsichtsrat. Diese weist zudem regelmäßig einen singulären Charakter auf und befasst sich folglich nicht mit immer wiederkehrenden, gleichartigen Problemstellungen.[318] Den Überwachungsträgern würde im Rahmen der Verarbeitung strategischer Kontrollinformationen zu viel an Flexibilität genommen, der Komplexität der strategischen Unternehmensführung in angemessener Weise zu begegnen. So ist es beispielsweise nur sehr schwer im Voraus festzulegen und damit antizipierbar, wie die Mitglieder eines Strategieausschusses auf die plötzliche Änderung einer strategischen Prämisse reagieren sollen. Auch scheinen standardisierte Vorgaben etwa im Rahmen der ungerichteten Überwachung als nicht vorstellbar, widerspricht die Standardisierung doch dem Grundsatz nach dem Wesen dieser Kontrollart.[319] Auch in den Fällen, in denen der Aufsichtsrat den Vorstand zu bestimmten Sachverhalten *berät*, scheint eine Standardisierung der Arbeitsmethoden als nicht durchführbar. Die kontraproduktive Wirkung organisatorischer Regelungen zur Schematisierung von Arbeitabläufen gründet sich zusammengefasst im Wesentlichen auf folgenden Nachteilen:[320]

– Verringerung der Anpassungsfähigkeit und Flexibilität auf neue Anforderungen,

– Einschränkung des individuellen Gestaltungs- und Entscheidungsspielraums und

– Entpersönlichung und Versachlichung von Prozessen und organisatorischen Einrichtungen.

Die Ergebnisse der empirischen Untersuchung sollen Aufschluss darüber geben, wie die befragten Aufsichtsratmitglieder eine Programmierung von Überwa-

---

[318] Vgl. Langner 1973, S. 25, 33 f.
[319] Vgl. hierzu Kap. D.I.1.3.2.4 dieser Arbeit.
[320] Vgl. Seiwert 1981, S. 73.

chungshandlungen durch den Aufsichtsrat grundsätzlich beurteilen. Zuvor sei mit der Formalisierung der letzte Koordinationsmechanismus konzeptualisiert.

3.1.4 Formalisierung

Mit dem Begriff der Formalisierung bezeichnet man in der Organisationsliteratur allgemein den Einsatz und Umfang schriftlich fixierter organisatorischer Regeln.[321] Dabei lassen sich mit der Stellendefinition, der Formalisierung des Informationsflusses und der Leistungsdokumentation drei Teildimensionen unterscheiden,[322] die im Folgenden kurz dargestellt und hinsichtlich ihrer Bedeutung für eine wirksame Überwachung durch den Aufsichtsrat untersucht werden.[323]

(1) Stellendefinition

Der Begriff der Stellendefinition („Role Definition") beschreibt den Umfang, in dem organisatorische Regelungen etwa in Form von Organisationsschaubildern bzw. Organigrammen schriftlich fixiert sind.[324] Darin kommen vor allem Regelungen über die Art und den Umfang der Spezialisierung, die Struktur der Weisungsbefugnisse und Verantwortungsbereiche sowie die Gliederungstiefe und Leitungsspannen zum Ausdruck. Um der Koordinationsfunktion gerecht zu werden, sollten die Organisationsschaubilder durch so genannte *Stellenbeschreibungen* ergänzt werden, die eine detailliertere Beschreibung der einzelnen Stellen und deren Aufgaben, Kompetenzen und Verantwortungen umfassen.[325]

Übertragen auf den Aufsichtsrat ist unter dieser Art der Formalisierung ein Dokument zu verstehen, aus dem die Befugnisse und Zuständigkeiten der gebildeten Ausschüsse deutlich hervorgehen.[326] Dieses sollte für alle Aufsichtsratsmitglieder jederzeit verfügbar sein und eine transparente Darstellung der einzelnen Ausschussaufgaben und -kompetenzen beinhalten. Der Aufsichtsrat hat die Möglich-

---

[321] Vgl. Kieser/Kubicek 1983, S. 165; Kieser/Segler 1981(a), S. 174; auch Wood/Wallace/Zeffane 1998, S. 384. Vgl. zur formalen Struktur als ein zentrales Merkmal von Organisation auch Kieser 1993, Sp. 2989 f.

[322] Vgl. Pugh/Hickson/Hinings/Turner 1968, S. 75 ff.

[323] Vgl. im Folgenden auch Kubicek/Welter 1985, S. 563 f.

[324] Vgl. hierzu ausführlich Kieser/Kubicek 1983, S. 165 ff.

[325] Vgl. Welge 1987, S. 429.

[326] Vgl. Rellermeyer 1986, S. 77.

keit, diese Informationen in seine *Geschäftsordnung* zu integrieren, deren Erlass zwar gesetzlich nicht vorgeschrieben, jedoch regelmäßig in der Satzung vorgesehen ist.[327] Im Rahmen seiner Organisationsautonomie ist gleichwohl alleine der Aufsichtsrat zuständig für den Erlass und Inhalt der Geschäftsordnung,[328] in der insbesondere die Arbeitsweise des Aufsichtsrats und das Verhältnis seiner Mitglieder untereinander zu regeln ist.[329] Hinsichtlich der Arbeit der Ausschüsse kann hier unter anderem festgelegt werden, welche Ausschüsse gebildet werden, wie die Ausschüsse personell zu besetzen sind, wann die Ausschüsse beschlussfähig sind, welche Rechte und Pflichten den Ausschüssen obliegen, wie mit den Sitzungsprotokollen zu verfahren ist usw. Alternativ kann der Aufsichtsrat auch den *einzelnen* Ausschüssen *jeweils eine* Geschäftsordnung geben, die die Regelung für die praktische Arbeit des betreffenden Gremiums im Einzelnen festlegt.[330]

Je transparenter die Aufgaben und Kompetenzen der einzelnen spezialisierten Teileinheiten aufgeführt und den Aufsichtsratsmitgliedern bekannt sind, desto eher kann hier von einer koordinierenden Wirkung ausgegangen werden. Die Vorteile liegen vor allem in einer besseren Übersicht über das „Gesamtsystem Aufsichtsrat", einer klaren Delegation sowie der Vermeidung von Kompetenzstreitigkeiten.[331]

(2) Formalisierung des Informationsflusses

Unter der Formalisierung des Informationsflusses versteht man Regelungen über zwingenderweise *schriftlich* zu erfolgende Kommunikationsvorgänge (Aktenmäßigkeit). Diese Regelungen dienen vor allem zu Kontrollzwecken und umfassen üblicherweise die schriftliche Übermittlung direkter Weisungen, Protokolle,

---

[327] Die Festlegung in der Satzung hat für die Anteilseigner den Vorteil, dass die Arbeitnehmervertreter keinen Einfluss auf den Inhalt haben. Jedoch dürfen die Bestimmungen in der Satzung nicht zu detailliert sein und praktische Probleme für die Arbeit des Aufsichtsrats hervorrufen. Vgl. hier und im Folgenden ausführlich Siebel 1999(a), S. 139; Siebel 1999, S. 110. Auch der Deutsche Corporate Governance Kodex empfiehlt in Punkt 5.1.3 (Fassung vom 21.5.2003) den Erlass einer Geschäftsordnung für den Aufsichtsrat.

[328] Vgl. Siebel 1999, S. 111.

[329] Vgl. Semler 1999, S. 11.

[330] Vgl. Siebel 1999, S. 110.

[331] Vgl. Welge 1987, S. 430.

schriftliche Anfragen, Aktennotizen, Memos usw. und resultieren in einem mehr oder weniger umfangreichen Formularwesen.[332]

Für eine Formalisierung im Rahmen der Aufsichtsratsarbeit sind vor allem *Protokolle* von hoher koordinativer Relevanz, da sie Aufschluss über die Inhalte der Sitzungen des Gesamtaufsichtsrats sowie der einzelnen Ausschüsse (Sitzungsniederschriften) geben. Dabei sollten sie die *wesentlichen Inhalte* der Verhandlungen und Beschlüsse wiedergeben.[333] Die Beschränkung auf den „wesentlichen Inhalt" trägt der Erkenntnis Rechnung, dass seitenlange Niederschriften wenig sinnvoll sind. Vielmehr sind hier Ergebnisprotokolle anzufertigen, die die Schwerpunkte der Diskussionen einschließlich möglicher abweichender Meinungen oder Widersprüche gegen befasste Beschlüsse beinhalten.[334]

Aus theoretischer Sicht wäre es im Sinne der „Grundsätze einer getreuen und gewissenhaften Rechenschaft"[335] darüber hinaus durchaus überlegenswert, wenn am Ende einer Überwachungsperiode eine *Dokumentation der durchgeführten Überwachungsaufgaben* erstellt würde. In Form einer abschließenden Zusammenfassung der einzelnen Protokolle bzw. der wesentlichen Überwachungsmaßnahmen würde den Aufsichtsratsmitgliedern Gelegenheit gegeben, sich im Überblick über die wichtigsten Entscheidungen und Aktivitäten des Aufsichtsrats der vergangenen Periode zu informieren. Auf diese Weise ließe sich auch ein inhaltlicher (Plausibilitäts-)Abgleich der Gesamtheit der jeweiligen Einzelentscheidungen des Aufsichtsrats und seiner Ausschüsse sowohl untereinander als auch mit der übergeordneten Unternehmensstrategie durchführen.

(3) Leistungsdokumentation

In ihrem originären, organisationstheoretischen Sinn erstreckt sich die Leistungsdokumentation auf den Umfang der Regelungen zur schriftlichen Leistungserfassung bzw. -bewertung.[336] Diese bezieht sich primär auf eine Leistungsbeurteilung der Mitarbeiter durch deren Vorgesetzte, wodurch diese einen erheblichen Einfluss auf die Leistung ihrer Mitarbeiter ausüben können.[337] In der Regel werden

---

[332] Vgl. Welge 1987, S. 431.

[333] Vgl. § 107 Abs. 2 Satz 2 AktG. Vgl. hier und im Folgenden Siebel 1999(a), S. 168.

[334] Dies kann ein einzelnes Aufsichtsratsmitglied - vor allem aus haftungsrechtlichen Gründen - verlangen.

[335] Potthoff/Trescher 2001, S. 204.

[336] Vgl. Kieser/Kubicek 1983, S. 173.

[337] Vgl. Welge 1987, S. 431.

zu diesem Zweck Stechuhren, Arbeits- und Lohnzettel, Arbeitsstatistiken oder Fragebögen für periodische Mitarbeitergespräche herangezogen.

Dieser dritten Formalisierungsdimension wird in der Literatur explizit kein spezifischer Überwachungs- oder Strategiebezug beigemessen.[338] Eine solche Einschätzung mag auf den ersten Blick auch zutreffen.[339] Dennoch ergibt sich hier - aus aktuellem Anlass - eine hochinteressante Verknüpfung zwischen der Leistungsdokumentation und der Überwachungsarbeit eines Aufsichtsrats. So lautet eine Empfehlung des Corporate Governance Kodex, der Aufsichtsrat solle in regelmäßigen Abständen „die Effizienz seiner Tätigkeit überprüfen".[340] Offensichtlich ist es im Sinne einer guten Corporate Governance (mit)entscheidend, dass die Qualität des Aufsichtsrats bzw. der Aufsichtsratmitglieder in bestimmten zeitlichen Abständen überprüft wird, um so ihre Leistungsfähigkeit sicherzustellen und die Unternehmensüberwachung nachhaltig weiter zu entwickeln.[341]

Aufgrund der Neuartigkeit des Evaluationsgedankens haben sich bislang noch keine allgemeinen Standards für die Aufsichtsratsbewertung herausgebildet.[342] Auch der Deutsche Corporate Governance Kodex verzichtet auf detaillierte Ausführungen zur Planung und Durchführung der Effizienzprüfung, so dass hinsichtlich der Art, des Ablaufs und der Häufigkeit der Evaluation ganz *unterschiedliche Formen* in Frage kommen. Diese sind wiederum Ausdruck der Intensität und Ernsthaftigkeit der Auseinandersetzung des Aufsichtsrats mit dieser Aufgabe.[343] Vor diesem Hintergrund erscheint es angebracht, die Bandbreite eines möglichen Ablaufs der so genannten „Effizienzprüfung" schwerpunktmäßig aufzuzeigen. Dies geschieht nicht zuletzt, um so die Basis für die Exploration des Meinungsbildes der in die eigene empirische Untersuchung involvierten Aufsichtsratsmit-

---

[338] Vgl. etwa Nuber 1995, S. 214; Al-Laham 1997, S. 298.

[339] So wird der *Hauptzweck* der Leistungsbeurteilung in einer fundierteren Entscheidung über Gehaltsfindungen und Beförderungen gesehen, was zweifelsohne keinen unmittelbaren Bezug zur Überwachungs- oder Strategiethematik aufweist; vgl. Kubicek/Welter 1985, S. 564.

[340] Deutscher Corporate Governance Kodex in der Fassung vom 21.5.2003, Punkt 5.6. Die Formulierung als „Soll-Vorschrift" zwingt zumindest börsennotierte Unternehmen, sich mit diesem Thema auseinanderzusetzen, da sie sich im Rahmen ihrer Entsprechenserklärung zum Kodex zur Einhaltung bzw. Nicht-Einhaltung dieser Empfehlung erklären müssen. Vgl. kritisch zum hier gewählten Begriff der „Effizienz" Theisen 2002, S. 74 f.

[341] Vgl. Hilb 2005, S. 208; Malik 2002, S. 224 f.

[342] Vgl. von Werder/Grundei 2003, S. 679.

[343] Vgl. Ringleb/Kremer/Lutter/von Werder 2003, S. 214.

glieder zu legen. In Anlehnung an SICK können folgende Schwerpunktthemen benannt werden:[344]

▶ *Zuständigkeit der Durchführung*: Obgleich die Leistungsevaluation in den Autonomiebereich des Aufsichtsrats fällt und damit eine Aufgabe des Aufsichtsrats selbst ist, kann dieser zur Unterstützung einen externen Berater bzw. Moderator hinzuziehen.

▶ *Zeitpunkt bzw. Häufigkeit*: Hinter den im Kodex so formulierten „regelmäßigen Effizienzprüfung" steht vermutlich die Forderungen nach einem *jährlichen* Beurteilungszyklus, da auch die Entsprechenserklärung zur Einhaltung bzw. Nicht-Einhaltung der Empfehlungen des Kodex jährlich zu erfolgen haben.[345]

▶ *Gegenstand*: Dem Grundsatz nach bezieht sich die Evaluation auf den Aufsichtsrat als *gesamtes Gremium*. Im Sinne einer besseren Ausschöpfung des Leistungspotenzials kann jedoch auch - etwa nach angelsächsischem Vorbild - eine individuelle Beurteilung jedes *einzelnen Aufsichtsratsmitglieds* in Betracht gezogen werden.

▶ *Inhalt*: Der Aufsichtsrat kann die wesentlichen Schwerpunkte der Leistungsbeurteilung nach seinen individuellen Bedürfnissen selbst festlegen. Aufgrund der Neuartigkeit des Evaluationsgedankens haben sich bisher noch keine allgemein gültigen Beurteilungskriterien herausgebildet. Unter Bezugnahme auf bestehende bzw. zugänglich gewordene Leitfäden zur Evaluation in der Praxis können hier vor allem die Informationsversorgung des Aufsichtsrats bzw. dessen Informationshaushalt, persönliche Kriterien (Qualifikation und Unabhängigkeit der Aufsichtsratsmitglieder), die Qualität der Ausschussarbeit, die Argumentationskultur innerhalb des Aufsichtsrats und die Kommunikation mit dem Vorstand sowie allgemeine Kriterien in Bezug auf die Überwachungstätigkeit des Aufsichtsrats genannt werden.[346]

---

[344] Vgl. Sick 2003, S. 7 ff.; ausführlich auch von Werder/Grundei 2003, S. 682 ff. Zur Systematisierung bietet es sich - bei aller Unterschiedlichkeit der Unternehmensverfassung - an, auch auf die Erfahrungen angloamerikanischer Überwachungsorgane (Boards of Directors) zurückzugreifen, da die dort so bezeichnete „Board Performance Evaluation" in den USA eine weitaus längere Tradition als hierzulande hat. Allerdings haben sich auch in den USA noch keine allgemein akzeptierten Standards herausgebildet. Vgl. Sick 2003, S. 6.

[345] Vgl. § 161 AktG.

[346] Vgl. hierzu etwa die Leitfäden „Effizienzprüfung im Aufsichtsrat" der DSW (Deutsche Schutzvereinigung für Wertpapierbesitz) o.J. oder „Die Effizienzprüfung des Aufsichtsrats" der Hans-Böckler-Stiftung 2003 (zitiert nach Sick 2003).

Letztendlich bietet die schriftliche Leistungsbeurteilung der Aufsichtsratsarbeit den Aufsichtsratsmitgliedern ein Forum, auf Schwachstellen hinzuweisen und Verbesserungspotenziale aufzuzeigen. Die Leistungsbeurteilung ist jedoch nur dann wirksam und sinnvoll, falls die Ergebnisse des Evaluationsprozesses auch in einer *veränderten Überwachungspraxis* münden.[347] Die Effizienzprüfung stellt sowohl im Schrifttum als auch in der Überwachungspraxis eine „vollständige Innovation" dar, die einen „zentralen Ansatz zur Verbesserung der Aufsichtsratseffizienz" verkörpert.[348]

Nachdem nunmehr die theoretisch-konzeptionellen Überlegungen zu den einzelnen Mechanismen des organisationsstrukturellen Aktionsparameters der Koordination abgeschlossen sind, widmet sich das nächste Kapitel den diesbezüglichen empirischen Befunden.

3.2 Empirische Befunde zur Koordination

3.2.1 Befunde zur Koordination durch den Aufsichtsratsvorsitzenden

Ausgehend von den konzeptionellen Vorüberlegungen wurden die Befragten gebeten mitzuteilen, welches die wichtigsten Koordinationsinstrumente eines Aufsichtsratsvorsitzenden in der Überwachungspraxis seien.[349] Abbildung 47 zeigt das Ergebnis.

Zunächst sei festgehalten, dass sämtliche Befragten die große Bedeutung des *Aufsichtsratsvorsitzenden* im Rahmen der *Koordination* der Aufsichtsrats- bzw. Ausschussarbeit in der Praxis ausdrücklich bestätigten. Wie die Grafik verdeutlicht, gaben dabei 76,1% der Gesprächspartner an, die informellen Vorbesprechungen zwischen dem Aufsichtsratsvorsitzenden und den übrigen Anteilseignervertretern seien ein wichtiges Koordinationsinstrument des Aufsichtsratsvorsitzenden. Auf den weiteren Plätzen folgen die Vorbereitung und Leitung der Aufsichtsratssitzungen (63,0%), die Mitarbeit in den Ausschüssen (56,5%) sowie die Durchsicht der Ausschussprotokolle (34,8%).

---

[347] Vgl. auch Ringleb/Kremer/Lutter/von Werder 2003, S. 215.

[348] Vgl. Theisen 2002, S. 75; auch von Werder/Grundei 2003, S. 691.

[349] Vgl. Anhang II: Frage 6 in Teil 2 des Fragebogens; Mehrfachnennungen möglich.

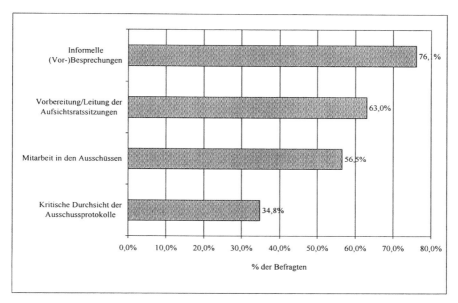

Abb. 47: Wichtige Koordinationsinstrumente eines Aufsichtsratsvorsitzenden

Im Zusammenhang mit den *informellen Vorbesprechungen* wiesen die Gesprächspartner darauf hin, dass im Rahmen dieser Sitzungen die jeweiligen Vertreter der Ausschüsse (hier vor allem der Ausschussvorsitzende, falls dieser nicht ausnahmsweise ein Arbeitnehmervertreter ist) in aller Ruhe über den Stand bzw. die Ergebnisse der Ausschussarbeit berichten könnten, ohne dass „alles sofort in ein Protokoll überführt" werde. Allerdings adressierten die Befürworter dieses Koordinationsinstruments auch die Gefahr, dass durch die Trennung des Aufsichtsrats in „wissende" und „unwissende" Aufsichtsratsmitglieder die Diskussionskultur im Plenum leide. Zudem seien informelle Absprachen problematisch in Bezug auf die Gesamtverantwortung des Gremiums. Hier bekräftigten einige (wenige) Aufsichtsratsmitglieder, die informellen Sitzungen seien im Vorfeld von Routinesitzungen im Prinzip nicht notwendig und lediglich im Fall *außergewöhnlicher* Gesprächsbedarfe anzusetzen. Im Ergebnis waren sich die hier zitierten 76,1% der Befragten jedoch einig, dass die Koordination der Aufsichtsrats- und Ausschussarbeit durch den Aufsichtsratsvorsitzenden weitaus besser *informal* als formal in den Aufsichtsratssitzungen gelinge.

In Bezug auf das Instrument der *Vorbereitung und Leitung der Aufsichtsratssitzungen* betonten die Befragten, dass der Aufsichtsratsvorsitzende seinen koordinierenden Einfluss hier vor allem durch die *Festlegung der Tagesordnungspunkte* geltend macht. Durch die damit verbundene Ermächtigung zu determinieren, *welche* Beiträge in welcher *Reihenfolge* präsentiert und besprochen werden, bestimme der Aufsichtsratsvorsitzende sowohl die Inhalte als auch die nicht unbedeutende „Dramaturgie" der Sitzungen. Zudem könne er geheimhaltungsbedürftige Angelegenheiten vom Plenum fernhalten, indem er diese nicht auf die Tagesordnung setze. Jene Gesprächspartner, die diesem Instrument eine eher untergeordnete Bedeutung beimessen, begründeten ihre Haltung mit ihrem Erfahrungswissen, dass der Aufsichtsratsvorsitzende die Vorbereitung der Aufsichtsratssitzungen in der Regel dem Vorstandsvorsitzenden bzw. dessen Büro überlasse und damit den eigenen Einfluss maßgeblich reduziere.[350] Auch wurde mehrfach auf die gängige Praxis hingewiesen, die Aufsichtsratssitzungen samt der Tagesordnungspunkte für ein bis zwei Jahre im Voraus festzulegen, so dass hier eine eher geringe Flexibilität bei der Vorbereitung und im Verlauf der Sitzungen bestehe.

Die befragten Aufsichtsratsmitglieder, die der *aktiven Mitarbeit des Aufsichtsratsvorsitzenden in den Ausschüssen* bzw. dessen Teilnahme an den Ausschusssitzungen eine wichtige Rolle bescheinigten, unterstrichen, dass der Aufsichtsratsvorsitzende aus ihrer Sicht als ein „geborenes Ausschussmitglied" gelte. Vor allem habe der Aufsichtsrat in seiner Koordinationsfunktion darauf zu achten, dass inhaltliche Überlappungen in der Arbeit von Ausschüssen (Doppelarbeiten), wie sie etwa in Banken häufig beim Audit Committee und beim Ausschuss für Markt- und Kreditrisiken bestehen, vermieden werden. Die Wichtigkeit einer aktiven Ausschussarbeit des Aufsichtsratsvorsitzenden bestätigten vor allem die *Dax-Aufsichtsratsvorsitzenden*, von denen immerhin 90,9% diesem Koordinationsmechanismus große Bedeutung für die Überwachungspraxis beimaßen. Diese Auffassung teilten lediglich 26,7% jener Gesprächspartner, deren Erfahrungswissen primär auf der Überwachungsarbeit in *nicht-börsennotierten* Unternehmen basiert. Demnach kann vermutet werden, dass der Ausschussbildung in nicht-börsennotierten Unternehmen im Allgemeinen nicht die gleiche Bedeutung zukommt wie in börsennotierten Unternehmen, so dass diese Form der inhaltlichen Koordination dort zwangsläufig eine entsprechend geringere Relevanz aufweist. Unterstützt wird diese Vermutung durch den Befund, dass auch die kritische Durchsicht der Aus-

---

[350] Vgl. hierzu ausführlich Malik 2002, S. 221 f.

schus*sprotokolle* nur von 20,0% der Aufsichtsratsmitglieder *nicht-börsennotierter* Unternehmen als wichtig eingestuft wurde.

Die Argumente der 34,8% jener Befragten, die in dem *regelmäßigen Studium aller Ausschussprotokolle* durch den Aufsichtsratsvorsitzenden ein wichtiges Koordinationsinstrument sahen, gründeten ihre Einschätzung primär auf die Tatsache, dass der Aufsichtsratsvorsitzende in der Regel der Einzige sei, dem *sämtliche* Protokolle zur Verfügung stünden. In der Praxis sei es vor allem in Bezug auf die Personalangelegenheiten des Vorstands, die meistens Gegenstand des Personalausschusses oder des Präsidiums sind, durchaus üblich, dem Gesamtaufsichtsrat lediglich einzelne Passagen der Ausschussprotokolle zu verlesen (aber nicht auszuhändigen) oder aber gänzlich auf eine diesbezügliche Information zu verzichten. Insofern sei es bedeutsam, dass „wenigstens einer" die Protokolle aller Ausschüsse kritisch durchsehe und bei sich ablege. Dies gelte vor allem für die (Ausnahme-)Fälle, dass der Aufsichtsratsvorsitzende nicht Mitglied in allen Ausschüssen ist.

Eine über die angesprochenen Sachverhalte hinausgehende Gegenüberstellung des *gruppenspezifischen Antwortverhaltens* führte zu keinen nennenswerten Ergebnissen.

3.2.2 Befunde zur Koordination durch Programmierung

Im Rahmen der Konzeptualisierung wurde deutlich, dass sich die Literatur mit dem Koordinationsmechanismus der Programmierung im Zusammenhang mit der Unternehmensüberwachung durch den Aufsichtsrat bisher kaum auseinandergesetzt hat. Die vorgetragenen Überlegungen führten schließlich aus theoretischer Sicht zu der Vermutung, dass die Voraussetzungen für eine sinnvolle Anwendung der Programmierung nicht erfüllt sind. Vor diesem Hintergrund war das Erkenntnisinteresse der eigenen empirischen Erhebung auf die Beantwortung der Fragestellung gerichtet, ob die Vorgabe spezifischer Verfahrensweisen zur Koordination der jeweils beteiligten Aktionsträger aus Sicht der Überwachungspraxis auf die Arbeit eines Aufsichtsrats übertragbar ist.[351] Abbildung 48 stellt das Ergebnis dar.

---

[351] Vgl. Anhang II: Frage 7 in Teil 2 des Fragebogens.

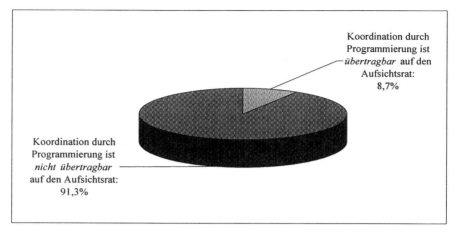

Koordination durch
Programmierung ist
übertragbar auf den
Aufsichtsrat:
8,7%

Koordination durch
Programmierung ist
nicht übertragbar
auf den Aufsichtsrat:
91,3%

Abb. 48: Eignung der Programmierung für die Überwachung

Die Abbildung legt dar, dass mit 91,3% nahezu sämtliche Befragten angaben, das technokratische Koordinationsinstrument der Programmierung sei in der Praxis *nicht* auf die Überwachungsarbeit eines Aufsichtsrats übertragbar. Die Eindeutigkeit dieses Befunds gilt - mit minimalen Abweichungen - gleichermaßen für *alle Befragtengruppen*. Dabei lassen sich die Argumente der Gesprächspartner wie folgt zusammenfassen:

(1) *Flexibilitätsverlust*: Die Überwachung der Unternehmensführung verlange - anders als operative Kontrollprozesse - ein hohes Maß an Flexibilität, da sich der Aufsichtsrat häufig mit neu auftretenden Sachverhalten auseinanderzusetzen bzw. *einzelfallbezogen* zu entscheiden hat. Infolgedessen sei es nicht möglich, im Rahmen vorab festgelegter Entscheidungsbäume einen einheitlichen Aufgabenerfüllungsprozess festzulegen und *routinisierte* Problemlösungen anzuwenden.

(2) *Kreativitätsverlust*: Die Qualität der Überwachung der Unternehmensführung hänge in entscheidendem Maß davon ab, *wie* die Aufsichtsratsmitglieder eingetretene Ereignisse *bewerten*. Erst in Kenntnis des Ergebnisses des Bewertungsprozesses *folge* die Einleitung bestimmter Handlungen. Da sich die Urteilsbildung, die sich vor allem auf die Kreativität und Erfahrung der Überwachungsträger stütze, selbst jedoch niemals standardisieren lasse, sei eine Schablonisierung im Sinne schematisierter Handlungsabläufe grundsätzlich nicht auf die Überwachungsarbeit eines Aufsichtsrats übertragbar.

Die Befunde münden in der Einschätzung, dass der mit der Einführung der Programmierung einhergehende Verlust an Flexibilität und Kreativität sowohl der Wirksamkeit der Überwachung selbst schadet als auch mit der Persönlichkeitsstruktur der Aufsichtsratsmitglieder nicht in Einklang zu bringen ist. Diese Ergebnisse bestätigen die im Rahmen der Konzeptualisierung formulierte Vermutung, die Festlegung spezifischer Verfahrensweisen eigne sich *nicht* für die komplexe Unternehmensüberwachung durch den Aufsichtsrat, sondern ist im Kontext der *Überwachung* scheinbar lediglich im Bereich *operativer* Kontrollprozesse anwendbar.

Wie bereits erwähnt brachte die Analyse des *gruppenspezifischen Antwortverhaltens* keine neuen Erkenntnisgewinne ein.

3.2.3 Befunde zur Koordination durch Formalisierung

Ausgehend von den konzeptionellen Vorüberlegungen werden im Folgenden die Befunde zur Bedeutung schriftlich fixierter organisatorischer Regelungen vorgestellt. Aufgrund der Neuartigkeit und Aktualität des Evaluationsgedankens bilden ergänzende Befunde zur Effizienzprüfung des Aufsichtsrats einen zweiten Schwerpunkt der Ausführungen.

(1) Bedeutung schriftlich fixierter organisatorischer Regelungen

In einem ersten Schritt wurden die Gesprächspartner gebeten anzugeben, welche schriftlich fixierten organisatorischen Regeln aus ihrer Sicht wichtig für die praktische Arbeit innerhalb des Aufsichtsrats seien.[352] Abbildung 49 stellt das Ergebnis grafisch dar.

Insgesamt brachten die Gesprächspartner zum Ausdruck, dass die Formalisierung grundsätzlich unabdingbar für die Aufsichtsratsarbeit sei, nicht zuletzt weil der Großteil der Aufsichtsratsmitglieder ihr Mandat als ein Nebenamt ausführten und schriftlich dokumentierte Organisationsregeln einen wirksamen, schnellen sowie koordinierenden „Orientierungsrahmen" gewährten.

---

[352] Vgl. Anhang II: Frage 8 in Teil 2 des Fragebogens; Mehrfachnennungen möglich.

242

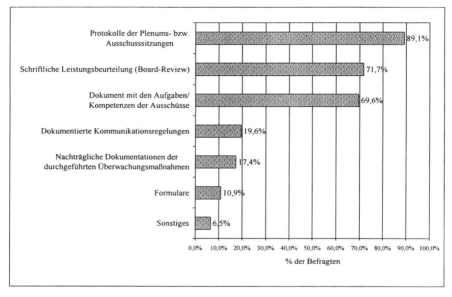

Abb. 49: Wichtige schriftlich fixierte organisatorische Regeln

Wie die Grafik verdeutlicht, betonten 89,1% die Wichtigkeit von Protokollen sowohl der Aufsichtsrats- als auch der Ausschusssitzungen. Auf dem zweiten Platz folgen die Regelungen, die eine schriftliche Leistungsbeurteilung des Gremiums vorsehen (71,7%). Auf Platz drei verwiesen 69,6% der Befragten ein - analog zu Stellenbeschreibung zu verstehendes - Dokument, aus dem die Aufgaben und Kompetenzen einzelner Aufsichtsratsmitglieder bzw. -ausschüsse deutlich hervorgehen. Als vergleichsweise unbedeutend wurden dokumentierte Kommunikationsregeln (19,6%), zusammenfassende Dokumente über die durchgeführten Überwachungsmaßnahmen einer Periode (17,4%) sowie bestimmte Formulare (10,9%) deklariert.

In Bezug auf die an erster Stelle platzierten *Protokolle* gaben die Gesprächspartner zu bedenken, dass die Protokolle der Sitzungen bestimmter Ausschüsse (hier vor allem des Personalausschusses und Präsidiums) in der Regel nicht an die übrigen Aufsichtsratsmitglieder weitergeleitet werden, da die dort behandelten Angelegenheiten als geheimhaltungsbedürftig gelten und folglich nur für die Ausschussmitglieder zugänglich seien. Vor allem die befragten Arbeitnehmervertreter monierten, Protokolle würden insgesamt immer noch viel zu selten angefertigt bzw. an die Aufsichtsratsmitglieder verteilt werden.

Auf der anderen Seite wandten einige Befragte interessanterweise ein, Protokolle seien zwar prinzipiell ein wichtiges Koordinationsinstrument, jedoch würde deren *allgemeine Zugänglichkeit* zu einer spürbaren Reduktion der Diskussionsbereitschaft in der Ausschusssitzungen führen, da sich die Ausschussmitglieder dann der Gefahr ausgesetzt sähen, dem Plenum permanent Rechenschaft über sämtliche Wortbeiträge ablegen zu müssen. Vor diesem Hintergrund sei eine zu starke Detaillierung und anschließende Weiterleitung von Protokollen mit Nachteilen verbunden.

Die Argumentation der Gesprächspartner hinsichtlich der Bedeutung einer *schriftlichen Leistungsbeurteilung* des Aufsichtsrats kann in einer retrospektiven Betrachtung als stark polarisiert bezeichnet werden, da sich die Argumente der Befürworter und der Gegner der Effizienzprüfung inhaltlich *diametral* gegenüberstehen. Jene 71,7% der Befragten, die eine schriftliche Leistungsbeurteilung für wichtig hielten, begründeten ihre Ansicht vor allem mit den ausgesprochen positiven Erfahrungen, die sie mit diesem Instrument gemacht haben. Hier wurde insbesondere hervorgehoben, dass die Evaluation der Aufsichtsratsarbeit in der Praxis bereits zu weitreichenden Konsequenzen geführt habe. Als Beispiele nannten die Gesprächspartner etwa verbesserte Sitzungsabläufe oder völlig neu geordnete Ausschussstrukturen. Insofern wurde betont, dass die Wirksamkeit der Leistungsbeurteilung entscheidend von der *Umsetzung* der identifizierten Verbesserungspotenziale abhänge. Die Befragten regten diesbezüglich an, kleine Arbeitsgruppen aus Aufsichtsrats- und Vorstandsmitgliedern zu bilden und diese mit der Vorbereitung der Umsetzung der Verbesserungsvorschläge zu betrauen.

Dagegen negierten jene Gesprächspartner, die eine schriftliche Leistungsbeurteilung des Aufsichtsrats als unwichtig einstuften, jegliche positiven Auswirkungen auf die praktische Überwachungsarbeit. So sei die Effizienzprüfung „in keiner Weise intellektuell nachvollziehbar". Vor allem fehle es an objektivierbaren Kriterien, die für eine Beurteilung der Qualität eines Aufsichtsrats herangezogen werden könnten. Beispielsweise bürge das Kriterium „Länge der Aufsichtsratssitzungen" nicht automatisch für eine gute Aufsichtsratsarbeit. Vor diesem Hintergrund sei die Leistungsbeurteilung ein völlig absurdes Resultat der deutschen Corporate Governance-Diskussion, das lediglich zu einer weiteren Bürokratisierung und Formalisierung der Aufsichtsratsarbeit beitrage. In diesem Zusammenhang wiesen die Gesprächspartner auch auf ihre Erfahrungswerte in Bezug auf den Ablauf einer Effizienzprüfung in der Praxis hin. Es sei nicht selten, dass Aufsichtsräte die Leistungsbeurteilung mit der Feststellung des Aufsichtsratsvorsitzenden durchführen, der Aufsichtsrat habe seiner Meinung nach qualitativ hochwertig gearbeitet.

Insofern zeuge es von einem konzeptionellen Schwachpunkt der Effizienzprüfung, dass sich naturgemäß kein Aufsichtsrat selbst in Frage stellt. Vielmehr sei eine Evaluation nur dann sinnvoll und systemkonform, wenn sie durch die *Eigentümer* des Unternehmens durchgeführt würde.

Betrachtet man in einem zweiten Schritt die (im vorstehenden Zusammenhang) interessante Einschätzung der *einzelnen Befragtengruppen*, so stellt sich heraus, dass die Bedeutungseinschätzung der Leistungsbeurteilung gruppenspezifisch variiert (vgl. Abb. 50).

	1		2		3		4	
	Dax-Aufsichtsratsvorsitzende	Sonstige	Dax-Aufsichtsratsmitglieder	Sonstige	Börsenotierte Unternehmen	Nicht-börsennotierte Unternehmen	Anteilseigner-vertreter	Arbeitnehmer-vertreter
Die schriftliche Leistungsbeurteilung (Effizienzprüfung) ist wichtig	90,9%	65,7%	85,7%	60,0%	80,6%	53,3%	68,8%	78,6%

Abb. 50: Bewertung der schriftlichen Leistungsbeurteilung (gruppenspezifisches Antwortverhalten)

Die Effizienzprüfung scheint insbesondere in *börsennotierten Unternehmen* - und hier vor allem in den *Dax-Unternehmen* - eine große Bedeutung erlangt zu haben, da sie hier von jeweils über 80% der Gesprächspartner als wichtig eingestuft wurde. Dieser Befund weist darauf hin, dass die *primäre* Zielgruppe des Corporate Governance Kodex dessen Empfehlung, regelmäßig eine Leistungsbeurteilung durchzuführen, als ein bedeutsames Instrument zur Verbesserung der Aufsichtsratsarbeit erachtet. Ebenso deutlich ist der Befund, dass die *Dax-Aufsichtsratsvorsitzenden*, gleichsam als Verantwortliche dieser organisatorischen Regelung, mit 90,9% die Spitzenbeurteilung abgaben. Der Befund, dass diese positive Beurteilung der Effizienzprüfung von lediglich 53,3% der Aufsichtsratsmitglieder *nicht-börsennotierter Unternehmen* geteilt wurde, kann umgekehrt damit erklärt werden, dass sich diese *nicht* auf der jährlichen Hauptversammlung erklären müssen, warum sie eine Effizienzprüfung möglicherweise *nicht* vorgenommen haben. Insofern scheint der Kodex in diesem Punkt noch keine Ausstrahlungswirkung auf nicht-börsennotierte Unternehmen erzielt zu haben. Abschließend sei positiv erwähnt, dass immerhin 78,6% der *Arbeitnehmervertreter* die Effizienzprüfung als wichtig erachteten. Offenkundig sehen sie in diesem Instrument eine gute Gelegenheit, Schwachstellen in der Aufsichtsratsarbeit zu diskutieren sowie konkrete Veränderungen herbeizuführen.

Die Befragten, die eine *Dokumentation der Aufgaben und Kompetenzen* einzelner Aufsichtsratsmitglieder bzw. -ausschüsse als wichtig erachteten,[353] wiesen ergänzend auf ihre Erfahrung hin, dass die Corporate Governance-Diskussion zu der verbreiteten Praxis geführt habe, Geschäftsordnungen für *jeden* der eingerichteten Ausschüsse zu verabschieden. Diese seien allen Aufsichtsratsmitgliedern zugänglich und gewährten einen schnellen Überblick über die Zuständigkeiten und Befugnisse der einzelnen Ausschüsse. Die Vorteilhaftigkeit einer solchen Dokumentation unterstreichend schilderten einige Gesprächspartner, in der Praxis komme es leider immer noch häufig vor, dass im Zuge der Einrichtung neuer Ausschüsse deren Kompetenzen nicht hinreichend exakt spezifiziert würden und der Großteil der Aufsichtsratsmitglieder folglich im Unklaren über den Grad der dem Ausschuss zugestandenen Autonomie bliebe.

Wie oben gezeigt betonten lediglich 19,6% der Gesprächspartner die Bedeutung *dokumentierter Kommunikationsregelungen,* die aussagegemäß insbesondere vor dem Hintergrund der gegenwärtigen Vielfalt unterschiedlichster Kommunikationsmedien unabdingbar seien. Dagegen wandte der Großteil der übrigen Befragten ein, dass solche schriftlich fixierten Regelungen entbehrlich seien, zumal jeder Aufsichtsrat mittlerweile ein „Selbstverständnis" entwickelt habe, *wann welche* Informationen *wie* zu übermitteln seien. Dementsprechend solle statt dokumentierter Richtlinien besser von „gelebter Praxis" gesprochen werden, die sich von Aufsichtsrat zu Aufsichtsrat in völlig unterschiedlicher Weise herausgebildet habe.

Die Beiträge der Gesprächspartner in Bezug auf die Vorteilhaftigkeit einer *rückblickenden Dokumentation der durchgeführten Überwachungsmaßnahmen* des Aufsichtsrats und dessen Ausschüsse machten deutlich, dass - obgleich mit 17,4% lediglich eine numerische Minderheit die Wichtigkeit eines solchen Dokuments für die Überwachungspraxis hervorhob - indes viele Befragten betonten, diese Art der Formalisierung sei durchaus „überlegenswert" oder komme *zukünftig* verstärkt zur Anwendung. Hier müsse es das Ziel sein, dass sich die durch die vermehrte Ausschussbildung immer stärker fragmentierten Aufsichtsräte eine Informationsgrundlage schaffen, über die einzelnen Sitzungsprotokolle hinaus (nachträglich) Aufschluss darüber zu erlangen, womit sich die Ausschüsse im Einzelnen befasst haben. Ein Gesprächspartner wies in diesem Zusammenhang auf die gängige Pra-

---

[353] In diesem Zusammenhang ist es erwähnenswert, dass einer der Gesprächspartner während der Interviews genau zu einem solchen Dokument griff, um schnell über die angesprochenen Informationen verfügen zu können.

xis „seines" Aufsichtsrats hin, im Dezember eines jeden Jahres eine Review-Sitzung abzuhalten und genau die oben angesprochenen Inhalte rückblickend zu besprechen. Dagegen wandten einige Aufsichtsratsmitglieder ein, dass ein solches Dokument vor dem Hintergrund der Existenz umfangreicher Protokolle, die schließlich eine ausreichende Informationsgrundlage bildeten, den Formalisierungsgrad in Aufsichtsräten zu stark erhöhe. Diesen Einwand relativierend sei hier jedoch nochmals auf die bereits angesprochene Problematik der (fehlenden) allgemeinen Zugänglichkeit von Protokollen hingewiesen.

(2) Ergänzende Befunde zur Effizienzprüfung des Aufsichtsrats

Im Rahmen der theoretischen Vorüberlegungen wurde deutlich, dass sich bislang noch keine *detaillierten Vorschriften* in Bezug auf die Regelungen einer schriftlichen Leistungsbeurteilung des Aufsichtsrats herausgebildet haben. Gleichwohl belegt der eigene Befund (71,7% der Gesprächspartner stuften dieses Instrument als wichtig ein) die hohe aktuelle und zukünftige praktische Relevanz der Effizienzprüfung. Insofern war es ein integrales Anliegen der empirischen Untersuchung, das Meinungsbild der Überwachungspraxis zu den im Konzeptualisierungsteil genannten Schwerpunkten der Durchführung einer Effizienzprüfung zu explorieren. In der folgenden Abbildung 51 sind die diesbezüglichen Befunde dargestellt.[354]

Konzeptionelle Ausgestaltungsmöglichkeiten der Effizienzprüfung		Anteil der Befragten
Zuständigkeit der Durchführung	Eigenbeurteilung	52,5%
	Fremdbeurteilung	27,5%
	Eigen- u. Fremdbeurteilung im Wechsel	20,0%
Zeitpunkt bzw. *Häufigkeit* der Durchführung	Halbjährlich	2,5%
	Jährlich	75,0%
	Alle 2 Jahre	17,5%
	1x pro Amtszeit	5,0%
Gegenstand der Evaluation	Aufsichtsrat als Gesamtgremium	85,0%
	Einzelne Aufsichtsratsmitglieder	15,0%

Abb. 51: Konzeptionelle Ausgestaltungsmöglichkeiten der Effizienzprüfung

Die Abbildung verdeutlicht, dass 85,0% der Gesprächspartner für die Leistungsbeurteilung des *gesamten Gremiums* und damit gegen die im angelsächsischen

---

[354] Vgl. Anhang II: Frage 8 in Teil 2 des Fragebogens. Zum Inhalt bzw. zu den Kriterien der Effizienzprüfung siehe weiter unten.

Raum verbreitete Evaluation der einzelnen Gremiums*mitglieder* votierten. Hier wurde die Neuartigkeit der Effizienzprüfung in Deutschland angeführt, deren Akzeptanz unter den Aufsichtsratsmitgliedern nur durch eine (anfänglich) plenumsbezogene – und nicht auf individueller Ebene durchgeführten - Beurteilung steige.

Ferner konnte der Befund erhoben werden, dass sich mit 52,5% gut die Hälfte aller befragten Aufsichtsratsmitglieder für eine Leistungsbeurteilung *ohne externe Unterstützung* aussprachen. Das Hauptargument lautet, dass die Evaluation die Erhebung höchst sensibler Daten erfordere und externe Berater bzw. Moderatoren hier zu wenig Einsicht in die Arbeit des entsprechenden Aufsichtsrats haben. Auch lehnten einige Gesprächspartner eine externe Unterstützung aus rein finanziellen Gründen ab. So verlangten die im konkreten Einzelfall zur Angebotsabgabe aufgeforderten Beratungsunternehmen für die Durchführung eine Effizienzprüfung zwischen 300.000 € und 500.000 €, was eine für die Aufsichtsräte völlig „unakzeptable" Größenordnung darstelle. Im Ergebnis falle dem Aufsichtsratsvorsitzenden die Aufgabe zu, hier die Federführung für die eigenständige Durchführung der Effizienzprüfung zu übernehmen und die Ergebnisse dem Plenum für eine konstruktive Diskussion zugänglich zu machen.

Im Gegensatz dazu sprachen sich insgesamt 47,5% der Befragten *für* eine Beteiligung externer Berater aus, da die Ergebnisse andernfalls verfälscht seien bzw. tendenziell eine zu *hohe* Qualität der Aufsichtsratsarbeit dokumentierten. Der Grund hierfür liegt in der Einschätzung, dass die Aufsichtsratsmitglieder nur im Fall einer Befragung durch Externe ihre Meinung wahrheitsgetreu und ungefiltert mitteilen. Ferner führe die oben bereits angesprochene Neuartigkeit der Effizienzprüfung zu der Notwendigkeit, mit der Materie vertraute und erfahrene Berater zu beauftragen. Zudem erhalte man auf diesem Wege interessante Vergleichwerte (anonymisierte Benchmarks) bezüglich der Aufsichtsratspraxis anderer Unternehmen.

Während sich in Bezug auf den Zeitpunkt bzw. die Häufigkeit der Evaluation mit 75,0% der Großteil der Befragten für eine *jährliche* Leistungsbeurteilung aussprach, plädierten 17,5% für ein *zweijährliches* Intervall. Die übrigen Aufsichtsratsmitglieder stimmten dafür, die Effizienzprüfung lediglich *einmal pro Amtsperiode* (5,0%) bzw. in einem *halbjährlichen* Rhythmus (2,5%) durchzuführen. Damit interpretiert die Mehrheit der befragten Aufsichtsratsmitglieder die im Corporate Governance Kodex bezeichnete „Regelmäßigkeit" offensichtlich als eine *jährlich* durchzuführende Evaluation. Interessanterweise offenbarte die Untersuchung des *gruppenspezifischen Antwortverhaltens*, dass die Aufsichtsratsmitglieder von Dax-Unternehmen eine *leichte* Tendenz in Richtung einer weniger häufig stattfindenden Leistungsbeurteilung verkörperten (alle zwei Jahre bzw. einmal pro Amtszeit), während immerhin 89,5% der übrigen Gesprächspartner hier einen jährlichen Rhythmus präferierten. Es wird interessant sein zu beobachten, welches Intervall sich zukünftig in der Praxis durchsetzen wird.

Neben den vorstehend dargestellten *konzeptionellen* Aspekten der Durchführung einer Effizienzprüfung wurden in den Interviews auch die *inhaltlichen* Beurteilungskriterien der Evaluation thematisiert. Aufgrund der bereits mehrfach zitierten Neuartigkeit des Evaluationsgedankens haben sich bisher noch keine einheitlichen Standards herausgebildet. Ausgehend von der denkbaren Vielfalt möglicher Beurteilungskriterien wurde den Gesprächspartnern eine Auswahl mit der Bitte vorgelegt, diese hinsichtlich ihrer Eignung für die Leistungsbeurteilung zu bewerten.[355] Abbildung 52 verdeutlicht die Befunde.[356]

Abb. 52: Beurteilungskriterien für die Effizienzprüfung

---

[355] Vgl. Anhang II: Frage 2 im ergänzenden Teil des Fragebogens; Bedeutung 1-5 (5=äußerst bedeutsam). Die Auswahl der Kriterien erfolgte in Anlehnung an bestehende Leitfäden für die Praxis. Die Befunde sollen lediglich erste Tendenzaussagen in Bezug auf die Eignung der (vorgeschlagenen) Kriterien ermöglichen und erheben somit keinerlei Anspruch auf Vollständigkeit.

[356] Legende: AR = Aufsichtsrat, ARM = Aufsichtsratsmitglied, V = Vorstand.

Die Befunde zeigen, dass die Überwachungspraxis den persönlichen Kriterien wie den individuellen *Fähigkeiten* (4,34) und der *Unabhängigkeit* der Aufsichtsratsmitglieder (4,27) eine relativ große Bedeutung beimisst. Beide Kriterien werden sowohl konzeptionell als auch empirisch im weiteren Verlauf der Arbeit weitergehend untersucht. Ohne auf jede einzelne Bewertung einzugehen überrascht insgesamt der Befund, dass 1) die Qualität des *Informationshaushalts* und der *Ausschussarbeit*, 2) der *zeitliche* Einsatz der Aufsichtsratsmitglieder außerhalb der Sitzungen[357] und 3) der Grad der *Internationalität* des Aufsichtsrats lediglich im Mittelfeld bzw. am Ende der Bewertungen rangieren.

Eine darüber hinausgehende Untersuchung des *gruppenspezifischen Antwortverhaltens* führte zu keinen neuartigen Erkenntnissen.

4 Zusammenfassende Reflexion der Befunde zur Organisationsstruktur des Aufsichtsrats

In einer Reflexion der explorierten Befunde sollen nunmehr die *Kernaussagen* bezüglich der organsationsstrukturellen Regelungen des Aufsichtsrats zusammengefasst werden. Dabei erscheint es sinnvoll, noch einmal die einzelnen Strukturdimensionen rekapitulierend zu betrachten.

(1) Spezialisierung

Die Befunde zu den *allgemeinen Vor- und Nachteilen* der Etablierung spezialisierter Aufsichtsratsausschüsse weisen darauf hin, dass diese weniger auf eine Steigerung der Leistungsbereitschaft und Motivation *einzelner Aufsichtsratsmitglieder* abzielen, sondern vielmehr zu einer Effektuierung der Arbeit des *Gesamtaufsichtsrats* führen. Hier wurde deutlich, dass der Aufsichtsrat durch die gezielte Bündelung von Spezialwissen und der damit einhergehenden Intensivierung der Diskussion bzw. Verbesserung der Problemlösungswahrscheinlichkeit die Wirksamkeit seiner Überwachung erhöht. Überraschenderweise hat die Ausschussbildung aus Sicht der Praxis jedoch nur einen vergleichsweise geringen Einfluss auf eine Verbesserung des *Verhältnisses zum Vorstand*, was den Schluss zulässt, dass die Ausschussbildung primär aus organ*interner* Sicht erfolgt. Als die größte Gefahr der Ausschussbildung konnte ein potenzielles *Informationsgefälle* zwischen den Ausschüssen und dem Plenum identifiziert werden. Im Gegensatz zur verbrei-

---

[357] Vgl. zur Bedeutung des Faktors "Zeit" für die Aufsichtsratsarbeit auch Malik 2002, S. 205.

teten Meinung im Schrifttum scheint die Bildung von Ausschüssen nur einen relativ geringen Bezug zur *Mitbestimmungsproblematik* aufzuweisen. Hier überraschte vor allem der Befund, dass sogar die *Arbeitnehmervertreter* der Mitbestimmung im Rahmen der Ausschussbildung eine eher untergeordnete Rolle beimaßen, was - zumindest an dieser Stelle - auf keinerlei Konfliktpotenzial in der Praxis hindeutet.

Die ausführlich explorierten Befunde in Bezug auf den *Strategieausschuss* können insgesamt als ein Votum der Überwachungspraxis *für* dessen Einrichtung interpretiert werden. In Anlehnung an die Kontrollarten des strategischen Kontrollkonzepts war die Mehrheit der Gesprächspartner der Meinung, dem Strategieausschuss sinnvollerweise *sämtliche* anfallenden Aufgaben im Rahmen der (strategischen) Überwachung zu übertragen. Es konnte ferner erhoben werden, dass die Argrumente jener Aufsichtsratsmitglieder, die sich *gegen* die Bildung eines Strategieausschusses aussprachen, aus theoretischer Sicht nur wenig überzeugen konnten bzw. großenteils nicht haltbar waren. In diesem Zusammenhang zeigten die Befunde darüber hinaus, dass die oben formulierte Einschätzung der *Irrelevanz* mitbestimmungsrechtlicher Fragestellungen im Rahmen der Ausschussbildung im Allgemeinen für die Einrichtung eines Strategieausschusses im Speziellen bemerkenswerterweise *nicht* aufrechterhalten werden konnte. So zeigten sich gravierende inhaltliche Diskrepanzen zwischen den Anteilseigner- und den Arbeitnehmervertretern in Bezug auf die zu präferierende Besetzung des Ausschusses. Ein ernüchterndes Bild repräsentiert zudem das Ergebnis, dass in der Überwachungspraxis das Kriterium der fachlichen Kompetenz der Aufsichtsratsmitglieder im Vergleich zu deren Zugehörigkeit zum Anteilseigner- bzw. Arbeitnehmerflügel für die Ausschussbesetzung offenbar von nachgelagerter Bedeutung ist.

(2) Delegation

Im Rahmen der Ausführungen zur Delegation wurde zunächst erhoben, dass auch diese - analog zur Spezialisierung - weniger dazu dient, *personenbezogene* Kriterien wie die Leistungsbereitschaft und den Entfaltungsraum der einzelnen Aufsichtsratsmitglieder zu verbessern, sondern vor allem zu einer Erhöhung der *Entscheidungsqualität* führt. Auf der anderen Seite steht den Vorteilen eines hohen Delegationsmaßes insbesondere der Nachteil eines *erhöhten Koordinationsbedarfs* der Ausschussarbeit entgegen. Ingesamt scheinen jedoch in der Überwachungspraxis die Vorteile die möglichen Nachteile zu überkompensieren, so dass die Befunde zusammenfassend betrachtet als ein Votum *für* eine weitreichende Delegation von Entscheidungsbefugnissen interpretiert werden können.

Allerdings ist dieser *allgemeine* Befund nur bedingt auf den konkreten Untersuchungsgegenstand „Strategieausschuss" übertragbar. In einer differenzierten Betrachtung der diesbezüglichen Befunde kristallisierte sich heraus, dass die große Mehrheit der Gesprächspartner (fast 90%) einem Strategieausschuss zumindest die Befugnis zur Erstellung von *Verhandlungs- und Beschlussvorlagen* für den Gesamtaufsichtsrat erteilen würde. Allerdings plädierten immerhin 39,1% dafür, den Strategieausschuss mit weiterreichenden Entscheidungskompetenzen auszustatten und somit als einen so genannten „beschließenden Ausschuss" zu etablieren. Vor dem Hintergrund der Bedeutung der in einem Strategieausschuss zu behandelnden Themen konte zudem der interessante *Gestaltungsvorschlag* erhoben werden, die Entscheidungskompetenzen des Ausschusses an monetäre Wertgrenzen oder einzelfallbezogene Ermächtigungen durch das Plenum zu koppeln. Auf diese Wiese würde die Aushöhlung der Gesamtverantwortung des Aufsichtsrats in wichtigen strategischen Sachverhalten umgangen. Betrachtet man in einer Symbiose aus Spezialisierung und Delegation die von der *Mehrheit* vorgetragenen Erfahrungswerte und Meinungsbilder, so sollte ein Strategieausschuss den Befunden zufolge

- verantwortlich zeichnen für die Bearbeitung sämtlicher Kontrollarten des strategischen Überwachungskonzepts,

- eine Größe von vier Mitgliedern aufweisen (darunter in jedem Fall den Aufsichtsratsvorsitzenden sowie maximal einen Arbeitnehmervertreter) sowie

- grundsätzlich *nicht* mit *endgültigen Entscheidungskompetenzen*, sondern lediglich mit der Befugnis zur *Erstellung* von *Verhandlungs- und Beschlussvorlagen* für den Gesamtaufsichtsrat ausgestattet werden, es sei denn, die Entscheidungskompetenz ist an die oben genannten Bedingungen gekoppelt.

Mit den vorstehend zusammengefassten Befunden zur Spezialisierung und Delegation leistet die eigene Untersuchung vor allem einen Beitrag zur Konkretisierung einer sinnvollen Ausgestaltung des Strategieausschusses. Als dritte Strukturdimension wurde das Instrument der Koordination untersucht.

(3) Koordination

Die Strukturdimension der Koordination weist im eigenen Kontext mit dem Aufsichtsratsvorsitzenden als koordinierende Instanz, der Programmierung und der Formalisierung drei unterschiedliche Instrumente auf. Die *wesentlichen* Befunde stellen sich wie folgt dar:

Die Gesprächspartner bestätigten ausdrücklich die wichtige Rolle, die dem *Aufsichtsratsvorsitzenden* generell im Rahmen der Koordination zukommt. Von den im Schrifttum genannten Koordinationsinstrumenten eines Aufsichtsratsvorsitzenden wurden dabei dessen informelle Vorgespräche mit den Anteilseignern (auch „Bänkegespräche") als das Wichtigste erachtet. Insofern wurde die Anregung des

Deutschen Corporate Governance Kodex, in mitbestimmten Aufsichtsräten sollten sich die Anteilseigner und Arbeitnehmervertreter jeweils gesondert auf die Sitzungen vorbereiten,[358] großenteils ausdrücklich begrüßt. Auch hat der Aufsichtsratsvorsitzende in der Praxis offensichtlich die Möglichkeit, durch die gezielte Vorbereitung und Leitung der Aufsichtsratssitzungen die Aufsichtsrats- bzw. Ausschussarbeit zu steuern. Dagegen überrascht, dass der nahe liegende Punkt einer *aktiven Mitarbeit* der Aufsichtsratsvorsitzenden in den eingerichteten Ausschüssen für die Praxis insgesamt nur eine relativ untergeordnete Rolle zu spielen scheint. Allerdings stuften im Gegensatz zu den übrigen Gesprächspartnern nahezu sämtliche Dax-Aufsichtsratsvorsitzenden (bis auf eine Ausnahme) diesen Aspekt als wichtig ein.

Der Befund zur *Programmierung* kann derart interpretiert werden, dass der mit der Einführung der Programmierung einhergehende Verlust an Flexibilität und Kreativität sowohl der Wirksamkeit der Überwachung selbst schade als auch mit der Persönlichkeitsstruktur der Aufsichtsratsmitglieder nicht in Einklang zu bringen sei. Die Überwachungsaufgabe des Aufsichtsrats ist offensichtlich zu komplex, als sie bereits im Vorfeld durch die Dokumentation routinisierter Problemlösungen bewältigt werden könnte. Ebenso hinge die Qualität der Überwachung entscheidend davon ab, wie die Aufsichtsratsmitglieder eingetretene Ereignisse *bewerten*. Dieser Urteilsbildungsprozess werde geprägt durch die Kreativität und Erfahrung der Aufsichtsratsmitglieder, so dass er sich in keinem Fall standardisieren lasse. Die Ergebnisse bestätigen die im Rahmen der Konzeptualisierung formulierte Vermutung, die Festlegung spezifischer Verfahrensweisen eigne sich nicht für die komplexe Unternehmensüberwachung durch den Aufsichtsrat, sondern nur für ausgewählte *operative* Kontrollprozesse.

Im Rahmen der Analyse der *Formalisierung* betonten die Gesprächspartner die grundsätzliche Bedeutung schriftlich dokumentierter Organisationsregelungen für die Überwachungsarbeit. An erster Stelle nannten die Gesprächspartner hier die Protokolle der Aufsichtsrats- und Ausschusssitzungen, gefolgt von der schriftlichen Leistungsbeurteilung und einem Dokument, aus dem die Aufgaben und Kompetenzen der Ausschüsse transparent hervorgehen. In Bezug auf die Protokolle wurde allerdings auch deren mangelnde allgemeine Zugänglichkeit moniert. Da Protokolle zu einem großen Teil nur für einen ausgewählten Adressatenkreis bestimmt sind (etwa Präsidiums- bzw. Ausschussmitglieder), führe dies regelmäßig zu einem nicht zu unterschätzenden Informationsgefälle innerhalb des Ge-

---

[358] Vgl. Deutscher Corporate Governance Kodex in der Fassung vom 21.5.2003, Punkt 3.6.

samtaufsichtsrats. Inhaltlich diametral auseinander lag das Meinungsbild der Überwachungspraxis in Bezug auf die Sinnhaftigkeit der derzeit viel diskutierten und im angelsächsischen Raum weit verbreiteten schriftlichen Leistungsbeurteilung (Board Review) durch den Aufsichtsrat. Zwar wies der Großteil der Gesprächspartner - hier vor allem die Aufsichtsratsmitglieder börsennotierter Unternehmen und die Dax-Aufsichtsratsvorsitzenden - auf ihre guten Erfahrungen mit diesem Koordinationsinstrument hin, jedoch sprachen die „Gegner" dem Board Review *jegliche* positiven Aspekte ab und erachteten diesen vielmehr als eine völlig unnötige Bürokratisierung der Aufsichtsratsarbeit. Ergänzend konnte hier erhoben werden, dass die Praxis mehrheitlich für eine Beurteilung des *Aufsichtsratsgremiums* und nicht der einzelnen Aufsichtsrats*mitglieder* plädiert. Diese sollte im *jährlichen* Rhythmus *ohne externe Unterstützung* stattfinden. Unter den möglichen Beurteilungskriterien wurden dabei die fachlichen Kenntnisse und die Unabhängigkeit der Aufsichtsratsmitglieder insgesamt sowie die Qualität der Zusammenarbeit des Aufsichtsrats mit dem Vorstand hervorgehoben.

Mit dieser rekapitulierenden Betrachtung ausgewählter Befunde zur Koordination endet die Untersuchung der ersten Analyseebene des Bezugsrahmens. Die weiteren Kapitel sollen nunmehr der zweiten Analyseebene, dem *Austauschverhältnis* zwischen Aufsichtsrat und Vorstand, gewidmet werden.

E   Zweite Analyseebene des Bezugsrahmens: Das Austauschverhältnis zwischen Aufsichtsrat und Vorstand

I   Der Informationsaustausch

1   Informationsbeschaffung des Aufsichtsrats

Rekurrierend auf die Ausführungen bezüglich der Konkretisierung des konzeptionellen Ausgangsbezugsrahmens soll die Informationsbeschaffung des Aufsichtsrats anhand der beiden Merkmale *Aufnahme von Informationsangeboten* und *Nachfrage nach Informationen* konzeptualisiert und erhoben werden.

1.1   Aufnahme von Informationsangeboten

1.1.1   Konzeptualisierung

Im Rahmen der folgenden theoretischen Überlegungen wird zunächst ein *formales* Anforderungsprofil an die Vorstandsberichte erstellt. Darauf aufbauend erfolgt eine *inhaltliche* Auseinandersetzung mit der Vorstandsberichterstattung. Dabei steht die Fragestellung im Mittelpunkt, welchen *materiellen Informationswert* die einzelnen Berichte für den Aufsichtsrat und seine wertorientierten Überwachungshandlungen aufweisen.

1.1.1.1   Formale Dimension der Berichterstattung

Der Gesetzgeber fordert, dass die Vorstandsberichte „den Grundsätzen einer gewissenhaften und getreuen Rechenschaft" zu entsprechen haben.[1] Diese Formulierung ist interpretationsbedürftig. Im Folgenden sollen die aus betriebswirtschaftlicher Sicht notwendigen objektiven Eigenschaften der Vorstandsberichte aufgezeigt werden.

(1) *Wahrheit und Vollständigkeit der Berichte*: Die Berichte müssen in erster Linie der Wirklichkeit entsprechen bzw. dürfen kein Bild vermitteln, das den tatsächlichen Verhältnissen nicht entspricht. Da der Vorstand dem Aufsichtsrat zu uneingeschränkter Offenheit verpflichtet ist, gilt dieses Prinzip ausnahmslos. Dabei sollen sich die Berichte auf die für den Aufsichtsrat *wesentlichen* Informationen beschränken und gleichsam alle Angaben enthalten, die für die

---

[1]   Vgl. § 90 Abs. 4 AktG.

Überwachungsarbeit des Aufsichtsrats bedeutsam sind.[2] Negativ formuliert sind sämtliche Informationen, die für den Aufsichtsrat keine Aussagekraft besitzen, herauszufiltern, um auf diese Weise einen unangemessenen Detaillierungsgrad zu vermeiden.[3]

(2) *Zeitgerechter Zugang der Berichte*: Die Forderung nach einem zeitgerechten Zugang der Berichte umfasst zwei Aspekte.[4] Zum einen sind hier die vom Gesetzgeber verlangten Berichterstattungsintervalle insofern zu beachten (z.B. monatlich, quartalsweise, halbjährlich oder jährlich), als die Berichte dem Aufsichtsrat in einer angemessenen Zeit nach Ende der entsprechenden Berichtsperiode zuzuleiten sind. Hier gilt insbesondere bei Quartalsberichten eine Frist von drei bis sechs Wochen. Zum anderen muss es als selbstverständlich gelten, dass die Aufsichtsratsmitglieder die Berichte rechtzeitig vor den Aufsichtsratssitzungen erhalten, um genügend Zeit für eine intensive Durchsicht der Informationen zu haben.[5]

(3) *Nachprüfbarkeit der Berichte durch Dritte*: Die intersubjektive Nachprüfbarkeit der Berichtsinhalte ist das Pendant zum bereits erläuterten Kriterium der Wahrheit von Informationen. Sind die Angaben des Vorstands durch Dritte nachprüfbar und gelangen diese zu den gleichen Befunden, so kann von einem hohen Wahrheitsgehalt der Informationen ausgegangen werden.[6] Hinter dieser Berichtseigenschaft verbirgt sich die Forderung, dass sämtliche Daten belegbar sein müssen.[7] Die Nachprüfbarkeit von Informationen hängt entscheidend von dem jeweiligen Realisationszeitpunkt des Informationsobjekts ab.[8] Im Fall bereits eingetretener Sachverhalte lässt sich die Überprüfung der Übereinstimmung von Sachverhalt und übermittelter Information relativ einfach durchführen. Dies gilt insbesondere für Informationen, die aus dem Rechnungswesen des Unternehmens generiert werden. Dagegen sind die meisten nicht-vergangenheitsbezogenen Informationen nicht ohne weiteres nachprüfbar, da sie sich noch nicht abbildungsfähig niedergeschlagen haben. Um den Inhalt der Information nicht der Willkür der Berichterstatter zu überlassen,

---

[2]   Vgl. Potthoff/Trescher 2001, S. 131 f.

[3]   Vgl. Gollnick 1997, S. 116.

[4]   Vgl. Potthoff/Trescher 2001, S. 132; Lutter 1984, S. 80.

[5]   Vgl. Ringleb/Kremer/Lutter/von Werder 2003, S. 93; Semler 1999, S. 23.

[6]   Vgl. Dreyer 1980, S. 236.

[7]   Vgl. Potthoff/Trescher 2001, S. 131.

[8]   Vgl. Dreyer 1980, S. 236 ff.

sind zukunftsorientierte Angaben wie etwa Schätzungen in Bezug auf die Markt- und Zinsentwicklung durch Quellenangaben zu kennzeichnen.[9] Gleichsam ist es für den Aufsichtsrat bedeutsam, dass die Berichte eine getrennte Darstellung von Tatsachen auf der einen sowie Wertungen und Meinungen des Vorstands auf der anderen Seite beinhalten.[10] Da der Aufsichtsrat selbstverständlich nicht auf die Schlussfolgerungen des Vorstands verzichten soll, ist hier vielmehr zu betonen, dass erst die unkenntlich gemachte Vermischung nachprüfbarer und nicht-nachprüfbarer Informationen den Aufsichtsrat in die Irre führt.[11]

(4) *Übersichtlichkeit und Klarheit der Berichte*: Das Gebot der Übersichtlichkeit und Klarheit der Berichte umfasst zunächst die klar strukturierte bzw. thematisch klar aufgebaute Darstellung der Informationen durch den Vorstand.[12] Vor diesem Hintergrund hat der Vorstand durch - das reine Zahlenmaterial ergänzende - Erläuterungen eine hohe Transparenz seiner Berichterstattung zu gewährleisten. Dies kann etwa durch den Einbezug auch qualitativer Daten oder durch die Verwendung von Tabellen und Schaubildern sichergestellt werden. Ebenso hat der Aufsichtsrat eine differenzierte, unvermischte Aufbereitung der Informationen nach den Sparten bzw. Geschäftsfeldern des Unternehmens zu verlangen.

(5) *Stetigkeit der Berichte im Zeitablauf*: Die Vorstandsberichte müssen für den Aufsichtsrat im Zeitablauf vergleichbar sein. Eine in diesem Zusammenhang wesentliche Forderung lautet, dass der Vorstand seiner Berichterstattung grundsätzlich einheitliche Berechnungs- und Bewertungsmethoden zugrunde zu legen hat. Für den Fall, dass ein Methodenwechsel für einzelne Kriterien vorgenommen wurde, ist dem Aufsichtsrat sowohl diese Veränderung als auch deren Auswirkung auf das Ergebnis deutlich zu machen.[13] Darüber hinaus sollten insbesondere die turnusmäßigen Berichte ein unverändertes Layout bzw. einen einheitlichen Aufbau im Zeitablauf aufweisen. Vor allem hat die aktuelle Berichterstattung des Vorstands grundsätzlich auf Inhalte vergangener Berichte anzuknüpfen, so dass regelmäßig wiederkehrende Zahlen zur jeweils

---

[9] Vgl. Potthoff/Trescher 2001, S. 131.

[10] Vgl. Lutter 1984, S. 74; Lutter/Krieger 2002, S. 92. Dieser Aspekt gewinnt vor allem im Rahmen des Shareholder Value-Ansatzes eine große Bedeutung, da dessen Komponenten im Prognosezeitraum großenteils auf Schätzungen basieren; vgl. etwa Lukarsch, 1998, S. 161 ff.

[11] Vgl. Dreyer 1980, S. 238.

[12] Vgl. hierzu Lutter 1984, S. 75.

[13] Vgl. Gollnick 1997, S. 122.

entsprechenden Referenzperiode (z.B. Vorperiode oder Vorjahreszeitraum) ausgewiesen werden.[14]

Nachdem nun die *formalen* Kriterien der Berichterstattung diskutiert worden sind, steht im folgenden Kapitel deren *inhaltliche* Dimension im Mittelpunkt der Überlegungen.

1.1.1.2 Inhaltliche Dimension Berichterstattung

Informationen können nur dann einen Wert für den Aufsichtsrat haben, wenn sie dazu dienen, die Grundlagen seiner Bewertungen und Überwachungsentscheidungen positiv zu beeinflussen.[15] Vor diesem Hintergrund soll im Folgenden untersucht werden, welchen inhaltlichen Informationswert die dem Aufsichtsrat zur Verfügung stehenden Berichte zur Wahrung einer an den Interessen der Aktionäre orientierten Überwachung aufweisen.

1.1.1.2.1 HGB-Berichte

Zunächst werden die Berichte nach dem HGB untersucht. Mit diesem Zahlenwerk steht dem Aufsichtsrat ein Instrumentarium zur Verfügung, auf Basis dessen er die Überwachung der Unternehmensführung ausüben könnte.[16]

(1) Jahresabschluss

Der Vorstand von Aktiengesellschaften ist gesetzlich verpflichtet, den Jahresabschluss, bestehend aus der Bilanz inklusive deren Anhang sowie der Gewinn- und Verlustrechnung (GuV) zu erstellen.[17] Der Jahresabschluss stellt ein Zahlenwerk dar, das das Ergebnis des abgelaufenen Jahres in Form eines Vergleichs des Anfangs- mit dem Endvermögen (Bilanz) sowie einer Gegenüberstellung der Erträge und Aufwendungen (GuV) aufzeigt.[18] Der Anhang ist ein Berichtsinstrument *innerhalb* des Jahresabschlusses und enthält primär ergänzende Erläuterungen der

---

[14] Vgl. Lutter/Krieger 2002, S. 92.

[15] Vgl. Schauenberg 1985, S. 248.

[16] Vgl. Gollnick 1997, S. 123; im Folgenden auch Scheffler 2003, S. 627 ff.

[17] Vgl. § 264 Abs. 1 HGB.

[18] Vgl. Kropff 1999, S. 405.

Zahlenangaben.[19] Diese Berichte hat der Vorstand unverzüglich nach ihrer Aufstellung an den Aufsichtsrat weiterzuleiten.[20] Während der Jahresabschluss für die internen Adressaten der Bestimmung der Ausschüttung dient, soll er den externen Adressaten die für sie jeweils notwendigen Informationen zur Verfügung stellen.[21]

Laut HGB soll der Jahresabschluss „ein den tatsächlichen Verhältnissen entsprechendes Bild der Vermögens-, Finanz- und Ertragslage"[22] des Unternehmens vermitteln. Vereinfachend werden diese Merkmale auch als „wirtschaftliche Verhältnisse" oder „wirtschaftliche Lage" bezeichnet, was die Annahme begründet, der Aufsichtsrat könne anhand des Jahresabschlusses die unternehmerische Leistung des Vorstands beurteilen.[23] So gibt der Jahresabschluss etwa für KROPFF „Gelegenheit und Anlaß, die wesentlichen Maßnahmen, die Erfolge und Mißerfolge des vergangenen Geschäftsjahrs mit dem Blick auf die künftige Entwicklung zu erörtern und die Beurteilung von Fähigkeiten und Leistung des Geschäftsführung zu aktualisieren".[24]

Diese Einschätzung ist jedoch abzulehnen. Neben den bereits aufgezeigten fundamentalen Mängeln einer buchhalterischen Erfolgsmessung,[25] die den Jahresüberschuss als Beurteilungsgröße unternehmerischen Handelns für den Aufsichtsrat unbrauchbar machen, muss an dieser Stelle hervorgehoben werden, dass sich der (Minimal-)Wert des Jahresabschlusses für den Aufsichtsrat lediglich auf einer standardisierten, insofern auch periodisch vergleichbaren Dokumentation bereits *abgeschlossener* Sachverhalte gründet.[26] Jedoch muss der Nutzen einer solch vergleichenden Bewertung des Jahresabschlusses für den Aufsichtsrat gering sein, da sich die Mängel des buchhalterischen Zahlenwerkes auch auf die Jahresabschlüsse vergangener Jahre beziehen und sich somit im Vergleich der Jahresabschlussdaten systematisch fortsetzen.[27] Zum anderen ist zur Kenntnis zu nehmen, dass dem Aufsichtsrat die Rechnungslegungsdaten und -strukturen des Unternehmens be-

---

[19] Vgl. Coenenberg 2000, S. 805.

[20] Vgl. § 170 Abs. 1 AktG.

[21] Vgl. Gollnick 1997, S. 123. Für die Adressaten des Jahresabschlusses vgl. auch ausführlich Küting/Weber 2000, S. 9 ff.

[22] Vgl. § 264 Abs. 2 HGB.

[23] Vgl. Gollnick 1997, S. 123.

[24] Kropff 1999, S. 406.

[25] Vgl. Kap. D.I.1.3.2.1.

[26] Vgl. Theisen 2002, S. 155.

[27] Vgl. Gollnick 1997, S. 126.

reits durch seine laufenden Überwachungshandlungen bekannt sind bzw. sein müssten. Unter der Annahme, der Aufsichtsrat werde während des Jahres mit den erforderlichen Informationen versorgt, können die historischen Daten des Jahresabschlusses grundsätzlich nichts Neues mehr beinhalten.[28]

Obgleich ein aussagekräftiger Anhang, in dem die Lage des Unternehmens und die vom Vorstand genutzten Bilanzierungs-, Bewertungs- und Abschreibungsmethoden und deren Auswirkung ergänzend erläutert werden, das Argument der periodischen Unvergleichbarkeit der Jahresabschlussdaten abschwächt, darf der Aussagewert des Anhangs nicht überschätzt werden. Diesem fehlt - genau wie dem gesamten Jahresabschluss - insbesondere der notwendige *Zukunftsbezug* im Sinne einer langfristigen, an den Interessen der Aktionäre orientierten Unternehmenswertmaximierung.[29]

(2) Lagebericht

Mittelgroße und große Aktiengesellschaften sind verpflichtet, einen Lagebericht zu erstellen,[30] dessen Aufgaben sowohl in der Verdichtung der Jahresabschlussinformationen als auch in der zeitlichen und sachlichen Ergänzung des Jahresabschlusses liegen.[31] Der Lagebericht hat ein den tatsächlichen Verhältnissen entsprechendes Bild über den Geschäftsverlauf und die Lage der Gesellschaft zu vermitteln sowie die Risiken der künftigen Entwicklung des Unternehmens aufzuzeigen.[32] Darüber hinaus soll er nach den Worten des Gesetzgebers auf besonders bedeutsame Vorgänge nach Schluss des Geschäftsjahres, die voraussichtliche Entwicklung, den Bereich der Forschung & Entwicklung und bestehende Zweigniederlassungen des Unternehmens eingehen.[33]

Vordergründig betrachtet hat der Aufsichtsrat dem Lagebericht aufgrund seiner (teilweisen) Zukunftsbezogenheit und der Möglichkeit zur qualitativen Darstellung strategischer Sachverhalte einen vergleichsweise hohen Informationswert

---

[28] Vgl. Theisen 2002, S. 155.

[29] Vgl. Jaschke 1989, S. 201; Gollnick 1997, S. 127.

[30] Vgl. § 264 Abs. 1 HGB.

[31] Vgl. Baetge/Kirsch/Thiele 2001, S. 687.

[32] Vgl. § 289 Abs. 1 HGB. Vgl. auch ausführlich Meyding/Mörsdorf 1999, S. 6 f.

[33] Vgl. § 289 Abs. 2 HGB. Vgl. zu den Inhalten des Lageberichtes ausführlich Coenenberg 2000, S. 841 ff.; Baetge/Kirsch/Thiele 2001, S. 688 ff.; Baetge/Schulze 1998, S. 937 ff.

beizumessen.[34] Jedoch sind den Inhalten des Lageberichts enge Grenzen gesetzt, die dessen Nutzen für die Überwachung durch den Aufsichtsrat stark einschränken.[35] Zum einen räumt der Gesetzgeber dem Vorstand einen relativ großen Gestaltungsspielraum in Bezug auf die Art und den Umfang der Darstellung ein, was den Vorstand nicht zu einer detaillierten Lageberichterstattung zwingt. Ferner beeinflusst die Subjektivität der Einschätzungen durch den Vorstand die Nachprüfbarkeit des Lageberichts negativ. Ebenso wird sich der Vorstand stets um eine tendenziell positive Darstellung bemühen, da insbesondere eine umfassende Darlegung der zukünftigen Risiken des Unternehmens die Gefahr ihres Eintretens massiv erhöht. Dieses Argument wird dadurch bestärkt, dass der Lagebericht regelmäßig die Funktion eines öffentlichen Werbeträgers einnimmt, der bei großen Kapitalgesellschaften veröffentlich werden muss[36] und folglich vielfach den Charakter einer „Werbebroschüre" aufweist.[37]

Insgesamt ist der Lagebericht aufgrund der vorgetragenen Argumente sowie dessen enger Verknüpfung an den Jahresabschluss für die strategische Überwachung durch den Aufsichtsrat mit einem relativ geringen Informationswert zu belegen.

(3) Bericht des Abschlussprüfers

Der Abschlussprüfer hat dem Aufsichtsrat seinen Prüfbericht vorzulegen.[38] Der Bericht beinhaltet zusätzliche Informationen sowohl zum Jahresabschluss als auch zum Lagebericht. Der Abschlussprüfer weist hier auf im Rahmen seiner Prüfungshandlungen eventuell festgestellten Unrichtigkeiten oder Verstöße gegen gesetzliche Vorschriften hin. Ferner berichtet er über Tatsachen, die den Bestand oder die zukünftige Entwicklung des Unternehmens wesentlich beeinträchtigen, und über schwerwiegende Verstöße der gesetzlichen Vertreter oder Arbeitnehmer gegen Gesetz, Gesellschaftervertrag oder die Satzung.[39] Nach aktueller Gesetzeslage hat der Abschlussprüfer auch die wesentlichen Bewertungsgrundlagen und die genutzten Bilanzierungs- und Bewertungswahlrechte darzustellen und auf diesbezügliche Ermessensspielräume einschließlich deren Auswirkungen auf die Vermögens-, Finanz- und Ertragslage des Unternehmens einzugehen. Schließlich

---

[34] Vgl. Krawitz 1993, Sp. 2499 f.

[35] Vgl. im Folgenden Gollnick 1997, S. 133; auch Kropff 1999, S. 409 f.

[36] Vgl. § 325 Abs. 2 HGB.

[37] Vgl. Kropff 1999, S. 417.

[38] Vgl. Dörner 2000, S. 104.

[39] Vgl. § 321 Abs. 1 HGB.

hat der Abschlussprüfer zu beurteilen, ob die im Lagebericht enthaltenen Angaben insgesamt die Lage und zukünftige Entwicklung des Unternehmens zutreffend beschreiben.

Jedes einzelne Aufsichtsratsmitglied hat das Recht, von diesem Bericht Kenntnis zu erlangen. Darüber hinaus hat der Abschlussprüfer bei den Aufsichtsrats- bzw. Ausschusssitzungen, in denen der Bericht vorlegt und diskutiert wird, zugegen zu sein und den Aufsichtsratsmitgliedern über seine Prüfungsergebnisse und die wirtschaftliche Lage des Unternehmens zu berichten.[40] Diese Verpflichtung besteht seit Inkrafttreten des KonTraG. Vorher war es gerade in mitbestimmten Unternehmen gängige Praxis, dass die Vorstände aus Gründen der Vertraulichkeit der Informationen zögerten, den Abschlussprüferbericht an sämtliche Aufsichtsratsmitglieder zu verteilen.[41]

Unterzieht man den Abschlussprüferbericht einer kritischen Analyse in Bezug auf dessen Informationswert für die Überwachung durch den Aufsichtsrat, so stellt man zunächst fest, dass ein Vorteil der Berichterstattung in der *Unabhängigkeit* des Abschlussprüfers gegenüber dem zu überwachenden Vorstand liegt. Der Aufsichtsrat erhält einen zusätzlichen Kontrollbericht, der die Angaben des Vorstands unter Umständen als unzutreffend charakterisiert. Dadurch entfaltet die Berichterstattung des Abschlussprüfers im Idealfall eine Anreizwirkung auf den Vorstand, dem Aufsichtsrat wahrheitsgemäß zu berichten.[42] Ingesamt wird der Abschlussprüferbericht mitunter auch als „wichtigste neutrale Informationsquelle des Aufsichtsrats und seiner Mitglieder"[43] bezeichnet.

Obgleich der Abschlussprüferbericht zwar unentbehrlich für die Beurteilung der *Rechtmäßigkeit* der Unternehmensführung sein mag, weist er jedoch nur wenige Hinweise in Bezug auf deren *Zweckmäßigkeit* bzw. *Wirtschaftlichkeit* auf.[44] Zudem ist der Bericht primär vergangenheitsorientiert, wodurch dessen Informationswert für den Aufsichtsrat aus theoretischer Sicht als eher gering einzustufen ist.

---

[40] Vgl. § 171 Abs. 1 Satz 2 AktG.

[41] Vielmehr wurde der Bericht höchstens an den Aufsichtsratsvorsitzenden oder die Anteilseignervertreter weitergeleitet; vgl. Siebel 1999(a), S. 133.

[42] Vgl. Gollnick, 1997, S. 135.

[43] Lutter/Krieger 2002, S. 71.

[44] Vgl. Dreyer 1980, S. 377 f.

(4) Management Letter

Zusätzlich hat der Abschlussprüfer die Möglichkeit, den Vorstand und/oder den Aufsichtsratsvorsitzenden über festgestellte Mängel zu informieren, die über den Gegenstand des vorstehend diskutierten Prüfungsberichts hinausgehen.[45] Gemeint sind in erster Linie Tatbestände, die vom Grundsatz her zwar nicht falsch sind, denen sich der Prüfer aber nicht vollständig anschließt, und solche, die zwar falsch sind, jedoch im Rahmen der Jahresabschlussprüfung nur eine untergeordnete Rolle spielen. Hierunter fallen etwa Schwachstellen bei den Berichterstattungserfordernissen oder Hinweise auf risikobehaftete Systeme und Abläufe.[46]

Vor diesem Hintergrund, dass der Management Letter in Teilen als ein bedeutsames, jährlich vorgetragenes Ergebnis einer eher betriebswirtschaftlich orientierten Analyse des Abschlussprüfers erachtet wird, das mehr als ein reines Nebenprodukt der Abschlussprüfung repräsentiert, könnte dieser Bericht einen Beitrag zur Unterstützung der Überwachungshandlungen des Aufsichtsrats leisten.[47] Auch wenn sich die Kenntnisse eines Abschlussprüfers nicht mehr nur auf die mit dem Rechnungswesen zusammenhängenden Themengebiete beschränken,[48] sollte der Nutzen des Management Letters für die an den Aktionärsinteressen orientierte Überwachung jedoch nicht überschätzt werden, zumal er regelmäßig lediglich auf „kleinere Mängel" hinweist.

1.1.1.2.2 Regel- und Sonderberichte

Der wichtigste Teil des Informationssystems des Aufsichtsrats sind die *Berichte des Vorstands* nach § 90 AktG. Hier steht dem Aufsichtsrat ein umfassendes Berichtswesen zur Verfügung, das die für die Überwachung notwendigen Daten liefern soll.[49] Dabei sind die einzelnen Berichte nicht isoliert voneinander, sondern zum Zweck der Vorstandsbeurteilung letztlich in ihrer Gesamtheit zu betrachten.[50] Im Folgenden seien die wesentlichen Inhalte der Berichte kurz aufgezeigt und abschließend kritisch reflektiert.

---

[45] Vgl. Kropff 1999, S. 413.

[46] Vgl. Peemöller/Finsterer/Mahler 1999, S. 1565.

[47] Vgl. Schneider 2000, S. 241 f.

[48] Vgl. Potthoff/Trescher 2001, S. 246.

[49] Vgl. Lutter/Krieger 2002, S. 77.

[50] Vgl. Gollnick 1997, S. 136.

(1) Bericht über die beabsichtigte Geschäftspolitik

Da die Überwachung durch den Aufsichtsrat nicht auf nachträgliche Kontrollhandlungen beschränkt ist, verpflichtet der Gesetzgeber den Vorstand, den Aufsichtsrat mindestens einmal pro Jahr „über die beabsichtigte Geschäftspolitik und
andere grundsätzliche Fragen der Unternehmensplanung (insbesondere die Fi-
nanz-, Investitions- und Personalplanung)" zu berichten.[51] Unter der Berichterstattung ist sowohl die operative als auch die mittel- und langfristige Planung zu subsumieren. Mit der Kenntnisnahme der *langfristig orientierten*, strategischen Planung des Vorstands wird dem Aufsichtsrat explizit die Möglichkeit gegeben, sich
mit den Zukunftsvorstellungen des Vorstands auseinanderzusetzen und gegebenenfalls Gegenvorstellungen vorzutragen. Die diesbezüglichen Ausführungen des
Vorstands beruhen in der Regel eher auf qualitativen Angaben als auf einem detaillierten Zahlenwerk.[52] Die Berichterstattung über die *mittelfristige* Entwicklung
des Unternehmens gibt Aufschluss darüber, welche konkreten Vorhaben der Vorstand innerhalb eines Zeitraums von drei bis fünf Jahren plant. Dabei soll insbesondere deutlich werden, welche Produkte oder Dienstleistungen der Vorstand auf
welchen Märkten beabsichtigt und welchen Einfluss die Vorhaben auf die mittelfristige Ertrags-, Vermögens- und Finanzlage des Unternehmens haben. Anders
als bei der Langfristplanung sind diese Angaben durchweg quantitativ erfassbar.
Im Rahmen der *kurzfristigen* Planung informiert der Vorstand über das Budget für
das bevorstehende Geschäftsjahr. Der Aufsichtsrat erhält hier eine detaillierte, mit
einer vergleichsweise geringen Unsicherheit behafteten Planung für das Folgejahr,
anhand derer er laufende, je nach zugrunde gelegtem Berichtszeitraum durchzuführende Soll/Ist-Vergleiche vornehmen kann.

(2) Rentabilitätsberichte

Im Rahmen der Sitzung, in der der Aufsichtsrat über den Jahresabschluss verhan-
delt, muss der Vorstand auch „über die Rentabilität der Gesellschaft, insbesondere
der Rentabilität des Eigenkapitals" berichten.[53] Durch den geforderten Bezug zum
Jahresabschluss bringt der Gesetzgeber die Nachträglichkeit der Berichterstattung
zum Ausdruck.[54] Deutlich wird zudem, dass in jedem Fall über die Verzinsung
des *Eigenkapitals* zu berichten ist. Darüber hinaus hat der Vorstand - laut Schrift-

---

[51] Vgl. § 90 Abs. 1 AktG.
[52] Vgl. Semler 1999, S. 23 f.
[53] Vgl. § 90 Abs. 1 Nr. 2 i.V.m. Abs. 2 Nr. 2 AktG.
[54] Vgl. Semler 1999, S. 25.

tum - weitere Rentabilitätskennziffern in seine Berichterstattung aufzunehmen, hier vor allem die Rentabilität des Gesamtkapitals.[55] Dabei können sich die Aufsichtsratsmitglieder nur dann ein umfassendes Bild über die Kapitalrentabilität machen, wenn der Vorstand neben den Kennziffern für das Gesamtunternehmen auch diejenigen für die einzelnen Unternehmensteile vorlegt.

(3) Gang der Geschäfts und Lage der Gesellschaft

Der Vorstand hat ferner regelmäßig, jedoch mindestens vierteljährlich, „über den Gang der Geschäfte, insbesondere den Umsatz, und die Lage der Gesellschaft" zu berichten.[56] Damit soll sichergestellt werden, dass der Aufsichtsrat ausreichend über die Entwicklung und die Lage des Unternehmens informiert ist. Dem Aufsichtsrat sind sowohl unternehmensinterne (wie z.B. Umsatz, Auftragseingänge, Mitarbeiterzahlen etc.) als auch unternehmensexterne Entwicklungen (wie z.B. Veränderungen der Märkte, des Wettbewerberverhaltens, der Massenkaufkraft etc.) zu vermitteln. In der Literatur wird betont, dass der Aufsichtsrat hier am besten über einen umfassenden Zwischenabschluss informiert werden sollte, der ein aussagekräftiges Bild über die aktuelle Ertrags-, Vermögens- und Finanzlage des Unternehmens gibt. Da die Erstellung eines Zwischenabschlusses unter Umständen sehr zeitaufwendig sein kann, ist der Aufsichtsrat vorab über die Verschuldung und Liquidität zu informieren. Zur Darstellung der Lage der Gesellschaft gehört zum einen die Gegenüberstellung der Ist-Zahlen mit den entsprechenden Zahlen des Vorjahres und den Soll-Zahlen, zum anderen ebenso eine Analyse etwaiger Abweichungen zwischen den dargestellten Werten. Dabei stehen hier die Zahlen für das Gesamtunternehmen im Mittelpunkt, wobei in jedem Fall die mit erheblichen Verlusten arbeitenden Bereiche in die Berichterstattung einzubeziehen sind.

(4) Sonderberichte

Über die vorstehend skizzierte *Regelberichterstattung* des Vorstands hinaus hat dieser bei verschiedenen Anlässen *weitere Berichte* zu erstatten.[57] Zu nennen sind hier zunächst Berichte an den *gesamten Aufsichtsrat*, die über bedeutende Geschäfte, d.h. „Geschäfte, die für die Rentabilität und Liquidität der Gesellschaft

---

[55] Vgl. Kanavelis 1987, S. 143, der mit dem Rentabilitätsbegriff auch „die gesamte Ertragskraft der Gesellschaft" angesprochen sieht.

[56] Vgl. § 90 Abs. 1 Nr. 3 i.V.m. Abs. 2 Nr. 3 AktG.

[57] Vgl. Lutter 1984, S. 15.

von erheblicher Bedeutung sind", informieren.[58] Die Berichte müssen so umfassend sein, dass der Aufsichtsrat in der Lage ist, das Geschäft zu verstehen und seine wesentlichen Auswirkungen auf die Entwicklung des Unternehmens zu beurteilen. Dabei ist die „Bedeutsamkeit" eines Geschäftes stets in Bezug auf das entsprechende Unternehmen zu sehen und hängt in der Regel von Faktoren wie dem Risiko und dem Umfang des Geschäfts ab.[59] Neben den Sonderberichten an den Aufsichtsrat hat der Vorstand dem *Aufsichtsratsvorsitzenden* aus „sonstigen wichtigen Anlässen" zu berichten.[60] Hierzu zählen erhebliche Betriebsstörungen, Streiks, behördliche Auflagen, Liquiditätsengpässe aufgrund von Kreditkündigungen etc.[61]

Beurteilt man das hier aufgezeigte Berichtswesen, das die Informationslage des Aufsichtsrats maßgeblich konstituiert, so gelangt man zu folgendem Ergebnis. Im Vergleich zu den bereits beurteilten Berichten Jahresabschluss, Lagebericht, Abschlussprüferbericht und Management Letter weisen die Berichte nach § 90 AktG einen wesentlichen höheren Informationswert für die Überwachungsarbeit des Aufsichtsrats auf. Auch ohne auf die von den individuellen Gegebenheiten eines einzelnen Unternehmens abhängigen konkreten Berichtsinhalte einzugehen,[62] lässt sich festhalten, dass die hier dargelegte Berichterstattung dem Aufsichtsrat grundsätzlich eine fundierte Informationsgrundlage bieten sollte, die eine an den Aktionärsinteressen orientierte Überwachung des Vorstands zumindest aus theoretischer Sicht ermöglicht. Für diese Einschätzung spricht vor allem die Aktualität bzw. Zukunftsbezogenheit der Berichterstattung.

Vor diesem Hintergrund war es insgesamt gesehen ein primäres Anliegen der empirischen Erhebung zu explorieren, welche Bedeutung die Aufsichtsratsmitglieder den einzelnen Berichten für die strategische Unternehmensüberwachung beimessen.

---

[58] Vgl. § 90 Abs. 1 Nr. 4 AktG.
[59] Vgl. Lutter/Krieger 2002, S. 85.
[60] Vgl. § 90 Abs. 1 Satz 2 AktG.
[61] Vgl. Potthoff/Trescher 2001, S. 136 f.
[62] Vgl. Scheffler 1993, S. 68.

1.1.2   Empirische Befunde zur Aufnahme von Informationsangeboten

1.1.2.1   Befunde zu den formalen Anforderungen an die Vorstandsberichte

Zur Erhebung der Einschätzung der Bedeutung der einzelnen formalen Anforderungen an die Vorstandsberichte wurden die Gesprächspartner gebeten, die im Rahmen der Konzeptualisierung angesprochenen Kriterien nach ihrer Wichtigkeit für die Überwachungspraxis aus ihrer Sicht zu bewerten.[63] Die berechneten Mittelwerte sind in Abbildung 53 grafisch aufbereitet.

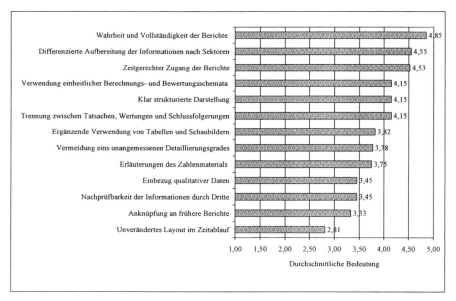

Abb. 53:   Formale Anforderungen an die Vorstandsberichterstattung

Die Darstellung zeigt zunächst einmal, dass die im Rahmen der Konzeptualisierung aufgezeigten formalen Anforderungen an die Vorstandsberichte *insgesamt* offensichtlich auch von der Überwachungspraxis als nicht unbedeutsam eingestuft

---

[63]   Vgl. Anhang II: Frage 5 im ergänzenden Teil des Fragebogens.

werden (Werte zwischen 2,81 und 4,85). Aufgrund der Vielzahl der hier dargestellten Kriterien erscheint es sinnvoll, diese in *drei Gruppen* einzuteilen.[64]

▶ Zu der Gruppe derjenigen Anforderungen, die im Durchschnitt eine Bedeutungseinschätzung von größer als 4,50 aufweisen, zählen die drei Kriterien
Wahrheit und Vollständigkeit der Berichte (4,85), differenzierte Aufbereitung
nach Sektoren/Geschäftsfeldern des Unternehmens (4,55) sowie zeitgerechter
Zugang der Berichte (4,53). Dabei ist die *Spitzenplatzierung* des erstgenannten
Kriteriums zu einem großen Teil damit zu erklären, dass der Aufsichtsrat mit
dem Vorstand jene Instanz überwacht, die gleichzeitig ein Monopol an überwachungsrelevanten Informationen hat.[65] Infolgedessen ist der Aufsichtsrat
auf die Richtigkeit der ihm übermittelten Informationen angewiesen. Die
zweitwichtigste Anforderung einer *differenzierten*, nach Geschäftsfeldern un-
terteilten Darstellung der Informationen ist allein aufgrund der Komplexität
des Geschäftsgebarens global operierender Konzerne unabdingbar und entspricht der im Schrifttum vorgetragenen Forderung nach einem hierarchischen
Aufbau des Überwachungsprozesses in die beiden Analyseebenen „Gesamtunternehmen" und „Teileinheiten".[66] In Bezug auf die *zeitliche* Anforderung
monierte der Großteil der Befragten die gängige Praxis, dass die zur Vorbereitung auf die Aufsichtsratssitzungen notwendigen Unterlagen regelmäßig erst
kurz vor dem entsprechenden Sitzungstermin eintreffen und den Aufsichtsratsmitgliedern so häufig nur die Möglichkeit verbleibt, die Dokumente während der Anreise durchzusehen. Eine solche Vorgehensweise ist sicherlich
nicht mit einer wirksamen Überwachungsarbeit des Aufsichtsrats in Einklang
zu bringen.[67]

▶ Zu der Gruppe der durchschnittlich zwischen 3,50 und 4,49 eingestuften Anforderungen zählen die Verwendung einheitlicher Berechnungs- und Bewer-
tungsschemata, eine klar strukturierte Darstellung, eine klare Trennung zwischen Tatsachen, Wertungen und Schlussfolgerungen des Vorstands (jeweils

---

[64] Dabei basiert die Gruppenbildung auf der Überlegung, dass sich die Mittelwerte der einzelnen
Variablen (μ_i) durch *Rundung* auf ganze Zahlen jeweils der ursprünglichen Likert-Skalierung
des Interviewleitfadens (ganze Zahlen zwischen 1 und 5) zuordnen lassen. Demnach können
maximal fünf Gruppen unterschieden werden: (1) $4,50 \leq \mu_i \leq 5,00$; (2) $3,50 \leq \mu_i \leq 4,49$; (3)
$2,50 \leq \mu_i \leq 3,49$; (4) $1,50 \leq \mu_i \leq 2,49$; (5) $1,00 \leq \mu_i \leq 1,49$.

[65] Vgl. zu dieser ökonomischen Problematik ausführlich Kap. E.II.1.1 dieser Arbeit.

[66] Vgl. Lukarsch 1998, S. 192 ff., der dies am Beispiel der Durchführungskontrolle ausführlich
darstellt.

[67] Vgl. Ringleb/Kremer/Lutter/von Werder 2003, S. 93.

4,15), die ergänzende Verwendung von Tabellen und Schaubildern (3,82), die Vermeidung eines unangemessenen Detaillierungsgrades (3,78) und schließlich Erläuterungen des Zahlenmaterials (3,75). Dieser Befund legt den Schluss nahe, dass sich der Aufsichtsrat von der Berichterstattung des Vorstands einen kompakten, mit grafischen Darstellungen untermalten Überblick über die wesentlichen Sachverhalte erwartet. Dabei kommt der Forderung an den Vorstand, die Überwachung nicht durch die Verwendung unterschiedlicher Berechnungsschemata zu erschweren, eine hohe Bedeutung zu. Dieses Anliegen hat insbesondere bei wichtigen Investitionsentscheidungen, deren Vorteilhaftigkeit auf Basis unterschiedlichster (Investitions-)Rechenverfahren diskutiert werden kann, einen großen Stellenwert. Darüber hinaus ist positiv hervorzuheben, dass der Aufsichtsrat *separate* Ausführungen des Vorstands bezüglich dessen Einschätzungen und Schlussfolgerungen verlangt.

▶ Zu den Anforderungen, denen die Befragten lediglich eine Bedeutung zwischen 2,50 und 3,49 zuwiesen, gehören der Einbezug qualitativer Daten, die Nachprüfbarkeit der Informationen durch Dritte (jeweils 3,45), die Anknüpfung der Berichterstattung an frühere Berichte (3,33) und ein unverändertes Layout im Zeitablauf (2,81). Es fällt zunächst auf, dass die in Kap. D.I.2.2.3 konstatierte mangelnde Orientierung der Aufsichtsratsmitglieder an qualitativen Informationen hier ihre Bestätigung findet. Auch ist die Tatsache bemerkenswert, dass die Befragten den *dynamischen* Charakter der Berichterstattung als derart unbedeutend einstuften. Dies lässt die Vermutung zu, dass sich die Aufsichtsräte eher mit einzelfallbezogenen Entscheidungen befassen und weniger auf die Entwicklung strategisch relevanter Sachverhalte im Zeitablauf fokussieren. Der in Kap. D.I.2.1 dargestellte Befund, dass sich der Aufsichtsrat weniger als eine kontinuierlich, d.h. im zeitlichen Gleichlauf mit strategischen Entscheidungs- und Umsetzungsprozessen überwachende Instanz sieht, findet hier ihre Bestätigung. Ohne die konsequente Referenzierung auf Tatbestände und Ergebnisse vergangener Abweichungsanalysen scheint eine strategische Überwachung durch den Aufsichtsrat kaum realisierbar.

Eine über das allgemeine Antwortverhalten hinausgehende *gruppenspezifische Betrachtung* der Befunde führte zu keinen nennenswerten Erkenntnisgewinnen.

1.1.2.2 Befunde zum inhaltlichen Informationswert der Berichte

Ausgehend von den konzeptionellen Überlegungen wurden die Gesprächspartner gebeten mitzuteilen, wie sie den inhaltlichen Informationswert der gängigen Berichte für die strategische Überwachungsarbeit eines Aufsichtsrats beurteilen.[68] Das Ergebnis ist in Abbildung 54 dargestellt.

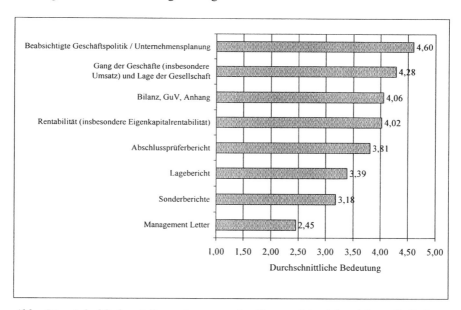

Abb. 54: *Inhaltlicher Informationswert der Vorstandsberichte (über alle Befragten)*

Den mit Abstand höchsten Informationswert für die strategische Überwachung maßen die befragten Aufsichtsratsmitglieder offensichtlich dem Bericht über die beabsichtigte Geschäftspolitik und andere grundsätzliche Fragen der Unternehmensplanung bei (4,60). Es folgen der Bericht über den Gang der Geschäfte (4,28), der Jahresabschluss (4,06), der Bericht über die Entwicklung der Rentabilität (4,02) und der Abschlussprüferbericht (3,81), denen insgesamt ein noch ver-

---

[68] Vgl. Anhang II: Frage 1 in Teil 3 des Fragebogens.

gleichsweise hoher Informationswert für die strategische Überwachung bescheinigt wurde. Als informationell „geringwertiger" stuften die Gesprächspartner den Lagebericht (3,39) und etwaige Sonderberichte (3,18) ein. Relativ abgeschlagen rangiert der Management Letter mit einer durchschnittlichen Bedeutung von lediglich 2,45 am Ende der Berichtsliste. Obgleich dieser von einem Teil der Befragten als „äußerst wichtig für die strategische Überwachung" eingeschätzt wurde, liegt er dem Großteil der Befragten aussagegemäß ohnehin nicht jedes Jahr vor und stelle dementsprechend auch keine systematisch wichtige Überwachungsunterlage dar.[69]

In einer Interpretation der Befunde ist zunächst positiv hervorzuheben, dass die befragten Aufsichtsratsmitglieder die HGB-Berichte *insgesamt* betrachtet mit einer geringeren Bedeutung für die strategische Überwachung belegten als die Regelberichte nach § 90 AktG. Ein wenig getrübt wird dieses erfreuliche Bild jedoch durch den Befund, dass die Aufsichtsratsmitglieder den Informationswert des *Jahresabschlusses* hier offensichtlich überschätzen. Wie im Rahmen der Konzeptualisierung deutlich wurde, unterliegt der Jahresabschluss massiv den Mängeln des buchhalterischen Zahlenwerks und lässt in diesem Zusammenhang insbesondere den notwendigen Zukunftsbezug bzw. jegliche Form der Wertorientierung vermissen.

Einige Befragte äußerten hier bedenklicherweise, der Jahresabschluss sei die „wichtigste informatorische Grundlage für die strategische Überwachung des Aufsichtsrats überhaupt", aus der man „alle überwachungsrelevanten Informationen" extrahieren könne. Über diese auf den Inhalt des Jahresabschluss bezogene Argumentation hinaus kann vermutet werden, dass dieser vor allem aufgrund seiner Außenwirkung bzw. Pubilizitätswirksamkeit häufig im Zentrum der Überwachungshandlungen des Aufsichtsrats steht. Dafür spricht auch, dass die Einrichtung eines *Audit Committees* einen sehr wichtigen Bestandteil der Corporate Governance-Diskussion bildet und die weltweite Vereinheitlichung der Bilanzierungsstandards eine nicht unbedeutende Auswirkung auf die Unternehmen und damit auch die Aufsichtsräte, die gemeinsam mit dem von ihnen bestellten Abschlussprüfern die Richtigkeit des Jahresabschlusses prüfen, hat.

---

[69] Ein Aufsichtsratsmitglied, das den Informationswert des Management Letters als „äußerst hoch" einstufte, begründete dies damit, dass der Management-Letter die einzige Möglichkeit biete, Einblicke in die Vielzahl der Ländergesellschaften des Konzern zu erhalten. Gleichwohl betonte er, dass auch der Management Letter in der Regel an das Rechnungswesen orientierte Darstellungen beinhalte.

Diese Feststellung korrespondiert mit dem Befund aus Kap. D.I.2.2.1, dass die befragten Aufsichtsratsmitglieder in den buchhalterisch geprägten Erfolgsgrößen, an erster Stelle im Jahresüberschuss, die wichtigsten Kennzahlen im Rahmen der materiellen Beurteilung einer Strategie sehen. Dieses problematische Ergebnis gewinnt insofern an Brisanz, als dass die Befragten die Vermutung bestätigten, die eingangs untersuchten und vorstehend angesprochenen Kennzahlen seien naturgemäß auch Gegenstand der laufenden Berichterstattung des Vorstands gemäß § 90 AktG. Insgesamt bleibt somit festzuhalten, dass die auf den ersten Blick erfreulich hohe Bedeutungseinschätzung der Regelberichterstattung stark relativiert werden muss.

Wendet man sich in einem zweiten Schritt dem *gruppenspezifischen Antwortverhalten* zu, so ergibt sich folgende Gegenüberstellung (vgl. Abb. 55).

	1		2		3	
	Dax-Aufsichtsratsvorsitzende	Sonstige	Börsenotierte Unternehmen	Nichtbörsennotierte Unternehmen	Anteilseignervertreter	Arbeitnehmervertreter
HGB-Berichte						
Bilanz, GuV, Anhang	4,00	4,08	4,08	4,00	4,23	3,65
Lagebericht	3,68	3,29	3,65	2,82	3,29	3,62
Abschlussprüferbericht	3,59	3,88	3,72	4,00	3,69	4,08
Berichte nach § 90 AktG						
Geschäftspolitik / Unternehmensplanung	4,50	4,64	4,55	4,71	4,66	4,46
Rentabilität, insbes. Eigenkapitalrentabilität	4,64	3,82	4,13	3,79	4,35	3,23
Gang der Geschäfte / Lage der Gesellschaft	4,45	4,23	4,52	3,79	4,23	4,42
Sonderberichte	2,55	3,39	3,23	3,07	2,84	4,00

Abb. 55: Inhaltlicher Informationswert der Vorstandsberichte (gruppenspezifisches Antwortverhalten)

Zunächst verdeutlicht die Abbildung, dass die *Dax-Aufsichtsratsvorsitzenden* und die Aufsichtsratsmitglieder *börsennotierter Unternehmen* den inhaltlichen Informationswert der Berichte nach § 90 AktG nicht nur als relativ *hoch*, sondern insbesondere als durchweg *höher* als den Informationswert der HGB-Berichte einschätzten. Dabei ist zu betonen, dass die Dax-Aufsichtsratsvorsitzenden vor allem den Berichten über die Rentabilität des Eigenkapitals mit einer Bedeutungseinschätzung von 4,64 eine äußerst hohe Aufmerksamkeit schenkten.

Dies korrespondiert mit den Befunden aus Kap. D.I.2.1 und D.I.2.2.1, wonach 1) die Dax-Aufsichtsratsvorsitzenden eine vergleichsweise starke *Ergebnis*orientierung ausweisen und zudem 2) der Eigenkapitalrentabilität *unter den buchhalterischen Kennzahlen* im Durchschnitt die größte Bedeutung beimessen.

Darüber hinaus ist festzuhalten, dass der Lagebericht für die Aufsichtsratsmitglieder *börsennotierter Unternehmen* einen ungleich höheren Informationswert aufweist (3,65) als für die Gruppe der Aufsichtsratsmitglieder *nicht-börsennotierter Unternehmen* (2,82). Ungeachtet der Erkenntnis, dass es keine auf dem inhaltlichen Informationswert beruhende theoretische Rechtfertigung dieser Einschätzung gibt, kann jedoch auch dieser Befund auf die Tatsache zurückgeführt werden, dass börsennotierte Unternehmen weitaus publizitätswirksamer arbeiten (müssen) und der Lagebericht, der zusammen mit dem Jahresabschluss einen wesentlichen Bestandteil des Geschäftsberichts ausmacht, somit zwangsläufig eine größere Bedeutung erfährt.

Schließlich sei der Befund hervorgehoben, dass die *Arbeitnehmervertreter* die Informationen in Sonderberichten als weitaus höherwertiger einstuften als die Anteilseignervertreter (4,00 vs. 2,84). Hier kann wiederum die zu vermutende relativ große Distanz der Arbeitnehmervertreter sowohl zum Vorstand als auch zum Aufsichtsratsvorsitzenden, der bekanntlich zu der Gruppe der Anteilseigner gehört, herangezogen werden. Für den Fall, dass einzelne Aufsichtsratsmitglieder nicht im gleichen Umfang (auch informell) über bestimmte Vorhaben oder Geschehnisse im Unternehmen unterrichtet werden, liegt deren Interesse nahe, sich die entsprechenden Informationen über das intensive Studium weiterer, über die Regelberichterstattung hinausgehender Berichte zu beschaffen.

1.2 Nachfrage nach Informationen

1.2.1 Konzeptualisierung

Nachdem der Mittelpunkt der bisherigen Ausführungen zur Informationsbeschaffung in der Analyse des gesetzlich normierten Information*sangebots* lag, soll im Folgenden die *aktive Nachfrage* des Aufsichtsrats nach Informationen untersucht werden.

1.2.1.1 Informationsquellen des Aufsichtsrats

In Anlehnung an die Informationstheorie lassen sich nach dem Kriterium des Ortes der Informationsentstehung zwei Formen der Informationsbeschaffung unterscheiden.[70] So spricht man von einer *internen Informationsbeschaffung*, wenn die Informationen im Unternehmen und/oder durch Führungskräfte bzw. Mitarbeiter des Unternehmens entstehen. Bei einer *externen Informationsbeschaffung* liegt die Entstehung der beschafften Informationen außerhalb des Unternehmens. Bezogen auf den eigenen Untersuchungsgegenstand ist daher im Folgenden zu untersuchen, welche internen und externen Informationsquellen[71] dem Aufsichtsrat als Überwachungsträger zur Verfügung stehen und wie diese aus betriebswirtschaftlicher Sicht zu beurteilen sind.

(1) Interne Informationsquellen des Aufsichtsrats

Die Gruppe der internen Informationsquellen umfasst alle Führungskräfte und Mitarbeiter eines Unternehmens, die als potenzielle Informationsgeber für den Aufsichtsrat in Frage kommen. An erster Stelle ist hier der Vorstand zu nennen, dem im Rahmen der Berichterstattung an den Aufsichtsrat grundsätzlich eine entscheidende Bedeutung zukommt.[72] Durch seine regelmäßige Berichterstattung hat der Vorstand den Aufsichtsrat in die Lage zu versetzen, die Überwachungsaufgabe verantwortlich zu erfüllen.[73] In der Regel fungiert ausschließlich der Vorstand als *unmittelbarer* Informant des Aufsichtsrats, d.h. der Vorstand übermittelt dem Aufsichtsrat die zur Überwachung notwendigen Informationen.[74] Neben der dem Vorstand per Gesetz auferlegten (und bereits dargelegten) unaufgeforderten Berichterstattung kann der Aufsichtsrat - namentlich jedes einzelne Aufsichtsratsmitglied - darüber hinaus jederzeit Berichte über Angelegenheiten des Unternehmens verlangen.[75] Diese sollen zum einen die unaufgeforderte Berichterstattung des Vorstands ergänzen. Zum anderen dienen sie der Klärung von Fragen, die neben der turnusmäßigen Berichterstattung für die Überwachung bedeutsam sind.[76] Als inhaltliche Begrenzung der Berichtspflicht des Vorstands kommen

---

[70] Vgl. im Folgenden Berthel 1975, S. 60; Schneider 2000, S. 150 ff.

[71] Eine Informationsquelle gibt die Herkunft einer Information an; vgl. Welge 1988, S. 344.

[72] Vgl. Semler 1999, S. 19.

[73] Vgl. Lutter 1984, S. 24.

[74] Vgl. Theisen 2002, S. 10.

[75] Vgl. § 90 Abs. 3 AktG.

[76] Vgl. Potthoff/Trescher 2001, S. 140.

lediglich der notwendige Bezug zum Unternehmen und eine missbräuchliche Ausübung des Informationsrechts durch den Aufsichtsrat in Frage.[77]

In Anbetracht der aufgezeigten Eigentümlichkeit, dass mit dem Vorstand diejenige Instanz, die überwacht wird, gleichzeitig als entscheidender Informant des Überwachungsträgers fungiert, erscheint es aus Sicht des Aufsichtsrats bedeutsam, seine Informationsbasis durch die unmittelbare Kontaktaufnahme mit *leitenden Angestellten* (Führungskräfte) unterhalb der Vorstandsebene zu verbreitern.[78] So wäre es für den Aufsichtsrat oder einem seiner Ausschüsse insbesondere vor dem Hintergrund der Ausführungen zum strategischen Überwachungskonzept lohnenswert, Kontakte zu den für die strategische Planung verantwortlichen Personen im Unternehmen herzustellen.[79] Auf diese Wiese würde der Aufsichtsrat zudem der Tatsache Rechnung tragen, dass die Befragung eines Angestellten dann notwendig wird, wenn bestimmte Informationen nur von diesem zur Verfügung gestellt werden können.[80] Eine solche Bedingung erscheint vor dem Hintergrund der bereits ausführlich dargelegten Komplexität der strategischen Planung nicht abwegig.

Allerdings sind die bestehenden Möglichkeiten, Erfordernisse und Grenzen eines solchen Informationsaustausches bzw. der „Erschließung" neuer Informationsquellen innerhalb des Unternehmens bisher noch weitgehend ungeklärt.[81] Folglich formuliert GIRNGHUBER wenig präzise: „Das Recht, unter Umgehung des Vorstands durch Befragung von Angestellten Informationen zu sammeln, hat der Aufsichtsrat nach *allgemeiner Meinung* im *Regelfall* nicht."[82] Demnach obliegt es zunächst dem Vorstand, die vom Aufsichtsrat nachgefragten Informationen selbst zu beschaffen und anschließend darüber zu berichten. Der Aufsichtsrat hat sich folglich an den Vorstand zu wenden, bevor eine Befragung eines Angestellten überhaupt in Betracht kommt.[83] Gleichzeitig ist jedoch ebenso festzuhalten, dass der

---

[77] Vgl. Lutter/Krieger 2002, S. 87.

[78] Vgl. Lutter 1984, S. 98; so auch Dreist 1980, S. 127; Vgl. zum Instrument der „Mitarbeiterbefragung" durch den Aufsichtsrat kritisch Brandi 2000, S. 175. Vgl. zur Notwendigkeit weiterer Informationsquellen des Aufsichtsrats Endres 1999, S. 455.

[79] So auch Lukarsch 1998, S. 232. Vgl. zur Überwachungskompetenz des Aufsichtsrats gegenüber leitenden Angestellten des Unternehmens auch Kanavelis 1987, S. 156-162.

[80] Vgl. von Schenck 1999, S. 213.

[81] Vgl. Theisen 2002, S. 11.

[82] Girnghuber 1998, S. 136 f. (kursiv nicht im Original).

[83] Vgl. Dreist 1980, S. 126 f.; von Schenck 1999, S. 213.

Aufsichtsrat für den Fall, dass er ohne die Auskunft des Angestellten der Überwachungsaufgabe nicht ordnungsgemäß nachkommen könnte *und* der Vorstand sich weigert, den Angestellten zu befragen oder zu einer Aufsichtsratssitzung zum Zwecke der Berichterstattung einzuladen, verpflichtet ist, eine unmittelbare Kontaktaufnahme mit dem Angestellten zu prüfen.[84] Unter diesen Umständen kann der Aufsichtsrat einen Angestellten des Unternehmens direkt befragen.[85]

Davon unberührt bleibt wohl das Verbot des Aufsichtsrats, leitende Angestellte des Unternehmens *dauerhaft* als interne Informationsquellen zu etablieren.[86] Einem solchen institutionalisierten Informationsaustausch „steht die Barriere des dualen Systems deutschen Rechts" und damit „die Alleinverantwortung des Vorstands" entgegen.[87]

Aus betriebswirtschaftlicher Sicht erscheint zumindest eine *mit dem Vorstand abgestimmte* Einbeziehung wichtiger leitender Angestellter in die Informationsbeschaffung des Aufsichtsrats besonders förderlich, etwa indem der Aufsichtsrat nach Information des Vorstands den Leiter der strategischen Planung als Sachverständigen bzw. Auskunftsperson zur Beratung einzelnen Fragestellungen heranzieht.[88] Damit würde auch dem erhobenen Einwand begegnet, der Aufsichtsrat untergrabe die Autorität des Vorstands im Unternehmen.[89] Lediglich in Krisensituationen erscheint es dennoch sinnvoll, dass der Aufsichtsrat im Bedarfsfall den *unmittelbaren* Kontakt mit leitenden Angestellten sucht und diese ausnahmsweise zu einem eigenständigen Informationskanal avancieren.[90]

(2) Externe Informationsquellen

Weniger problematisch stellt sich das Recht des Aufsichtsrats dar, *unternehmensexterne* Informationsquellen zu nutzen. Im Gegenteil sind die einzelnen Aufsichtsratsmitglieder sogar gehalten, sich aus allgemein zugänglichen Quellen kontinu-

---

[84] Vgl. Girnghuber 1998, S. 137.

[85] Vgl. von Schenck 1999, S. 214; Feddersen 2003, S. 453 f. Möllers argumentiert, der Aufsichtsrat sitze hier letztlich am „längeren Hebel", so dass sich der Vorstand nur selten weigern könne, die Kommunikation zwischen Aufsichtsrat und Arbeitnehmern zu unterbinden; vgl. Möllers 1995, S. 1728.

[86] Vgl. Lutter 1984, S. 102.

[87] Vgl. Theisen 2002, S. 11.

[88] Vgl. zustimmend Dreist 1980, S. 127; Ordelheide 1995, S. 108; Malik 2002, S. 223.

[89] Vgl. Feddersen 2003, S. 462.

[90] Vgl. Gros 2002, S. 84; Brandi 2000, S. 175.

ierlich über die Lage des Unternehmens zu unterrichten, um sich auf diesem Weg eine fundiertere Grundlage für ihre Überwachungshandlungen zu verschaffen.[91] In der Literatur werden hier vor allem folgende Informationsquellen genannt:[92]

- Tagespresse,

- Fach- und Wirtschaftszeitschriften,

- Branchenübliche Publikationen,

- Mitteilungen oder Daten von Wirtschaftsforschungsinstituten, Industrie- und Handelskammern, dem statistischen Bundes- oder Landesamt, Ministerien oder internationalen Organisationen und

- Unternehmens- und Branchenanalysen, etwa von Marktforschungsinstituten oder Unternehmensberatungen.

Daneben tritt mit den *persönlichen Erfahrungen und Kontakten* der Aufsichtsratsmitglieder eine weitere, für die Unternehmensüberwachung äußerst wichtige „externe" Informationsquelle.[93] Die hier zur Geltung kommenden Erfahrungswerte der Aufsichtsratsmitglieder gründen sowohl auf der eigenen praktischen beruflichen Tätigkeit und der dort bestehenden Kontakte als auch auf der allgemeinen Lebens- bzw. persönlichen Überwachungserfahrung. Hinzu kommen die Kontakte zu externen Sachverständigen wie etwa dem Abschlussprüfer, der unter Umständen das Bild des Aufsichtsrats von der Unternehmensführung abrunden und an bestimmten Stellen vertiefen kann.[94]

Die persönlichen Erfahrungen der Aufsichtsratsmitglieder sind für diese besonders wichtig, um die Plausibilität der Vorstandsberichte einer kritischen Prüfung zu unterziehen und daher aus betriebswirtschaftlicher Sicht zur Komplettierung des Informationssystems unerlässlich.[95] Vor allem dienen sie dem Aufsichtsrat dazu, sich ein umfassendes und fundiertes Meinungsbild in Bezug auf die strate-

---

[91] Vgl. von Schenck 1999, S. 209.

[92] Vgl. Gros 2002, S. 86; von Schenck 1999, S. 209 f.; Feddersen 2003, S. 462; auch Berthel 1975, S. 62 f. , Staehle 1999, S. 635 ff. und Bea/Haas 2001, S. 257, die allerdings keinen Bezug zum Aufsichtsrat herstellen.

[93] Vgl. im Folgenden ausführlich Theisen 1987, S. 339.

[94] Vgl. Gros 2002, S. 85.

[95] Vgl. derart explizit Theisen 1987, S. 338.

gische Planung des Vorstands zu bilden und gleichermaßen die Abhängigkeit von dessen Informationsversorgung zu reduzieren.[96]

Aus theoretischer Sicht ist daher die konsequente Nutzung dieser und der übrigen, allgemein zugänglichen Informationsquellen von einem Aufsichtsratsmitglied zu fordern. Im Schrifttum wird folgerichtig betont, dass es zur allgemeinen Sorgfaltspflicht eines Aufsichtsratsmitglieds gehört, „sich in zumutbarem Maße eigenständig mit Informationen zu versorgen."[97] Obwohl der Aufsichtsrat im Rahmen des Grundsatzes der Eigenverantwortlichkeit über Auswahl, Umfang und Zeitbezug dieser Maßstäbe nach subjektivem Ermessen selbst entscheiden kann, besteht hier gemäß dem Grundsatz der Unabhängigkeit des Überwachungsträgers gleichzeitig eine „systembedingte Untergrenze", da der Einbezug externer Informationsquellen als wichtige Elemente des Informationssystems *zwingend* erforderlich ist.[98]

1.2.1.2 Zeitlicher Aspekt der Informationsnachfrage

Für den Aufsichtsrat gilt, dass die Relevanz oder Irrelevanz von Informationen auch in dem Zeitpunkt ihres Eintreffens begründet liegen. Demnach sind Informationen, die zu einem Zeitpunkt vorliegen, in dem sie nicht mehr benötigt werden, aus Sicht des Überwachungsträgers als irrelevant einzustufen.[99] Wie bereits gezeigt wurde, unterliegen die Informationszeitpunkte der unaufgeforderten Berichterstattung durch den Vorstand relativ konkreten gesetzlichen Regelungen. Allerdings ist der Aufsichtsrat befugt, eine zeitlich enger gestaffelte Informationsversorgung bzw. eine Erhöhung seiner Sitzungsfrequenz zu veranlassen.[100]

Im Rahmen einer betriebswirtschaftlich orientierten Analyse der Zeitpunkte der Informationsbeschaffung ist zunächst festzuhalten, dass die Überwachungszeitpunkte den Überwachungszwecken unterzuordnen sind. Folglich sind die über die regelmäßige Berichterstattung durch den Vorstand hinausgehenden Überwachungszeitpunkte des Aufsichtsrats so zu wählen, dass Fehlleistungen des Vor-

---

[96] Vgl. Gros 2002, S. 86.

[97] von Schenck 1999, S. 210, 214.

[98] Vgl. Theisen 1987, S. 338.

[99] Vgl. Dreyer 1980, S. 200 f.; vgl. zum Zeitbezug von Informationen auch Blohm 1974, S. 57 f.; Coenenberg 1966, S. 54.

[100] Vgl. Gros 2002, S. 87.

stands erst gar nicht entstehen oder nur kurzfristig unkorrigiert bestehen bleiben können.[101] Darüber hinaus ist zu konstatieren, dass eine *exakte* - etwa formalanalytisch hergeleitete - Bestimmung des zeitlichen Kontrolloptimums nicht möglich ist.[102] Ferner hängt die zeitliche Konkretisierung der Informationsnachfrage durch den Aufsichtsrat stets von den unternehmensspezifischen Gegebenheiten ab und ist folglich einzelfallbezogen zu betrachten.[103]

Vor diesem Hintergrund ist es zielführend, sich des zeitlichen Aspekts der Informationsnachfrage auf qualitativem Wege zu nähern. Einen ersten wichtigen Anhaltspunkt hierfür bietet die in der Literatur vorgetragene Erkenntnis, dass die Entscheidung über die Überwachungszeitpunkte näherungsweise anhand einer Orientierung an den prinzipiellen zeitlichen Gestaltungsmöglichkeiten des Überwachungsträgers erfolgen kann.[104] Dieser hat sowohl die Option (1) einer *gleichmäßigen Verteilung* seiner Kontrollen als auch (2) einer *flexiblen Durchführung* der Kontrollen durch die individuelle Festlegung kritischer Kontrollzeitpunkte. Während die Option (1) im eigenen Kontext primär die unaufgeforderte Berichterstattung durch den Vorstand beschreibt, umfasst die zweite Möglichkeit im Wesentlichen das Initiativrecht des Aufsichtsrats, jederzeit und zusätzlich zu den Regularberichten des Vorstands über Angelegenheiten des Unternehmens einen Bericht zu verlangen und somit seine Überwachungsintensität durch eine gesteigerte Informationsnachfrage zu erhöhen.[105]

Im Rahmen der flexiblen Festlegung der Informationsnachfragezeitpunkte durch den Aufsichtsrat spielt die Lage und Entwicklung des Unternehmens eine entscheidende Rolle.[106] In diesem Zusammenhang wird im Schrifttum von einer *abgestuften* Informations- bzw. Überwachungsintensität des Aufsichtsrats gespro-

---

[101] Vgl. Dreyer 1980, S. 56.

[102] Vgl. Schneider 2000, S. 169. Anderer Auffassung etwa Dreyer, der aus dem zeitlichen Optimierungs- ein Kostenminimierungsproblem formuliert und ein Modell zur formal-analytischen Herleitung optimaler Überwachungszeitpunkte vorstellt. Allerdings sind die Ergebnisse als wenig weiterführend einzustufen. Vgl. Dreyer 1980, S. 205 ff.

[103] Vgl. Gros 2002, S. 89. Vgl. zu Problemen im Rahmen der Bestimmung des Informationszeitpunkts auch Gerum 1985, S. 759 f.

[104] Vgl. im Folgenden Treuz 1974, S. 127

[105] Vgl. Lutter/Krieger 2002, S. 87.

[106] Vgl. Scheffler 2000, S. 434.

chen, die in Abhängigkeit vom Geschäftsverlauf des Unternehmens jeweils unterschiedliche Ausprägungen aufweist:[107]

▸ *Überwachung im Normalverlauf:* Bei normalem Geschäftsverlauf erfolgt die Überwachung des Vorstands im Wesentlichen auf Basis der vom Vorstand erstatteten Berichte.[108] Man spricht hier auch von einer „begleitenden Überwachung". Dabei beschränkt sich das zeitliche Maß der Überwachung auf das, was der Vorstand und der Aufsichtsrat im Rahmen der im Regelfall vierteljährlichen Aufsichtsratssitzungen bei normaler Sitzungsdauer behandeln können.[109] Ein über den üblichen Sitzungsrhythmus hinausgehender Eingriff des Aufsichtsrats im Sinne der Anforderungen zusätzlicher Berichte ist hier nicht notwendig. Die Überwachungsintensität bei normalem Geschäftsverlauf weist einen engen Bezug zu den vierteljährlich zu erstattenden Berichten des Vorstands über den Gang der Geschäfte und über die Lage des Unternehmens auf.[110]

▸ *Überwachung bei schlechter Geschäftsentwicklung:* Wenn sich die Lage des Unternehmens zu verschlechtern droht, hat sich der Aufsichtsrat durch die Anforderung zusätzlicher Berichte verstärkt zu informieren und häufiger zu Aufsichtsratssitzungen zusammenzufinden (unterstützende Überwachung).[111] Damit einher geht die Forderung, dass der Aufsichtsrat die Informationsversorgung keineswegs als reine *Bringschuld* des Vorstands interpretiert, sondern im Sinne einer *Holschuld* die notwendigen Informationen gezielt nachzufragen hat. Eine weitere Intensivierung der Berichterstattung bzw. Gespräche zwischen Vorstand und Aufsichtsrat hat für den Fall zu erfolgen, dass das Un-

---

[107] Vgl. ausführlich Semler 1980, S. 87 f., der das Konzept der gestuften Überwachung des Aufsichtsrats eingeführt hat; auch Henze 2000, S. 214; Martens 2000, S. 19. Anderer Ansicht offensichtlich Claussen 1981, S. 454 f.; Claussen 1984, S. 20 f.

[108] Vgl. Henze 2000, S. 214.

[109] Vgl. Semler 1999, S. 18. Der Gesetzgeber schreibt börsennotierten Aktiengesellschaften vier Aufsichtsratssitzungen pro Jahr vor. Bei nicht-börsennotierten Aktiengesellschaften kann der Aufsichtsrat beschließen, lediglich einmal pro Halbjahr zusammenzutreten. Vgl. § 110 Abs. 3 AktG.

[110] Vgl. Kap. E.I.1.1.1.2.2; Lutter/Krieger 2002, S. 78 f.

[111] Vgl. auch Malik 2002, S. 216.

ternehmen in eine Krise[112] gerät oder zu geraten droht (führende Überwachung).[113] Allerdings gilt es hier nach wie vor zu beachten, dass der Aufsichtsrat nicht zum geschäftsführenden Organ des Unternehmens „mutiert". Vielmehr soll er zur Lösung der Krisensituation beitragen und so die Grundlage für eine schnellstmögliche Krisenbewältigung schaffen. Nach Beendigung der nachteiligen Unternehmensentwicklung hat der Aufsichtsrat wieder zur begleitenden Überwachung zurückzukehren und die Nachfrage nach zusätzlichen Informationen dementsprechend anzupassen.[114]

Zusammenfassend ist vom Aufsichtsrat zu fordern, seine Informationsnachfrage an der *wirtschaftlichen Lage* des Unternehmens zu orientieren und gegebenenfalls eine über die Regelberichte hinausgehende Berichterstattung durch den Vorstand anzufordern bzw. seine Sitzungsfrequenz zu erhöhen.[115] Insbesondere in *Krisenzeiten*, die mit der Gefahr massiver Einkommensverluste für die Anteilseigner verbunden sind, oder bei sich *androhenden* Schieflagen hat der Aufsichtsrat seine Überwachungsintensität an die verschlechterte Geschäftslage anzupassen und beim Vorstand sämtliche Informationen nachzufragen, die zur fundierten Beurteilung der Unternehmenslage relevant sind.[116]

---

[112] *Krisen* sollen hier verstanden werden als „ungeplante und ungewollte Prozesse von begrenzter Dauer und Beeinflussbarkeit sowie mit ambivalentem Ausgang. Sie sind in der Lage, der Fortbestand der gesamten Unternehmung substantiell und nachhaltig zu gefährden oder sogar unmöglich zu machen. Dies geschieht durch die Beeinträchtigung bestimmter Ziele (dominanter Ziele), deren Gefährdung oder gar Nichterreichung gleichbedeutend ist mit einer nachhaltigen Existenzgefährdung oder Existenzvernichtung der Unternehmung als selbständig und aktiv am Wirtschaftsprozeß teilnehmender Einheit mit ihren bis dahin gültigen Zweck- und Zielsetzungen."; Krystek 1987, S. 6 f. Vgl. zum Begriff der Krise auch Staehle 1993, Sp. 2452 ff.

[113] Vgl. Semler 1983, S. 142. Vgl. für eine ausführliche Darstellung der Überwachungsaufgabe des Aufsichtsrats in Krisen Jaschke 1989, S. 208 ff.; Potthoff/Trescher 2001, S. 225 ff.

[114] Vgl. Semler 1980, S. 88.

[115] Vgl. Potthoff/Trescher 2001, S. 226.

[116] Vgl. Jaschke 1989, S. 208 f.

1.2.2 Empirische Befunde zur Nachfrage nach Informationen

1.2.2.1 Befunde zur Nutzung der Informationsquellen

In Analogie zu den konzeptionellen Ausführungen sollen im Folgenden die empirischen Befunde bezüglich der Nutzung interner und externer Informationsquellen durch den Aufsichtsrat in der Praxis dargelegt werden.

(1) Interne Informationsquellen

Im Rahmen der Konzeptualisierung lag der Schwerpunkt der Ausführungen auf der direkten Kommunikation einzelner Aufsichtsratsmitglieder mit leitenden Angestellten unterhalb der Vorstandsebene. Im Zuge dessen wurde deutlich, dass die Möglichkeit einer Nutzung leitender Angestellter als Informationsquelle des Aufsichtsrats im Schrifttum bislang noch weitgehend ungeklärt ist. Vor diesem Hintergrund wurden die Gesprächspartner gebeten mitzuteilen, inwiefern der Aufsichtsrat in der Praxis leitende Angestellte (außerhalb von Aufsichtsratssitzungen) direkt in seine Informationsbeschaffungsaktivitäten bzw. zur Besprechung überwachungsrelevanter Sachverhalte einbezieht und welche Probleme hier möglicherweise bestehen (vgl. Abb. 56).[117]

Wie die Abbildung verdeutlicht, gaben 45,7% der Befragten an, dass ihrer Erfahrung nach einzelne Aufsichtsratsmitglieder *niemals* außerhalb der Aufsichtsratssitzungen mit leitenden Angestellten des Unternehmens kommunizieren. Umgekehrt stützten sich insgesamt 54,3% der Befragten auf ihre Erfahrung, dass Aufsichtsratsmitglieder leitende Angestellte des Unternehmens durchaus als Informationsquelle nutzen. Betrachtet man letztere Gruppe genauer, so stellt man fest, dass 23,9% der Aufsichtsratsmitglieder der Ansicht waren, leitende Angestellte des Unternehmens würden auch *ohne vorherige Abstimmung* mit dem Vorstand kontaktiert. Hingegen teilten 30,4% mit, eine Kontaktaufnahme zwischen einzelnen Aufsichtsratsmitgliedern und leitenden Angestellten erfolge stets erst *nach einer Abstimmung* mit dem Vorstand.

---

[117] Vgl. Anhang II: Frage 2 in Teil 3 des Fragebogens.

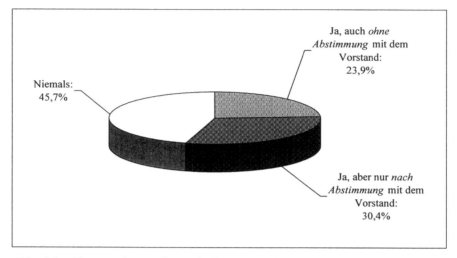

Niemals: 45,7%

Ja, auch *ohne Abstimmung* mit dem Vorstand: 23,9%

Ja, aber nur *nach Abstimmung* mit dem Vorstand: 30,4%

Abb. 56: Kommunikation des Aufsichtsrats mit leitenden Angestellten (über alle Befragten)

Widmet man sich in einem zweiten Schritt einer tiefer gehenden Betrachtung der Erfahrungswerte der befragten Aufsichtsratsmitglieder, so ergeben sich interessante, weil zum Teil diametral gegenüberstehende Meinungsbilder. Das Hauptargument jener Gesprächspartner, die angaben, ihrer Erfahrung nach erfolge *niemals* eine Kontaktaufnahme leitender Angestellter durch ein einzelnes Aufsichtsratsmitglied, betonten in erster Line deren mögliche *Loyalitätskonflikte* gegenüber dem Vorstand. Leitende Angestellte wollen naturgemäß dem eigenen Vorstand „nicht in den Rücken fallen" und sprechen folglich immer die „Sprache des Vorstands". Da darüber hinaus ihr Karriereverlauf vom Vorstand und nicht vom Aufsichtsrat abhänge, fühlten sie sich in ihrem Handeln primär dem Vorstand verpflichtet, so dass der Aufsichtsrat hier ohnehin nicht die notwendigen Informationen erhielte.

Als ein weiteres Argument wurde vorgetragen, dass eine direkte Kontaktaufnahme mit leitenden Angestellten grundsätzlich die *Autorität des Vorstands* massiv *verletze.* Im Extremfall sei das Unternehmen nicht mehr handlungsfähig, da die leitenden Angestellten nicht mehr wüssten, „wer der starke Mann im Unternehmen sei" und zu welchem Zeitpunkt sie welche Inhalte an welche Person zu berichten hätten.

Darüber hinaus wurde vereinzelt geäußert, es sei ohnehin viel effektiver, den Vorstand zu befragen, als sich die entsprechenden Informationen von leitenden Angestellten zu beschaffen. Andernfalls bräuchte man aussagegemäß „keinen Vorstand mehr". Vereinzelt wurde auch auf ein pragmatisches Problem hingewiesen. In der Regel sei es so, dass die Aufsichtsratsmitglieder die leitenden Angestellten gar nicht kennen und diese zudem nicht wüssten, welche Kompetenzen ein Aufsichtsratsmitglied habe, was im Ergebnis eine Kommunikation zwischen beiden kaum bzw. nur schwer ermögliche.

Dagegen argumentierten diejenigen Gesprächspartner, deren Erfahrungswissen sich auf eine mit dem *Vorstand abgestimmte Kontaktaufnahme* leitender Angestellter gründet, die Autorität des Vorstands leide nicht *per se* unter einem Informationsaustausch zwischen Aufsichtsratsmitgliedern und leitenden Angestellten, sondern erst durch etwaige Kommunikationsvorgänge „am Vorstand vorbei". Letzteres trage in der Tat dazu bei, den Vorstand zu unterminieren. Grundsätzlich sei es das „gute Recht" eines Aufsichtsrats, nach Abstimmung mit dem Vorstand mit leitenden Angestellten zu kommunizieren, was in der Praxis auch problemlos praktiziert werde. Allerdings hoben die Befragten hervor, dass sich die Informationsbeschaffung bei leitenden Angestellten des Unternehmens in der Praxis regelmäßig nicht über einzelne *Aufsichtsrats-*, sondern primär über *Ausschuss*mitglieder vollziehe, die einen konkreten, auf die Ausschussarbeit bezogenen Informationsbedarf vorweisen. In Bezug auf die Option, *ohne Abstimmung* mit dem Vorstand Kontakt mit leitenden Angestellten des Unternehmens aufzunehmen, betonte der Großteil der Befragten, dies sei nur im *absoluten Ausnahmefall* legitim, könne jedoch im Vorfeld nicht kategorisch ausgeschlossen werden.

Schließlich bekundeten jene befragten Aufsichtsratsmitglieder, deren Erfahrungswissen sich auf eine in der Praxis mit dem *Vorstand unabgestimmten Kontaktaufnahme* mit leitenden Angestellten bezieht, dies sei für die Überwachungsarbeit „äußerst wichtig", „selbstverständlich" und im Allgemeinen auch „problemlos". Verschiedentlich wurde sogar darauf verwiesen, dass der Aufsichtsratsvorsitzende eine solche Vorgehensweise aktiv ermutige, weil insbesondere bei spezifischen Führungsorganisationen, die den Vorstandsmitgliedern keine operative Verantwortung einräumen, eine direkte Ansprache der unterhalb der Vorstandsebene befindlichen Mitarbeiter in der Regel eine „sehr zuverlässige" Informationsbeschaffungsmaßnahme des Aufsichtsrats repräsentiere. So stehe häufig vor allem Ausschüssen - hier primär dem Audit Committee - gemäß der Ausschuss-Geschäftsordnung des Aufsichtsrats explizit das Recht zu, leitende Angestellte - im Fall des Audit Committees den Leiter Controlling, Bilanzen oder Interne Revision - direkt anzusprechen und überwachungsrelevante Informationen einzuholen.

Ein Aufsichtsratsmitglied wies in diesem Zusammenhang darauf hin, dass er in seiner Funktion als Vorsitzender des Prüfungsausschusses *regelmäßigen*, allerdings *informellen* Kontakt mit den jeweiligen Leitern des Rechnungswesens und der Internen Revision habe, was für die Qualität der Ausschussarbeit mitunter unabdingbar sei. Weiterhin wurde betont, dass sich die Schaffung direkter Kommunikationswege zwischen dem Aufsichtsrat und leitenden Angestellten eines Unternehmens in Zukunft immer mehr durchsetzen und damit entscheidend zur Effektuierung der Aufsichtsratsarbeit beitrage werde.

Vergleicht man nunmehr eine Auswahl des *gruppenspezifischen Antwortverhaltens*, so ergeben sich folgende Ergebnisse (vgl. Abb. 57).

	1		2	
	Börsennotierte Unternehmen	Nicht-börsennotierte Unternehmen	Anteilseigner-vertreter	Arbeitnehmer-vertreter
Ja, auch ohne Abstimmung mit Vorstand	32,3%	6,7%	15,6%	42,9%
Ja, aber nur nach Abstimmung mit Vorstand	41,9%	6,7%	34,4%	21,4%
Niemals	25,8%	86,7%	50,0%	35,7%

Abb. 57: Kommunikation des Aufsichtsrats mit leitenden Angestellten (gruppen-spezifisches Antwortverhalten)

Zunächst einmal fällt der Unterschied im Antwortverhalten der Aufsichtsratsmitglieder *börsennotierter* und *nicht-börsennotierter Unternehmen* auf. Während mit 86,7% die große Mehrheit der zur Gruppe der Aufsichtsratsmitglieder nicht-börsennotierter Unternehmen gehörenden Gesprächspartner angab, ihrer Erfahrung nach finde eine Kommunikation zwischen Aufsichtsratsmitgliedern und leitenden Angestellten *niemals* statt, stellt sich dieses Bild in börsennotierten Unternehmen offenkundig nahezu umgekehrt dar. Insofern kann zweierlei vermutet werden: Entweder werden die Aufsichtsräte nicht-börsennotierter Unternehmen *umfassender* von den Vorständen informiert, womit die Notwendigkeit einer Kontaktaufnahme mit leitenden Angestellten entfällt, oder die Aufsichtsratsmitglieder nicht-börsennotierter Unternehmen weisen grundsätzlich eine diesbezüglich *geringere Eigeninitiative* im Rahmen der Informationsbeschaffung auf.

Des Weiteren ist der Befund hervorzuheben, dass immerhin 42,9% der befragten *Arbeitnehmervertreter* die gängige Praxis der Aufsichtsräte beschrieben, leitende Angestellte des Unternehmens würden auch ohne vorherige Abstimmung mit dem Vorstand kontaktiert (höchster Anteilswert über *alle* Gruppen). Dieser Befund bestätigt die Vermutung, dass vor allem die Arbeitnehmervertreter - sofern sie keine Gewerkschaftsfunktionäre sind - kraft ihrer Unternehmenszugehörigkeit die gegebene Nähe zu ausgewählten Mitarbeitern nutzen, um auf diese Weise den eigenen Informationshaushalt zu verbessern. Selbstverständlich vollzieht sich die hier angesprochene Informationsbeschaffung in der Regel auf informeller Basis, was den externen Anteilseignern ohnehin regelmäßig verwahrt bleiben dürfte. Vermutlich ist eine solche Vorgehensweise einer vertrauensvollen organschaftlichen „Zusammenarbeit" zwischen den Arbeitnehmervertretern und dem Vorstand nicht zuträglich.

(2) Externe Informationsquellen

Im konzeptionellen Teil wurde deutlich, dass die Nutzung externer - hier verstanden als über den Vorstand und leitende Angestellte hinausgehender bzw. außerhalb des Unternehmens befindlicher - Informationsquellen durch den Aufsichtsrat weitaus weniger problembehaftet ist als der Rückgriff auf unternehmensinterne Quellen. Auch wurde expliziert, dass die Aufsichtsratsmitglieder gehalten sind, sich aus den genannten, großenteils allgemein zugänglichen Quellen fortlaufend über die Lage des Unternehmens zu unterrichten. Insofern war es ein Anliegen der empirischen Erhebung zu explorieren, welche externen Informationsquellen die befragten Aufsichtsratsmitglieder in der Praxis nutzen bzw. welche Bedeutung sie den verschiedenen Informationsquellen beimessen.[118] Abbildung 58 illustriert das Ergebnis.

Aufgrund der Vielzahl der hier dargestellten Informationsquellen sollen diese sinnvollerweise in *drei Gruppen* unterteilt werden:[119]

▶ Die erste Gruppe umfasst die Informationsquellen, die von den Gesprächspartnern mit einer Bedeutungseinschätzung zwischen 3,50 bis 4,49 durchschnittlich

---

[118] Vgl. Anhang II: Frage 6 im ergänzenden Teil des Fragebogens.

[119] Dabei basiert die Gruppenbildung auf der Überlegung, dass sich die Mittelwerte der einzelnen Variablen (μ_i) durch *Rundung* auf ganze Zahlen jeweils der ursprünglichen Likert-Skalierung des Interviewleitfadens (ganze Zahlen zwischen 1 und 5) zuordnen lassen. Demnach können maximal fünf Gruppen unterschieden werden: (1) $4,50 \leq \mu_i \leq 5,00$; (2) $3,50 \leq \mu_i \leq 4,49$; (3) $2,50 \leq \mu_i \leq 3,49$; (4) $1,50 \leq \mu_i \leq 2,49$; (5) $1,00 \leq \mu_i \leq 1,49$.

als *wichtig* eingestuft wurden. Dazu gehören die eigenen Erfahrungen (4,06) sowie die beruflichen bzw. persönlichen Kontakte zu Prüfern und Beratern (3,71 bzw. 3,54).

▶ Den Informationsquellen der zweiten Gruppe wurde dagegen nur eine *mittlere Bedeutung* zwischen 2,50 und 3,49 zugewiesen. Hierunter lassen sich Veröffentlichungen in Wirtschafts- und Tageszeitungen (3,29), Mitteilungen von Branchenverbänden (3,17), Studien privater Marktforschungsinstitute und von Unternehmensberatungen (2,99), Geschäftsberichte anderer Unternehmen, etwa von Wettbewerbern oder wichtigen Kunden und Lieferanten (2,95) sowie Verlautbarungen von Wirtschaftsforschungsinstituten, etwa des IfO-Instituts (2,85), subsumieren.

▶ Zur Gruppe der Informationsquellen, die als eher *unbedeutend* für die Praxis eingeschätzt wurden (Bedeutungseinschätzung unterhalb 2,49), zählen Konferenzen (2,41), Veröffentlichungen internationaler Organisationen, z.B. der EU oder der OECD (2,34), Publikationen der deutschen Bundesbank oder der europäischen Zentralbank (2,32) sowie Industrie- und Handelskammern und Ministerien (jeweils 2,10).

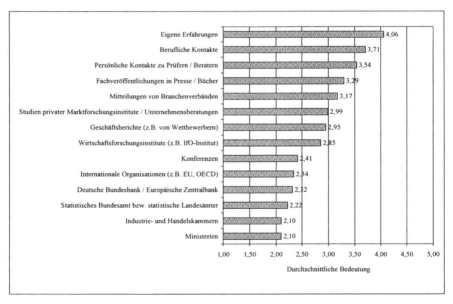

Abb. 58: Bedeutung externer Informationsquellen

Eine Interpretation der Befunde führt zunächst einmal zu der Erkenntnis, dass die Einschätzung der Überwachungspraxis in Bezug auf die Bedeutung externer Informationsquellen in bemerkenswerter Weise von der theoretischen abweicht. Während in der Literatur die Wichtigkeit der externen Informationsquellen für die Überwachungsarbeit des Aufsichtsrats hervorgehoben wird, bewerteten die Gesprächspartner die aufgeführten Quellen *insgesamt* mit einem Durchschnittswert von 2,83, also noch unterhalb einer „mittleren Bedeutung".

Ein zweites - damit eng verknüpftes - ernüchterndes Bild spiegelt die Tatsache wider, dass die als „allgemein zugänglich" bezeichneten Informationsquellen *alle* hinter den persönlichen Erfahrungen und Kontakten der Aufsichtsratsmitglieder rangieren. Obgleich die Bedeutung der individuellen (Überwachungs-)Erfahrungswerte keinesfalls negiert werden soll, mutet es befremdlich an, dass durchaus als *informativ* einzuschätzende Dokumente wie beispielsweise Geschäftsberichte der wichtigsten Wettbewerber von den befragten Aufsichtsratsmitgliedern als kaum überwachungsrelevant eingestuft wurden. Insbesondere überrascht hier die vielfach - zunächst intuitiv - vorgetragene Pauschalaussage der Befragten, sämtliche externen Informationsquellen spielten „überhaupt keine Rolle in der Überwachungspraxis".

Im Ergebnis weisen die Befunde darauf hin, dass sich die Aufsichtsratsmitglieder im Rahmen ihrer Überwachungshandlungen primär auf die Einschätzungen des *Vorstands* (als das zu überwachende Objekt) sowie die *eigenen Erfahrungswerte* verlassen. Ein Benchmarking etwa in der Form, dass der Aufsichtsrat die Ausführungen des Vorstands über die erreichten Ziele der Berichtsperiode proaktiv mit den Erfolgen strategisch wichtiger Wettbewerber oder die zugrunde gelegten Strategieprämissen mit den tatsächlich eingetretenen makroökonomischen Entwicklungen vergleicht und mit dieser *Objektivierung* der Berichte wichtige Maßstäbe in die Überwachung einbezieht, findet offenkundig kaum statt. Insofern muss abschließend die Gefahr einer zu starken Abhängigkeit des Aufsichtsrats von der unternehmensinternen Informationsquelle „Vorstand" konstatiert werden.

Die Gegenüberstellung des *gruppenspezifischen Antwortverhaltens* resultierte in keinen weiterführenden Erkenntnisgewinnen.

1.2.2.2 Befund zum zeitlichen Aspekt der Informationsnachfrage

Im Rahmen der Konzeptualisierung wurde deutlich, dass jedem Überwachungsträger mit einer zeitlich gleichmäßigen Verteilung seiner Kontrollen und einer flexiblen Anpassung an die spezifischen Rahmenbedingungen der Überwachung prinzipiell zwei zeitliche Gestaltungsmöglichkeiten offen stehen.

In diesem Zusammenhang wurde das im Schrifttum so bezeichnete Konzept der *abgestuften* Informations- bzw. Überwachungsintensität dargestellt, die in Abhängigkeit vom *Geschäftsverlauf* des Unternehmens jeweils unterschiedliche Ausprägungen aufweist. Die Gesprächspartner wurden gefragt, welches Szenario ihrer Erfahrung nach die gängige Aufsichtsratspraxis widerspiegelt.[120] Abbildung 59 gibt einen grafischen Aufschluss über den Erhebungsbefund.

Während 30,4% der Befragten angaben, ihrer Praxiserfahrung nach passe sich der Aufsichtsrat in zeitlicher Hinsicht *nicht* an die wirtschaftliche Lage des Unternehmens an (zeitlich gleichverteilte Überwachung), sprachen 34,3% von einer zeitlichen Intensivierung der Überwachung für den Fall, dass sich das Unternehmen in einer unternehmerischen Schieflage befinde. Abweichend davon teilten 34,8% Prozent mit, dass eine zeitliche Intensivierung der Überwachung in der Praxis regelmäßig bereits im *Vorfeld* einer Krise einsetze.

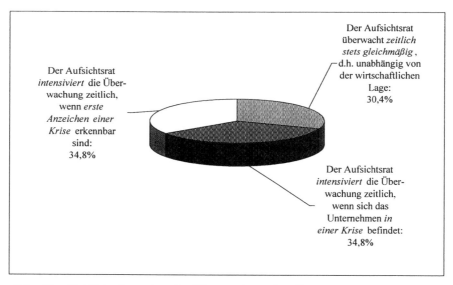

Abb. 59: Zeitliche Intensität der Überwachungshandlungen

---

[120] Vgl. Anhang II: Frage 4 in Teil 3 des Fragebogens.

In einer Interpretation der Befunde ist insbesondere negativ hervorzuheben, dass das Erfahrungswissen von nahezu *zwei Drittel* (65,2%) der befragten Aufsichtsratsmitglieder darauf hindeutet, der Aufsichtsrat passe sich in zeitlicher Hinsicht *nicht angemessen* an die wirtschaftliche Gesamtsituation des Unternehmens an. Aus theoretischer Sicht ist in Bezug auf die Zeitpunkte der Überwachung sowohl eine völlige Missachtung der wirtschaftlichen Lage als auch eine (zu späte) Anpassung im Fall einer bereits bestehenden Krise als völlig unzureichend anzusehen.

Obgleich einige Gesprächspartner betonten, die zeitliche Anpassung der Überwachungsaktivitäten des Aufsichtsrats hänge stark vom strategischen Ausmaß der Schieflage im Einzelfall ab, mutet doch die weit verbreitete - von einem Dax-Aufsichtsratsvorsitzenden stellvertretend formulierte - Auffassung geradezu bedenklich an, im Fall krisenhafter Entwicklungen sei es „alleine die Aufgabe des Vorstands zu handeln"; der Aufsichtsrat könne hier „lediglich reagieren". Bestätigt wird diese Aussage durch die Erfahrung einiger Befragten, der Vorstand versuche ohnehin stets, wirtschaftliche Schieflagen vor dem Aufsichtsrat grundsätzlich so lange wie möglich zu verbergen bzw. beschönigend als nur eine „kleine wirtschaftliche Delle" zu deklarieren. Obgleich die Gesprächspartner erkannten, dass sich die Qualität des Aufsichtsrats daran bemisst, ob er im Vorfeld von Krisen Sonderinformationen vom Vorstand verlangt, stellten sie mitunter resigniert fest, im Regelfall sei eine Krise für den Aufsichtsrat in der Praxis „leider nicht früh genug zu erkennen." Die Befragten betonten, der Aufsichtsrat brauche hier „sehr viel Fingerspitzengefühl".

Eine besondere Verantwortung übertrugen die Gesprächspartner sowohl den Ausschüssen als auch dem Aufsichtsratsvorsitzenden. Der Aufsichtsrat könne aus praktischen Gründen nur in regelmäßigen Abständen tagen. Verantwortlich dafür sei die mangelnde kurzfristige Verfügbarkeit vor allem jener Aufsichtsratsmitglieder, die neben dem Aufsichtsrats- noch ein Vorstandsmandat bei einem anderen Unternehmen innehaben.[121] Im Ergebnis sei es gängige Praxis, Aufsichtsratstermine ungefähr zwei Jahre im Voraus zu planen, was eine kurzfristige, an die wirtschaftliche Lage des Unternehmens orientierte Einberufung des Plenums fast unmöglich mache.[122] Daher sei es eine vorrangige Aufgabe des Aufsichtsratsvorsitzenden bzw. der Ausschüsse, etwaige negative Trends frühzeitig zu erkennen und die Informationsnachfrage dementsprechend anzupassen. Dies sei auch des-

---

[121] Vgl. hierzu auch Dohmen 1998, S. 17.

[122] Vgl. hierzu auch den korrespondierenden Befund in Kap. D.II.3.2.1.

wegen vertretbar, da vor allem der Aufsichtsratsvorsitzende ohnehin im ständigen Kontakt mit dem Vorstand stehe und dort ein reger Informationsaustausch stattfinde. Im Einzelfall gelte dies auch für weitere ausgewählte Aufsichtsratsmitglieder.

Auch wenn nicht unerwähnt bleiben soll, dass einige der befragten Aufsichtsratsmitglieder berichteten, vor und während Krisenzeiten bis zu 15 Aufsichtsratssitzungen innerhalb eines Jahres abgehalten zu haben, so unterstützen die Befunde *insgesamt* jedoch die Einschätzung, die Aufsichtsräte seien zu groß, zu unbeweglich und mit massiven Zeitproblemen behaftet. Demzufolge arbeitet die Mehrheit der Aufsichtsräte primär reaktiv, wobei sie offensichtlich selbst in Krisenzeiten auf den ersten Schritt des Vorstands warten und die Informationsnachfrage nicht wie aus theoretischer Sicht gefordert an die Geschäftsentwicklung anpassen.

Das *gruppenspezifische Antwortverhalten* erbrachte keine weiteren nennenswerten Ergebnisse.

2   Überwachungsberichterstattung

2.1   Konzeptualisierung

Nachdem die vorstehenden Ausführungen zum Informationsaustausch zwischen Vorstand und Aufsichtsrat letzteren als Information*sempfänger* thematisierten, widmet sich das folgende Kapitel der *Überwachungsberichterstattung* des Aufsichtsrats, also der Übermittlung der im Rahmen der Überwachungshandlungen gewonnenen Erkenntnisse an den Vorstand. In diesem Fall avanciert der Aufsichtsrat zum Information*ssender* und der Vorstand entsprechend zum Informationsempfänger.

Grundsätzlich ist eine Überwachungsberichterstattung immer dann notwendig, wenn der Überwachungsträger nicht mit dem Überwachungsobjekt identisch ist.[123] Ihr kommt als Teilelement des Überwachungsprozesses[124] eine große Bedeutung zu: „Das Überwachungsergebnis mag eine noch so große Aktualität und Objektivität und einen noch so hohen Sicherheitsgrad aufweisen, der Realisationsprozeß mag noch so gestaltungsfähig und gestaltungswürdig sein, dem Überwachungsergebnis wäre dennoch kein verwendungsbedingter Wert beizumessen,

---

[123] Vgl. von Wysocki 1988, S. 297.

[124] Vgl. Kap. C.I.1.

würde es nicht den zuständigen Entscheidungsinstanzen übermittelt und/oder in die Entscheidungsfindung einbezogen."[125] Vor diesem Hintergrund soll im Folgenden untersucht werden, mittels welcher Instrumente der Aufsichtsrat die Überwachungsergebnisse beim Vorstand „durchsetzen" kann.

2.1.1 Instrumente des Aufsichtsrats zur Durchsetzung seiner Überwachungsergebnisse

Die Berichterstattung des Aufsichtsrats als ein in Bezug auf den Vorstand unternehmensführungs*externer* Überwachungsträger weist unterschiedliche Funktionen auf, von denen vor dem Hintergrund der eigenen Problemstellung primär jene interessieren, die der Aufsichtsrat zur Durchsetzung negativer - auf die Gefährdung der Aktionärsinteressen hinweisender - Überwachungsergebnisse einsetzen kann. Wesentlich ist es hier zunächst, die Entscheidungen und Handlungen des Vorstands zu beeinflussen und entsprechende Korrekturimpulse für die weitere Unternehmensführung auszulösen.[126] Eng damit verbunden verfolgt die Überwachungsberichterstattung des Aufsichtsrats den Zweck, dem Überwachungsobjekt die Qualifizierung bzw. Beurteilung von Abweichungen zwischen geplanten, verfolgten oder realisierten Aktivitäten und entsprechenden Soll-Größen zu vermitteln. Hier kommt auch die Präventivwirkung gegen weitere Abweichungen zur Geltung. Zur Realisierung dieser Funktionen stehen dem Aufsichtsrat verschiedene Instrumente zur Verfügung, deren Anwendung vom Grundsatz der Verhältnismäßigkeit und Angemessenheit abhängt.[127]

(1) Interne Stellungnahmen

Zunächst hat der Aufsichtsrat die Möglichkeit, zu den Berichten des Vorstands *intern Stellung* zu nehmen und *kritische Anmerkungen* zu einzelnen Sachverhalten vorzutragen. Eine gute Gelegenheit für einen diesbezüglichen Meinungsaustausch bieten etwa die Aufsichtsratssitzungen, in denen die Aufsichtsratsmitglieder die Berichte des Vorstands in dessen Gegenwart diskutieren können. Allerdings reicht in diesem Zusammenhang eine allgemeine Aussage, dass dem Aufsichtsrat etwa „die Richtung nicht passe" nicht aus.[128] Vielmehr hat der Aufsichtsrat dem Vor-

---

[125] Selchert 1972, S. 176.
[126] Vgl. im Folgenden Theisen 1987, S. 380; von Wysocki 1988, S. 298.
[127] Vgl. Potthoff/Trescher 2001, S. 223.
[128] Vgl. im Folgenden Semler 1999, S. 36.

stand *konkret* mitzuteilen, was ihm missfällt und welche Handlungsweisen seiner Meinung nach die richtigen wären. Auch ohne einen formellen Meinungsbeschluss wird die von einzelnen Aufsichtsratsmitgliedern ohne Widerspruch aus dem Plenum vorgetragene Kritik eine entsprechende Wirkung auf Seiten des Vorstands entfalten können.[129]

(2) Zustimmungsvorbehalte

Je nach Gewicht des vom Aufsichtsrat identifizierten Missstandes und dessen potenzielle Folgen für das Unternehmen stehen dem Aufsichtsrat weitere Instrumente zur Durchsetzung seiner Überwachungsergebnisse zur Verfügung. So kann er seinen Bedenken Nachdruck verleihen, indem er bestimmte Arten von Geschäften des Vorstands von seiner Zustimmung abhängig macht.[130] Der Zustimmungsvorbehalt wird in der Literatur als ein besonders wirksames Instrument des Aufsichtsrats erachtet.[131]

Dabei darf es sich nicht um gewöhnliche Geschäfte handeln, sondern um solche, die nach Umfang, Gegenstand und Risiko für das Unternehmen bedeutsam sind.[132] Typische Geschäfte, die in einen Zustimmungskatalog aufgenommen werden, sind zum Beispiel

- wichtige Investitionsvorhaben,

- das jährliche Investitionsbudget,

- der Erwerb oder die Veräußerung von Beteiligungen, Wertpapieren und Grundstücken,

- Rationalisierungen größeren Umfangs,

- die Aufnahme von Krediten in einer bestimmten Höhe und

- Stilllegungen, Kooperationsvereinbarungen oder Funktionsübertragungen.[133]

Der Zustimmungsvorbehalt in Bezug auf bestimmte Geschäfte versetzt den Aufsichtsrat in die Lage, wichtige Geschäfte bereits *vor* deren Realisation dahinge-

---

[129] Vgl. Potthoff/Trescher 2001, S. 224. Gleichwohl wird diese Einwirkungsmöglichkeit des Aufsichtsrats auch als „mildere Form" von Sanktionen bezeichnet; vgl. Kanavelis 1987, S. 209.

[130] Vgl. § 111 Abs. 4 Satz 2 AktG.

[131] Vgl. Götz 1990, S. 633; Kanavelis 1987, S. 197.

[132] Vgl. Potthoff/Trescher 2001, S. 304.

[133] Vgl. Köstler/Kittner/Zachert/Möller 2003, S. 286. Vgl. für einen ausführlicheren Katalog etwa Giese 1995, S. 38 f.

hend zu prüfen, ob sie den Interessen der Aktionäre entsprechen. Daneben erwirbt der Aufsichtsrat *gestaltenden* Einfluss auf die Unternehmensführung, da er seine Zustimmung auch mit der Maßgabe erteilen kann, dass ein Geschäft in Einzelpunkten geändert wird. Solche Auflagen sichern ihm eine gewisse *Mitentscheidungskompetenz* in wichtigen Geschäftsführungsfragen[134] und schränken die Entscheidungsautonomie des Vorstands ein.[135]

Im Kontext der eigenen Untersuchung stellt sich insbesondere die Frage, ob die gesamte *strategische Planung* des Vorstands einem Zustimmungsvorbehalt des Aufsichtsrats unterworfen werden sollte. Diesbezüglich herrscht in der Literatur Uneinigkeit. Aus theoretischer Sicht ist die Anwendung des Zustimmungsvorbehalts im Rahmen der strategischen Planung vor allem aus Sicht der Aktionäre bzw. im Zuge einer vorausschauenden Überwachung durch den Aufsichtsrat grundsätzlich zu fordern.[136] Damit würde auch der Erkenntnis Rechnung getragen, dass zwar im Bereich der kurzfristigen Geschäftspolitik ausnahmsweise Meinungsverschiedenheiten zwischen Vorstand und Aufsichtsrat bestehen können, in der strategischen Unternehmensführung jedoch volles Einvernehmen zwischen beiden Organen unabdingbar ist.[137] Lang anhaltende Differenzen zwischen Vorstand und Aufsichtsrat in Bezug auf die Unternehmensstrategie verhindern eine wirkungsvolle Überwachung.[138]

Gegen die Zustimmungspflicht der strategischen Planung kann eingewandt werden, dass der Aufsichtsrat dadurch zu stark in die organschaftlichen Kompetenzen des Vorstands eingreift[139] und die Aufsichtsratsmitglieder zudem eine größere Mitverantwortung für die strategische Unternehmensführung übernehmen müssen.[140] Dieses Argument ist jedoch kaum tragbar, da eine Stärkung des Einflusses und der Stellung des Aufsichtsrats ein zentrales Anliegen der Corporate Governance-Diskussion darstellt und die Übernahme von mehr Verantwortung durch

---

[134] Vgl. Kropff 1999, S. 357; Köstler/Kittner/Zachert/Möller 2003, S. 285.

[135] Vgl. Frese 1998, S. 512.

[136] Zustimmend Kropff 1999, S. 362; Lukarsch 1998, S. 233 ff.

[137] Vgl. Semler 1977, S. 529.

[138] Vgl. Jaschke 1989, S. 156.

[139] Vgl. von Rechenberg 1990, S. 1363; auch Chmielewicz 1995, Sp. 2080, der bei umfangreichen Zustimmungskatalogen die Gefahr sieht, dass durch die Verlagerung von Führungskompetenz vom Vorstand auf den Aufsichtsrat die Funktionstrennung zwischen Überwachung und Unternehmensführung eingeschränkt wird.

[140] Vgl. Kropff 1999, S. 362.

den Aufsichtsrat auch vor dem Hintergrund der internationalen Entwicklung positiv zu beurteilen ist.[141]

Die Zustimmung zur strategischen Planung ist allerdings nicht - wie häufig beobachtbar[142] - gleichzusetzen mit der Zustimmung zu sämtlichen, im Rahmen der Planungsumsetzung anfallenden Einzelgeschäften.[143] Zwar kann der Vorstand mit der Zustimmung des Aufsichtsrats zu den *im Rahmen der Planung* verabschiedeten Einzelmaßnahmen rechnen, jedoch hat der Vorstand den Aufsichtsrat stets über signifikante Planabweichungen umgehend zu informieren. Dieser hat dann eine Zustimmungsentscheidung hinsichtlich der weiteren Verfolgung des Plans zu treffen. Eine solche Vorgehensweise hat vor allem in den Fällen Gültigkeit, in denen die erreichte Wertsteigerung erheblich vom Plan abweicht oder eine langfristige Wertvernichtung droht.[144]

Im Ergebnis wären auf diese Weise alle strategischen Entscheidungen zustimmungspflichtig, die einen erheblichen Einfluss auf den Unternehmenswert haben. Dies ist insbesondere in Bezug auf die Wahrung der Eigentümerinteressen zu fordern.[145]

(3) Personalmaßnahmen

Ferner kann der Aufsichtsrat durch geeignete Personalmaßnahmen, namentlich durch Abberufung eines Vorstandsmitglieds oder durch Nichtverlängerung des Anstellungsvertrags,[146] in die Arbeit des Vorstands eingreifen.[147] Die Personalent-

---

[141] So auch Köstler/Kittner/Zachert/Möller 2003, S. 288. In diesem Zusammenhang wird auch von einer notwendigen „Machtverschiebung vom Vorstand zum Aufsichtsrat" gesprochen; vgl. Pfitzer/Höreth 2003, S. 138.

[142] Vgl. Lutter 1991, S. 254.

[143] Vgl. Kropff 1999, S. 363; Lukarsch 1998, S. 235.

[144] Insofern bleibt dem Aufsichtsrat eine differenzierte Stellungnahme im Rahmen der Unternehmensplanung nicht verwehrt. Zudem steht der Aufsichtsrat somit auch nicht immer vor einer „Null-Eins-Entscheidung" zum Zeitpunkt der Planvorlage; vgl. Steinmann/Klaus 1987, S. 33.

[145] Vgl. Lukarsch 1998, S. 235.

[146] Der Aufsichtsrat bestellt ein Vorstandsmitglied nach § 84 Abs. 1 für höchstens 5 Jahre, wobei eine Verlängerung der Amtszeit für höchstens fünf Jahre möglich ist.

[147] Für eine juristisch detaillierte - aber für die vorliegende Arbeit entbehrliche - Unterscheidung zwischen der Bestellung (körperschaftsrechtliche Stellung als Organ der Gesellschaft mit Geschäftsführungsbefugnis und Vertretungsmacht) und dem Anstellungsvertrag (schuldrechtliche Individualbeziehung zwischen Vorstandsmitglied und Gesellschaft) vgl. ausführlich Lutter/Krieger 2002, S. 131 ff.; Potthoff/Trescher 2001, S. 273 ff.

scheidungen des Aufsichtsrats stellen eine äußerst hohe, verantwortungsvolle Aufgabe dar und werden in der Literatur auch als „Schlüssel zum Erfolg" des Unternehmens bzw. als hochgradig effektives Sanktionsmittel angesehen.[148]

Die Abberufung eines Vorstandsmitglieds ist per Gesetz an bestimmte Voraussetzungen geknüpft. So kann ein Vorstandsmitglied nur aus wichtigem Grund vor Ablauf dessen Amtszeit abberufen werden. Aktienrechtlich zählen zu den wichtigen Gründen vor allem eine grobe Pflichtverletzung des Vorstands und die Unfähigkeit zur ordnungsmäßigen Geschäftsführung.[149] Ruft der Aufsichtsrat ein Vorstandsmitglied wegen grober Pflichtverletzung ab, so ist dies eine Reaktion auf einen eingetretenen Schaden für das Unternehmen, der auch in einer Gefährdung seines Ansehens bestehen kann. Der Widerruf der Bestellung durch den Aufsichtsrat aus dem genannten Grund der Unfähigkeit zur ordnungsmäßigen Geschäftsführung erfolgt, um weiteren Schaden vom Unternehmen abzuwenden. In diesem Fall hat der Aufsichtsrat kein Vertrauen mehr in die Arbeit des Vorstandsmitglieds, etwa aufgrund anhaltender Erfolglosigkeit oder Überforderung.[150]

Es kann auch dann zur Abberufung kommen, wenn Aufsichtsrat und Vorstand keine Übereinstimmung über die strategische Planung erzielen.[151] Zwar sind die diesbezüglichen Differenzen in der Regel nicht einfach zu beurteilen, jedoch sind sie - insbesondere sofern sie auch nach intensiven Diskussionen noch Bestand haben - für die Entwicklung des Unternehmens als gefährlich einzustufen. Der Aufsichtsrat hat hier die Berechtigung, durch eine entsprechende personelle Maßnahme im aufgezeigten Sinne das Vertrauensverhältnis wieder herzustellen.[152]

(4) Sonstiges

Eher theoretischen Charakter weist die Möglichkeit des Aufsichtsrats auf, bestehende Meinungsverschiedenheiten zwischen ihm und dem Vorstand auf einer ordentlichen oder von ihm einzuberufenden außerordentlichen *Hauptversammlung* zu unterbreiten. Allerdings wäre dies ein nahezu unwiderlegbarer Beweis für

---

[148] Vgl. Fonk 1999, S. 443; Kanavelis 1987, S. 210; Frühauf 1998, S. 414.

[149] Vgl. § 84 Abs. 3 AktG. Im gleichen Paragraphen nennt der Gesetzgeber einen weiteren Grund, nämlich ein Vertrauensentzug der Hauptversammlung, es sei denn, dass das Vertrauen aus offenbar unsachlichen Gründen entzogen worden ist.

[150] Vgl. hierzu ausführlich Fonk 1999, S. 558 ff.

[151] Vgl. Lukarsch 1998, S. 76.

[152] Vgl. Fonk 1999, S. 560 f.

die Hilflosigkeit und Handlungsunfähigkeit eines Aufsichtsrats, der „nicht mehr weiß, was er tun soll".[153] In diese (theoretische) Kategorie sind auch *Schadensersatzklagen* gegen den Vorstand oder ein einzelnes Vorstandsmitglied einzureihen, die der Aufsichtsrat wohl eher gegen *bereits* ausgeschiedene oder abberufene Vorstandsmitglieder einsetzen wird, um das Vertrauen in das Unternehmen nicht zu gefährden.[154]

Vor dem Hintergrund der vorstehenden Ausführungen war es das Ziel zu untersuchen, mittels welcher Instrumente der Aufsichtsrat seine Überwachungsfunktion im Fall „negativer" Ergebnisse in der Praxis in erster Linie wahrnimmt. Darüber hinaus sollte exploriert werden, welche Meinung die befragten Aufsichtsratsmitglieder bezüglich eines Zustimmungsvorbehalts des Aufsichtsrats im Rahmen der strategischen Planung vertreten. Zuvor seien jedoch die Determinanten der Qualität des Überwachungsurteils konzeptualisiert.

2.1.2 Determinanten der Qualität des Überwachungsurteils

Im Schrifttum wird zu Recht betont, dass die Sachkunde (Urteilsfähigkeit) und Unabhängigkeit (Urteilsfreiheit) des Urteilenden die Qualität seines Urteils maßgeblich beeinflussen.[155] Mit anderen Worten kann ein Überwachungsurteil nur dann als fundiert eingestuft werden, wenn der Überwachungsträger hinreichend qualifiziert ist und keine Interesseninkompatibilität[156] vorliegt.

Überträgt man diese Erkenntnis auf den hier zugrunde liegenden Überwachungsträger Aufsichtsrat, so stellt man zunächst fest, dass der Gesetzgeber bezüglich des Kriteriums der Sachkunde *keine* und bezüglich des Kriteriums der Unabhängigkeit bzw. Urteilsfreiheit *nur wenige* Aussagen trifft. Somit ist im Folgenden zu eruieren, welche Anforderungen an die Determinanten eines Überwachungsurteils - und damit letztlich an ein urteilendes Aufsichtsratsmitglied - im Sinne der Aktionäre zu stellen sind. Während die Beurteilung der notwendigen Qualifikation in Anlehnung an die identifizierten und als relevant eingestuften Überwachungs- bzw. Berichtsinhalte (Kenntnisse über wertorientierte Unternehmensführung etc.)

---

[153] Vgl. Semler 1999, S. 37.

[154] Vgl. Dreist 1980, S. 133.

[155] Vgl. hier und im Folgenden Staudinger 1986, S. 143, 260 ff.

[156] Der Begriff der Inkompatibilität beschreibt im weiten Sinne eine Situation, die mit der Bekleidung eines Aufsichtsratsamtes unvereinbar ist; vgl. Wardenbach 1996, S. 26.

erfolgen soll, werden sich die Ausführungen zum Problemkomplex der Interesseninkompatibilitäten an den in der juristischen und betriebswirtschaftlichen Literatur diskutierten Schwerpunkte (z.B. Mandate in Konkurrenzunternehmen) orientieren.

2.1.2.1 Qualifikation des Urteilenden

Die personelle Besetzung des Aufsichtsrats ist ein bedeutender Faktor für die Qualität seiner Arbeit bzw. seines Überwachungsurteils.[157] „Der Aufsichtsrat ist so gut wie seine Mitglieder fachlich kompetent sind ...; das liegt auf der Hand. Es gibt aber nicht einmal ein Berufsbild von ihm oder, wie es im Jargon der Personalleute heißt, ein Anforderungsprofil."[158] Im Aktiengesetz werden keine *materiellen* Anforderungen an die Eignung eines Aufsichtsratsmitglieds genannt.[159] Die einzigen gesetzlich normierten Eignungsvoraussetzungen, die ein Aufsichtsratsmitglied erfüllen muss, stellen sich wie folgt dar: Aufsichtsratsmitglieder

- müssen natürliche, unbeschränkt geschäftsfähige Personen sein,
- dürfen nicht mehr als zehn Aufsichtsratsmandate übernehmen, wobei Vorsitzmandate doppelt gezählt werden und Mandate in konzernabhängigen Gesellschaften gesondert behandelt werden,
- dürfen nicht Mitglied des Vorstands oder Geschäftsführer, Prokurist oder zum gesamten Geschäftsbetrieb ermächtigter Handlungsbevollmächtigter derselben Gesellschaft sein,
- dürfen nicht Vorstand oder Geschäftsführer in einem abhängigen Unternehmen und gleichzeitig Aufsichtsrat des herrschenden Unternehmens sein und
- dürfen nicht gleichzeitig Mitglied des Vorstands oder Geschäftsführer einer Gesellschaft und Aufsichtsratsmitglied einer anderen Kapitalgesellschaft sein, sofern ein Vorstandsmitglied oder ein Geschäftsführer dieses Unternehmens Mitglied des Aufsichtsrats der Gesellschaft ist.[160]

---

[157] Vgl. Oechsler 2003, S. 311.

[158] Lutter 1995, S. 301. Bislang fehlen konkrete, persönliche Anforderungsprofile für Aufsichtsratsmitglieder in Deutschland; vgl. Theisen 2003, S. 289.

[159] Vgl. diese Vorgehensweise verteidigend Seibert 1999, S. 7: „Wir wollen schließlich keine Eignungsprüfungen für Aufsichtsräte."

[160] Vgl. Semler 1999(a), S. 79 f.

Jenseits dieser formaljuristischen, im Aktiengesetz statuierten Anforderungen besteht jedoch kein Zweifel, dass die Aufsichtsratsmitglieder zur gewissenhaften Wahrnehmung ihres Amtes bestimmte *Mindestkenntnisse* benötigen, die sie zu einem fundierten Überwachungsurteil bzw. zu einer persönlichen und eigenverantwortlichen Amtsausübung befähigen.[161] Der Bundesgerichtshof hat dies bestätigt und verlangt von jedem einzelnen Aufsichtsratsmitglied Mindestkenntnisse allgemeiner, wirtschaftlicher, organisatorischer und rechtlicher Art, die erforderlich sind, um normalerweise anfallende Geschäftsvorgänge auch ohne fremde Hilfe verstehen und sachgerecht beurteilen zu können.[162] Auf dieser Grundlage können die erforderlichen Kenntnisse und Fähigkeiten eines Aufsichtsratsmitglieds näher konkretisiert werden,[163] wobei eine detaillierte Operationalisierung fachlicher Kriterien im Sinne eines allgemeingültigen Anforderungsprofils in diesem Zusammenhang schwer fällt.[164]

Den zentralen Bestandteil des Informationshaushalts des Aufsichtsrats bilden die Regularberichte des Vorstands, deren Kenntnisnahme und kritische Würdigung folglich die wesentliche Basis für die Formulierung eines qualifizierten Überwachungsurteils bilden.[165] In Bezug auf die einzelnen Berichte ist von den Aufsichtsratsmitgliedern in erster Linie *betriebswirtschaftliches Know-how* zu verlangen,[166] das sie für eine qualitative und quantitative Beurteilung sowie kritische Würdigung der in den Berichten aufgezeigten Informationen zur beabsichtigten Geschäftspolitik, zur Rentabilität des Unternehmens und zum Gang der Geschäfte benötigen.[167] Die Aufsichtsratsmitglieder haben sich ein *eigenes Bild* von der Gesamtsituation des Unternehmens zu machen, wobei sie die Berichtsinhalte regelmäßig als richtig voraussetzen und nur für den Fall konkreter Zweifel an den Informationen weitergehende Nachprüfungen verlangen können.

---

[161] Vgl. dazu bereits Langner 1973, S. 24; Potthoff/Trescher 2001, S. 152.; Scheffler 2000, S. 433.

[162] BGH-Urteil vom 15.11.1982, BGHZ 85, S. 293, 295.

[163] Vgl. hier und im Folgenden ausführlich Wardenbach 1996, S. 200 ff.

[164] Vgl. Feddersen 2000, S. 389. Jaschke weist zurecht darauf hin, dass die Anforderungen an die Aufsichtsratsmitglieder vielfältig sind und Fachwissen in unterschiedlichen Fragestellungen erfordern, was die Aufstellung eines konkreten Anforderungs- bzw. Selektionskatalogs erschwert; vgl. Jaschke 1989, S. 272.

[165] Vgl. auch Gedlicka 2001, S. 12.

[166] Vgl. auch Mattheus 1999, S. 692, die von „betriebswirtschaftlichen Grundkenntnissen" spricht.

[167] Vgl. Semler 1999, S. 9.

Die betriebswirtschaftlichen Mindestkenntnisse umfassen zwar nicht die eigene Beherrschung etwa finanzmathematischer Methoden und statistischer Analysen, jedoch muss von den Aufsichtsratsmitgliedern zumindest verlangt werden, dass sie die Zusammensetzung und Kontrollfunktion einzelner - vor allem für die Aktionäre bedeutsamer - Kennzahlen wie z.b. Free Cash-flow, Kapitalkosten oder Unternehmenswert kennen und die im Rahmen der Planung in die Zukunft gerichteten strategischen Maßnahmen des Vorstands hinsichtlich ihrer Wirtschaftlichkeit und Plausibilität beurteilen können. Dies setzt vor allem Kenntnisse über die kritischen Risiko- und Erfolgsfaktoren des Unternehmens und der Branche voraus,[168] um so die wesentlichen Zusammenhänge, die Entwicklung und den Erfolg der Geschäftstätigkeit sowie den Einfluss des relevanten Unternehmensumfeldes fundiert einschätzen zu können.[169] Zu den betriebswirtschaftlichen Mindestanforderungen gehört ebenso ein Grundverständnis für Rechnungswesen und Bilanzen, hier vor allem der bilanziellen Wahlrechte und deren Folgen.[170]

Neben den betriebswirtschaftlichen Fähigkeiten bedarf es auch mehrjähriger *unternehmerischer Erfahrung*,[171] die man sich in Führungspositionen als Manager oder Berater erworben hat und die den Aufgaben des zu überwachenden Vorstands qualitativ entsprechen.[172] Ohne diese Erfahrungswerte ist ein Aufsichtsratsmitglied meist nicht in der Lage zu erkennen, wann unternehmerisches Handeln geboten ist und welche verborgenen Risiken und immanenten Chancen mit der strategischen Ausrichtung des Unternehmens verbunden sind.[173] Dieser Anforderungsbereich schließt allgemeine Menschenkenntnis, Beurteilungsvermögen und Entscheidungsbereitschaft mit ein. Insbesondere vor dem Hintergrund, dass alleine der Aufsichtsrat zu den vorstandsbezogenen Personalentscheidungen wie Einstellung, Vertragsverlängerung oder Kündigung befugt ist, müssen die Aufsichtsratsmitglieder die Fähigkeit vorweisen, die Befähigung und Einsatzbereitschaft anderer Personen zutreffend einzuschätzen und ihre Eignung kontinuierlich zu beurteilen.[174]

---

[168] Vgl. auch Fey 1995, S. 1324.

[169] Vgl. Scheffler 2000, S. 434; Scheffler 1995, S. 209.

[170] Vgl. Feddersen 2000, S. 389; Götz 1995, S. 345 f.; Semler 1999(a), S. 84.

[171] Vgl. Semler 1995, S. 38.

[172] Vgl. Scheffler 2000, S. 434; Potthoff/Trescher 2001, S. 152; vgl. auch Fey 1995, S. 1324, der hier von „Managementerfahrung" spricht.

[173] Vgl. Semler 1999(a), S. 81.

[174] Vgl. Semler 1999(a), S. 84; Fonk 1999, S. 443.

Darüber hinaus muss ein Aufsichtsratsmitglied die zur Ausübung eines derartigen Überwachungsamtes notwendige *Persönlichkeit* und *charakterliche Eigenschaft* vorweisen.[175] Dazu zählen Verschwiegenheit, Zurückhaltung und Vertrauenswürdigkeit in der Zusammenarbeit innerhalb des Aufsichtsrats und mit dem Vorstand.[176] Intrigantes Verhalten ist mit einer Aufsichtsratsmitgliedschaft im Grunde unvereinbar. Auch wird in der Literatur hervorgehoben, dass Aufsichtsratsmitglieder soziale und kommunikative Kompetenz haben sollten, um sich so auch in die Lage anderer Personen, hier insbesondere der Arbeitnehmer, hineinzuversetzen.[177] In diesem Zusammenhang werden zudem persönliche Eigenschaften wie Dialog-, Konflikt- und Konsensbereitschaft sowie gesunder Menschenverstand hervorgehoben.[178]

Schließlich muss von den Aufsichtsratsmitgliedern ein Mindestmaß an *juristischen Grundkenntnissen* verlangt werden.[179] Hierunter sind etwa solche über die gesetzlichen und satzungsmäßigen Aufgaben des Aufsichtsrats, die Rechte und Pflichten eines Aufsichtsratsmitglieds, die Möglichkeiten und Grenzen der Ausschussbildung sowie weitere Rechtsvorschriften, die bezüglich der Mandatsausübung relevant sind, zu subsumieren.[180]

Abschließend sei noch darauf hingewiesen, dass *zusätzlich* zu den soeben herausgearbeiteten Anforderungen an die *Aufsichtsrats*mitglieder spezielle Kenntnisse seitens der jeweiligen *Ausschuss*mitglieder notwendig sind, da diese von den Themengebieten, mit denen sich der Ausschuss befasst, mehr verstehen müssen als ein einfaches Aufsichtsratsmitglied.[181] Insbesondere in den Fällen, in denen Ausschüsse mit Entscheidungskompetenzen ausgestattet wurden, beschränkt sich die „Mitwirkungspflicht" eines nicht ausschussangehörigen Aufsichtsratsmitglieds primär auf die Plausibilitätskontrolle der von den Ausschussmitgliedern erarbeiteten und vorgegebenen Entscheidungen.[182] Insofern ist es wichtig darauf hinzuweisen, dass ein Aufsichtsratsmitglied zwar über gewisse Mindestkenntnisse

---

[175] Vgl. Schneider 2000, S. 252 ff.; Semler 1999(a), S. 85 f.

[176] Zur Wahrung der Vertraulichkeit im Aufsichtsrat vgl. ausführlich Lutter 1984, S. 121 ff.

[177] Vgl. Meyer-Lohmann 1997, S. 229 f.

[178] Vgl. Bernhardt/Witt 2003, S. 327.

[179] Vgl. Dreist 1980, S. 157.

[180] Vgl. etwa Oechsler 2003, S. 312.

[181] Die persönliche Qualifikation des Aufsichtsratsmitglieds erlangt im Rahmen der Ausschussbildung eine gesteigerte Bedeutung; vgl. Oetker 2003, S. 271 f.

[182] Vgl. Wardenbach 1996, S. 196; dazu kritischer Möllers 1995, S. 1733 f.

verfügen muss, grundsätzlich aber nicht sämtliche Fähigkeiten aufweisen muss, die den *gesamten* Aufsichtsrat auszeichnen.[183] Vielmehr sollten sich die Kenntnisse und Fähigkeiten der einzelnen Aufsichtsratsmitglieder ergänzen und in ihrer Kombination eine wirksame Überwachung ermöglichen.[184]

Die vorstehend genannten Maßstäbe sind im Übrigen gleichermaßen sowohl an die Anteilseigner- als auch die Arbeitnehmervertreter im Aufsichtsrat anzulegen. Diese zutreffende Auffassung hat sich vor Jahrzehnten gegenüber der damals noch bestehenden Ansicht durchgesetzt, die Arbeitnehmervertreter müssten lediglich ein - im Vergleich zu den Vertretern der Anteilseigner - geringeres Maß an Fähigkeiten und Erfahrungen in das Gremium einbringen.[185]

Als Zusammenfassung soll hier die zu befürwortende Einschätzung SCHEFFLERS dienen, der der Auswahl der Aufsichtsratsmitglieder eine große Bedeutung für die Qualität der Überwachung beimisst: „Statt einer Sammlung großer Namen sollte eine gute Mischung von unternehmerischen, technisch und wirtschaftlich professionellen sowie ordnenden Persönlichkeiten angestrebt werden, die mit Verständnis und Kompetenz die strategische Ausrichtung ... des Unternehmens durch den Vorstand begleiten. ... Anzustreben ist eine unternehmens- und problembezogen ausgewogene Kombination entsprechend vorgebildeter und erfahrener Aufsichtsratsmitglieder."[186]

Im Rahmen der empirischen Erhebung galt es zu explorieren, welche Kenntnisse aus Sicht der Überwachungspraxis einen wirksam arbeitenden Aufsichtsrat auszeichnen.

2.1.2.2 Unabhängigkeit des Urteilenden

Neben den vorstehend dargestellten Mindestanforderungen an ein Aufsichtsratsmitglied wird in der Literatur ebenso hervorgehoben, dass die *Unabhängigkeit* bzw. *Urteilsfreiheit* des Überwachenden die Qualität seines Überwachungsurteils

---

[183] Aufsichtsratsmitglieder weisen mitunter Spezialwissen auf; vgl. Gedlicka 2001, S. 12; Semler 1999, S. 10.

[184] Vgl. von Schenck 1999, S. 202. Nicht jedes einzelne Aufsichtsratsmitglied muss über alle Fachkenntnisse verfügen. Wichtiger ist, dass der Aufsichtsrat *insgesamt* Verständnis für die unternehmensrelevanten Zusammenhänge aufweist; vgl. Möllers 1995, S. 1732 f.

[185] Vgl. Semler 1999(a), S. 82.

[186] Scheffler 1993, S. 73 f.

maßgeblich beeinflusst.[187] Auch der Gesetzgeber hat diesen Gesichtspunkt, der in letzter Zeit wieder verstärkt diskutiert wird, aufgegriffen.[188] So müssen die Aktionäre nach den am 1.5.1998 in Kraft getretenen Änderungen des Aktiengesetzes bei Wahlen zum Aufsichtsrat über den jeweils ausgeübten Beruf des Kandidaten und sämtliche seiner Mandate in gesetzlich zu bildenden Aufsichtsräten und vergleichbaren in- und ausländischen Kontrollgremien in Wirtschaftunternehmen informiert werden.[189]

Insofern kann ein Überwachungsurteil nur dann als fundiert eingestuft werden, wenn der Überwachungsträger a) wie gezeigt hinreichend qualifiziert ist *und* b) keine Interessenkonflikte vorliegen, die ihn als Aufsichtsratsmitglied nicht tragbar erscheinen lassen. Im Zusammenhang mit Interessenkonflikten wird meistens von einer so genannten *Inkompatibilität* gesprochen, also einer Unvereinbarkeit bestimmter Umstände mit der Bekleidung eines Aufsichtsratsamtes aufgrund von Interessenkonflikten.[190] Vor diesem Hintergrund werden im Rahmen der folgenden Ausführungen die wichtigsten Fallgruppen von Interessenkonflikten dargestellt. Dabei wird kein Anspruch auf (juristische) Vollständigkeit erhoben. Vielmehr beschränkt sich die Darstellung auf die (betriebswirtschaftlich) besonders in der Diskussion stehenden Konstellationen.[191]

▶ **Ehemalige Vorstandsmitglieder des gleichen Unternehmens**

Einen bedeutsamen Bestandteil der Diskussion um die Urteilsfreiheit eines Aufsichtsratsmitglieds stellt die Frage dar, ob ein ehemaliges Vorstandsmitglied eines Unternehmens direkt in den Aufsichtsrat des gleichen Unternehmens übergehen solle.[192] Eine solche Vorgehensweise ist insbesondere bei den großen Dax30-Unternehmen gängige Praxis. Aktuell bekleiden alleine jeweils 18 ehemalige Vorstandsmitglieder den Aufsichtsratsvorsitzendenposten des gleichen Unterneh-

---

[187] Vgl. Staudinger, S. 260; Schneider 2000, S. 254; OECD 1998, S. 22; Malik 2002, S. 199 f.

[188] Vgl. Marsch-Barner 1999, S. 626 f.

[189] Vgl. § 125 Abs. 1 Satz 3 AktG.

[190] Vgl. Wardenbach 1996, S. 25.

[191] Vgl. im Folgenden ausführlich Wardenbach 1996, S. 62 ff.; auch Lutter/Krieger 2002, S. 171 ff. Es sei an dieser Stelle darauf hingewiesen, dass auf die juristisch wichtige Fragestellung nach den *Folgen* einer festgestellten Inkompatibilität, vor allem im Hinblick auf die Nichtigkeit der Aufsichtsratswahl, aus verständlichen Gründen nicht eingegangen wird.

[192] Vgl. Strenger 2001, S. 77, der darauf hinweist, dass diesem Punkt im Rahmen der Corporate Governance-Diskussion eine besondere Aufmerksamkeit zu widmen sei; vgl. auch Bernhardt/Witt 2003, S. 331.

mens, unter ihnen 16 ehemalige Vorstandsvorsitzende des Unternehmens.[193] Eine kritische Beurteilung dieses Sachverhalts kann lediglich einzelfallbezogen erfolgen. Dennoch gibt es *übergreifende* Argumente, die für oder gegen die Mitgliedschaft ehemaliger Vorstandsmitglieder im Aufsichtsrat des gleichen Unternehmens sprechen.

Zunächst ist positiv zu konstatieren, dass ehemalige Vorstandsmitglieder, und hier insbesondere der Vorstandsvorsitzende, über ein großes Erfahrungswissen in Bezug auf das Unternehmen verfügen, was der Qualität der Überwachungsarbeit des Aufsichtsrats zu Gute kommt.[194] Dieser Fundus von Know-how und Sachverstand sowie die Kenntnis über Unternehmensdetails stellen wertvolle Informationen für den Aufsichtsrat dar.[195] Vor allem ehemalige Vorstandsvorsitzende scheinen aufgrund ihrer Autorität prädestiniert zu sein, in ihrer Rolle als starke Aufsichtsratsvorsitzende einen Vorstand wirksam zu kontrollieren.[196]

Ferner wird argumentiert, die in vielen Branchen bewährte Praxis der Wahl ausgeschiedener Vorstandsmitglieder in den Aufsichtsrat stelle einen wichtigen Wettbewerbsvorteil dar. Insbesondere gelte dies für deutsche Großbanken, die sich auf diesem Wege einen Vorteil gegenüber den Landesbanken verschafften, bei denen Politiker und Gewährträgervertreter in der Regel nur kurz und ohne Vorkenntnisse in die Aufsichtsräte gewählt werden.[197] Auch wird betont, dass ehemalige Vorstandsmitglieder über ihre Unternehmenskenntnis hinaus über vielfältige Wege verfügen, dem Aufsichtsrat Informationen aus dem Unternehmen verschaffen zu können. Dies gilt insbesondere dann, wenn ihnen nach wie vor ein Büro im Unternehmen zur Verfügung gestellt wird.[198]

Allerdings kann ein direkter Übergang vom Vorstand in den Aufsichtsrat auch Probleme hervorrufen. Dies gilt insbesondere dann, wenn die strategische Ausrichtung des Unternehmens geändert werden soll (oder muss), die das ehemalige Vorstandsmitglied maßgeblich mitentwickelt bzw. -getragen hat.[199] Zudem be-

---

[193] Dies gilt - Stand Juli 2004 - für die Dax-Unternehmen Allianz, BASF, Bayer, BMW, Commerzbank, Continental, Deutsche Bank, E.ON, Fresenius, Henkel, Hypo-Vereinsbank, Lufthansa, Münchener Rück, SAP, Schering, Siemens, Thyssen-Krupp und VW.

[194] Vgl. Ringleb/Kremer/Lutter/von Werder 2003, S. 196.

[195] Vgl. Endres 1999, S. 456; Schiessl 2002, S. 598.

[196] Vgl. Schiessl 2002, S. 598.

[197] Vgl. Claussen/Bröcker 2000, S. 490.

[198] Vgl. Albach 2003, S. 363.

[199] Vgl. Malik 2002, S. 204; analog Starbuck/Nystrom 1995, Sp. 1389.

steht hier die Gefahr, dass ehemalige Vorstandsmitglieder nach Skandalen und Unternehmensschieflagen als Aufsichtsratsmitglieder wohl eher verhindern wollen, tatsächliche Geschäftsentwicklungen und weitere wichtige Informationen nachträglich aufzudecken und so die „Leichen aus dem Keller" zu holen. Zudem stellt es für die Aktionäre ein ernstzunehmendes Problem dar, wenn Koalitionen zwischen aktuellen und ehemaligen Vorstandsmitgliedern gebildet werden. Letztere treibt häufig der Wunsch, weiterhin „Führungsaufgaben" im Unternehmen wahrzunehmen. Aus diesem Grund wirken sie auf eine Bestellung ehemaliger Assistenten in den Vorstand hin, um so wichtige Entscheidungsvorlagen bereits im Vorfeld mit diesen abstimmen zu können.[200]

In einer Abwägung der genannten Argumente könnte eine so genannte „best practice" überlegenswert sein, die Kenntnisse ehemaliger Vorstandsmitglieder für den Aufsichtsrat zu nutzen, diese jedoch nicht mit dem Amt des Aufsichtsrats*vorsitzenden* sondern mit einem *normalen* Aufsichtsratsmandat zu betrauen.[201] Überdies dürfte zumindest ein Konsens darüber zu erzielen sein, dass die Wahl ausscheidender Vorstandsmitglieder in den Aufsichtsrat nicht *automatisch* erfolgt.[202] In diesem Zusammenhang empfiehlt der Deutsche Corporate Governance Kodex, dass „dem Aufsichtsrat nicht mehr als zwei ehemalige Mitglieder des Vorstands angehören sollen."[203]

▶ Doppelmandate in Konkurrenzunternehmen

Die Frage nach der gleichzeitigen Organmitgliedschaft in konkurrierenden Unternehmen beschäftigt das Schrifttum bereits seit vielen Jahren.[204] Es besteht jedoch kein Konsens in Bezug auf die Frage, ob Mehrfachmandate von Aufsichtsratsmitgliedern in Konkurrenzunternehmen eine Interesseninkompatibilität begründen, welche dementsprechend zu einer befangenen Meinungsbildung führte.

Jene Autoren, die Mehrfachmandate in Konkurrenzunternehmen ablehnen, argumentieren, die Doppelmandatsträger seien von vornherein nicht in der Lage, das Aufsichtsratsamt korrekt auszuüben, da die *gleichzeitige* Interessenförderung sowie Überwachung und Beratung des Vorstands in zwei konkurrierenden Unter-

---

[200] Vgl. Albach 2003, S. 364.

[201] Vgl. Schiessl 2002, S. 598.

[202] Vgl. Strenger 2001, S. 77.

[203] Vgl. Deutscher Corporate Governance Kodex in der Fassung vom 21.5.2003, Punkt 5.4.2.

[204] Vgl. Reichert/Schlitt 1995, S. 242.

nehmen faktisch unmöglich sei.[205] Auch sei dadurch die vertrauensvolle Zusammenarbeit *innerhalb* des Aufsichtsrats grundlegend konfliktbehaftet, da die übrigen Aufsichtsratsmitglieder - genauso wie der Vorstand selbst - ihr Mandat in ständiger Sorge um die Loyalität der Betreffenden ausübten. Insofern entstehe neben der eigenen Befangenheit des betreffenden Aufsichtsratsmitglieds zusätzlich eine Befangenheit aller anderen Aufsichtsrats- und Vorstandsmitglieder, wodurch im Ergebnis das gesamte Gremium gelähmt sei und sich keiner mehr traue, frei zu reden.[206]

Demgegenüber steht die Meinung, eine gänzlich unbefangene Meinungsbildung sei in der Praxis weder erforderlich noch realisierbar. Vielmehr stütze jedes Aufsichtsratsmitglied sein Überwachungsurteil gerade auf seine persönlichen Erfahrungs- und Wissenshorizont.[207] Folglich komme den entsprechenden Unternehmen eine solche Mandatsverflechtung zu Gute. Diese sei darüber hinaus positiv für die Außendarstellung und Repräsentation des Unternehmens.[208]

Insgesamt kann den Argumenten der Befürworter von Mehrfachmandaten in Konkurrenzunternehmen nicht gefolgt werden. Wenngleich kein *allgemeines* Wettbewerbsverbot für Aufsichtsratsmitglieder existiert,[209] besteht doch die große Gefahr einer negativen Beeinträchtigung der Funktionsfähigkeit des Überwachungsorgans. Diese Einschätzung gilt insbesondere für Unternehmen, deren Kern- oder Hauptgeschäfte sich in einer intensiven Konkurrenzsituation befinden.[210] Vor allem ist hier zu befürchten, dass der Vorstand dem Aufsichtsrat etwa im Rahmen der Vorlage der strategischen Planung des Unternehmens nicht mehr vorbehaltlos begegnen kann, was vor dem Hintergrund der bereits ausführlich

---

[205] Vgl. hierzu ausführlich Lutter 1993, S. 509 ff.

[206] Vgl. Schneider 2000, S. 255; Wardenbach 1996, S. 78.

[207] Vgl. Matthießen 1989, S. 202.

[208] Vgl. Dreher 1990, S. 896 ff.

[209] Vgl. Möllers 2003, S. 417; Deckert 1998, S. 713.

[210] Vgl. Wardenbach 1996, S. 99 f. Ein Beispiel dafür wäre eine Mitgliedschaft in den Aufsichtsräten der DaimlerChrysler AG und der BMW AG.

dargestellten Wichtigkeit einer prädezisionalen Überwachung durch den Aufsichtsrat ein äußerst gewichtiges Argument repräsentiert.[211]

▶ **Doppelmandate bei Kunden bzw. Zulieferern**

Eine mit der vorstehend beschriebenen Interessenkollision vergleichbare Konfliktsituation stellt die Konstellation der Wahrnehmung eines Doppelmandates im Aufsichtsrat wichtiger Kunden bzw. Lieferanten dar.[212] Eine solche Form der personellen Kunden/Lieferanten-Verflechtung kann durchaus *punktuell* einen Interessenkonflikt des Aufsichtsratsmitglieds begründen, und zwar immer dann, wenn es um die Geschäftsbeziehung zwischen den beiden Unternehmen geht. Denkbar wäre hier etwa die Änderung der Beschaffungsstrategie, die zu einem Wechsel des Lieferanten oder einer vertikalen Integration, also der Aufnahme von Eigenproduktion, führen würde. In diesen Fällen wäre die Urteilsfreiheit des Aufsichtsratsmitglieds, das zu diesem Zeitpunkt die Interessen beider Unternehmen zu vertreten hat, eingeschränkt.

Auf der anderen Seite erweist sich diese Konstellation nicht als eine *weitgehende* Hinderung einer ordnungsmäßigen Amtsausübung durch das betreffende Aufsichtsratsmitglied. So wird es primär der Vorstand sein, der sich mit der Geschäftsbeziehung zu wichtigen Kunden oder Lieferanten befasst, so dass sich der Aufsichtsrat mit solchen Entscheidungen in der Regel nicht beschäftigen wird. Ungeachtet dessen ist es jedoch nicht von der Hand zu weisen, dass das betreffende Aufsichtsratsmitglied versuchen wird, die personelle Verflechtung entsprechend zu seinen Gunsten zu nutzen, falls sich der Aufsichtsrat ausnahmsweise - etwa im Rahmen der Zustimmung eines bestimmten Geschäftes - mit solchen Fragen zu befassen hat.

Zusammenfassend kann festgehalten werden, dass hier lediglich ein *punktueller* Interessenkonflikt für den Fall vorliegt, dass sich die Interessen der beiden Unter-

---

[211] Vgl. Potthoff/Trescher 2001, S. 170. Dieser Argumentation folgt auch der Deutsche Corporate Governance Kodex in der Fassung vom 21.5.2003, der unter Punkt 5.4.2 festhält: „Eine unabhängige ...Überwachung des Vorstands durch den Aufsichtsrat wird auch dadurch ermöglicht, dass Aufsichtsratsmitglieder keine Organfunktion ... bei wesentlichen Wettbewerbern des Unternehmens ausüben sollen."

[212] Vgl. hier und im Folgenden ausführlich Wardenbach 1996, S. 100 ff.

nehmen berühren. Im Umkehrschluss wird im Schrifttum nicht von einer *grund-sätzlichen* Interessenkollision des Aufsichtsratmitglieds gesprochen.[213]

▶ **Mehrfachmandate im Konzern**

Unternehmen, die als Mutter- und Tochtergesellschaft, oder auch als Schwester-gesellschaften konzernverbunden sind, weisen vielfältige personelle Verflechtun-gen auf, die unter Umständen zu Interessenkonflikten führen.[214] Der Gesetzgeber verbietet - wie bereits gezeigt – lediglich die Konstellation, dass der gesetzliche Vertreter der Tochtergesellschaft gleichzeitig dem Aufsichtsrat der Muttergesell-schaft angehört.

Häufig kommt es vor, dass ein Vorstandsmitglied der Obergesellschaft zugleich Aufsichtsratmitglied der Tochtergesellschaft ist.[215] Ebenso ist eine Doppelmit-gliedschaft sowohl im Aufsichtsrat der Mutter- als auch in jenem der Tochterge-sellschaft praktisch möglich. In den Fällen dieser *vertikalen personellen Verflech-tung* bestehen insofern latente Interessenkonflikte, als sich durch die Gegenüber-stellung des Konzerninteresses mit den Interessen der Untergesellschaft durchaus unterschiedliche, sich widersprechende Interessenbindungen ergeben können.[216] Hieraus resultiert für Aufsichtsratmitglieder durchaus ein Konfliktpotenzial,[217] welches etwa in Bezug auf Investitionsprogramme, Gewinnverteilungen im Kon-zern oder Sanierungsprogramme abhängiger Gesellschaften besteht. Als *juristisch* geprägtes Konfliktlösungsverfahren ist hier der Vorrang der Interessen des *herr-schenden* Unternehmens vorgesehen. Allerdings sind etwaige für die Tochterge-sellschaften nachteilige Maßnahmen und Weisungen nur zulässig, sofern die dar-aus erwachsenen Nachteile für die Tochtergesellschaft nicht unverhältnismäßig hoch sind.[218]

Im Fall der *horizontalen Verflechtung* im Konzern, dass ein Aufsichtsratmitglied einer abhängigen Gesellschaft gleichzeitig Vorstand oder Aufsichtsrat in einer

---

[213] Vgl. zustimmend Potthoff/Trescher 2001, S. 172.

[214] Vgl. dazu ausführlich Reiß 1991.

[215] Vgl. Boehmer 2001, S. 109; Hofmann 1994, S. 267.

[216] Vgl. hierzu auch Windbichler 2003, S. 607.

[217] Vgl. Reiß 1991, S. 49.

[218] Die vor allem juristisch bedeutsame Unterscheidung zwischen Vertragskonzernen und fakti-schen Konzernen ist im Rahmen der eigenen Untersuchung entbehrlich. Vgl. hierfür ausführ-lich Lutter/ Krieger 2002, S. 300 f.; Wardenbach 1996, S. 140 ff.

anderen abhängigen, im Konkurrenzverhältnis befindlichen Gesellschaft ist, ergibt sich ein weiteres Konfliktpotenzial.[219] Diesem kann allerdings nicht durch das oben beschriebene Lösungsverfahren begegnet werden. Vielmehr liegt hier ein genereller Interessenkonflikt vor, der eine grundlegende Inkompatibilität begründet.[220]

▶ **Repräsentanten staatlicher Aufsichtsbehörden**

In der Praxis ist es nicht selten, dass Minister oder leitende Beamte von Ministerien bzw. anderen Behörden Aufsichtsratsmandate bekleiden. Dagegen ist im Grundsatz nichts einzuwenden. Allerdings stellt sich hier die Frage, ob insbesondere jene Aufsichtsratsmitglieder, denen im Hauptberuf staatliche Überwachungsaufgaben mit Bezug auf das Aufsichtsratsunternehmen obliegen, als unabhängig gelten (dürfen). Im Rahmen der Ausübung ihres Aufsichtsratsmandats sind sie dem Interesse des entsprechenden Unternehmens verpflichtet. Demnach sind die sonstigen politischen und dienstrechtlichen Bindungen zu vernachlässigen.[221]

Im Zusammenhang mit einer solchen Doppelrolle ist Ende der 80er Jahre ein Fall bekannt geworden, der einen diesbezüglich unauflösbaren Interessenkonflikt beschreibt.[222] So gehörte der damalige Energieminister Schleswig-Holsteins dem Aufsichtsrat eines Unternehmens an, das Kernkraftwerke betreibt und den Großteil seines erzeugten bzw. lieferbaren Stroms aus Kernenergie bezieht. In seiner Eigenschaft als Minister - und als Aufsichtsratsmitglied des Unternehmens - forderte er den Ausstieg aus der Kernenergie und damit die Stilllegung sämtlicher Kernkraftwerke. Dies hätte für das Unternehmen zu einer wirtschaftlichen Belastung in Milliardenhöhe geführt. In Anbetracht der Tatsache, dass sein Verhalten als eine *gegen* die wirtschaftlichen Grundlagen der Gesellschaft gerichtete Tätigkeit zu werten war, folgte die Rechtsprechung dem Antrag der Deutschen Schutzvereinigung für Wertpapierbesitz (DSW) und rief den Minister aus dem Aufsichtsrat ab.

Ungeachtet der grundsätzlich zu erwartenden Sachkompetenz des Angehörigen einer fachlich zuständigen Aufsichtsbehörde ist dessen Eignung als *unabhängiges*

---

[219] Dieses Konfliktpotenzial bezieht sich auf die Konkurrenzsituation. Nach allgemeinen Regeln sind horizontale Mehrfachmandate in nicht untereinander konkurrierenden, abhängigen Gesellschaften zulässig. Vgl. Wardenbach 1996, S. 155.

[220] Vgl. Wardenbach 1996, S. 159.

[221] Vgl. Marsch-Barner 1999, S. 642.

[222] Vgl. Reichert/Schlitt 1995, S. 243; Marsch-Barner 1999, S. 642; Wardenbach 1996, S. 103 ff.

Aufsichtsratsmitglied in einem von der betreffenden Behörde beaufsichtigten Unternehmen mehr als zweifelhaft. Für diese Erkenntnis spricht auch, dass schon allein aufgrund der Zugehörigkeit eines Aufsichtsratsmitglieds zu einer staatlichen Aufsichtsbehörde eine vertrauensvolle Zusammenarbeit im Aufsichtsrat und mit dem Vorstand nicht möglich ist, da das Risiko der Verwertung wichtiger Informationen für staatliche Überwachungszwecke sowohl für den Vorstand als auch für den Gesamtaufsichtsrat des Unternehmens unkontrollierbar ist.[223]

▶ Interessenkollision mit dem Unternehmensgegenstand

Eng mit der vorstehend dargelegten Problematik verbunden ist eine mögliche *Interessenkollision* eines Aufsichtsratsmitglieds mit dem Unternehmensgegenstand bzw. dem in der Satzung festgelegten Tätigkeitsrahmen des Unternehmens. Als Beispiel dient etwa ein überzeugter Pazifist als Aufsichtsratsmitglied in einem Rüstungskonzern oder ein ökologisch getriebener Gegner des Braunkohletagebaus im Aufsichtsrat eines Braunkohleunternehmens.[224]

In solchen Fällen muss angenommen werden, dass die persönliche Grundeinstellung des Betreffenden bzw. dessen grundsätzlich unternehmensfeindliche Einstellung einer ordnungsgemäßen Amtsausübung entgegensteht. Vielmehr ist in Bezug auf sein Verhalten zu erwarten, dass er versuchen wird, die aus seiner Sicht gewünschten Änderungen der Tätigkeit des Unternehmens in seine Richtung zu lenken.[225] Ebenso kann auch in diesem Fall von einer empfindlichen Beeinträchtigung der Informationsflüsse innerhalb des Aufsichtsrats und zwischen Vorstand und Aufsichtsrat ausgegangen werden.[226]

▶ Keine anderen Verträge als die Aufsichtsratsfunktion

Abschließend sei darauf hingewiesen, dass die Unabhängigkeit eines Aufsichtsratsmitglieds durch möglicherweise bestehende Beratungs- oder Kreditverträge mit dem Unternehmen beeinträchtigt sein könnte. Für ein Unternehmen kann es durchaus von Interesse sein, einzelne Aufsichtsratsmitglieder unabhängig von ihrer Aufsichtsratstätigkeit für weitere Aufgaben - etwa als Personal- oder Organisationsexperte, Anwalt oder Steuerberater - zu gewinnen.[227] Der Gesetzgeber er-

---

[223] Vgl. Wardenbach 1996, S. 128 f.
[224] Vgl. Wardenbach 1996, S. 103.
[225] Vgl. Wardenbach 1996, S. 107.
[226] Vgl. Wardenbach 1996, S. 112 f.
[227] Vgl. im Folgenden ausführlich Lutter/Krieger 2002, S. 279 ff.

laubt solche *Beraterverträge*, fordert jedoch die einzelfallbezogene Zustimmung des Gesamtaufsichtsrats und koppelt den Vertragsabschluss an ein hohes Maß an „Sorgfalt, Vorsicht und Zurückhaltung".[228] Auch der Corporate Governance Kodex greift diese Thematik auf und empfiehlt, „die vom Unternehmen an die Mitglieder des Aufsichtsrats gezahlten Vergütungen oder gewährten Vorteile für persönlich erbrachte Leistungen, insbesondere Beratungs- und Vermittlungsleistungen", individuell im Anhang des Konzernabschlusses gesondert offen zu legen.[229] Zudem können Aufsichtsratsmitgliedern außerhalb des Organverhältnisses *Kredite* gewährt werden. Zur Vermeidung von Interessenkonflikten gelten jedoch auch hier strenge gesetzliche Auflagen sowie wiederum die erforderliche Zustimmung des Gesamtaufsichtsrats.[230]

Als Fazit bleibt festzuhalten, dass die *Urteilsfreiheit* der Aufsichtsratsmitglieder sowohl aufgrund vielfältiger personeller Verflechtungskonstellationen als auch aufgrund weiterer (Interessen-)Konflikte potenziell gefährdet ist. Jedoch fällt es schwer, hier eine klare Grenze zu ziehen. So kann sich beispielsweise je nach Sachlage im Einzelfall ein *mehr* oder *weniger starker* Interessenkonflikt eines Aufsichtsratsmitglieds ergeben, der sich zudem erst im Laufe einer Amtsperiode *entwickeln* kann.[231] Vor diesem Hintergrund war es ein Ziel der empirischen Erhebung zu explorieren, wie die hier aufgezeigten Konstellationen aus Sicht der Überwachungspraxis beurteilt werden.

2.2 Empirische Befunde zur Überwachungsberichterstattung

2.2.1 Befunde zu den Instrumenten zur Durchsetzung der Überwachungsergebnisse

Basierend auf den konzeptionellen Vorüberlegungen galt es, die praktische Bedeutung

▶ der diskutierten Instrumente des Aufsichtsrats im Allgemeinen als auch

▶ einer Zustimmungspflicht in Bezug auf die strategische Planung des Vorstands

---

[228] Vgl. Lutter/Krieger 2002, S. 279; hierzu auch §§ 113, 114 AktG.

[229] Vgl. Deutscher Corporate Governance Kodex in der Fassung vom 21.5.2003, Punkt 5.4.5, Abs. 3.

[230] Vgl. § 115 AktG.

[231] Vgl. Kropff 1994, S. 23.

zu explorieren.

(1) Instrumente des Aufsichtsrats im Allgemeinen

In einem ersten Schritt wurden die Aufsichtsratsmitglieder gefragt, mittels welcher Instrumente ein Aufsichtsrat seine Überwachungsergebnisse in der Praxis gegenüber dem Vorstand durchsetzt (vgl. Abb. 60).[232]

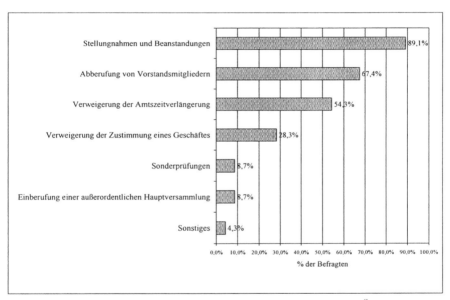

Abb. 60: Instrumente des Aufsichtsrats zur Durchsetzung seiner Überwachungsergebnisse

Wie der Abbildung zu entnehmen ist, weist das Erfahrungswissen der befragten Aufsichtsratsmitglieder darauf hin, dass der Aufsichtsrat in der Praxis die Möglichkeit kritischer Stellungnahmen und Beanstandungen in den Aufsichtsratssitzungen mit großem Abstand präferiert (89,1%). Auf den Plätzen zwei und drei folgen die personalpolitischen Instrumente der Abberufung von Vorstandsmitgliedern (67,4%) bzw. der verweigerten Amtszeitverlängerung (54,3%). Mit deut-

---

[232] Vgl. Anhang II: Frage 5 in Teil 3 des Fragebogens; Mehrfachnennungen möglich.

lichem Abstand bezeichneten nur 28,3% der Gesprächspartner die Verweigerung der Zustimmung zu einem konkreten Geschäft als einen wichtigen Sanktionsmechanismus des Aufsichtsrats. Relativ abgeschlagen liegen die Maßnahmen „Einleitung von Sonderprüfungen" und „Einberufung einer außerordentlichen Hauptversammlung" (jeweils 8,7%) auf den letzten Plätzen.

In einer Interpretation der Befunde fällt in erster Linie auf, dass der Aufsichtsrat offensichtlich primär bestrebt ist, negative Überwachungsergebnisse durch die im Konzeptualisierungsteil so bezeichnete „mildere Form" von Sanktionen durchzusetzen. Zu diesen gehört es, etwaige Missstände mittels interner *Stellungnahmen* und kritischer *Anmerkungen* in den Aufsichtsratssitzungen mit dem Vorstand zu diskutieren. Die Befragten bestätigten, dass der Aufsichtsrat hier die gute Gelegenheit erhält vorzutragen, was ihm missfällt bzw. in welchen Bereichen er Handlungsbedarf erkennt. Gängige Praxis sei es in diesem Zusammenhang zudem, den Vorstand aufzufordern, zu wichtigen diskutierten Themen in der nächsten Aufsichtsratssitzung (nochmals) ausführlich Stellung zu nehmen.

Ein wichtiges Ergebnis spiegelt sich darüber hinaus in der Tatsache wider, dass die befragten Aufsichtsratsmitglieder den *Personalentscheidungen* „Abberufung" bzw. „Amtszeitverlängerung" eine wesentlich größere praktische Relevanz beimaßen als der *Zustimmungsverweigerung* zu bestimmten Geschäften. Zwar werden im Schrifttum beide Instrumente als sehr wirksam und hochgradig effektiv gegenüber dem Vorstand bezeichnet, jedoch war zu vermuten, dass die Möglichkeit einer Zustimmungsverweigerung eine höhere praktische Relevanz aufweist als die aufgezeigten Personalentscheidungen. Diese repräsentieren schließlich äußerst radikale Maßnahmen und dürfen per Gesetz nur im Fall der Vorlage wichtiger Gründe vollzogen werden.

Die Befragten gaben an, dass die Personalhoheit des Aufsichtsrats ein „mächtiges Instrument" bzw. „Pfund" darstelle, mit dem man wirksam „wuchern" könne und das in der Vergangenheit häufiger angewandt wurde als eine Zustimmungsverweigerung zu einem bestimmten Geschäft. Letztere sei einem Großteil der Gesprächspartner zufolge sogar „noch niemals" erteilt worden. Untersucht man die Gründe für diesen Befund, so lassen sich folgende - allerdings aus theoretischer Sicht wenig überzeugende - Argumentationsstränge identifizieren. Die Zustimmungsverweigerung

(1) sei ein zu „harter" Eingriff in die laufende Unternehmensführung und komme in der Praxis einem „Frontalangriff" des Aufsichtsrats auf den Vorstand gleich, der letztlich als „Verlierer" dastehe,

(2) führe zu der Übernahme einer zu großen Verantwortung durch den Aufsichtsrat, der durch diesen gestaltenden Einfluss auf die Unternehmensführung seine organschaftliche Überwachungsfunktion trotz der rechtlichen Legitimation überschreite,

(3) sei aus rein pragmatischen Gründen kein geeignetes Instrument, da in der Praxis kurzfristige Zustimmungserteilungen die Regel seien und es viel zu lange dauere, das gesamte Plenum für eine notwendige Beschlussfassung zusammenzubringen,

(4) sei lediglich als eine „Drohkulisse" des Aufsichtsrats zu verstehen, die den Vorstand dazu zwinge, plausible bzw. überzeugende Argumente vorzutragen, und

(5) sei faktisch irrelevant, da in der Praxis die wichtigen Geschäfte ohnehin im Vorfeld intensiv zwischen dem Vorstand und dem Aufsichtsratsvorsitzenden abgestimmten würden und folglich eine offizielle Ablehnung eines zur Zustimmung vorgelegten Geschäftes auf Plenumsebene niemals erfolge (eher würde der Vorstand entlassen).233

Bezieht man das *gruppenspezifische Antwortverhalten* ein, so wird erkennbar, dass die Präferenz personalpolitischer Maßnahmen im Vergleich zu etwaigen Zustimmungsvorbehalten vor allem bei den *Dax-Aufsichtsratsvorsitzenden* vergleichsweise stark ausgeprägt ist. Dies korrespondiert mit der bereits aufgezeigten Ansicht (Argumentationsstrang 5), zustimmungspflichtige Geschäfte sollten *vor* deren „Diskussion" im Plenum stets zwischen dem Aufsichtsratsvorsitzenden und dem Vorstand hinreichend detailliert abgesprochen sein. Ein ähnliches, wenngleich auch nicht derart deutliches Bild, ergibt sich aus der Gegenüberstellung der Meinung von Aufsichtsratsmitgliedern *börsennotierter* und *nicht-börsennotierter* Unternehmen.[234]

(2) Zustimmungspflicht in Bezug auf die strategische Planung

In einem zweiten Schritt galt es, das Meinungsbild und Erfahrungswissen bezüglich eines Zustimmungsvorbehalts der gesamten *strategischen Planung* des Vorstands zu explorieren. Hier sei eingangs noch einmal auf die konzeptionellen Vor-

---

[233] Ein Gesprächspartner verglich diese gängige Vorgehensweise mit der Politik: Ein Gesetzesentwurf einer regierenden Partei würde schließlich auch nicht vorgelegt werden, falls die eigene Fraktion im Vorfeld bereits Widerstand angekündigt hat.

[234] Vgl. dazu auch weiter unten.

314

überlegungen rekurriert, im Rahmen derer mit den Überlegungen zu diesem Zustimmungsvorbehalt des Aufsichtsrats eine völlig neue Dimension der Überwachung skizziert wurde. So wurde herausgestellt, dass ein solcher „Eingriff" des
Aufsichtsrats einen wesentlichen Beitrag zu einer die Wahrung der Eigentümerinteressen intendierenden Überwachung leiste. Insofern war es ein weiteres Ziel der
empirischen Untersuchung festzustellen, inwieweit und aus welchen Gründen die
Gesprächspartner eine solche Vorgehensweise für die Überwachungspraxis be-
fürworten oder ablehnen (vgl. Abb. 61).[235]

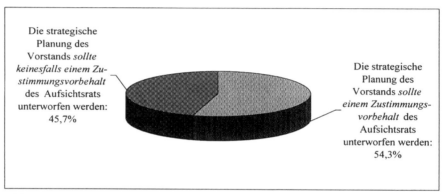

Abb. 61: Zustimmungsvorbehalt der strategischen Planung

Die Abbildung zeigt, dass sich hinsichtlich dieser Fragestellung noch kein einheitliches Meinungsbild herauskristallisiert hat. Allerdings erscheint der Befund im
Vergleich zu der ernüchternden Prozentzahl derjenigen Gesprächspartner, die einen Zustimmungsvorbehalt in Bezug auf *einzelne* Geschäfte des Vorstands als
wichtiges Instrument des Aufsichtsrats betrachteten, etwas erfreulicher. Immerhin
plädierte über die Hälfte der Befragten (54,3%) *für* die explizite Aufnahme der
strategischen Planung des Vorstands in den Katalog zustimmungspflichtiger Geschäfte.

Die Befürworter begründeten ihre Ansicht zum einen damit, dass die Planung des
Vorstands in der Praxis ohnehin vom Aufsichtsrat genehmigt werde. Dies gesche-
he etwa auf der Planungssitzung des Aufsichtsrats, auf der über die strategische

---

[235] Vgl. Anhang II: Frage 6 in Teil 3 des Fragebogens.

Planung des Vorstands bereits (informell) befunden werde. Häufig endeten diese Sitzungen mit der Maßgabe des Aufsichtsrats, der Vorstand möge die Planung in den vom Aufsichtsrat monierten Punkten modifizieren. Insofern sei es durchaus praktikabel und im Zuge der Corporate Governance-Diskussion in Deutschland überdies „zwingend" erforderlich, die Planung *offiziell* in den Katalog zustimmungspflichtiger Geschäfte aufzunehmen. Nicht unerwähnt bleiben soll die pointierte Formulierung eines erfahrenen Gesprächspartners, der die Frage erhob, was der Aufsichtsrat überhaupt noch tun solle, wenn er im Rahmen der strategischen Planung, die derart wichtig für den Fortbestand des Unternehmens sei, nicht mitentscheiden dürfe.

Ein weiterer Teil der Befürworter wies diesbezüglich zwar noch kein fundiertes Erfahrungswissen auf, sprachen sich aber explizit für eine solche (geänderte) Vorgehensweise aus. In diesem Zusammenhang plädierte ein Gesprächspartner für die Etablierung einer Wochenend-Tagung, auf der Vorstand und Aufsichtsrat in Ruhe Gelegenheit hätten, über die strategische Ausrichtung des Unternehmens zu diskutieren und diese im Anschluss durch den Aufsichtsrat offiziell zu verabschieden.

Gegen einen offiziellen Zustimmungsvorbehalt des Aufsichtsrats in Bezug auf die strategische Planung des Vorstands sprachen sich 45,7% der Gesprächspartner aus. Dabei führten sie primär die Gefahr möglicher Kompetenz- bzw. Verantwortlichkeitskonflikte zwischen Vorstand und Aufsichtsrat an. Vor allem widerspreche eine solche Vorgehensweise dem deutschen zweistufigen Modell der Spitzenverfassung, die mit dem Vorstand eindeutig ein vom Überwachungsorgan unterscheidbares Unternehmensführungsorgan vorsehe. Infolgedessen könne es nicht sein, dass der Vorstand seine eigenen strategischen Pläne über die zukünftige Ausrichtung des Unternehmens von der Zustimmung des Aufsichtsrats abhängig mache. Analog zu der oben zitierten Aussage eines Gesprächspartners, der eine diesbezügliche Einbindung des Aufsichtsrats gerade in seiner Funktion als Überwachungsorgan begründet sah, fragte sich auf der anderen Seite ein weiterer Gesprächspartner, was denn der Vorstand überhaupt noch tun dürfe, wenn nicht eigenständig über die Strategie zu befinden.

In eine ähnliche Richtung zielt das Argument, zwar solle der Aufsichtsrat über die strategische Planung informiert werden, jedoch könne und dürfe eine vom Vorstand ausgearbeitete Strategie niemals aufgrund einer möglicherweise bestehenden *fehlenden* Übereinstimmung mit den Vorstellungen des Aufsichtsrats modifiziert oder gar fallengelassen werden. Überdies mache es eine etwaige offizielle Zustimmung des Aufsichtsrats diesem unmöglich, zukünftig korrigierend in die strategische Entwicklung einzugreifen, da er diese selbst mit beschlossen habe.

316

Bezieht man abschließend noch das *gruppenspezifische Antwortverhalten* mit ein, so zeigt sich unter anderem der interessante Befund, dass die Arbeitnehmervertreter mit einem Anteil von 64,3% weitaus stärker *gegen* eine Aufnahme der strategischen Planung in den Katalog zustimmungspflichtiger Geschäfte opponierten als die *Anteilseignervertreter* mit einem diesbezüglichen Anteil von nur 37,5%. Bei der weitergehenden Interpretation der Befunde fällt auf, dass die *Arbeitnehmervertreter* sich in dieser Frage selbst tendenziell eine passivere Rolle zuschreiben als die Anteilseignervertreter. So seien hier stellvertretend die Argumente hervorgehoben, a) der Vorstand setzte sich bei fehlendem Konsens sowieso immer durch, b) der Aufsichtsrat müsse die Planung für eine Zustimmung bzw. Ablehnung viel zu detailliert kennen und c) die Planung müsse stattdessen zwischen dem Vorstand und dem Aufsichtsratsvorsitzenden (als Anteilseignervertreter) informell besprochen werden.

Ebenso fällt auf, dass jene Gesprächspartner, die ihr Erfahrungswissen aus *nicht-börsennotierten* Unternehmen einbrachten, mit einem Wert von 73,3% einen Zustimmungsvorbehalt des Aufsichtsrats in Bezug auf die strategische Planung des Vorstands befürworteten. Hier mag als Erklärung herangezogen werden, dass die Aufsichtsräte nicht-börsennotierter Unternehmen, die häufig in einem Konzernverbund organisiert sind, regelmäßig mit Vorstandsmitgliedern des Mutterunternehmens besetzt sind und von daher eine derart intensive Einbindung des Aufsichtsrats mit hoher Wahrscheinlichkeit der bereits dort gängigen Praxis entspricht.

Dies legt die - auch von einem erfahrenen Aufsichtsratsmitglied vorgetragene - Vermutung nahe, dass eine solche Einflussnahme des Aufsichtsrats eher außerhalb großer Publikumsaktiengesellschaften praktikabel ist. Dafür spricht der eigene Befund, dass nur 38,1% der Vertreter der großen *Dax-Unternehmen* einen Zustimmungsvorbehalt des Aufsichtsrats in Bezug auf die strategische Planung befürworteten, während dieser Wert in der Gruppe der „Sonstigen" 68,0% erreichte.

2.2.2 Befunde zu den Determinanten der Qualität des Überwachungsurteils

Im Rahmen der konzeptuellen Vorüberlegungen wurden die im Schrifttum diskutierten Determinanten der Qualität des Überwachungsurteils durch den Aufsichtsrat dargestellt. Es wurde deutlich, dass die Aufsichtsratsmitglieder zur gewissenhaften Wahrnehmung ihrer Mandate bestimmte Kenntnisse benötigen, die sich idealerweise ergänzen, so dass sie in ihrer *Kombination* eine wirksame Überwachung durch den *Aufsichtsrat* sicherstellen. Zudem wurde betont, dass die *Unabhängigkeit* bzw. *Urteilsfreiheit* des Überwachungsträgers die Qualität des Überwachungsurteils maßgeblich beeinflusst. Im Folgenden seien die empirischen Befunde zu beiden Aspekten dargestellt.

(1) Erforderliche Qualifikation des Aufsichtsrats

Aufbauend auf der Diskussion der Kenntnisse, die ein Aufsichtsratsmitglied zur gewissenhaften Wahrnehmung seines Mandates benötigt, wurde darauf hingewiesen, dass sich die Fähigkeiten der einzelnen Aufsichtsratsmitglieder *ergänzen* sollten, so dass sie in ihrer Kombination eine wirksame Überwachung sicherstellen. Die in Untersuchung einbezogenen Aufsichtsratsmitglieder wurden gefragt, welches zwingende Kriterien seien, die die Sachkunde bzw. Qualifikation des gesamten Aufsichtsrats dokumentieren.[236] Abbildung 62 stellt die Ergebnisse dar.

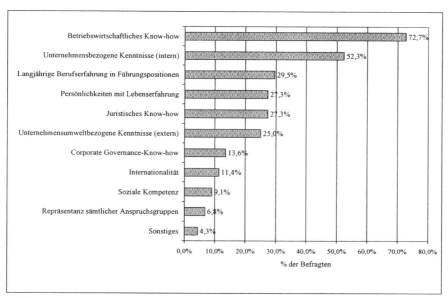

Abb. 62: Notwendige Qualifikation des Aufsichtsrats (über alle Befragten)

Wie der Grafik deutlich zu entnehmen ist gab mit 72,7% der *Großteil* der Gesprächspartner an, Aufsichtsräte müssten auf jeden Fall ein gewisses Mindestmaß

---

[236] Vgl. Anhang II: Frage 7 in Teil 3 des Fragebogens; Mehrfachnennungen möglich.

an betriebswirtschaftlichem Know-how aufweisen. Darunter subsumierten die Befragten neben dem allgemeinen Grundwissen über betriebswirtschaftliche Zusammenhänge im Speziellen auch Kenntnisse über Marketing und Vertrieb, die Erstellung von Bilanzen und die Funktionsweise nationaler und globaler Kapitalmärkte. An zweiter Stelle nannten 52,3% der Befragten wichtige unternehmensbezogene Kenntnisse, worunter das Verständnis für die strategische Ausrichtung des Unternehmens, die Unternehmenspolitik und -kultur sowie die vom Unternehmen produzierten Produkte (auch Produktionsverfahren) bzw. bereitgestellten Dienstleistungen zu verstehen sind.

Es folgt eine Gruppe wertmäßig relativ eng beieinander liegender Kriterien. Darunter befindet sich an erster Stelle das Erfordernis einer langjährigen Berufserfahrung in Führungspositionen anderer Unternehmen (29,5%). Diese stelle sicher, dass die Plausibilität der vom Vorstand ausgearbeiteten Strategien hinreichend fundiert beurteilt und der Vorstand in etwaigen Krisenzeiten in geeigneter Weise unterstützt werden kann (Fähigkeit zum Krisenmanagement). Daneben forderten 27,3% der Gesprächspartner, Aufsichtsräte müssten zwingenderweise Persönlichkeiten mit einer weitreichenden Lebenserfahrung in ihren Reihen haben, die angabegemäß vor allem im Rahmen der Auswahl und Beurteilung geeigneter Führungskräfte von Bedeutung ist. Während ebenfalls 27,3% der Befragten juristisches Know-how für zwingend erforderlich erachteten, gaben 23,9% an, Aufsichtsräte müssten in jedem Fall über unternehmensumweltbezogene Kenntnisse, hier primär in Bezug auf die Wettbewerbsbedingungen, den Markt, Substitutionsprodukte und Nachbarbranchen, verfügen.

Den Abschluss bilden schließlich die Kriterien Corporate Governance-Know-how (13,6%), Internationalität (11,4%), soziale Kompetenz, hier vor allem Integrationsfähigkeit in Bezug auf die Anteilseigner- und Arbeitnehmerbänke (9,1%) sowie die Forderung, im Rahmen der personellen Besetzung eines Aufsichtsrats müsse auf eine Repräsentanz sämtlicher Anspruchsgruppen des Unternehmens geachtet werden (6,8%).

Betrachtet man die hier vorliegenden Befunde, so fällt in erster Linie die herausragende Spitzenpositionierung der von den Gesprächspartnern geforderten *betriebswirtschaftlichen* Kenntnisse auf. Dieses Ergebnis ist im Grunde nicht überraschend und bestätigt, dass eine materielle Überwachung der Unternehmensführung ohne Zweifel zunächst unter betriebswirtschaftlichen Gesichtspunkten zu erfolgen hat. Jedoch ist es als erstaunlich einzustufen, dass nur ca. jedes vierte befragte Aufsichtsratsmitglied ein Mindestmaß an juristischem Know-how im Aufsichtsrat fordert. So wurde etwa im Rahmen der Übernahme der Mannesmann AG durch Vodafone mehr als deutlich, welche negativen Folgen mangelhafte Kenntnisse in Bezug auf das deutsche Aktiengesetz haben können.[237]

Ein weiterer interessanter Befund spiegelt sich in der Tatsache wider, dass lediglich 25,0% der Gesprächspartner Kenntnisse über die unternehmens*umwelt*bezogene Situation als wichtig erachteten.[238] Die hier zum Ausdruck kommende geringe „Wertschätzung" von Fachkenntnissen und Erfahrungen im Bereich der sich stets ändernden Rahmenbedingungen in der globalen Umwelt, der Branche bzw. Branchenstruktur und dem direkten Wettbewerberumfeld deutet auf eine stärker unternehmens*interne* Perspektive der Überwachungspraxis hin.[239] Auch die relativ schlechte Platzierung des Kriteriums der *Internationalität* verwundert angesichts der Globalisierung der Märkte. Weiterhin fällt auf, dass die in die Untersuchung einbezogenen Aufsichtsratsmitglieder die Kriterien *Berufs-* und *Lebenserfahrung* im Durchschnitt immerhin an dritter bzw. vierter Stelle nannten. Dies kann als ein Beleg dafür gewertet werden, dass die Überwachungsarbeit eines Aufsichtsrats den Aufgaben eines Vorstands qualitativ entspricht und von erfahrenen Mandatsträgern verantwortungsvoll durchzuführen ist.

Wendet man sich abschließend dem *gruppenspezifischen Antwortverhalten* zu, so fällt interessanterweise auf, dass die *Dax-Aufsichtsratsvorsitzenden* dem *unternehmensumwelt*bezogenen Know-how auffallend weniger Bedeutung bescheinigten als den Kenntnissen über Unternehmens*interna* (vgl. Abb. 63).

Dieser Befund kann mit der gängigen Praxis erklärt werden, dass die Aufsichtsratsvorsitzenden der großen Dax-Unternehmen in der Regel ehemalige Vorstände bzw. Vorstandsvorsitzende der gleichen Unternehmen sind. Insofern scheint dieser Personenkreis die eigene Fähigkeit, interne Kenntnisse mit in die Überwachungsaktivitäten einzubringen, in besonderem Maße zu schätzen. Dabei mag vor allem eine Rolle spielen, dass die übrigen (quasi externen) Anteilseignervertreter des Aufsichtsrats über ein diesbezüglich vergleichbares Know-how regelmäßig nicht verfügen.

---

[237] Dem Schweizer Vorstandsvorsitzenden der Deutschen Bank AG, Josef Ackermann, wurde im Rahmen einer gerichtlichen Auseinandersetzung in seiner Funktion als Aufsichtsratsmitglied der Mannesmann AG fehlende Kenntnis des deutschen Aktiengesetzes vorgeworfen.

[238] Vgl. zur Bedeutung unternehmensumweltbezogener Analysen auch Wilson 1993, S. 1 ff.

[239] Vgl. hierzu auch das teils widersprüchliche Meinungsbild zur Kontrollart „strategische Überwachung" in Kap. D.I.2.2.4.

	1		2	
	Dax-Aufsichts-ratsvorsitzende	Sonstige	Anteilseigner-vertreter	Arbeitnehmer-vertreter
Unternehmensbezogene Kenntnisse (intern)	63,6%	48,7%	54,8%	46,2%
Langjährige Berufserfahrung in Führungspositionen	54,5%	21,2%	41,9%	0,0%
Persönlichkeiten mit Lebenserfahrung	45,5%	21,2%	35,5%	7,7%
Unternehmensumweltbezogene Kenntnisse (extern)	9,1%	30,3%	19,4%	38,5%
Corporate Governance-Know-how	36,4%	6,1%	19,4%	0,0%
Soziale Kompetenz	0,0%	12,1%	3,2%	23,1%

Abb. 63: Notwendige Qualifikation des Aufsichtsrats (gruppenspezifisches Antwortverhalten)

Auch scheinen die *Dax-Aufsichtsratsvorsitzenden* stärker als die übrigen Befragten auf langjährige Berufs- und daraus auch resultierende Lebenserfahrung Wert zu legen, was bei der persönlichen Karriere und den dabei erreichten Führungspositionen dieser Gruppe nicht überrascht. Darüber hinaus fällt auf, dass sie etwaigen Kenntnissen über die Corporate Governance-Thematik eine vergleichsweise hohe Bedeutung beimaßen (36,4% vs. 6,1% der übrigen Gesprächspartner). Dieser Befund ist größtenteils mit der Tatsache zu erklären, dass sich der Aufsichtsratsvorsitzende eines Dax-Unternehmens in seiner von der Öffentlichkeit zunehmend wahrgenommenen Funktion als Repräsentant des Aufsichtsrats wie kaum ein anderer mit der Corporate Governance-Diskussion in Deutschland konfrontiert sieht und sich dieser mindestens einmal jährlich auf der von ihm geleiteten Hauptversammlung zu stellen hat.

Dagegen legten die *Arbeitnehmervertreter* - mit Ausnahme der Beurteilung unternehmensumweltbezogener Kenntnis - auffallend wenig Wert auf die bisher betrachteten Kriterien. Dieser Sachverhalt zeigt sich in dem Befund, dass die Arbeitnehmervertreter weder eine langjährige Berufserfahrung in Führungspositionen noch Erfahrungswerte mit der Corporate Governance-Thematik als wichtig für die Arbeit des Aufsichtsrats erachteten (jeweils ohne Nennungen). Dagegen betonte knapp jeder vierte Arbeitnehmervertreter (23,1%) die große Bedeutung der sozialen Kompetenz im Gremium.

(2) Erforderliche Unabhängigkeit von Aufsichtsratsmitgliedern

Auf Basis der im Konzeptualisierungsteil vorgestellten Konstellationen wurden die Gesprächspartner gebeten anzugeben, wie sie die ihnen vorgelegten Kriterien als Beleg der *Unabhängigkeit* eines Aufsichtsratsmitglieds beurteilen.[240] Abbildung 64 stellt die Ergebnisse dar.[241]

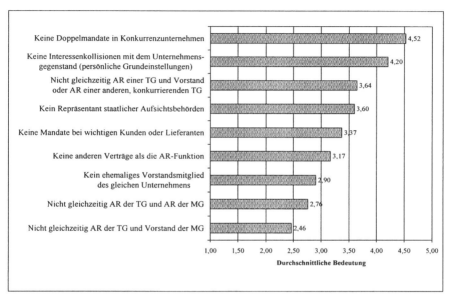

Abb. 64: Kriterien als Beleg der Unabhängigkeit eines Aufsichtsratsmitglieds

Die Grafik verdeutlicht, dass aus Sicht der Überwachungspraxis etwaige *Doppelmandate in Konkurrenzunternehmen* als äußerst problembehaftet erachtet wurden (durchschnittliche Bedeutungseinschätzung 4,52 bzw. 3,64 bei Konkurrenzsituationen innerhalb eines Konzernverbunds). Des Weiteren wurden insbesondere Interessenkollision mit dem Unternehmensgegenstand als massive Gefährdung der Unabhäbigkeit eines Aufsichtsratsmitglieds eingestuft (4,20). Es folgen die Kri-

---

[240] Vgl. Anhang II: Frage 7 im ergänzenden Teil des Fragebogens; Bedeutung 1-5 (5=äußerst bedeutsam).

[241] Legende: AR = Aufsichtsrat, MG = Muttergesellschaft, TG = Tochtergesellschaft.

terien „Kein Repräsentant staatlicher Aufsichtsbehörden (3,60), „Keine Mandate bei wichtigen Kunden oder Lieferanten" (3,37) und „Keine anderen Verträge als die Aufsichtsratsfunktion" (3,17). Der im Rahmen der Corporate Governance-Diskussion häufig kritisierte Wechsel eines Vorstandsmitglieds in den Aufsichtsrat des gleichen Unternehmens wurde mit einer durchschnittlichen Bedeutung von 2,90 belegt. Als noch unbedeutender stuften die Befragten lediglich die Konstellationen ein, dass ein Aufsichtsratsmitglied der Tochtergesellschaft *zugleich* Mandatsträger (Aufsichtsrat oder Vorstand) in der Muttergesellschaft ist (2,76 bzw. 2,46).

Widmet man sich zunächst dem Kriterium „*Doppelmandatschaft in Konkurrenzunternehmen*", so zeigen die Befunde deutlich, dass die in die Untersuchung einbezogenen Aufsichtsratsmitglieder jenen Autoren, die einer solchen Doppelmandatschaft eher positive Aspekte abgewinnen, widersprechen. Die Gesprächspartner waren hier vielmehr der Ansicht, eine gleichzeitige Förderung der Interessen zweier miteinander konkurrierender Unternehmen sei faktisch nicht möglich bzw. grundlegend konfliktbehaftet. Dabei spielt es für diese Einschätzung kaum eine Rolle, ob sich das entsprechende Konkurrenzunternehmen *außerhalb* (Rang 1) oder *innerhalb des Konzernverbunds* (Rang 3) befindet. Dagegen scheint ein solcher Interessenkonflikt bei Doppelmandaten in Unternehmen, die in einem *Kunden/Lieferanten-Verhältnis* zueinander stehen, in einem vergleichsweise geringeren Ausmaß zur Geltung zu kommen.

Weiterhin überrascht das Ergebnis, dass personelle Verflechtungen in *konzernverbundenen* Unternehmen (mit Ausnahme der bereits erwähnten Konkurrenzsituation zweier Konzernunternehmen) nach Einschätzung der Befragten eine unabhängige Urteilsbildung im Rahmen der Überwachung kaum gefährden. Dabei wurde die in der Praxis typische Konstellation, dass die Muttergesellschaften Vorstandsmitglieder in die Aufsichtsräte der Tochterunternehmen entsenden, sogar im Durchschnitt auf den letzten Platz verwiesen. Interessant dabei ist die Tatsache, dass diese geringe Bedeutungseinschätzung konsistent in *allen Gruppierungen* vorliegt. Erstaunlicherweise verwies selbst die Gruppe der Aufsichtsratsmitglieder *nicht-börsennotierter*, d.h. häufig als Tochtergesellschaften agierender Unternehmen, die vertikalen Verflechtungen auf die letzten Ränge. Damit scheint sich das einzelfallbezogene Konfliktpotenzial, das sich aus der Gegenüberstellung des Konzerninteresses bzw. Interesses der Obergesellschaft und den Interessen der Untergesellschaft ergibt, in der Praxis entweder nicht in der erwarteten Massivität zu äußern oder aber die Befragten akzeptieren intuitiv die Dominanz der Interessen der Muttergesellschaft und sehen deshalb (dann irrtümlicherweise) die Urteilsfreiheit der Aufsichtsratsmitglieder nur gering eingeschränkt.

Einen letzten interessanten Aspekt repräsentiert der Befund, dass der direkte *Übergang eines Vorstandsmitglieds* in den Aufsichtsrat des gleichen Unternehmens von den Befragten mit einer praktischen Bedeutung von lediglich 2,91 beurteilt wurde. Offensichtlich werden die im Konzeptteil dargelegten Nachteile einer solchen Vorgehensweise aus Sicht der Gesprächspartner von den Vorteilen in der Praxis überkompensiert. Bezieht man in diesem Fall die *gruppenspezifischen Antworten* mit ein, so zeigt sich, dass die Unabhängigkeit insbesondere sowohl von den Dax-Aufsichtsratsvorsitzenden (1,50) als auch von den Aufsichtsratsmitgliedern der Dax-Unternehmen (1,76) als weitaus unbedeutender für die Urteilsfreiheit eines Aufsichtsratsmitglieds eingestuft wurde als von den jeweils „sonstigen" Gesprächspartnern. Dieses Ergebnis kann jedoch in Kenntnis der Tatsache, dass eine solche Vorgehensweise vor allem bei den großen Dax-Unternehmen - und hier insbesondere von den Vorstands- bzw. Aufsichtsratsvorsitzenden - regelmäßig praktiziert wird, nicht überraschen.

3 Zusammenfassende Reflexion der Befunde zum Informationsaustausch zwischen Aufsichtsrat und Vorstand

In einer Zusammenfassung sollen im Folgenden die *wesentlichen Ergebnisse* bezüglich des Informationenaustausches zwischen Aufsichtsrat und Vorstand dargelegt werden. Dabei erscheint es sinnvoll, noch einmal die einzelnen Konzeptualisierungsschwerpunkte aufzugreifen.

(1) Informationsbeschaffung

Im Rahmen der Informationsbeschaffung durch den Aufsichtsrat wurde ein erster Schwerpunkt auf die *formalen Anforderungen* an die Vorstandsberichterstattung gelegt. Dabei konnte erhoben werden, dass die Kriterien *Wahrheit und Vollständigkeit* der Berichte, *differenzierte Aufbereitung* nach Sektoren bzw. Geschäftsfeldern des Unternehmens sowie der *zeitgerechte Zugang* der Berichte insgesamt die wichtigsten Anforderungen aus Sicht der Überwachungspraxis repräsentieren. Die Spitzenplatzierung der Forderungen nach *richtigen* Informationen ist nicht überraschend und resultiert in erster Linie aus der Tatsache, dass der Vorstand als die zu überwachende Instanz quasi ein Monopol an überwachungsrelevanten Informationen besitzt. In der Folge sieht sich der Aufsichtsrat der ökonomischen Problematik ausgesetzt, sich auf die Angaben und deren Darstellung und Aufbereitung durch das Überwachungsobjekt verlassen zu *müssen*.

Insbesondere in Bezug auf den zeitlichen Aspekt des Berichtszugangs monierten die Befragten die verbreitete „Strategie" des Vorstands, die zur Vorbereitung auf die Aufsichtsratssitzungen notwendigen Unterlagen erst *kurz vor* dem entsprechenden Sitzungstermin zu übermitteln, so dass den Aufsichtsratsmitglied oftmals nur wenige Zeit verbleibt, sich sinnvoll mit den Berichten auseinander zu setzen. Nur wenig Wert legte die Praxis allerdings auf den so bezeichneten *dynamischen Charakter* der Berichterstattung, was sich in der niedrigen Bedeutungseinschätzung der im *Zeitablauf* relevanten Merkmale äußert und wiederum als Ausdruck dessen interpretiert werden kann, dass sich der Aufsichtsrat nicht als eine plan*begleitende* Überwachungsinstanz sieht.

Hinsichtlich des *inhaltlichen Informationswertes* der Vorstandsberichte zeigt sich ein differenziertes Bild. Obgleich vor allem die *hohe* Bedeutungseinschätzung des Informationswertes des Berichts über die *beabsichtigte Geschäftspolitik* bzw. Unternehmensplanung einen Konsens zwischen Theorie und Praxis darstellt, ergibt sich in Bezug auf die hohe Platzierung des Jahresabschlusses eine ernüchternde Abweichung von den theoretischen Erkenntnissen. Die Aussagekraft der Bilanz, der GuV und des Anhangs wird von den Gesprächspartnern - in Teilen als die „wichtigste informatorische Grundlage des Aufsichtsrats überhaupt" bezeichnet - im Durchschnitt massiv überschätzt, was mit den bereits erhobenen Ergebnissen hinsichtlich der Dominanz jahresabschlussorientierter Kennzahlen in Rahmen der Plausibilitätsbeurteilung einer Strategie durch den Aufsichtsrat korrespondiert. Ferner sei an dieser Stelle noch hervorgehoben, dass die Dax-Aufsichtsratsvorsitzenden den Berichten über die Eigenkapitalrentabilität des Unternehmens einen äußerst hohen inhaltlichen Informationswert beimessen, was deren „Hang" zur ergebnisorientierten Überwachung bestätigt.

Im Rahmen der *Informationsnachfrage* durch den Aufsichtsrat wurde zunächst dessen Nutzung interner und externer Informationsquellen thematisiert. Dabei konnte in Bezug auf die Kommunikation einzelner Aufsichtsratsmitglieder mit leitenden Angestellten des Unternehmens ein indifferentes Bild sowohl hinsichtlich des *faktischen Erfahrungswissens* als auch des *subjektiven Meinungsbildes* nachgewiesen werden, womit sich die im Schrifttum großenteils noch ungeklärten Möglichkeiten, Erfordernisse und Grenzen der Erschließung *interner Informationsquellen* ihre Bestätigung finden. Der Teil der Gesprächspartner, deren Erfahrungswissen sich auf eine *niemals* stattfindende Informationsbeschaffung durch den Aufsichtsrat bei Mitarbeiten unterhalb des Vorstands gründet, betonten, dies sei aus Loyalitäts- und Autoritätsgründen ohnehin kategorisch abzulehnen.

Dagegen wies der andere Teil der Gesprächspartner auf eine diesbezüglich *problemlose* Praxis hin, die zu einer nachhaltigen Verbesserung des Informationshaushaltes des Aufsichtsrats beitrage. In der Überwachungspraxis scheint sich eine solche Vorgehensweise primär im Bereich des Audit Committees bewährt zu haben, dessen Mitglieder die Kommunikation etwa mit dem Leiter Controlling, Bilanzen oder Revision äußerst schätzen. Während solche eigenständig initiierten Informationsbeschaffungsmaßnahmen jedoch offensichtlich in nicht-börsennotierten Unternehmen die absolute Ausnahme darstellen, zeichnen sich vor allem die Arbeitnehmervertreter dadurch aus, leitende Angestellte unterhalb des Vorstands regelmäßig *auch ohne* dessen Kenntnis anzusprechen, was im Grunde dem Verbot der Etablierung einer dauerhaften Informationsquelle innerhalb des Unternehmens widerspricht.

Die Befunde zur Nutzung *externer Informationsquellen* verdeutlichen eine bemerkenswerte Zurückhaltung seitens der Überwachungspraxis. So scheint sich der Aufsichtsrat im Rahmen seiner Überwachungshandlungen in erster Linie auf die Ausführungen des Vorstands und seine eigenen Erfahrungen zu verlassen. Dies spiegelt sich zum einen darin wider, dass die Bedeutungseinschätzung aller externen Informationsquellen einen Durchschnittswert von gerade einmal 2,86 aufweist. Zum anderen maßen die Gesprächspartner wichtigen Quellen wie beispielsweise den *Geschäftsberichten* großer Wettbewerber oder *Mitteilungen von Branchenverbänden* nicht die erforderliche Bedeutung bei. Diese Befunde stehen in einem Widerspruch zu der theoretischen Forderung, es gehöre zu der Sorgfaltspflicht eines jeden Aufsichtsratsmitglieds, sich eigenständig mit außerhalb des Unternehmens befindlichen Informationen zu versorgen, um eine zu starke „Abhängigkeit" vom Informationsgeber Vorstand zu vermeiden.

Ebenso repräsentieren die Befunde zum *zeitlichen Aspekt* der Informationsnachfrage des Aufsichtsrats ein ausgesprochen *ernüchterndes* Ergebnis. Hier konnte erhoben werden, dass sich das Erfahrungswissen von 65,2% der Gesprächspartner auf eine nur *unzureichende Anpassung* der zeitlichen Überwachungsintensität an die wirtschaftliche Situation des Unternehmens gründete, was im Kern auch die in der Öffentlichkeit wahrgenommene Passivität des Aufsichtsrats bei drohenden Unternehmensschieflagen bestätigt. Als negatives Beispiel diene hier die Meinung einiger Befragter, in und vor Krisensituationen sei es alleine die Aufgabe des Vorstands, entsprechende Maßnahmen ab- bzw. einzuleiten. Infolgedessen muss der Aufsichtsrat insgesamt als ein primär reaktives, unbewegliches und mit massiven zeitlichen Problemen behaftetes Gremium beschrieben werden, das den Anforderungen einer wirksamen Unternehmensüberwachung in diesem Punkt eindeutig nicht gerecht wird.

(2) Überwachungsberichterstattung

Die Befunde zur Überwachungsberichterstattung zeigen, dass sich der Aufsichts-rat zur *Durchsetzung seiner Überwachungsergebnisse* in erster Linie auf den „milden" Sanktionsmechanismus der kritischen Stellungnahmen und Beanstan-dungen innerhalb der Aufsichtsratssitzungen zurückgreift. Ein sehr interessantes Ergebnis spiegelt sich darin wider, dass die Überwachungspraxis den personellen Maßnahmen (Abberufung eines Vorstandsmitglieds bzw. Verweigerung der Amtszeitverlängerung) eine höhere praktische Relevanz bescheinigte als die Zu-stimmungsverweigerung zu bestimmten Geschäften. Während letztere in der Lite-ratur als ein besonders wirksames Instrument bezeichnet wird, das den Aufsichts-rat in die Lage versetzt, wichtige Geschäfte bereits frühzeitig hinsichtlich deren Interessenkompatibilität mit der Zielsetzung der Anteilseigner zu prüfen, wiesen die befragten Aufsichtsratsmitglieder die Zustimmungsverweigerung großenteils als einen zu harten Eingriff in die Unternehmensführung, der die organschaftliche Überwachungsfunktion des Aufsichtsrats überschreite, zurück. Daher muss aus theoretischer Sicht hier eine hochgradig problembehaftete und geradezu bedenkli-che Haltung des Aufsichtsrats konstatiert werden.

Betrachtet man dieses Ergebnis gemeinsam mit den Befunden zur Informations-beschaffung, so kann sich des Eindrucks nicht erwehrt werden, dass die in Kapitel D.I.2 dieser Arbeit eruierte *ex-post orientierte Überwachungsrolle* des Aufsichts-rats hier ihre Fortsetzung findet. Die Befunde deuten darauf hin, dass der Auf-sichtsrat insgesamt den Anspruch einer verantwortungsvollen, prädezisionalen Überwachung des Vorstands in der Praxis offenkundig nur in Ansätzen zu erfül-len vermag und beispielsweise *nachträglichen* Sanktionen in Form personalpoliti-scher Maßnahmen aufgrund *vergangener* Missstände offensichtlich den Vorzug gegenüber der ex-ante zu vollziehenden Zustimmungsverweigerung gibt. Gleich-sam muss hier von einem Rollenverständnis gesprochen werden, dass sich nur schwerlich mit der Forderung nach einer wirkungsvollen und durchgreifenden Einflussnahme auf die Unternehmensführung durch den Aufsichtsrats deckt. Die-se Einschätzung wird unterstützt durch den Befund, dass lediglich etwa die Hälfte der Gesprächspartner dem Vorschlag zustimmte, die *strategische Planung* des Vorstands einem *Zustimmungsvorbehalt* des Aufsichtsrats zu unterwerfen.

In einem letzten Schritt wurde mit der fachlichen Kompetenz und der Unabhän-gigkeit des Aufsichtsrats bzw. dessen Mitgliedern die *Determinanten der Qualität des Überwachungsurteils* untersucht. Hier zeigt sich zunächst, dass die Überwa-chungspraxis den betriebswirtschaftlichen Kenntnissen der Aufsichtsratsmitglie-der - noch weit vor etwaigem juristischen Know-how - die größte Bedeutung bei-maß.

Es konnte ferner herausgearbeitet werden, dass die Gesprächspartner Kenntnisse über Unternehmens*interna* für die Überwachung wichtiger einstuften als unternehmens*umwelt*bezogenes Know-how, etwa über die Wettbewerbsbedingungen der Branche. Dabei erstaunt, dass dieser Befund nicht etwa auf die Haltung der Arbeitnehmervertreter zurückzuführen ist, sondern sich sehr deutlich in Reihen der Dax-Aufsichtsratsvorsitzenden und der Anteilseignervertreter zeigte. Insgesamt kann dies gleichermaßen als Erklärung (allerdings nicht als Rechtfertigung) der geringen Wertschätzung der Aufsichtsratsmitglieder gegenüber externen Informationsquellen herangezogen werden. Weiterhin ist auf den interessanten Befund zu verweisen, dass die Kriterien *langjährige Berufserfahrung* und *Corporate Governance-Know-how* ausschließlich von den Anteilseignervertretern genannt wurden, wobei hier vor allem die Dax-Aufsichtsratsvorsitzenden hervorzuheben sind.

Abschließend seien die wesentlichen Befunde zur *Unabhängigkeit* eines Aufsichtsratsmitglieds zusammengefasst. Hier zeigt sich, dass die Überwachungspraxis vor allem etwaigen Doppelmandaten in Konkurrenzunternehmen ablehnend gegenüberstand und damit jenem Teil der Literatur widersprach, der mit dieser Art der Doppelmandatschaft positive Aspekte verbindet. Auch erachteten die Befragten eine etwaige Konkurrenzsituation *innerhalb* eines *Konzernverbundes* als bedenklich. Hingegen stuften sie dessen personelle Verflechtungen in den Führungs- und Überwachungsorganen als wenig problematisch ein. Weiterhin konnte überraschenderweise eruiert werden, dass der im Rahmen der Corporate Governance-Diskussion häufig kritisierte Aspekt des direkten Wechsels eines Vorstandsmitglieds in den Aufsichtsrat des gleichen Unternehmens offenbar die Unabhängigkeit der betreffenden Person kaum einschränkt. Allerdings blieb hier nicht unerwähnt, dass sich dieses Meinungsbild primär auf die Dax-Aufsichtsratsvorsitzenden und die Dax-Aufsichtsratsmitglieder bezieht, deren Erfahrungswerte sich auf die gängige Praxis in diesen Unternehmen gründen.

II   Die gegenseitige Macht und Einflussnahme
1   Konzeptualisierung

Nach den vorstehenden Erläuterungen zum *Information*saustausch zwischen Aufsichtsrat und Vorstand gilt es im weiteren Verlauf der Arbeit, den machtpsychologischen Verhaltensaspekt der Überwachung bzw. des Austauschverhältnisses zwischen Vorstand und Aufsichtsrat in die Überlegungen mit einzubeziehen (affektiver Bereich).[242] Wie bereits im Rahmen der Konkretisierung des Bezugsrahmens aufgezeigt wurde, wird mit Macht im Allgemeinen die Möglichkeit von Personen oder Personengruppen verstanden, „auf das Handlungsfeld bzw. die Handlungsfelder anderer Personen oder Personengruppen einzuwirken".[243] Vor diesem Hintergrund soll im eigenen Kontext unter *Macht* zum einen die Möglichkeit des Vorstands zur Beeinflussung des Informationshaushaltes des Aufsichtsrats und zum anderen die Möglichkeit des Aufsichtsrats zur Beeinflussung des Informationsverhaltens des Vorstands verstanden werden.

1.1 Zur Wirkung der Überwachung auf das Verhalten des Vorstands

1.1.1 Das Kommunikationsverhalten des Vorstands

„Jeder ist nur so gut wie seine Information", dies trifft in besonderem Maße auf den Aufsichtsrat zu.[244] Die Überwachung des Vorstands hat ihren Engpassfaktor in der Informationsversorgung des Aufsichtsrats.[245] In Bezug auf die *Vertrauenswürdigkeit* der Informationsversorgung des Aufsichtsrats durch den Vorstand können in Anlehnung an eine Einteilung von HORNGREN/FORSTER grundsätzlich drei mögliche *Szenarien* im Bereich der Informationsübermittlung unterschieden werden:[246]

(1) *Vollständige* Weitergabe der Informationen und *kooperatives* Verhalten des Vorstands,

(2) *Unvollständige* Weitergabe der Informationen, aber *kooperatives* Verhalten des Vorstands und

(3) *Unvollständige* Weitergabe der Informationen und *unkooperatives* Verhalten des Vorstands.

Aufgrund der „sozialen Komplexität" der Interaktion zwischen Aufsichtsrat und Vorstand spricht aus theoretischer Sicht einiges dafür, das dritte Verhaltensszena-

---

[242] Vgl. zur Forderung eines Einbezugs von Verhaltensprozessen, individuellen Bedürfnissen und bestehenden Machtverhältnissen in die Betriebswirtschaftslehre auch Kieser/Segler 1981, S. 30 f.

[243] Vgl. Krüger/Thost 1989, Sp. 993; hierzu auch Welge 1987, S. 383.

[244] Vgl. Peltzer 2003, S. 228.

[245] Vgl. Becker 1993, S. 38.

[246] Vgl. Horngren/Forster 1987, S. 854; auch Nuber 1995, S. 195.

rio zu unterstellen.[247] Obgleich einzuräumen ist, dass dieses Szenario die Realität *nicht immer* zutreffend beschreibt, sollte der Aufsichtsrat als Überwachungsträger jedoch versuchen, die Informationsübermittlung durch den Vorstand adäquat zu regeln bzw. das Informationsverhalten des Vorstands zu seinen Gunsten zu verbessern.[248]

Die Ursachen für das dritte Szenario im Rahmen der Informationsübermittlung liegen hauptsächlich darin, dass jedes menschliche Verhalten - und damit auch das Kommunikationsverhalten - bedürfnismotiviert ist.[249] So wird der Vorstand grundsätzlich nur dann zu einer vorbehaltslosen Kooperation mit dem Aufsichtsrat bereit sein, wenn sich dadurch eine direkte oder indirekte Förderung seiner *persönlichen Ziele* ergibt. Kommunikationsverhalten wird stets von dem Streben gelenkt, die eigene Position zu verbessern.[250] Aufgrund der Tatsache, dass die Überwachungshandlungen des Aufsichtsrats aus Sicht des Vorstands zu einer permanenten *Gefährdung* der eigenen Position führen, ist hier mit dem Aufbau von Widerständen gegen die Überwachung zu rechnen.[251] Dabei ist es zunächst unerheblich, ob der Vorstand etwaige negative Auswirkungen der Überwachung nur vermutet oder ob von ihr tatsächlich Veränderungen ausgehen.[252]

Unterstützt wird dieses Problem durch *intra*personal verankerte und *inter*personal entstehende Triebkräfte auf Seiten des Vorstands, die aufgrund von aufgedeckten Fehlern im eigenen Verantwortungsbereich persönliche Nachteile erwarten lassen. Zu den intrapersonalen Triebkräften zählt die Angst vor einer Gefährdung des individuellen Bedürfnisses nach Sicherheit und Selbstverwirklichung. Die Überwachung durch den Aufsichtsrat führt beim Überwachungsobjekt zur Furcht vor negativen Konsequenzen. Zu den *interpersonal* zu erklärenden Triebkräften gehö-

---

[247] Vgl. Rohr/von Wahl 2004, S. 547; Hakelmacher 1999, S. 135. Vgl. zum Begriff der „sozialen Komplexität" der Kooperationsbeziehung von Vorstand und Aufsichtsrat Steinmann/Klaus, 1987, S. 31 ff. Der Verhaltensbegriff umfasst sowohl unbewusstes Reagieren als auch willensgesteuertes Agieren (Handeln); vgl. Schanz 1993, Sp. 4522.

[248] Vgl. Nuber 1995, S. 195. Vgl. zum Begriff des Informationsverhaltens ausführlich Gemünden 1993, Sp. 1729 ff.

[249] Vgl. Bartram 1969, S. 99.

[250] Vgl. Coenenberg 1966, S. 73.

[251] Lutter spricht von der „Angst des Vorstands um Machtverlust"; vgl. Lutter 1995(a), S. 1133.

[252] Vgl. Ihring 1986, S. 104; Nuber 1995, S. 193 f.

ren die zwischen einem Überwachungsträger und -objekt inhärenten Rollenkonflikte und Machtkämpfe.[253]

Sowohl den Aufsichtsrat als auch den Vorstand kennzeichnet eine ambivalente Stellung im Rahmen der Überwachung.[254] Auch wenn sich beide lediglich auf *arbeitsrelevante* Aspekte beschränken wollen, können sie nicht verhindern, dass sie als ganzheitliche Persönlichkeiten denken, fühlen und handeln. Somit kommen Wertvorstellungen zum Tragen, die über die reine Arbeitssituation hinausgehen. Daneben tritt das Phänomen, dass der Mensch nicht rein *sachlich*, quasi als Produktionsfaktor, behandelt werden will; andererseits empfindet er Kontrollen abneigend als einen Eingriff in den eigenen Persönlichkeitsbereich, so dass sie regelmäßig als lästig und einmischend empfunden werden.

Als ein erstes *Zwischenfazit* kann hier festgehalten werden, dass es im Rahmen einer wirksamen Verankerung der Überwachung durch den Aufsichtsrat im Unternehmen illusorisch ist anzunehmen, dass sich das Kommunikationsverhalten des Vorstands jemals vollständig mit den Überwachungszielen des Aufsichtsrats decken ließ.[255] Da allerdings jegliches Macht*verhalten* an die Möglichkeit der Macht*ausübung* gebunden ist,[256] befasst sich der Folgeabschnitt zunächst mit der Fragestellung, welches *Machtpotenzial* dem Vorstand zugeschrieben werden kann. Im Anschluss soll untersucht werden, mittels welcher Maßnahmen der Aufsichtsrat diesem Machtpotenzial entgegenwirken kann.

1.1.2 Die Informationsmacht des Vorstands

Die vorstehend beschriebene Wirkung der Überwachung auf das Überwachungsobjekt und dessen Kommunikationsverhalten sind von großer Bedeutung für den Aufsichtsrat, da Information und Kommunikation die Grundlage für die Überwachung bilden.[257] Das informatorische Machtpotenzial des Vorstands gründet sich auf die ökonomische Problematik, dass er als diejenige Instanz, die der Aufsichtsrat überwachen soll, gleichzeitig ein Monopol an überwachungsrelevanten Infor-

---

[253] Vgl. Bartram 1969, S. 275 f.

[254] Vgl. Thieme 1982, S. 37.

[255] Vgl. in Anlehnung an Steiger 1988, S. 192, der diese Einschätzung in Bezug auf die wirksame Verankerung strategischen Denkens im Unternehmen formuliert.

[256] Vgl. Delfmann 1993, Sp. 3245.

[257] Vgl. Deckert 1998, S. 712; Gerum 1985, S. 747.

mationen besitzt.[258] Folglich kann der Aufsichtsrat „qualitativ nur so gut und so weit überwachen, wie er vom Vorstand informiert wird."[259] Insofern „weiß" zunächst nur der informationspflichtige Vorstand, welche Information zur Verfügung stehen, bedeutsam sind und daher an den Aufsichtsrat weiterzuleiten sind.[260] Dabei kann der Vorstand als Informationsgeber eigentümlicherweise aufgerufen sein, sich durch die Informationsversorgung des Aufsichtsrats *selbst* belasten zu müssen.[261] Erschwerend kommt hinzu, dass insbesondere Kontrollinformationen - mehr als alle anderen Informationsarten - der Gefahr individueller Manipulationen unterliegen.[262]

Diese Rahmenbedingungen begründen die Rolle des Vorstands als „Informations-Gatekeeper",[263] die es ihm ermöglicht, die Informationsversorgung des Aufsichtsrats zu seinen Gunsten zu beeinflussen. So wird sich der Vorstand strategisch verhalten und die Überwachungsinformation an den Aufsichtsrat verzerren bzw. dergestalt übermitteln, dass die Realisierung der eigenen Ziele nicht gefährdet wird.[264] Mit anderen Worten wird der Vorstand versucht sein, die Berichterstattung bzw. den Informationsgrad des Aufsichtsrats als „persönliches Erfolgsinstrument" einzusetzen.[265]

In diesem Zusammenhang konstatiert BECKER zutreffend: „Er *(der Vorstand, der Verf.)* kann absichtlich verfälschte oder im Sinne seiner Vorstellungen modifizierte, für ihn jedoch nützliche Informationen an den Aufsichtsrat weitergeben. Dadurch ist es dem Vorstand möglich, seine realisierten und geplanten Handlungen zu verschleiern. Er kann aber auch die begrenzten Informationsverarbeitungskapazitäten des Aufsichtsrats durch eine übergroße Informationsmenge ausschöpfen,

---

[258] Vgl. Bea/Scheurer 1994, S. 2149; Becker 1993, S. 1; Endres 1999, S. 455.

[259] Vgl. Hommelhoff/Mattheus 1998, S. 253. Lutter formuliert in diesem Zusammenhang, es sei für den Aufsichtsrat „sehr schwer, stets aus zweiter Hand zu leben"; vgl. Lutter 1995(a), S. 1133.

[260] Vgl. Feddersen 2003, S. 459.

[261] Vgl. Seibt/Wilde 2003, S. 378.

[262] Vgl. Bartram 1969, S. 275; auch Franken/Frese 1989, Sp. 897.

[263] Vgl. zum Begriff des „Gatekeeper" etwa Schlobach 1989, S. 27.

[264] Vgl. Hakelmacher 1999, S. 135; Rohr/von Wahl 2004, S. 547; analog auch Welge 1987, S. 384.

[265] Vgl. Langner 1973, S. 24.

die eine adäquate Bewertung der Vorstandsleistungen nur noch beschränkt zuläßt (information overload).«[266]

Abbildung 65 stellt die hier angesprochenen Manipulationsmöglichkeiten des Vorstands, die in der Literatur auch unter dem Begriff der *politisch bedingten Informationsfiltereffekte* subsumiert werden, im Überblick dar.[267] Die politisch bedingten Informationsfilter adressieren den Aspekt der *persönlichen Interessenlagen* der Beteiligten sowie die zwischen den Beteiligten bestehenden *Machtstrukturen* und sind somit als eine unmittelbare Folge der oben skizzierten Konflikte zu interpretieren. Da die Überwachungshandlungen des Aufsichtsrats permanent sowohl die Machtposition als auch die Verwirklichung der Ziele des Vorstands gefährden, wird dieser bemüht sein, die Kontrollinformationen bewusst zu seinen Gunsten zu manipulieren bzw. gar nicht weiterzuleiten, sie gleichsam politisch motiviert zu filtern.[268]

Als ein *zweites Zwischenfazit* kann festgehalten werden, dass sich der Aufsichtsrat nicht auf eine umfassende Informationsversorgung durch den Vorstand verlassen kann. Vielmehr besitzt dieser Anreize (vgl. Konfliktursachen) und auch prinzipiell die Möglichkeiten (vgl. Informationsfilter), Informationen nicht oder gefälscht weiterzugeben bzw. den Aufsichtsrat ungenügend zu informieren.[269] Die soziale Komplexität der Kooperationsbeziehung führt aus Sicht des Aufsichtsrats zu der Notwendigkeit, durch bestimmte Maßnahmen, die ihrerseits wiederum Ausdruck

---

[266] Becker 1993, S. 39.

[267] Eine verbreitete Einteilung von Informationsfiltern ist die von Ansoff, der *psychologisch* bedingte, *kulturell* bedingte, *organisationsstrukturell* bedingte und *politisch* bedingte Informationsfilter unterscheidet; vgl. Ansoff 1984, S. 326 ff. Auch Steinmann/Schreyögg 1986, S. 762, greifen auf diese Einteilung zurück. Für eine Übersicht über weitere Einteilungen vgl. Nuber 1995, S. 188, Fn. 90. Allerdings beziehen sich die Informationsfilter in ihrem ursprünglichen Sinn nicht auf die Überwachung durch den *Aufsichtsrat* und dessen Beziehung zum *Vorstand*, sondern auf die Kontrollbeteiligten eines strategischen Überwachungssystems im Unternehmen.

[268] Vgl. Nuber 1995, S. 193 ff. Vgl. zu den Manipulationsarten auch Blohm 1974 S. 65 ff., Coenenberg 1966, S. 61 ff., Bartram 1969, S. 268 ff.; Treuz 1974, S. 120 ff.

[269] Vgl. so auch Becker 1993, S. 4; Hakelmacher 1999, S. 135; Rohr/von Wahl 2004, S. 547; Peltzer 2003, S. 228; analog auch Welge 1987, S. 384.

des rationalerweise notwendigen *Misstrauens* gegenüber dem Vorstand sind, die unerwünschten politischen Informationsfilterwirkungen einzuschränken.[270]

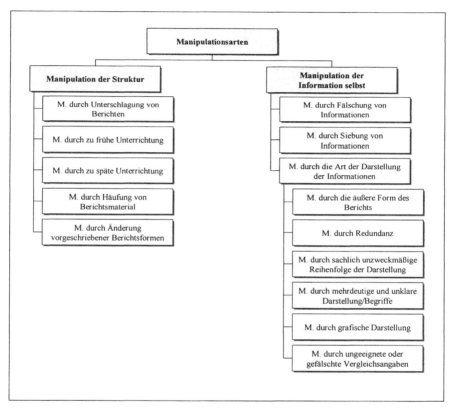

Abb. 65: *Möglichkeiten der Informationsmanipulation durch den Vorstand (Quelle: In Anlehnung an Blohm 1974, S. 69)*

---

[270] Das Misstrauen ist bereits durch die strukturellen Randbedingungen und damit gegenüber dem Vorstand als *Rollenträger* bedingt. Es dokumentiert nicht etwa ein Misstrauen seiner *Person* gegenüber. Vgl. Steinmann/Klaus 1987, S. 33.

1.2 Mögliche Ansatzpunkte des Aufsichtsrats zur Reduktion der Informationsmacht des Vorstands

1.2.1 Überblick

Vor dem Hintergrund der vorstehenden Erläuterungen hat der Aufsichtsrat zu versuchen, dysfunktionale Verhaltensweisen des Vorstands mittels geeigneter, überwachungsergänzender Maßnahmen antizipativ in sein Überwachungskalkül mit einzubeziehen.[271] Damit verfolgt er das Ziel, „den Monopolmarkt für Kontrollinformationen so zu beeinflussen, daß die marktbeherrschende Stellung des Vorstandes durch diesen nicht ausgenutzt wird."[272] In Ermangelung einer bisherigen verwertbaren theoretischen Durchdringung dieses Sachverhalts in der einschlägigen Literatur zum Thema „Aufsichtsrat" werden im Folgenden ausgewählte Diskussionsschwerpunkte aus Nachbardisziplinen - vor allem der Kommunikations- und Motivationsforschung, der Betriebspsychologie und -soziologie sowie des strategischen Personalmanagements - integriert.

Zur Überwindung der möglichen Informationswiderstände können dabei zunächst zwei Ansatzpunkte für den Überwachungsträger unterschieden werden:[273]

(1) *Motivations-/Kommunikationsstrategien* des Aufsichtsrats, bei denen der Vorstand dahingehend motiviert werden soll, die Überwachungshandlungen als vorteilhaft für sich selbst anzusehen und diese deshalb zu akzeptieren und mitzutragen. Die Maßnahmen dieser Kategorie haben das Ziel, das Informationsverhalten des Vorstands durch die Schaffung motivierender Rahmenbedingungen im Sinne einer kontrollgerechten Bewusstseinslage langfristig zu verbessern. Sie werden vom Aufsichtsrat dazu eingesetzt, beim Vorstand Verständnis für die Überwachungshandlungen zu wecken und ihn zu höheren Handlungsbeiträgen zu stimulieren.[274] Obwohl motivierende Maßnahmen weder theoretisch noch empirisch die Manipulationsmöglichkeiten *automatisch* reduzieren, unterstützen empirische Untersuchungen die Vermutung, dass sich die Maßnahmen *positiv* auf das Verhalten eines Überwachungsobjektes auswirken.[275]

---

[271] Vgl. Dreyer 1981, S. 315, der allerdings an gleicher Stelle befürchtet, dass dies dem Aufsichtsrat nicht immer gelingen wird.

[272] Becker 1993, S. 3.

[273] Vgl. Steiger 1988, S. 194 und Nuber 1995, S. 234.

[274] Vgl. Bühner 1974, S. 138.

[275] Vgl. Treuz 1974, S. 124.

(2) *Machtstrategien* des Aufsichtsrats,[276] bei denen die Informationsfilter durch den bewussten Einsatz formaler Macht überwunden werden sollen. Die Durchsetzung des dem Aufsichtsrat zustehenden gesetzlichen Machtpotenzials stellt den Versuch einer *direkten* - allerdings regelmäßig erste *nach* der Identifikation etwaiger Defizite in Bezug auf die Berichterstattung des Vorstands greifende - Einflussnahme auf die Informationsversorgung dar. Gleichwohl muss an dieser Stelle auch konstatiert werden, dass eine *vollständige* Reduktion der Informationsmacht des Vorstands systembedingt schon aufgrund der zweistufigen Spitzenverfassung und dem damit - aus Sicht des Aufsichtsrats - einhergehenden Informationsdilemma bei der Berichterstattung durch den Vorstand nicht möglich ist.[277]

Im Folgenden sollen ausgewählte Maßnahmen beider Kategorien vorgestellt und anschließend in Bezug auf ihre Bedeutung für die Überwachungspraxis untersucht werden.[278]

1.2.2 Verhaltenswissenschaftliche Maßnahmen zur Förderung der Akzeptanz der Überwachung

1.2.2.1 Schaffung einer partnerschaftlichen Argumentationskultur und eines Vertrauensklimas

Die Schaffung eines Klimas gegenseitigen Vertrauens repräsentiert einen theoretisch sehr bedeutsamen Ansatzpunkt für den Aufsichtsrat. Ein unverfälschter Informationsfluss zwischen Aufsichtsrat und Vorstand funktioniert nur dann, wenn *gegenseitiges Vertrauen* herrscht.[279] Vertrauen und Kontrolle schließen sich nicht

---

[276] Vgl. zu dieser Begrifflichkeit auch Langner 1973, S. 19, der von „Machtmitteln des Aufsichtsrates gegenüber dem Vorstand" spricht.

[277] Vgl. zum Begriff des Informationsdilemmas Feddersen 2003, S. 459 f.

[278] Es wird deutlich werden, dass die verhaltenswissenschaftlichen Maßnahmen nicht eindeutig voneinander abgrenzbar sind und teilweise inhaltliche Überschneidungen auftreten. Die getrennte Behandlung der Maßnahmen wird nicht zuletzt aus analytischen Gründen vorgenommen.

[279] Vgl. Deckert 1998, S. 712, Fn. 42; Hasselberg 1989, S. 127; Bierhoff 1995, Sp. 2149; aus ökonomischer Sicht Becker 1993, S. 166 ff. Vgl. für eine Erörterung des vielfach besetzten Begriffs des Vertrauens als ein Mechanismus zur Reduktion sozialer Komplexität aus Sicht der theoretischen Soziologie ausführlich Luhmann 2000; Luhmann 1994, S. 179 ff. Vgl. für eine kritische Reflexion von Vertrauen als rationale Option des Aufsichtsrats Steinmann/Klaus 1987, S. 31 ff.

gegenseitig aus, sondern stehen in einem komplementären Verhältnis zueinander.[280] Obgleich eine vertrauensvolle Zusammenarbeit im Sinne einer offenen Argumentationskultur nicht „ohne weiteres" herbeigeführt werden kann, führt eine Positionierung des Aufsichtsrats als *Partner* des Vorstands zu einer offenen und von gegenseitigem Vertrauen geprägten Kommunikation.[281]

Durch die Schaffung einer partnerschaftlichen Atmosphäre, in der ein ehrlicher Dialog zwischen beiden Organen stattfindet, fungiert der Aufsichtsrat nicht mehr als Kontrolleur abgeschlossener Sachverhalte, sondern als Gesprächs*partner* und *Berater* des Vorstands in wichtigen Fragen der Geschäftspolitik.[282] Zweiseitige Kommunikationswege und konstruktive Diskussionen, die im Rahmen der Vermittlung komplexer Informationen als unabdingbar gelten,[283] sollen noch offene Fragen des Aufsichtsrats klären und den Vorstand unter Umständen zu weiteren Überlegungen veranlassen.[284]

Neben der offensichtlichen Tatsache, dass die Beratung unmittelbar die Vermeidung gravierender Fehlentwicklungen bzw. Fehlentscheidungen durch den Vorstand bezweckt,[285] spielt im eigenen Kontext vor allem eine Rolle, dass die Beantwortung von Verständnisfragen des Aufsichtsrats zudem einen nicht zu unterschätzenden *Begründungs- und Argumentationsdruck* beim Vorstand erzeugt, der sich insofern „gezwungen" sieht, den Informationsfluss in einer für den Aufsichtsrat nachvollziehbaren und verständlichen Weise zu gestalten.[286] Auch werden auf diesem Wege ungerechte Überwachungsurteile des Aufsichtsrats vermieden und Überwachung nicht als autoritäres Mittel für Lohn und Strafe gesehen,[287] sondern eher zur „Information, Beratung und Partizipation" im Rahmen gemeinschaftlicher Problemlösungen.[288]

---

[280] Vgl. Becker 1993, S. 212, 242.

[281] Vgl. Nuber 1995, S. 249. Vgl. auch Schneider 2000, S. 188, der zu Recht feststellt, dass ohne Vertrauen eine konstruktive Zusammenarbeit zwischen Aufsichtsrat und Vorstand insgesamt nicht möglich ist und dadurch sogar das gesamte Unternehmen gefährdet wird.

[282] Vgl. Lutter/Krieger 2002, S. 36 f.

[283] Vgl. Reichwald 1993, Sp. 2179 f.

[284] Vgl. zu zweiseitigen Kommunikationswegen Treuz 1974, S. 118 f.; Bartram 1969, S. 67.

[285] Vgl. Lutter 1991, S. 251.

[286] Vgl. Potthoff/Trescher 2001, S. 207.

[287] Vgl. Treuz 1974, S. 123.

[288] Vgl. Nuber 1995, S. 241.

Gleichwohl ist die Beratungsfunktion des Aufsichtsrats in der Literatur seit Jahrzehnten nicht unumstritten.[289] So weisen beispielsweise STEINMANN/KLAUS auf eine strukturelle Unvereinbarkeit von Beratung und Kontrolle durch den Aufsichtsrat hin, die sie darin begründet sehen, dass der Aufsichtsrat als kritisch-konstruktiver Berater spezifische Sachkompetenz und einen hohen zeitlichen Arbeitseinsatz einbringen müsste.[290] Eine solche weitgehende Einbindung in den unternehmerischen Entscheidungsprozess bzw. eine derartige Involvierung in das unternehmerische Handeln sei weder möglich noch erwünscht. Auch THEISEN ist der Meinung, dass sich Überwachung und Beratung durch den Aufsichtsrat funktionell ausschließen und mit dem aktienrechtlichen Normengefüge unvereinbar seien.[291] Weiterhin behauptet er, die Überwachungsarbeit des Aufsichtsrats finde „auf obligatorischer Grundlage im Interesse und auf Veranlassung Dritter statt, während die Beratung als eine regelmäßig volitive Veranstaltung im Interesse des Ratsuchenden bezeichnet werden muß."[292]

Dagegen wird in weiten Teilen des Schrifttums zu Recht eingewandt, dass die Beratung des Vorstands durch den Aufsichtsrat in Bezug auf das frühzeitige Erkennen und Korrigieren strategischer Fehler in der Planung gerade auch im Interesse der Aktionäre (als Dritte) liegt.[293] Nach herrschender Meinung wird die Beratung als ein Teil der Überwachungspflicht des Aufsichtsrats angesehen.[294] Vor diesem Hintergrund formulieren LUTTER/KRIEGER sogar die These von der *Beratungspflicht* und dem *Beratungsrecht* des Aufsichtsrats.[295] Demnach sei der Aufsichtsrat nicht nur verpflichtet, den Vorstand zu beraten; der Vorstand sei genauso

---

[289] Vgl. dazu bereits Gerum 1985, S. 754. Vgl. für eine kritische Auseinandersetzung mit der Beratung des Vorstands durch den Aufsichtsrat ausführlich Stadler 1997, hier insbesondere S. 93 ff.

[290] Vgl. Steinmann/Klaus 1987, S. 30 f.

[291] Vgl. Theisen 1995, S. 199 f.; Theisen 2002, S. 123 ff.

[292] Theisen 1995, S. 199.

[293] Vgl. Lutter/Krieger 2002, S. 38 f.; vgl. auch Jäger 1996, S. 674.

[294] Vgl. etwa Boujong 1995, S. 203 ff.; Bernhardt/Witt 2003, S. 324; Balser/Bokelmann/Ott/Piorreck 2002, S. 124 f.; Möllers 1995, S. 1726 f.; Semler 1999, S. 42; Scheffler 2000, S. 435; Deckert 1996, S. 986; Hüffer 1980, S. 324; Goette 2003, S. 758; Krieger 1985, S. 340, der Überwachung und Beratung als „zwei Seiten derselben Medaille" sieht. Differenzierter dazu Siebel 1999(a), S. 126 f., der den Aufsichtsrat zwar als ein Beratungsorgan erachtet, die Forderung nach einer *laufenden* Beratung des Vorstands durch den Aufsichtsrat allerdings ablehnt.

[295] Vgl. Lutter/Krieger 2002, S. 38. Anderer Ansicht Mertens 1980, S. 68, der es im Ermessen des Vorstand sieht, inwieweit er sich vom Aufsichtsrat beraten lässt.

auch verpflichtet, sich vom Aufsichtsrat beraten zu lassen. Über Art, Zeit und Umfang der Beratung entscheide alleine der Aufsichtsrat, wobei die Beratung insgesamt „nicht überspannt" werden dürfe.[296]

Vor dem Hintergrund einer zu fordernden vertrauensvolleren Zusammenarbeit zwischen Vorstand und Aufsichtsrat ist die Positionierung des Aufsichtsrats (auch) als partnerschaftlicher Berater des Vorstands aus theoretischer Sicht durchaus wünschenswert. Insbesondere im Rahmen der Ausschussarbeit, bei der - im Vergleich zur Arbeit des Plenums - ein intensiverer und inhaltlich tiefer gehender Informationsaustausch erfolgt, erscheint die Schaffung eines Vertrauensklimas zwischen den Aufsichtsrats- bzw. Ausschussmitgliedern und dem Vorstand eine geradezu zwingende Voraussetzung für eine konstruktive Zusammenarbeit beider Organe.

1.2.2.2 Schaffung eines strategischen Anreizsystems

Der Mechanismus, nach dem in einem Unternehmen Leistungen gemessen, evaluiert und vergütet werden, ist grundsätzlich von großer Bedeutung, da die von einem solchen System ausgehenden Anreize das individuelle Verhalten der Organisationsmitglieder erheblich beeinflussen.[297] Trotz des bestehenden Mangels an weitergehenden praktikablen Lösungsvorschlägen ist die Bedeutung von Anreizen für strategisches Verhalten unbestritten.[298] So kann ein Anreizsystem im Überwachungskontext zur „Schaffung einer günstigen Situation und Atmosphäre und dadurch Vergrößerung einer manipulationsneutralen Zone" herangezogen werden.[299]

---

[296] Vgl. Scheffler 1994, S. 794. Die Auseinandersetzung mit der Fragestellung, ob die Beratungsfunktion eine eigenständige Funktion im Rahmen der Unternehmensüberwachung durch den Aufsichtsrat oder lediglich ein Mittel der Einwirkung zur Erfüllung der Korrektur-, Präventiv- und Entlastungsfunktionen darstellt, ist eher akademischer Natur und im Rahmen der eigenen Ausführungen zu vernachlässigen. Vgl. für eine diesbezügliche Auseinandersetzung etwa Gollnick 1997, S. 87 ff.; Kanavelis 1987, S. 196 f.

[297] Vgl. Steiger 1988, S. 196. An dieser Stelle sei nochmals betont, dass sich die beiden im Folgenden dargestellten Ansatzpunkte für den Aufsichtsrat zur Förderung der Akzeptanz der Überwachung *ursprünglich* auf Organisationsmitglieder bzw. Führungskräfte und Mitarbeiter als Träger des strategischen Kontrollsystems eines Unternehmens beziehen.

[298] Vgl. zu dieser Einschätzung Nuber 1995, S. 245, Fn. 341.

[299] Vgl. Treuz 1974, S. 123.

Vor diesem Hintergrund lautet im eigenen Kontext die Frage, inwiefern die Ausgestaltung eines strategischen Anreizsystems das Kommunikationsverhalten des Vorstands zu beeinflussen vermag. Grundsätzlich lassen sich mit (1) finanziellen Anreizen, (2) sozialen Anreizen, (3) Anreizen aus der Arbeit selbst und (4) Anreizen aus dem organisatorischen Umfeld vier Anreizgruppen unterscheiden,[300] wobei sinnvollerweise lediglich die beiden Erstgenannten im Rahmen der Kooperationsbeziehung zwischen Aufsichtsrat und Vorstand zu diskutieren sind.

Obgleich *monetären Anreize* lediglich eine mittlere Wertigkeit in der Anreiztabelle zukommt,[301] ist die Bedürfnisbefriedigungswirkung von Geld in Bezug auf die Erzielung kontrollgerechten Verhaltens als ein durchaus erfolgversprechender Weg zu erachten.[302] In den Fällen, in denen der Vorstand durch das Erreichen der festgelegten Unternehmensziele persönliche Befriedigung erlangt, ergibt sich eine positive Beziehung zwischen den Überwachungsmaßnahmen des Aufsichtsrats und der Kooperationsbereitschaft des Vorstands.[303]

Neben der Tatsache, dass der Vorstand durch die Belohnung des Arbeitserfolges wiederum dazu angeregt wird, auch in Zukunft gute Arbeitsergebnisse zu erzielen,[304] ist ein weiterer Effekt bedeutsam. Durch eine Orientierung der variablen Vorstandsbezüge an langfristige, strategische Größen bzw. an ein frühzeitiges Erkennen strategiebedrohlicher Entwicklungen wird der Vorstand die Überwachung womöglich als *konstruktiv* erachten, da er sie als *notwendige* Rückkopplung zur Beurteilung der eigenen Leistung versteht. Insofern kann erwogen werden, dass sein Informationsverhalten (wenigstens zum Teil) von der Ausgestaltung eines solchen Anreizsystems abhängt.[305] Offen bleibt indes, ob sich der Vorstand auch in wirtschaftlich schwierigen Zeiten zu einer Weiterleitung der relevanten Kontrollinformationen veranlasst sieht, etwa um den Aufsichtsrat frühzeitig mit „ins Boot" zu holen und überraschende Negativergebnisse, die wiederum die monetären Zielvereinbarungen gefährden, zu vermeiden.

---

[300] Vgl. hierzu Bozem 1986, S. 233. Vgl. für ähnliche Klassifikationen von Anreizen analog Welge/Hüttemann/Al-Laham 1996, S. 82; Laux 1992, Sp. 115.

[301] Vgl. hierzu auch Steinle 1975, S. 146 ff.; Weinert 1992, Sp. 125 f.; Pavlik/Scott/Tiessen 1993, S. 138.

[302] Vgl. Nuber 1995, S. 245.

[303] Vgl. Thieme 1982, S. 75.

[304] Vgl. Reinkensmeier 1992, S. 53. Vgl. zu diesen ursprünglichen Überlegungen zur Erfolgsbeteiligung des Managements etwa Lorson 1996, S. 2510 f.

[305] Vgl. zu dieser Argumentation Franke 1993, Sp. 42.

Die *sozialen Anreize*, die geprägt sind durch die Rollen der an der Überwachung beteiligten Personen, weisen einen engen Bezug zu dem im vorstehenden Abschnitt diskutierten Vertrauensklima auf.[306] Übertragen auf die Beziehung zwischen dem Vorstand und dem Aufsichtsrat scheint es für die Wirksamkeit der Überwachung von nicht unerheblicher Bedeutung, dass der Aufsichtsrat die Überwachung in seiner Rolle als Überwachungsträger weniger dazu ausübt, Macht und Kontrolle über das Verhalten des Vorstands auszuüben, als vielmehr zur Information und Beratung. In den Fällen, in denen der Vorstand dies als Basis für schnelle Reaktionsmöglichkeiten anerkennt, ergibt sich ein positiver Effekt auf dessen Kooperationsverhalten.

Als ein *Fazit* kann hier festgehalten werden, dass die Wirkung von Anreizsystemen auf das Verhalten von Führungskräften bzw. Mitarbeitern *generell* positiv im Sinne einer Förderung der Akzeptanz und des Kontrollbewusstseins beurteilt werden kann.[307] Obwohl eine Übertragbarkeit der diesbezüglichen Erkenntnisse auf die Kooperationsbeziehung zwischen Aufsichtsrat und Vorstand nicht ohne weiteres möglich ist, kann *vermutet* werden, dass strategische Anreizsysteme einen positiven Effekt auf das *Kommunikationsverhalten* des Vorstands haben. Allerdings ist eine solche Wirkungsweise - insbesondere im Vergleich zur bereits dargestellten Maßnahme der Schaffung eines Vertrauensklimas - nicht zweifelsfrei darzulegen.

1.2.2.3 Vermittlung der Überwachungsinhalte

Es kann ferner argumentiert werden, dass durch eine gezielte *Information* des Vorstands über die Kontrollzwecke und -verfahren bzw. durch die Vermittlung der Grundlagen und des Aufbaus des Überwachungskonzepts die Akzeptanz der Überwachung erhöht und spätere Kommunikationskonflikte zwischen dem Aufsichtsrat und dem Vorstand vermindert werden.[308] Die *Bereitschaft* des Vorstands, die Überwachungshandlungen durch den Aufsichtsrat mitzutragen und diesbezüglich keine Widerstände aufzubauen, reicht für eine wirksame Realisierung der

---

[306] Vgl. hier und im Folgenden Nuber 1995, S. 245.

[307] Vgl. Nuber 1995, S. 248.

[308] Vgl. Franken/Frese 1989, Sp. 895; Treuz 1974, S. 123, der davon spricht, dass es in diesem Zusammenhang zur einer Reduktion des *Manipulationsbedürfnisses* komme.

Überwachung alleine nicht aus.[309] Der Aufsichtsrat sollte zusätzlich die notwendigen, überwachungsrelevanten Kenntnisse auf Seiten des Vorstands aufbauen bzw. vermitteln, die diese Bereitschaft erst zum Tragen bringen.[310]

Die Forderung lautet, dass sich der Vorstand über das Überwachungskonzept des Aufsichtsrats bzw. dessen Verständnis von einer wertorientierten, planbegleitenden Überwachung im Klaren ist. Der Aufsichtsrat hat zu diesem Zweck entsprechende *kommunikative Maßnahmen* zu ergreifen, die zu einem gezielten Abbau von Unsicherheiten seitens des Vorstands führen. Insbesondere dann, wenn der Aufsichtsrat Veränderungen der Interaktionsstruktur intendiert, ist die *frühzeitige Integration* des Vorstands erforderlich.[311] Demnach sollte der Aufsichtsrat versuchen, sein Überwachungsverständnis bzw. die in diesem Zusammenhang stehenden Kontrollarten zu vermitteln und den Vorstand somit hinreichend mit seinem Konzept vertraut zu machen.[312] Eine solche Vorgehensweise entspricht auch dem Deutschen Corporate Governance Kodex, der die Informationsversorgung des Aufsichtsrats zu Recht als eine *gemeinsame Aufgabe* von Vorstand und Aufsichtsrat ansieht,[313] was letztlich mit folgenden Vorteilen verbunden ist:[314]

– Sensibilisierung des Vorstands gegenüber etwaigen kontrollrelevanten Neuerungen (z.b. nach dem Wechsel des Aufsichtsratsvorsitzes oder der Berufung neuer Aufsichtsratmitglieder, die möglicherweise andere Überwachungsinhalte verkörpern),[315]

– Unterstützung bzw. Verbreiterung der konzeptionellen Gesamtsicht, welche es dem Vorstand ermöglicht, sich rechtzeitig auf die an ihn herangetragenen Anforderungen einzustellen,

---

[309] Vgl. ähnlich auch Bühner 1974, S. 143, der erkennt, dass neben der Motivationsstruktur auch die Fähigkeitsstruktur die Qualität der erforderlichen Informationsprozesse determiniert.

[310] Vgl. Steiger 1988, S. 205.

[311] Vgl. Gebert 1993, Sp. 3009, der dies allerdings unter dem Titel des politischen Charakters von Veränderungsprozessen im Allgemeinen diskutiert.

[312] Vgl. Nuber 1995, S. 238.

[313] Deutscher Corporate Governance Kodex in der Fassung vom 21.5.2003, Punkt 3.4.

[314] Vgl. in Anlehnung an Götzen/Kirsch 1983, S. 342 f., die dies im Rahmen der Unterstützung strategischer Durchsetzungsprozesse durch Maßnahmen des Management Development diskutieren.

[315] Verhaltenswissenschaftlich ist die Förderung der Kooperation und Akzeptanz der „Betroffenen" vor allem dann entscheidend, wenn Rahmenbedingungen des gewohnten Umfeldes verändert werden; vgl. Schmidt 1993, Sp. 3048.

– Abbau möglicher Distanzen zwischen Aufsichtsrat und Vorstand sowie
– Vereinheitlichung der Sprache.

Geradezu unerlässlich scheint eine solche Übermittlung der Überwachungsinhalte in Bezug auf die Ausschussbildung des Aufsichtsrats. Wie bereits an anderer Stelle gezeigt sind Aufsichtsräte befugt, von der Möglichkeit der Ausschussbildung Gebrauch zu machen. Da die Ausschüsse eines Aufsichtsrats gerade mit unterschiedlichen Sachgebieten betraut sind, befassen sie sich auch mit *unterschiedlichen Überwachungsinhalten*. Beispielsweise sind die Aufgaben eines Audit Committees, das vornehmlich im Dialog mit dem Abschlussprüfer steht und die Prüfung der Abschlüsse behandeln, völlig anders geartet als jene eines Strategieausschusses, der - wie ausführlich dargestellt - unter anderem die Plausibilität der strategischen Planung und den zeitlichen Verlauf der strategischen Prämissen überwacht.[316] Zudem hat der Aufsichtsrat im Rahmen der Übermittlung der Überwachungsinhalte Gelegenheit, mit dem Vorstand abzustimmen, inwiefern die Teilnahme leitender Angestellter an den Ausschusssitzungen aus Sicht des Aufsichtsrats erforderlich ist.

Während es im Bereich der Ausschussarbeit die Aufgabe des jeweiligen Ausschussvorsitzenden ist, in den Dialog mit dem Vorstand zu treten und die Überwachungsinhalte zu besprechen, kommt hier insgesamt dem Aufsichtsratsvorsitzenden, der im übrigen häufig in Personalunion den Vorsitz der Ausschüsse inne hat, eine übergeordnete Rolle zu. In seiner Funktion als Repräsentant des Aufsichtsrats und erster Ansprechpartner des Vorstands ist er namentlich für die Steuerung der Informationsvermittlung zwischen dem Aufsichtsrat und dem Vorstand zuständig.[317]

Zusammenfassend betrachtet intendieren sämtliche der vorstehend aufgezeigten motivatorischen Ansatzpunkte die Förderung eines konstruktiven Kommunikationsverhaltens des Vorstands, wobei die Maßnahmen weniger als zwingende Handlungs*vorschriften* als vielmehr grundsätzliche Handlungs*richtungen* anzusehen sind. Die endgültige Entscheidung über deren Einsatz*umfang* muss den für die Überwachung Verantwortlichen überlassen werden und hängt stark von den un-

---

[316] In letzterem Zusammenhang scheint es besonders wichtig, den Vorstand davon zu informieren, dass der Aufsichtsrat von einer - leider weit verbreiteten - reinen Ergebnisüberwachung abstrahiert und ein strategisches Überwachungskonzept, das verschiedene Kontrollarten unterschiedlichen Inhalts integriert, verfolgt.

[317] Vgl. Lutter/Krieger 2002, S. 214.

ternehmensspezifischen Rahmenbedingungen (z.B. Persönlichkeit der Vorstandsmitglieder) ab. In der Literatur besteht jedoch Einigkeit darüber, dass die Maßnahmen einen wichtigen Grundstein für die Steigerung der Wirksamkeit von Überwachungshandlungen liefern.[318]

Neben den motivatorischen Ansatzpunkten stehen dem Aufsichtsrat auch *formale Machtinstrumente* zur Verfügung, die ihm vom Gesetzgeber zur Einflussnahme auf das Informationsverhalten des Vorstands zur Verfügung gestellt werden. Diese gewinnen vor allem dann an Bedeutung, wenn die Motivations- und Kommunikationsbemühungen des Aufsichtsrats nicht die erwünschte Wirkung erzielen[319] und sollen im folgenden Abschnitt dargestellt werden.

1.2.3 Einsatz formaler Machtinstrumente

1.2.3.1 Erlass einer Informationsordnung

Der Aufsichtsrat ist befugt, zur Durchsetzung des Informationsflusses zwischen ihm und dem Vorstand eine Informationsordnung zu erlassen, die als Bestandteil der Geschäftsordnung für den Vorstand dessen Berichtspflichten im Einzelnen regelt.[320] Auch der Deutsche Corporate Governance Kodex formuliert als Empfehlung, der Aufsichtsrat solle „die Informations- und Berichtspflichten des Vorstands näher festlegen."[321]

In der Tat scheint eine Informationsordnung ein probates Mittel, den Informationsfluss im Sinne des Überwachungsorgans zu verbessern.[322] So hat der Aufsichtsrat die Möglichkeit, seine Informationswünsche, -inhalte und -zeitpunkte im Detail zu formulieren und dem Vorstand verbindlich vorzuschreiben.[323] Dieser sieht sich dann einer permanenten, periodischen oder einzelfallbezogenen Bringschuld ausgesetzt.[324] Bei der Gestaltung der Informationsordnung ist der gesetzli-

---

[318] Vgl. Treuz 1974, S. 124; Nuber 1995, S. 251.

[319] Vgl. ähnlich Steiger 1988, S. 194.

[320] Vgl. zu Begriff, Bedeutung und Erlasskompetenz einer Geschäftsordnung Bezzenberger 1998, S. 353 ff.; Hoffmann-Becking 1998, S. 499 ff. Vgl. zur Befugnis des Aufsichtsrats, eine Geschäftsordnung zu erlassen, § 77 Abs. 2 AktG.

[321] Deutscher Corporate Governance Kodex in der Fassung vom 21.5.2003, Punkt 3.4, Abs. 3.

[322] Vgl. Deckert 1996, S. 991; Lutter 1995, S. 308; Lutter 1995(a), S. 1133.

[323] Vgl. hierzu auch Ringleb/Kremer/Lutter/von Werder 2003, S. 92.

[324] Vgl. Theisen 2002, S. 68.

che Rahmen in Bezug auf Zeit und Gegenstand der Berichte insofern zu beachten, als dass diese Vorgaben nicht *unterschritten* werden dürfen.[325]

Der Vorteil einer Informationsordnung liegt vor allem darin, dass der Aufsichtsrat die gesetzlichen Verpflichtungen des Vorstands unternehmensindividuell spezifizieren und so der Erkenntnis Rechnung tragen kann, dass sich die konkreten Informationsbedürfnisse eines Aufsichtsrats etwa einer Bank und einer Maschinenbaufabrik zum Teil erheblich voneinander unterscheiden. Durch eine individuell angepasste Informationsordnung wird somit die Grundlage „für eine effiziente und zielführende Zusammenarbeit von Vorstand und Aufsichtsrat" geschaffen.[326]

Darüber hinaus kann eine Informationsordnung hilfreich sein, wenn es einzelfallbedingt zu Beweisschwierigkeiten im Fall schadensverursachender Informationsmängel kommt[327] oder das Informationsverhalten des Vorstands grundsätzlich anhand einer Informationsordnung periodisch überprüft werden soll. Zu diesem Zweck kommt eine Erweiterung der Prüfungshandlungen des Abschlussprüfers in Betracht.[328] Dieser könnte die Informationsversorgung durch den Vorstand dahingehend prüfen, ob sie ordnungsgemäß bzw. den in der Informationsordnung festgelegten Rahmenbedingungen entsprechend erfolgt ist.[329] Der Einbezug der Informationsversorgung in die Prüfungshandlungen des Abschlussprüfers wird eine prophylaktische Wirkung entfalten und lässt deshalb eine Verbesserung der Vorstandsberichte und damit auch der Entscheidungsgrundlagen des Aufsichtsrats erwarten.[330]

---

[325] Vgl. Lutter/Krieger 2002, S. 129.

[326] Vgl. Theisen 2002, S. 69.

[327] Vgl. Theisen 2002, S. 88. Allerdings sind in der Literatur auch kritische Stimmen in Bezug auf den Erlass einer Informationsordnung zu finden. So erscheint Feddersen beispielsweise die Angemessenheit einer derartigen „Bürokratisierung und Formalisierung" fraglich; vgl. Feddersen 2000, S. 388.

[328] Vgl. dazu Dreist 1980, S. 250 ff. Vgl. zur grundsätzlichen Möglichkeit des Aufsichtsrats, die Prüfungs- und Berichterstattungsschwerpunkte des Abschlussprüfers festzulegen bzw. zu „individualisieren", Ludewig 2000, S. 635; Meyding/Mörsdorf 1999, S. 13; Schindler/Rabenhorst 1998, S. 1887.

[329] Vgl. Schneider 2000, S. 170.

[330] Vgl. Richter 1978, S. 31; ähnlich auch Peltzer 2003, S. 228, der den Abschlussprüfer bei der Erarbeitung eines Informationssystems „zweckmäßigerweise" hinzuziehen würde. Vgl. zur - damit zusammenhängenden - gestiegenen Verantwortlichkeit des Abschlussprüfers im Rahmen der Corporate Governance Hommelhoff/Mattheus 2003, S. 639 ff.

1.2.3.2 Ausschöpfung der Informations- und Einsichtrechte

Dem Aufsichtsrat stehen zur Durchsetzung seines Informationsbedarfs verschiedene Informations- und Einsichtrechte zur Verfügung. Neben der bereits an anderer Stelle dieser Arbeit erwähnten Möglichkeit, die turnusmäßige Berichterstattung des Vorstands im Bedarfsfall sowohl durch die Anforderung weiterer Berichte als auch durch die Ausübung seines Fragerechtes zu ergänzen bzw. zu konkretisieren,[331] ist der Aufsichtsrat befugt, die Bücher und Schriften sowie die Vermögensgegenstände des Unternehmens einzusehen und zu prüfen, um die ihm erteilten Informationen zu verifizieren.[332]

Da dieses Recht allerdings nur dem Gesamtaufsichtsrat, nicht jedoch einzelnen Aufsichtsratsmitgliedern zusteht, ist die faktische Einsichtnahme und Prüfung von Dokumenten durch den Aufsichtsrat nicht unproblematisch. So besteht die Gefahr, dass der Aufsichtsrat Unruhe ins Unternehmen trägt und dadurch mitunter falsche Signale auslöst.[333] Daher ist es ratsam, solche Untersuchungen einem *Ausschuss* zu übertragen. Falls die Klärung des Sachverhalts die Fachkenntnisse oder die zeitlichen Kapazitäten der Aufsichtsratsmitglieder übersteigen, kann bzw. muss der Aufsichtsrat auch Sachverständige hinzuziehen. Allerdings sieht der Gesetzgeber vor, dass Sachverständige lediglich für „bestimmte Aufgaben" herangezogen werden.[334] Andernfalls wäre die höchstpersönliche Amtsführung nicht mehr gewährleistet und der Aufsichtsrat würde ganz wesentliche Teile seiner Überwachungsarbeit einem Externen übertragen.[335]

Insgesamt unterscheidet sich die Einsichtnahme und Prüfung von Dokumenten insofern von den bisherigen Maßnahmen des Aufsichtsrats, als dass dieser hier in die Lage versetzt wird, die für die Überwachung notwendigen Informationen *eigenständig* zu beschaffen und der Informationsmacht des Vorstands auf diese Weise *unmittelbar* zu begegnen. Aufgrund der potenziellen innerbetrieblichen

---

[331] Vgl. Kap. E.I.1.2.1.1.

[332] Vgl. § 111 Abs. 2 AktG. Vgl. auch Semler 1999, S. 36. In Anlehnung an die Theorie der Informationsökonomie könnte man in diesem Zusammenhang auch von „mehrstufigen Informationsprozessen" durch den Aufsichtsrat sprechen, bei denen nach einer Informationsbeschaffungsaktion je nach deren Erfolg bzw. vorliegendem Informationswert entschieden wird, ob weitere Informationsbeschaffungsaktionen initiiert werden. Vgl. hierzu Janko/Hartmann 1985, S. 201.

[333] Vgl. im Folgenden Potthoff/Trescher 2001, S. 141.

[334] Vgl. § 111 Abs. 2 Satz 2 AktG.

[335] Vgl. Potthoff/Trescher 2001, S. 142.

Unruhen sollte der Aufsichtsrat sein diesbezügliches Recht jedoch nur in Ausnahmefällen durchsetzen, wenn also auf anderem Wege der Informationsfluss zwischen ihm und dem Vorstand nicht verbessert werden kann.[336]

1.2.3.3 Sanktionen gegen den Vorstand

Neben den vorstehend beschriebenen Ansatzpunkten zur Begegnung der Informationsmacht des Vorstands stehen dem Aufsichtsrat auch Sanktionsmittel gegenüber dem Vorstand zur Verfügung. Zum einen kann gegen jedes einzelne Vorstandsmitglied, das seiner Berichtspflicht nicht oder lediglich in ungenügendem Maße nachkommt, durch Verhängung eines Zwangsgeldes vorgegangen werden.[337] Ebenso hat der Aufsichtsrat (als Organ) einen klagbaren Anspruch gegen den Vorstand (als Organ) auf dessen Berichterstattung.[338] Um diesem Anspruch Nachdruck zu verleihen, können die Vorstandsmitglieder mit Zwangsgeld oder Zwangshaft belegt werden.[339]

Darüber hinaus hat der Aufsichtsrat die Möglichkeit, einzelne Vorstandsmitglieder nach vorgängiger, aber fruchtloser Abmahnung mit sofortiger Wirkung abzuberufen.[340] Durch eine unvollständige oder falsche Berichterstattung verletzt der Vorstand seine Dienstpflichten, womit gleichsam ein wichtiger Abberufungsgrund im Sinne des Gesetzgebers vorliegt.[341] Allerdings stellen Entlassungen eine Härte für die betroffenen Vorstandsmitglieder dar. Dies und die Tatsache, dass oftmals persönliche Beziehungen zwischen den Aufsichtsrats- und Vorstandsmitgliedern bestehen, erschweren aus theoretischer Sicht die Durchsetzung einer solchen personellen Maßnahme. Namentlich gilt es hier zu bedenken, dass diese auf Seiten

---

[336] Vgl. Potthoff/Trescher 2001, S. 141.

[337] Der Registerrichter kann auf Anregung des Aufsichtsrats nach § 407 Abs. 1 AktG, § 132 ff. FGG (Gesetz über die Angelegenheiten der freiwilligen Gerichtsbarkeit vom 17.5.1898) gegen jedes Vorstandsmitglied ein Zwangsgeld in Höhe von bis zu EUR 10.000,- verhängen.

[338] Vgl. von Schenck 1999, S. 231.

[339] Vgl. § 888 ZPO.

[340] Vgl. von Schenck 1999, S. 230.

[341] Vgl. § 84 Abs. 3 AktG. Vgl. auch die Ausführungen in Kap. E.1.2.1.1 dieser Arbeit.

der handelnden Aufsichtsratsmitglieder als „persönliches Makel" empfunden werden könnte.[342]

Gleichwohl wird der Abberufung des Vorstands aufgrund dessen defizitären Informationsverhaltens in der Literatur eine durchaus realistische Bedeutung beigemessen. Dagegen ist die Einklagung von Informationen vor Gericht wohl eher theoretischer Natur. In der Tat scheint es nicht erkennbar, wie eine erträgliche Zusammenarbeit zwischen Vorstand und Aufsichtsrat sowohl während als auch nach einem solchen Verfahren gewahrt werden soll.[343]

Im Schrifttum wird zu Recht konstatiert, dass die Tatsache, der Aufsichtsrat habe bestimmte Rechte, den Informationsfluss in seine Richtung zu verbessern, alleine noch nichts über deren Wahrnehmung und Durchsetzung aussagt.[344] Daher soll im Folgenden der Frage nachgegangen werden, welche der dargestellten Ansatzpunkte aus Sicht der Praxis wichtig für eine Verbesserung des Kommunikationsverhaltens sind.

2 Empirische Befunde zu den Ansatzpunkten des Aufsichtsrats

2.1 Einwirkungsmöglichkeiten des Aufsichtsrats

Ausgehend von den konzeptionellen Vorüberlegungen wurden die Befragten gebeten anzugeben, welche Maßnahmen in der Praxis wichtig für eine Verbesserung des Informationsverhaltens des Vorstands seien (vgl. Abb. 66).[345]

Die Darstellung zeigt zunächst, dass die Gesprächspartner der Positionierung des Aufsichtsrats als Gesprächs*partner* und *Berater* des Vorstands in wichtigen Fragen der Geschäftspolitik die mit Abstand größte Bedeutung (für ein verbessertes Informationsverhalten des Vorstands in der Überwachungspraxis) beimaßen (91,3%). Dieser zur Gruppe der *Motivations*instrumente gehörenden Maßnahme

---

[342] Vgl. Schneider 2000, S. 189. Eine solch begründete zögerliche Haltung des Aufsichtsrats könnte sich auch vor dem Hintergrund verstärken, dass hier nicht die mangelnde unternehmerische Leistung des Vorstands, sondern „lediglich" dessen Informationsverhalten moniert wird. Allerdings wäre eine solche Argumentation nicht tragbar, sind es doch gerade die Kontrollinformationen, die für eine wirksame Überwachung durch den Aufsichtsrat unabdingbar sind.

[343] Vgl. Lutter 1984, S. 72.

[344] Vgl. von Schenck 1999, S. 229.

[345] Vgl. Anhang II: Fragen 1 und 2 in Teil 4 des Fragebogens; Mehrfachnennungen möglich.

des Aufsichtsrats folgen mit der Anforderung zusätzlicher Berichte (69,6%), der Ausübung des dem Aufsichtsrat zustehenden Fragerechts (60,9%), einer jährlichen Beurteilung des Informationsverhaltens des Vorstands (50%), der Ergreifung personalpolitischer Maßnahmen (43,5%), dem Erlass einer Informationsordnung als Bestandteil der Geschäftsordnung für den Vorstand (39,1%), der Erweiterung der Prüfungshandlungen des Abschlussprüfers (37,0%) und den eigenständig initiierten Einsichtnahmen und Prüfungen von Dokumenten (30,4%) eine Reihe formeller *Macht*instrumente. Schließlich rangieren die beiden Motivationsinstrumente der Schaffung eines strategischen Anreizsystems für den Vorstand und der Vermittlung und Diskussion der relevanten Inhalte der strategischen Überwachung mit 28,3% bzw. 26,1% auf den letzten Plätzen.

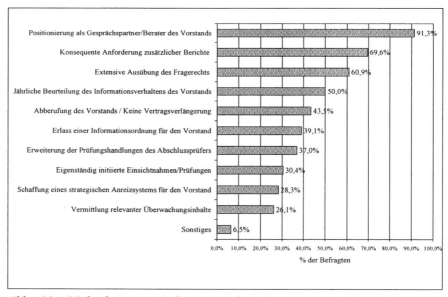

Abb. 66: Maßnahmen zur Verbesserung des Informationsverhaltens des Vorstands (über alle Befragten)

Bemerkenswert ist zunächst einmal die große Bedeutung der *Beratungsfunktion*. Hier werden die bereits im theoretischen Teil als sehr wichtig eingestuften Erkenntnisse bestätigt, dass a) der Informationsfluss zwischen Aufsichtsrat und Vorstand nur dann funktioniert, wenn gegenseitiges Vertrauen herrscht und b) Vertrauen und Kontrolle sich nicht gegenseitig ausschließen, sondern in einem komplementären Verhältnis zueinander stehen. Gleichsam widerlegt die Überwachungspraxis offensichtlich die Meinung derjenigen Autoren, die die Überwachung und Beratung des Vorstands als zwei sich grundsätzlich ausschließende Funktionen beschreiben. Im Gegenteil ist der überwiegende Teil der Befragten der Meinung, „ein Aufsichtsrat, der nur überwacht und nicht berät, ist ein schlechter Aufsichtsrat". Auf der anderen Seite wiesen einige Befürworter der Beratungsfunktion jedoch auf die Problematik hin, dass sich der offene Dialog zwischen Aufsichtsrat und Vorstand in der Regel leider nur auf die Aufsichtsratssitzungen beschränkt, was dem Aufsichtsrat eine konstruktive Kommunikation mit dem Vorstand erschwere und die Bedeutung dieses Ansatzpunktes in der Praxis wieder etwas relativiere.

Obgleich weit mehr als die Hälfte der befragten Aufsichtsratsmitglieder angaben, den Informationsfluss durch die *Ausübung des Fragerechts* nachhaltig zu verbessern, sind vor allen die Argumente jener Gesprächspartner, die diesbezüglich eine ablehnende Meinung vertraten, hervorzuheben. So wurde verschiedentlich zu bedenken gegeben, dass die Berichterstattung des Vorstands auf den Aufsichtsratssitzungen in der Regel eine „Ego-Show" sei, die auch durch gezieltes Nachfragen aus den Reihen des Aufsichtsrats nur sehr wenig beeinflusst werden könne. Weitere Gesprächspartner gaben zu bedenken, dass die Ausübung des Fragerechts kein probates Mittel sei, da sowohl das Plenum zu groß sei als auch die Reputation des Vorstands leide. Aus diesem Grund ziehe sich der Aufsichtsrat lieber auf die *Anforderung zusätzlicher Berichte* bzw. die Bitte an den Vorstand, in der nächsten Aufsichtsratssitzungen die entsprechenden Sachverhalte vertiefend zu präsentieren, zurück. Diese Argumentationsstränge sind aus theoretischer Sicht kaum akzeptabel.

Hinsichtlich des Einsatzes einer *Informationsordnung* ergab sich ein zweigeteiltes Meinungsbild. Während - wie gezeigt - 39,1% der Gesprächspartner die Vorteilhaftigkeit einer Informationsordnung, die *gemeinschaftlich* zwischen Aufsichtsrat und Vorstand erarbeitet werden kann, betonten und nachdrücklich für deren Erlass plädierten, sprach sich die Mehrheit der Befragten *gegen* diese Maßnahme aus. Als Hauptgrund wurde einerseits angeführt, man könne den Informationsbedarf des Aufsichtsrats nicht hinreichend detaillieren, um ihn in Form einer Informationsordnung zu dokumentieren. Andererseits lebe die Überwachungsarbeit eines Aufsichtsrats in hohem Maße vom informellen, d.h. nicht-geschriebenen Wort, so dass mit dem Erlass einer Informationsordnung die „Lebendigkeit der Überwa-

chung" verloren ginge. Aus theoretischer Sicht muss hier dennoch die Forderung
bestand haben, zumindest einen Mindestkatalog notwendiger Informationen zu
erarbeiten, der als Leitfaden und Orientierungshilfe für alle Beteiligten dient.

Ebenso unterschiedlich stellte sich das Meinungsbild der Befragten in Bezug auf
den *Abschlussprüfer* als denjenigen dar, der das Informationsverhalten des Vorstands im Auftrag des Aufsichtsrats überprüfen könnte. Der Großteil der Befürworter erachtete dieses als eine der wichtigsten Aufgaben des Abschlussprüfers
überhaupt. Weiterhin wurde die Erfahrung mitgeteilt, dass eine diesbezügliche
Ausweitung des originären Prüfungsauftrags bereits die gängige Praxis in
Deutschland darstelle. Ein Gesprächspartner verwies in diesem Zusammenhang
auf die Tatsache, dass die Qualität der Kommunikation zwischen Vorstand und
Aufsichtsrat stets ein Schwerpunktthema im Abschlussbericht des Wirtschaftsprüfers sei.

Diesbezüglich äußerten die übrigen Gesprächspartner große Bedenken. Ihrer Meinung nach sei der Abschlussprüfer mit einer Beurteilung des Informationsflusses
schlicht überfordert, so dass diese Kontrolle vom Aufsichtsrat selbst durchgeführt
werden müsse. Zudem vertraten die Befragten die Meinung, eine *Beurteilung des
Informationsverhaltens* sei grundsätzlich nicht praktikabel, da es einem „finger
pointing" gleichkomme, das lediglich auf informellem Wege, vor allem im Dialog
zwischen dem Aufsichtsratsvorsitzenden und dem Vorstandsvorsitzenden, durchführbar erscheine. Es bleibt abzuwarten, in welche Richtung sich die Praxis in
dieser Frage entwickelt.

Im Rahmen der Konzeptualisierung wurde ferner deutlich, dass die Etablierung
eines *strategisch orientierten Anreizsystems* zur Verbesserung des Informationsverhaltens des Vorstands als Überwachungsobjekt nicht zweifelsfrei anzuregen
ist. Die Befürworter dieser Maßnahme in der Praxis gaben an, dass die Schaffung
eines Anreizsystems durchaus zu einer Verbesserung des Informationsverhaltens
des Vorstands beitrage. Zwar unterliege ein Anreizsystem in diesem Fall vom
Grundsatz her einem falschen „Beweggrund", führe jedoch dazu, dass der Vorstand „auf die wichtigen Dinge getrimmt", die „Ziele verinnerliche" und folglich
besser informieren werde. Darüber hinaus wurde angeführt, der Vorstand werde
vor allem im Fall ungünstiger strategischer Entwicklungen bemüht sein, frühzeitig
an den Aufsichtsrat zu berichten, um auf diese Weise seine Entlohnung nicht zu
gefährden. Anders formuliert sehe sich der Vorstand häufiger veranlasst, „auf den
Aufsichtsrat zuzugehen". Diese Einschätzung entspricht weiten Teilen der im
Rahmen der Konzeptualisierung dargestellten theoretischen Argumentation.

Dagegen sprachen 71,7% der Befragten einem Anreizsystem die Wirksamkeit ab.
So wurde einerseits angeführt, ein *unmittelbarer* Zusammenhang zwischen der
Ausgestaltung eines solchen Anreizsystems und dem Informationsverhalten sei

nur sehr schwer bzw. überhaupt nicht herzustellen. Stellvertretend für dieses Erfahrungswissen äußerte ein Aufsichtsratsmitglied: „Man kann nur schlechtes Informationsverhalten bestrafen, aber ein gutes nicht durch Anreize hervorrufen!" Andererseits erkannten weitere Gesprächspartner einen Zusammenhang zwischen dem Anreizsystem und dem Informationsverhalten des Vorstands zwar grundsätzlich an, wiesen jedoch sogleich auf die große Gefahr eines sich im Ergebnis sogar *verschlechternden* Informationsverhaltens hin. Diese Einschätzung liege in der Tatsache begründet, dass der Vorstand sein Handeln „stur an der Einhaltung der vorab definierten strategischen Maßgrößen" orientiere, sich unflexibel und eingeengt fühle und den Aufsichtsrat in der Folge tendenziell eher schlechter informiere als besser.

Widmet man sich abschließend dem *gruppenspezifischen Antwortverhalten*, so stellen sich interessante Befunde heraus (vgl. Abb. 67).

	1		2		3	
	Dax-Aufsichts- ratsvorsitzende	Sonstige	Börsenotierte Unternehmen	Nicht- börsennotierte Unternehmen	Anteilseigner- vertreter	Arbeitnehmer- vertreter
Positionierung als Gesprächspartner/Berater des Vorstands	90,9%	91,4%	93,5%	86,7%	90,6%	92,9%
Konsequente Anforderung zusätzlicher Berichte	54,5%	74,3%	64,5%	80,0%	65,6%	78,6%
Extensive Ausübung des Fragerechts	54,5%	62,9%	64,5%	53,3%	50,0%	85,7%
Jährlichen Beurteilung des Informationsverhaltens des Vorstands	72,7%	42,9%	51,6%	46,7%	56,3%	35,7%
Abberufung des Vorstands / Keine Vertragsverlängerung	54,5%	40,0%	38,7%	53,3%	53,1%	21,4%
Erlass einer Informationsordnung für den Vorstand	27,3%	42,9%	35,5%	46,7%	43,8%	28,6%
Erweiterung der Prüfungshandlungen des Abschlussprüfers	18,2%	42,9%	22,6%	66,7%	40,6%	28,6%
Eigenständig initiierte Einsichtnamen/ Prüfungen	9,1%	37,1%	32,3%	26,7%	28,1%	35,7%
Schaffung eines strategischen Anreizsystems für den Vorstand	27,3%	28,6%	29,0%	26,7%	28,1%	28,6%
Vermittlung der relevanter Überwachungsinhalte	27,3%	25,7%	25,8%	26,7%	31,3%	14,3%

Abb. 67: Maßnahmen zur Verbesserung des Informationsverhaltens des Vorstands (gruppenspezifisches Antwortverhalten)

Zunächst bestätigt sich, dass der Positionierung des Aufsichtsrats als *Gesprächs-partner* und *Berater* des Vorstands in wichtigen Fragen der Geschäftspolitik kon-sistent über alle Gruppen hinweg jeweils die größte Bedeutung beigemessen wur-de. Jenseits dieser Gemeinsamkeit werden jedoch zum Teil erhebliche *Meinungs-unterschiede* deutlich.

So scheint im Kreis der *Dax-Aufsichtsratsvorsitzenden* vor allem eine jährliche Beurteilung des Informationsverhaltens des Vorstands zur Verbesserung dessen Informationsverhaltens in Frage zu kommen (72,7%), wohingegen die übrigen Maßnahmen offensichtlich eine relativ untergeordnete Bedeutung für die Praxis spielen. Hier stieß vor allem die eigenständige Einsichtnahme und Prüfung von Dokumenten (9,1%) und die Erweiterung der Prüfungshandlungen des Ab-schlussprüfers (18,2%) auf eine vergleichsweise deutliche Ablehnung. Auch fällt eine - im Vergleich - stärkere Zurückhaltung der Dax-Aufsichtsratsvorsitzenden in Bezug auf die Anforderung zusätzlicher Berichte und der Ausübung des Frage-rechts auf, was mutmaßlich mit dem engeren Kontakt dieses Personenkreises mit dem Vorstand erklärt werden kann. Die vorstehend konstatierte Zurückhaltung gilt nicht für die Ergreifung personalpolitischer Maßnahmen, die von über der Hälfte der befragten Dax-Aufsichtsratsvorsitzenden (54,5%) als eine adäquates - wenngleich auch drastisches - Instrument bezeichnet wurden.

Daneben fällt auf, dass die *Arbeitnehmervertreter* insbesondere jene Maßnahmen bevorzugten, die *unmittelbar* auf den jeweiligen *Aufsichtsratssitzungen* zu ergrei-fen sind. So erachtet die große Mehrheit dieser Gruppe die Anforderung zusätzli-cher Berichte (78,6%) und die Ausübung des Fragerechts (85,7%) als wichtig. Bezieht man die Maßnahme der Einsichtnahme und Prüfung von Dokumenten mit ein, so kann darüber hinaus vermutet werden, dass die Arbeitnehmervertreter ins-gesamt dazu intendieren, ihren Informationshaushalt eher im *Nachgang* eines identifizierten Informationsdefizits verbessern zu wollen, wohingegen die *Anteils-eignervertreter* stärker die eher langfristig ausgelegten Maßnahmen - wie etwa die jährliche Beurteilung des Informationsverhaltens des Vorstands (56,3%), den Er-lass einer Informationsordnung (43,8%) oder die Vermittlung der relevanten Überwachungsinhalte (31,3%) - in den Vordergrund stellten.

Abschließend soll in einer Gegenüberstellung des Antwortverhaltens der Auf-sichtsratsmitglieder *börsennotierter* mit jenen *nicht-börsennotierter Unternehmen* erwähnt werden, dass der Abschlussprüfer in nicht-börsennotierten Unternehmen offensichtlich eine weitaus wichtigere Rolle im Rahmen der Beurteilung des In-formationsverhaltens des Vorstands zukommt als in börsennotierten Unternehmen (66,7% vs. 22,6%).

2.2 Kritische Reflexion

In der Überwachungspraxis scheint der Durchsetzung der dem Aufsichtsrat zur Verfügung stehenden Instrumente zur Verbesserung seiner Informationsversorgung nicht die Bedeutung zuzukommen, die sie in der Theorie erfährt. Vielmehr deuten die Prozentwerte auf eine gewisse Zurückhaltung des Aufsichtsrats hin.[346] Eine positive Ausnahme bildet die Positionierung des Aufsichtsrats als Gesprächspartner und Berater des Vorstands, die von der großen Mehrheit der Befragten als wichtig eingestuft wurde.

Klammert man den vorstehend angesprochenen Ansatzpunkt aus, so fällt im Zuge einer rekapitulierenden Betrachtung der vorgetragenen Argumente *gegen* einzelne Maßnahmen auf, dass die Befragten - unter ihnen vor allem die Dax-Aufsichtsratsvorsitzenden - regelmäßig auf die potenzielle Gefahr eines gestörten Vertrauensverhältnisses zwischen Aufsichtsrat und Vorstand hinwiesen. Vor diesem Hintergrund ist es als sehr überraschend einzustufen, dass dem Einsatz der *formellen Machtinstrumente* eines Aufsichtsrats insgesamt offenbar eine höhere praktische Bedeutung zukommt als der Versuch, durch die Förderung der Akzeptanz der Überwachung *motivierend* auf den Vorstand einzuwirken. Hier erstaunt vor allem, dass die beiden Ansatzpunkte der Schaffung eines Anreizsystems und der Vermittlung der relevanten Überwachungsinhalte derart am unteren Ende und noch weit hinter dem Instrument der Abberufung des Vorstands aufgrund dessen defizitären Informationsverhaltens rangieren.

Obgleich sich eine weitere Erkenntnis darin widerspiegelt, dass sich in Bezug auf die Wirksamkeit der hier diskutierten Maßnahmen kaum einheitliche Standpunkte herauskristallisiert haben und das Erfahrungswissen bzw. Meinungsbild hinsichtlich der Bedeutung *einzelner* Ansatzpunkte für die Praxis vielmehr weit - oftmals diametral - auseinander liegt, scheinen die Befunde insgesamt den Eindruck zu bekräftigen, dass die Kernaussagen und Empfehlungen der verhaltenswissenschaftlichen Literatur zur Überwachung im Allgemeinen wohl nur sehr eingeschränkt übertragbar auf das hier zugrunde liegende (besondere) Überwachungsverhältnis zwischen Aufsichtsrat und Vorstand sind.

Nachdem nunmehr die Untersuchungen der dieser Arbeit zugrunde liegenden Beschreibungsdimensionen der beiden Analyseebenen abgeschlossen sind, widmet

---

[346] In diesem Zusammenhang passt die Meinung einiger befragter Aufsichtsratsmitglieder, man könne den eigenen Informationshaushalt sowieso nicht richtig einschätzen und müsse sich dementsprechend auf die Aufrichtigkeit des Vorstands verlassen.

sich das nächste Kapitel einer rekapitulierenden Schlussbetrachtung der wichtigsten Ergebnisse sowie der theoretischen und praktischen Implikationen für die Unternehmensüberwachung.

F Schlussbetrachtung

I Zusammenfassung der zentralen Ergebnisse

Das übergeordnete *Ziel* der vorliegenden Arbeit bestand in der theoretisch fundierten Gewinnung weiterführender Erkenntnisse über die Unternehmensüberwachung durch den Aufsichtsrat, um auf diese Weise einen veritablen Beitrag zur aktuellen Corporate Governance-Diskussion in Deutschland zu leisten. Zu diesem Zweck lag der Untersuchung eine empirische Forschungsstrategie zugrunde, die sich primär dem Entdeckungszusammenhang und weniger der Prüfung von Hypothesen verpflichtet fühlt. Im Rahmen eines solchen explorativen Forschungsansatzes spielt die Erarbeitung des *konzeptionellen Bezugsrahmens* eine wesentliche Rolle, da dieser die als relevant erachteten theoretischen Kategorien und somit das Vorverständnis des Forschers darlegt.

Die eigene Forschungstätigkeit setzte an einer systematischen Einordnung des Untersuchungsgegenstands in den *Gesamtkontext* der Corporate Governance-Forschung an. Die ausführlichen Erläuterungen in Bezug auf eine begriffliche Abgrenzung führten schließlich zu einem Corporate Governance-Verständnis, das sich in den Überwachungsmechanismen von Aktiengesellschaften zur Sicherstellung einer an den Aktionärsinteressen ausgerichteten Unternehmensführung konstituiert. Daran anknüpfend wurden die theoretischen Grundlagen der Corporate Governance kurz aufgezeigt und der Aufsichtsrat als *ein* Corporate Governance-Mechanismus in Aktiengesellschaften identifiziert. Wie die Ausführungen verdeutlichten, kommt dem Überwachungsorgan *Aufsichtsrat* vor allem in Deutschland eine vergleichsweise große Bedeutung zu, da eine *ganzheitliche* Betrachtung des Corporate Governance-Systems hierzulande - anders als etwa im angloamerikanischen Raum - zu begründeten Zweifeln an der disziplinierenden Wirkung der übrigen Corporate Governance-Mechanismen (vor allem des Kapitalmarkts) führt. Vor dem Hintergrund, dass ein umfassendes theoretisches Konzept der Unternehmensüberwachung durch den Aufsichtsrat nicht existiert, zielte die weitere Untersuchung auf die *Entwicklung* und *Konkretisierung* des eigenen konzeptionellen *Ausgangsbezugsrahmens*.

Hier wurde betont, dass die Analyse der Unternehmensüberwachung durch den Aufsichtsrat in erster Linie an der *Agency-Theorie* anzusetzen hat, da diese das ökonomische Verständnis für die problematische vertragliche Beziehung zwischen den Anteilseignern und dem Management erhöht und im Zuge dessen wichtige Rahmenbedingungen für die Koordination von Führungssystemen in Aktiengesellschaften aufzeigt.

So soll die Arbeit des Aufsichtsrats in erster Linie dazu führen, die nachvertragliche, zuungunsten der Eigentümer bestehende Informationsasymmetrie zu reduzieren bzw. die strategischen Entscheidungen des Vorstands im Sinne der Aktionäre zu überwachen. Im Zuge einer abschließenden kritischen Reflexion wurde der Erkenntnisfortschritt der Agency-Theorie in *dem* Punkt relativiert, dass diese von weiterführenden Empfehlungen in Bezug auf die *konkrete Ausgestaltung* der Überwachungshandlungen des Aufsichtsrats absieht.

Vor diesem Hintergrund wurden mit dem *Aufsichtsrat* und dem *Austauschverhältnis* zwischen dem Aufsichtsrat und dem Vorstand zunächst die beiden der Arbeit zugrunde liegenden Analyseebenen definiert. Auf der *ersten Ebene* wurde der Erkenntnis gefolgt, dass der Aufsichtsrat zuvorderst ein *Überwachungsverständnis* zu entwickeln hat, das es ihm erlaubt, die Unternehmensführung durch den Vorstand im aufgezeigten Sinne zu überwachen. Die theoretische Basis dafür bildete die Gegenüberstellung des Konzepts der traditionellen Ergebniskontrolle mit dem der so genannten strategischen Überwachung. Einen weiteren Schwerpunkt bildete die Untersuchung der *Organisationsstruktur* des Aufsichtsrats, zu deren wirksamer Ausgestaltung dieser im Rahmen der sachgerechten Erfüllung der Überwachungsaufgabe verpflichtet ist. Hier wurden in Anlehnung an das Forschungsprogramm der Organisationstheorie verschiedene Dimensionen bzw. Instrumentalvariablen organisationsstruktureller Regelungen untersucht.

Unter Rückgriff auf die Netzwerktheorie wurde schließlich herausgearbeitet, dass sich die *zweite Analyseebene* zu Forschungszwecken anhand der beiden Beschreibungsdimensionen *Informationsaustausch* und *gegenseitige Macht und Einflussnahme* beschreiben lässt. Dabei beinhaltet der Informationsaustausch sowohl die Informationsbeschaffungsaktivitäten des Aufsichtsrats als auch dessen Mitteilung der Überwachungsergebnisse an den Vorstand. Bei der zweiten genannten Beschreibungsdimension stand der macht-psychologische Verhaltensaspekt der Überwachung im Mittelpunkt der Ausführungen. Hier wurde explizit dem Umstand Rechnung getragen, dass die Überwachungshandlungen des Aufsichtsrats zwar eine *Beeinflussung* des Vorstandsverhaltens intendieren, andererseits jedoch selbst entscheidend durch dessen Verhalten *beeinflusst werden*. In diesem Zusammenhang wurde die ökonomische Problematik des deutschen Aufsichtsrats-/Vorstandsmodell aufgegriffen, dass der Vorstand als zu überwachende Instanz gleichzeitig ein überwachungsinformatorisches Machtpotenzial besitzt, das der Aufsichtsrat wiederum in sein Überwachungskalkül einzubeziehen hat.

In einer rekapitulierenden Betrachtung der *zentralen* Erkenntnisse in Bezug auf das *Überwachungsverständnis* des Aufsichtsrats muss zunächst ernüchternd konstatiert werden, dass die Befunde auf gravierende Defizite der praktischen Überwachungsarbeit hindeuten. Hier ist in erster Linie die eindeutige Dominanz ergebnisorientierter Überwachungshandlungen zu betonen, die sowohl einem *frühzeitigen Eingriff* des Aufsichtsrats im Fall strategiebedrohlicher Entwicklungen als auch eine Generierung *sachlich richtiger Schlussfolgerung* bei der Interpretation etwaiger Soll/Ist-Abweichungen entgegenstehen. Auch widerspricht es den theoretischen Erkenntnissen, dass die nach außen gerichteten Kontrollarten der Prämissenüberwachung und der so genannten strategischen Überwachung in der Praxis nach Auskunft der Befragten nur eine untergeordnete Rolle spielen. Insofern konnte im Rahmen der vorliegenden Untersuchung insgesamt eine erhebliche Abweichung der Überwachungspraxis vom theoretischen, planbegleitenden Überwachungsmodell nachgewiesen werden.

Diese problematische Feststellung findet ihre Fortsetzung in den Untersuchungsergebnissen zu den einzelnen Kontrollarten. An dieser Stelle ist vor allem auf das Ergebnis zu verweisen, dass der Aufsichtsrat mehrheitlich weder aktiv an der Definition der strategischen Unternehmensziele[1] noch an der Festlegung bzw. Beurteilung des strategischen Prämissenkatalogs mitwirkt. Darüber hinausgehend ist zu monieren, dass sich die Überwachungshandlungen in der Praxis offenkundig primär an den jahresabschlussorientierten Kennzahlen orientieren und von einer materiellen Berücksichtigung der - insbesondere für die Anteilseigner wichtigen - wertorientierten Größen weitgehend abgesehen wird.

Im Rahmen der Analyse der *organisationsstrukturellen Regelungen* des Aufsichtsrats wurden die Befunde zunächst als allgemeine Befürwortung einer verstärkten Ausschussbildung durch den Aufsichtsrat interpretiert. Interessanterweise konnte zudem das Ergebnis festgehalten werden, dass die Überwachungspraxis mehrheitlich für die Einrichtung eines (speziellen) Ausschusses, der sich ausschließlich mit der strategischen Planung des Vorstands befasst und den Angaben zufolge vier Mitglieder ausweisen sollte, votiert. Dies überrascht vor dem Hintergrund, dass ein solcher Ausschuss in deutschen Aufsichtsräten bisher nicht weit verbreitet ist. Gleichsam konnte erhoben werden, dass die hierzulande übliche organschaftliche Präsenz der Arbeitnehmervertreter insbesondere im Zusammenhang mit der Etablierung eines Strategieausschusses als problematisch einzustufen ist und auf deutliche Diskrepanzen innerhalb des Aufsichtsrats hinweist. Diese

---

[1] Vgl. zu dieser Forderung ausführlich Lukarsch 1998, S. 46.

treten erwartungsgemäß am deutlichsten in einer Gegenüberstellung des Antwortverhaltens der Anteilseigner- und der Arbeitnehmervertreter hervor. Während die in die Untersuchung einbezogenen *Arbeitnehmervertreter* mehrheitlich eine paritätische Besetzung des Strategieausschusses forderten, sprach sich hier der Großteil der *Anteilseignervertreter* für einen - allerdings kaum zu realisierenden - vollständigen Ausschluss der Arbeitnehmerseite bzw. die Beteiligung maximal *eines* Arbeitnehmervertreters aus. Darüber hinaus erstaunt aus theoretischer Perspektive der Befund, dass die Gesprächspartner im Rahmen der Beurteilung der Eignungsvoraussetzung für eine Mitgliedschaft im Strategieausschuss insgesamt den entsprechenden *fachlichen Befähigungen* der Aufsichtsratsmitglieder kaum Beachtung schenken.

Bezug nehmend auf den Koordinationsmechanismus der *Delegation* überwiegt die Ansicht der Überwachungspraxis, einen Ausschuss grundsätzlich mit *weitreichenden Kompetenzen* auszustatten, da die Ausschussbildung andernfalls wertlos sei. In Anbetracht der wichtigen strategischen Sachverhalte, die im konkreten Fall eines Strategieausschusses behandelt werden, sprach sich die Mehrheit allerdings dafür aus, diesen nicht mit *Entscheidungs*kompetenzen, sondern vielmehr mit der Befugnis zur Erarbeitung von Verhandlungs- und Beschlussvorlagen als Entscheidungsgrundlagen für das gesamte Plenum auszustatten. Falls ein Aufsichtsrat den Strategieausschuss mit Entscheidungskompetenzen ausstatten, gleichzeitig aber eine Aushöhlung der Gesamtverantwortung des Plenums vermeiden möchte, bietet es sich aussagegemäß an, die Entscheidungskompetenz des Ausschusses an monetäre Wertgrenzen oder einzelfallbezogene Ermächtigungen durch das Plenum - etwa im Rahmen einer bestimmten Akquisition - zu koppeln.

Im Rahmen der *Koordination* der Aufsichtsrats- und Ausschussarbeit kommt dem Aufsichtsratsvorsitzenden offenbar eine große Bedeutung zu. Insbesondere sind hier die von der Überwachungspraxis mehrheitlich genannten anteilseignerseitigen „Bänkegespräche" zu erwähnen, zu denen der Aufsichtsratsvorsitzende regelmäßig - allerdings informal - einlädt. Dagegen scheint der Koordinationsmechanismus der Programmierung nicht auf die Überwachungsarbeit eines Aufsichtsrats übertragbar zu sein. Zum einen wurde an dieser Stelle ein drohender Flexibilitätsverlust der Überwachung angemahnt, zum anderen wurde betont, dass die Überwachungshandlungen in der Praxis primär kreative Bewertungen bzw. Urteilsbildungen durch die Aufsichtsratsmitglieder erfordern, so dass eine standardisierte Festlegung der Aufgabenerfüllungsprozesse der Qualität der Überwachung abträglich sei. Auch sei jegliche Form der Programmierung nicht mit der Persönlichkeitsstruktur der Aufsichtsratsmitglieder in Einklang zu bringen. Im Ergebnis wurde die Vermutung bestätigt, dass Programmierung in der Tat lediglich im Bereich operativer Kontrollprozesse anwendbar ist.

Für den abschließend behandelten Mechanismus der *Formalisierung* zeigt sich, dass dieser in der Überwachungspraxis in erster Linie auf Protokolle der Plenums- bzw. Ausschusssitzungen, schriftlichen Leistungsbeurteilungen (Board-Reviews) sowie die schriftliche Fixierung der Aufgaben und Kompetenzen einzelner Aufsichtsratsmitglieder bzw. -ausschüsse beschränkt ist. Dabei ist der Befund auffallend, dass insbesondere die Sinnhaftigkeit der *Board-Reviews* eine starke Polarisierung der Aufsichtsratsmitglieder hervorrief. Obgleich die Mehrheit der Gesprächspartner eine schriftliche Leistungsbeurteilung als positiv einschätzte und dabei großenteils auf bereits realisierte Verbesserungsmaßnahmen innerhalb der Aufsichtsratsarbeit verwies, wertete der andere Teil der Befragten eine solche Vorgehensweise als „intellektuell nicht nachvollziehbare Bürokratisierung der Aufsichtsratsarbeit" ab.

Im Rahmen der Analyse des Informationsaustausches zwischen Aufsichtsrat und Vorstand offenbarten die Befunde zur *Informationsnachfrage* des Aufsichtsrats zunächst, dass die Überwachungspraxis unter allen *formalen Anforderungen* an die Vorstandsberichterstattung der Vollständigkeit und Wahrheit der Informationen erwartungsgemäß die größte Bedeutung beimisst. Widmet man sich in einem zweiten Schritt der Einschätzung in Bezug auf den *inhaltlichen Informationswert* der einzelnen Berichte für die (strategische) Überwachung, so deckt insbesondere die vergleichsweise hohe Bedeutungseinschätzung des Jahresabschlusses erneut einen bemerkenswerten Widerspruch zu den theoretischen Erkenntnissen auf. Dieser Befund korrespondiert mit der oben bereits festgestellten dominanten Orientierung der Aufsichtsräte an den klassischen, buchhalterischen Zielkriterien.

Während die Ergebnisse hinsichtlich der Nutzung *interner Informationsquellen* durch den Aufsichtsrat das im Schrifttum diesbezüglich vorliegende *indifferente* Meinungsbild bestätigen, weisen die Befunde zur Verwendung *externer Informationsquellen* auf eine bemerkenswerte Zurückhaltung seitens des Aufsichtsrats hin. Obgleich der konsequente Rückgriff auf allgemein zugängliche Informationsquellen - wie etwa die Geschäftsberichte konkurrierender Unternehmen oder Mitteilungen von Branchenverbänden - in der Literatur unter der allgemeinen Sorgfaltspflicht eines Aufsichtsratsmitglieds subsumiert wird, scheint sich die Überwachungspraxis im Rahmen der kritischen Beurteilung überwachungsrelevanter Sachverhalte primär auf die Informationsversorgung durch den Vorstand sowie persönliche Erfahrungswerte zu verlassen.

Ebenso wie die vorstehenden Ausführungen weisen auch die Befunde bezüglich der *Durchsetzung der Überwachungsergebnisse* durch den Aufsichtsrat in der Praxis auf ein relatives hohes Maß an Passivität des Überwachungsorgans hin.

Hier muss vor allem das Instrument der Zustimmungsverweigerung bestimmter Geschäfte Erwähnung finden. Dieses wird aus theoretischer Sicht zu Recht als besonders wirksam erachtet, da es den Aufsichtsrat in die Lage versetzt, wichtige Geschäfte bereits *vor* deren Realisation dahingehend zu prüfen, ob sie den Interessen der Aktionäre entsprechen. Vor dem Hintergrund a) der erhobenen geringen Bedeutung der Zustimmungsverweigerung in der Praxis und b) der Tatsache, dass lediglich gut die Hälfte der Gesprächspartner für einen Zustimmungsvorbehalt in Bezug auf die *strategische Planung* plädierten, muss der oben konstatierte negative Eindruck des Aufsichtsrats als ein primär ex-post orientiertes, nicht aktiv agierendes Gremium in diesem Punkt ausdrücklich bestätigt werden. Gleichzeitig erstaunt, dass selbst die Abberufung eines Vorstandsmitglieds in der Praxis weiter verbreitet zu sein scheint als die Zustimmungsverweigerung eines einzelnen Geschäftes.

Die Befunde zur erforderlichen *fachlichen Kompetenz* des Aufsichtsrats bzw. dessen Mitgliedern weisen zunächst auf die vergleichsweise große (geringe) Bedeutung betriebswirtschaftlicher (juristischer) Kenntnisse aus Sicht der Befragten hin. Ferner bestätigen die hier erhobenen Ergebnisse insofern den primär *unternehmensinternen* Blickwinkel der Aufsichtsratsmitglieder, als dass diese etwaige Kenntnisse über Unternehmensinterna insgesamt als weitaus wichtiger einstuften als unternehmens*umwelt*bezogenes Know-how, etwa über die Wettbewerbsbedingungen der Branche. Zudem überrascht, dass sich dieser Befund nicht allein bei den Arbeitnehmervertretern, sondern vielmehr besonders deutlich in Reihen der Dax-Aufsichtsratsvorsitzenden und der Anteilseignervertreter abzeichnet. Gleichermaßen findet die erhobene geringe Wertschätzung der in die Untersuchung einbezogenen Gesprächspartner gegenüber externen Informationsquellen hier ihre Bestätigung.

Bezüglich der erforderlichen *Unabhängigkeit* eines Aufsichtsratsmitglieds bestätigten die Befragten, dass diese vor allem bei bestehenden Doppelmandaten in Konkurrenzunternehmen stark bezweifelt werden muss. Interessanterweise konnte erhoben werden, dass der im Rahmen der Corporate Governance-Diskussion häufig kritisierte Wechsel eines Vorstandsmitglieds in den Aufsichtsrat des gleichen Unternehmens die Unabhängigkeit der betreffenden Person nach Auskunft der Befragten kaum einschränkt. Allerdings blieb hier nicht unerwähnt, dass sich dieses Meinungsbild erwartungsgemäß deutlich in den Kreisen der Dax-Aufsichtsratsvorsitzenden und Dax-Aufsichtsratsmitglieder zeigte, deren Erfahrungswerte sich auf eine diesbezüglich gängige Praxis gründen.

Die abschließenden Befunde in Bezug auf die *Einwirkungsmöglichkeiten* des Aufsichtsrats zur *Verbesserung des Informationsverhaltens* des Vorstands weisen insgesamt auf die vorstehend bereits angeführte deutliche *Zurückhaltung* des Aufsichtsrats hin. Das vorgetragene Hauptargument gegen den Einsatz der aufgezeigten Instrumente ist die Gefahr eines *gestörten Vertrauensklimas* zwischen Vorstand und Aufsichtsrat, das sich insgesamt äußerst nachteilig auf die Überwachung auswirken würde. Allerdings überrascht in diesem Zusammenhang der Befund, dass die diskutierten *verhaltenswissenschaftlichen* Maßnahmen, die aus theoretischer Sicht vor allem eine prophylaktische bzw. motivierende Wirkung entfalten sollen, insgesamt als unwichtiger für die Überwachungspraxis eingestuft wurden als die *formellen Machtinstrumente*. Eine positive Ausnahme bildet die mit großer Mehrheit als bedeutsam eingeschätzte Positionierung des Aufsichtsrats als Berater des Vorstands.

Ingesamt spiegeln die Untersuchungsergebnisse aus theoretischer Sicht ein sehr *ernüchterndes* Bild der Unternehmensüberwachung durch den Aufsichtsrat in der Praxis wider. Dabei konstituieren sich die auffälligsten Problembereiche in folgenden, hypothesenartig formulierten Feststellungen:

(1) Der Aufsichtsrat arbeitet zu *vergangenheitsorientiert*.

(2) Der Aufsichtsrat arbeitet zu stark *nach innen gerichtet*.

(3) Der Aufsichtsrat arbeitet zu *passiv*.

Insofern ist abschließend zu konstatieren, dass der Aufsichtsrat die hohen theoretischen Ansprüche an dessen Arbeit, die in Deutschland vor allem in der fehlenden bzw. zweifelhaften Wirksamkeit der übrigen Corporate Governance-Mechanismen begründet liegen, in der Praxis scheinbar nur in Ansätzen erfüllt.

II Handlungsempfehlungen für die Überwachungspraxis

Obgleich das eigene Forschungsdesign keine hypothesentestende, effizienzanalytische Vorgehensweise zuließ, können bereits zu diesem (anfänglichen) Zeitpunkt des Forschungsprozesses eine Vielzahl theoretisch begründeter Schwachstellen der Unternehmensüberwachung durch den Aufsichtsrat aufgezeigt werden. Vor diesem Hintergrund erlauben die Ergebnisse der vorliegenden Untersuchung durchaus die Ableitung erster *Hinweise* auf Handlungsempfehlungen für die Überwachungspraxis.

Zur Überwindung der oben kritisierten *Vergangenheitsorientierung* des Aufsichtsrats empfiehlt es sich zunächst, dass sich dieser verstärkt den strategischen Kontrollarten zuwendet. Eine wirksame Überwachung setzt den zeitlichen Gleichlauf der Kontrollhandlungen des Aufsichtsrats mit den strategischen Planungs- bzw. Entscheidungsprozessen des Vorstands voraus. Eine weitere wichtige Handlungsempfehlung beinhaltet die stärkere Orientierung des Aufsichtsrats an *wertorientierten Kennzahlen*. Zur Realisierung einer zukunftsorientierten, auf die Interessen der Anteilseigner ausgerichteten Kontrolle ist eine Abkehr des Überwachungsträgers von den in der Praxis dominierenden buchhalterisch geprägten Erfolgsgrößen (hier vor allem dem Jahresüberschuss) unabdingbar. Damit einhergehend ist vom Aufsichtsrat zu fordern, dass er den inhaltlichen Informationswert der Bilanz, der Gewinn- und Verlustrechung und des Anhangs für die wertorientierte, strategische Überwachung weniger hoch einstuft als dies in der Praxis offensichtlich geschieht.

Die Untersuchungsergebnisse offenbaren zudem eine in der Praxis nur unzureichende Berücksichtigung überwachungsrelevanter Ereignisse und Entwicklungen *außerhalb* des Unternehmens. Neben der vorstehend empfohlenen Fokussierung des Aufsichtsrats auf die *strategischen Kontrollarten* (hier vor allem auf die Prämissenkontrolle und die ungerichtete Überwachung der Unternehmensumwelt) würde zudem eine intensivere Nutzung *unternehmensexterner Informationsquellen* zu einer Verbesserung der Überwachung beitragen. Eng damit verbunden ist eine zu fordernde Aufwertung *unternehmensumweltbezogener Kenntnisse* der Aufsichtsratsmitglieder. Irrtümlicher erachtet die Überwachungspraxis bislang ein diesbezügliches Know-how als nicht maßgeblich für die Qualität der Überwachungsarbeit.

Weitere praktische Implikationen ergeben sich aus der identifizierten *Passivität* des Aufsichtsrats. In erster Linie weisen die Untersuchungsergebnisse auf die Notwendigkeit hin, dass der Aufsichtsrat *aktiver* an die *Festlegung* der strategischen *Unternehmensziele* mitwirkt. Auch sollte das Instrument der *Zustimmungsverweigerung* bestimmter Geschäfte in der Praxis eine Aufwertung erfahren, wobei hier auch über die Aufnahme der gesamten *strategischen Planung* des Vorstands in den Katalog zustimmungspflichtiger Geschäfte nachzudenken sein wird.

An dieser Stelle sei zudem nochmals auf die überwachungsrelevante Informationsmacht des Vorstands rekurriert. Zu deren Reduktion sollte der Aufsichtsrat seine insgesamt nur zögerliche Haltung überdenken und vielmehr durch die gezielte Ergreifung ausgewählter Maßnahmen (z.B. verstärkte Ausübung des Fragerechts, Erlass einer Informationsordnung etc.) zunehmend auf das Informationsverhalten des Vorstands einwirken. Dabei gilt es selbstverständlich zu beachten, dass das von den Gesprächspartnern als äußerst wichtig eingestufte Vertrauensverhältnis zwischen Aufsichtsrat und Vorstand gewahrt bleibt.

Vor dem Hintergrund der vorstehenden Ausführungen sei noch einmal die organisatorische Gestaltungsoption der Etablierung eines *Strategieausschusses* aufgegriffen. In Kenntnis der an verschiedenen Stellen der Untersuchung vorgetragenen Argumente bzw. Erklärungsansätze der Gesprächspartner hinsichtlich der defizitären Überwachungspraxis und der Vorteilhaftigkeit spezialisierter Organisationseinheiten vermag ein Ausschuss, der sich *ausschließlich* und zumindest *entscheidungsvorbereitend* mit der strategischen Planung des Vorstands befasst, einen veritablen Beitrag zur Überwindung eines großen Teils der Probleme zu leisten.

Abschließend ist in Richtung der *Kodex-Kommission* die Forderung zu richten, sie möge ihre großenteils oberflächlichen, den Gesetzestext wiederholenden Formulierungen zugunsten *konkreterer Handlungsempfehlungen* aufgeben und den deutschen Aufsichtsräten gleichermaßen deren große Verantwortung für die Realisierung einer aktiven, planbegleitenden, prädezisionalen Unternehmensüberwachung signalisieren.

III Ausblick auf zukünftige Forschungsleistungen

Die wesentliche Herausforderung *zukünftiger Forschungsleistungen* besteht vor allem in einer Vertiefung des Untersuchungsgegenstands sowohl auf *konzeptioneller* als auch auf *methodologischer* Ebene.

▶ Konzeptionelle Ebene

Im Rahmen der Corporate Governance-Diskussion wird - meist nur implizit - ein Zusammenhang zwischen der Ausgestaltung der Überwachung und dem „Unternehmenserfolg" unterstellt. Dieser zweifellos plausible Leitgedanke konnte bislang jedoch lediglich *punktuell* wissenschaftlich untermauert werden.[2] *Konzeptionelle* Erweiterungen des vorliegenden Forschungsgegenstands sollten daher in Zukunft vor allem die Möglichkeit des Einbezugs eines tragfähiges *Effizienzkonstruktes* in den Forschungsprozess umfassen. Hierzu wären umfangreiche theoretischer Vorarbeiten notwendig, die sich primär mit den Messproblemen und der Operationalisierung der Effizienz der Aufsichtsratarbeit befassen. Mithin ist es erforderlich, sowohl die Ausgestaltung der Aufsichtsratarbeit effizienzanalyti-

---

[2] Vgl. von Werder/Grundei 2003, S. 676.

schen Untersuchungen zugänglich zu machen als auch geeignete Effizienzvariab-
len zu identifizieren, die eine weiterführende *Bewertung* unterschiedlicher Ausprägungen der Überwachungsarbeit des Aufsichtsrats im Hinblick auf Gestaltungsempfehlungen erlauben.[3]

Des Weiteren wäre es aufschlussreich, *kontextspezifische Einflüsse* der Aufsichtsratsarbeit stärker in die Forschung einzubeziehen. In diesem Zusammenhang
könnte der Frage nachgegangen werden, inwieweit bestimmte Kontextvariablen
wie etwa die Branche, die Wettbewerbssituation, die Größe oder die Aktionärs-
struktur der Unternehmen Einfluss auf die Ausgestaltung der Unternehmensüberwachung durch den Aufsichtsrat haben. So ist beispielsweise zu vermuten, dass
der Aufsichtsrat im Fall großer Paketaktionäre, die ihrerseits im Aufsichtsrat vertreten sind, sein Überwachungs- bzw. Einflusspotenzial gegenüber dem Vorstand
des Unternehmens stärker ausschöpft als bei breit gestreutem Aktienbesitz. Eine
ähnliche Vermutung ist zudem auf die Gegenüberstellung von Konzerntochterun-
ternehmen mit außerhalb eines Konzernverbundes agierenden Unternehmen übertragbar.

Ferner erscheint es fruchtbar, den vorliegenden Untersuchungsgegenstand durch
den vergleichenden Einbezug *weiterer Länder* zu erweitern. Dabei sollte die Herausforderung *nicht* in der heute bereits praktizierten Gegenüberstellung *strukturel*
ler Ausgestaltungsunterschiede der Überwachungsorgane liegen (z.B. Anzahl der
Sitzungen oder der gebildeten Ausschüsse), sondern vielmehr in einem länder-
bzw. systemübergreifenden Vergleich der nicht leicht zu erhebenden *qualitativen*
Merkmale der Überwachungsarbeit (z.B. Grad der Einbindung des Überwachungsorgans in strategische Entscheidungen der Unternehmensführung oder dessen überwachungsrelevanter Informationshaushalt). Dies stellt trotz - oder gerade
aufgrund - der bestehenden nationalen Unterschiede in der strukturellen Ausgestaltung der Spitzenverfassung ein interessantes Forschungsfeld dar.

Eine weitere konzeptionelle Erweiterung kann abschließend in einer stärkeren
Integration der Vorstandsperspektive gesehen werden. Dabei könnten die Erkenntnisse in Bezug auf die Aufsichtsratsarbeit wesentlich durch eine explizite
Analyse der Perzeption der Vorstandsmitglieder erweitert werden. In diesem Zusammenhang wäre es wichtig zu erfahren, wie das zu überwachende Organ die
unterschiedlichen Ausgestaltungsoptionen der Aufsichtsratsarbeit aus seiner Sicht
bewertet. Hier lassen insbesondere weiterführende Untersuchungen des affektiven

---

[3] Vgl. hierzu analog auch Welge/Fessmann 1980, Sp. 578.

Bereichs und des damit verbundenen machtpsychologisch orientierten Interaktionsverhältnisses interessante Ergebnisse erwarten.

▶ **Methodologische Ebene**

In einer kritischen Reflexion kann zunächst die Adäquatheit der eigenen methodischen Vorgehensweise bestätigt werden. Das empirische Forschungsdesign hat sich im Rahmen der vorliegenden Untersuchung bewährt. Vor allem war die Durchführung *persönlicher Interviews* trotz des relativ hohen forschungsökonomischen Aufwands eine notwendige Voraussetzung für die Exploration der größenteils sensiblen Daten. Die alternative postalische Versendung standardisierter Fragebögen hätte - in Kenntnis des rudimentären Forschungsstands - nicht nur die Rücklaufquote bzw. Zahl der an der Studie teilnehmenden Aufsichtsratsmitglieder maßgeblich reduziert, sondern auch jegliche Form der Erläuterung unklarer Sachverhalte und Vertiefung interessanter Aspekte der Überwachungspraxis unmöglich gemacht.

Allerdings ist an dieser Stelle durchaus die Frage berechtigt, ob bereits zum *Zeitpunkt der Fragebogenerstellung* ein ausreichendes Maß an Wissen über den Untersuchungsgegenstand vorlag. Auf der einen Seite hätten durch weitere, über die erfolgten Pretests hinausgehende Interviews tiefere a priori Einblicke in das Forschungsobjekt gewonnen werden können, was im Ergebnis zu einem besseren praxisrelevanten Vorverständnis sowie einem präziseren Erhebungsinstrument geführt hätte. Dem kann argumentativ entgegen gehalten werden, dass durch die Vielzahl der geführten Interviews schnell ein „praxisrelevanter" Lernkurveneffekt einsetzte, der die Gespräche während der empirischen Erhebungsphase aus Sicht des Forschers immer „glaubwürdiger" und konstruktiver erscheinen ließ. Darüber hinaus sei hier nochmals darauf verwiesen, dass die Gruppe der Aufsichtsratsvorsitzenden und -mitglieder in Deutschland als nur relativ schwer zugänglich zu bezeichnen ist, was eine Ausweitung der Zahl der Pretests mit diesem Personenkreis zuungunsten einer hinreichend großen Stichprobe zum damaligen Zeitpunkt als nicht sinnvoll erscheinen ließ.

Trotz aller forschungsökonomischer Überlegungen ist im Rahmen weiterer empirischer Untersuchungen die Möglichkeit einer *numerischen Stichprobenausweitung* zu erwägen, die vor dem Hintergrund eines Großteils der oben skizzierten konzeptionellen Anregungen für zukünftige Forschungsleistungen notwendig erscheint. Insbesondere für eine vertretbare kontextuelle Relativierung der Aufsichtsratsarbeit ist eine entsprechend breitere empirische Basis unabdingbar.

Zu diesem Zweck ist es denkbar, *ausgewählte* Fragestellungen bzw. Befunde der durchgeführten Erhebung in Form einer eher quantitativen, breiter angelegten schriftlichen Umfrage zu vertiefen. Auf diese Weise würde auch die Voraussetzung für die *Anwendung multivariater Verfahren der Datenanalyse* geschaffen werden. Hierzu ist es zudem erforderlich, die *Unternehmen* bzw. *Aufsichtsräte* und nicht die an der Erhebung teilnehmenden *Aufsichtsratsmitglieder* als Untersuchungseinheiten zu deklarieren.

Letztendlich würde die Umsetzung der aufgezeigten konzeptionellen und empirischen Forschungspotenziale die Fortführung der (wissenschaftlichen) Auseinandersetzung mit der Unternehmensüberwachung durch den Aufsichtsrat positiv beeinflussen. Eines der wichtigsten Ergebnisse solcher Bemühungen insgesamt wäre eine fundierte Basis, den Mechanismus *Aufsichtsrat* derart in die *Corporate Governance-Forschung* zu integrieren, dass „both individual and joint effects of various mechanisms on some measure of the magnitude of the agency problem"[4] erhoben und bestehende *Interdependenzen* zwischen den Corporate Governance-Mechanismen theoretisch fundiert analysiert werden können. Dies erscheint insbesondere vor dem Hintergrund der Existenz *komplexer* Corporate Governance-Systeme (und nicht lediglich *partikular* wirkender Überwachungsmechanismen) unabdingbar.

---

[4] Rediker/Seth 1995, S. 86.

Anhang

Dipl.-Kfm. Philip Grothe
[Adresse]
[Telefon]
[E-Mail]

Herrn
[Name]
[Position]
[Unternehmen]
[Adresse]

[Datum]

Promotion: Persönliche Bitte

Sehr geehrter Herr [Name],

ich möchte mich mit einer persönlichen Bitte an Sie wenden.

Gegenwärtig promoviere ich zum Thema "Unternehmensüberwachung durch den AR" am Lehrstuhl für Unternehmensführung der Universität Dortmund. Die Anlage gibt hierzu eine Kurzübersicht.

Nach Abschluss des theoretischen Teils der Arbeit suche ich nun die Gesprächsmöglichkeit mit ausgewählten, erfahrenen AR-Mitgliedern in Deutschland.

Für die Qualität meiner wissenschaftlichen Untersuchung wäre es von sehr großem Wert, wenn Sie sich zu einem ca. einstündigen persönlichen Gespräch mit mir bereit erklärten.

Zeitlich würde ich mich innerhalb der nächsten vier Monate völlig nach Ihnen richten.

Mit freundlichen Grüßen

Philip Grothe

Anlage

UNTERNEHMENSÜBERWACHUNG DURCH DEN AUFSICHTSRAT

Ein Beitrag zur Corporate Governance-Diskussion in Deutschland

Angaben zu meiner Person

Nach Abschluss des Studiums der Wirtschaftswissenschaften an der Universität Duisburg (Dipl.-Kfm.) im Jahr 2000 arbeite ich gegenwärtig an meiner Promotion am Lehrstuhl für Unternehmensführung von Univ.-Prof. Dr. Martin K. Welge an der Universität Dortmund. Bereits seit meiner Diplomarbeit zum Thema Corporate Governance befasse ich mich mit dem Thema der Überwachung des Unternehmens durch den Aufsichtsrat.

Kurzdarstellung des Forschungsprojekts

Ausgangslage: Im Gegensatz zu dem weltweit stärker verbreiteten System der Leitung eines Unternehmens durch ein Board of Directors, in dem Unternehmensleitung und -überwachung in einem Gremium zusammengefasst sind, bestimmt das deutsche Aktiengesetz hierfür zwei Gremien: den Vorstand und den Aufsichtsrat. Der Aufsichtsrat überwacht den Vorstand. Der Vorstand leitet das Unternehmen.

In der gegenwärtig intensiv geführten Corporate Governance-Diskussion spielt in Deutschland die Ausgestaltung der Überwachungsaufgaben des Aufsichtsrats eine wichtige Rolle. So beziehen sich die Regelungsinhalte des Deutschen Corporate Governance Kodex und die des Gesetzes zur Kontrolle und Transparenz im Unternehmensbereich (KonTraG) wie auch des Gesetzes zur weiteren Reform des Aktien- und Bilanzrechtes, zu Transparenz und Publizität (TransPuG) großenteils auf die Arbeit des Aufsichtsrats.

Die Funktion „Überwachung" hat in der betriebswirtschaftlichen Literatur bis heute nur einen geringen Stellenwert erlangt. Eine Theorie der Überwachung bzw. ein geschlossenes Konzept für die Überwachung durch den Aufsichtsrat ist nicht vorhanden.

Ziel des Promotionsvorhabens: Das Forschungsprojekt verfolgt das Ziel, theoretisch fundierte Erkenntnisse über die Unternehmensüberwachung durch den Aufsichtsrat zu gewinnen und Handlungsempfehlungen abzuleiten.

Die Untersuchung erfolgt auf der Grundlage, dass die in Deutschland geltenden gesetzlichen Rahmenbedingungen dem Aufsichtsrat einen aktiven Gestaltungsspielraum bei seinen Überwachungsaufgaben einräumen.

Theoretischer Teil: Hier wird zunächst die Überwachungsaufgabe des Aufsichtsrats analysiert. Da die wirtschaftswissenschaftliche Literatur zum Thema Überwachung bei Aktiengesellschaften wenig hergibt, wurden auch Forschungsansätze aus Nachbardisziplinen (z.B. Kommunikations- und Motivationsforschung) aufgegriffen und zu einem Gesamtkonzept zusammengeführt.

Empirischer Teil: Aufbauend auf dem theoretischen Teil der Arbeit steht nun die Durchführung einer empirischen Erhebung bevor. Bis Mitte 2004 sind einstündige Gespräche mit ausgewählten, erfahrenen Aufsichtsratsmitgliedern geplant. Diese Untersuchung verfolgt das Ziel, die gewonnenen theoretischen Erkenntnisse dem Erfahrungswissen der Praxis gegenüber zu stellen. Die Gesprächspartner werden gebeten, zu einem vorbereiteten Katalog von Feststellungen und Fragen ihre Erfahrung und ihr Wissen mitzuteilen. Die Ergebnisse werden anonym aufbereitet. Jeder Teilnehmer erhält eine Auswertung der Untersuchung.

„Strategische Unternehmensüberwachung durch den Aufsichtsrat -
Ein Beitrag zur Corporate Governance-Diskussion in Deutschland"

Empirischer Teil des Forschungsprojektes:
Interviews mit Aufsichtsratsvorsitzenden/-mitgliedern

Lehrstuhl für Unternehmensführung
Wirtschafts- und Sozialwissenschaftliche Fakultät
Universität Dortmund
Univ.-Prof. Dr. Martin K. Welge
Dipl.-Kfm. Philip Grothe

Name des Gesprächspartners:

Aufsichtsratsmandat(e):

Datum des Interviews:

Sämtliche Daten werden streng vertraulich behandelt!
Die Auswertung der Ergebnisse erfolgt anonym!

1. Anhand welcher Spitzenkennzahlen beurteilt der Aufsichtsrat die Leistung eines Vorstands bzw. die strategische Ausrichtung in der Praxis in erster Linie?

☐ Jahresüberschuss

☐ Bilanzgewinn

☐ Gewinn

☐ Umsatz

☐ Gesamtkapitalrentabilität / ROI

☐ Eigenkapitalrentabilität / ROE

☐ Cash-flow

☐ Unternehmenswert

☐ Wertbeiträge einzelner Sparten/Bereiche/Teileinheiten

☐ Sonstiges:

2. Welche Kriterien legen Sie als Aufsichtsrat der Beurteilung der Nachvollziehbarkeit der Strategieentwicklung/-formulierung durch den Vorstand zugrunde?

☐ Eher formale Kriterien wie z.B. Anwendung bestimmter Planungstechniken, logischer Aufbau der Dokumentation, Existenz von Alternativkonzepten etc.

☐ Eher inhaltliche Kriterien wie z.B. Begründung des unterstellten Wettbewerbsvorteils, Kompatibilität mit den Unternehmenszielen (Leitbild) etc.

3. Wie erfolgt die Definition der strategischen Unternehmensziele in der Praxis?

☐ Der Vorstand definiert die Ziele und legt sie dem Aufsichtsrat zur Kenntnisnahme vor

☐ Der Vorstand definiert die Ziele und legt sie dem Aufsichtsrat zur Beratung und Beschlussfassung vor

☐ Der Vorstand und der Aufsichtsrat definieren die Ziele gemeinschaftlich

☐ Der Aufsichtsrat definiert die Ziele und legt sie dem Vorstand zur Beratung vor

☐ Sonstiges:

4. Die strategische Planung des Vorstands basiert auf einer Vielzahl langfristig ausgerichteter Annahmen. Inwiefern konzentriert sich der Aufsichtsrat im Rahmen der Überwachung der Gültigkeit der strategischen Annahmen im Zeitablauf auf die „kritischen Prämissen" einer Strategie?

- ☐ Der Vorstand hat die Aufgabe, die für den Aufsichtsrat wichtigsten Prämissen festzulegen.
- ☐ Der Aufsichtsrat selbst stuft Prämissen als „kritisch" ein. Dabei werden jene Prämissen als kritisch eingestuft, die …
  - ☐ bedeutsam für den Erfolg der Strategie sind
  - ☐ eine große Abweichungswahrscheinlichkeit ausweisen
  - ☐ im Fall eines identifizierten Handlungsbedarfs eine schnelle Reaktion erfordern
  - ☐ erhebliche Instabilitäten im Zeitablauf aufweisen
  - ☐ dem unternehmerischen Einflussfeld weitgehend entzogen sind
  - ☐ Sonstiges:

5. Ist Ihnen als Aufsichtsrat bekannt, welche Auswirkung die Änderung einer (kritischen) Prämisse auf das Unternehmensergebnis hat?

☐ Ja ☐ Nein

6. Wie erfolgt die Überwachung der Umsetzung einer Strategie in der Praxis (Berichtswesen, Meilensteine, Zyklus)?

7. Ist der Aufsichtsrat als Überwachungsträger für eine Überwachung der im Rahmen der strategischen Planung bewusst ausgeklammerten Entwicklungen geeignet (der Aufsichtsrat als strategisches „Überwachungsnetz")?

☐ Ja ☐ Nein

8. Bitte setzen Sie die nachfolgend aufgeführten Kontrollarten nach Ihrer Bedeutung in der Überwachungspraxis in eine Rangfolge!

Überwachung …

- ☐ der Nachvollziehbarkeit der Strategieentwicklung/-formulierung
- ☐ der Gültigkeit der zentralen Annahmen der strategischen Planung im Zeitablauf

- bestimmter Zwischenziele im Rahmen der Strategieumsetzung im Zeitablauf
- bewusst vernachlässigter Annahmen (ungerichtet)
- der Ergebnisse der Strategieumsetzung

Teil 2: Organisationsstruktur des Aufsichtsrats

1. *Der Aufsichtsrat könnte einen ständigen Ausschuss bilden, der sich ausschließlich mit der Überwachung der strategischen Planung des Vorstands befassen würde (im folgenden „Strategieausschuss"). Haben Sie bereits in einem Aufsichtsrat gearbeitet, der einen Strategieausschuss hatte?*
   - Ja   - Nein

2. *Welche der unter Frage 7 (s.o.) genannten Aufgaben könnten Ihrer Meinung nach einem Strategieausschuss übertragen werden?*
   - Sämtliche Aufgaben
   - Ausgewählte Aufgaben:
   - Keine der Aufgaben (kein Strategieausschuss)

3. *Was ist die optimale Größe eines Strategieausschusses?*
   - Absolute Zahl: … Mitglieder (auch max. Größe)
   - Relative Zahl: ca. …% der Anzahl der Aufsichtsratsmitglieder des gesamten Plenums

4. *Welche Aufsichtsratsmitglieder sollten dem Strategieausschuss angehören?*
   - In jedem Fall sollte der Aufsichtsratsvorsitzende Ausschussmitglied sein
   - In jedem Fall sollte ein Arbeitnehmervertreter Ausschussmitglied sein
   - Sonstiges:

5. *Mit welchen Kompetenzen sollte ein Strategieausschuss konkret ausgestattet sein?*
   - Entscheidung über den notwendigen Informationsbedarf

- ☐ Eigenverantwortliche Beschaffung der notwendigen Kontrollinformationen
- ☐ Eigenständige Durchführung von (Abweichungs-)Analysen
- ☐ Erstellung von Verhandlungs- und Beschlussvorlagen für das Plenum
- ☐ Erteilung/Versagung der Zustimmung eines Geschäftes anstelle des Plenums
- ☐ Sonstiges:

6. *Welches sind Ihrer Meinung nach die wichtigsten Instrumente eines Aufsichtsratsvorsitzenden zur Koordination der Aufsichtsrats-/Ausschussarbeit?*

- ☐ Einberufung, Vorbereitung (Tagesordnung, Versendung der Beschlussanträge etc.) und Leitung der Aufsichtsratssitzungen
- ☐ Kritische Durchsicht der Ausschussprotokolle
- ☐ Mitarbeit in den Ausschüssen
- ☐ Informelle (Vor-)Besprechungen mit Aufsichtsrats- bzw. Ausschussmitgliedern
- ☐ Sonstiges:

7. *Ist die Anwendung fest definierter, standardisierter Arbeitsmethoden aus Ihrer Sicht übertragbar auf die Überwachungsarbeit eines Aufsichtsrats?*

- ☐ Ja   ☐ Nein

8. *Welche der folgenden Schriftstücke/Dokumente sind wichtig für die praktische Arbeit __innerhalb__ des Aufsichtsrats?*

- ☐ Dokument mit den Aufgaben/Kompetenzen der Aufsichtsratsmitglieder/ Ausschüsse
- ☐ Benutzung bestimmter Formulare
- ☐ Katalog zustimmungspflichtiger Geschäfte
- ☐ Protokolle der Plenums-/Ausschusssitzungen
- ☐ Dokumentationen der durchgeführten Überwachungsaufgaben/-maßnahmen
- ☐ Dokumentierte Kommunikationsregelungen (zwingend schriftlich etc.)
- ☐ Sonstiges:

9. *Wie sollte Ihrer Meinung nach ein „Board-Review" ablaufen (Beurteilungsgegenstand: Aufsichtsrat/Aufsichtsratsmitglied, Selbst- vs. Fremdbeurteilung, Beurteilungszyklus, Konsequenzen)?*

Teil 3: Informationsaustausch zwischen Aufsichtsrat und Vorstand

1. *Wie beurteilen Sie den inhaltlichen Informationswert der folgenden Berichte für die strategische Überwachungsarbeit des Aufsichtsrats?*

1 = äußerst gering
5 = äußerst hoch

☐ Bilanz, GuV, Anhang	1	2	3	4	5
☐ Lagebericht	1	2	3	4	5
☐ Abschlussprüferbericht	1	2	3	4	5
☐ Management Letter	1	2	3	4	5
☐ Beabsichtigte Geschäftspolitik / Unternehmensplanung	1	2	3	4	5
☐ Rentabilität, insbesondere Eigenkapitalrentabilität	1	2	3	4	5
☐ Gang der Geschäfte (insbes. Umsatz) und Lage der Gesellschaft	1	2	3	4	5
☐ Sonderberichte (besondere Anlässe, angeforderte Berichte)	1	2	3	4	5

2. *Inwiefern greift der Aufsichtsrat in der Praxis direkt auf leitende Angestellte unterhalb des Vorstands zu (z.B. Leiter Controlling)? Welche Probleme sind damit verbunden?*

3. *Die Informationsansprüche innerhalb des Aufsichtsrats sind durch das Gesetz nicht abschließend geregelt und hängen z.B. davon ab, mit welchen Kompetenzen Ausschüsse im Einzelfall ausgestattet wurden. Welche der folgenden Regelungen dominieren in der Praxis?*

Die Information des Vorstands gehen …

   ☐ zuerst dem Aufsichtsratsvorsitzenden bzw. seinem Stellvertreter zu, der die Informationen dann an den Nachfrager weiterleitet (evtl. Bedingung: …)

- [ ] auf direktem Wege jenen Ausschüssen/Ausschussmitgliedern zu, die die Informationen nachgefragt haben (evtl. Bedingung: ...)

4. Überwachungszeitpunkte: Welche der drei Aussagen spiegelt die gängige Praxis wider?

- [ ] Der Aufsichtsrat verteilt seine Überwachungshandlungen zeitlich gleichmäßig, d.h. unabhängig von der wirtschaftlichen Lage.
- [ ] Der Aufsichtsrat intensiviert seine Überwachungshandlungen zeitlich, wenn sich das Unternehmen in einer Krise befindet.
- [ ] Der Aufsichtsrat intensiviert dann seine Überwachungshandlungen zeitlich, wenn erste Anzeichen einer Krise erkennbar sind.

5. Mittels welcher Instrumente nimmt der Aufsichtsrat seine Überwachungsfunktion im Fall negativer Überwachungsergebnisse _in erster Linie_ wahr?

- [ ] Stellungnahmen und Beanstandungen
- [ ] Verweigerung der Zustimmung eines einzelnen Geschäftes
- [ ] Öffentliche Kritik an den Vorstandsentscheidungen (z.B. auf Hauptversammlungen)
- [ ] Einberufung einer außerordentlichen Hauptversammlung
- [ ] Androhung gerichtlicher Klagen
- [ ] Verweigerung der Amtszeitverlängerung
- [ ] Abberufung von Vorstandsmitgliedern
- [ ] Sonstiges:

6. Sollte die gesamte strategische Planung des Vorstands einem Zustimmungsvorbehalt des Aufsichtsrats unterworfen werden?

- [ ] Ja   [ ] Nein

7. Welches sind Ihrer Meinung nach _zwingende_ Kriterien, die die Sachkunde bzw. Qualifikation des gesamten Aufsichtsrats dokumentieren?

- [ ] Juristisches Know-how
- [ ] Betriebswirtschaftliches Know-how

☐ Technisches/naturwissenschaftliches Know-how
☐ Sonstiges

Teil 4: Einflussnahme des AR auf das Informationsverhalten des Vorstands

1. Welche der folgenden - verhaltenswissenschaftlichen - Maßnahmen des Aufsichtsrats sind Ihrer Meinung nach wichtig für eine Verbesserung des Informationsverhaltens des Vorstands?

☐ Intensivierung der Beratungsfunktion des Aufsichtsrats
☐ Konsequente Schaffung zweiseitiger Kommunikationswege (systematische Rückkopplungen, Diskussionen und Stellungnahmen durch den Vorstand)
☐ Schaffung eines strategisch orientierten Anreizsystems für den Vorstand
☐ Jährliche Beurteilung des Informationsverhaltens des Vorstands
☐ Vermittlung und Diskussion der relevanten Ziele und Inhalte der strategischen Überwachung
☐ Sonstiges:

2. Welche der folgenden - gesetzlichen - Maßnahmen des Aufsichtsrats sind Ihrer Meinung nach wichtig für eine Verbesserung des Informationsverhaltens des Vorstands?

☐ Extensive Ausübung des dem Aufsichtsrat zustehenden Fragerechts
☐ Anforderung zusätzlicher Berichte
☐ Eigenständig initiierte Einsichtnahmen und Prüfungen von Dokumenten etc.
☐ Erlass einer Informationsordnung als Bestandteil der Geschäftsordnung für den Vorstand, die die Art und Häufigkeit der vom Vorstand zur Verfügung zu stellenden Informationen verbindlich vorschreibt
☐ Erweiterung der Prüfungshandlungen des Abschlussprüfers um die Beurteilung des Informationsverhaltens des Vorstands anhand einer Informationsordnung
☐ Einklagung der Informationsversorgung vor Gericht
☐ Abberufung des Vorstands / Verweigerung der Amtszeitverlängerung

Ergänzender Teil

1) Wie beurteilen Sie folgende Vor- und Nachteile der Bildung von Aufsichtsratsausschüssen?	Skalierung: 1=unwichtig 5=äußerst wichtig
Vorteile:	
Förderung der Leistungsfähigkeit der Aufsichtsratsmitglieder	1 2 3 4 5
Steigerung der Problemlösungswahrscheinlichkeit	1 2 3 4 5
Bündelung bzw. Sammlung von Spezialwissen	1 2 3 4 5
Schaffung von Tätigkeitsanreizen (aktivere Aufsichtsratsmitglieder)	1 2 3 4 5
Erhöhung des Verantwortungsbewusstseins des einzelnen Aufsichtsratsmitglieds	1 2 3 4 5
Kontroversere, intensivere Diskussion	1 2 3 4 5
Flexiblere Arbeit	1 2 3 4 5
Verbesserung des Verhältnisses zum Vorstand	1 2 3 4 5
Nachteile:	
Schaffung eines Informationsgefälles zwischen Ausschuss und Plenum	1 2 3 4 5
Ausdehnung der Arbeitnehmer-Mitbestimmung (bei entspr. Besetzung der Ausschüsse)	1 2 3 4 5
Beschränkung der Arbeitnehmer-Mitbestimmung (bei entspr. Besetzung der Ausschüsse)	1 2 3 4 5
Kompetenzkonflikte zwischen Ausschuss und Plenum	1 2 3 4 5
Sonstige Vor- und Nachteile (ggf. bitte nennen und jeweils bewerten):	**1 2 3 4 5**

2) *Im Deutschen Corporate Governance Kodex wird empfohlen, der Aufsichtsrat solle regelmäßig die Effizienz seiner Tätigkeit überprüfen, ohne dass konkrete Beurteilungskriterien genannt werden. Wie bewerten Sie die hier vorgeschlagenen Kriterien hinsichtlich ihrer Eignung für den Board-Review?*	Skalierung: 1=unwichtig 5=äußerst wichtig
Zeitlicher Einsatz der Aufsichtsratsmitglieder außerhalb der Sitzungen	1 2 3 4 5
Qualität der Arbeit in den Ausschüssen	1 2 3 4 5
Argumentationskultur innerhalb des Aufsichtsrats	1 2 3 4 5
Vertretung der Interessen der Aktionäre	1 2 3 4 5
Ausbalancierung der Interessen aller Stakeholder	1 2 3 4 5
Qualität der Überwachung einzelner Kontrollarten (z.B. Strategieentwicklung)	1 2 3 4 5
Qualität des Informationshaushaltes des Aufsichtsrats	1 2 3 4 5
Identifizierte und abgewendete Gefahren für die Zukunft des Unternehmens	1 2 3 4 5
Qualität der Beratung des Vorstands bei wichtigen strategischen Entscheidungen	1 2 3 4 5
Zusammenarbeit und Kommunikation mit dem Vorstand	1 2 3 4 5
Außendarstellung des Aufsichtsrats (auf der Hauptversammlung etc.)	1 2 3 4 5
Personelle bzw. fachliche Qualität der Aufsichtsratsmitglieder	1 2 3 4 5
Unabhängigkeit der Aufsichtsratsmitglieder	1 2 3 4 5
Internationalität der Aufsichtsratsmitglieder	1 2 3 4 5
Sonstiges (ggf. bitte nennen und jeweils bewerten):	**1 2 3 4 5**

3) *Wie wichtig wäre Ihrer Meinung nach - im Interesse einer Verbesserung der Überwachungsleistung des Aufsichtsrats - die Einrichtung eines Ausschusses, der sich ausschließlich mit der strategischen Planung des Vorstands befassen würde?*	Skalierung: 1=unwichtig 5=äußerst wichtig
	1 2 3 4 5

382

4) Der Aufsichtsrat hat die Möglichkeit, seine Ausschüsse mit weitreichenden Kompetenzen auszustatten. Welche Vor- und Nachteile verbinden Sie damit?	Skalierung: 1=unwichtig 5=äußerst wichtig
Vorteile:	
Entlastung des Plenums	1 2 3 4 5
Fundiertere Entscheidungen / Überwachungsleistung durch Spezialisten	1 2 3 4 5
Höherer Entfaltungsraum für die Ausschussmitglieder	1 2 3 4 5
Stärkung der Leistungsbereitschaft/Motivation der Ausschussmitglieder	1 2 3 4 5
Nachteile:	
Höheres Konfliktpotenzial innerhalb des Aufsichtsrats	1 2 3 4 5
Höherer Koordinationsbedarf der Ausschuss- bzw. der Aufsichtsratsarbeit	1 2 3 4 5
Risiko „falscher" Entscheidungen	1 2 3 4 5
Geringere Entscheidungsfähigkeit des Gesamtplenums	1 2 3 4 5
Mögliche Kompetenzüberschreitungen auf Ebene der Ausschüsse	1 2 3 4 5
Sonstiges (ggf. bitte nennen und jeweils bewerten):	**1 2 3 4 5**
...	
...	
...	

5) Die Berichte des Vorstands stellen in der Regel die wichtigste Überwachungsgrundlage für den Aufsichtsrat dar. Wie bewerten Sie folgende (formale) Anforderungen des Aufsichtsrats an die Vorstandsberichte?	Skalierung: 1=unwichtig 5=äußerst wichtig
Wahrheit und Vollständigkeit der Berichte	1 2 3 4 5
Zeitgerechter Zugang der Berichte	1 2 3 4 5
Vermeidung eines unangemessenen Detaillierungsgrades	1 2 3 4 5
Klare Trennung zwischen Tatsachen, Wertungen und Schlussfolgerungen des Vorstands	1 2 3 4 5

Nachprüfbarkeit der Informationen durch Dritte	1 2 3 4 5
Erläuterungen des Zahlenmaterials	1 2 3 4 5
Klar strukturierte Darstellung	1 2 3 4 5
Unverändertes Layout im Zeitablauf	1 2 3 4 5
Anknüpfung an bzw. Referenzierung auf frühere Berichte	1 2 3 4 5
Ergänzende Verwendung von Tabellen und Schaubildern	1 2 3 4 5
Verwendung einheitlicher Berechnungs- und Bewertungsschemata	1 2 3 4 5
Differenzierte Aufbereitung der Informationen nach Sektoren/ Geschäftsfeldern	1 2 3 4 5
Einbezug qualitativer Daten	1 2 3 4 5
Sonstiges (ggf. bitte nennen und jeweils bewerten):	**1 2 3 4 5**

6) Der Aufsichtsrat ist grundsätzlich befugt, neben dem Vorstand weitere Informationsquellen zu nutzen. Welche Bedeutung haben folgende Informa-tionsquellen für die strategische Überwachung des Vorstands in der Praxis?	Skalierung: 1=unwichtig 5=äußerst wichtig
Geschäftsberichte (z.B. von Wettbewerbern, Abnehmern oder Lieferanten)	1 2 3 4 5
Fachveröffentlichungen in Wirtschafts- und Tageszeitungen / Bücher	1 2 3 4 5
Statistisches Bundesamt bzw. statistische Landesämter	1 2 3 4 5
Deutsche Bundesbank / Europäische Zentralbank	1 2 3 4 5
Ministerien	1 2 3 4 5
Industrie- und Handelskammer	1 2 3 4 5
Wirtschaftsforschungsinstitute (z.B. IfO-Institut, Institut der deutschen Wirtschaft)	1 2 3 4 5
Mitteilung von Branchenverbänden	1 2 3 4 5

Internationale Organisationen (z.B. EU, OECD, UNO, Weltbank)	1 2 3 4 5
Studien privater Marktforschungsinstitute/Unternehmensberatungen	1 2 3 4 5
Persönliche Kontakte zu Prüfern/Beratern	1 2 3 4 5
Berufliche Kontakte	1 2 3 4 5
Konferenzen	1 2 3 4 5
Eigene Erfahrungen	1 2 3 4 5
Sonstiges (ggf. bitte nennen und jeweils bewerten):	**1 2 3 4 5**
...	
...	
...	

	Skalierung: 1=unwichtig 5=äußerst wichtig
7) Wie beurteilen Sie folgende Kriterien als Beleg der Unabhängigkeit eines Aufsichtsratsmitglieds?	
Kein ehemaliges Vorstandsmitglied des gleichen Unternehmens	1 2 3 4 5
Keine Doppelmandate in Konkurrenzunternehmen	1 2 3 4 5
Keine Mandate bei wichtigen Kunden oder Lieferanten	1 2 3 4 5
Kein Repräsentant staatlicher Aufsichtsbehörden	1 2 3 4 5
Nicht gleichzeitig Aufsichtsrat der Tochtergesellschaft *und* Vorstand der Muttergesellschaft	1 2 3 4 5
Nicht gleichzeitig Aufsichtsrat der Tochtergesellschaft *und* Aufsichtsrat der Muttergesellschaft	1 2 3 4 5
Nicht gleichzeitig Aufsichtsrat einer Tochtergesellschaft *und* Vorstand oder Aufsichtsrat einer anderen - konkurrierenden Tochtergesellschaft	1 2 3 4 5
Keine anderen Verträge als die Aufsichtsratsfunktion (also keine Berater-, Notar-, Rechtsanwaltsverträge etc.)	1 2 3 4 5
Interessenkollisionen mit dem Unternehmensgegenstand (persönliche Grundeinstellungen)	1 2 3 4 5
Sonstige Kriterien (ggf. bitte nennen und jeweils bewerten):	**1 2 3 4 5**
...	

Legende:

n = Anzahl auskunftsbereiter Gesprächs-   ARV = Aufsichtsratsvorsitzende
partner   ARM = Aufsichtsratsmitglieder
h = absolute Häufigkeit
f = relative Häufigkeit
μ = arithmetisches Mittel
σ = Standardabweichung

Teil 1. Frage 1

Teil 1. Frage 1	Total n=46		Dax-ARV n=11		Sonstige n=35		Anteilseigner n=32		Arbeitnehmer n=14		Dax-ARM n=21		Sonstige n=25		Börse n=31		Nicht-Börse n=15	
	h	f	h	f	h	f	h	f	h	f	h	f	h	f	h	f	h	f
JÜ/BG	25	54,3%	5	45,5%	20	57,1%	16	50,0%	9	64,3%	12	57,1%	13	52,0%	15	48,4%	10	66,7%
Gewinn	16	34,8%	4	36,4%	12	34,3%	9	28,1%	7	50,0%	8	38,1%	8	32,0%	12	38,7%	4	26,7%
Umsatz	13	28,3%	3	27,3%	10	28,6%	9	28,1%	4	28,6%	6	28,6%	7	28,0%	9	29,0%	4	26,7%
GKR	24	52,2%	5	45,5%	19	54,3%	17	53,1%	7	50,0%	12	57,1%	12	48,0%	17	54,8%	7	46,7%
EKR	23	50,0%	6	54,5%	17	48,6%	18	56,3%	5	35,7%	11	52,4%	12	48,0%	15	48,4%	8	53,3%
Cash-flow	20	43,5%	6	54,5%	14	40,0%	15	46,9%	5	35,7%	11	52,4%	9	36,0%	16	51,6%	4	26,7%
Unternehmenswert	19	41,3%	7	63,6%	12	34,3%	15	46,9%	4	28,6%	10	47,6%	9	36,0%	14	45,2%	5	33,3%
Wertbeitrag TE	20	43,5%	8	72,7%	12	34,3%	18	56,3%	2	14,3%	11	52,4%	9	36,0%	16	51,6%	4	26,7%
Marktanteil	4	8,7%	0	0,0%	4	11,4%	3	9,4%	1	7,1%	0	0,0%	4	16,0%	3	9,7%	1	6,7%
Arbeitspl.sicherung	5	10,9%	0	0,0%	5	14,3%	0	0,0%	5	35,7%	2	9,5%	3	12,0%	4	12,9%	1	6,7%

Teil 1. Frage 2

Teil 1. Frage 2	Total n=46		Dax-ARV n=11		Sonstige n=35		Anteilseigner n=32		Arbeitnehmer n=14		Dax-ARM n=21		Sonstige n=25		Börse n=31		Nicht-Börse n=15	
	h	f	h	f	h	f	h	f	h	f	h	f	h	f	h	f	h	f
Formale Kriterien	15	32,6%	3	27,3%	12	34,3%	10	31,3%	5	35,7%	5	23,8%	10	40,0%	7	22,6%	8	53,3%
Inhaltliche Kriterien	31	67,4%	8	72,7%	23	65,7%	22	68,8%	9	64,3%	16	76,2%	15	60,0%	24	77,4%	7	46,7%

Teil 1. Frage 3

Teil 1. Frage 3	Total n=45		Dax-ARV n=11		Sonstige n=34		Anteilseigner n=31		Arbeitnehmer n=14		Dax-ARM n=21		Sonstige n=24		Börse n=30		Nicht-Börse n=15	
	h	f	h	f	h	f	h	f	h	f	h	f	h	f	h	f	h	f
AR Kenntnisnahme	24	53,3%	4	36,4%	20	58,8%	15	48,4%	9	64,3%	11	52,4%	13	54,2%	16	53,3%	8	53,3%
AR Beratung	18	40,0%	6	54,5%	12	35,3%	15	48,4%	3	21,4%	8	38,1%	10	41,7%	11	36,7%	7	46,7%
Gemeinsame Def.	3	6,7%	1	9,1%	2	5,9%	1	3,2%	2	14,3%	2	9,5%	1	4,2%	3	10,0%	0	0,0%

Teil 1. Frage 4

Teil 1. Frage 4	Total n=46		Dax-ARV n=11		Sonstige n=35		Anteilseigner n=32		Arbeitnehmer n=14		Dax-ARM n=21		Sonstige n=25		Börse n=31		Nicht-Börse n=15	
	h	f	h	f	h	f	h	f	h	f	h	f	h	f	h	f	h	f
Ja	13	28,3%	3	27,3%	10	28,6%	10	31,3%	3	21,4%	5	23,8%	8	32,0%	8	25,8%	5	33,3%
Nein	33	71,7%	8	72,7%	25	71,4%	22	68,8%	11	78,6%	16	76,2%	17	68,0%	23	74,2%	10	66,7%

Teil 1. Frage 5

Teil 1. Frage 5	Total n=46		Dax-ARV n=11		Sonstige n=35		Anteilseigner n=32		Arbeitnehmer n=14		Dax-ARM n=21		Sonstige n=25		Börse n=31		Nicht-Börse n=15	
	h	f	h	f	h	f	h	f	h	f	h	f	h	f	h	f	h	f
Ja	31	67,4%	7	63,6%	24	68,6%	22	68,8%	9	64,3%	15	71,4%	16	64,0%	23	74,2%	8	53,3%
Nein	15	32,6%	4	36,4%	11	31,4%	10	31,3%	5	35,7%	6	28,6%	9	36,0%	8	25,8%	7	46,7%

Teil 1. Frage 6

Teil 1. Frage 6	Total n=46		Dax-ARV n=11		Sonstige n=35		Anteilseigner n=32		Arbeitnehmer n=14		Dax-ARM n=21		Sonstige n=25		Börse n=31		Nicht-Börse n=15	
	h	f	h	f	h	f	h	f	h	f	h	f	h	f	h	f	h	f
Berichtswesen	46	100,0%	11	100,0%	35	100,0%	32	100,0%	14	100,0%	21	100,0%	25	100,0%	31	100,0%	15	100,0%
qualitative MS	2	4,3%	0	0,0%	2	5,7%	1	3,1%	1	7,1%	0	0,0%	2	8,0%	1	3,2%	1	6,7%
quantitative MS	31	67,4%	10	90,9%	21	60,0%	23	71,9%	8	57,1%	16	76,2%	15	60,0%	22	71,0%	9	60,0%
qual. u. quant. MS	9	19,6%	1	9,1%	8	22,9%	8	25,0%	1	7,1%	2	9,5%	7	28,0%	4	12,9%	5	33,3%
keine MS	4	8,7%	0	0,0%	4	11,4%	0	0,0%	4	28,6%	3	14,3%	1	4,0%	4	12,9%	0	0,0%
Monatlich	3	6,5%	0	0,0%	3	8,6%	2	6,3%	1	7,1%	0	0,0%	2	8,0%	2	6,5%	1	6,7%
Alle 2 Monate	2	4,3%	0	0,0%	2	5,7%	1	3,1%	1	7,1%	1	4,8%	1	4,0%	1	3,2%	1	6,7%
Quartalsw./pro Sitz.	19	41,3%	5	45,5%	14	40,0%	15	46,9%	4	28,6%	8	38,1%	11	44,0%	10	32,3%	9	60,0%
Halbjährlich	1	2,2%	1	9,1%	0	0,0%	1	3,1%	0	0,0%	0	0,0%	1	4,0%	1	3,2%	0	0,0%
Jährlich	12	26,1%	4	36,4%	8	22,9%	10	31,3%	2	14,3%	6	28,6%	6	24,0%	10	32,3%	2	13,3%
Alle 2 Jahre	5	10,9%	1	9,1%	4	11,4%	3	9,4%	2	14,3%	3	14,3%	2	8,0%	3	9,7%	2	13,3%
Niemals/Kaum	4	8,7%	0	0,0%	4	11,4%	0	0,0%	4	28,6%	2	9,5%	2	8,0%	4	12,9%	0	0,0%

Teil 1. Frage 7	Total n=46		Dax-ARV n=11		Sonstige n=35		Anteilseigner n=32		Arbeitnehmer n=14		Dax-ARM n=21		Sonstige n=25		Börse n=31		Nicht-Börse n=15	
	h	f	h	f	h	f	h	f	h	f	h	f	h	f	h	f	h	f
ja	28	60,9%	9	81,8%	19	54,3%	24	75,0%	4	28,6%	14	66,7%	14	56,0%	21	67,7%	7	46,7%
nein	18	39,1%	2	18,2%	16	45,7%	8	25,0%	10	71,4%	7	33,3%	11	44,0%	10	32,3%	8	53,3%

Teil 1. Frage 8	Total n=46		Dax-ARV n=11		Sonstige n=35		Anteilseigner n=32		Arbeitnehmer n=14		Dax-ARM n=21		Sonstige n=25		Börse n=31		Nicht-Börse n=15	
	μ	σ	μ	σ	μ	σ	μ	σ	μ	σ	μ	σ	μ	σ	μ	σ	μ	σ
K. Strategieform	2,30	1,30	2,91	1,14	2,11	1,30	2,59	1,36	1,64	0,84	2,33	1,20	2,28	1,40	2,35	1,20	2,20	1,52
Prämissenkontrolle	3,15	1,07	3,55	0,69	3,03	1,15	2,88	1,04	3,79	0,89	3,62	0,80	2,76	1,13	3,45	0,89	2,53	1,19
Durchführungsk.	2,72	1,17	2,45	1,04	2,80	1,21	2,69	0,97	2,79	1,58	2,86	1,24	2,60	1,12	2,68	1,28	2,80	0,94
Strat. Überwachung	4,65	0,92	4,82	0,60	4,60	1,01	4,63	0,98	4,71	0,83	4,71	0,78	4,60	1,04	4,81	0,65	4,33	1,29
Ergebniskontrolle	2,15	1,19	1,27	0,47	2,43	1,22	2,03	1,23	2,43	1,09	1,57	0,81	2,64	1,25	1,81	1,01	2,87	1,25

Teil 2. Frage 1	Total n=46		Dax-ARV n=11		Sonstige n=35		Anteilseigner n=32		Arbeitnehmer n=14		Dax-ARM n=21		Sonstige n=25		Börse n=31		Nicht-Börse n=15	
	h	f	h	f	h	f	h	f	h	f	h	f	h	f	h	f	h	f
Ja	10	21,7%	5	45,5%	5	14,3%	9	28,1%	1	7,1%	6	28,6%	4	16,0%	8	25,8%	2	13,3%
Nein	36	78,3%	6	54,5%	30	85,7%	23	71,9%	13	92,9%	15	71,4%	21	84,0%	23	74,2%	13	86,7%

Teil 2. Frage 2	Total n=46		Dax-ARV n=11		Sonstige n=35		Anteilseigner n=32		Arbeitnehmer n=14		Dax-ARM n=21		Sonstige n=25		Börse n=31		Nicht-Börse n=15	
	h	f	h	f	h	f	h	f	h	f	h	f	h	f	h	f	h	f
Alle Aufgaben	24	52,2%	6	54,5%	18	51,4%	16	50,0%	8	57,1%	12	57,1%	12	48,0%	16	51,6%	8	53,3%
Ausgew. Aufgaben	8	17,4%	1	9,1%	7	20,0%	6	18,8%	2	14,3%	3	14,3%	5	20,0%	3	9,7%	5	33,3%
Keine Aufgaben	14	30,4%	4	36,4%	10	28,6%	10	31,3%	4	28,6%	6	28,6%	8	32,0%	12	38,7%	2	13,3%

Teil 2. Frage 3	Total n=45		Dax-ARV n=11		Sonstige n=34		Anteilseigner n=32		Arbeitnehmer n=13		Dax-ARM n=21		Sonstige n=24		Börse n=30		Nicht-Börse n=15	
	h	f	h	f	h	f	h	f	h	f	h	f	h	f	h	f	h	f
3	8	17,8%	1	9,1%	7	20,6%	6	18,8%	2	15,4%	2	9,5%	6	25,0%	4	13,3%	4	26,7%
4	24	53,3%	7	63,6%	17	50,0%	17	53,1%	7	53,8%	13	61,9%	11	45,8%	15	50,0%	9	60,0%
5	6	13,3%	1	9,1%	5	14,7%	4	12,5%	2	15,4%	1	4,8%	5	20,8%	6	20,0%	0	0,0%
6	5	11,1%	2	18,2%	3	8,8%	4	12,5%	1	7,7%	4	19,0%	1	4,2%	4	13,3%	1	6,7%
7	0	0,0%	0	0,0%	0	0,0%	0	0,0%	0	0,0%	0	0,0%	0	0,0%	0	0,0%	0	0,0%
8	2	4,4%	0	0,0%	2	5,9%	1	3,1%	1	7,7%	1	4,8%	1	4,2%	1	3,3%	1	6,7%

Teil 2. Frage 4	Total n=44		Dax-ARV n=11		Sonstige n=33		Anteilseigner n=31		Arbeitnehmer n=13		Dax-ARM n=21		Sonstige n=23		Börse n=29		Nicht-Börse n=15	
	h	f	h	f	h	f	h	f	h	f	h	f	h	f	h	f	h	f
ARV	34	77,3%	10	90,9%	24	72,7%	24	77,4%	10	76,9%	17	81,0%	17	73,9%	24	82,8%	10	66,7%
1 ANV/nicht parit.	15	34,1%	4	36,4%	11	33,3%	12	38,7%	3	23,1%	5	23,8%	10	43,5%	9	31,0%	6	40,0%
Fachl. komp. ARM	7	15,9%	1	9,1%	6	18,2%	4	12,9%	3	23,1%	5	23,8%	2	8,7%	6	20,7%	1	6,7%
Parität. Besetzung	11	25,0%	2	18,2%	9	27,3%	2	6,5%	9	69,2%	10	47,6%	1	4,3%	10	34,5%	1	6,7%
kein ANV	12	27,3%	4	36,4%	8	24,2%	12	38,7%	0	0,0%	4	19,0%	8	34,8%	7	24,1%	5	33,3%
(Mitbest. irrelevant)	6	13,6%	1	9,1%	5	15,2%	5	16,1%	1	7,7%	2	9,5%	4	17,4%	3	10,3%	3	20,0%

Teil 2. Frage 5	Total n=46		Dax-ARV n=11		Sonstige n=35		Anteilseigner n=32		Arbeitnehmer n=14		Dax-ARM n=21		Sonstige n=25		Börse n=31		Nicht-Börse n=15	
	h	f	h	f	h	f	h	f	h	f	h	f	h	f	h	f	h	f
Verhandlungsvorl.	23	50,0%	4	36,4%	19	54,3%	17	53,1%	6	42,9%	8	38,1%	15	60,0%	13	41,9%	10	66,7%
Entscheidungskomp.	18	39,1%	7	63,6%	11	31,4%	11	34,4%	7	50,0%	13	61,9%	5	20,0%	17	54,8%	1	6,7%
davon einz.fallb. Del.	6	33,3%	3	27,3%	3	8,6%	3	9,4%	3	21,4%	5	23,8%	1	4,0%	6	19,4%	0	0,0%
Sonstiges	5	10,9%	0	0,0%	5	14,3%	4	12,5%	1	7,1%	0	0,0%	5	20,0%	1	3,2%	4	26,7%

Teil 2. Frage 6	Total n=46		Dax-ARV n=11		Sonstige n=35		Anteilseigner n=32		Arbeitnehmer n=14		Dax-ARM n=21		Sonstige n=25		Börse n=31		Nicht-Börse n=15	
	h	f	h	f	h	f	h	f	h	f	h	f	h	f	h	f	h	f
AR-Sitzungen	29	63,0%	8	72,7%	21	60,0%	22	68,8%	7	50,0%	13	61,9%	16	64,0%	21	67,7%	8	53,3%
Ausschussprotokolle	16	34,8%	6	54,5%	11	31,4%	11	34,4%	5	35,7%	9	42,9%	7	28,0%	13	41,9%	3	20,0%
Mitarbeit Ausschüsse	26	56,5%	10	90,9%	16	45,7%	20	62,5%	6	42,9%	15	71,4%	11	44,0%	22	71,0%	4	26,7%
Besprechungen	35	76,1%	9	81,8%	26	74,3%	27	84,4%	8	57,1%	16	76,2%	19	76,0%	23	74,2%	12	80,0%

Teil 2. Frage 7	Total n=46		Dax-ARV n=11		Sonstige n=35		Anteilseigner n=32		Arbeitnehmer n=14		Dax-ARM n=21		Sonstige n=25		Börse n=31		Nicht-Börse n=15	
	h	f	h	f	h	f	h	f	h	f	h	f	h	f	h	f	h	f
Ja	4	8,7%	1	9,1%	3	8,6%	3	9,4%	1	7,1%	2	9,5%	2	8,0%	2	6,5%	2	13,3%
Nein	42	91,3%	10	90,9%	32	91,4%	29	90,6%	13	92,9%	19	90,5%	23	92,0%	29	93,5%	13	86,7%

387

Teil 2, Frage 8

	Total n=46		Dax-ARV n=11		Sonstige n=35		Anteilseigner n=32		Arbeitnehmer n=14		Dax-ARM n=21		Sonstige n=25		Börse n=31		Nicht-Börse n=15	
	h	f	h	f	h	f	h	f	h	f	h	f	h	f	h	f	h	f
Aufgaben/Kompet.	32	69,6%	10	90,9%	22	62,9%	25	78,1%	7	50,0%	17	81,0%	15	60,0%	21	67,7%	11	73,3%
Formulare	5	10,9%	1	9,1%	4	11,4%	4	12,5%	1	7,1%	1	4,8%	4	16,0%	2	6,5%	3	20,0%
Protokolle	41	89,1%	10	90,9%	31	88,6%	30	93,8%	11	78,6%	18	85,7%	23	92,0%	27	87,1%	14	93,3%
Durchgeführte Maßn.	8	17,4%	1	9,1%	7	20,0%	5	15,6%	3	21,4%	3	14,3%	5	20,0%	4	12,9%	4	26,7%
Kommunikationsreg.	9	19,6%	4	36,4%	5	14,3%	7	21,9%	2	14,3%	6	28,6%	3	12,0%	7	22,6%	2	13,3%
Leistungsbeurteilung	33	71,7%	10	90,9%	23	65,7%	22	68,8%	11	78,6%	18	85,7%	15	60,0%	25	80,6%	8	53,3%
Sonstiges	3	6,5%	0	0,0%	3	8,6%	2	6,3%	1	7,1%	0	0,0%	3	12,0%	2	6,5%	1	6,7%

Teil 2, Frage 9

	Total n=40		Dax-ARV n=11		Sonstige n=29		Anteilseigner n=26		Arbeitnehmer n=14		Dax-ARM n=21		Sonstige n=19		Börse n=30		Nicht-Börse n=10	
	h	f	h	f	h	f	h	f	h	f	h	f	h	f	h	f	h	f
Aufsichtsrat	34	85,0%	10	90,9%	24	82,8%	23	88,5%	11	78,6%	18	85,7%	16	84,2%	25	83,3%	9	90,0%
ARM	6	15,0%	1	9,1%	5	17,2%	3	11,5%	3	21,4%	3	14,3%	3	15,8%	5	16,7%	1	10,0%
Selbstbeurteilung	21	52,5%	6	54,5%	15	51,7%	14	53,8%	7	50,0%	12	57,1%	9	47,4%	16	53,3%	5	50,0%
Fremdbeurteilung	11	27,5%	3	27,3%	8	27,6%	7	26,9%	4	28,6%	6	28,6%	5	26,3%	9	30,0%	2	20,0%
Wechsel Selbst/Fr.	8	20,0%	2	18,2%	6	20,7%	5	19,2%	3	21,4%	3	14,3%	5	26,3%	5	16,7%	3	30,0%
Halbjährlich	1	2,5%	1	9,1%	0	0,0%	1	3,8%	0	0,0%	1	4,8%	0	0,0%	1	3,3%	0	0,0%
Jährlich	30	75,0%	8	72,7%	22	75,9%	20	76,9%	10	71,4%	13	61,9%	17	89,5%	22	73,3%	8	80,0%
alle 2 Jahre	7	17,5%	2	18,2%	5	17,2%	4	15,4%	3	21,4%	5	23,8%	2	10,5%	5	16,7%	2	20,0%
1x pro Amtszeit	2	5,0%	0	0,0%	2	6,9%	1	3,8%	1	7,1%	2	9,5%	0	0,0%	2	6,7%	0	0,0%

Teil 3, Frage 1

	Total n=44		Dax-ARV n=11		Sonstige n=33		Anteilseigner n=31		Arbeitnehmer n=13		Dax-ARM n=21		Sonstige n=23		Börse n=30		Nicht-Börse n=14	
	μ	σ	μ	σ	μ	σ	μ	σ	μ	σ	μ	σ	μ	σ	μ	σ	μ	σ
Bilanz, GuV, Anhang	4,06	0,95	4,00	1,00	4,08	0,95	4,23	0,92	3,65	0,94	4,00	0,95	4,11	0,98	4,08	0,97	4,00	0,96
Lagebericht	3,39	1,29	3,68	1,10	3,29	1,35	3,29	1,34	3,62	1,19	3,83	1,06	2,98	1,37	3,65	1,18	2,82	1,38
Abschlussprüferb.	3,81	1,23	3,59	1,28	3,88	1,22	3,69	1,35	4,08	0,86	3,79	1,12	3,83	1,34	3,72	1,20	4,00	1,30
Management Letter	2,45	1,59	2,18	1,40	2,55	1,66	2,39	1,58	2,62	1,66	2,48	1,54	2,43	1,67	2,57	1,55	2,21	1,72
Geschäftspolitik	4,60	0,70	4,50	0,74	4,64	0,70	4,66	0,72	4,46	0,66	4,55	0,63	4,65	0,78	4,55	0,75	4,71	0,61
Rentabilität, EKR	4,02	1,15	4,64	0,92	3,82	1,16	4,35	1,08	3,23	0,93	4,19	1,03	3,87	1,25	4,13	1,17	3,79	1,12
Gang/Lage	4,28	1,02	4,45	0,82	4,23	1,08	4,23	1,15	4,42	0,64	4,52	0,68	4,07	1,23	4,52	0,77	3,79	1,31
Sonderberichte	3,18	1,60	2,55	1,44	3,39	1,62	2,84	1,55	4,00	1,47	3,14	1,62	3,22	1,62	3,23	1,59	3,07	1,69

Teil 3, Frage 2

	Total n=46		Dax-ARV n=11		Sonstige n=35		Anteilseigner n=32		Arbeitnehmer n=14		Dax-ARM n=21		Sonstige n=25		Börse n=31		Nicht-Börse n=15	
	h	f	h	f	h	f	h	f	h	f	h	f	h	f	h	f	h	f
Ja, ohne Abst.	11	23,9%	2	18,2%	9	25,7%	5	15,6%	6	42,9%	7	33,3%	4	16,0%	10	32,3%	1	6,7%
Ja, nach Abst.	14	30,4%	6	54,5%	8	22,9%	11	34,4%	3	21,4%	8	38,1%	6	24,0%	13	41,9%	1	6,7%
Niemals	21	45,7%	3	27,3%	18	51,4%	16	50,0%	5	35,7%	6	28,6%	15	60,0%	8	25,8%	13	86,7%

Teil 3, Frage 3

	Total n=46		Dax-ARV n=11		Sonstige n=35		Anteilseigner n=32		Arbeitnehmer n=14		Dax-ARM n=21		Sonstige n=25		Börse n=31		Nicht-Börse n=15	
	h	f	h	f	h	f	h	f	h	f	h	f	h	f	h	f	h	f
Zuerst ARV	14	30,4%	3	27,3%	11	31,4%	8	25,0%	6	42,9%	6	28,6%	8	32,0%	9	29,0%	5	33,3%
Direkt Ausschüsse	18	39,1%	5	45,5%	13	37,1%	12	37,5%	6	42,9%	11	52,4%	7	28,0%	15	48,4%	3	20,0%
A.-Thema: Aussch.	12	26,1%	2	18,2%	10	28,6%	10	31,3%	2	14,3%	3	14,3%	9	36,0%	6	19,4%	6	40,0%
Sonstiges	2	4,3%	1	9,1%	1	2,9%	2	6,3%	0	0,0%	1	4,8%	1	4,0%	1	3,2%	1	6,7%

Teil 3, Frage 4

	Total n=46		Dax-ARV n=11		Sonstige n=35		Anteilseigner n=32		Arbeitnehmer n=14		Dax-ARM n=21		Sonstige n=25		Börse n=31		Nicht-Börse n=15	
	h	f	h	f	h	f	h	f	h	f	h	f	h	f	h	f	h	f
Gleichmäßig	14	30,4%	4	36,4%	10	28,6%	8	25,0%	6	42,9%	8	38,1%	6	24,0%	9	29,0%	5	33,3%
Intensiviert in Krise	16	34,8%	5	45,5%	11	31,4%	13	40,6%	3	21,4%	8	38,1%	8	32,0%	11	35,5%	5	33,3%
Intensiviert vor Krise	16	34,8%	2	18,2%	14	40,0%	11	34,4%	5	35,7%	5	23,8%	11	44,0%	11	35,5%	5	33,3%

Teil 3, Frage 5

	Total n=46		Dax-ARV n=11		Sonstige n=35		Anteilseigner n=32		Arbeitnehmer n=14		Dax-ARM n=21		Sonstige n=25		Börse n=31		Nicht-Börse n=15	
	h	f	h	f	h	f	h	f	h	f	h	f	h	f	h	f	h	f
Stellungn./Beanstand.	41	89,1%	10	90,9%	31	88,6%	28	87,5%	13	92,9%	20	95,2%	21	84,0%	27	87,1%	14	93,3%
Zustimmungsverw.	13	28,3%	2	18,2%	11	31,4%	9	28,1%	4	28,6%	5	23,8%	8	32,0%	6	19,4%	7	46,7%
Öffentliche Kritik	0	0,0%	0	0,0%	0	0,0%	0	0,0%	0	0,0%	0	0,0%	0	0,0%	0	0,0%	0	0,0%
a.o. HV	4	8,7%	0	0,0%	4	11,4%	4	12,5%	0	0,0%	0	0,0%	4	16,0%	1	3,2%	3	20,0%
Keine Verlängerung	25	54,3%	9	81,8%	16	45,7%	23	71,9%	2	14,3%	11	52,4%	14	56,0%	18	58,1%	7	46,7%
Abberufung	31	67,4%	10	90,9%	21	60,0%	25	78,1%	6	42,9%	15	71,4%	16	64,0%	23	74,2%	8	53,3%
Sonderprüfungen	4	8,7%	2	18,2%	2	5,7%	4	12,5%	0	0,0%	2	9,5%	2	8,0%	2	6,5%	2	13,3%
Sonstiges	2	4,3%	0	0,0%	2	5,7%	1	3,1%	1	7,1%	0	0,0%	2	8,0%	2	6,5%	0	0,0%

Teil 3, Frage 6

	Total n=46		Dax-ARV n=11		Sonstige n=35		Anteilseigner n=32		Arbeitnehmer n=14		Dax-ARM n=21		Sonstige n=25		Börse n=31		Nicht-Börse n=15	
	h	f	h	f	h	f	h	f	h	f	h	f	h	f	h	f	h	f
Ja	25	54,3%	5	45,5%	20	57,1%	20	62,5%	5	35,7%	8	38,1%	17	68,0%	14	45,2%	11	73,3%
Nein	21	45,7%	6	54,5%	15	42,9%	12	37,5%	9	64,3%	13	61,9%	8	32,0%	17	54,8%	4	26,7%

Teil 3, Frage 7

	Total n=44 h	f	Dax-ARV n=11 h	f	Sonstige n=33 h	f	Anteilseigner n=31 h	f	Arbeitnehmer n=13 h	f	Dax-ARM n=21 h	f	Sonstige n=23 h	f	Börse n=30 h	f	Nicht-Börse n=14 h	f
Jura	12	27,3%	2	18,2%	10	30,3%	8	25,8%	4	30,8%	5	23,8%	7	30,4%	7	23,3%	5	35,7%
BWL	32	72,7%	7	63,6%	25	75,8%	21	67,7%	11	84,6%	15	71,4%	17	73,9%	24	80,0%	8	57,1%
Sonstiges	2	4,5%	0	0,0%	2	6,1%	2	6,5%	0	0,0%	0	0,0%	2	8,7%	1	3,3%	1	7,1%
Unt.umwelt	11	25,0%	1	9,1%	10	30,3%	6	19,4%	5	38,5%	5	23,8%	6	26,1%	10	33,3%	1	7,1%
CG	6	13,6%	4	36,4%	2	6,1%	6	19,4%	0	0,0%	4	19,0%	2	8,7%	4	13,3%	2	14,3%
Langj.Berufserf.	13	29,5%	6	54,5%	7	21,2%	13	41,9%	0	0,0%	7	33,3%	6	26,1%	10	33,3%	3	21,4%
Internationalität	5	11,4%	1	9,1%	4	12,1%	4	12,9%	1	7,7%	1	4,8%	4	17,4%	2	6,7%	3	21,4%
Anspruchsgr.	3	6,8%	1	9,1%	2	6,1%	3	9,7%	0	0,0%	1	4,8%	2	8,7%	1	3,3%	2	14,3%
Soziale Kompetenz	4	9,1%	0	0,0%	4	12,1%	1	3,2%	3	23,1%	2	9,5%	2	8,7%	3	10,0%	1	7,1%
Unt.interna	23	52,3%	7	63,6%	16	48,5%	17	54,8%	6	46,2%	12	57,1%	11	47,8%	18	60,0%	5	35,7%
Lebenserfahrung	12	27,3%	5	45,5%	7	21,2%	11	35,5%	1	7,7%	6	28,6%	6	26,1%	10	33,3%	2	14,3%

Teil 4, Frage 1

	Total n=46 h	f	Dax-ARV n=11 h	f	Sonstige n=35 h	f	Anteilseigner n=32 h	f	Arbeitnehmer n=14 h	f	Dax-ARM n=21 h	f	Sonstige n=25 h	f	Börse n=31 h	f	Nicht-Börse n=15 h	f
Beratung	42	91,3%	10	90,9%	32	91,4%	29	90,6%	13	92,9%	20	95,2%	22	88,0%	29	93,5%	13	86,7%
Anreizsystem	13	28,3%	3	27,3%	10	28,6%	9	28,1%	4	28,6%	6	28,6%	7	28,0%	9	29,0%	4	26,7%
Beurt. Infoverhalten	23	50,0%	8	72,7%	15	42,9%	18	56,3%	5	35,7%	11	52,4%	12	48,0%	16	51,6%	7	46,7%
Diskussion Inhalte	12	26,1%	3	27,3%	9	25,7%	10	31,3%	2	14,3%	4	19,0%	8	32,0%	8	25,8%	4	26,7%

Teil 4, Frage 2

	Total n=46 h	f	Dax-ARV n=11 h	f	Sonstige n=35 h	f	Anteilseigner n=32 h	f	Arbeitnehmer n=14 h	f	Dax-ARM n=21 h	f	Sonstige n=25 h	f	Börse n=31 h	f	Nicht-Börse n=15 h	f
Fragerecht	28	60,9%	6	54,5%	22	62,9%	16	50,0%	12	85,7%	13	61,9%	15	60,0%	20	64,5%	8	53,3%
Zusätzliche Berichte	32	69,6%	6	54,5%	26	74,3%	21	65,6%	11	78,6%	13	61,9%	19	76,0%	20	64,5%	12	80,0%
Einsichtnahmen	14	30,4%	1	9,1%	13	37,1%	9	28,1%	5	35,7%	4	19,0%	10	40,0%	10	32,3%	4	26,7%
Informationsordnung	18	39,1%	3	27,3%	15	42,9%	14	43,8%	4	28,6%	7	33,3%	11	44,0%	11	35,5%	7	46,7%
Abschlussprüfer	17	37,0%	2	18,2%	15	42,9%	13	40,6%	4	28,6%	4	19,0%	13	52,0%	7	22,6%	10	66,7%
Abberufung, k. Verf.	20	43,5%	6	54,5%	14	40,0%	12	37,5%	7	53,1%	3	21,4%	8	38,1%	12	48,0%	8	53,3%
Sonstiges	3	6,5%	2	18,2%	1	2,9%	3	9,4%	0	0,0%	2	9,5%	1	4,0%	2	6,5%	1	6,7%

Ergänzung, Frage 1

	Total n=41 μ	σ	Dax-ARV n=8 μ	σ	Sonstige n=33 μ	σ	Anteilseigner n=28 μ	σ	Arbeitnehmer n=13 μ	σ	Dax-ARM n=17 μ	σ	Sonstige n=24 μ	σ	Börse n=26 μ	σ	Nicht-Börse n=15 μ	σ
Vorteile:																		
Leistungsf. ARM	3,07	1,19	3,13	1,36	3,06	1,17	3,04	1,17	3,15	1,28	3,24	1,30	2,96	1,12	3,23	1,18	2,80	1,21
Problemlösung	3,54	1,03	3,50	1,07	3,55	1,03	3,79	0,96	3,00	1,00	3,47	0,87	3,58	1,14	3,62	0,90	3,40	1,24
Spezialwissen	3,83	0,95	4,00	0,76	3,79	0,99	3,75	1,00	4,00	0,82	3,94	0,75	3,75	1,07	3,92	0,80	3,67	1,18
Tätigkeitsanreize	2,80	0,90	2,88	0,64	2,79	0,96	2,75	0,75	2,92	1,19	2,82	1,07	2,79	0,78	2,77	0,95	2,87	0,83
Verantwortung ARM	3,00	1,18	2,88	1,36	3,03	1,16	2,89	1,07	3,23	1,42	2,94	1,43	3,04	1,00	3,00	1,23	3,00	1,13
Kontroverse Disk.	4,29	0,96	4,88	0,35	4,15	1,00	4,57	0,69	3,69	1,18	4,41	0,80	4,21	1,06	4,42	0,76	4,07	1,22
Flexiblere Arbeit	3,32	1,06	3,13	1,25	3,36	1,03	3,36	0,99	3,23	1,24	3,29	1,16	3,33	1,01	3,23	1,07	3,47	1,06
Verhältnis Vorstand	2,68	1,29	2,38	1,69	2,76	1,20	2,79	1,32	2,46	1,27	2,41	1,37	2,88	1,23	2,77	1,39	2,53	1,13
Nachteile:																		
Informationsgefälle	3,39	1,07	3,25	0,89	3,42	1,12	3,36	1,13	3,46	0,97	3,35	0,86	3,42	1,21	3,23	0,99	3,67	1,18
Ausdehnung Mitb.	2,22	1,35	2,25	1,49	2,21	1,34	2,50	1,40	1,62	1,04	2,12	1,36	2,29	1,37	2,19	1,39	2,27	1,33
Beschränkung Mitb.	2,10	1,26	1,75	1,16	2,18	1,29	1,71	0,90	2,92	1,55	2,12	1,41	2,08	1,18	2,04	1,31	2,20	1,21
Kompetenzkonflikte	2,24	1,16	1,75	0,71	2,36	1,22	2,21	1,20	2,31	1,11	2,12	0,99	2,33	1,27	2,00	1,02	2,67	1,29

Ergänzung, Frage 2

	Total n=41 μ	σ	Dax-ARV n=8 μ	σ	Sonstige n=33 μ	σ	Anteilseigner n=28 μ	σ	Arbeitnehmer n=13 μ	σ	Dax-ARM n=17 μ	σ	Sonstige n=24 μ	σ	Börse n=26 μ	σ	Nicht-Börse n=15 μ	σ
Zeitlicher Einsatz	2,93	1,00	3,13	0,64	2,88	1,07	2,96	0,98	2,85	1,07	2,82	1,01	3,00	1,00	2,92	0,91	2,93	1,16
Ausschussarbeit	3,83	0,97	4,25	0,71	3,73	1,01	3,86	1,01	3,77	0,93	4,00	0,87	3,71	1,04	3,92	0,84	3,67	1,18
Argument.kultur	3,56	1,07	3,50	1,31	3,58	1,03	3,46	1,23	3,77	0,60	3,53	1,01	3,58	1,14	3,62	0,98	3,47	1,25
Aktionärsinteressen	3,46	1,07	3,75	0,71	3,39	1,14	3,75	1,04	2,85	0,90	3,12	1,05	3,71	1,04	3,19	1,02	3,93	1,03
Stakeholder	3,59	1,16	3,88	0,83	3,52	1,23	3,32	1,06	4,15	1,21	3,82	1,19	3,42	1,14	3,77	1,11	3,27	1,22
Qual. Kontrollarten	3,88	0,95	4,25	0,71	3,79	0,99	3,82	1,02	4,00	0,82	4,12	0,93	3,71	0,95	3,96	0,92	3,73	1,03
Info.haushalt	3,85	0,91	3,88	0,83	3,85	0,94	3,71	1,01	4,15	0,55	3,94	0,83	3,79	0,98	3,81	0,85	3,93	1,03
Gefahren	4,02	0,99	4,13	0,99	4,00	1,00	3,96	1,07	4,15	0,80	4,06	0,83	4,00	1,10	3,96	0,96	4,13	1,06
Qual. Beratung	4,20	0,78	4,00	0,93	4,24	0,75	4,29	0,71	4,00	0,91	4,12	0,78	4,25	0,79	4,12	0,82	4,33	0,72
Zusammenarbeit V	4,22	0,88	4,63	0,74	4,12	0,89	4,36	0,87	3,92	0,86	4,35	0,79	4,13	0,95	4,35	0,75	4,00	1,07
Außendarstellung	2,44	1,03	2,75	1,16	2,36	0,99	2,36	0,91	2,62	1,26	2,76	1,20	2,21	0,83	2,69	1,05	2,00	0,85
Qualität der ARM	4,34	0,85	4,63	0,52	4,27	0,91	4,46	0,69	4,08	1,12	4,47	0,51	4,25	1,03	4,38	0,64	4,27	1,16
Unabh. ARM	4,27	0,92	4,63	0,52	4,18	0,98	4,43	0,79	3,92	1,12	4,29	0,69	4,25	1,07	4,31	0,79	4,20	1,15
Internationalität	3,24	1,22	4,00	0,76	3,06	1,25	3,36	1,16	3,00	1,35	3,76	1,09	2,88	1,19	3,62	1,02	2,60	1,30

Ergänzung, Frage 3

	Total n=39 μ	σ	Dax-ARV n=7 μ	σ	Sonstige n=32 μ	σ	Anteilseigner n=27 μ	σ	Arbeitnehmer n=12 μ	σ	Dax-ARM n=16 μ	σ	Sonstige n=23 μ	σ	Börse n=25 μ	σ	Nicht-Börse n=14 μ	σ
	3,14	1,32	2,57	1,72	3,27	1,22	3,02	1,42	3,42	1,08	2,88	1,31	3,33	1,33	2,92	1,38	3,54	1,15

Ergänzung, Frage 4	Total n=41		Dax-ARV n=8		Sonstige n=33		Anteilseigner n=28		Arbeitnehmer n=13		Dax-ARM n=17		Sonstige n=24		Börse n=26		Nicht-Börse n=15	
	μ	σ	μ	σ	μ	σ	μ	σ	μ	σ	μ	σ	μ	σ	μ	σ	μ	σ
Vorteile:																		
Entlastung Plenum	3,44	1,34	4,25	0,89	3,24	1,37	3,71	1,21	2,85	1,46	3,59	1,42	3,33	1,31	3,46	1,33	3,40	1,40
Entscheidungen	4,01	0,96	4,25	0,71	3,95	1,02	4,21	0,88	3,58	1,04	4,03	0,76	4,00	1,10	3,98	0,70	4,07	1,33
Entfaltungsraum	2,70	1,16	2,88	0,99	2,65	1,20	2,75	1,14	2,58	1,22	2,79	1,05	2,63	1,24	3,02	1,06	2,13	1,13
Leistungsbereitschaft	2,67	1,20	2,00	1,31	2,83	1,14	2,64	1,22	2,73	1,20	2,44	1,30	2,83	1,13	2,75	1,26	2,53	1,13
Nachteile:																		
Konfliktpotenzial	2,49	1,10	2,75	1,16	2,42	1,09	2,46	0,96	2,54	1,39	2,71	1,31	2,33	0,92	2,50	1,21	2,47	0,92
Koordinationsbedarf	3,37	0,97	3,63	0,52	3,30	1,05	3,43	1,03	3,23	0,83	3,47	0,80	3,29	1,08	3,27	0,87	3,53	1,13
"Falsche" Entsch.	1,83	0,89	1,50	0,53	1,91	0,95	1,68	0,86	2,15	0,90	1,76	0,83	1,88	0,95	1,77	0,76	1,93	1,10
Entsch. Gesamtpl.	2,71	1,42	2,38	1,69	2,79	1,36	2,43	1,35	3,31	1,44	2,82	1,55	2,63	1,35	2,73	1,40	2,67	1,50
Kompetenzüberschr.	2,54	1,19	1,88	0,99	2,70	1,19	2,29	0,98	3,08	1,44	2,47	1,33	2,58	1,10	2,50	1,24	2,60	1,12

Ergänzung, Frage 5	Total n=40		Dax-ARV n=8		Sonstige n=32		Anteilseigner n=27		Arbeitnehmer n=13		Dax-ARM n=17		Sonstige n=23		Börse n=25		Nicht-Börse n=15	
	μ	σ	μ	σ	μ	σ	μ	σ	μ	σ	μ	σ	μ	σ	μ	σ	μ	σ
Wahrheit/Vollst.	4,85	0,36	4,75	0,46	4,88	0,34	4,89	0,32	4,77	0,44	4,71	0,47	4,96	0,21	4,80	0,41	4,93	0,26
Zeitgerechter Zugang	4,53	0,55	4,38	0,52	4,56	0,56	4,44	0,58	4,69	0,48	4,59	0,51	4,48	0,59	4,56	0,51	4,47	0,64
Detaillierungsgrad	3,78	0,83	3,75	0,71	3,78	0,87	3,81	0,92	3,69	0,63	3,65	0,79	3,87	0,87	3,60	0,82	4,07	0,80
Tats. vs. Wert.	4,15	0,83	4,38	0,52	4,09	0,89	4,33	0,73	3,77	0,93	4,29	0,59	4,04	0,98	4,08	0,81	4,27	0,88
Nachprüfbarkeit Dritte	3,45	0,84	3,38	0,74	3,47	0,87	3,54	0,91	3,27	0,67	3,44	0,66	3,46	0,96	3,34	0,77	3,63	0,93
Erläuterungen Zahlen	3,75	1,10	3,38	1,19	3,84	1,08	3,52	1,22	4,23	0,60	3,88	1,05	3,65	1,15	3,80	0,96	3,67	1,35
Klare Darstellung	4,15	0,92	3,63	1,19	4,28	0,81	4,15	1,03	4,15	0,69	3,94	1,03	4,30	0,82	4,00	0,96	4,40	0,83
Layout Zeitablauf	2,81	0,89	2,50	0,93	2,89	0,88	2,89	0,97	2,65	0,69	2,68	0,88	2,91	0,90	2,82	0,83	2,80	1,01
Referenz. Berichte	3,33	1,02	3,00	1,31	3,41	0,95	3,26	1,20	3,46	0,52	3,35	1,00	3,30	1,06	3,48	1,00	3,07	1,03
Tabellen/Schaubilder	3,82	1,00	3,57	0,98	3,88	1,01	3,73	1,08	4,00	0,82	3,88	0,81	3,78	1,13	3,88	0,85	3,73	1,22
Berechn.schemata	4,15	0,92	4,13	0,64	4,16	0,99	4,11	1,05	4,23	0,60	4,18	0,64	4,13	1,10	4,16	0,75	4,13	1,19
Sektoren	4,55	0,55	4,50	0,76	4,56	0,50	4,52	0,58	4,62	0,51	4,59	0,62	4,52	0,51	4,60	0,58	4,47	0,52
Qualitative Daten	3,45	1,01	2,75	0,71	3,63	1,01	3,37	1,08	3,62	0,87	3,24	0,97	3,61	1,03	3,32	0,95	3,67	1,11

Ergänzung, Frage 6	Total n=41		Dax-ARV n=8		Sonstige n=33		Anteilseigner n=28		Arbeitnehmer n=13		Dax-ARM n=17		Sonstige n=24		Börse n=26		Nicht-Börse n=15	
	μ	σ	μ	σ	μ	σ	μ	σ	μ	σ	μ	σ	μ	σ	μ	σ	μ	σ
Geschäftsberichte	2,95	1,09	3,13	0,83	2,91	1,16	3,07	1,12	2,69	1,03	2,82	1,01	3,04	1,16	2,96	0,92	2,93	1,39
Fachveröffentl.	3,29	0,96	3,50	0,76	3,24	1,00	3,29	1,08	3,31	0,63	3,24	0,90	3,33	1,01	3,23	0,86	3,40	1,12
Statistisches BA	2,22	1,01	2,63	0,92	2,12	1,02	2,36	1,13	1,92	0,64	2,18	0,88	2,25	1,11	2,38	0,94	1,93	1,10
Dt. Bundesbank/EZB	2,32	1,01	2,88	0,99	2,18	0,98	2,32	1,06	2,31	0,95	2,53	1,12	2,17	0,92	2,46	0,95	2,07	1,10
Ministerien	2,10	0,94	2,38	0,92	2,03	0,95	2,07	0,98	2,15	0,90	2,06	0,90	2,13	0,99	2,04	0,72	2,20	1,26
IHK	2,10	0,97	2,13	0,64	2,09	1,04	2,14	0,97	2,00	1,00	1,94	0,90	2,21	1,02	1,96	1,00	2,33	0,90
Wifo-Institute	2,85	1,15	3,13	0,83	2,79	1,22	2,86	1,15	2,85	1,21	2,88	1,11	2,83	1,20	2,81	1,06	2,93	1,33
Branchenverbände	3,17	1,20	3,25	0,89	3,15	1,28	3,21	1,26	3,08	1,12	3,12	1,17	3,21	1,25	2,96	1,08	3,53	1,36
Internat. Organis.	2,34	1,06	3,00	0,76	2,18	1,07	2,29	1,08	2,46	1,05	2,59	1,06	2,17	1,05	2,46	0,99	2,13	1,19
Marktforsch./Berat.	2,99	1,23	3,13	0,99	2,95	1,18	3,04	1,23	2,88	0,92	2,97	0,98	3,00	1,25	2,87	1,09	3,20	1,36
Kontakte AP, Berater	3,54	1,16	4,00	0,93	3,42	1,20	3,64	1,28	3,31	0,85	3,53	1,18	3,54	1,18	3,58	1,03	3,47	1,41
Berufliche Kontakte	3,71	1,01	4,13	0,64	3,61	1,06	3,79	1,03	3,54	0,97	3,59	1,12	3,79	0,93	3,54	1,03	4,00	0,93
Konferenzen	2,41	0,84	2,88	0,64	2,30	0,85	2,39	0,83	2,46	0,88	2,47	0,87	2,30	0,82	2,46	0,76	2,33	0,98
Eigene Erfahrungen	4,06	0,87	4,38	0,52	3,98	0,92	4,21	0,83	3,73	0,88	3,91	1,06	4,17	0,70	3,98	0,96	4,20	0,68

Ergänzung, Frage 7	Total n=42		Dax-ARV n=8		Sonstige n=34		Anteilseigner n=29		Arbeitnehmer n=13		Dax-ARM n=17		Sonstige n=25		Börse n=27		Nicht-Börse n=15	
	μ	σ	μ	σ	μ	σ	μ	σ	μ	σ	μ	σ	μ	σ	μ	σ	μ	σ
Ex-Vorstand	2,90	1,41	1,50	0,53	3,24	1,35	3,07	1,49	2,54	1,20	1,76	0,83	3,68	1,18	2,48	1,40	3,67	1,11
Konkurrent	4,52	0,74	4,88	0,35	4,44	0,79	4,62	0,78	4,31	0,63	4,59	0,62	4,48	0,82	4,52	0,64	4,53	0,92
Kunde/Lieferant	3,37	1,23	3,50	1,20	3,34	1,25	3,38	1,21	3,35	1,31	3,38	1,27	3,36	1,22	3,20	1,21	3,67	1,23
Staatl. Aufsicht	3,60	1,50	4,25	1,39	3,44	1,50	3,97	1,30	2,77	1,64	3,29	1,72	3,80	1,32	3,70	1,51	3,40	1,50
AR TG u. V MG	2,46	1,52	2,25	1,39	2,51	1,57	2,45	1,55	2,50	1,51	1,97	1,37	2,80	1,55	2,31	1,53	2,73	1,33
AR. TG u. AR MG	2,76	1,43	3,63	0,92	2,56	1,46	3,03	1,38	2,15	1,41	2,65	1,58	2,84	1,34	2,78	1,50	2,73	1,33
s.o. in konk. TG	3,64	1,30	3,88	1,36	3,59	1,31	3,66	1,40	3,62	1,12	3,65	1,41	3,64	1,25	3,70	1,35	3,53	1,25
Nur AR-Vertrag	3,17	1,32	3,38	1,69	3,12	1,25	3,34	1,37	2,77	1,17	2,76	1,44	3,44	1,19	3,19	1,42	3,13	1,19
Unt.gegenstand	4,20	0,92	4,50	0,76	4,13	0,95	4,28	1,03	4,04	0,59	4,26	0,75	4,16	1,03	4,35	0,68	3,93	1,22

Literaturverzeichnis

A

ACKOFF, R.L.: The Future of Operational Research is Past. In: The Journal of Operational Research Society, Vol. 30, 1979, S. 93-104.

ACKOFF, R.L.: Creating the Corporate Future. New York u.a. 1981.

ACKOFF, R.L.: Beyond Prediction and Preparation. In: Journal of Management Studies, Vol. 20, 1983, S. 59-69.

ADAMS, M.: Corporate Governance: Vertragen sich die deutsche Unternehmensverfassung und das Shareholder Value-Prinzip? In: Betriebswirtschaftslehre und Rechtsentwicklung, ZfB-Ergänzungsheft, Nr. 4, hrsg. von H. Albach und K. Brockhoff. Wiesbaden 1997, S. 21-30.

AKERLOF, G.A.: The Market for "Lemons": Quality Uncertainty and the Market Mechanism. In: Quarterly Journal of Economics. Vol. 84, 1970, S. 488-500.

ALBACH, H.: Führung durch Vorstand und Aufsichtsrat. In: Handbuch Corporate Governance: Leitung und Überwachung börsennotierter Unternehmen in der Rechts- und Wirtschaftspraxis, hrsg. von P. Hommelhoff, K.J. Hopt und A. von Werder. Köln/Stuttgart 2003, S. 361-375.

ALBACH, H./BROCKHOFF, K.: Editorial. In: Betriebswirtschaftslehre und Rechtsentwicklung, ZfB-Ergänzungsheft, Nr. 4, hrsg. von H. Albach und K. Brockhoff. Wiesbaden 1997, S. VII.

ALCHIAN, A.A./DEMSETZ, H.: Production, Information Costs, and Economic Organization. In: American Economic Review, Vol. 62, 1972, S. 777-795.

ALKHAFAJI, A.F.: A Stakeholder Approach to Corporate Governance. New York 1989.

AL-LAHAM, A.: Strategieprozesse in deutschen Unternehmungen: Verlauf, Struktur und Effizienz. Wiesbaden 1997.

AL-LAHAM, A.: Die Implementierung von Strategien in der Unternehmenspraxis. Probleme und Lösungsperspektiven. In: Praxis des strategischen Managements. Konzepte – Erfahrungen – Perspektiven, hrsg. von M.K. Welge, A. Al-Laham und P. Kajüter. Wiesbaden 2000, S. 261-277.

ANSOFF, H.I.: Implanting Strategic Management. Englewood Cliffs/N. J. 1984.

ARMSTRONG, J.S.: Strategic Planning and Forecasting Fundamentals. In: The Strategic Management Handbook, hrsg. von K.J. Albert. New York u.a. 1983, S. 2/1-32.

ARROW, K.J.: The economics of agency. In: Principals and agents: The structure of business, hrsg. von J.W. Pratt und R.J. Zeckhauser. Boston 1985, S. 37-51.

ASHBURNER, L.: Corporate Governance in the Public Sector: The Case of the NHS. In: Corporate Governance: Economic and Financial Issues, hrsg. von K. Keasey, S. Thompson und M. Wright. Oxford 1997, S. 279-297.

ASSMANN, H.-D.: Corporate Governance. In: Die Aktiengesellschaft, 40. Jg., 1995, S. 289-290.

ATTESLANDER, P.: Methoden der empirischen Sozialforschung. 8. Auflage, Berlin/New York 1995.

AUDRETSCH, D.B./WEIGAND, J.: Corporate Governance. In: Die Spieltheorie in der Betriebswirtschaftslehre, hrsg. von P.-J. Jost. Stuttgart 2001, S. 83-134.

B

BAETGE, J./JERSCHENSKY, A.: Frühwarnsysteme als Instrumente eines effizienten Risikomanagement und -Controlling. In: Controlling, 11. Jg., 1999, S. 171-176.

BAETGE, J./KIRSCH, H.-J./THIELE, S.: Bilanzen. 5. Auflage. Düsseldorf 2001.

BAETGE, J./SCHULZE, D.: Möglichkeiten der Objektivierung der Lageberichterstattung über „Risiken der künftigen Entwicklung". In: Der Betrieb, 51. Jg., 1998, S. 937-948.

BAKER, G.P./JENSEN, M.C./MURPHY, K.J.: Compensation and Incentives: Practice vs. Theory. In: Journal of Finance, Vol. 43, 1988, S. 593-616.

BALLWIESER, W.: Aggregation, Komplexion und Komplexitätsreduktion. In: Handwörterbuch der Betriebswirtschaft, hrsg. von W. Wittmann, W. Kern, R. Köhler, H.-U. Küpper und K. von Wysocki. 5. Auflage, Stuttgart 1993, Sp. 49-57.

BALLWIESER, W.: Controlling und Risikomanagement: Aufgaben eines Vorstands. In: Handbuch Corporate Governance: Leitung und Überwachung börsennotierter Unternehmen in der Rechts- und Wirtschaftspraxis, hrsg. von P. Hommelhoff, K.J. Hopt und A. von Werder. Köln/Stuttgart 2003, S. 429-440.

BALLWIESER, W./SCHMIDT, R.H.: Unternehmensverfassung, Unternehmensziele und Finanztheorie. In: Unternehmensverfassung als Problem der Betriebswirtschaftslehre, hrsg. von K. Bohr, J. Drukarczyk, H.-J. Drumm und G. Scherrer. Berlin 1981, S. 645-682.

BALSER, H./BOKELMANN, G./OTT, H./PIORRECK, K.F. (Hrsg.): Die Aktiengesellschaft. 4. Auflage, Freiburg u.a. 2002.

BARTHELMEß, S.: Der Aufsichtsrat im Spiegel des „Monitoring Model" des American Law Institute. Diss. Erlangen-Nürnberg 1987.

BARTRAM, P.: Die innerbetriebliche Kommunikation. Berlin 1969.

BAUM, H.-G./COENENBERG, A.G./GÜNTHER, T.: Strategisches Controlling. 2. Auflage, Stuttgart 1999.

BAUMOL, W.J.: Business Behavior, Value and Growth. New York 1959.

BAUMS, T.: Der Aufsichtsrat - nützlich, schädlich, überflüssig? Arbeitspapiere / Universität Osnabrück, Institut für Handels- und Wirtschaftsrecht, Nr. 21. Osnabrück 1994.

BÄURLE, I.: Krise der Aufsichtsratstätigkeit: welchen Beitrag leistet die Agency-Theorie? Diskussionsbeitrag Nr. 80 der Wirtschaftswissenschaftlichen Fakultät Ingolstadt / Katholischen Universität Eichstätt. Ingolstadt, November 1996.

BAYER, W.: Aktionärsrechte und Anlegerschutz. Kritische Betrachtung der lex lata und Überlegungen de lege ferenda vor dem Hintergrund des Berichts der Regierungskommission Corporate Governance und des Entwurfs eines 4. Finanzmarktförderungsgesetztes. In: Corporate Governance, hrsg. von P. Hommelhoff, M. Lutter, K. Schmidt, W. Schön und P. Ulmer. Heidelberg 2002, S. 137-163.

BAYHURST, A./FEY, A./SCHREYÖGG, G.: Wer kontrolliert die Geschäftspolitik deutscher Unternehmen? Empirische Ergebnisse zur Kontrollsituation der 350 größten Unternehmen der Jahre 1972, 1979 und 1986 im Vergleich. Diskussionsbeitrag Nr. 213 des Fachbereichs Wirtschaftswissenschaft der Fernuniversität Hagen. Hagen 1994.

BAYSINGER, B./HOSKISSON, R.E.: The Composition of Boards of Directors and Strategic Control: Effects on Corporate Strategy. In: Academy of Management Review, Vol. 15, 1990, S. 72-87.

BAYSINGER, B.D./KOSNIK, R.D./TURK, T.A.: Effects of Board and Ownership Structure on Corporate R&D Strategy. In: Academy of Management Journal, Vol. 34, 1991, S. 205-214.

BEA, F.X.: Rechnungswesen, Grundbegriffe. In: Handwörterbuch der Betriebswirtschaft, hrsg. von W. Wittmann, W. Kern, R. Köhler, H.-U. Küpper und K. von Wysocki. 5. Auflage, Stuttgart 1993, Sp. 3697-3715.

BEA, F.X./HAAS, J.: Strategisches Management. 3. Auflage, Stuttgart 2001.

BEA, F.X./SCHEURER, S.: Die Kontrollfunktion des Aufsichtsrats. In: Der Betrieb, 47. Jg., 1994, S. 2145-2152.

BECKER, T.: Informationsbasierte Überwachungskonzepte zur Kontrolle von Vorständen. Stuttgart 1993.

BENSTON, G.J.: An Analysis of the Role of Accounting Standards for Enhancing Corporate Governance and Social Responsibility. In: Journal of Accounting and Public Policy, Vol. 1, 1982, S. 5-17.

BERG, C.C.: Darstellung und Kritik traditioneller Organisationstechniken. In: Organisationstheoretische Ansätze, hrsg. von A. Kieser. München 1981, S. 34-50.

BERG, N.: Public Affairs Management. Wiesbaden 2003.

BERLE, A./MEANS, G.: The Modern Corporation and Private Property. New York 1932.

BERNHARDT, W.: Keine Aufsicht und schlechter Rat? Zum Meinungsstreit um deutsche Aufsichtsräte. In: Zeitschrift für Betriebswirtschaft, 64. Jg., 1994, S. 1341-1350.

BERNHARDT, W.: Aufsichtsrat – die schönste Nebensache der Welt?. In: Zeitschrift für das gesamte Handelsrecht und Wirtschaftsrecht, 159. Jg., 1995, S. 310-321.

BERNHARDT, W.: Wenig Neues - zu wenig? Kleine Aktienrechtsreform, Corporate Governance und Konzernwirklichkeit. In: Zeitschrift für Betriebswirtschaft, 67. Jg., 1997, S. 803-816.

BERNHARDT, W./WITT, P.: Die Beurteilung der Aufsichtsräte und ihrer Arbeit. In: Handbuch Corporate Governance: Leitung und Überwachung börsennotierter Unternehmen in der Rechts- und Wirtschaftspraxis, hrsg. von P. Hommelhoff, K.J. Hopt und A. von Werder. Köln/Stuttgart 2003, S. 323-334.

BERTHEL, J.: Betriebliche Informationssysteme. Stuttgart 1975.

BERTHEL, J.: Informationsbedarf. In: Handwörterbuch der Organisation, hrsg. von E. Frese. 3. Auflage, Stuttgart 1992, Sp. 872-886.

BEZZENBERGER, G.: Die Geschäftsordnung der Hauptversammlung. In: Zeitschrift für Unternehmens- und Gesellschaftsrecht, 27. Jg., 1998, S. 352-366.

BHIDE, A.: The Hidden Costs of Stock Market Liquidity. In: Journal of Financial Economics, Vol. 34, 1993, S. 31-51.

BIERHOFF, H.W.: Vertrauen in Führungs- und Kooperationsbeziehungen. In: Handwörterbuch der Führung, hrsg. von A. Kieser, G. Reber und R. Wunderer. 2. Aufl., Stuttgart 1995, Sp. 2148-2158.

BISCHOFF, J.: Das Shareholder Value-Konzept: Darstellung - Probleme - Handhabungsmöglichkeiten. Wiesbaden 1994.

BLACK, B.S./COFFEE J.C., JR.: Hail Britannia?: Institutional Investor Behaviour Under Limited Regulation. In: Michigan Law Review, Vol. 92, 1994, S. 1997-2087.

BLEICHER, K.: Spitzenverfassung der Führung. In: Handwörterbuch der Führung, hrsg. von A. Kieser, G. Reber und R. Wunderer. 2. Aufl., Stuttgart 1995, Sp. 1959-1967.

BLEICHER, K./LEBERL, D./PAUL, H.: Unternehmungsverfassung und Spitzenorganisation - Führung und Überwachung von Aktiengesellschaften im internationalen Vergleich. Wiesbaden 1989.

BLEICHER, K./PAUL, H.: Das amerikanische Board-Modell im Vergleich zur deutschen Vorstands-/Aufsichtsratsverfassung – Stand und Entwicklungstendenzen. In: Die Betriebswirtschaft, 46. Jg., 1986, S. 263-288.

BLEYMÜLLER, J.: Statistik für Wirtschaftswissenschaftler. 12. Auflage, München 2000.

BLIES, P.: Board-Überwachung japanischer Aktiengesellschaften. In: Der Betrieb, 52. Jg., 1999, S. 1969-1999.

BLIES, P.: Corporate Governance im deutsch-japanischen Vergleich: Überwachungsmechanismen des Finanzsystems und interne Organüberwachung von Aktiengesellschaften. Wiesbaden 2000.

BLOHM, H.: Die Gestaltung des betrieblichen Berichtswesens als Problem der Leitungsorganisation. 2. Auflage, Herne/Berlin 1974.

BÖCKING, H.-J./Nowak, K.: Das Konzept des Economic Value Added. In: Finanz Betrieb, 1. Jg., 1999, S. 281-288.

BÖCKLI, P.: Konvergenz: Annäherung des monistischen und des dualistischen Führungs- und Aufsichtssystems. In: Handbuch Corporate Governance: Leitung und Überwachung börsennotierter Unternehmen in der Rechts- und Wirtschaftspraxis, hrsg. von P. Hommelhoff, K.J. Hopt und A. von Werder. Köln/Stuttgart 2003, S. 201-222.

BOEHMER, E.: Germany In: Corporate Governance und Economic Performance, hrsg. von K. Gugler. Oxford 2001, S. 96-120.

BORK, R.: Sonderprüfung, Klageerzwingung. In: Handbuch Corporate Governance: Leitung und Überwachung börsennotierter Unternehmen in der Rechts- und Wirtschaftspraxis, hrsg. von P. Hommelhoff, K.J. Hopt und A. von Werder. Köln/Stuttgart 2003, S. 775-796.

BÖRSCH-SUPAN, A./KÖKE, J.: An Applied Econometricians' View of Empirical Corporate Governance Studies. Discussion Paper No. 00-17 / ZEW, Zentrum für Europäische Wirtschaftsforschung GmbH: International Finance. Mannheim 2000.

BÖTTCHER, R.: Global network management: context, decision-making, coordination. Wiesbaden 1996.

BOUJONG, K.: Rechtliche Mindestanforderungen an eine ordnungsgemäße Vorstandskontrolle und Beratung. In: Die Aktiengesellschaft, 40. Jg., 1995, S. 203-207.

BOYCOTT, A.: Corporate Governance: Zur Entwicklung eines Rahmenkonzepts für interne Kontrollsysteme. In: Zeitschrift Interne Revision, 32. Jg., 1997, S. 214-221.

BOZEM, K.: Controlling in Versorgungsunternehmen. München 1986.

BRANDI, A.: Ermittlungspflicht des Aufsichtsrates über die wirtschaftliche Situation des Unternehmens „am Vorstand vorbei"? In: Zeitschrift für Wirtschaftsrecht, 21. Jg., 2000, S. 173-176.

BREBECK, F./HERRMANN, D.: Zur Forderung des KonTraG-Entwurfs nach einem Frühwarnsystem und zu den Konsequenzen für die Jahres- und Konzernabschlußprüfung. In: Die Wirtschaftsprüfung, 50. Jg., 1997, S. 381-391.

BRINK, H.-J.: Kontrolle, Organisation der. In: Handwörterbuch der Organisation, hrsg. von E. Frese. 3. Auflage, Stuttgart 1992, Sp. 1143-1151.

BRINKMANN-HERZ, D.: Entscheidungsprozesse in den mitbestimmten Aufsichtsräten der Montanindustrie. Berlin 1972.

BROCKHOFF, K.: Betriebswirtschaftliche Erkenntnisse und rechtliche Normensetzung. In: Betriebswirtschaftslehre und Rechtsentwicklung, ZfB-Ergänzungsheft, Nr. 4, hrsg. von H. Albach und K. Brockhoff. Wiesbaden 1997, S. 1-7.

BRONNER, R.: Grenzen der Planung und Planungszwänge. In: Handwörterbuch der Planung, hrsg. von N. Szyperski. Stuttgart 1989, Sp. 590-598.

BRONNER, R./APPEL, W./WIEMANN, V.: Empirische Personal- und Organisationsforschung. München/Wien 1999.

BRUCE, A./BUCK, T.: Executive Reward and Corporate Governance. In: Corporate Governance: Economic and Financial Issues, hrsg. von K. Keasey, S. Thompson und M. Wright. Oxford 1997, S. 80-102.

BRÜCK, M./HAACKE, B. VON/LOSSE, B.: Unternehmen: KarstadtQuelle. In: WirtschaftsWoche, Nr. 42, 7.10.2004, S. 38-49.

BRUNE, J.W.: Der Shareholder-Value-Ansatz als ganzheitliches Instrument strategischer Planung und Kontrolle. Diss. Köln 1995.

BUCKLEY, P.J.: Cross-Border Governance in Multinational Enterprises. In: Corporate Governance: Economic and Financial Issues, hrsg. von K. Keasey, S. Thompson und M. Wright. Oxford 1997, S. 200-211.

BÜHNER, R.: Organisationsgestaltung von Informationssystemen der Unternehmung. Berlin 1974.

BÜHNER, R.: Das Management-Wert-Konzept: Strategien zur Schaffung von mehr Wert im Unternehmen. Stuttgart 1990.

BÜHNER, R.: Reaktionen des Aktienmarktes auf Unternehmenszusammenschlüsse. In: Schmalenbachs Zeitschrift für betriebswirtschaftliche Forschung, 42. Jg., 1990(a), S. 295-316.

BÜHNER, R.: Strategie und Organisation: Analyse und Planung der Unternehmensdiversifikation mit Fallbeispielen. 2. Auflage, Wiesbaden 1993.

BÜHNER, R.: Unternehmerische Führung mit Shareholder Value. In: Der Shareholder-Value-Report: Erfahrungen, Ergebnisse, Entwicklungen, hrsg. von R. Bühner. Landsberg/Lech 1994, S. 9-75.

BUSSE, G.: Leitfadengestützte qualitative Telefoninterviews. In: Praxishandbuch: Empirische Sozialforschung, hrsg. von O. Katenkamp, R. Kopp und A. Schröder. Münster u.a. 2003, S. 27-36.

C

CAVES, R.E.: Mergers, Takeovers, and Economic Efficiency: Foresight vs. Hindsight. In: International Journal of Industrial Organization, Vol. 7, 1989, S. 151-174.

CHINI, L.W.: Aufsichtsrats-Informationssystem. Wiesbaden 1988.

CHMIELEWICZ, K.: Unternehmensverfassung und Mitbestimmung in der Planung. In: Handwörterbuch der Planung. hrsg. von N. Szyperski. Stuttgart 1989, Sp. 2127-2144.

CHMIELEWICZ, K.: Unternehmensverfassung. In: Handwörterbuch der Betriebswirtschaft, hrsg. von W. Wittmann, W. Kern, R. Köhler, H.-U. Küpper und K. von Wysocki. 5. Auflage, Stuttgart 1993, Sp. 4399-4417.

CHMIELEWICZ, K.: Unternehmensverfassung und Führung. In: Handwörterbuch der Führung, hrsg. von A. Kieser, G. Reber und R. Wunderer. 2. Aufl., Stuttgart 1995, Sp. 2074-2081.

CLARKE, T.: Research on Corporate Governance. In: Corporate Governance, Vol. 6, 1998, S. 57-66.

CLARKE, T./BOSTOCK, R.: Governance in Germany: The Foundations of Corporate Structure? In: Corporate Governance: Economic and Financial Issues, hrsg. von K. Keasey, S. Thompson und M. Wright. Oxford 1997, S. 232-251.

CLAUSSEN, C.P.: Besprechung Semler, Die Überwachungsaufgabe des Aufsichtsrats. In: Die Wirtschaftsprüfung, 34. Jg., 1981, S. 454-455.

CLAUSSEN, C.P.: Abgestufte Überwachungspflicht des Aufsichtsrats? In: Die Aktiengesellschaft, 29. Jg., 1984, S. 20-21.

CLAUSSEN, C.P./BRÖCKER, N.: Corporate-Governance-Grundsätze in Deutschland - nützliche Orientierungshilfe oder regulatorisches Übermaß? In: Die Aktiengesellschaft, 45. Jg., 2000, S. 481-491.

COENENBERG, A.G.: Die Kommunikation in der Unternehmung. Wiesbaden 1966.

COENENBERG, A.: Jahresabschluß und Jahresabschlußanalyse. 17. Auflage, Landsberg/ Lech 2000.

COENENBERG, A.G./HILLE, K.: Revision und Planung. In: Handwörterbuch der Planung, hrsg. von N. Szyperski. Stuttgart 1989, Sp. 1731-1743.

COENENBERG, A.G./REINHART, A./SCHMITZ, J.: Audit Committees – Ein Instrument zur Unternehmensüberwachung? In: Der Betrieb, 50. Jg., 1997, S. 989-997.

COENENBERG, A.G./SALFELD, R.: Wertorientierte Unternehmensführung. Stuttgart 2003.

COENENBERG, A.G./SCHMIDT, F./WERHAND, M.: Bilanzpolitische Entscheidungen und Entscheidungswirkungen in manager- und eigentümerkontrollierten Unternehmen. In: Betriebswirtschaftliche Forschung und Praxis, 35. Jg., 1983, S. 321-343.

COFFEE, J.C.: Liquidity Versus Control: The Institutional Investor as Corporate Monitor. In: Columbia Law Review, Vol. 91, 1991, S. 1277-1368.

CONTE, M.A./SVEJNAR, J.: Productivity Effects of Worker Participation in Management, Profit-Sharing, Worker Ownership of Assets and Unionization in U.S. Firms. In: International Journal of Industrial Organization, Vol. 6, 1988, S. 139-151.

CONYON, M.J.: Institutional Arrangements for Setting Directors' Compensation in UK Companies. In: Corporate Governance: Economic and Financial Issues, hrsg. von K. Keasey, S. Thompson und M. Wright. Oxford 1997, S. 103-121.

CUBBIN, J./LEECH, D.: The Effect of Shareholding Dispersion on the Degree of Control in British Companies: Theory and Measurement. In: Economic Journal, Vol. 93, 1983, S. 351-361.

D

DAILY, C.M./DALTON, D.R.: Bankruptcy and corporate governance: the impact of board composition and structure. In: Academy of Management Journal, Vol. 37, 1994, S. 1603-1617.

DAILY, C.M./DALTON, D.R.: Corporate Governance Digest. In: Business Horizons, Vol. 43, 2000, S. 4-6.

DECKERT, M.: Effektive Überwachung der AG-Geschäftsführung durch Ausschüsse des Aufsichtsrats. In: Zeitschrift für Wirtschaftsrecht, 17. Jg., 1996, S. 985-994.

DECKERT, M.R.: Der Aufsichtsrat nach der Reform. In: Neue Zeitschrift für Gesellschaftsrecht, 1. Jg., 1998, S. 710-714.

DELFMANN, W.: Planungs- und Kontrollprozesse. In: Handwörterbuch der Betriebswirtschaft, hrsg. von W. Wittmann, W. Kern, R. Köhler, H.-U. Küpper und K. von Wysocki. 5. Auflage, Stuttgart 1993, Sp. 3232-3251.

DELINGAT, A.: Unternehmensübernahmen und Agency-Theorie – Konflikte zwischen Management, Aktionären und Fremdkapitalgebern um Verfügungsrechte über Ressourcen. Diss. Köln 1996.

DEMSETZ, H.: The Structure of Ownership and the theory of the Firm. In: Journal of Law and Economics, Vol. 26, 1983, S. 375-390.

DEMSETZ, H./LEHN, K.: The Structure of Corporate Ownership: Causes and Consequences. In: Journal of Political Economy, Vol. 93, 1985, S. 1155-1177.

DEZELAN, S.: The impact of institutional investors on equity markets and their liquidity. Amsterdam 2001.

DIEKMANN, A.: Empirische Sozialforschung: Grundlagen, Methoden, Anwendungen. 4. Auflage, Reinbek bei Hamburg 1998.

DIMSDALE, N: The Need to Restore Corporate Accountability: An Agenda for Reform - Postscript on the Draft Report of the Cadbury Committee. In: Capital Markets and Corporate Governance, hrsg. von N. Dimsdale und M. Prevezer. Oxford 1994, S. 13-49.

DIMSDALE, N./PREVEZER, M.: Preface. In: Capital Markets and Corporate Governance, hrsg. von N. Dimsdale und M. Prevezer. Oxford 1994, S. V-VI.

DINKELBACH, W.: Entscheidungstheorie. In: Handwörterbuch der Betriebswirtschaft, hrsg. von W. Wittmann, W. Kern, R. Köhler, H.-U. Küpper und K. von Wysocki. 5. Auflage, Stuttgart 1993, Sp. 929-943.

DOHMEN, F.: Die Macht der Banken. Das Netzwerk der Deutschland AG − Über den Einfluß der Banken auf Unternehmen und Volkswirtschaft. Hamburg 1998.

DÖRNER, D.: Zusammenarbeit von Aufsichtsrat und Wirtschaftsprüfer im Lichte des KonTraG. In: Der Betrieb, 53. Jg., 2000, S. 101-105.

DREHER, M: Interessenkonflikte bei Aufsichtsratsmitgliedern von Aktiengesellschaften. In: Juristenzeitung, 45. Jg., 1990, S. 896-904.

DREIST, M.: Die Überwachungsfunktion des Aufsichtsrats bei Aktiengesellschaften. Düsseldorf 1980.

DREYER, J.-D.: Entwicklung und Beurteilung aufsichtsratsorientierter Informationskonzeptionen. Schwarzenbek 1980.

DREYER, J.-D.: Zum Prinzip der Beurteilung von Geschäftsführungsleistungen des Vorstands durch den Aufsichtsrat. In: Zeitschrift für das gesamte Genossenschaftswesen, 31. Jg., 1981, S. 308-318.

DSW (Hrsg.): Effizienzprüfung im Aufsichtsrat. Ein Leitfaden der Deutschen Schutzvereinigung für Wertpapierbesitz e.V. Düsseldorf o.J.

DUFEY, G./HOMMEL U./RIEMER-HOMMEL, P.: Corporate Governance: European vs. U.S. Perspectives in a Global Capital Market. In: Strategisches Euro-Management, Band 2, hrsg. von C. Scholz und J. Zentes. Stuttgart 1998, S. 45-65.

E

EBERS, M.: Aufgaben und Ziele der Organisationsforschung. In: Organisationstheoretische Ansätze, hrsg. von A. Kieser. München 1981, S. 1-24.

EBERS, M./GOTSCH, W.: Institutionenökonomische Theorien der Organisation. In: Organisationstheorien, hrsg. von A. Kieser. 2. Auflage, Stuttgart u.a. 1995, S. 185-236.

EGGEMANN, G./KONRADT, T.: Risikomanagement nach KonTraG aus dem Blickwinkel des Wirtschaftsprüfers. In: Betriebs-Berater, 55. Jg., 2000, S. 503-509.

EHRHARDT, O./NOWAK, E.: Die Durchsetzung von Corporate Governance-Regeln. In: Die Aktiengesellschaft, 47. Jg., 2002, S. 336-345.

ELKART, W./SCHMUSCH, M.: Stock Options und Shareholder Value vor dem Hintergrund der Reform der §§ 192, 193 AktG durch das KonTraG. In: Reform des Aktienrechts, der Rechnungslegung und Prüfung, hrsg. von D. Dörner, D. Menold und N. Pfitzer. Stuttgart 1999, S. 75-100.

ELSCHEN, R.: Gegenstand und Anwendungsmöglichkeiten der Agency-Theorie. In: Schmalenbachs Zeitschrift für betriebswirtschaftliche Forschung, 43. Jg., 1991, S. 1002-1012.

ELSCHEN, R.: Shareholder Value und Agency-Theorie - Anreiz- und Kontrollsysteme für Zielsetzungen der Anteilseigner. In: Betriebswirtschaftliche Forschung und Praxis, 43. Jg., 1991(a), S. 209-220.

ELSTON, J.A.: Investment, liquidity constraints, and bank relationships: Evidence from German manufacturing firms. In: Competition and convergence in financial systems, hrsg. von S.W. Black und M. Moersch. Elsevier 1998, S. 135-150.

EMMERICH, G.: Risikomanagement in Industrieunternehmen - gesetzliche Anforderungen und Umsetzung nach dem KonTraG. In: Zeitschrift für betriebswirtschaftliche Forschung, 51. Jg., 1999, S. 1075-1083.

ENDRES, M.: Organisation der Unternehmensleitung aus der Sicht der Praxis. In: Zeitschrift für das gesamte Handelsrecht und Wirtschaftsrecht, 163. Jg., 1999, S. 441-460.

ERBSLÖH, E./WIENDIECK, G.: Der Interviewer. In: Techniken der empirischen Sozialforschung, hrsg. von J. van Kollwijk und M. Wieken-Mayser, 4. Band, Erhebungsmethoden: Die Befragung. München/Wien 1974, S. 83-106.

ESSER, H.: Der Befragte. In: Techniken der empirischen Sozialforschung, hrsg. von J. van Kollwijk und M. Wieken-Mayser, 4. Band, Erhebungsmethoden: Die Befragung. München/Wien 1974, S. 107-145.

EZZAMEL, M./WATSON, R.: Wearing Two Hats: The Conflicting Control and Management Roles of Non-Executive Directors. In: Corporate Governance: Economic and Financial Issues, hrsg. von K. Keasey, S. Thompson und M. Wright. Oxford 1997, S. 54-79.

F

FAMA, E.F.: Agency Problems and the Theory of the Firm. In: Journal of Political Economy, Vol. 88, 1980, S. 288-307.

FAMA, E.F./BABIAK, H.: Dividend Policy: An Empirical Analysis. In: Journal of the American Statistical Association, Vol. 63, 1968, S. 1132-1161.

FAMA, E.F./JENSEN, M.C.: Separation of Ownership and Control. In: Journal of Law and Economics, Vol. 26, 1983, S. 301-325.

FEDDERSEN, D.: Neue gesetzliche Anforderungen an den Aufsichtsrat. In: Die Aktiengesellschaft, 45. Jg., 2000, S. 385-396.

FEDDERSEN, D.: Überwachung durch den Aufsichtsrat. In: Handbuch Corporate Governance: Leitung und Überwachung börsennotierter Unternehmen in der Rechts- und Wirtschaftspraxis, hrsg. von P. Hommelhoff, K.J. Hopt und A. von Werder. Köln/Stuttgart 2003, S. 441-474.

FEY, G.: Corporate Governance – Unternehmensüberwachung bei deutschen Aktiengesellschaften. In: Deutsches Steuerrecht, 33. Jg., 1995, S. 1320-1327.

FISCHER, M.: Agency-Theorie. In: Wirtschaftswissenschaftliches Studium, 24. Jg., 1995, S. 320-322.

FISCHER, T.M.: Erfolgspotentiale und Erfolgsfaktoren im strategischen Management. In: Praxis des strategischen Managements. Konzepte – Erfahrungen – Perspektiven, hrsg. von M.K. Welge, A. Al-Laham und P. Kajüter. Wiesbaden 2000, S. 71-94.

FISCHER, M./HÜSER, A./MÜHLENKAMP, C./SCHADE, C./SCHOTT, E.: Marketing und neuere ökonomische Theorie: Ansätze zu einer Systematisierung. In: Betriebwirtschaftliche Forschung und Praxis, 45. Jg., 1993, S. 444-470.

FLEISCHER, H.: Shareholder vs. Stakeholder: Aktien- und übernahmerechtliche Fragen. In: Handbuch Corporate Governance: Leitung und Überwachung börsennotierter Unternehmen in der Rechts- und Wirtschaftspraxis, hrsg. von P. Hommelhoff, K.J. Hopt und A. von Werder. Köln/Stuttgart 2003, S. 129-155.

FLICK, U.: Qualitative Forschung. 5. Auflage, Reinbek bei Hamburg 2000.

FONK, H.-J.: Personalentscheidungen des Aufsichtsrats. In: Arbeitshandbuch für Aufsichtsratsmitglieder, hrsg. von J. Semler. München 1999, S. 437-599.

FORKER, J.J.: Corporate Governance and Disclosure Quality. In: Accounting and Business Research, Vol. 22, 1992, S. 111-124.

FRANKE, G.: Agency-Theorie. In: Handwörterbuch der Betriebswirtschaft, hrsg. von W. Wittmann, W. Kern, R. Köhler, H.-U. Küpper und K. von Wysocki. 5. Auflage, Stuttgart 1993, Sp. 37-49.

FRANKE, G./ HAX, H.: Finanzwirtschaft des Unternehmens und Kapitalmarkt. 2. Auflage, Berlin u.a. 1990.

FRANKEN, R./FRESE, E.: Kontrolle und Planung. In: Handwörterbuch der Planung, hrsg. von N. Szyperski. Stuttgart 1989, Sp. 888-898.

FRANKS, J./MAYER, C.: Capital Markets and Corporate Control: A Study of France, Germany and the UK. In: Economic Policy, Vol. 10, 1990, S. 191-231.

FRANKS, J.R./MAYER, C.: Hostile Takeovers and the Correction of Managerial Failure. In: Journal of Financial Economics, Vol. 40, 1996, 163-181.

FRERK, P.: Praktische Gedanken zur Optimierung der Kontrollfunktion des Aufsichtsrates. In: Die Aktiengesellschaft, 40. Jg., 1995, S. 212-218.

FRESE, E.: Aktuelle Konzepte der Unternehmensorganisation. In: Organisationstheoretische Ansätze, hrsg. von A. Kieser. München 1981, S. 51-68.

FRESE, E.: Koordinationskonzepte. In: Handwörterbuch der Planung, hrsg. von N. Szyperski. Stuttgart 1989, Sp. 913-923.

FRESE, E.: Organisationstheorie: Stand der Aussagen aus betriebswirtschaftlicher Sicht. Wiesbaden 1990.

FRESE, E.: Führung, Organisation und Unternehmensverfassung. In: Handwörterbuch der Betriebswirtschaft, hrsg. von W. Wittmann, W. Kern, R. Köhler, H.-U. Küpper und K. von Wysocki. 5. Auflage, Stuttgart 1993, Sp. 1284-1299.

FRESE, E.: Grundlagen der Organisation: Konzept – Prinzipien – Strukturen. 7. Auflage, Wiesbaden 1998.

FRIEDRICH-EBERT-STIFTUNG (Hrsg.): Aufsichtsräte und Banken. Kontrolldefizite und Einflußkumulation in der deutschen Wirtschaft. Wirtschaftspolitische Diskurse, Nr. 99. Bonn 1997.

FRIEDRICHS, J.: Methoden der empirischen Sozialforschung. 14. Auflage, Opladen 1990.

FRÜHAUF, M.: Geschäftsleitung in der Unternehmenspraxis. In: Zeitschrift für Unternehmens- und Gesellschaftsrecht, 27. Jg., 1998, S. 407-418.

FULDA, E./HÄRTER, M./LENK, H.: Prognoseprobleme. In: Handwörterbuch der Planung, hrsg. von N. Szyperski. Stuttgart 1989, Sp. 1637-1645.

G

GALBRAITH, J.K.: The New Industrial State. Boston 1967.

GÄLWEILER, A.: Zur Kontrolle strategischer Pläne. In: Planung und Kontrolle: Probleme der strategischen Unternehmensführung, hrsg. von H. Steinmann. München 1981, S. 383-399.

GEBERT, D.: Organisationsentwicklung. In: Handwörterbuch der Betriebswirtschaft, hrsg. von W. Wittmann, W. Kern, R. Köhler, H.-U. Küpper und K. von Wysocki. 5. Auflage, Stuttgart 1993, Sp. 3007-3018.

GEDLICKA, W.: Der Jahres- und Quartalsbericht für den Aufsichtsrat. In: Journal für Betriebswirtschaft, 51. Jg., 2001, S. 4-15.

GEMÜNDEN, H.G.: Informationsverhalten. In: Handwörterbuch der Organisation, hrsg. von E. Frese. 3. Auflage, Stuttgart 1992, Sp. 1010-1029.

GEMÜNDEN, H.G.: Information: Bedarf, Analyse und Verhalten. In: Handwörterbuch der Betriebswirtschaft, hrsg. von W. Wittmann, W. Kern, R. Köhler, H.-U. Küpper und K. von Wysocki. 5. Auflage, Stuttgart 1993, Sp. 1725-1735.

406

GERKE, W./MAGER, W.: Die Rolle von Banken und Finanzintermediären bei der Corporate Governance. In: Handbuch Corporate Governance: Leitung und Überwachung börsennotierter Unternehmen in der Rechts- und Wirtschaftspraxis, hrsg. von P. Hommelhoff, K.J. Hopt und A. von Werder. Köln/Stuttgart 2003, S. 549-567.

GERUM, E.: Information und Unternehmensverfassung – Betriebswirtschaftliche Anmerkungen zu den organisationsrechtlichen Regelungen für Aufsichts- und Betriebsrat. In: Information und Wirtschaftlichkeit, hrsg. von W. Ballwieser und K.-H. Berger. Wiesbaden 1985, S. 747-775.

GERUM, E.: Unternehmensverfassung. In: Handwörterbuch der Organisation, hrsg. von E. Frese. 3. Auflage, Stuttgart 1992, Sp. 2480-2502.

GERUM, E.: Führungsorganisation, Eigentümerstruktur und Unternehmensstrategie. In: Die Betriebswirtschaft, 55. Jg., 1995, S. 359-379.

GERUM, E.: Manager- und Eigentümerführung. In: Handwörterbuch der Führung, hrsg. von A. Kieser, G. Reber und R. Wunderer. 2. Aufl., Stuttgart 1995(a), Sp. 1457-1468.

GERUM, E./STEINMANN, H./FEES, W.: Der mitbestimmte Aufsichtsrat. Stuttgart 1988.

GIESE, E.F.J.: Die Aufsichtsräte der Unternehmen in den neuen Bundesländern. Diss. Berlin 1995.

GILLENKIRCH, R.M.: Principal-Agent-Theorie und empirische Ergebnisse zur Erfolgsabhängigkeit der Managerentlohnung. In: Wirtschaftswissenschaftliches Studium, 29. Jg., 2000, S. 347-349.

GILSON, R.J./ROE, M.J.: Understanding the Japanese Keiretsu: Overlaps Between Corporate Governance and Industrial Organization. In: Yale Law Journal, Vol. 102, 1993, S. 871-906.

GIRNGHUBER, G.: Das US-amerikanische Audit Committee als Instrument zur Vermeidung von Defiziten bei der Überwachungstätigkeit der deutschen Aufsichtsräte. Frankfurt a.M. 1998.

GLÖCKLER, T.: Strategische Erfolgspotenziale durch Corporate Identity: Aufbau und Nutzung. Wiesbaden 1995.

GOLLNICK, J.: Die Beurteilung der Vorstandsleistung durch den Aufsichtsrat. Frankfurt a.M. u.a. 1997.

GOMEZ, P.: Wertmanagement: Vernetzte Strategien für Unternehmen im Wandel. Düsseldorf u.a. 1993.

GORDON, M.J.: Postulates, Principles, and Research in Accounting. In: Accounting Review, Vol. 39, 1964, S. 251-263.

GORDON, R.A.: Business Leadership in the Large Corporation. Berkeley 1961.

GÖTTE, W.: Haftung. In: Handbuch Corporate Governance: Leitung und Überwachung börsennotierter Unternehmen in der Rechts- und Wirtschaftspraxis, hrsg. von P. Hommelhoff, K.J. Hopt und A. von Werder. Köln/Stuttgart 2003, S. 749-774.

GOTTSCHLICH, K.J.: Die Eigentümerkontrolle in der modernen Publikumsgesellschaft. Diss. Freiburg (Schweiz) 1996.

GÖTZ, H.: Zustimmungsvorbehalte des Aufsichtsrats der Aktiengesellschaft. In: Zeitschrift für Unternehmens- und Gesellschaftsrecht, 19. Jg., 1990, S. 633-656.

GÖTZ, H.: Die Überwachung der Aktiengesellschaft im Lichte jüngerer Unternehmenskrisen. In: Die Aktiengesellschaft, 40. Jg., 1995, S. 337-353.

GÖTZ, H.: Die Pflicht des Aufsichtsrats zur Haftbarmachung von Vorstandsmitgliedern. In: Neue Juristische Wochenschrift, 50. Jg., 1997, S. 3275-3278.

GÖTZEN, G./KIRSCH, W.: Problemfelder und Entwicklungstendenzen der Planungspraxis. In: Bausteine eines strategischen Managements, hrsg. von W. Kirsch und P. Roventa. Berlin/New York 1983, S. 309-354.

GRADY, D.: No more board games. In: The McKinsey Quarterly, Nr. 3, 1999, S. 17-25.

GRAßHOFF, U./SCHWALBACH, J.: Agency-Theorie, Informationskosten und Managervergütung. In: Schmalenbachs Zeitschrift für betriebswirtschaftliche Forschung, 51. Jg., 1999, S. 437-453.

GROCHLA, E.: Einführung in die Organisationstheorie. Stuttgart 1978.

GROCHLA, E.: Grundlagen der organisatorischen Gestaltung. Stuttgart 1982.

GROS, A.: Risiko Reporting an Aufsichtsräte. Osnabrück 2002.

GROß, H.: Das betriebliche Bildungswesen als Prüfungsfeld. In: Zeitschrift Interne Revision, 34. Jg., 2a, 1999, S. 61-86.

GROSSMANN, S.J./HART, O.D.: Takeover Bids, the Free-Rider Problem, and the Theory of the Corporation. In: Bell Journal of Economics, Vol. 11, 1980, S. 42-64.

GROSSMANN, S.J./HART, O.D.: Corporate Financial Structure and Managerial Incentives. In: The Economics of Information and Uncertainty, hrsg. von J.J. McCall. Chicago/London 1982, S. 107-137.

GRÜNIG, R.: Planung und Kontrolle. Ein Ansatz zur integrierten Erfüllung der beiden Führungsaufgaben. 3. Auflage, Bern u.a. 2002.

GUATRI, L.: Theorie der Unternehmenswertsteigerung: ein europäischer Ansatz. Wiesbaden 1994.

GUGLER, K.: Preface. In: Corporate Governance und Economic Performance, hrsg. von K. Gugler. Oxford 2001, S. V-VI.

GUGLER, K.: Part I. Corporate Governance and Performance: The Research Questions. In: Corporate Governance und Economic Performance, hrsg. von K. Gugler. Oxford 2001(a), S. 1-67.

GUGLER, K./STOMPER, A./ZECHNER, J.: Corporate Governance, Ownership, and Board Structure in Austria. In: Corporate Governance, ZfB-Ergänzungsheft, Nr. 1, hrsg. von H. Albach, Wiesbaden 2000, S. 23-43.

GÜNTHER, T.: Zur Notwendigkeit des Wertsteigerungs-Management. In: Wertsteigerungs-Managements: das Shareholder Value-Konzept: Methoden und erfolgreiche Beispiele, hrsg. von K. Höfner und A. Pohl. Frankfurt a.M./New York 1994, S. 13-58.

GÜNTHER, T.: Unternehmenswertorientiertes Controlling. München 1997.

GÜNTHER, T./NIEPEL, M.: Controlling. In: Die Betriebswirtschaft, 60. Jg., 2000, S. 222-240.

H

HACHMEISTER, D.: Der Discounted Cash Flow als Maßstab der Unternehmenswertsteigerung. Frankfurt a.M. u.a. 1995.

HAHN, D.: Planung und Kontrolle. In: Handwörterbuch der Betriebswirtschaft, hrsg. von W. Wittmann, W. Kern, R. Köhler, H.-U. Küpper und K. von Wysocki. 5. Auflage, Stuttgart 1993, Sp. 3185-3200.

HAHN, D.: Strategische Kontrolle. In: Strategische Unternehmensplanung – strategische Unternehmensführung: Stand und Entwicklungstendenzen, hrsg. von D. Hahn und B. Taylor. 8. Auflage, Heidelberg 1999, S. 892-906.

HAKELMACHER, S.: Corporate Governance oder Die korpulente Gouvernante. In: Die Wirtschaftsprüfung, 48. Jg., 1995, S. 147-155.

HAKELMACHER, S.: KonTraGproduktive Wirtschaftsprüfung. In: Die Wirtschaftsprüfung, 52. Jg., 1999, S. 133-140.

HALBINGER, J.: Erfolgsausweispolitik. Diss. Berlin 1980.

HAMEL, W.: Bilanzierung unter Mitbestimmungs-Einfluß. Stuttgart 1982.

HAMEL, W.: Zielplanung. In: Handwörterbuch der Planung, hrsg. von N. Szyperski. Stuttgart 1989, Sp. 2302-2316.

HANSMANN, K.-W.: Prognose und Prognosemethoden. In: Handwörterbuch der Betriebswirtschaft, hrsg. von W. Wittmann, W. Kern, R. Köhler, H.-U. Küpper und K. von Wysocki. 5. Auflage, Stuttgart 1993, Sp. 3546-3559.

HARDTMANN, G.: Die Wertsteigerungsanalyse im Managementprozess. Wiesbaden 1996.

HARRIS, M./RAVIV, A.: The Theory of Capital Structure. In: Journal of Finance, Vol. 46, 1991, S. 297-355.

HART, O.: Corporate Governance: Some Theory and Implications. In: The Ecomomic Journal, Vol. 105, 1995, S. 678-689.

HART, O.: Firms, Contracts, and Financial Structure. Oxford 1995(a).

HARTMANN-WENDELS, T.: Principal-Agent-Theorie und asymmetrische Informationsverteilung. In: Schmalenbachs Zeitschrift für betriebswirtschaftliche Forschung, 59. Jg., 1989, S. 714-734.

HARTMANN-WENDELS, T.: Agent-Theorie. In: Handwörterbuch der Organisation, hrsg. von E. Frese. 3. Auflage, Stuttgart 1992, Sp. 72-79.

HASSELBERG, F.: Strategische Kontrolle im Rahmen strategischer Unternehmensführung. Frankfurt a.M. u.a. 1989.

HEIN, J. VON: Die Rolle des US-amerikanischen CEO gegenüber dem Board of Directors im Licht neuer Entwicklungen. In: Recht der internationalen Wirtschaft, 48. Jg., 2002, S. 501-509.

HELMSTÄDTER, E.: Wirtschaftstheorie I. 4. Auflage, München 1991.

HENN, G.: Handbuch des Aktienrechts. Heidelberg 2002.

HENZE, H.: Prüfungs- und Kontrollaufgaben des Aufsichtsrates in der Aktiengesellschaft. In: Neue Juristische Wochenschrift, 51. Jg., 1998, S. 3309-3312.

HENZE, H.: Leitungsverantwortung des Vorstands - Überwachungspflicht des Aufsichtsrats. In: Betriebs-Berater, 55. Jg., 2000, S. 209-216.

HERACLEOUS, L.T.: The Board of Directors as Leaders of the Organisation. In: Corporate Governance, Vol. 7, 1999, S. 256-265.

HESS, G.E.: Corporate Governance – zum Stand der Diskussion in den Vereinigten Staaten. In: Corporate Governance: Optimierung der Unternehmensführung und der Unternehmenskontrolle im deutschen und amerikanischen Aktienrecht, hrsg. von D. Feddersen, P. Hommelhoff und U.H. Schneider. Köln 1996, S. 9-24.

HESS, T.: Die Agency-Theorie als Gestaltungshilfe für Führungsinformationssysteme. In: Das Wirtschaftsstudium, 28. Jg., 1999, S. 1503-1509.

HETTICH, G.: Struktur, Funktion und Effizienz betrieblicher Informationssysteme. Diss. Tübingen 1981.

HILB, M.: Integrierte Corporate Governance. Ein neues Konzept der Unternehmensführung und Erfolgskontrolle. Berlin/Heidelberg 2005.

HILL, C.W.L./SNELL, S.A.: External Control, Corporate Strategy, and Firm Performance in Research-Intensive Industries. In: Strategic Management Journal, Vol. 9, 1988, S. 577-590.

HILL, W./FEHLBAUM, R./ULRICH, P.: Organisationslehre 1. Ziele, Instrumente und Bedingungen der Organisation sozialer Systeme. Bern/Stuttgart 1994.

HOCK, T.: Verpflichtung des Vorstands für ein angemessenes Risikomanagement zu sorgen (KonTraG). In: Going Public, 3. Jg., 1999, S. 106-109.

411

HOERDEMANN, C.: Zur Bedeutung der verwaltungsrechtlichen Ermessenslehre für die richterliche Kontrolle von Beschlüssen des Aufsichtsrats in der Aktiengesellschaft. Diss. Konstanz 1999.

HOFFMANN-BECKING, M.: Zur rechtlichen Organisation der Zusammenarbeit im Vorstand der AG. In: Zeitschrift für Unternehmens- und Gesellschaftsrecht, 27. Jg., 1998, S. 497-519.

HOFFMANN-BECKING, M. (Hrsg.): Münchener Handbuch des Gesellschaftsrechts. Band 4. Aktiengesellschaft. 2. Auflage, München 1999.

HOFMANN, R.: Intensität und Effizienz der Überwachung der Führungskräfte von Kapitalgesellschaften. In: Der Betrieb, 43. Jg., 1990, S. 2333-2339.

HOFMANN, R.: Self-Auditing – Eine Möglichkeit zur Effizienzsteigerung der Internen Revision? In: Zeitschrift Interne Revision, 29. Jg., 1994, S. 262-267.

HOFMANN, R.: Aufsichtsrat - Kontrollschwäche begünstigt Missmanagement. Bochum 1998.

HOLZER, H.P./MAKOWSKI, A.: Corporate Governance. In: Der Betrieb, 50. Jg., 1997, S. 688-692.

HÖMBERG, R.: Ein Vorschlag zur Analyse von Internen Kontrollsystemen für die Wirtschaftsprüfung. In: Information und Wirtschaftlichkeit, hrsg. von W. Ballwieser und K.-H. Berger. Wiesbaden 1985, S. 481-500.

HÖMBERG, R.: Prüfung, externe. In: Handwörterbuch der Betriebswirtschaft, hrsg. von W. Wittmann, W. Kern, R. Köhler, H.-U. Küpper und K. von Wysocki. 5. Auflage, Stuttgart 1993, Sp. 3570-3583.

HOMMELHOFF, P.: Störungen im Recht der Aufsichtsrats-Überwachung: Regelungsvorschläge an den Gesetzgeber. In: Corporate Governance: Unternehmensüberwachung auf dem Prüfstand, hrsg. von A. Picot. Stuttgart 1995, S. 1-27.

HOMMELHOFF, P.: Corporate Governance: Vertragen sich die deutsche Unternehmensverfassung und das Shareholder Value-Prinzip? In: Betriebswirtschaftslehre und Rechtsentwicklung, ZfB-Ergänzungsheft, Nr. 4, hrsg. von H. Albach und K. Brockhoff. Wiesbaden 1997, S. 17-20.

HOMMELHOFF, P./MATTHEUS, D.: Corporate Governance nach dem KonTraG. In: Die Aktiengesellschaft, 43. Jg., 1998, S. 249-259.

HOMMELHOFF, P./MATTHEUS, D.: Die Rolle des Abschlussprüfers bei der Corporate Governance. In: Handbuch Corporate Governance: Leitung und Überwachung börsennotierter Unternehmen in der Rechts- und Wirtschaftspraxis, hrsg. von P. Hommelhoff, K.J. Hopt und A. von Werder. Köln/Stuttgart 2003, S. 639-671.

HOMMELHOFF, P./SCHWAB, M.: Regelungsquellen und Regelungsebenen der Corporate Governance: Gesetz, Satzung, Codices, unternehmensinterne Grundsätze. In: Handbuch Corporate Governance: Leitung und Überwachung börsennotierter Unternehmen in der Rechts- und Wirtschaftspraxis, hrsg. von P. Hommelhoff, K.J. Hopt und A. von Werder. Köln/Stuttgart 2003, S. 51-86.

HONOLD, K.A.: Unternehmensüberwachung in den USA, Deutschland und der Schweiz. In: Der Schweizer Treuhänder, 71. Jg., 1997, S. 685-693.

HOPT, K.J.: Corporate Governance und deutsche Universalbanken. In: Corporate Governance: Optimierung der Unternehmensführung und der Unternehmenskontrolle im deutschen und amerikanischen Aktienrecht, hrsg. von D. Feddersen, P. Hommelhoff und U.H. Schneider. Köln 1996, S. 243-263.

HOPT, K.J.: Das System der Unternehmensüberwachung in Deutschland. In: Kapitalmarktorientierte Unternehmensüberwachung, hrsg. vom Institut der Wirtschaftsprüfer (IDW). Düsseldorf 2001, S. 27-63.

HOPT, K.J.: Unternehmensführung, Unternehmenskontrolle, Modernisierung des Aktienrechts. Zum Bericht der Regierungskommission Corporate Governance. In: Corporate Governance, hrsg. von P. Hommelhoff, M. Lutter, K. Schmidt, W. Schön und P. Ulmer. Heidelberg 2002, S. 27-67.

HOPT, K.J.: Die rechtlichen Rahmenbedingungen der Corporate Governance. In: Handbuch Corporate Governance: Leitung und Überwachung börsennotierter Unternehmen in der Rechts- und Wirtschaftspraxis, hrsg. von P. Hommelhoff, K.J. Hopt und A. von Werder. Köln/Stuttgart 2003, S. 29-50.

HORNGREN, C.T./FORSTER, G.: Cost Accounting: A Managerial Emphasis. 6. Auflage, Englewood Cliffs/N.J. 1987.

HORNUNG, K./REICHMANN, T./BAUMÖL, U.: Informationsversorgungsstrategien für einen multinationalen Konzern. In: Controlling, 9. Jg., 1997, S. 38-45.

HORNUNG, K./REICHMANN, T./DIEDERICHS, M.: Risikomanagement. Teil I: Konzeptionelle Ansätze zur pragmatischen Realisierung gesetzlicher Anforderungen. In: Controlling, 11. Jg., 1999, S. 317-325.

HÜFFER, U.: Der Aufsichtsrat in der Publikumsaktiengesellschaft. Pflichten und Verantwortlichkeit der Aufsichtsratsmitglieder. In: Zeitschrift für Unternehmens- und Gesellschaftsrecht, 9. Jg., 1980, S. 320-358.

HUNECKE, J.: Auswirkungen des Gesetzes zur Kontrolle und Transparenz im Unternehmensbereich (KonTraG) auf die Unternehmensüberwachung. In: Brauindustrie, 83. Jg., 1997, S. 409-411.

I

IHRING, H.C.: Einführung in das Controlling für Mittelstandsunternehmen. Wien 1986.

J

JÄGER, A.: Die Beratung des Vorstands als Teil der Überwachungsaufgabe des Aufsichtsrats. In: Deutsches Steuerrecht, 34. Jg., 1996, S. 671-676.

JÄGER, A.: Aktiengesellschaft – unter besonderer Berücksichtigung der KGaA. München 2004.

JAHN, J.: Mitbestimmung als Auslaufmodell. In: Frankfurter Allgemeine Zeitung, 23.10.2004, Nr. 248, S. 9.

JAHNS, C.: Integriertes strategisches Management. Neue Perspektiven zur Theorie und Praxis des strategischen Managements. Berlin 1999.

JANKE, G.: Controlling und Interne Revision – Mittel zur Effizienzerhöhung im Unternehmen. In: Controlling, 4. Jg., 1992, S. 143-147.

JANKO, W.H./HARTMANN, J.: Flexible Informationsbeschaffung in Alternativensuchproblemen. In: Information und Wirtschaftlichkeit, hrsg. von W. Ballwieser und K.-H. Berger. Wiesbaden 1985, S. 199-228.

JASCHKE, T.: Die betriebswirtschaftliche Überwachungsfunktion aktienrechtlicher Aufsichtsräte. Köln 1989.

JEHLE, E.: Reformvorschläge zur Verstärkung der eigentümerbezogenen Managementkontrolle in Publikumsaktiengesellschaften. In: Schmalenbachs Zeitschrift für betriebswirtschaftliche Forschung, 34. Jg., 1982, S. 1065-1084.

JENSEN, M.C.: Organization Theory and Methodology. In: The Accounting Review, Vol. 58, 1983, S. 319-339.

JENSEN, M.C.: Agency Costs of Free Cash Flow, Corporate Finance and Takeovers. In: American Economic Review, Vol. 76, 1986, S. 323-329.

JENSEN, M.: The Modern Industrial Revolution, Exit, and the Failure of Internal Control Systems. In: Journal of Finance, Vol. 48, 1993, S. 831-880.

JENSEN, M.C./MECKLING, W.H.: Theory of the Firm: Managerial Behavior, Agency Costs and Ownership Structure. In: Journal of Financial Economics, Vol. 3., 1976, S. 305-360.

JENSEN, M.C./MURPHY, K.: Performance Pay and Top-Management Incentives. In: Journal of Political Economy, Vol. 98, 1990, S: 225-263.

JENSEN, M.C./RUBACK, R.S.: The Market for Corporate Control: The Scientific Evidence. In: Journal of Financial Economics. Vol. 11, 1983, S. 5-50.

JONES, T.M.: Instrumental Stakeholder Theory: A Synthesis of Ethics and Economics. In: Academy of Management Review, Vol. 20, 1995, S. 404-437.

JOST, P.-J.: Die Prinzipal-Agenten-Theorie im Unternehmenskontext. In: Die Prinzipal-Agenten-Theorie in der Betriebswirtschaftslehre, hrsg. von P.-J. Jost. Stuttgart 2001, S. 11-43.

K

KADIR, A.M.A.: Board of directors and organizational performance. New York 1991.

KANAVELIS, T.: Die Funktion des mitbestimmten Aufsichtsrats in der Aktiengesellschaft. München 1987.

KAPLAN, S.N.: Corporate Governance und Unternehmenserfolg: Ein Vergleich zwischen Deutschland, Japan und den USA. In: Corporate Governance: Optimierung der Unternehmensführung und der Unternehmenskontrolle im deutschen und amerikanischen Aktienrecht, hrsg. von D. Feddersen, P. Hommelhoff und U.H. Schneider. Köln 1996, S. 301-315.

KARTEN, W.: Risk Management. In: Handwörterbuch der Betriebswirtschaft, hrsg. von W. Wittmann, W. Kern, R. Köhler, H.-U. Küpper und K. von Wysocki. 5. Auflage, Stuttgart 1993, Sp. 3825-3836.

KEASEY, K./THOMPSON, S./WRIGHT, M.: Introduction: The Corporate Governance Problem – Competing Diagnoses and Solutions. In: Corporate Governance: Economic and Financial Issues, hrsg. von K. Keasey, S. Thompson und M. Wright. Oxford 1997, S. 1-17.

KEMPER, H.J.: Die Vertretung von Arbeitnehmerinteressen durch den Betriebsrat. München 1996.

KENDALL, N./KENDALL, A.: Real-World Corporate Governance: A Programme for Profit-Enhancing Stewardship. London 1998.

KERN, W.: Kennzahlensysteme. In: Handwörterbuch der Planung, hrsg. von N. Szyperski. Stuttgart 1989. Sp. 809-819.

KESTER, W.C.: Industrial Groups as Systems of Contractual Governance. In: Oxford Review of Economic Policy, Vol. 8, 1992, S. 24-44.

KIESER, A.: Klassische Organisationslehre, empirische Organisationsforschung und Organisationspraxis. In: Organisationstheoretische Ansätze, hrsg. von A. Kieser. München 1981, S. 201-214.

KIESER, A.: Organisation. In: Handwörterbuch der Betriebswirtschaft, hrsg. von W. Wittmann, W. Kern, R. Köhler, H.-U. Küpper und K. von Wysocki. 5. Auflage, Stuttgart 1993, Sp. 2988-3006.

KIESER, A./KRÜGER, M./RÖBER, M.: Organisationsentwicklung: Ziele und Techniken. In: Organisationstheoretische Ansätze, hrsg. von A. Kieser. München 1981, S. 112-128.

KIESER, A./KUBICEK, H.: Organisation. 2. Auflage, Berlin/New York 1983.

KIESER, A./SEGLER, T.: Die betriebswirtschaftliche Organisationslehre. In: Organisationstheoretische Ansätze, hrsg. von A. Kieser. München 1981, S. 25-33.

KIESER, A./SEGLER, T.: Quasi-mechanistische Situative Ansätze. In: Organisationstheoretische Ansätze, hrsg. von A. Kieser. München 1981(a), S. 173-184.

KINDLER, A.: Der amerikanische Aufsichtsrat. Diss. Erlangen-Nürnberg 1997.

KIRK, D.J./SIEGEL, A.: How Directors and Auditors Can Improve Corporate Governance. In: Journal of Accountancy, Vol. 181, No. 1, 1996, S. 53-57.

KIRSCH, W.: Strategische Unternehmensführung. In: Handwörterbuch der Betriebswirtschaft, hrsg. von W. Wittmann, W. Kern, R. Köhler, H.-U. Küpper und K. von Wysocki. 5. Auflage, Stuttgart 1993, Sp. 4094-4111.

KLEIN, R./SCHOLL, A.: Planung und Entscheidung. München 2004.

KLEINDIEK, D.: Konzernstrukturen und Corporate Governance: Leitung und Überwachung im dezentral organisierten Unternehmensverbund. In: Handbuch Corporate Governance: Leitung und Überwachung börsennotierter Unternehmen in der Rechts- und Wirtschaftspraxis, hrsg. von P. Hommelhoff, K.J. Hopt und A. von Werder. Köln/Stuttgart 2003, S. 571-603.

KLEINE, A.: Entscheidungstheoretische Aspekte der Principal-Agent-Theorie. Heidelberg 1995.

KLESS, T.: Beherrschung der Unternehmensrisiken: Aufgaben und Prozesse eines Risikomanagements. In: Deutsches Steuerrecht, 36. Jg., 1998, S. 93-96.

KLIEN, W.: Wertsteigerungsanalyse und Messung von Managementleistungen: Technik, Logik und Anwendung. Wiesbaden 1995.

KNIPP, T.: Der Machtkampf. Der Fall Metallgesellschaft und die Deutsche Bank. München 1998.

KOCH, W.: Das Unternehmensinteresse als Verhaltensmaßstab der Aufsichtsratsmitglieder im mitbestimmten Aufsichtsrat einer Aktiengesellschaft. Frankfurt a.M. u.a. 1983.

KÖHLER, R.: Die Kontrolle strategischer Pläne als betriebswirtschaftspolitisches Problem. In: Zeitschrift für Betriebswirtschaft, 46. Jg., 1976, S. 301-318.

KOLBECK, R.: Rechtsformwahl. In: Handwörterbuch der Betriebswirtschaft, hrsg. von W. Wittmann, W. Kern, R. Köhler, H.-U. Küpper und K. von Wysocki. 5. Auflage, Stuttgart 1993, Sp. 3741-3759.

KOOLWIJK, J. VAN: Die Befragungsmethode. In: Techniken der empirischen Sozialforschung, hrsg. von J. van Kollwijk und M. Wieken-Mayser, 4. Band, Erhebungsmethoden: Die Befragung. München/Wien 1974. S. 9-23.

KOPPER, H.: Vorwort. In: Arbeitshandbuch für Aufsichtsratsmitglieder, hrsg. von J. Semler. München 1999, S. VII-IX.

KOSIOL, E.: Organisation der Unternehmung. 2. Auflage, Wiesbaden 1976.

KÖSTLER, R./KITTNER, M./ZACHERT, U./MÜLLER, M.: Aufsichtsratspraxis: Handbuch für die Arbeitnehmervertreter im Aufsichtsrat. Frankfurt a.m. 2003.

KÖTZLE, A.: Die Identifikation strategisch gefährdender Geschäftseinheiten. Berlin 1993.

KRAAKMANN, R.: Die Professionalisierung des Board. In: Corporate Governance: Optimierung der Unternehmensführung und der Unternehmenskontrolle im deutschen und amerikanischen Aktienrecht, hrsg. von D. Feddersen, P. Hommelhoff und U.H. Schneider. Köln 1996, S. 129-142.

KRAUSE, H.: Prophylaxe gegen feindliche Übernahmeangebote. In: Die Aktiengesellschaft, 47. Jg., 2002, S. 133-144.

KRAWITZ, N.: Lagebericht und Anhang. In: Handwörterbuch der Betriebswirtschaft, hrsg. von W. Wittmann, W. Kern, R. Köhler, H.-U. Küpper und K. von Wysocki. 5. Auflage, Stuttgart 1993, Sp. 2499-2507.

KREUTZ, H./TITSCHER , S.: Die Konstruktion von Fragebögen. In: Techniken der empirischen Sozialforschung, hrsg. von J. van Kollwijk und M. Wieken-Mayser, 4. Band, Erhebungsmethoden: Die Befragung. München/Wien 1974, S. 24-82.

KRIEGER, G.: Zum Aufsichtsratspräsidium. In: Zeitschrift für Unternehmens- und Gesellschaftsrecht, 14. Jg., 1985, S. 338-364.

KROMREY, H.: Empirische Sozialforschung. Modelle und Methoden der Datenerhebung und Datenauswertung. 8. Auflage, Opladen 1998.

KROMSCHRÖDER, B./LÜCK, W.: Grundsätze risikoorientierter Unternehmensüberwachung. In: Der Betrieb, 51. Jg., 1998, S. 1573-1576.

KROPFF, B.: Zur Vinkulierung, zum Vollmachtstimmrecht und zur Unternehmensaufsicht im deutschen Recht. In: Reformbedarf im Aktienrecht, hrsg. von J. Semler, P. Hommelhoff, P. Doralt und J.N. Druey. Berlin/New York 1994, S. 3-24.

KROPFF, B.: Mitwirkung des Aufsichtsrats bei einzelnen Maßnahmen der Geschäftsführung. In: Arbeitshandbuch für Aufsichtsratsmitglieder, hrsg. von J. Semler. München 1999, S. 351-436.

418

KRÜGER, W./THOST, W.: Macht und Planung. In: Handwörterbuch der Planung, hrsg. von N. Szyperski. Stuttgart 1989, Sp. 993-999.

KRYSTEK, U.: Unternehmungskrisen: Beschreibung, Vermeidung und Bewälti-gung überlebenskritischer Prozesse in Unternehmungen. Wiesbaden 1987.

KUBICEK, H.: Empirische Organisationsforschung. Stuttgart 1975.

KUBICEK, H.: Heuristischer Bezugsrahmen und heuristisch angelegte Forschungs-designs als Elemente einer Konstruktionsstrategie empirischer Forschung. In: Empirische und handlungstheoretische Forschungskonzeptionen in der Be-triebswirtschaftslehre, hrsg. von R. Köhler. Stuttgart 1977, S. 3-36.

KUBICEK, H./WELTER, G.: Messung der Organisationsstruktur. Stuttgart 1985.

KÜBLER, F.: Aktienrechtsreform und Unternehmensverfassung. In: Die Aktienge-sellschaft, 39. Jg., 1994, S. 141-147.

KÜBLER, F.: Gesellschaftsrecht. 5. Auflage, Heidelberg 1999.

KÜBLER, F.: Deregulierungen. In: Corporate Governance, hrsg. von P. Hommel-hoff, M. Lutter, K. Schmidt, W. Schön und P. Ulmer. Heidelberg 2002, S. 207-214.

KÜPPER, H.-U.: Investitionstheoretischer Ansatz einer integrierten betrieblichen Planungsrechung. In: Information und Wirtschaftlichkeit, hrsg. von W. Ball-wieser und K.-H. Berger. Wiesbaden 1985, S. 405-432.

KÜTING, K./WEBER, C.-P.: Die Bilanzanalyse: Lehrbuch zur Beurteilung von Ein-zel- und Konzernabschlüssen. 5. Auflage, Stuttgart 2000.

L

LAATZ, W.: Empirische Methoden: Ein Lehrbuch für Sozialwissenschaftler. Thun/ Frankfurt a.M. 1993.

LAMBSDORFF, O. GRAF: Die Überwachungstätigkeit des Aufsichtsrats – Verbesse-rungsmöglichkeiten de lege lata und de lege ferenda. In: Corporate Governan-ce: Optimierung der Unternehmensführung und der Unternehmenskontrolle im deutschen und amerikanischen Aktienrecht, hrsg. von D. Feddersen, P. Hommelhoff und U.H. Schneider. Köln 1996, S. 217-233.

LANGENBUCHER, G./BLAUM, U.: Audit Committees – Ein Weg zur Überwindung der Überwachungskrise? In: Der Betrieb, 47. Jg., 1994, S. 2197-2206.

LANGNER, R.: Rechtsposition und praktische Stellung des Aufsichtsrates im unternehmerischen Entscheidungsprozeß. Opladen 1973.

LARNER, R.J.: Ownership and Control in the 200 Largest Nonfinancial Corporations, 1929 and 1963. In: American Economic Review, Vol. 56, 1966, S. 777-787.

LARNER, R.J.: Management Control and the Large Corporation. New York 1970.

LAUX, H.: Anreizsysteme, ökonomische Dimension. In: Handwörterbuch der Organisation, hrsg. von E. Frese. 3. Auflage, Stuttgart 1992, Sp. 112-122.

LEIPOLD, H.: Eigentümerkontrolle und Managerverhalten. In: Anreiz- und Kontrollmechanismen in Wirtschaftssystemen I, hrsg. von G. Hedtkamp. Berlin 1981, S. 29-66.

LEWIS, T.G.: Steigerung des Unternehmenswertes: Total-value-Management. 2. Auflage, Landsberg/Lech 1995.

LINGEMANN, S./WASMANN, D.: Mehr Kontrolle und Transparenz im Aktienrecht: Das KonTraG tritt in Kraft. In: Betriebs-Berater, 53. Jg., 1998, S. 853-862.

LINTNER, J.: Distribution of Incomes of Corporations among Dividends, Retained Earnings and Taxes. In: American Economic Review, Vol. 46, 1956, S. 97-113.

LÖFFELHOLZ, J.: Die Aktiengesellschaft und der Konzern. Wiesbaden 1967.

LOGES, R.: Lässt sich eine GmbH nach dem „Board-System" organisieren? In: Zeitschrift für Wirtschaftsrecht, 18. Jg., 1997, S. 437-444.

LOITLSBERGER, E.: Treuhand- und Revisionswesen. 2. Auflage, Stuttgart 1966.

LORSON, P.: Erfolgsrechnung und -überwachung in globalen Konzernen. In: Der Betrieb, 49. Jg., 1996, S. 2505-2511.

LÜCK, W.: Audit Committee – Eine Einrichtung zur Effizienzsteigerung betriebswirtschaftlicher Überwachungssysteme. In: Schmalenbachs Zeitschrift für betriebswirtschaftliche Forschung. 42. Jg., 1990, S. 995-1113.

LÜCK, W.: Lexikon der Betriebswirtschaft. 3. Auflage, Landsberg/Lech 1993.

LÜCK, W.: Lexikon der Rechnungslegung und Abschlußprüfung. 3. Auflage, München/Wien 1996.

LÜCK, W.: Internes Überwachungssystem (IÜS) - Die Pflicht zur Einrichtung und zur Prüfung eines Internen Überwachungssystems durch das Gesetz zur Kontrolle und Transparenz im Unternehmensbereich (KonTraG). In: Wirtschaftsprüferkammer-Mitteilungen, 37. Jg., 1998, S. 182-188.

LÜCK, W.: Der Umgang mit unternehmerischen Risiken durch ein Risikomanagementsystem und durch ein Überwachungssystem. In: Der Betrieb, 51. Jg., 1998(a), S. 1925-1930.

LÜCK, W.: Audit Committees – Prüfungsausschüsse zur Sicherung und Verbesserung der Unternehmensüberwachung in deutschen Unternehmen. In: Der Betrieb, 52. Jg., 1999, S. 441-443.

LÜCK, W.: Betriebswirtschaftliche Aspekte der Einrichtung eines Überwachungssystems und eines Risikomanagementsystems. In: Reform des Aktienrechts, der Rechnungslegung und Prüfung, hrsg. von D. Dörner, D. Menold und N. Pfitzer. Stuttgart 1999(a), S. 139-176.

LÜCK: W.: Überwachung von Maßnahmen zur Qualitätssicherung in der Wirtschaftsprüferpraxis. In: Der Betrieb, 53. Jg., 2000, S. 333-337.

LÜCK, W./MAKOWSKI, A.: Internal Control. In: Wirtschaftsprüferkammer-Mitteilungen, 35. Jg., 1996, S. 157-160.

LUDEWIG, R.: Revisions- und Treuhandwesen. In: Handwörterbuch der Betriebswirtschaft, hrsg. von W. Wittmann, W. Kern, R. Köhler, H.-U. Küpper und K. von Wysocki. 5. Auflage, Stuttgart 1993, Sp. 3786-3798.

LUDEWIG, R.: KonTraG – Aufsichtsrat und Abschlussprüfer. In: Der Betrieb, 53. Jg., 2000, S. 634-636.

LUHMANN, N.: Soziale Systeme. Grundriß einer allgemeinen Theorie. 4. Auflage, Frankfurt a.M. 1994.

LUHMANN, N.: Vertrauen. Ein Mechanismus zur Reduktion sozialer Komplexität. 4. Auflage, Stuttgart 2000.

LUKARSCH, M.: Marktorientierte Überwachung der Unternehmensplanung durch den Aufsichtsrat: ein Informationskonzept auf Basis des Shareholder Value-Ansatzes. Frankfurt a.M. u.a. 1998.

LÜTKE SCHWIENHORST, R.: Strategische Kontrolle: Rahmenbedingungen, Aufgaben und Methoden Wiesbaden 1989.

LUTTER, M.: Information und Vertraulichkeit im Aufsichtsrat. 2. Auflage, Köln u.a. 1984.

LUTTER, M.: Unternehmensplanung und Aufsichtsrat. In: Die Aktiengesellschaft, 36. Jg., 1991, S. 249-255.

LUTTER, M.: Die Unwirksamkeit von Mehrdachmandaten in den Aufsichtsräten von Konkurrenzunternehmen. In: Festschrift für Karl Beusch zum 68. Geburtstag am 31. Oktober 1993, hrsg. von H. Beisse, M. Lutter, H. Närger. Berlin/New York 1993, S. 509-527.

LUTTER, M.: Der Aufsichtsrat: Konstruktionsfehler, Inkompetenz seiner oder normales Risiko. In: Die Aktiengesellschaft, 39. Jg., 1994, S. 176-177.

LUTTER, M.: Defizite für eine effiziente Aufsichtsratstätigkeit und gesetzliche Möglichkeiten der Verbesserung. In: Zeitschrift für das gesamte Handelsrecht und Wirtschaftrecht, 159. Jg., 1995, S. 287-309.

LUTTER, M.: Professionalisierung der Aufsichtsräte. In: Neue Juristische Wochenschrift, 48. Jg., 1995(a), S. 1133-1134.

LUTTER, M.: Deutscher Corporate Governance Kodex. In: Handbuch Corporate Governance: Leitung und Überwachung börsennotierter Unternehmen in der Rechts- und Wirtschaftspraxis, hrsg. von P. Hommelhoff, K.J. Hopt und A. von Werder. Köln/Stuttgart 2003, S. 737-748.

LUTTER, M./KRIEGER, G.: Rechte und Pflichten des Aufsichtsrats. 4. Auflage, Köln 2002.

LYONS, J.F.: Strategic Management and Strategic Planning in the 1980s. In: The Strategic Management Handbook, hrsg. von K.J. Albert. New York u.a. 1983, S. 3/1-18.

M

MACEY, J.R./MILLER, G.P.: Corporate Governance and Commercial Banking: A Comparative Examination of Germany, Japan, and the United States. In: Stanford Law Review, Vol. 48, 1995, S. 73-112.

MACHARZINA, K.: Rechnungswesen und Planung. In: Handwörterbuch der Planung, hrsg. von N. Szyperski. Stuttgart 1989, Sp. 1713-1730.

MAG, W.: Ausschüsse. In: Handwörterbuch der Organisation, hrsg. von E. Frese. 3. Auflage, Stuttgart 1992, Sp. 252-262.

MAG, W.: Planung und Unsicherheit. In: Handwörterbuch der Betriebswirtschaft, hrsg. von W. Wittmann, W. Kern, R. Köhler, H.-U. Küpper und K. von Wysocki. 5. Auflage, Stuttgart 1993, Sp. 3200-3216.

MAIN, B.G.M./JOHNSTON, J.: Remuneration Committees and Corporate Governance. In: Accounting and Business Week, Vol. 23, 1993, S. 351-362.

MALIK, F.: Die Neue Corporate Governance. 3. Auflage, Frankfurt a.M. 2002.

MANN, A.: Corporate Governance Systeme: Funktion und Entwicklung am Beispiel von Deutschland und Großbritannien. Berlin 2003.

MANNE, H.G.: Mergers and the Market for Corporate Control. In: Journal of Political Economy, Vol. 73, 1965, S. 110-120.

MARRIS, R.: A Model of the "Managerial" Enterprise. In: Quarterly Journal of Economics. Vol. 77, 1963, S. 185-209.

MARSCH-BARNER, R.: Schutz der Gesellschaft und der Anteilseigner. In: Arbeitshandbuch für Aufsichtsratsmitglieder, hrsg. von J. Semler. München 1999, S. 601-676.

MARTENS, K.: Managementüberwachung durch den Aufsichtsrat. Ein Beitrag zur Corporate Governance-Diskussion aus agencytheoretischer Sicht. Lohmar/ Köln 2000.

MARTENS, K.-P.: Der Einfluß von Vorstand und Aufsichtsrat auf Kompetenzen und Struktur der Aktionäre - Unternehmensverantwortung contra Neutralitätspflicht. In: Festschrift für Karl Beusch zum 68. Geburtstag am 31. Oktober 1993, hrsg. von H. Beisse, M. Lutter, H. Närger. Berlin/New York 1993, S. 529-556.

MATTESSICH, R.: Forschungsprogramme und Paradigmen im Rechnungswesen unter Betonung der Agency-Informationsanalyse. In: Information und Wirtschaftlichkeit, hrsg. von W. Ballwieser und K.-H. Berger. Wiesbaden 1985, S. 677-714.

MATTHEUS, D.: Die gewandelte Rolle des Wirtschaftsprüfers als Partner des Aufsichtsrats auch dem KonTraG. In: Zeitschrift für Unternehmens- und Gesellschaftsrecht, 28. Jg., 1999, S. 682-714.

MATTHIEßEN, V.: Stimmrecht und Interessenkollision im Aufsichtsrat. Köln u.a. 1989.

MAYER, C.: Corporate Governance, Competition and Performance. Department working papers / Organisation for Economic Co-Operation and Development (OECD), Nr. 164. Paris 1996.

MAYNTZ, R./HOLM, K./HÜBNER, P.: Einführung in die Methoden der empirischen Soziologie. 5. Auflage, Opladen 1978.

MEIER-SCHERLING, P.: Shareholder Value Analyse vs. Stakeholder Management: Unternehmenspolitische Grundkonzeptionen als Ansätze zur Erweiterung der Theorie der Unternehmung. Diss. Freiburg (Schweiz) 1996.

MEINHÖVEL, H.: Defizite der Principal-Agent-Theorie. Köln 1999.

MENSCH, G.: Grundlagen der Agency-Theorie: In: Das Wirtschaftsstudium, 28. Jg., 1999, S. 686-688.

MERTENS, H.-J.: Zur Berichtspflicht des Vorstands gegenüber dem Aufsichtsrat. In: Die Aktiengesellschaft, 25. Jg., 1980, S. 67-74.

MEYDING, T./MÖRSDORF, R.: Neuregelungen durch das KonTraG und Tendenzen in der Rechtsprechung. In: Das Kontroll- und Transparenzgesetz: Herausforderungen und Chance für das Risikomanagement, hrsg. von B. Saitz und F. Braun. Wiesbaden 1999, S. 3-46.

MEYER-LOHMANN, J.: Der Aufsichtsrat der deutschen Aktiengesellschaft und seine neue Rolle im Prozess der Unternehmensführung. Diss. St. Gallen 1997.

MICHEL, U.: Wertorientiertes Management strategischer Allianzen. München 1996.

MIKUS, B.: ZP-Stichwort: Principal-Agent-Theorie. In: Zeitschrift für Planung, 9. Jg., 1998, S. 451-458.

MIKUS, B.: Zur Integration des Risikomanagements in den Führungsprozeß. In: Zeitschrift für Planung, 10. Jg., 1999, S. 85-110.

MÖLLERS, T.M.J.: Professionalisierung des Aufsichtsrates. In: Zeitschrift für Wirtschafsrecht, 16. Jg., 1995, S. 1725-1735.

MÖLLERS, T.M.J.: Kapitalmarkttauglichkeit des deutschen Gesellschaftsrechts. In: Die Aktiengesellschaft, 44. Jg., 1999, S. 433-442.

MÖLLERS, T.M.J.: Treuepflichten und Interessenkonflikte bei Vorstands- und Aufsichtsratsmitgliedern. In: Handbuch Corporate Governance: Leitung und Überwachung börsennotierter Unternehmen in der Rechts- und Wirtschaftspraxis, hrsg. von P. Hommelhoff, K.J. Hopt und A. von Werder. Köln/Stuttgart 2003, S. 405-427.

MONKS, R.A.G./MINOW, N.: Corporate Governance. 2. Auflage, Oxford 2001.

MORGENSTERN, O.: Vollkommene Voraussicht und wirtschaftliches Gleichgewicht. In: Zeitschrift für Nationalökonomie, 6. Jg., 1935, S. 337-357.

MÜLLER, C.: Agency-Theorie und Informationsgehalt. In: Die Betriebswirtschaft, 55. Jg., 1995, S. 61-76.

MÜLLER, W.: Risiko und Unsicherheit. In: Handwörterbuch der Betriebswirtschaft, hrsg. von W. Wittmann, W. Kern, R. Köhler, H.-U. Küpper und K. von Wysocki. 5. Auflage, Stuttgart 1993, Sp. 3813-3825.

MÜLLER, W./RÖDDER, T. (Hrsg.): Beck'sches Handbuch der AG. Gesellschaftsrecht - Steuerrecht - Börsengang. München 2004.

MUNARI, S./NAUMANN, C.: Strategische Steuerung - Bedeutung im Rahmen des Strategischen Management. In: Strategische Unternehmensplanung - Strategische Unternehmensführung: Stand und Entwicklungstendenzen, hrsg. von D. Hahn und B. Taylor. 8. Auflage, Heidelberg 1998, S. 847-862.

N

NAYLOR, M.E.: Planning and Uncertainty – The Szenario-Strategic Matrix. In: The Strategic Management Handbook, hrsg. von K.J. Albert. New York u.a. 1983, S. 22/1-11.

NEUBÜRGER, H.-J.: Die deutsche Mitbestimmung aus Sicht eines international operierenden Unternehmens. In: Handbuch Corporate Governance: Leitung und Überwachung börsennotierter Unternehmen in der Rechts- und Wirtschaftspraxis, hrsg. von P. Hommelhoff, K.J. Hopt und A. von Werder. Köln/Stuttgart 2003, S. 177-197.

NEUS, W.: Die Aussagenkraft von Agency Costs. In: Schmalenbachs Zeitschrift für betriebswirtschaftliche Forschung, 41. Jg., 1989, S. 472-490.

NEUS, W.: Ökonomische Agency-Theorie und Kapitalmarktgleichgewicht. Wiesbaden 1989(a).

NIPPA, M.: Alternative Konzepte für eine effiziente Corporate Governance – Von Trugbildern, Machtansprüchen und vernachlässigten Ideen. In: Corporate Governance: Herausforderungen und Lösungsansätze, hrsg. von M. Nippa, K. Petzold und W. Kürsten. Heidelberg 2002, S. 3-40.

NUBER, W.: Strategische Kontrolle: Konzeption, Organisation und kontextspezifische Differenzierung. Wiesbaden 1995.

O

O'SULLIVAN, P.: Governance by Exit: An Analysis of the Market for Corporate Control. In: Corporate Governance: Economic and Financial Issues, hrsg. von K. Keasey, S. Thompson und M. Wright. Oxford 1997, S. 122-146.

OECD (Hrsg.): Corporate Governance: Improving Competitiveness and Access to Capital in Global Markets. Paris 1998.

OECHSLER, W.: Mitbestimmung und Personalwesen. In: Handwörterbuch der Betriebswirtschaft, hrsg. von W. Wittmann, W. Kern, R. Köhler, H.-U. Küpper und K. von Wysocki. 5. Auflage, Stuttgart 1993, Sp. 2863-2876.

OECHSLER, W.A.: Qualifikation und personelle Besetzung des Vorstands und Aufsichtsrats. In: Handbuch Corporate Governance: Leitung und Überwachung börsennotierter Unternehmen in der Rechts- und Wirtschaftspraxis, hrsg. von P. Hommelhoff, K.J. Hopt und A. von Werder. Köln/Stuttgart 2003, S. 305-321.

426

OETKER, H.: Aufsichtsrat/Board: Aufgaben, Besetzung, Organisation, Entscheidungsfindung und Willenbildung – Rechtlicher Rahmen. In: Handbuch Corporate Governance: Leitung und Überwachung börsennotierter Unternehmen in der Rechts- und Wirtschaftspraxis, hrsg. von P. Hommelhoff, K.J. Hopt und A. von Werder. Köln/Stuttgart 2003, S. 261-284.

OHLAND, L.: Strategische Kontrolle: Entwicklung eines mehrstufigen Grundmodells auf der Basis einer kritischen Analyse traditioneller Kontrollen. Frankfurt a.M. u.a. 1988.

OIJEN, P. VAN: Essays on corporate governance: with empirical analyses for the Netherlands. Tinbergen Institute Research Series, No. 235. Amsterdam 2000.

OLSSON, M.: Ownership Reform and Corporate Governance. The Slovak Privatisation Process in 1990-1996. Uppsala studies in economic history, No. 49. Uppsala 1999.

ORDELHEIDE, D.: Institutionelle Theorie der Unternehmung. In: Handwörterbuch der Betriebswirtschaft, hrsg. von W. Wittmann, W. Kern, R. Köhler, H.-U. Küpper und K. von Wysocki. 5. Auflage, Stuttgart 1993, Sp. 1838-1855.

ORDELHEIDE, D.: Brauchen wir für die Unternehmensüberwachung mehr Publizität? In: Corporate Governance: Unternehmensüberwachung auf dem Prüfstand, hrsg. von A. Picot. Stuttgart 1995, S. 89-109.

OTTO, S.-S.: Corporate Control-Mechanismen und Stakeholder Relations in Japan im Wandel. In: Betriebswirtschaftslehre und Rechtsentwicklung, ZfB-Ergänzungsheft, Nr. 4, hrsg. von H. Albach und K. Brockhoff. Wiesbaden 1997, S. 43-73.

P

PAVLIK, E.L./SCOTT, T.W./TIESSEN, P.: Executive Compensation: Issues and Research. In: Journal of Accounting Literature, Vol. 12, 1993, S. 131-189.

PEEMÖLLER, V.H./FINSTERER, H./MAHLER, T.: Verbesserung der Unternehmensüberwachung durch den „Management Letter". In: Der Betrieb, 52. Jg., 1999, S. 1565-1568.

PELLENS, B.: Corporate Governance – Ein Schlagwort oder bewegt sich tatsächlich etwas? In: Die Betriebswirtschaft, 61. Jg., 2001, S. 1-4.

PELTZER, M.: Vorstand/Board: Aufgaben, Organisation, Entscheidungsfindung und Willensbildung – Rechtlicher Rahmen. In: Handbuch Corporate Governance: Leitung und Überwachung börsennotierter Unternehmen in der Rechts- und Wirtschaftspraxis, hrsg. von P. Hommelhoff, K.J. Hopt und A. von Werder. Köln/Stuttgart 2003, S. 223-244.

PESCHKE, M.A.: Strategische Ziele im Value Management. In: Praxis des strategischen Managements. Konzepte – Erfahrungen – Perspektiven, hrsg. von M.K. Welge, A. Al-Laham und P. Kajüter. Wiesbaden 2000, S. 95-112.

PETTIGREW, A./MCNULTY, T.: Power and Influence in and Around the Boardroom. In: Human Relations, Vol. 48, 1995, S. 845-873.

PFAFF, D./ZWEIFEL, P.: Die Principal-Agent Theorie: Ein fruchtbarer Beitrag der Wirtschaftstheorie zur Praxis. In: Wirtschaftswissenschaftliches Studium, 27. Jg., 1998, S. 184-190.

PFEIL, C.M.: Capital Structure, Managerial Incentives and Corporate Governance. Diss. Saarbrücken 1999.

PFITZER, N./HÖRETH, U.: Aufsichtsrat. In: Deutscher Corporate Governance Kodex - Ein Handbuch für Entscheidungsträger, hrsg. von N. Pfitzer und P. Oser. Stuttgart 2003, S. 135-177.

PFOHL, H.-C./STÖLZLE, W.: Planung und Kontrolle. 2. Auflage, München 1997.

PICOT, A.: Transaktionskostenansatz. In: Handwörterbuch der Betriebswirtschaft, hrsg. von W. Wittmann, W. Kern, R. Köhler, H.-U. Küpper und K. von Wysocki. 5. Auflage, Stuttgart 1993, Sp. 4194-4204.

PICOT, A./DIETL, H./FRANCK, E.: Organisation: eine ökonomische Perspektive. Stuttgart 1997.

PICOT, A./MICHAELIS, E.: Verteilung von Verfügungsrechten in Großunternehmungen und Unternehmungsverfassung. In: Zeitschrift für Betriebswirtschaft, 54. Jg., 1984, S. 252-272.

PICOT, A./NEUBURGER, R.: Agency Theorie und Führung. In: Handwörterbuch der Führung, hrsg. von A. Kieser, G. Reber und R. Wunderer. 2. Aufl., Stuttgart 1995, Sp.14-21.

PISTOR, K.: Corporate Governance durch Mitbestimmung und Arbeitsmärkte. In: Handbuch Corporate Governance: Leitung und Überwachung börsennotierter Unternehmen in der Rechts- und Wirtschaftspraxis, hrsg. von P. Hommelhoff, K.J. Hopt und A. von Werder. Köln/Stuttgart 2003, S. 157-175.

PLAUT, T.: Thesen zu dem Thema: „Unternehmensüberwachung in Deutschland aus der Sicht des Auslands". In: Corporate Governance: Unternehmensüberwachung auf dem Prüfstand, hrsg. von A. Picot. Stuttgart 1995, S. 111.

POPP, W.: Planungs- und Kontrollmethoden. In: Handwörterbuch der Betriebswirtschaft, hrsg. von W. Wittmann, W. Kern, R. Köhler, H.-U. Küpper und K. von Wysocki. 5. Auflage, Stuttgart 1993, Sp. 3216-3232.

PORTISCH, W.: Überwachung und Berichterstattung des Aufsichtsrats im Stakeholder-Agency-Modell. Frankfurt a.M. u.a.1997.

POTTHOFF, E.: Geschäftsführungsprüfung. In: Handwörterbuch der Betriebswirtschaft, hrsg. von W. Wittmann, W. Kern, R. Köhler, H.-U. Küpper und K. von Wysocki. 5. Auflage, Stuttgart 1993, Sp. 1405-1417.

POTTHOFF, E.: Ein Kodex für den Aufsichtsrat! In: Der Betrieb, 48. Jg., 1995, S. 163-164.

POTTHOFF, E.: Board-System versus duales System der Unternehmensverwaltung – Vor- und Nachteile. In: Betriebswirtschaftliche Forschung und Praxis, 18. Jg., 1996, S. 253-268.

POTTHOFF, E./TRESCHER, K.: Das Aufsichtsratsmitglied: ein Handbuch der Aufgaben, Rechte und Pflichten. 5. Auflage, Stuttgart 2001.

POUND, J.: Proxy Contests and the Efficiency of Shareholder Oversight. In: Journal of Financial Economics, Vol. 20, 1988, S. 237-265.

PROWSE, S.: Corporate governance in an international perspective. A survey of corporate control mechanisms among large firms in the Unites States, the United Kingdom, Japan and Germany. BIS Economic Paper, Nr. 41. Basel 1994.

PROWSE. S.D.: Institutional Investment Patterns and Corporate Financial Behaviour in the Unites States and Japan. In: Journal of Financial Economics, Vol. 27, 1990, S. 43-66.

PUGH, D.S./HICKSON, D.J./HININGS, C.R./TURNER, C.: Dimensions of Organization Structure. In: Administrative Science Quarterly, Vol. 13, 1968, S. 65-105.

R

RAAB, H.: Shareholder Value und Verfahren der Unternehmensbewertung. Herne u.a. 2001.

RAISER, T.: Mitbestimmung und Rechtsform. In: Handwörterbuch der Betriebswirtschaft, hrsg. von W. Wittmann, W. Kern, R. Köhler, H.-U. Küpper und K. von Wysocki. 5. Auflage, Stuttgart 1993, Sp. 2876-2888.

RAPPAPORT, A.: Shareholder Value: ein Handbuch für Manager und Investoren. 2. Auflage, Stuttgart 1999.

RASTER, M.: Shareholder-Value-Management: Ermittlung und Steigerung des Unternehmenswertes. Wiesbaden 1995.

RECHENBERG, W.-G. FREIHERR VON: Zustimmungsvorbehalte des Aufsichtsrats für die Unternehmensplanung. In: Betriebsberater, 45. Jg., 1990, S. 1356-1363.

RECHKEMMER, K.: Corporate Governance: Informations- und Früherkennungssystem. München/Wien 2003.

REDIKER, K.J./SETH, A.: Boards of Directors and Substitution Effects of Alternative Governance Mechanisms. In: Strategic Management Journal, Vol. 16, 1995, S. 85-99.

REICHERT, J.: Aktionärsrechte und Anlagerschutz. Stellungnahme zu den Vorschlägen der Corporate Governance Kommission. In: Corporate Governance, hrsg. von P. Hommelhoff, M. Lutter, K. Schmidt, W. Schön und P. Ulmer. Heidelberg 2002, S. 165-201.

REICHERT, J./SCHLITT, M.: Konkurrenzverbot für Aufsichtsratsmitglieder. In: Die Aktiengesellschaft, 40. Jg., 1995, S. 241-254.

REICHMANN, T.: Kennzahlensysteme. In: Handwörterbuch der Betriebswirtschaft, hrsg. von W. Wittmann, W. Kern, R. Köhler, H.-U. Küpper und K. von Wysocki. 5. Auflage, Stuttgart 1993, Sp. 2159-2174.

REICHWALD R.: Kommunikation und Kommunikationsmodelle. In: Handwörterbuch der Betriebswirtschaft, hrsg. von W. Wittmann, W. Kern, R. Köhler, H.-U. Küpper und K. von Wysocki. 5. Auflage, Stuttgart 1993, Sp. 2174-2188.

REINKENSMEIER, B.: Die Organisation der Geschäftsführung und ihrer Überwachung in der Europäischen Aktiengesellschaft. Diss. Göttingen 1992.

REIß, W.: Die Besetzung des Aufsichtsrates durch das herrschende Unternehmen im (qualifizierten) faktischen Aktienkonzern - Probleme und Konsequenzen -. Diss. Berlin 1991.

RELLERMEYER, K.: Aufsichtsratsausschüsse. Köln u.a. 1986.

REMITSCHKA, R.: Erhebungstechniken. In: Handwörterbuch der Organisation, hrsg. von E. Frese. 3. Auflage, Stuttgart 1992, Sp. 599-611.

REUTER, E.: Manager. In: Handwörterbuch der Betriebswirtschaft, hrsg. von W. Wittmann, W. Kern, R. Köhler, H.-U. Küpper und K. von Wysocki. 5. Auflage, Stuttgart 1993, Sp. 2664-2679.

RICHTER, M.: Die Stellung des Abschlußprüfers im Entscheidungs- und Kontrollprozeß der Aktiengesellschaft. In: Die Betriebswirtschaft, 38. Jg., 1978, S. 21-38.

RINGLEB, H.-M./KREMER, T./LUTTER, M./WERDER, A. VON: Kommentar zum Deutschen Corporate Governance Kodex. München 2003.

RITTNER, F.: Die Satzungsautonomie der Aktiengesellschaft und die innere Ordnung des Aufsichtsrats nach dem Mitbestimmungsgesetz. In: Der Betrieb, 33. Jg., 1980, S. 2493-2503.

ROCK, E.B.: America's Fascination with German Corporate Governance. In: Die Aktiengesellschaft, 40. Jg., 1995, S. 291-299.

ROE, M.J.: Some Differences in Corporate Structure in Germany, Japan, and the United States. In: Yale Law Journal, Vol. 102, 1993, S. 1927-2003.

ROHR, M./WAHL, S. VON.: Corporate Governance aus unternehmerischer Sicht – eine kritische Bestandsaufnahme. In: Controlling, 16. Jg., 2004, S. 545-549.

RÖHRICHT, V.: Treupflichten der Aktionäre, insbesondere des Mehrheitsgesellschafters. In: Handbuch Corporate Governance: Leitung und Überwachung börsennotierter Unternehmen in der Rechts- und Wirtschaftspraxis, hrsg. von P. Hommelhoff, K.J. Hopt und A. von Werder. Köln/Stuttgart 2003, S. 513-547.

ROLLER, K.R.: Die Vergütung des Aufsichtsrats in Abhängigkeit vom Aktienkurs. Frankfurt a.M. u.a. 2000.

RÖLLER, W.: Quo vadis Aufsichtsrat? In: Die Aktiengesellschaft, 39. Jg., 1994, S. 333-336.

ROSEN, R. VON: Corporate Governance: Eine Bilanz. In: Die Bank, 41. Jg., 2001, S. 283-287.

ROSENBERG, O.: Produktionskontrolle. In: Handwörterbuch der Betriebswirtschaft, hrsg. von W. Wittmann, W. Kern, R. Köhler, H.-U. Küpper und K. von Wysocki. 5. Auflage, Stuttgart 1993, Sp. 3433-3442.

ROSENSTEIN, S./WYATT, J.G.: Inside directors, board effectiveness, and shareholder wealth. In: Journal of Financial Economics, Vol. 44, 1997, S. 229-250.

ROTH, E.: Sozialwissenschaftliche Methoden. 3. Auflage, München/Wien 1993.

ROUSEK, O.: Integrative Anreizsysteme: Eine modelltheoretische Untersuchung um Rahmen des Principal-Agent-Modells. Diss. Frankfurt a.m. 1995.

RUFFNER, M.: Die ökonomischen Grundlagen eines Rechts der Publikumsgesellschaft. Ein Beitrag zur Theorie der Corporate Governance. Zürich 2000.

RÜHLI, E.: Organisationsformen. In: Handwörterbuch der Betriebswirtschaft, hrsg. von W. Wittmann, W. Kern, R. Köhler, H.-U. Küpper und K. von Wysocki. 5. Auflage, Stuttgart 1993, Sp. 3031-3046.

RUHWEDEL, P.: Aufsichtsratsplanungssysteme: theoretische Grundlagen und praktische Ausgestaltung in Publikumsaktiengesellschaften. Frankfurt a.M. u.a. 2002.

S

SABEL, H.: Strategische Planungs- und Kontrollinstrumente. In: Handwörterbuch der Betriebswirtschaft, hrsg. von W. Wittmann, W. Kern, R. Köhler, H.-U. Küpper und K. von Wysocki. 5. Auflage, Stuttgart 1993, Sp. 4075-4094.

SÄCKER, F.J.: Aufsichtsratsausschüsse nach dem Mitbestimmungsgesetz 1976. Düsseldorf/Frankfurt a.M. 1979.

SALZBERGER, W.: Institutionelle Investoren und Corporate Governance in den USA. In: Finanzmanagement, ZfB-Ergänzungsheft, Nr. 3, hrsg. von H. Albach, Wiesbaden 1999, S. 87-106.

SALZBERGER, W.: Wechselwirkungen zwischen Corporate Governance und Besteuerung. In: Die Betriebswirtschaft, 60. Jg., 2000, S. 210-220.

SAUTER, U.: Anwendbarkeit des Shareholder Value zur Managementbeurteilung. Diss. St. Gallen 1997.

SCHANZ, G.: Verhaltenswissenschaften und Betriebswirtschaftslehre. In: Handwörterbuch der Betriebswirtschaft, hrsg. von W. Wittmann, W. Kern, R. Köhler, H.-U. Küpper und K. von Wysocki. 5. Auflage, Stuttgart 1993, Sp. 4521-4532.

SCHANZE, E.: Rechtswissenschaft und Betriebswirtschaftslehre. In: Handwörterbuch der Betriebswirtschaft, hrsg. von W. Wittmann, W. Kern, R. Köhler, H.-U. Küpper und K. von Wysocki. 5. Auflage, Stuttgart 1993, Sp. 3759-3774.

SCHARPF, P.: Risikomanagement- und Überwachungssystem im Finanzbereich. In: Reform des Aktienrechts, der Rechnungslegung und Prüfung, hrsg. von D. Dörner, D. Menold und N. Pfitzer. Stuttgart 1999, S. 177-202.

SCHAUENBERG, B.: Der Verlauf von Informationswertfunktionen. In: Information und Wirtschaftlichkeit, hrsg. von W. Ballwieser und K.-H. Berger. Wiesbaden 1985, S. 229-251.

SCHAUENBERG, B.: Theorie der Unternehmung. In: Handwörterbuch der Betriebswirtschaft, hrsg. von W. Wittmann, W. Kern, R. Köhler, H.-U. Küpper und K. von Wysocki. 5. Auflage, Stuttgart 1993, Sp. 4168-4182.

SCHEFFLER, E.: Ausschüsse des Aufsichtsrats. In: Die Aktiengesellschaft, 33. Jg., 1988, S. 60-67.

SCHEFFLER, E.: Der Aufsichtsrat – nützlich oder überflüssig? In: Zeitschrift für Unternehmens- und Gesellschaftsrecht, 22. Jg., 1993, S. 63-76.

SCHEFFLER, E.: Die Überwachungsaufgabe des Aufsichtsrats im Konzern. In: Der Betrieb, 47. Jg., 1994, S. 793-799.

SCHEFFLER, E.: Betriebswirtschaftliche Überlegungen zur Entwicklung von Grundsätzen ordnungsmäßiger Überwachung der Geschäftsführung durch den Aufsichtsrat. In: Die Aktiengesellschaft, 40. Jg., 1995, S. 207-212.

SCHEFFLER, E.: Die Überwachungsaufgabe der Geschäftsführung. In: Corporate Governance, hrsg. von E. Scheffler. Wiesbaden 1995(a), S. 80-101.

SCHEFFLER, E.: Zum Rollenverständnis des Aufsichtsräte. In: Der Betrieb, 53. Jg., 2000, S. 433-437.

SCHEFFLER, E.: Rechnungslegung von Unternehmen und Konzernen. In: Handbuch Corporate Governance: Leitung und Überwachung börsennotierter Unternehmen in der Rechts- und Wirtschaftspraxis, hrsg. von P. Hommelhoff, K.J. Hopt und A. von Werder. Köln/Stuttgart 2003, S. 625-638.

SCHENCK, K. VON: Die Überwachung der Geschäftsführung. In: Arbeitshandbuch für Aufsichtsratsmitglieder, hrsg. von J. Semler. München 1999, S. 177-245.

SCHIESSL, M.: Deutsche Corporate Governance post Enron. In: Die Aktiengesellschaft, 47. Jg., 2002, S. 593-604.

SCHINDLER, J./RABENHORST, D.: Auswirkungen des KonTraG auf die Abschlußprüfung (Teil I). In: Betriebs-Berater, 53. Jg., 1998, S. 1886-1893.

SCHLOBACH, T.: Die wirtschaftliche Bedeutung von Videokonferenzen im Informations- und Kommunikationsprozeß des Industriebetriebs: Stand und Perspektiven. Frankfurt a.M. 1989.

SCHLÖMER, R.: Das aktienrechtliche Überwachungssystem unter Berücksichtigung von Besonderheiten von Unternehmenskrisen. Anforderungen, Probleme und Ansätze zur Effizienzsteigerung. Bergisch Gladbach/Köln 1985.

SCHMIDT, G.: Organisationstechniken. In: Handwörterbuch der Betriebswirtschaft, hrsg. von W. Wittmann, W. Kern, R. Köhler, H.-U. Küpper und K. von Wysocki. 5. Auflage, Stuttgart 1993(a), Sp. 3046-3057.

SCHMIDT, K.M.: Managerial Incentives and Product Market Competition. In: Review of Economic Studies, 64. Jg., 1997(a), S, 191-213.

SCHMIDT, R.-B.: Zielsysteme der Unternehmung. In: Handwörterbuch der Betriebswirtschaft, hrsg. von W. Wittmann, W. Kern, R. Köhler, H.-U. Küpper und K. von Wysocki. 5. Auflage, Stuttgart 1993, Sp. 4794-4806.

SCHMIDT, R.H.: Corporate Governance: The Role of Other Constituencies. Working Paper Series: Finance, Nr. 3, Johann Wolfgang Goethe-Universität, Fachbereich Wirtschaftswissenschaften. Frankfurt a.M. 1997.

SCHMIDT, R.H./WEIß, M.: Shareholder vs. Stakeholder: Ökonomische Fragestellungen. In: Handbuch Corporate Governance: Leitung und Überwachung börsennotierter Unternehmen in der Rechts- und Wirtschaftspraxis, hrsg. von P. Hommelhoff, K.J. Hopt und A. von Werder. Köln/Stuttgart 2003, S. 107-127.

SCHMIDT, U./THEILEN, B.: Prinzipal- und Agententheorie: In: Wirtschaftswissenschaftliches Studium, 24. Jg., 1995, S. 483-486.

434

SCHNEIDER, D.: Betriebswirtschaftslehre. Bd. 1: Grundlagen. 2. Auflage, München/ Wien 1995.

SCHNEIDER, J.: Erfolgsfaktoren der Unternehmensüberwachung: Corporate Governance aktienrechtlicher Aufsichtsorgane im internationalen Vergleich. Berlin 2000.

SCHNEIDER, U.H./STRENGER, C.: Die „Corporate Governance-Grundsätze" der Grundsatzkommission Corporate Governance (German Panel on Corporate Governance). In: Die Aktiengesellschaft, 45. Jg., 2000, S. 106-113.

SCHNEIDER-LENNÉ, E.R.: Das anglo-amerikanische Board-System. In: Corporate Governance, hrsg. von E. Scheffler. Wiesbaden 1995, S. 27-55.

SCHNELL, R./HILL, P.B./ESSER, E.: Methoden der empirischen Sozialforschung. 6. Auflage, München/Wien 1999.

SCHREYÖGG, G.: Unternehmensstrategie. Grundfragen einer Theorie strategischer Unternehmensführung. Berlin/New York 1984.

SCHREYÖGG, G.: Zum Verhältnis von Planung und Kontrolle. In: Wirtschaftswissenschaftliches Studium, 23. Jg., 1994, S. 345-351.

SCHREYÖGG, G./BRAUN, W.: Zu den Grundsätzen der „Führung im Mitarbeiterverhältnis". In: Organisationstheoretische Ansätze, hrsg. von A. Kieser. München 1981, S. 76-93.

SCHREYÖGG, G./STEINMANN, H.: Zur Trennung von Eigentum und Verfügungsgewalt -Eine empirische Analyse der Beteiligungsverhältnisse in deutschen Großunternehmen. In: Zeitschrift für Betriebswirtschaft, 51. Jg., 1981, S. 533-558.

SCHREYÖGG, G./STEINMANN, H.: Strategische Kontrolle. In: Schmalenbachs Zeitschrift für betriebswirtschaftliche Forschung, 37. Jg., 1985, S. 391-410.

SCHRÖDER, O.: Diskussion zu den Referaten Mülbert und Kraakmann. In: Corporate Governance: Optimierung der Unternehmensführung und der Unternehmenskontrolle im deutschen und amerikanischen Aktienrecht, hrsg. von D. Feddersen, P. Hommelhoff und U.H. Schneider. Köln 1996, S. 149-154.

SCHRÖDER, U./SCHRADER, A.: The changing role of banks and corporate governance in Germany: evolution towards the market?. In: Competition and convergence in financial systems, hrsg. von S.W. Black und M. Moersch. Elsevier 1998, S. 17-34.

SCHULZE-OSTERLOH, J.: Unternehmensüberwachung und Prüfung des Jahresabschlusses durch den Aufsichtsrat. In: Zeitschrift für Wirtschaftsrecht, 19. Jg., 1998, S. 2129-2135.

SCHWARK, E.: Corporate Governance: Vorstand und Aufsichtsrat. In: Corporate Governance, hrsg. von P. Hommelhoff, M. Lutter, K. Schmidt, W. Schön und P. Ulmer. Heidelberg 2002, S. 75-117.

SEIBERT, U.: Das Gesetz zur Kontrolle und Transparenz im Unternehmensbereich (KonTraG) – Die aktienrechtlichen Regelungen im Überblick. In: Reform des Aktienrechts, der Rechnungslegung und Prüfung, hrsg. von D. Dörner, D. Menold und N. Pfitzer. Stuttgart 1999, S. 1-26.

SEIBT, C.H.: Deutscher Corporate Governance Kodex und Entsprechens-Erklärung (§ 161 AktG-E). In: Die Aktiengesellschaft, 47. Jg., 2002, S. 249-259.

SEIBT, C.H./WILDE, C.: Informationsfluss zwischen Vorstand und Aufsichtsrat bzw. innerhalb des Boards. In: Handbuch Corporate Governance: Leitung und Überwachung börsennotierter Unternehmen in der Rechts- und Wirtschaftspraxis, hrsg. von P. Hommelhoff, K.J. Hopt und A. von Werder. Köln/Stuttgart 2003, S. 377-403.

SEIWERT, L.: Das Substitutionsgesetz der Organisation. In: Organisationstheoretische Ansätze, hrsg. von A. Kieser. München 1981, S. 69-75.

SELCHERT, F.W.: Betriebsinterne Überwachungssysteme und ihre Leistung. In: Zeitschrift für Betriebswirtschaft, 42. Jg., 1972, S. 161-178.

SELCHERT, F.W.: Zur Diskussion um das Erkenntnisobjekt des Betriebswirtschaftlichen Prüfungswesens. In: Wirtschaftswissenschaftliches Studium, 1. Jg., 1972(a), S. 103-107.

SEMLER, J.: Schwerpunkte der Unternehmensaufsicht durch den Aufsichtsrat - Öffentlichkeitsvorstellung, Gesetzesvorgabe und Alltagsanforderung. In: Betriebswirtschaftliche Forschung und Praxis, 29. Jg., 1977, S. 519-536.

SEMLER, J.: Die Überwachungsaufgabe des Aufsichtsrats. Köln 1980.

SEMLER, J.: Aufgaben und Funktionen des aktienrechtlichen Aufsichtsrats in der Unternehmenskrise. In: Die Aktiengesellschaft, 28. Jg., 1983, S. 141-148.

SEMLER, J.: Unternehmensüberwachung durch den Kapitalmarkt. In: Corporate Governance: Unternehmensüberwachung auf dem Prüfstand, hrsg. von A. Picot. Stuttgart 1995, S. 29-87.

SEMLER, J.: Die Kompetenzen des Aufsichtsrats. In: Arbeitshandbuch für Aufsichtsratsmitglieder, hrsg. von J. Semler. München 1999, S. 1-66.

SEMLER, J.: Vorschlags- und Wahlverfahren, Entsendung, Ausscheiden. In: Arbeitshandbuch für Aufsichtsratsmitglieder, hrsg. von J. Semler. München 1999(a), S. 67-88.

SEMLER, J.: Die Arbeit des Aufsichtsratsvorsitzenden. In: Arbeitshandbuch für Aufsichtsratsmitglieder, hrsg. von J. Semler. München 1999(b), S. 247-286.

SERVATIUS, B.: Ordnungsgemäße Vorstandskontrolle und vorbereitende Personalauswahl durch den Aufsichtsratsvorsitzenden. In: Die Aktiengesellschaft, 40. Jg., 1995, S. 223-225.

SHERIDAN, T./KENDALL, N.: Corporate Governance – An Action Plan for Profitability and Business Success. London 1992.

SHLEIFER, A./VISHNY, R.W.: A Survey of Corporate Governance. In: The Journal of Finance, Vol. 52, 1997, S. 737-783.

SHORT, H./KEASEY, K.: Institutional Shareholders and Corporate Governance in the United Kingdom. In: Corporate Governance: Economic and Financial Issues, hrsg. von K. Keasey, S. Thompson und M. Wright. Oxford 1997, S. 18-53.

SHYY, G./VIJAYRAGHAVAN, V.: Is a supervisory board valuable? The French evidence. In: Competition and convergence in financial systems, hrsg. von S.W. Black und M. Moersch. Elsevier 1998, S. 85-95.

SICK, S.: Die Effizienzprüfung des Aufsichtsrats: Ein Leitfaden zur Evaluation. Arbeitshilfen für Aufsichtsräte, Nr. 16, hrsg. von der Hans-Böckler-Stiftung, Düsseldorf, November 2003.

SIEBEL, U.R.: Selbstorganisation und Konstituierung des ersten Aufsichtsrats. In: Arbeitshandbuch für Aufsichtsratsmitglieder, hrsg. von J. Semler. München 1999, S. 89-117.

SIEBEL, U.R.: Vorbereitung und Durchführung von Aufsichtsratssitzungen. In: Arbeitshandbuch für Aufsichtsratsmitglieder, hrsg. von J. Semler. München 1999(a), S. 119-176.

SIEBEL, U.R.: Arbeit von Ausschüssen. In: Arbeitshandbuch für Aufsichtsratsmitglieder, hrsg. von J. Semler. München 1999(b), S. 287-349.

SIEGWART, H.: Kontrollformen und Kontrollsysteme. In: Handwörterbuch der Betriebswirtschaft, hrsg. von W. Wittmann, W. Kern, R. Köhler, H.-U. Küpper und K. von Wysocki. 5. Auflage, Stuttgart 1993, Sp. 2255-2260.

SMITH, E.D.: The Effect of the Separation of Ownership from Control on Accounting Policy Decisions. Diss. Ohio State University 1974.

SPECKBACHER, G.: Das Shareholder Value-Konzept im Lichte der Corporate Governance-Debatte. In: Wirtschaftswissenschaftliches Studium, 27. Jg., 1998, S. 95-97.

SPÖHRING, W.: Qualitative Sozialforschung. 2. Auflage, Stuttgart 1995.

SPREMANN, K.: Asymmetrische Information. In Zeitschrift für Betriebswirtschaft, 60. Jg., 1990, S. 561-586.

STADLER, M.C.: Die Beratung des Vorstands der Aktiengesellschaft durch den Aufsichtsrat. Diss. Augsburg 1997.

STAEHLE, W.H.: Krisenmanagement. In: Handwörterbuch der Betriebswirtschaft, hrsg. von W. Wittmann, W. Kern, R. Köhler, H.-U. Küpper und K. von Wysocki. 5. Auflage, Stuttgart 1993, Sp. 2452-2466.

STAEHLE, W.H.: Management: eine verhaltenswissenschaftliche Perspektive. 8. Auflage, München 1999.

STARBUCK, W.H./NYSTROM, P.C.: Krisensituationen, Führung in. In: Handwörterbuch der Führung, hrsg. von A. Kieser, G. Reber und R. Wunderer. 2. Aufl., Stuttgart 1995, Sp. 1386-1397.

STAUDINGER, H.-J.: Die Überwachung der Geschäftsführung: eine betriebswirtschaftliche Betrachtung - illustriert am Beispiel der Brauindustrie. München 1986.

STEHLE, R.: Rechtform und Finanzierung. In: Handwörterbuch der Betriebswirtschaft, hrsg. von W. Wittmann, W. Kern, R. Köhler, H.-U. Küpper und K. von Wysocki. 5. Auflage, Stuttgart 1993, Sp. 3715-3728.

STEIGER, P.: Strategisches Durchsetzungskonzept: Entwicklung eines problemorientierten Ansatzes zur Implementierung von Geschäftspolitiken. Bern/Stuttgart 1988.

438

STEINHERR, A.: Universal versus specialized banks. In: Competition and convergence in financial systems, hrsg. von S.W. Black und M. Moersch. Elsevier 1998, S. 181-190.

STEINLE, C.: Leistungsverhalten und Führung in der Unternehmung. Berlin 1975.

STEINLE, C.: Delegation. In: Handwörterbuch der Organisation, hrsg. von E. Frese. 3. Auflage, Stuttgart 1992, Sp. 500-513.

STEINMANN, H./KLAUS, H.: Zur Rolle des Aufsichtsrats als Kontrollorgan. In: Die Aktiengesellschaft, 32. Jg., 1987, S. 29-34.

STEINMANN, H./SCHREYÖGG, G.: Strategische Kontrolle, Unsicherheit und Flexibilität. In: Information und Vertraulichkeit, hrsg. von W. Ballwieser und K.-H. Berger. Wiesbaden 1985, S. 655-674.

STEINMANN, H./SCHREYÖGG, G.: Zur organisatorischen Umsetzung der Strategischen Kontrolle. In: Schmalenbachs Zeitschrift für betriebswirtschaftliche Forschung, 38. Jg., 1986, S. 747-765.

STEINMANN, H./SCHREYÖGG, G.: Management: Grundlagen der Unternehmensführung; Konzepte - Funktionen – Fallstudien. 4. Auflage, Wiesbaden 1997.

STEINMANN, H./SCHREYÖGG, G./DÜTTHORN, C.: Managerkontrolle in deutschen Großunternehmen – 1972 und 1979 im Vergleich. In: Zeitschrift für Betriebswirtschaft, 53. Jg., 1983, S. 4-25.

STEINMANN, H./WALTER, M.: Managementprozeß. In: Wirtschaftswissenschaftliches Studium, 19. Jg., 1990, S. 340-345.

STEWART, G.B. III/GLASSMANN, D.M.: The Motives and Methods of Corporate Restructuring, Part 1. In: Journal of Applied Corporate Finance, Vol. 1, Spring 1988, S. 85-99.

STIER, W.: Empirische Forschungsmethoden. 2. Auflage, Berlin u.a. 1999.

STOERMER, M.: Zukunftsorientierte strategische Kontrolle. Wiesbaden 1996.

STÖPPLER, S.: Der Informationswert der Absatzprognosen – Ein Beitrag zur Abstimmung der Produktions- und Informationsbeschaffungspolitik der Unternehmung. In: Information und Wirtschaftlichkeit, hrsg. von W. Ballwieser und K.-H. Berger. Wiesbaden 1985, S. 541-568.

STRENGER, C.: Einflussmöglichkeiten professioneller Anleger auf die Unternehmen. In: Kapitalmarktorientierte Unternehmensüberwachung, hrsg. vom Institut der Wirtschaftsprüfer (IDW). Düsseldorf 2001, S. 65-84.

STRENGER, C.: Corporate Governance und Anteilseigner, insbesondere institutionelle Anleger. In: Handbuch Corporate Governance: Leitung und Überwachung börsennotierter Unternehmen in der Rechts- und Wirtschaftspraxis, hrsg. von P. Hommelhoff, K.J. Hopt und A. von Werder. Köln/Stuttgart 2003, S. 697-713.

STRIEDER, T.: Offene Punkte bei der Entsprechenserklärung zum Corporate Governance Kodex. In: Der Betrieb, 57. Jg., 2004, S. 1325-1328.

SÜCHTING, J.: Finanzmanagement. Theorie und Politik der Unternehmensfinanzierung. 5. Auflage, Wiesbaden 1991.

SÜNNER, E.: Effizienz von Unternehmensorganen als Grundsatz der Corporate Governance. In: Die Aktiengesellschaft, 45. Jg., 2000, S. 492-498.

SWOBODA, P./WALLAND, G.: Zur Erfolgsabhängigkeit der Managerentlohnung in Österreich und zur Transparenz des österreichischen Managermarktes. In: Journal für Betriebswirtschaft, 37. Jg., 1987, S. 210-226.

T

THEISEN, M.R.: Die Überwachung der Unternehmensführung: betriebswirtschaftliche Ansätze zur Entwicklung erster Grundsätze ordnungsmäßiger Überwachung. Stuttgart 1987.

THEISEN, M.R.: Überwachung der Geschäftsführung. In: Handwörterbuch der Betriebswirtschaft, hrsg. von W. Wittmann, W. Kern, R. Köhler, H.-U. Küpper und K. von Wysocki. 5. Auflage, Stuttgart 1993, Sp. 4219-4231.

THEISEN, M.R.: Grundsätze ordnungsgemäßer Kontrolle und Beratung der Geschäftsführung durch den Aufsichtsrat. In: Die Aktiengesellschaft, 40. Jg., 1995, S. 193-203.

THEISEN, M.R.: Zur Reform des Aufsichtsrats – Eine betriebswirtschaftliche Bestandsanalyse und Perspektive. In: Reform des Aktienrechts, der Rechnungslegung und Prüfung, hrsg. von D. Dörner, D. Menold und N. Pfitzer. Stuttgart 1999, S. 203-251.

440

THEISEN, M.R.: Grundsätze einer ordnungsmäßigen Information des Aufsichtsrats. 3. Auflage, Stuttgart 2002.

THEISEN, M.R.: Aufsichtsrat/Board: Aufgaben, Besetzung, Organisation, Entscheidungsfindung und Willenbildung – Betriebswirtschaftliche Ausfüllung. In: Handbuch Corporate Governance: Leitung und Überwachung börsennotierter Unternehmen in der Rechts- und Wirtschaftspraxis, hrsg. von P. Hommelhoff, K.J. Hopt und A. von Werder. Köln/Stuttgart 2003, S. 285-304.

THIEME, H.-R.: Verhaltensbeeinflussung durch Kontrolle. Berlin 1982.

TICHY, N.M./FOMBRUN, C.: Network Analysis in Organizational Settings. In: Human Relations, Vol. 32, 1979, S. 923-965.

TICHY, N.M./TUSHMAN, M.L./FOMBRUN, C.: Social Network Analysis For Organizations. In: Academy of Management Review, Vol. 4, 1979, 4, S. 507-519.

TREUZ, W.: Betriebliche Kontroll-Systeme: Struktur und Verhalten in der Betriebspraxis sowie Bedeutung für die Unternehmensführung. Berlin 1974.

TRUMPP, A.: Kooperation unter asymmetrischer Information: eine Verbindung der Prinzipal-Agenten-Theorie und Transaktionskostenansatz. Neuried 1995.

TURNER, G.: Der Beirat als fakultatives Organ im sog. Ein-Kammer-System. In: Der Betrieb, 49. Jg., 1996, S. 1609-1610.

U

ULRICH, H.: Die Betriebwirtschaftlehre als anwendungsorientierte Sozialwissenschaft. In: Die Führung des Betriebs, hrsg. von M. Geist und R. Köhler. Stuttgart 1981, S. 1-26.

ULRICH, P./HILL, W.: Wissenschaftstheoretische Grundlagen der Betriebswirtschaftslehre. In: Wissenschaftstheoretische Grundfragen der Wirtschaftswissenschaften, hrsg. von H. Rafeé und B. Abel. München 1979, S. 161-191.

V

VOLK, G.: Deutsche Corporate Governance-Konzepte. In: Deutsches Steuerrecht, 39. Jg., 2001, S. 412-416.

W

WAGENHOFER, A.: Anreizsysteme in Agency-Modellen mit mehreren Aktionen. In: Die Betriebswirtschaft, 56. Jg., 1996, S. 155-165.

WAGENHOFER, A./EWERT, R.: Linearität und Optimalität in ökonomischen Agency Modellen. In: Zeitschrift für Betriebswirtschaft, 63. Jg., 1993, S. 373-391.

WARDENBACH, F.: Interessenkonflikte und mangelnde Sachkunde als Bestellungshindernisse zum Aufsichtsrat der AG. Köln 1996.

WEINERT, A.B.: Anreizsysteme, verhaltenswissenschaftliche Dimension. In: Handwörterbuch der Organisation, hrsg. von E. Frese. 3. Auflage, Stuttgart 1992, Sp. 122-133.

WELGE, M.K.: Profit-Center-Organisation. Wiesbaden 1975.

WELGE, M.K.: Planungsprobleme in multinationalen Unternehmungen. In: Organisation, Planung, Informationssysteme. Erwin Grochla zu seinem 60. Geburtstag gewidmet, hrsg. von E. Frese, P. Schmitz und N. Szyperski. Stuttgart 1981, S. 197-217.

WELGE, M.K.: Unternehmensführung. Band 1: Planung. Stuttgart 1985.

WELGE, M.K.: Unternehmensführung. Band 2: Organisation. Stuttgart 1987.

WELGE, M.K.: Unternehmensführung. Band 3: Controlling. Stuttgart 1988.

WELGE, M.K.: Organisationsform, Einflußgrößen der. In: Handwörterbuch der Betriebswirtschaft, hrsg. von W. Wittmann, W. Kern, R. Köhler, H.-U. Küpper und K. von Wysocki. 5. Auflage, Stuttgart 1993, Sp. 3019-3031.

WELGE, M.K./AL-LAHAM, A.: Planung: Prozesse - Strategien - Maßnahmen. Wiesbaden 1992.

WELGE, M.K./AL-LAHAM, A.: Strategisches Management, Organisation. In: Handwörterbuch der Organisation, hrsg. von E. Frese. 3. Auflage, Stuttgart 1992(a), Sp. 2355-2374.

WELGE M.K./AL-LAHAM, A.: Der Prozeß der strategischen Planung. In: Das Wirtschaftsstudium, 22. Jg., 1993, S. 193-200.

WELGE, M.K./AL-LAHAM, A.: Probleme der Implementierung von Wettbewerbsstrategien. In: Strategisches Euro-Management, hrsg. von C. Scholz und J. Zentes. Stuttgart 1995, S. 57-72.

WELGE M.K./AL-LAHAM, A.: Stand der strategischen Planungspraxis in der deutschen Industrie. In: Schmalenbachs Zeitschrift für betriebswirtschaftliche Forschung, 49. Jg., 1997, S. 790-806.

WELGE, M.K./AL-LAHAM, A.: Strategisches Management: Grundlagen - Prozess - Implementierung. 4. Auflage, Wiesbaden 2003.

WELGE, M.K./FESSMANN, K.-D.: Effizienz, organisatorische. In: Handwörterbuch der Organisation, hrsg. von E. Grochla. 2. Auflage, Stuttgart 1980, Sp. 577-592.

WELGE, M.K./HÜTTEMANN, H.H./AL-LAHAM, A.: Strategieimplementierung, Anreizgestaltung und Erfolg. In: Zeitschrift Führung und Organisation, 65. Jg., 1996, S. 80-85.

WELLNER, K.-U.: Shareholder Value und seine Weiterentwicklung zum Market Adapted Shareholder Value Approach – Entwicklungslinien, Probleme und Lösungsansätze einer Shareholder Value orientierten Unternehmensführung. Marburg 2001.

WENGER, E.: Verfügungsrechte. In: Handwörterbuch der Betriebswirtschaft, hrsg. von W. Wittmann, W. Kern, R. Köhler, H.-U. Küpper und K. von Wysocki. 5. Auflage, Stuttgart 1993, Sp. 4495-4507.

WENGER, E.: Corporate Governance – Voller Absonderlichkeiten. In: WirtschaftsWoche, Nr. 6, 31.1.2002, S. 70.

WENGER, E./KASERER, C.: The German system of corporate governance – A model which should not be imitated. In: Competition and convergence in financial systems, hrsg. von S.W. Black und M. Moersch. Elsevier 1998, S. 41-78.

WENGER, E./TERBERGER, E.: Die Beziehung zwischen Agent und Prinzipal als Baustein einer ökonomischen Theorie der Organisation. In: Wirtschaftswissenschaftliches Studium, 17. Jg., 1988, S. 506-514.

WERDER, A. VON: Ökonomische Grundfragen der Corporate Governance. In: Handbuch Corporate Governance: Leitung und Überwachung börsennotierter Unternehmen in der Rechts- und Wirtschaftspraxis, hrsg. von P. Hommelhoff, K.J. Hopt und A. von Werder. Köln/Stuttgart 2003, S. 3-27.

WERDER, A. VON/GRUNDEI, J.: Evaluation der Corporate Governance. In: Handbuch Corporate Governance: Leitung und Überwachung börsennotierter Unternehmen in der Rechts- und Wirtschaftspraxis, hrsg. von P. Hommelhoff, K.J. Hopt und A. von Werder. Köln/Stuttgart 2003, S. 675-695.

WERDER, A. VON/MINUTH, T.: Internationale Kodizes der Corporate Governance, Diskussionspapier 2005, Wirtschaftswissenschaftliche Dokumentation, Fachbereich 14, Technische Universität Berlin. Berlin 2000.

WERDER, A. VON/TALAULICAR, T./KOLAT, G.L.: Kodex Report 2004 – Die Akzeptanz der Empfehlungen und Anregungen des Deutschen Corporate Governance Kodex. In: Der Betrieb, 57. Jg., 2004, S. 1377-1382.

WESTON, J.F./SIU, J.A./JOHNSON, B.A.: Takeovers, Restructuring, and Corporate Governance. 3. Auflage, New Jersey 2001.

WHITTINGTON, G.: Corporate Governance and the Regulation of Financial Reporting. In: Accounting and Business Research, Vol. 23, 1993, S. 311-319.

WIEKEN, K.: Die schriftliche Befragung. In: Techniken der empirischen Sozialforschung. 4. Band, Erhebungsmethoden: Die Befragung. München/Wien 1974, S. 146-161.

WIENOLD, H.: Empirische Sozialforschung. Münster 2000.

WILD, J.: Grundlagen der Unternehmensplanung. 4. Auflage, Opladen 1982.

WILLIAMSON, O.E.: Corporate Finance and Corporate Governance. In: Journal of Finance, Vol. 43, 1988, S. 567-591.

WILSON, I.: The Benefits of Environmental Analysis. In: The Strategic Management Handbook, hrsg. von K.J. Albert. New York u.a. 1983, S. 9/1-19.

WINDBICHLER, C.: Prozessspezifika unter besonderer Berücksichtigung des faktischen Konzerns. In: Handbuch Corporate Governance: Leitung und Überwachung börsennotierter Unternehmen in der Rechts- und Wirtschaftspraxis, hrsg. von P. Hommelhoff, K.J. Hopt und A. von Werder. Köln/Stuttgart 2003, S. 605-621.

WINTER, M./HARBARTH, S.: Corporate Governance und Unternehmensübernahmen: Anforderungen an das Verhalten von Vorstand und Aufsichtsrat des Bieters und der Zielgesellschaft. In: Handbuch Corporate Governance: Leitung und Überwachung börsennotierter Unternehmen in der Rechts- und Wirtschaftspraxis, hrsg. von P. Hommelhoff, K.J. Hopt und A. von Werder. Köln/Stuttgart 2003, S. 475-512.

WINTER, S.: Empirische Untersuchungen zur Managemententlohnung. In: Die Prinzipal-Agenten-Theorie in der Betriebswirtschaftslehre, hrsg. von P.-J. Jost. Stuttgart 2001, S. 491-539.

444

WINTER, S.: Management- und Aufsichtsratsvergütung unter besonderer Berücksichtigung von Stock Options – Lösung eines Problems oder zu lösendes Problem? In: Handbuch Corporate Governance: Leitung und Überwachung börsennotierter Unternehmen in der Rechts- und Wirtschaftspraxis, hrsg. von P. Hommelhoff, K.J. Hopt und A. von Werder. Köln/Stuttgart 2003, S. 335-358.

WINTERHALTER, A.: Strategisches Controlling. Diss. St. Gallen 1981.

WITT, P.: Corporate Governance im Wandel. In: Zeitschrift Führung und Organisation, 69. Jg., 2000, S. 159-163.

WITT, P.: Corporate Governance. In: Die Prinzipal-Agenten-Theorie in der Betriebswirtschaftslehre, hrsg. von P.-J. Jost. Stuttgart 2001, S. 85-115.

WITT, P.: Corporate Governance-Systeme im Vergleich. Wiesbaden 2003.

WITT, P.: Vorstand/Board: Aufgaben, Organisation, Entscheidungsfindung und Willensbildung – Betriebswirtschaftliche Ausfüllung. In: Handbuch Corporate Governance: Leitung und Überwachung börsennotierter Unternehmen in der Rechts- und Wirtschaftspraxis, hrsg. von P. Hommelhoff, K.J. Hopt und A. von Werder. Köln/Stuttgart 2003(a), S. 245-260.

WITTE, E.: Entscheidungsprozesse. In: Handwörterbuch der Organisation, hrsg. von E. Frese. 3. Auflage, Stuttgart 1992, Sp. 552-565.

WITTE, E.: Entscheidungsprozesse. In: Handwörterbuch der Betriebswirtschaft, hrsg. von W. Wittmann, W. Kern, R. Köhler, H.-U. Küpper und K. von Wysocki. 5. Auflage, Stuttgart 1993, Sp. 910-920.

WOLFRAM, J.: Corporate Governance in Germany. Hamburg 2002.

WOLLNIK, M.: Die explorative Verwendung systematischen Erfahrungswissens. In: Empirische und handlungstheoretische Forschungskonzeptionen in der Betriebswirtschaftslehre, hrsg. von R. Köhler. Stuttgart 1977, S. 37-64.

WOOD, J.M./WALLACE, J.P./ZEFFANE, R.: Organisational behaviour: an Asia-Pacific perspective. Brisbane u.a. 1998.

WOSNITZA, M.: Das Agency-theoretische Unterinvestitionsproblem in der Publikumsgesellschaft. Heidelberg 1991.

WUNDERER, R.: Führungstheorien. In: Handwörterbuch der Betriebswirtschaft, hrsg. von W. Wittmann, W. Kern, R. Köhler, H.-U. Küpper und K. von Wysocki. 5. Auflage, Stuttgart 1993, Sp. 1323-1340.

WYMEERSCH, E.: Corporate Governance Regeln in ausgewählten Rechtssystemen. In: Handbuch Corporate Governance: Leitung und Überwachung börsennotierter Unternehmen in der Rechts- und Wirtschaftspraxis, hrsg. von P. Hommelhoff, K.J. Hopt und A. von Werder. Köln/Stuttgart 2003, S. 87-104.

WYSOCKI, K. VON: Grundlagen des betriebswirtschaftlichen Prüfungswesens. 3. Auflage, München 1988.

Y

YERMACK, D.: Good timing: CEO stock option awards and company news announcements. In: Journal of Finance, Vol. 52, 1997, S. 449-476.

Z

ZAHRA, S.A.: Governance, Ownership, and Corporate Entrepreneurship: The Moderating Impact of Industry Technological Opportunities. In: Academy of Management Journal, Vol. 39, 1996, S. 1713-1735.

ZAJAC, E.J./WESTPHAL, J.D.: Director Reputation, CEO-Board Power, and the Dynamics of Board Interlocks. In: Administrative Science Quarterly, Vol. 41, 1996, S. 507-529.

ZETTELMEYER, B.: Strategisches Management und strategische Kontrolle. Darmstadt 1984.

ZIMMERMANN, E.: Das Experiment in den Sozialwissenschaften. Stuttgart 1972.

SCHRIFTEN ZUM CONTROLLING

Herausgegeben von Prof. Dr. Thomas Reichmann

Band 20 Burkhard Fritz: DV-gestützte Führungsinformationssysteme. Konzeptionelle Anforderungen und Gestaltungsmöglichkeiten. 1999.

CONTROLLING SCHRIFTEN

Herausgegeben von Prof. Dr. Thomas Reichmann

Band 21 Ralph Neukirchen: Controlling-Konzeption zur wertorientierten Ressourcenallokation innerhalb strategischer Geschäftseinheiten. Am Beispiel der Industriegüterbranche. 2000.

Band 22 Dietmar Schön: Neue Entwicklungen in der DV-gestützten Kosten- und Leistungsplanung. Methoden, Instrumente und branchenbezogene Weiterentwicklungen. 1999.

Band 23 Uwe Stremme: Internationales Strategisches Produktionsmanagement. 2000.

Band 24 Dirk Nölken: Controlling mit Intranet- und Business Intelligence Lösungen. 2002.

Band 25 Herbert Daldrup: Externes Umweltschutz-Reporting im Rahmen eines stakeholderorientierten Controlling. 2002.

CONTROLLING UND MANAGEMENT

Herausgegeben von Prof. Dr. Thomas Reichmann und
Prof. Dr. Martin K. Welge

Die Reihe "Controlling und Management" ist auf das Spannungsfeld zwischen Theorie und Praxis gerichtet. Es sollen Entwicklungen aus den Bereichen Rechnungswesen und Controlling aufgegriffen und kritisch diskutiert werden.

Band 26 Mathias Baer: Kooperationen und Konvergenz. 2004.

Band 27 Klaus Wienhold: Prozess- und controllingorientiertes Projektmanagement für komplexe Projektfertigung. 2004.

Band 28 Mark Jehle: Wertorientiertes Supply Chain Management und Supply Chain Controlling. Modelle, Konzeption und Umsetzung. 2005.

Band 29 Olaf Sonnenschein: Einsatzmöglichkeiten moderner Informations- und Kommunikationstechnologien im Rahmen der strategischen Früherkennung. 2005.

Band 30 Stephan Form: Chancen- und Risiko-Controlling. Erklärungsansatz zur Wirkungsweise von Chancen und Risiken im Controlling sowie dem unternehmensspezifischen Aufbau seiner Instrumente. 2005.

Band 31 Silke Bellwon: Strategische Wissensportale im Geschäftskundenvertrieb. 2005.

Band 32 Boris Wernig: Inhaltliche Ausrichtung und organisatorische Institutionalisierung von Corporate Universities. Ein wissenstheoretischer Ansatz. 2005.

Band 33 Philip Grothe: Unternehmensüberwachung durch den Aufsichtsrat. Ein Beitrag zur Corporate Governance-Diskussion in Deutschland. 2006.

www.peterlang.de

Peter Lang · Europäischer Verlag der Wissenschaften

Matthias Ganske

Corporate Governance im öffentlichen Unternehmen

Frankfurt am Main, Berlin, Bern, Bruxelles, New York, Oxford, Wien, 2005.
441 S., 1 Abb.
Kommunalwirtschaftliche Forschung und Praxis.
Herausgegeben von Wolf Gottschalk. Bd. 10
ISBN 3-631-53431-0 · br. € 68.50*

Öffentliche Unternehmen wurden in der bisherigen Corporate-Governance-Diskussion kaum berücksichtigt. Aufgrund ihrer unterschiedlichen Zielsetzungen und Ausgestaltung gegenüber privaten Unternehmen werfen sie eigenständige Freiheits-, Transparenz- und Steuerungsprobleme auf und erfordern folglich auch eigenständige Corporate-Governance-Grundsätze. Ausgehend von diesem Befund untersucht die Arbeit – nach einer einführenden Darstellung der theoretischen und praktischen Grundlagen der Corporate Governance und der öffentlichen Unternehmen – zunächst, welche allgemeinen Organisations- und Strukturdirektiven das nationale Recht sowie das europäische Gemeinschaftsrecht den staatlichen Unternehmen vorgeben. Anschließend erfolgt eine problemorientierte Betrachtung der verschiedenen, maßgeblichen Typen öffentlicher Unternehmen: Gewinn-, Monopol-, Defizit- und Querverbundunternehmen.

Aus dem Inhalt: Corporate Governance; insbesondere Historie, Begriff, Ziele und Formen · Öffentliche Unternehmen; insbesondere Begriff, Zwecke, Ziele, Formen und Bedeutung · Rahmenbedingungen für öffentliche Unternehmen nach nationalem Recht · Rahmenbedingungen für öffentliche Unternehmen nach europäischem Gemeinschaftsrecht · Gewinnorientierte öffentliche Unternehmen · Gewinnorientierte öffentliche Unternehmen mit Monopolstellung · Verlustbringende öffentliche Unternehmen · Querverbundunternehmen (Mischunternehmen)

Frankfurt am Main · Berlin · Bern · Bruxelles · New York · Oxford · Wien
Auslieferung: Verlag Peter Lang AG
Moosstr. 1, CH-2542 Pieterlen
Telefax 00 41 (0) 32 / 376 17 27

*inklusive der in Deutschland gültigen Mehrwertsteuer
Preisänderungen vorbehalten